로르샤흐

THE INKBLOTS

HERMANN RORSCHACH,

HIS ICONIC TEST,

AND THE

POWER OF SEEING

로르샤흐

잉크 얼룩으로
사람의 마음을 읽다

데이미언 설스 지음 | 김정아 옮김

갈마바람
Galmabaram

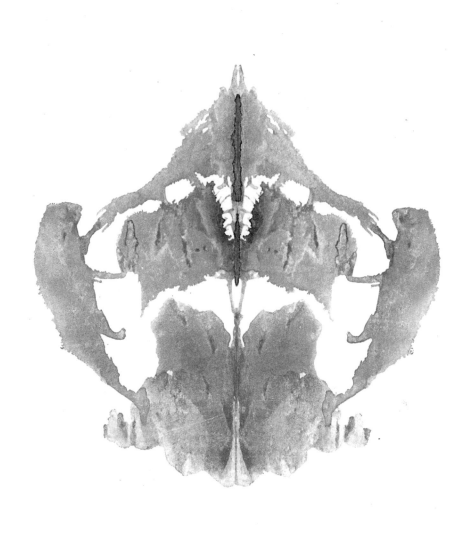

로르샤흐 검사 카드 8번.

(위) (아래) 카드 3번의 초안.

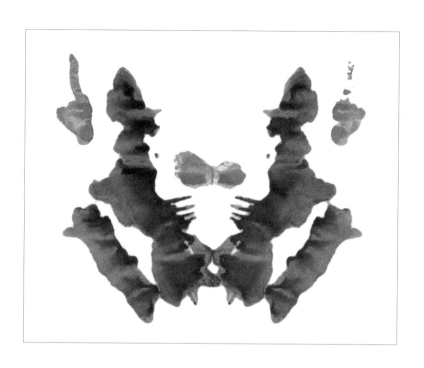

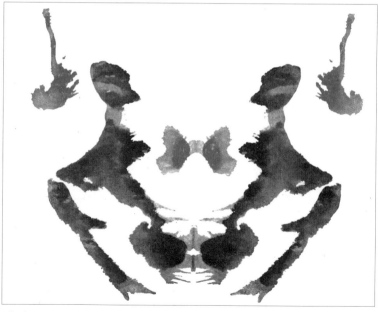

(위) 카드 3번의 초안.

(아래) 최종본.

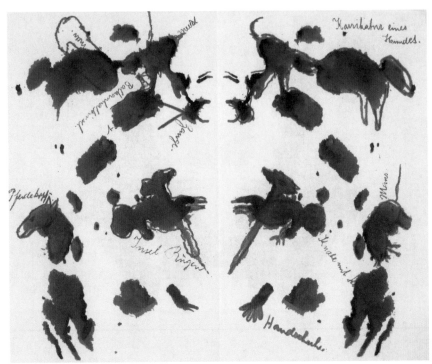

로르샤흐가 연구를 위해 콘라트 게링과 함께 만든 잉크 얼룩(1911/1912). 그림 옆에는 게링이 자기 제자들에게서
조사한 반응일 가능성이 큰 해석이 같이 적혀 있다. [왼쪽] "아드리아해", "에게해", "흑해"로 둘러싸인
"발칸반도"(흰색 여백에 거꾸로 적혀 있다), "집게", "말 머리", "뤼겐섬". [오른쪽] "만화로 그린 개", "장난감
목마를 타는 남자아이", "쥐", "장갑".

색채 검사(222쪽 참조).

iv

1918년 로르샤흐가 자기 아파트를 그린 그림. 갓난쟁이인 리자가 장난감을 가지고 놀고 있다. 장난감 중에는 헤르만이 만들어준 나무 동물도 있다. 열린 문으로 보이는 벽의 그림 몇 점은 아이가 볼 수 있도록 낮게 걸려 있다.

로르샤흐가 그림으로 묘사한 갓난쟁이 리자와 함께하는 삶[왼쪽 위]. "아이한테 항상 잘 먹히는 것"[오른쪽 위], "아이와 여행 떠나기"[오른쪽 아래]. 대칭인 꼭두각시를 보고 아이가 보이는 반응을 기록하는 듯하다. 이 꼭두각시는 위쪽 가운데 그림의 침대 위에도 걸려 있다.

리자의 첫돌을 맞아 그린 그림.

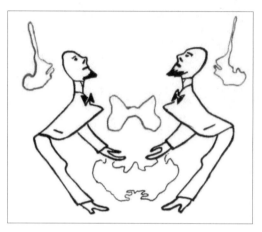

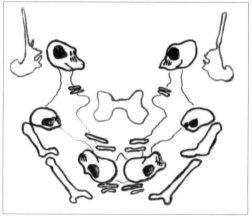

만프레드 블로일러가 모로코 사람들에게 수행한 로르샤흐 검사를
실은 논문에서 가져왔다. [위] 유럽 사람들이 흔히 해석하는 카드
3번. [아래] 모로코 사람들이 흔히 해석하는 카드 3번. 따로 떨어져
있는 뼈들, 묘지.

뢰머가 1919년 무렵 그려 1966년에 발표한 그림. 로르샤흐의 얼룩보다 예술적으로 보이지만, 바로 그 점이 문제였다. "뢰머는 열심히 최선을 다하지만, 상상력 넘치는 그림, 몽환적인 상징이 많은 그림을 좋아해서, 모든 걸 망쳐놓는다네."(에밀 오베르홀처에게 보낸 편지, 1921년 1월 14일)

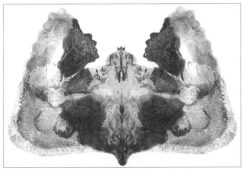

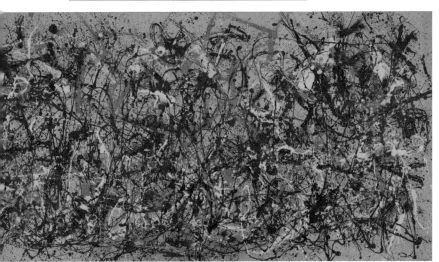

잭슨 폴록, 〈가을의 리듬: 넘버 30Autumn Rhythm(Number 30)〉, 1950년. 로르샤흐의 잉크 얼룩과 닮은 점이 하나도 없어 보이지만, 비슷한 효과를 보인다. 즉 관람객의 눈길을 사로잡아 움직임을 느끼게 한다.

(위) 로르샤흐가 뮌스터링겐에서 카니발 행사용으로 만든
프로그램(1911년). 마법사 차림을 하고 마술 지팡이 대신 캘리퍼스를
든 헤르만의 모습도 있다. 헤르만 옆의 핸드백을 들고 있는 우아한
여성이 올가다. 왼쪽 위 구석에 있는 사람은 뮌스터링겐의 다른 조교,
파울 소콜로프다.

자기 아파트에서 마술사 차림에 가발을 쓰고 캘리퍼스를 들고 있는
로르샤흐.

1886년 한 살 반 무렵의 헤르만 로르샤흐.

1891년 여섯 살, 스위스 전통 옷을 입은 모습.

1905년 스물한 살, 의대생 시절.

헤르만의 부모, 울리히 로르샤흐와 필리피네 로르샤흐.

여동생 아나, 1911년.

헤르만, 아나, 파울, 울리히,
새어머니 레기나, 울리히가
재혼하던 때인 1899년 무렵.

스카푸시아 시절(1901년). 오른쪽에서 두 번째, 맥주잔에 손을 대고 있는 사람이 헤르만이다.

뿔피리, 맥주잔, 펜싱 칼, 몸에 두른 띠. 오른쪽에서 세 번째, 짙은 나비넥타이에 책을 든 사람이 헤르만이다.

[위] 1905년 무렵 스물일곱 살의 올가, 취리히에서.
[아래] 헤르만, 1906~1908년 무렵, 취리히로 추정되는 곳에서.

[위] 결혼사진, 1910년 5월 1일.
[아래] 파울, 헤르만, 레기넬리, 레기나, 1911년 무렵 뮌스터링겐에서.

집시 차림을 한 올가와 헤르만, 1910년 크리스마스,
올가의 새 기타를 들고.

딸 리자를 안고 있는 헤르만, 1908년.

헤리자우 아파트의 서재에서 담배를 손가락에 낀 헤르만, 1920년.

콘스탄츠 호수에서 노를 젓는 모습, 1920년 무렵.

젠티스산을 하이킹하던 중에, 1918년 9월.

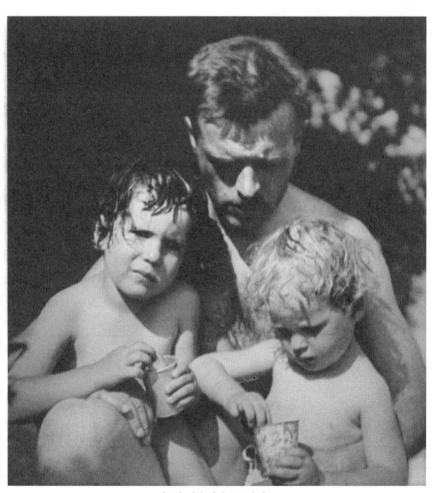

헤르만, 리자, 바딤, 1921년 여름.

마음의 넋이 평정을 유지하도록 안간힘을 다 쏟게 하고, 그래서 마음속에 품은 것을 고스란히 드러나게 하는 데 필요한 자극은 놀라울 정도로 적다. (…) 순간과 움직임을 한데 모아 조화시키는 데 필요한 재료는 잉크 몇 방울과 종이 한 장이면 족하다.

— 폴 발레리Paul Valéry, 《드가 춤 데생Degas Danse Dessin》

영원 속에서는 보이는 것이 전부다.

— 윌리엄 블레이크William Blake

일러두기

1. 이 책에 사용된 심리학 관련 용어는 사단법인 한국심리학회의 심리학 용어사전(http://www. koreanpsychology.or.kr/psychology/glossary.asp), 《로르샤하 종합 체계》(학지사), 《로르샤하 해석 입문》(학지사), 《로르샤하 종합체계 워크북》(학지사)을 참조하였다.

2. 본문에서 ● 표시의 각주는 대부분 옮긴이의 주석으로, 지은이가 단 주석에는 '지은이'라고 밝혔다.

3. 원서에서 이탤릭으로 강조한 부분은 볼드체로 표시하였다.

4. 이 책에 나오는 도서가 국내에 소개된 경우, 그 제목과 저자명은 번역본의 표기에 따랐다.

5. 이 책에 나오는 인지명은 국립국어원의 외래어표기법에 따르되, 등재되어 있지 않은 경우에는 외래어 표기 원칙에 가깝게 표기하였다. 단, 해나 아렌트의 경우 이 원칙에 따르지 않고 독자들에게 보다 익숙한 '한나 아렌트'로 표기하였다.

로르샤흐 검사에 쓰이는 잉크 얼룩은 10가지, 오직 10가지뿐이다. 원본은 헤르만 로르샤흐Hermann Rorschach가 만들었고, 복제본은 빳빳한 종이 카드에 인쇄해 사용한다. 이 얼룩이 무엇인지를 떠나, 20세기에 인류가 가장 많이 해석하고 분석한 그림 10개를 꼽으라면 바로 이 잉크 얼룩 10개일 것이다. 실제 검사 카드를 본 사람이 수백만 명이고, 그렇지 않은 사람들도 대개 광고, 패션, 예술에서 잉크 얼룩과 비슷한 무늬를 본 적이 있다. 로르샤흐 얼룩은 어디에나 있다. 동시에 철저한 비밀에 싸여 있다.

〈미국 심리학협회 윤리 강령The Ethic Code of the American Psychological Association〉은 심리학자가 검사 자료를 "안전하게" 보관해야 한다고 규정하고 있다. 로르샤흐 검사를 사용하는 많은 심리학자들은 카드 그림이 노출될 경우 검사가 무용지물이 될 뿐 아니라, 일반 대중에게 사용하는 중요한 진단 기법 하나가 손상된다고 생각한다. 우리가 일상에서 흔히 보는 대부분의 로르샤흐 얼룩은 심리학계의 뜻을 존중해 모양을 흉내만 냈거나 바꾼 것이다. 학술 논문에 게재되거나 박물관에 전시되는 얼룩 역시 대개는 윤곽만 보이거나 흐릿하게 뭉개져 있거나 모양이 바뀌어 있어, 얼추 맛보기만 가능할 뿐 전체를 볼 수 없다.

출판사와 나는 실제 검사용 그림을 그대로 보여줄지 말지 결정해야 했다. 임상심리학자와 잠재적 환자, 독자를 가장 존중하는 결정은 무엇일까? 로르샤흐 연구자들끼리도 의견이 갈린다(사실 그림 노출뿐 아니라 검사와 관련한 거의 모든 면에서 뚜렷이 합의된 바가 없다). 하지만 로르샤흐 검사 방식에 대한 최신의 사용 설명서에 따르면, "수검자가 이전에 잉크 얼룩을 경험한 적이 있다는 것만으로는 평가의 신뢰도가 떨어지지는 않는다".[1] 어느 쪽이 옳든, 이제 이 물음은 큰 의미가 없다. 저작권이 만료된 로르샤흐 그림이 이미 인터넷에 나돌고 있기 때문이다. 이제 검사용 그림을 손에 넣기란 식은 죽 먹기다. 하지만 그림 공개에 반대하는 많은 심리학자들은 이 사실을 모른 체하고 싶어하는 것 같다. 결국 우리는 몇 개의 잉크 얼룩만 책에 싣기로 했다.

그래도 이 점은 명확히 밝혀야겠다. 온라인이나 여기에 재현된 그림을 보는 것과 실제 검사를 받는 것은 **다르다**. 검사 카드의 크기(24cm×17cm), 흰 여백, 수평 판형도 중요하다. 그리고 카드를 손에 쥐고 돌려볼 수 있어야 한다. 검사 환경도 중요하다. 실질적인 사유가 있어 검사를 받아야 하고, 검사자를 신뢰하든 신뢰하지 않든 자신이 느낀 반응을 숨김없이 털어놔야 한다. 게다가 검사 결과를 채점하는 것이 워낙 난해하고 전문 지식이 필요한 일이라, 폭넓은 훈련 없이는 점수를 매기기 어렵다. 따라서 혼자 실행해보거나, 시험 삼아 친구에게 해볼 수 있는 로르샤흐 검사는 없다. 게다가 친구를 검사할 때는 상대방이 드러내고 싶지 않은 성격의 단면을 들춰낼지도 모른다는 윤리 문제가 뒤따른다.

재미 삼아 잉크 얼룩을 살펴보는 놀이는 늘 사람들의 구미를 당겼다. 하지만 로르샤흐를 비롯한 모든 로르샤흐 전문가들은 잉크 얼룩 검사가 그런 재밋거리가 아니라고 주장한다. 맞는 말이다. 그리고 그 반대의 이야기도 맞다. 온라인에서든 집에서든 친구끼리 재미로 해보는 놀이는 검사가 아니다. 잉크 얼룩이 어떻게 보이는지는 혼자서도 알아볼 수 있다. 하지만 얼룩이 어떤 영향을 미치는지는 혼자 힘으로 깨달을 수 없다.

차례

진실을 알려주는
찻잎 점

2000년대 초반, 빅터 노리스*라는 남자가 어린아이들을 돌보는 일자리에 지원해 최종 후보에 올랐다. 21세기에 접어들던 미국이었던 만큼, 노리스는 심리 평가를 받아야 했다. 11월의 어느 오후, 그는 시카고에서 활동하는 심리 평가 전문가 캐럴라인 힐(가명)의 상담실에서 이틀에 걸쳐 총 여덟 시간 동안 심리 평가를 받았다.

인터뷰에서 노리스는 더할 나위 없이 제격인 후보처럼 보였다. 호감 가는 외모에 성격도 상냥하고, 자리에 맞는 이력서와 흠잡을 데 없는 추천서도 갖추고 있었다. 힐은 노리스에게 호감을

---

* 2014년 1월 캐럴라인 힐을 인터뷰한 내용으로, 여기에 등장하는 인물의 이름과 세부 사항은 모두 바꾸었다 ─ 지은이.

느꼈다. 노리스는 인지 검사에서 평균보다 높은 점수를 받았고, 지능도 평균 이상이었다. 미국에서 가장 흔히 쓰는 성격 검사로 연속되는 567개 문항에 예/아니오로 답해야 하는 미네소타 다면 성격 검사Minnesota Multiphasic Personality Inventory, 즉 **MMPI**에도 노리스는 선선히 응했다. 짐작대로 검사 결과는 정상이었다.

이어 힐은 설명이 적혀 있지 않은 그림을 노리스에게 잇달아 보여주며, 각 그림에서 무슨 일이 일어나고 있는지 이야기해달라고 요청했다. 또 다른 표준 평가인 주제 통각 검사Thematic Apperception Test(TAT)였다. 힐은 노리스가 조금 **뻔**하게 대답한 것이 꺼림칙했지만, 문제가 될 정도는 아니었다. **대화**는 유쾌했고, 부적절한 생각도 드러나지 않았다. 노리스는 이야기할 때 불안해하지도 않았고, 불편해하는 낌새도 없었다.

둘째 날 늦은 오후, 해가 짧은 11월의 시카고에 어둠이 깔릴 무렵이었다. 힐은 책상 앞에 앉아 있던 노리스에게 소파 옆 낮은 의자로 옮겨 앉아달라고 요청했다. 노리스 앞으로 의자를 당겨 앉은 힐은 노란색 메모지와 두툼한 서류철을 꺼낸 다음, 서류철에서 빳빳한 종이 카드 10장을 1장씩 차례로 그에게 건넸다. 카드마다 대칭을 이루는 얼룩 모양 그림이 찍혀 있었다. 카드를 건넬 때마다 힐은 물었다. "이것은 무엇일까요?" "무엇이 보이나요?"

카드 10장 가운데 5장은 흑백이었다. 2장에는 흑백에 빨간 모양이 더해져 있었고, 나머지 3장에는 여러 색이 섞여 있었다. 이 검사에서 노리스에게 주어진 과제는 그림을 보고 이야기를 만

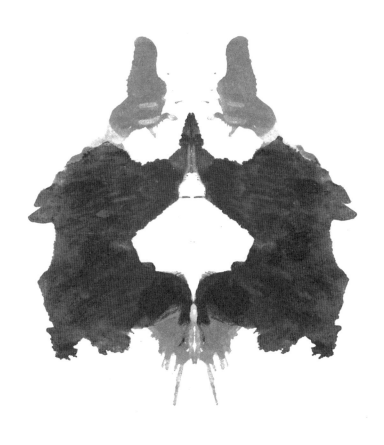

이 그림은 로르샤흐 검사용 카드 1번과 2번이다.

들거나 느낌을 설명하는 게 아니었다. 노리스는 그저 보이는 대로
이야기하면 되었다. 시간제한도 없고, 몇 가지로 답해야 한다는 지
시도 없었다. 힐은 노리스가 잉크 얼룩에서 무엇을 보는지만이 아
니라 그림을 어떻게 다루는지도 고스란히 파악하기 위해 되도록
그림에서 떨어져 있었다. 노리스는 마음 내키는 대로 이 카드 저
카드를 골라 보고, 이쪽저쪽으로 돌려 보고, 어깨높이로 쳐들어 보
거나 코앞에 바짝 갖다놓고 들여다보았다. 힐은 노리스가 질문해
올 때마다 슬쩍 말을 돌렸다.[1]

> 카드를 돌려봐도 될까요?
> — 노리스 씨가 그렇게 하고 싶다면요.
> 카드에 있는 무늬를 다 이용해야 하나요?
> — 하고 싶은 대로 하세요. 사람마다 보는 게 다르거든요.

> 이게 맞는 답인가요?
> — 어떤 것이든 답이 될 수 있어요.

노리스는 카드에서 본 것을 모두 말했고, 힐은 다시 그림으로 돌
아가 다음 단계를 밟았다. "지금부터 노리스 씨가 말한 내용을 읽
어드릴 거예요. 그 내용을 카드 어느 부분에서 봤는지 보여주실래
요?"

　　노리스가 보인 응답은 소름 끼쳤다. 한 카드에서 본 그림을

아이들과의 폭력적인 성행위를 상세하게 묘사한 장면이라고 말하는가 하면, 한 카드의 얼룩 일부는 여성을 처벌하거나 죽이는 장면이라고 답했다. 힐은 노리스를 정중하게 배웅했다. 사무실을 떠날 때 노리스는 웃는 얼굴로 힐의 두 눈을 응시하며 힘차게 악수했다. 노리스를 보낸 힐은 책상에 뒤집어놓았던 메모지를 다시 살펴보았다. 노리스의 반응을 적은 기록이었다. 힐은 채점 방식에 따라 노리스의 반응에 다양한 기호를 매겼고, 설명서에 나온 긴 목록을 이용해 반응을 전형적인 반응과 특이 반응으로 분류했다. 그다음에는 이런 점수를 여러 공식에 모두 집어넣어 심리를 판단할 수 있는 지수, 예컨대 두드러지는 성격 유형, 자기중심성 지수, 사고 유연성 지수, 자살 지수로 변환했다. 짐작대로였다. 계산 결과, 노리스의 점수는 그의 응답만큼이나 극단적이었다.

다른 것은 제쳐두더라도, 로르샤흐 검사는 노리스가 다른 검사에서는 드러나지 않게 억눌렀던 내면 일부를 자극해 드러내 보였다. 노리스는 자신이 바라는 일자리가 심리 평가에 달렸다는 사실을 철저히 의식하고 있었다. 면접에서 어떤 인상을 주고 싶은지, 다른 검사에서 어떤 무난한 답을 내놓아야 하는지를 잘 알았다. 그런데 로르샤흐 검사에서 그 가면이 벗겨진 것이다. 노리스가 잉크 얼룩에서 본 특정한 이미지보다 훨씬 의미심장했던 것은 그가 그런 이야기를 하는 데 거리낌이 없었다는 것이다.

힐이 로르샤흐 검사를 쓴 까닭도 이 때문이었다. 로르샤흐 검사는 낯설고 어떤 답을 해야 한다고 정해진 틀이 없는 과제다.

잉크 얼룩이 어떻게 보여야 한다거나, 얼룩에 어떻게 반응해야 하는지가 정해져 있지 않다. 결정적으로, 로르샤흐 검사는 시각을 이용한다. 따라서 자기방어와 의도적인 자기 연출 전략을 비껴간다. 입은 하고 싶은 말을 꾸며내도, 눈은 보고 싶은 것을 꾸며내지 못하는 법이다. 빅터 노리스는 보고 싶은 것을 꾸며내기는커녕 본 것을 어떻게 말하고 싶은지조차 꾸며내지 못했다. 그 점에서는 노리스도 전형적이었다. 힐은 대학원에서 배운 경험칙이 옳다는 사실을 임상 현장에서 거듭 체험해왔다. 성격 장애가 있는 사람이라도 지능검사와 미네소타 다면 성격 검사에서는 문제를 감출 수 있을 때가 많고 주제 통각 검사에서도 꽤 억누를 수 있지만, 잉크 얼룩을 맞닥뜨리면 가면이 벗겨진다. 어쩌면 로르샤흐 검사는 어떤 사람이 건강한 척하거나 아픈 척할 때, 아니면 일부로든 무심결에든 성격의 어떤 측면을 억누르고 있을 때 경보를 울릴 수 있는 유일한 평가일지도 모른다.

그렇다고 힐이 보고서에 노리스가 과거에 어린이를 성추행했다거나 앞으로 그럴 거라고 적은 것은 아니다. 그런 판정을 내릴 수 있는 심리검사는 이 세상에 없다. 힐이 내린 결론은 노리스의 "현실 이해력이 매우 취약하다"였다. 그리고 아이들을 돌보는 일자리에 노리스를 추천할 수는 없었으므로 고용주들에게 그를 채용하지 말라고 조언했다. 고용주들은 그 조언을 받아들였다.

힐은 노리스의 당혹스러운 검사 결과, 그리고 매력 있는 외모와 그 안에 감춰진 어두운 내면의 뚜렷한 대비를 잊지 못했다.

노리스를 검사한 지 11년 후, 그녀는 어느 심리 치료사에게서 전화를 받았다. 치료사는 빅터 노리스라는 환자를 치료하고 있다며 힐에게 몇 가지를 물어보고 싶어했다. 노리스의 이름을 듣자마자 힐은 대번에 그를 기억해냈다. 힐은 노리스의 검사 결과를 세세히 말할 권한이 없었지만, 주요 검사 결과를 설명해주었다. 놀란 치료사는 잠시 말을 잇지 못했다. "그걸 로르샤흐 검사 한 번으로 알아내셨다고요? 저는 2년이나 상담하고 나서야 그런 결론에 이르렀거든요! 로르샤흐 검사가 진실을 알려주는 찻잎 점이었군요."

수십 년 동안 논쟁이 이어지고 있지만, 오늘날 로르샤흐 검사는 미국 법원에서 증거로 인정되고, 의료보험 회사에서 검사 비용을 환급받을 수 있는 검사가 되었다. 세계 곳곳에서 직무 평가, 양육권 분쟁, 정신과 진료에 이용된다. 옹호자들이 보기에는 10가지 잉크 얼룩이야말로 마음이 어떻게 작동하는지 보여주고, 다른 검사나 직접 관찰이 밝히지 못하는 잠재 문제 등 다양한 심리 상태를 잡아내는 놀랍도록 섬세하고 정확한 도구다. 심리학계 안팎의 비판자들에게는, 로르샤흐 검사를 계속 쓰는 일이야말로 유아기의 외상 체험을 재현해 신경증을 치료한다는 어느 정신요법*이나 자백 유도제와 더불어 오래전에 쓸모없다고 판정했어야 마땅할 사이비 과학의 낯부끄러운 흔적이자 수치다. 이들이 보기에 검

---

* 프라이멀 스크림 요법primal scream therapy.

사의 놀라운 힘은 다른 일에는 분별 있는 사람들이 검사를 믿게끔 세뇌하는 능력밖에 없다.

이렇게 전문가 사이에 의견이 갈리기도 하고, 보다 크게는 사람들이 대개 심리검사를 미심쩍게 여겼으므로 로르샤흐 검사는 의심을 사곤 한다. 최근 널리 알려진 '흔들린 아이' 사건에서 갓난 아들의 죽음에 최종 무죄판결을 받은 아이 아버지는 자신이 받아야 했던 평가가 "고약스럽다"[2]고 생각했고, 특히 로르샤흐 검사를 받았다는 데 "분노했다". "그림, 그러니까 추상화를 살펴봤습니다. 그리고 보이는 것을 말했죠. 여기 보이는 게 나비인가요? 그럼 내가 공격적이고 학대 성향이 있다는 건가요? 그건 정신 나간 짓입니다." 그는 자신이 "근본적으로 남성적인" 세계관인 "과학을 신뢰하는데", 자신을 평가한 사회복지 단체는 "근본적으로 여성적인" 세계관을 지녀 인간관계와 감정을 중요하게 여겼다고 주장했다. 사실 로르샤흐 검사는 본질적으로 여성적인 것도 아니고 그림을 해석하는 활동도 아니지만, 흔히 그렇게 여겨진다. 게다가 로르샤흐 검사는 지능검사나 피검사처럼 깔끔하게 정리된 숫자를 내놓지도 못한다. 하지만 따지고 보면 사람의 마음을 파악하려 드는 어떤 방법도 그런 숫자를 내놓지는 못한다.

로르샤흐 검사는 그것이 가지는 포괄성 때문에 진료실과 법정 밖에서도 널리 인용되곤 한다. 《블룸버그》는 사회보장제도를 로르샤흐 검사에 빗대었다. 스포츠 매체 《SB 네이션》은 조지아 대학교 미식축구팀 불독스의 그해 경기 일정을 로르샤흐 검사로 비유했다.《월스트리트 저널》은 스페인 채권의 수익률을 두고 "금융 시장의 로르샤흐 검사라 할 만하다. 분석가들이 그때그때 자기 마음 가는 대로 보기 때문이다"라고 표현했다. 최근의 대법원 판결, 총기 사건, 연예인들의 의상 사고도 마찬가지다.《뉴욕 타임스》블로그에 이런 글이 실렸다. "파라과이 대통령 페르난도 루고의 탄핵을 놓고 벌어지는 논란은 라틴아메리카의 정치 판도를 보여주는 로르샤흐 검사가 될 전망이다. 탄핵 자체보다 탄핵에 대한 반응이 더 많은 것을 말해주기 때문이다." 예술영화입네 하는 영화를 도무지 참고 보지 못하는 한 영화 평론가는《뉴욕 타임스》에 실은 비평[3]에서 〈밝히는 가족의 섹스 스토리Sexual Chronicles of a French Family〉를 자기가 끝내 해내지 못한 로르샤흐 검사라고 불렀다.

이런 농담들은 사람들이 흔히 떠올리는 로르샤흐 검사의 본질을 소재로 삼고 있다. 로르샤흐 검사는 합격 여부를 가르는 검사가 아니다. 로르샤흐 검사에는 옳고 그른 답이 없다. 무엇이든 보고 싶은 대로 보면 그만이다. 이 때문에 로르샤흐 검사는 권위에 도전하고 어떤 의견이든 귀 기울이는 문화가 성행한 1960년대부터 어디에나 갖다 붙이는 속칭이 되었다. 왜 굳이 언론 매체가 독자나 시청자의 절반이 떨어져나갈지 모를 위험을 무릅쓰고 탄핵이나 예산안이 옳은지 그른지를 말해야 한단 말인가? 그런 걸 그냥 로르샤흐 검사라고 해버리면 될 일이다.

내포된 의미는 언제나 같다. 진실이 무엇이든, 누구나 자기 의견을 말할 권리가 있다. 좋아요로 표출하든, 투표나 구매로 표출하든, 반응을 보인다는 사실이 중요하다. 해석의 자유를 뜻하는 이 은유는 실제 심리학자가 실제 환자와 피고, 구직자에게 실시하는 진짜 검사에서 생겨나는 또 다른 세상과 공존한다. 그런 상황에서는 정말로 더할 나위 없이 옳은 답과 그른 답이 존재한다.

로르샤흐 검사는 유용한 은유이기도 하지만, 잉크 얼룩은 보기에도 참 멋지다. 그래서 심리학이나 언론과는 아무 상관 없이 유행을 타고 있다. 어쩌면 마지막으로 로르샤흐 열풍이 불었던 1950년대 이후 60년 주기로 나타나는 유행인지도 모른다. 혹은 사람들이 20세기 중반의 근대 가구와 잘 어울리는 강렬한 흑백 대비에 끌렸기 때문인지도 모른다. 몇 해 전, 뉴욕 5번가 쇼핑 거리에 있는 백화점 버그도프 굿맨은 매장의 진열창을 로르샤흐식 전시물로 채웠다. 명품 백화점 삭스는 얼마 전에 로르샤흐풍 티셔츠를 98달러에 팔았다. 패션 잡지《인스타일》의 한 페이지를 통째로 차지한 기사〈나만의 패션 전략〉은 이렇게 속삭인다. "웬일인지 이번 시즌에는 대칭이 느껴지는 옷과 장신구에 몹시 끌린다. 내게 영감을 준 로르샤흐 잉크 얼룩 무늬는 입이 다물어지지 않을 만큼 황홀하다." 공포 드라마〈헴록 그로브Hemlock Grove〉, 복제 인간이 주인공인 과학 스릴러〈오펀 블랙Orphan Black〉, 할렘가의 문신 가게를 배경으로 펼쳐지는 리얼리티 쇼〈블랙 잉크 크루Black Ink Crew〉는 로르샤흐 얼룩을 본뜬 영상으로 프로그램을 연다.《롤링스톤》지 선정 2000년대 최고의 음악으로, 사상 처음 인터넷 판매만으로 1위를 차지한 소울 듀오 날스 바클리Gnarls Barkley의〈크레이지Crazy〉뮤

2011년 봄, 뉴욕 5번가 버그도프 굿맨 백화점의 진열창.

직비디오에서는 흑백 잉크 얼룩의 무늬가 최면을 걸듯 계속 바뀌는 영상을 볼 수 있다. 우리는 로르샤흐 무늬가 그려진 머그잔, 접시, 앞치마, 파티용 게임용품을 어디서든 볼 수 있다.

이런 잉크 얼룩 대다수는 원본을 흉내 낸 것에 불과하다. 하지만 세상에 나온 지 100년이 다 되어가는 10개의 원본은 지금도 변함없이 그대로 쓰인다. 이 얼룩들에는 헤르만 로르샤흐가 그림이 "생생한 느낌"을 주려면 필요하다고 말한 "공간 리듬"[4]이 존재한다. 로르샤흐의 얼룩은 현대 추상미술의 발상지에서 만들어졌으므로, 현대 심리학과 추상미술을 모두 생겨나게 한 19세기의 온갖 얽히고설킨 사건들에 영향을 받았다. 그리고 20세기를 지나 21세기의 예술과 디자인에까지 영향을 미친다.

다시 말해, 로르샤흐 검사 이야기에는 세 가지 다른 역사가 뒤섞여 있다.

첫째, 심리검사가 등장하고 쇠퇴했다가 다시 만들어지면서 온갖 방식으로 이용되고 남용된 역사다. 심리학계뿐만 아니라 인류학계, 교육계, 경제계, 법조계, 군대의 전문가들도 알려지지 않은 마음의 신비에 다가서기 위해 오랫동안 애써왔다. 로르샤흐 검사는 유일한 성격 검사는 아니지만, 수십 년 동안 최고의 검사였다. 청진기가 일반 내과를 상징하듯이 로르샤흐 검사는 심리학계를 상징했다. 로르샤흐 검사의 역사가 시작된 이래, 심리학자가 이 검사를 어떻게 이용하느냐는 곧 우리 사회가 심리학에 기대하는 바를 상징했다.

둘째, 미술과 디자인의 역사다. 이는 초현실주의 그림에서부터 날스 바클리의 〈크레이지〉, 그리고 앤디 워홀Andy Warhol의 금색 그림 〈로르샤흐〉를 회고록 표지로 쓴 제이지Jay-Z에까지 이른다. 언뜻 보기에 이런 시각예술의 역사는 의료 진단과 관련이 없어 보인다. 삭스 백화점에서 판매하는 셔츠도 심리학과는 그다지 관련 있어 보이지 않는다. 그렇다고 로르샤흐 얼룩 무늬를 실제 검사와 완전히 떼어놓고 보기는 어렵다. 에이전시 블라인드Blind가 로르샤흐를 주제로 〈크레이지〉의 뮤직비디오를 만들고 날스 바클리의 가수 시로 그린CeeLo Green에게 제안하여 일을 따낼 수 있었던 것은, 어릴 때 말썽을 피운다는 이유로 로르샤흐 검사를 받았던 기억이 그에게 남아 있었기 때문이다.[5] 로르샤흐 검사를 둘러싼 논쟁이 끊이지 않는 것도 이 검사가 눈길을 끌기 때문이다. 따라서 잉크 얼룩이 문화에서 차지하는 위치와 심리 평가를 딱 잘라 구분하기는 어렵다.

마지막으로, 언론에 '로르샤흐 검사'라는 은유가 등장하게 한 문화사가 있다. 20세기 초반, 개성을 추구하는 개인주의 문화가 부상했다. 그리고 1960년대에는 곳곳에서 권위에 도전하는 분위기가 퍼져나갔다. 오늘날에는 해결책이 보이지 않을 만큼 대립이 극으로 치닫고 저마다 자기 좋은 대로 사실을 받아들이는 것 같다. 뉘른베르크 전범 재판에서부터 베트남 정글까지, 할리우드에서부터 구글까지, 공동체 중심적 사회구조에서 살았던 19세기의 생활에서부터 해체된 사회에서 연결을 갈구하는 21세기의 생활에 이르기까지, 로르샤흐의 10가지 잉크 얼룩은 우리 옆에서 역사 대부분을 함께하거나 때로는 앞서 나갔다. 그런데도 다시 어느 언론인이 무엇인가를 로르샤흐 검사라 부른다면, 그 표현은 그저 손쉽게 갖다 쓰는 틀에 박힌 용어에 불과하다. 미술가와 디자이너가 흰 바탕 위에 대칭을 이루는, 눈길을 사로잡는 검정 무늬에 매우 자연스럽게 시선을 돌리는 것처럼 말이다. 일상에서 마주치는 어떤 로르샤흐 무늬도 설명이 필요하지 않다. 하지만 그 무늬가 우리 심상에 쌓여 지속되는 모습은 설명이 필요하다.

오랫동안 로르샤흐 검사는 영혼을 투시하는 X선 같은 것으로 과장되어왔다. 하지만 그것은 옳지 않은 견해다. 검사는 본래 그런 의도로 만들어지지 않았다. 로르샤흐 검사는 우리가 저마다 세상을 이해하는 방식을 독특하게 보여주는 창이다.

심리학과 예술과 문화의 역사. 이 모든 요소가 잉크 얼룩 검사를 만든 이에게로 다시 가닿는다. 1921년, 잉크 얼룩 검사를 세상에 처음 알린《심리 진단Psychodiagnostik》의 2판 서문에서 로르샤흐의 동료이자 편집자인 발터 모르겐탈러Walter Morgenthaler는 "이 기법은 이것을 만든 이의 성격과 떼려야 뗄 수 없이 얽혀 있다"고 밝혔다. 로르샤흐 검사는 매우 중요한 심리검사일 뿐 아니라, 시각예술과 문화에도 큰 영향을 미쳤다. 이런 심리검사를 만들어낸 사람은 어떤 사람이었을까? 그는 아이들의 놀이를 요리조리 만지작거리며 혼자 연구하던 젊은 스위스인 정신과 의사이자 아마추어 예술가였다.

헤르만 로르샤흐는 1884년에 태어났다. 정신의학자이자 의료 역사가인 앙리 엘렌버거Henri Ellenberger에 따르면, 그는 "금발에 몸이 늘씬하고 날렸다. 몸짓과 움직임, 말이 빨랐고, 인상이 깊고 강렬했다".[6] 속지에 있는 사진들을 보라. 로버트 레드포드의 분위기를 살짝 풍기는 브래드 피트 같지 않은가? 그렇게 느낀 사람이 한둘이 아니다. 환자들도 그에게 빠져들곤 했다. 하얀 의사 가운을 걸친 그는 다정다감하고 인정이 많은 데다, 유능하면서도 겸손했고, 듬직하니 잘생긴 사람이었다. 그의 짧은 삶에는 비극과 열정, 발견이 가득했다.

로르샤흐의 주변에서는 근대사가 폭발했다. 유럽에서는 1차 대전이, 러시아에서는 볼셰비키 혁명이 일어났다. 그리고 근대 심리학이 등장했다. 로르샤흐가 활동하던 시기에 스위스에서만 해도 알베르트 아인슈타인Albert Einstein이 현대 물리학의 토대를 다졌고, 블라디미르 레닌Vladimir Lenin이 취리히 시계 공장의 노조 운동가들과 일하며 현대 공산주의의 기틀을 세웠다. 레닌의 취리히 이웃인 다다이스트들은 현대 예술의 씨앗을 틔웠다. 르코르뷔지에Le Corbusier가 라쇼드퐁에서 현대건축의 기초를 닦았고, 루돌프 폰 라반Rudolf von Laban이 취리히에서 현대무용의 틀을 갖췄다. 라이너 마리아 릴케Rainer Maria Rilke는 스위스에 머무르면서 〈두이노 비가Duineser Elegie〉를 완성했고, 루돌프 슈타이너Rudolf Steiner는 바젤 근처에서 발도르프 교육을 창안했다. 예술가 요하네스 이텐Johannes Itten은 따뜻한 봄색, 차가운 겨울색처럼 계절 이름을 붙여 사람마다 어울리는 색을 분류했다. 정신의학계에서는 카를 융Carl Jung과 동료들이 현대 심리검사를 만들었다. 융과 지크문트 프로이트Sigmund Freud는 신경증에 걸린 부유한 환자들과 환자들로 미어터지는 스위스 정신병원이라는 현실 세계 양쪽에서 주도권을 차지하기 위해 경쟁적으로 무의식을 탐구했다.

　이런 혁명들이 헤르만 로르샤흐의 삶과 경력을 관통했다. 하지만 로르샤흐 검사를 연구한 사례는 수만 건인데도, 로르샤흐의 삶을 세밀하게 다룬 전기는 한 권도 없었다. 1954년 앙리 엘렌버거가 간략한 정보만으로 펴낸 40쪽짜리 전기 형식 논문이 전부였으며, 그 이후 로르샤흐를 다룬 거의 모든 이야기는 엘렌버거의 글을 근거로 삼았다. 그런 이야기 속에서 로르샤흐는 새로운 길을 개척한 천재, 갈피를 못 잡는 아마추어 미술가, 과대망상에 빠진 몽상가, 책임감이 투철한 과학자, 또는 이 모든 성향이 합쳐진 어떤 존재로 그려졌다. 로르샤흐의 삶을 두고 몇십 년 동안 온갖 억측이 나돌았다. 사람들은 그의 삶을 보고 싶은 대로 보았다.

　이제 마땅히 진짜 이야기를 들어봐야 할 때이다. 무엇보다도, 로르샤흐 검사를 둘러싼 논쟁이 끊이지 않는데도 여전히 타당한 검사로 남아 있는 까닭을 그의 일생이 설명해주기 때문이다. 로르샤흐는 그러한 논쟁을 대부분 예견했다. 로르샤흐의 생애와 로르샤흐 검사의 내력을 모두 다룬 이 이야기는 스위스에서 시작하지만, 세계 곳곳을 둘러본다. 그리고 마침내 우리가 무엇인가를 보고 살필 때마다 하는 행동의 핵심에 다다른다.

모든 것이
움직임이 되고
생명이 되다

1910년 12월 하순 어느 아침,[1] 스물여섯 살의 헤르만 로르샤흐는 일찌감치 눈을 떴다. 차가운 방을 가로질러 간 그는 침실 커튼을 열어젖혀 북쪽 지방의 해가 느지막이 얼굴을 내밀기 전 내비치는 어슴푸레 희뿌연 빛을 방에 들였다. 아내를 깨우지 않으면서도 그녀의 얼굴, 그리고 두툼한 이불 아래로까지 펼쳐진 탐스러운 검은 머리칼을 볼 수 있을 정도로만이었다. 짐작했던 대로 밤사이 눈이 내려 있었다. 콘스탄츠 호수는 몇 주째 잿빛이었다. 푸른 물빛이 돌려면 아직 몇 달이 남았지만, 그래도 세상은 호숫가나 부부가 사는 방 두 칸짜리 정갈한 아파트 앞 작은 길에 사람 그림자 하나 보이지 않는 그대로도 아름다웠다. 눈 앞의 광경에는 사람의 움직임만 없는 것이 아니었다. 체신엽서에 그려진 흑백 풍경화처럼 색도

가시고 없었다.

　로르샤흐는 아침 첫 담배에 불을 붙이고 커피를 끓인 다음 출근복을 입고, 아내 올가가 깨지 않게 조용히 집을 나왔다. 그 주는 크리스마스가 코앞이라 병원이 평소보다 바빴다. 의사 3명이 무려 400명에 이르는 환자를 돌봤으므로, 그를 포함한 세 의사가 직원회의, 하루 두 차례의 회진, 특별 행사 조직 등 모든 일을 도맡아야 했다. 하지만 바쁜 와중에도 로르샤흐는 병원 뜰을 홀로 거닐며 호젓한 아침 산책을 즐겼다. 주머니에는 항상 갖고 다니는 노트가 꽂혀 있었다. 날이 차가웠지만, 4년 전 모스크바에서 보낸 크리스마스에 비교하면 아무것도 아니었다.

　로르샤흐는 그해 크리스마스를 특히나 기다렸다. 올가와 재회했고, 처음으로 남편과 아내로서 크리스마스트리를 장식할 것이었기 때문이다. 23일에는 병원에서 축하 행사가 열릴 것이고, 24일에는 합동 행사에 참석하지 못한 환자를 위해 다른 의사들과 함께 촛불로 장식한 작은 트리를 들고 병동을 차례차례 돌 것이다. 25일에는 마음 편하게 어릴 적 살던 집으로 돌아가 새어머니를 찾아뵐 것이다. 생각이 여기에 미치자 그는 세차게 머리를 흔들었다.

　그가 일하는 정신 질환자 보호시설에서는 매년 크리스마스 시즌이면 일주일에 3번 합창을 하고, 기타와 하모니카를 같이 연주하면서 동시에 발로는 트라이앵글을 치는 남자 간호사가 춤을 가르쳤다. 로르샤흐는 춤을 즐기지 않았지만, 올가를 위해 마지

못해 춤 강습에 참여했다. 그가 크리스마스 때 진심으로 즐긴 유일한 임무는 공연 연출이었다. 그해에는 3편을 무대에 올렸는데, 그중 1편에서는 병원에서 찍은 인물 사진과 풍경 사진을 영사했다. 화면에 자기가 아는 얼굴이 불쑥, 그것도 실물보다 크게 나오는 걸 보면 환자들이 정말 깜짝 놀랄 것이었다.

환자 중에는 집안사람들이 보낸 크리스마스 선물에 답례 편지도 쓰지 못할 만큼 병세가 심한 사람이 여럿이었다. 로르샤흐가 이들 대신 짧은 감사 편지를 썼는데, 어떤 날은 15통에 이를 정도였다. 그래도 환자들은 불안한 영혼이 허용하는 한도 내에서 대체로 마음껏 크리스마스를 즐겼다. 로르샤흐는 지도 교수에게서 극히 위험하고 통제 불능이라 몇 년 동안 독방에 갇혀 지낸 여성 환자 이야기를 여러 차례 들었었다. 통제되고 억압된 병원 환경에서 지냈으므로 그런 적개심을 드러낼 만도 했다. 그런데 그 환자를 크리스마스 축하 행사에 데려갔더니, 더할 나위 없이 예의 바른 데다 축제일인 1월 2일 베르히톨트Berchtold의 날을 위해 특별히 외웠던 시까지 암송했다고 한다. 그리고 2주 뒤 그녀는 퇴원했다.

로르샤흐는 병원에서 스승의 가르침을 적용해보려 애썼다. 환자들 사진을 찍은 것도 연구와 환자 기록용으로 쓰기 위해서만은 아니었다. 환자들이 카메라 앞에서 자세 잡기를 즐겼던 것도 한 이유였다. 그는 환자들에게 종이와 연필, 종이 반죽, 찰흙 같은 미술용품도 나눠줬다.

어떻게 하면 환자들이 즐길 거리를 제공할 수 있을까. 머리를 쥐어짜며 병원 뜰에 쌓인 눈 위로 뽀드득뽀드득 발걸음을 내디디면서, 로르샤흐는 자연스럽게 어린 시절의 크리스마스와 그때 즐겼던 놀이를 떠올렸을 것이다. 썰매 경주, 성 뺏기 놀이, 토끼잡이 흉내, 숨바꼭질, 그리고 종이 위에 잉크를 살짝 흘린 뒤 반으로 접었다가 무슨 모양이 생겼나 살펴봤던 놀이를.

헤르만 로르샤흐는 1884년 11월에 취리히에서 태어났다. 그해는 여러모로 빛나는 해였다. 공식 명칭이 '세계를 밝히는 자유Liberty Enlightening the World'인 자유의 여신상이 미국 독립기념일에 파리 주재 미국 대사에게 기증되었다. 오스트리아-헝가리 제국에 속했던 도시 테메슈바르는 그 몇 해 전 영국 뉴캐슬과 미국 인디애나주 워배시에 선보였던 전기 가로등을 유럽 대륙에서는 처음으로 설치했다. 조지 이스트먼George Eastman은 실제로 작동하는 첫 롤필름으로 특허를 받았고, 그 덕분에 머잖아 누구든 '자연의 연필Pencil of Nature'이라고 불린 카메라로 빛을 그대로 포착해 사진에 담을 수 있게 된다.

　　오늘날을 사는 우리가 초창기 사진과 영화에 찍힌 그 시절을 제대로 보기란 쉽지 않다. 우리 머릿속의 눈으로는 그 시절이 모든 것이 경직되어 황폐한 흑백 세상으로 보이기 때문이다. 하지만 로르샤흐가 태어날 당시 취리히는 활력이 넘치는 근대 도시이자 스위스에서 가장 큰 도시였다. 19세기 중반부터 리마트강을 따라 부두가 건설됐고, 1867년에는 번화한 상점가로 유명한 반호프

거리가, 1871년에는 철도역이 들어섰다. 지금도 11월이면 취리히는 흐린 하늘 아래로 주황빛 참나무잎과 노란빛 느릅나무잎, 그리고 붉디붉은 단풍잎이 바람에 살랑이며 울긋불긋 장관을 이룬다. 당시에도 취리히 사람들은 연푸른 하늘 아래 살았고, 짙푸른 용담과 하얀 에델바이스가 점점이 핀 눈부신 고산지 초원으로 하이킹을 다녔다.

로르샤흐는 취리히에서 태어났지만, 그의 집안이 수백 년 동안 뿌리를 내리고 산 곳은 취리히에서 동쪽으로 80킬로미터쯤 떨어진 콘스탄츠 호숫가의 작은 도시 아르본이다. 아르본에서 호숫가를 따라 6킬로미터쯤 내려가면 로르샤흐라는 더 작은 도시가 나온다. 분명 그곳에서 로르샤흐 가문이 시작되었겠지만, 이 집안의 조상[2]이 아르본에 정착한 자취를 추적하면 1437년까지 거슬러 올라간다. 게다가 '로샤흐Roschach' 성씨까지 범위를 넓히면 아르본에 거주한 역사는 다시 1,000년을 거슬러 올라가 서기 496년에 이른다. 사람들이 대대로 한곳에 머물러 살고, 국가뿐 아니라 칸톤canton•과 시에도 종속되던 시대에는 흔한 일이었다. 몇몇 조상은 이곳저곳을 돌아다니기도 했다. 증조할아버지의 형제인 '리스본 사람' 한스 야코프 로샤흐Hans Jakob Roschach(1764~1837)는 멀리 포르투갈까지 갔다. 그곳에서 디자이너로 일했으니, 어쩌면 수도 리스본 곳곳에서 볼 수 있는 타일의 매혹적인 무늬 가운데 몇 가지를

• 주에 해당하는 스위스 행정 구역.

그가 만들었을지도 모를 일이다. 하지만 정말로 틀을 깨고 아르본을 벗어난 사람은 헤르만 로르샤흐의 부모님이었다.

헤르만의 아버지 울리히 로르샤흐Ulrich Rorschach는 화가였다. 그가 태어난 1853년 4월 11일로부터 12일 후에는 마찬가지로 화가가 될 빈센트 반 고흐도 태어난다. 방직공의 아들로 태어난 울리히는 열다섯 살에 집을 떠나 독일로 가 미술을 공부했고, 네덜란드까지 여행했다. 아르본으로 돌아온 뒤에는 화실을 열고, 1882년에 필리피네 비덴켈러Philippine Wiedenkeller(1854년 2월 9일생)와 결혼했다. 비덴켈러 가문은 대대로 목수와 뱃사공 일을 했고, 오랫동안 로르샤흐 가문과 혼인해온 집안이었다.

1883년 부부는 첫아이 클라라를 낳았다. 하지만 한 달 반만에 아이를 잃었고, 4개월 뒤에는 필리피네의 쌍둥이 자매까지 세상을 떠났다. 잇따른 상실에 큰 충격을 받은 두 사람은 울리히가 서른한 살이던 1884년에 화실을 팔고 취리히로 옮겨갔다. 그리고 울리히는 그해 가을 취리히 응용예술학교에 입학했다. 당시 스위스에서 서른한 살에 고정 수입 한 푼 없이 대도시로 이사하는 것이 흔치 않은 일이었음을 생각하면, 그만큼 울리히와 필리피네가 다음 아이를 더 나은 환경에서 낳기를 간절히 바랐던 게 틀림없어 보인다. 그리고 1884년 11월 8일 밤 10시, 취리히 비디콘 지구 할덴슈트라세 278번지에서 헤르만이 태어났다. 응용예술학교를 좋은 성적으로 마친 울리히는 취리히 북쪽으로 40킬로미터쯤 떨어진 샤프하우젠시의 초등학교, 그리고 중등학교인 레알슐레에서 소묘와 회화를 가르치는 괜찮은 일자리를 얻었다.[3] 헤르만이 두 돌을 맞이할 즈음, 마침내 가족은 장차 헤르만이 자라날 샤프하우젠에 정착했다.

스위스의 북쪽 경계를 이루는 라인 강가에 자리 잡은 샤프하우젠은 지금도 인구가 3만 4,000명가량인 작은 도시로,[4] 곳곳에서 르네상스 건축과 분수를 볼 수 있는 고풍스러운 곳이다. 당시 여행 안내서는 이곳을 "라인강의 강둑을 따라 풀밭과 숲이 번갈아 나타나고, 짙푸른 물결 위로 숲의 나무가 일렁이며 비친다"[5]고 소개하고 있다. 아직 번지가 도입되지 않았던 때라, 집마다 야자나무 가지 집, 기사의 집, 분수 집 같은 이름이 붙었다. 집집마다 꾸밈새도 달라서, 돌사자나 가고일, 큐피드 상으로 장식하거나, 건물 정면에 색을 칠하거나, 커다란 뻐꾸기시계처럼 툭 튀어나온 돌출 창을 냈다.

그곳은 대대로 평화로운 도시였다. 포도밭으로 뒤덮인 언덕에 자리 잡은 원형 요새 무노트는 주위가 한눈에 들어오고 옛 해자 자리가 남아 있는 인상적인 곳으로, 시는 16세기에 세워진 이곳에 관광 산업을 일으키기 위해 19세기에 들어서면서 재건 작업을 벌였다. 철도를 들였고, 라인강의 풍부한 수력을 활용해 새 발전소를 돌렸다. 콘스탄츠 호수에서 흘러나온 라인강은 샤프하우젠 인근 라인 폭포에서 낙차는 작아도 유럽 최대 폭인 150미터의 물줄기를 쏟아냈다. 40년 동안 라인 폭포를 그린 영국 화가 터너J. M. W. Turner는 폭포의 물결을 거대한 산처럼, 그리고 산이 물감과 빛의 소용돌이 속으로 사라지는 것처럼 그렸다.《프랑켄슈타인》을 쓴 작가 메리 셸리Mary Shelley는 언니에게 이런 편지를 보냈다. "짙은 물보라가 우리를 감쌌어. 전망대 맨 아래쪽에 서서 고개를 들었더니 반짝이며 끊임없이 움직이는 물보라 사이로 세찬 물결이, 바위가, 구름이, 말간 하늘이 눈에 들어왔어. 그런 광경은 처음이야. 지금껏 본 어떤 것보다도 멋졌어."[6] 여행 안내서에 적힌 그대로였다. "커다란 산 같은 강물이 어두운 운명처럼 당신에게 달려든다. 그러다 뚝 떨어진다. 그 순간, 굳어 있던 모든 것이 움직임이 되고 생명이 된다."[7]

1888년 10월 10일, 헤르만의 여동생 아나Anna가 태어났다. 식구가 늘어난 가족은 시내를 벗어나 가파른 오르막길을 20분쯤 걸어야 나오는 가이스베르크 언덕에 새로 집을 얻었다. 남동생 파울Paul도 1891년 12월 10일 이 집에서 태어났다. 집은 널찍했다.[8] 망사르드 지붕*에 창도 큼직큼직해서 스위스 산간의 목조 주택이라기보다 프랑스 시골 저택에 가까웠다. 집 근처에는 아이들이 탐험에 나설 숲과 들도 있었다. 주인집 아이들은 헤르만과 놀이 동무가 되었다. 헤르만과 친구들은 제임스 페니모어 쿠퍼James Fenimore Cooper가 쓴 소설집《가죽 스타킹 이야기Leather-stocking Tales》에 나오는 백인 개척자와 인디언 이야기에 푹 빠져 있었다. 그래서 근처 자갈 채석장을 둘러싼 나무 사이를 살금살금 돌아다니다 유일한 '백

---

* 처마 쪽이 가파르고 용마루 쪽이 완만한 2단 지붕.

인 여성'인 아나를 데리고 도망치는 놀이를 자주 즐겼다.

가이스베르크는 남매들 기억에서 가장 행복한 시절이었다. 헤르만은 집주인의 선교사 친척이 해외에서 가져왔다는 조개껍데기에서 한 번도 경험한 적이 없는 바다의 거센 울부짖음을 들었다. 그는 애완용으로 기른 하얀 생쥐가 돌아다닐 수 있게 나무 미로도 만들었다. 여덟 살인가 아홉 살에 홍역에 걸렸을 때 아버지 울리히가 얇은 색종이를 오려 멋진 인형을 만들어주자, 헤르만은 유리 덮개가 달린 상자에 인형을 넣고 움직여 춤을 추게 했다. 울리히는 아이들과 함께 산책하며 도시의 아름다운 옛 건축물과 분수에 어떤 역사가 서려 있고, 그 모습이 어떤 의미를 담고 있는지를 들려줬다. 아이들과 같이 나비를 잡으러 다녔고, 책을 읽어줬고, 꽃 이름과 나무 이름을 알려줬다. 파울은 토실토실하고 활달한 사내아이로 자랐다. 사촌에 따르면, 파울과 달리 헤르만은 "생각에 잠겨 아주 오랫동안 한곳을 뚫어지듯 쳐다볼 때가 있었다. 그리고 아버지를 빼다 박아 예의가 발랐다".9 이 사촌은 아홉 살 난 헤르만에게 〈헨젤과 그레텔〉, 〈라푼젤〉, 〈룸펠슈틸츠헨〉 같은 그림 형제의 동화를 들려줬다. "헤르만은 몽상가여서 그런 동화를 좋아했다."

울리히는 한 번이라도 서로 사랑한 적이 있었을까 싶을 만큼 격렬하게 싸워댔던 부모 아래서 자랐다. 그래서 아이들만큼은 꼭 자신이 한 번도 누리지 못한 사랑이 넘치는 가정에서 키우고 싶었다. 그리고 필리피네와 더불어 그 꿈을 이뤘다. 따뜻하고 활기찬 필리피네 로르샤흐는 민요를 즐겨 불러 아이들을 즐겁게 해주었다. 요리도 무척 잘해서, 특히 크림과 과일을 올린 푸딩은 아이들에게 인기가 많았다. 그녀는 해마다 남편의 동료 교사들을 모두 불러 돼지 구이 요리를 대접했다. 장난도 잘 받아주는 엄마였다. 헤르만의 사촌은 언젠가 한 번 필리피네의 치마폭 아래에서 폭죽에 불을 붙였는데, 그녀가 화를 내기는커녕 같이 웃음을 터뜨렸다고 회고했다.

울리히도 아내처럼 따뜻한 사람이라, 동료와 학생들에게 진심 어린 사랑과 존경을 받았다. 사소한 언어장애가 있어 혀짤배기소리를 냈지만, 그래도 노력하면 티가 나지 않았다고 한다. 발음 문제로 좀체 입을 열지 않았지만, 시험을 치르는 학생들에게 손짓이나 표정으로 다정함을 전했고, 소곤소곤 기운을 북돋는 말을 건넸다. 나중에 헤르만 로르샤흐와 친구가 되는 울리히의 제자 프란츠 슈베르츠Franz Schwerz는 "50년도 더 지났지만, 기꺼이 도움의 손길을 내밀던 겸손한 그분이 아직도 마치 제 앞에 계신 듯 생생합니다"라고 회상했다. 그 밖에도 울리히는 어느 학생이 그린 소묘에 반 시간 동안 끈기 있게 선을 덧그려 학생이 잘못 그린 부분을 고쳐주기도 했다. "마침내 수정된 그림을 눈앞에서 보니, 모델과 다른 구석이 하나도 없었어요. 선생님은 놀라울 정도로 형상을 잘 기억하셨죠. 선이 모델과 정확히 일치했어요."

당시 스위스 예술가들은 대학 교육이나 인문학 교육을 받지 않았지만, 울리히는 교양의 폭이 넓었다. 20대에는 좋아하는 시와 자작시를 묶어 얇은 시 모음집《야생화: 마음과 정신을 위한 시》[10]를 펴내기도 했다. 딸 아나는 그가 산스크리트어도 할 줄 알았다고 주장했다. 울리히가 정말로 산스크리트어를 할 줄 알았든 재미 삼아 아이들을 놀리려고 가짜 산스크리트어를 말했든, 그가 어떤 사람인지는 별로 달라지지 않는다.

울리히는 한가한 시간에 「미술 교사 울리히 로르샤흐가 쓴 형상론 개요」[11]를 썼다. 100쪽에 이르는 이 글은 중학교 강의록이나 연습 과제 모음집이 아닌 학술 논문이었다. '공간과 배분', '시간과 배분'으로 문을 연 논문은 '빛과 색'을 지나 '농도, 회전, 결정화로 빚어낸 주요 형태'로 이어졌다. 울리히는 이어 시각 세계 사전에 가까운 30쪽짜리 「형태 영역을 거니는 안내서」에 착수했다. 여기에서는 '형태의 법칙', 즉 리듬, 방향, 비율을 다뤘다. 울리히는 음악, 나뭇잎, 인체에서뿐만 아니라 그리스 조각상, 현대 증기 기관, 군대에서까지 이런 법칙을 찾아냈다. 그리고 진지하게 "우리 가운데 어느 누가 끊임없이 모습을 바꾸며 움직이는 구름과 안개에, 자주는 아니더라도 기쁜 마음으로 눈길을 돌려 상상을 펼쳐 온 적이 있었던가?"라고 물었다. 원고는 인간의 마음을 논하며 끝을 맺었다. 울리히는 의식도 형태의 기본 법칙에 지배받는다고 적었다. 실생활에 쓸모는 없었지만, 깊은 사색이 묻어나는 글이었다.

가이스베르크 집에서 서너 해를 산 뒤, 로르샤흐 가족은 다시 샤프하우젠으로 돌아갔다. 무노트 요새 인근의 새 주택가에 있던 집으로, 아이들 학교에서도 가까웠다. 겨울이면 몸이 날랜 헤르

1903년 무렵 로르샤흐 부자가 그린 목탄화. (왼쪽) 울리히 작품, (오른쪽) 헤르만 작품.

만이 얼음을 멋지게 지쳤고, 아이들은 썰매를 한 줄로 죽 이은 뒤 무노트 요새 주변 언덕에서부터 시내 큰길까지 미끄럼을 타며 놀았다. 물론 차가 아주 많아지기 전까지의 일이었다. 울리히가 쓴 연극이 무노트 요새의 옥상 테라스에서 공연되었을 때는 아나와 헤르만이 배우로 나섰다. 또 울리히가 샤프하우젠의 어느 단체에서 의뢰받아 새 깃발을 제작할 때는 아이들이 깃발의 본으로 쓸 만한 야생화를 찾아다녔다. 아이들은 아버지가 디자인한 깃발에 자기들이 추천한 양귀비의 붉은빛과 수레국화의 짙푸른 빛이 수놓인 모습을 보고 무척 기뻐했다. 헤르만은 이때부터 풍경화, 식물화, 인물화에 재주를 드러냈다. 그의 어린 시절은 목각, 종이 오리기, 수놓기부터 소설, 연극, 건축에 이르기까지 창작 활동으로 가득했다.

헤르만이 열두 살이던 1897년 여름, 어머니 필리피네가 당뇨병에 걸렸다. 당시는 인슐린 치료법이 나오기 전이었다. 필리피네는 한 달 동안 몸져누워 내내 지독한 갈증에 시달리다 7월 11일에 끝내 세상을 떠났다. 가족들은 충격에서 헤어나지 못했다. 집안일을 도울 가정부를 잇달아 들였지만, 마땅한 사람이 한 명도 없었다. 특히 대단한 신앙심이라도 있는 양 하루 내내 전도만 하려들던 가정부에 세 남매는 치를 떨었다.

1898년 크리스마스를 앞둔 어느 밤, 울리히가 아이들의 놀이방으로 들어와 곧 새엄마가 생긴다는 소식을 알렸다. 새엄마는 낯선 사람이 아니라, 이모 레기나Regina였다. 울리히는 필리피네의 이복동생이자 헤르만의 대모를 새 아내로 점찍었다. 레기나는 아르본에서 직물과 편물을 파는 작은 가게를 운영했고, 헤르만과 아나는 그곳에서 레기나와 함께 휴가를 보낸 적도 있었다. 울리히는 크리스마스 동안 레기나가 들르러 온다는 소식도 알렸다. 열 살이던 아나는 새엄마라는 존재에 두려움을 느껴 비명을 질렀고, 갓 일곱 살이 된 파울도 울음을 터뜨렸다. 하지만 열네 살이던 헤르만은 차분하게 동생들을 타일렀다. 아버지를 생각해, 아버지를 위한 삶도 있어야 하잖니. 지금은 아버지가 하루를 마치고 돌아와도 따뜻한 가정이 없잖아. 아버지는 가정부들이 우리를 신실한 신도인 척하는 위선자로 만들어놓는 것도 싫으셨을 거야. 괜찮아, 아무

일도 없을 거야.

1899년 울리히와 레기나는 결혼했고, 1년이 채 안 되어 아이가 태어났다. 엄마를 따라 레기나라 이름 지은 아이는 레기넬리 Regineli라는 애칭으로 불렸다. 남매들은 이복동생을 기쁘게 맞이했다. 아나는 그때를 이렇게 회상했다. "몇 달은 평화롭고 다정하고 사이좋게 지냈어요. 하지만 안타깝게도 몇 달뿐이었어요."

그때 이미 울리히에게는 혀짤배기소리보다 더 심각한 증상이 나타났던 듯하다. 그가 학교에서 모자를 벗을 때면, 학생들이 놀려댈 만큼 심하게 손을 떨었다고 한다. 레기넬리가 태어난 뒤에는 피로와 어지럼증에 시달렸다. 진료를 받아보니 화공 일을 할 때 납에 중독된 탓에 신경 질환이 발병한 것이라고 했다.[12] 결국 그는 몇 달 못 가 교사 일을 그만둬야 했고, 가족은 마지막으로 젠티스트라세 5번지로 이사했다. 레기나는 그 건물에 가게를 열어 집에서 울리히를 돌보면서 가족을 부양했다. 헤르만은 몇 푼이라도 보태려 라틴어 개인 교습을 시작했고, 하루도 빠짐없이 학교가 끝나자마자 집에 돌아와 새어머니 곁에서 아버지를 보살폈다.

울리히의 말년은 부고 기사에 적힌 대로 "이루 말로 할 수 없는 고통"으로 가득했다. 그는 우울증, 망상, 지독하고 무의미한 자책에 시달렸다. 헤르만은 목숨이 얼마 남지 않은 아버지를 돌보는 데 매달리다시피 하다 심한 폐렴에 걸렸다. 긴장과 피로 탓에 증세는 더 나빠졌다. 그리고 1903년 6월 8일 새벽 4시, 울리히가 50세의 나이로 세상을 떠났다.[13] 헤르만은 폐렴이 악화되어 아버지의 장례식에도 참석하지 못했다. 울리히는 무노트 요새와 헤르만의 학교 사이에 있는 공동묘지에 묻혔다. 집에서 나와 나무가 줄지어 선 예쁜 길을 따라 조금만 걸으면 나오는 곳이었다. 헤르만이 열여덟 살 되던 해였다. 아나는 열넷, 파울은 열하나, 레기넬리는 세 살이었다. 아버지가 병을 앓다 돌아가시는 모습을 속수무책으로 지켜봐야 했던 헤르만은 의사, 그중에서도 신경과 의사가 되어야겠다고 마음먹었다. 하지만 당장은 부모님이 모두 돌아가셨고, 새어머니는 연금도 없이 홀로 아이 넷을 키워야 하는 신세였다.

아나가 처음에 두려워했던 못된 새엄마는 머잖아 현실이 되었다. 레기나는 가혹할 정도로 완고하고 엄했다. 나중에 헤르만의 사촌이 묘사한 바에 따르면, 그녀는 머릿속에 "이상이라곤 없고 오로지 일만 있는", 어떻게 먹고 살지만 생각하는 사람이었다. 서른일곱 살이라는 뒤늦은 나이에 결혼한 것도 "30년 동안 판매원 일만 하느라 다른 일에는 아예 깜깜해서였다". 필리피네 로르샤흐는 맏이로 태어났고, 남편의 첫 아내였다. 이와 달리 레기나는 후처의 딸이었고, 본인도 후처였다. 그런데다 자기와는 성격이 딴판인 고집 센 의붓자식이 셋이나 있었다.

레기나는 파울과 자주 다퉜다. 호기심 많고 외향적인 아나는 결국 레기나 때문에 집이 "숨 막히도록 갑갑해 옴짝달싹할 수 없었다"고 느낄 만큼 우울해했다. 아나는 뒷날 레기나를 "날개가 작아 날지 못하는 닭처럼, 상상력을 펼칠 날개 따위는 없는 사람"

이라고 묘사했다. 인색하기 짝이 없는 레기나가 관리하는 집에는 늘 냉기가 돌았다. 아이들의 손이 말 그대로 시퍼레지곤 할 정도였다. 놀 시간 같은 것은 없었다. 남는 시간에는 오로지 일을 하거나, 자질구레한 집안일을 해야 했다.

아직 고등학생이던 헤르만은 일찍 철이 들어야 했다. 아나는 어린 시절을 회상하면서 헤르만이 자기에게 "아버지이자 어머니"였다고 말했다. 동시에 헤르만은 레기나의 든든한 버팀목이자 집안의 가장 노릇도 했다. 그는 몇 시간 동안 부엌에 앉아 레기나와 이야기를 나눴다. 그리고 레기나가 남을 사랑할 만한 사람이 되지 못한다는 사실을 이해했다. 그가 본 레기나는 "안타깝게도 소심하면서도 자존심이 세서, 지금껏 누구에게도 애착을 느끼지 못했을"[14] 사람이었다. 그래서 아나와 파울한테 새어머니에게 너무 날을 세우지 말라고 타일렀다. 세 남매는 자신들이 할 수 있는 범위 내에서 새어머니를 용서하고 어린 레기넬리를 헤아려야 했다.

이 모든 상황 때문에 헤르만은 제대로 슬픔을 느낄 시간조차 갖지 못했다. 그는 결혼을 3개월 앞둔 1910년 1월 31일 아나에게 보낸 편지에서 "요즘 어느 때보다도 어머니, 그러니까 친어머니와 아버지 생각을 많이 한단다. 6년 전 아버지가 일찍 돌아가셨을 때는 지금만큼 깊이 아파하지도 못했던 것 같구나"라고 아픈 속내를 드러냈다. 그래서 그는 샤프하우젠에서 벗어나기를 간절히 바랐다. 나중에 아나에게 밝혔듯, "잘살아보겠다고 남과 다투고 할퀴고, 집안을 쓸고 닦는 하찮은 일에 집착하고, 한없이 삶을 갉아먹고 활기를 잡아먹는 모든 일"을 "샤프하우젠식 사고방식"
이라 생각했다.[15] "우리 남매 누구도 새어머니 같은 분과는 한순간
이라도 같이 산다는 건 생각조차 할 수 없어. 재능이 뛰어나고 대
단하신 분이니 칭송해야 마땅하지만, 그분과 같이 살려면 침묵 속
에 갇혀 있어야 할 때가 너무 많을 테니까. 우리처럼 자유롭게 움
직여야 하는 사람에게는 맞지 않는 일이야."

　　울리히와 필리피네의 세 아이는 마침내 부모보다 더 멀리
세상을 여행한다. 가장 먼저 발을 뗀 사람은 헤르만이었다. "아나,
너와 나는 스스로 삶을 꾸릴 능력이 있어. 아버지에게 물려받은
것이지. (…) 우리는 그 능력을 유지하기만 하면 돼. 또 반드시 그
래야 하고. 샤프하우젠은 이런 능력을 옥죄는 곳이야. 그곳에서는
재능이 잠시 발버둥 치고 몸부림치다 결국 죽고 말아. 하지만 누
가 알았겠니. 그 덕분에 우리는 세상을 얻었어! 어딘가에 우리의
재능을 펼칠 곳이 있을 거야."

　　이 편지를 쓸 무렵 헤르만은 이미 샤프하우젠을 벗어나 있
었다. 하지만 비록 쓰디쓴 시련이 가득했어도 샤프하우젠에서 보
낸 시절은 헤르만이 사상가로 그리고 예술가로 발돋움하는 데 중
요한 역할을 했다.

'얼룩이'
로르샤흐

믿기 어려울 만큼 절묘한 운명의 장난인 듯, 김나지움에서 로르샤흐의 별명은 독일어로 '잉크 얼룩'을 뜻하는 '클렉스Klex'였다. 어린 얼룩이 로르샤흐는 그때 이미 자신의 운명을 예언하는 잉크를 만지작거리고 있었던 것일까?

독일과 독일어권 스위스에서 대개 6년제인 우수 인문계 중고등학교, 즉 김나지움에 다니는 학생들은 대부분 4학년이 끝날 무렵인 16~17세에 학생 사교 클럽[1]에 가입하는데, 이때 얻는 별명이 아주 중요했다. 회원은 우정과 충성을 맹세했고, 한번 회원은 평생토록 회원이었다. 학생 사교 클럽에서 맺은 인맥은 사회생활 내내 윤활유 역할을 할 때가 많았다. 샤프하우젠에서 가장 영향력이 큰 학생 사교 클럽은 로마 시절 샤프하우젠의 이름을 딴 스카푸시아Scaphusia였다. 로르샤흐도 스카푸시아 회원이었는데, 이들은 학교 운동장, 술집, 등산길에서도 푸른색과 하얀색이 섞인 띠와 모자를 자랑스럽게 걸치고 다녔다. 회원들은 각자의 개성을 잘 드러내는 별명을 얻어 그 이름으로 불렸다.

입회 신고식은 동네 술집에서 열렸다. 빛이라고는 해골에 꽂아놓은 촛불 하나뿐이라 사방이 암흑에 가까웠다. 풋내기Fuchs라고 불리는 신입 회원은 두 손에 맥주잔을 하나씩 들고 회원들의 펜싱 장비가 든 나무 상자에 올라가 온갖 거친 질문에 대답해야 했다. 스위스 학교의 풋내기 길들이기는 다행히 그 정도에서 그쳤지만, 독일 대학교의 학생 사교 클럽에서는 진짜 칼로 펜싱 결투를 치른 탓에 많은 독일 엘리트가 평생 얼굴에 슈미스Schmiss라는 칼자국을 지니고 살았다. 시험을 통과한 스카푸시아 풋내기는 두 손에 든 맥주를 평소대로 마셔버리거나 머리 위로 들이붓는 '맥주 세례'를 받았다. 그리고 마침내 별명을 받았다. 주로 외모나 성향을 대놓고 놀리는 별명이었다. 로르샤흐의 입회 보증인은 줄담배를 피운다고 '굴뚝' 뮐러였고, 굴뚝의 보증인은 바람기 많고 돈 많은 악마라고 '바알'*이었다.

헤르만이 얻은 새 이름 '얼룩이'는 펜과 잉크를 잘 다룬다는 뜻이기도 했고, 그림을 획획 잘 그린다는 뜻이기도 했다. 또한 독일어 klecksen 또는 klexen에는 '얼룩지게 하다, 형편없이 덕지덕

* 고대 가나안에서는 풍요의 신이었지만, 기독교에서는 악마로 그려진다.

지 그리다'라는 뜻도 있다. 로르샤흐가 무척 좋아한 화가이자 시
인인 빌헬름 부슈Wilhelm Busch는 자기가 쓴 어린이 그림책에《화가
얼룩이Maler Klecksel》라는 제목을 붙이기도 했다. 하지만 로르샤흐가
얻은 새 이름은 형편없는 화가라는 놀림이 아니라 뛰어난 화가라
는 찬사였다. 그 무렵 다른 학생 사교 클럽에서 얼룩이라는 이름
을 얻은 신입 회원 역시 그림 실력이 뛰어났고, 나중에 건축가가
되었다.

　　그러므로 스카푸시아의 '얼룩이'는 '잉크 얼룩'을 의미하
는 게 아니었다. 물론 로르샤흐가 조현병 환자들과 관계를 맺을
방법을 생각하며 병원 앞뜰을 거닐 때, 어쩌면 얼룩이라는 말 덕
분에 잉크 얼룩을 떠올렸을지도 모른다. 어쨌든 중요한 것은 얼룩
이 로르샤흐가 화가로서도 뛰어났다는 사실이다. 로르샤흐는 시
각적 감성을 지닌 예술가였다.

어머니가 돌아가신 이듬해인 1898년부터 아버지가 돌아가신 이
듬해인 1904년까지 로르샤흐는 샤프하우젠 김나지움에 다녔다.[2]
전교생은 170명이었고, 로르샤흐의 반은 14명이었다. 샤프하우
젠 김나지움은 지역의 명문 학교로 이름나 있었기 때문에 스위스
의 다른 지역뿐 아니라 이탈리아에서도 학생들이 찾아왔다. 또한
권위주의에 휩싸인 독일제국을 떠나온 민주주의 성향의 너그러
운 선생님들도 이곳을 찾아왔다. 교과목은 만만치 않았다. 학생들
은 해석 기하학, 구면 삼각법, 정성 분석 및 고급 물리학 과정을 배

워야 했다. 라틴어로 소포클레스, 투키디데스, 타키투스, 호라티우스, 카툴루스를, 프랑스어로 몰리에르와 위고를, 독일어로 괴테를, 영어로 레싱과 디킨스를 읽었고, 번역본으로 러시아의 투르게네프, 톨스토이, 도스토옙스키, 체호프를 읽었다.

로르샤흐는 겉보기엔 열심히 공부하는 듯 보이지 않았지만 성적이 뛰어나 모든 과목에서 거의 상위권을 차지했다. 모국어인 스위스 독일어와 표준 독일어 외에 영어, 프랑스어, 라틴어를 공부했고, 졸업 뒤에는 독학으로 이탈리아어와 러시아어를 익혔다. 로르샤흐의 러시아어는 아주 유창했다. 하지만 그는 낯을 가리는 성격이라, 학교 무도회가 열리더라도 꿔다놓은 보릿자루처럼 한구석에 짝 없이 잠자코 서 있기 일쑤였다. 로르샤흐는 당시 인기를 끌던 무노트 타워라는 춤의 복잡한 동작과 동선을 용기 내어 따라 하기보다는 명함을 건네고 가만히 구경만 하는 편이었다. 무언가를 할 때는 주위가 조용해야지, 방해라도 받으면 불같이 화를 냈다. 학교에서 헤르만과 가장 친했고 나중에 변호사가 된 외향적인 성격의 발터 임 호프Waltern Im Hof는 "헤르만을 자기 세계에서 살짝 끌어내는 게 내 역할이었다"고 회상했다. 다른 친구들 역시 친구들과 어울리는 사교 파티와 술자리가 로르샤흐에게 도움이 되었다고 생각했다. 그렇게 낯을 가리는 헤르만도 사교성이 아주 뛰어난 남동생 파울과는 짓궂은 장난을 즐겼고, 그 즐거운 추억을 오래도록 간직했다. 헤르만은 시간이 날 때면 늘 자연으로 떠났다. 산을 오르고, 호수에서 배를 젓고, 알몸으로 헤엄을 쳤다.

하지만 머릿속에서는 늘 돈 걱정이 떠나지 않았다. 그의 학교 친구들은 대부분 부잣집 출신이었고, 몇몇은 아주 유명한 집안 출신이었다. 당시 샤프하우젠은 풍요로웠다. 그곳의 한 부유한 제조업자는 오늘날에도 IWC(The International Watch Company) 샤프하우젠으로 잘 알려진 시계 회사를 세웠다. IWC 창립자의 딸로 뒷날 카를 융과 결혼하는 에마 라우셴바흐Emma Rauschenbach는 스위스에서 손꼽힐 정도로 부유한 상속인이었다. 그렇게 풍요로운 환경이라 헤르만 로르샤흐의 가난이 더 두드러졌다. 한 친구는 로르샤흐의 새어머니가 "세탁부"로 일한다고 오해해, "아들을 학교에 보내려면 틀림없이 손발이 부르트게 열심히 일했을 거라고" 여겼다. 한 친구의 귀족 출신 어머니는 로르샤흐네 집안을 하층민이라며 얕잡아봤다. 다른 친구는 로르샤흐가 시골뜨기처럼 보였지만, "보기와 달리" 어쨌든 똑똑했다고 말했다. 이런 상황에서도 로르샤흐는 집안 형편이 자신의 독립을 가로막게 손 놓고 있지 않았다. 그는 스카푸시아 입회비를 면제받았고, 필요할 때 새 책을 살 수 있도록 스카푸시아의 사서 자리를 맡았다.

또한 그가 과학 실험에 이용할 대상이 적어도 한 명은 있었다. 바로 로르샤흐 자신이었다. 10대 시절 로르샤흐는 기분에 따라 눈동자가 커지거나 줄어든다는 내용을 읽었고, 자신도 마음먹은 대로 눈동자를 키우거나 줄일 수 있다는 사실을 알아냈다. 어두운 방에 있을 때 전등 스위치를 찾는다고 상상하면 눈동자가 눈에 띄게 작아지곤 했다. 반대로 낮에 해가 밝게 비치는 밖에서는 눈동자를 더 크게 만들 수 있었다. 정신력과 관련한 문제를 다룬 다른 실험에서는 치통 증상을 음악으로 바꿔 "욱신거림"은 낮은 음으로, "찌릿찌릿한" 통증은 높은음으로 옮겼다.[3] 한 번은 먹지 않고 일하면서 얼마나 오래 버틸 수 있는지 알아보려고 꼬박 하루를 굶으며 온종일 톱질을 하고 나무를 팼다. 그는 일을 하지 않으면 더 오래 굶을 수 있다는 사실도 알아냈다. 아버지가 재혼하실 즈음의 일이었다.

의지대로 눈동자를 키울 줄 안다고 얻는 것은 없다. 단지 그걸 할 줄 안다는 사실만 알 수 있을 뿐이다. 그러므로 이런 연습은 탐구였다. 아버지 울리히가 "노력하면" 혀짤배기소리와 경련을 극복할 수 있었듯이, 헤르만도 자신에게 의지를 발휘하고 있었다. 그는 다른 신체 조직이 어떻게 음식과 일, 통증과 음악, 정신과 눈처럼 서로 짝을 맞춰 의식의 지배를 받는지 연구하며, 자신의 한계를 시험했다. 로르샤흐의 흥미를 불러일으켰던 경험에는 이런 것도 있었다.

나는 음악을 잘 기억하지 못하는 편이라, 선율을 배울 때 청각이 남긴 심상을 거의 이용하지 못한다. 내가 선율을 기억하는 수단으로 자주 이용하는 것은 음의 시각적 심상이다. 어릴 적 언젠가 바이올린을 배울 때, 어떤 악절의 음이 떠오르지 않아도 기억에 기대 바이올린을 켤 수 있을 때가 많았다. 나에게는 청각보다 손의 움직임이 더 믿을 만한 기

억이었다는 이야기다. 그래서 청각 기억을 일깨우려고 빈
손가락을 움직일 때가 많다.

로르샤흐는 이렇게 한 가지 경험을 다른 경험으로 바꿀 수 있다는
데 굉장한 관심을 보였다.

그는 남의 처지에 서보는 것, 즉 남이 겪는 일을 자기 일처
럼 생각해보는 데도 관심을 가졌다. 1903년 7월 4일, 18세의 로르
샤흐는 스카푸시아의 관례대로 회원들 앞에서 연설했다. 완전한
성 평등을 목청껏 호소한 이 연설은 〈여성해방〉[4] 강연이라고 불렸
다. 그는 이렇게 주장했다. 여성이 "본래 신체, 지능, 도덕에서 남
자에 뒤처지지 않고", 논리에서는 남자와 맞먹을뿐더러 용기는
남자보다 나았으면 나았지 모자라지 않다. 그러므로 남자가 그저
"여자들의 계산서나 지불하는 연금"이 아니듯, 여자도 그저 "아
이를 생산하려고" 존재하는 사람이 아니다. 그러면서 여성운동의
100년 역사와 미국을 포함한 다른 나라의 법률 및 사회 구조를 예
로 들어, 여성에게 완전한 선거권, 대학 교육, 직업의 권리를 보장
해야 한다고 강조했다. 특히 "여성이 남부끄러운 질병을 다른 여
성에게 더 잘 보여줄 터이므로" 의료 분야에서 일할 기회를 줘야
한다고 주장했다. 그는 재치 넘치는 설명과 공감으로 주장에 힘을
실었다. 유식한 여자들이 구세대에게 치 떨리는 존재라지만, "우
쭐대는 남성 지식인도 역겹고 불쾌한 존재이기는 마찬가지다"라
고 꼬집었다. 여자들이 남을 헐뜯는 수다나 떠는 존재라는 말에도,

"문제는 시시껄렁한 수다를 더 떠는 게 커피 모임에서인지, 아니면 술집에서인지이다"라며, 남자나 여자나 마찬가지라고 받아쳤다. 그리고 "우리 남자"도 "여자들"만큼 우스꽝스럽지 않으냐고 되물었다. 자주 그랬듯이, 이때도 그는 자신을 외부의 시선에서 바라보려고 했다.

화가 울리히의 아들인 헤르만은 당연히 스카푸시아 도록에 수많은 예술 작품을 남겼다. 한 장짜리 바이올린 악보의 오선지에 음표 대신 폴짝폴짝 장난치며 뛰노는 고양이를 잉크로 그려놓은 작품은 재치가 넘친다. 삐걱거리는 소리를 낸다는 불협화음이 독일어로 고양이 음악Katzenmusik이기 때문이다. 〈말이 없는 그림〉이란 제목의 그림자 속 두 사람이 대결하는 그림에도 Klex라는 서명

스카푸시아 도록에 Klex로 서명된 그림. 오스트리아 화가 모리츠 폰 슈빈트Moritz von Schwind의 〈고양이 교향곡Die Katzensymphonie〉을 변형했다. 로르샤흐는 음표인 고양이를 여러 마리 없애 그림을 간결하게 바꿨다. 어떤 고양이는 쥐에 가까워 보일 정도이지만, 그림 전체가 훨씬 생동감이 넘친다.

　'얼룩이' 로르샤흐

이 있다. 로르샤흐의 작품은 스카푸시아 도록 말고도 앞서 1장에서 소개한 목탄화가 있다. 1903년 무렵 그린 이 그림은 그가 외할아버지를 찍은 작은 사진을 보고 아주 정밀하게 그린 초상화다(40쪽을 보라). 그는 정물이나 색조보다 표정이 풍부한 얼굴과 몸짓에 매료되었다. 스카푸시아의 동료를 그린 한 그림에서는 방 안의 가구나 그 학생의 옷차림이 거의 드러나지 않는 대신 몸짓이 두드러지고, 학생이 피워 문 담배의 연기는 연기처럼 보이지 않으면서도 연기처럼 몽실몽실 피어오른다.[5]

로르샤흐는 또 다른 강연 〈시와 그림〉에서 보는 법을 잘 훈련하자고 주장했다. 시대를 막론하고 어디에서나 10대가 흔히 그렇듯, 로르샤흐도 학교를 비난했다. "시각예술을 제대로 이해하는 사람이 별로 없다. 지식인 계층마저도 그렇다. 이런 몰이해의 원인은 교육이다. (…) 김나지움 교과목에서 예술사 과정을 찾아봤자 헛수고일 뿐이다. 하지만 어린 학생도 몇몇 어른만큼이나 예술적 관점에서 생각할 줄 안다." 로르샤흐는 자연과 인간의 관계, 그리고 다윈을 주제로도 세 번 강연했다. 학교에서는 다윈을 가르치지 않았으므로, 그 강연들이야말로 진정한 교육이라 할 만했다. 이때도 로르샤흐는 보는 것에 초점을 맞췄다. 모임의 기록에 따르면 그는 다윈주의를 어린 학생들에게 가르쳐야 하느냐고 물음을 던진 뒤, 이렇게 답했다. "단언컨대 찬성이다. 어린 학생의 눈높이에 맞춰 이런 주제를 정확히 논의해야만 그 학생이 '자연을 보는 법'을 배운다. 그래야 그가 주의 깊게 관찰하고 싶다는 의욕을 느낀다. 그래야 그가 자연의 진정한 즐거움에 눈뜬다." 로르샤흐에게 중요한 것은 보는 법, 그것도 즐겁게 보는 법이었다. 로르샤흐는 다른 예술가에게 감사를 전하며 강연을 마무리 지었다. 그 사람은 "다윈의 위대한 독일인 제자"라고 일컬어진 헤켈이었다. 헤켈의《자연의 예술적 형상Kunstformen der Natur》에 실린 그림들을 예로 든 로르샤흐는 자연을 관찰함으로써 자연이 그려낸 예술적 형태를 예리한 안목으로 알아본 헤켈의 방법론에 특히 주목했다.

에른스트 헤켈Ernst Haeckel(1834~1919)[6]은 당시 세계에서 가장 유명한 과학자 가운데 하나였다. 몇 해 전 헤켈의 전기를 쓴 과학 저술가 로버트 J. 리처즈Robert J. Richards는 다윈이 쓴《종의 기원The Origin of Species》을 포함한 "다른 어떤 자료보다도, 헤켈의 방대한 저술들이 진화론을 더 많은 사람에게 알렸다"고 말한다. 그도 그럴 것이 다윈의 책은 30년 동안 4만 부가 채 팔리지 않았지만, 헤켈의 인기 저서《세계의 수수께끼Die Welträtsel》는 독일에서만 60만 부가 넘게 팔렸고, 산스크리트어와 에스페란토어로까지 번역되었다. 간디도 이 책이 "천형처럼 인도를 괴롭히는 치명적인 종교전쟁을 해결할 과학적 해법"이 될 수 있을 거라고 생각해 구자라트어로 번역되기를 바랐다. 다윈의 이름을 널리 알린 것 외에도 헤켈은 많은 과학적 업적을 이루어냈다. 수천 가지의 생물 종에 학명을 붙였고(단 한 번 극지방을 탐험하고 나서 3,500종을 명명하였다), 인간과 유인원을 이어줄 화석인 '잃어버린 고리'가 어디쯤에서 발견될지 정확히 예측했다. 또 생태학이라는 개념을 만들었고, 발생학을 개척했다. 그는 한 개체가 발달하는 과정은 그 종이 발달해온 과정을 따라간다고 주장했다. 개체발생은 계통발생을 되풀이한다는 반복 발생설은 생물학과 대중문화에 엄청난 영향을 미쳤다.

헤켈은 예술가이기도 했다. 젊었을 때 풍경화 화가를 꿈꿨던 그는 마침내 화려한 그림책에서 예술과 과학을 결합했다.[7] 예술가 와 과학자로서의 헤켈을 칭송한 다윈은 헤켈이 두 권으로 엮은 획기 적인 연구 논문 「방산충Die Radiolarien」을 "내가 본 가장 뛰어난 저술"이 라 일컬었고,《자연발생한 창조물의 역사Natürliche Schöpfungsgeschichte》를 "이 시대가 주목할 만한 책"이라고 치켜세웠다.[8]

로르샤흐가 스카푸시아 강연에서 사례로 든《자연의 예술 적 형상》에서는 아메바, 해파리, 결정체, 그리고 보다 고차원적인 생명체들이 보여주는 일치성을 통해, 자연계 구석구석에 존재하 는 구성과 대칭을 간략하게 시각적으로 보여준다.《자연의 예술적 형상》은 원래 1899~1904년에 그림 10장을 한 묶음으로 해 모두 10번, 총 100장이 발표됐던 것을 1904년에 책으로 묶어낸 것이다. 이 책은 예술계와 과학계에서 모두 인기를 얻었을 뿐 아니라 영향력 을 발휘해, 아르누보에 또다른 시각적 표현 양식을 만들어내는[9] 동 시에 자연에 헤켈의 시각을 덧입혔다. 우리가 수평 대칭 형태를 보 고 '자연을 떠올리는' 것은 헤켈에서 물려받은 방식대로 세상을 보 는 것도 한몫한다.《자연의 예술적 형상》은 독일어권을 비롯한 유 럽의 여러 지역에서 집집마다 하나쯤은 가지고 있는 장식품이 되 었다.[10] 로르샤흐네도 그림 몇 점을 갖고 있었던 게 틀림없다. 헤켈의 이름을 언급하지는 않았지만, 울리히가 쓴 「형상론 개요」는 사실상 헤켈의 책과 비슷하되 울리히의 '형상' 표현법으로 채운 밋밋한 글이었다.

　　종교에 맞선 활동도 헤켈의 명성을 드높였다. 성서에 어긋나는 사실을 다루는 지식 분야는 지질학과 천문학을 포함해 여럿이다. 그런데도 다윈주의가 과학과 종교가 반목하는 한복판에서 신을 부정하는 대표적인 과학[11]이 된 것은, 상당 부분 헤켈의 반종교 활동 때문일 것이다. 헤르만은 이 부분에도 찬사를 보냈다. 아버지와 마찬가지로 그도 신앙 문제에서는 포용력 있는 자유사상가였지만, 종교의 눈으로 자연계를 보는 데는 반대했다. 스카푸시아의 서기에 따르면, 다윈에 관한 강연을 하던 중 한번은 "다윈주의가 기독교 윤리와 성경의 뜻을 훼손한다는 반론이 제기되자, 얼룩이 로르샤흐가 이를 딱 잘라 일축하려 했다".

　　이미 개인 교사로 일하고 있었으므로, 로르샤흐는 아버지처럼 교사가 되어볼까도 생각해봤다. 하지만 교사가 되면 종교를 가르쳐야 해 썩 내켜지 않았다. 방법을 찾던 그는 남다른 행보를 보인다. 헤켈에게 조언을 구하는 편지를 보낸 것이다. 반기독교인으로 유명한 헤켈은 이렇게 답장했다. "나는 그대의 걱정을 풀어줄 만한 사람이 아닌 듯하네. (…) 내가 쓴 《종교와 과학의 매개체로서의 일원론Monismus als Band zwischen Religion und Wissenschaft》을 읽어보게. 공인 교회와 타협할 길이 보일 걸세. 내 제자 수백 명도 그렇게 한다네. 지배적인 정설과는 반드시 요령껏 화해해야 한다네. 불

에른스트 헤켈의《자연의 예술적 형상》에 나오는 흑백 그림
〈거미 불가사리Schlangensterne〉와 〈나방Motten〉.
석판공 아돌프 길치Adolf Giltsch가 헤켈의 그림을 새겼다.

울리히 로르샤흐가 그린 무늬.

행하게도 말일세!"[12]

　　17세 소년의 대담한 첫걸음은 뒷날 더 크게 부풀려졌다. 로르샤흐와 가까웠던 몇몇 사람의 기억에 따르면,[13] 그가 헤켈에게 뮌헨에서 그림을 공부할지 아니면 의학 쪽으로 나갈지를 물었더니, 위대한 헤켈이 과학을 추천했다고 한다. 하지만 로르샤흐가 자기 앞날을 좌지우지할 선택을 남의 손에 맡겼을 것 같지는 않다. 편지에 드러난 성격에 따르면 그는 신중하고 꼼꼼하게 계획을 세운 뒤 행동하는 사람이다. 게다가 지금까지 밝혀진 바로는 헤켈에게 보낸 편지는 단 한 통뿐이다. 그런데도 로르샤흐의 경력에 신비를 더하는 신화가 만들어졌다. 교사직이 어떨지 물었던 현실적인 질문이 예술과 과학을 저울질한 상징적 선택으로 바뀌었다. 그리고 기성세대의 가장 영향력 있는 예술가이자 과학자는 새로운 세대의 예술가이자 심리학자에게 바통을 넘겨주었다.

사람을
읽고 싶다

1904년 3월, 로르샤흐는 김나지움을 졸업했다.[1] 독일어권 스위스에서는 대다수의 학생이 본격적으로 대학 생활을 시작하기 전에 한 학기 동안 프랑스어를 배웠다. 로르샤흐는 고향에 있는 가족에게 돈을 보내기 위해 라틴어 교습뿐 아니라 프랑스어 개인 교습을 할 수 있는 능력도 갖추고 싶어했다.[2] 그는 파리로 가고 싶어했지만, 고집 센 새어머니가 이를 허락하지 않았다.[3] 그래서 간 곳이 뇌샤텔이었는데, 그는 몇 달을 머무르면서도 그곳을 별로 좋아하지 않았다. 그는 아나에게 이렇게 평했다. "내가 아는 한, 산비탈에 보기 싫게 달라붙은 그 도시는 옛날 옛적 소돔과 고모라처럼 요란한 굉음과 유황 냄새를 풍기며 통째로 호수로 미끄러져 들어갈 수도 있을 것 같아." 로르샤흐는 샤프하우젠에서는 "진짜 학문을 하는"

느낌을 받은 반면, 뇌샤텔 아카데미*에서는 지루해하기만 했다. "독일과 프랑스가 어지럽게 뒤섞이고 따분하기 짝이 없는 그곳보다 더 짜증나는 곳은 없을 거야."[4]

뇌샤텔 아카데미에도 장점은 있었다. 바로 프랑스 디종에서 받는 두 달간의 어학 과정이었다. 로르샤흐는 디종에서 프랑스의 합법적인 매춘 업소에 몇 번 들렀지만, 대부분은 돈이 없어 이용하지 못했다. 그때 일을 비밀 일기장에 휘갈겨 적었는데, 중요한 구절은 마치 속기처럼 흘려 써 알아보기 어렵다. "8월 30일, 공창을 방문했다. 붉은 등이 달린 좁은 골목길, 어두침침하고 작은 집. (…) 사방에 창녀들이었다. (알아보기 어려운 글씨) Tu me paye un bock? Tu vas coucher avec moi? (맥주 한잔 살래? 나랑 잘 거야?)"[5]

로르샤흐의 관심사에 중대한 전환이 일어난 것도 디종에서였다. 샤프하우젠에서 읽은 러시아 작가에 영향을 받은 로르샤흐는 러시아인 친구들을 찾으려고 했다. 그해 8월 13일 가족에게 보낸 편지에 "알다시피 러시아 사람들은 외국어를 쉽게 배운다"고 적었고, 몇 해 뒤인 1908년 5월 26일에 아나에게 보낸 편지에도 "러시아 사람들은 말하기를 좋아하고, 쉽게 친구를 사귄다"고 평했다. 홀로 외국에 나온 젊은이에게는 이것이 더 중요한 부분이었다. 얼마 후 로르샤흐는 정치 개혁가이자 레프 톨스토이Lev Tolstoy의 "벗"인 어느 40대 러시아인에게 특별한 관심을 갖게 되었다. 로르

---

* 현재 뇌샤텔 대학교.

샤흐는 그를 이렇게 묘사했다. "이 좋은 분은 벌써 머리가 희끗희끗해. 그럴 만도 하지."

    1858년생인 이반 미하일로비치 트레구보프Ivan Mikhailovich Tregubov는 러시아 망명객으로, 로르샤흐처럼 프랑스어를 배우려고 디종에 머물고 있었다. 로르샤흐는 트레구보프를 "깊디깊은 영혼을 지닌 사람"이라 칭하며, "트레구보프와 알고 지내면서 더 많은 것을 배우고 싶다"고 가족에게 속내를 밝혔다. 트레구보프는 톨스토이의 단순한 벗이 아니라 최측근이자 톨스토이가 몇십 년 동안 관계를 맺어온 극단적 평화주의 분파인 두호보르Dukhobory 교파[6]의 지도자였다. 이때 로르샤흐는 전통을 굳게 고집하는 영적 그리스도교를 처음으로 접한다. 오랫동안 러시아를 휩쓴 영적 그리스도 교파는 스타로베리starovyery라고 불린 구교도부터 흘리스티Khlysts 교파, 은둔파pustynniki, 순례파stranniki에서 프리구니Pryguny 교파, 몰로칸Molokans 교파, 거세파(스콥치Skoptsy)에 이르기까지 매우 다양했다. 차르가 국가와 교회를 지배하던 시절, 이들은 크고 작은 핍박을 받았고, 1905년 1차 러시아혁명이 일어난 후에야 시민으로서의 권리를 얻었다. 두호보르 교파는 이들 가운데 가장 유서 깊은 조직으로, 적어도 18세기 중반부터 그 흔적을 찾아볼 수 있다.

    1895년 톨스토이는 두호보르 교파가 "25세기인"이라 할 만큼 크게 시대를 앞선 "놀라울 정도로 중요한 존재"라고 말했다.[7] 한발 더 나아가 이들의 영향력을 예수가 이 땅에 출현한 것과 견주기까지 했다. 노벨 평화상이 제정되기 4년 전인 1897년에는 어느 스웨덴 신문 편집자에게 공개서한을 보내 노벨 기금이 두호보르 교파에 주어져야 마땅하다고 주장했다. 게다가 두호보르 교파에 인세를 기부하기 위해 은퇴 선언을 번복하고 복귀해 마지막 소설《부활》을 쓰기까지 했다. 이를 계기로 톨스토이는《안나 카레니나》와《전쟁과 평화》를 쓴 작가에 그치지 않고, '영혼의 정화'를 부르짖는 영적 지도자가 되었다. 그에게 감화된 사람들이 세계 곳곳에서 흰 로브를 입고, 채식을 하고, 평화를 위해 헌신했다. 즉 톨스토이주의자가 되었다. 로르샤흐를 포함한 수백만 명에게 톨스토이는 문학뿐 아니라 세상을 치유하는 도덕성 회복 운동을 대표하는 인물이었다.

로르샤흐는 트레구보프 덕분에 세상에 눈을 떴다. 디종에서 보낸 편지에서 로르샤흐는 자신을 3인칭으로 지칭해 이렇게 적었다. "정치에 아예 무관심했던 이 스위스 젊은이는 비로소 정치가 실제로 어떤 것인지 분명히 깨닫고 있단다. 누구보다도 러시아 사람들 덕분이야. 그들은 자유를 찾기 위해 고국에서 이토록 멀리 떨어진 곳에 와서 공부해야 하는 처지란다." 얼마 지나지 않아 그는 이렇게도 쓴다. "내 생각에는 러시아가 세상에서 가장 자유로운 나라가 될 거야. 우리 스위스보다도 자유로워질 거야." 로르샤흐는 러시아어를 배우기 시작했고, 강의를 듣지 않았는데도 2년 만에 러시아어에 능숙해졌다고 한다.[8]

이런 상황 속에서 로르샤흐는 자신의 천직을 찾아낸다. 물론 그는 이전부터도 할 수만 있다면 의사가 되기를 바랐다. 아나의 회고에 따르면 그는 "아버지를 도울 길이 없을지 알고 싶어"[9]
라고 말했다고 한다. 그는 디종에서 깨달음을 얻었다. 1906년 2월
19일, 그는 아나에게 이런 편지를 보낸다. "다시는 샤프하우젠에
서 그랬던 것처럼 책만 읽고 싶지는 않아. 나는 사람을 읽고 싶어.
(…) 내가 하고 싶은 일은 정신병원에서 일하는 거야. 물론 먼저 의
사로서 받아야 할 모든 수련을 마쳐야 하겠지. 하지만 인간의 영
혼은 세상에서 더없이 흥미로운 존재이고, 사람이 할 수 있는 가
장 위대한 일은 그런 영혼을, 아픈 영혼을 치유하는 거야." 로르샤
흐가 심리학에 종사하겠다고 결심한 큰 이유는 직업이나 지식 면
에서의 야망 때문이 아니라 영혼을 치유하고 싶은 톨스토이주의
자의 강렬한 마음, 그리고 트레구보프 같은 러시아인에게 느낀 호
감 때문이었다. 로르샤흐가 그토록 질색하던 뇌샤텔을 떠났을 때,
그의 목표는 세계 최고의 정신의학 대학에서 공부하는 것이었다.

로르샤흐는 갖은 노력 끝에 간신히 대학 학비를 마련했다.[10] 다행
히 아버지가 아르본과 샤프하우젠 두 곳에 등록된 시민이어서, 두
도시에 모두 학자금을 신청할 수 있었다. 사실상 울리히와 필리피
네가 거주지를 옮김으로써 헤르만에게 선사한 가장 값진 선물이
바로 이 학자금이었던 것이다. 1904년 가을, 스무 살 생일을 보름
쯤 앞둔 10월의 어느 날, 손수레 하나에 소지품을 실은 헤르만은
자기 앞으로 나온 1,000프랑이 안 되는 돈을 들고 취리히에 도착
했다.[11]

헤르만 로르샤흐는 키가 178센티미터에 몸이 늘씬하고 탄탄했다. 그는 뒷짐을 진 채 성큼성큼 빠르게 걸었고, 말투는 조용하고 차분했다. 빠른 손놀림으로 그림을 그리거나, 꼼꼼하게 종이를 오리거나, 세심하게 나무에 조각을 새길 때는 손끝이 신중하면서도 경쾌하고 날렵했다. 공식 문서, 이를테면 스위스 남자들이 평생 지니고 다니는 군 복무 기록 수첩 같은 곳에는 그의 눈동자가 "갈색" 또는 "회갈색"이라고 기록되어 있지만, 실제로는 회색에 가까운 연푸른색이었다. 복무 대상 인력이 남아도는 개병주의 국가의 많은 젊은이가 그러하듯, 로르샤흐는 복무 부적합 판정을 받았다. 사유는 시력 미달로, 왼쪽 눈이 0.1이었다.

로르샤흐는 취리히에서 태어났지만 워낙 어릴 때 그곳을 떠나서 취리히에서 살았을 때의 기억이 없었다. 그래도 가끔씩 부모님과 취리히를 방문한 적은 있었다. 그는 취리히에 도착한 뒤 아나에게 처음 보낸 10월 22일자 편지에 이렇게 적었다. "어제는 미술 전시회 두 곳을 다녀왔단다. 아버지가 또 그리워지더구나. 며칠 전에는 아버지와 함께 앉았던 벤치도 찾아보러 갔었어. 벤치가 그대로 있더구나." 하지만 추억은 곧 새로운 삶에 자리를 내줬다.

원래 그는 집안의 지인이 운영하는 여관에 머물 예정이었다. 허드렛일을 도와주는 대가로 숙박비를 대신할 계획이었지만, 동기생의 조언을 받아들여 좀 더 독립된 하숙집으로 옮겼다. 마침 바인플라츠 3번지에 사는 치과 의사와 그의 부인이 건물 4층의 넓고 환한 방 2개를 세놓고 있었다. 공교롭게도 취리히가 투리쿰으

사람을 읽고 싶다

로 불리던 고대 로마 때의 목욕탕이 있었던 자리로, 조금만 걸어가면 취리히 한가운데를 가로지르는 리마트강이 나왔다. 로르샤흐는 샤프하우젠 출신인 동료 의대생 프란츠 슈베르츠, 그리고 음대생 한 명과 함께 방 2개를 세냈다. 세 사람은 방 하나를 침실로, 다른 방을 작업실 겸 공동 서재로 꾸몄다. 그는 "두 사람보다 내가 더 이득을 보고 있다"고 인정했다. 의대생인 슈베르츠는 새벽 4시에 일어나 해부학 강의를 들으러 갔고, 저녁 9시쯤 잠자리에 들었다. 한편 음대생인 친구는 밤과 주말에 집을 비웠다. 따라서 로르샤흐는 아침 느지막한 때와 밤에 자기 일을 할 수 있었다. 그의 유일한 불만은 침실 창 바로 위쪽에 있는 성 베드로 교회의 시계탑이었다. 유럽 교회에서 가장 큰 종시계가 그를 깨웠던 것이다.

하숙비는 한 달에 겨우 77프랑인 데다 하루에 식사도 두 끼가 제공되었다. 슈베르츠는 푸짐하고 맛있는 식사였다고 기억했고, 로르샤흐도 새어머니에게 "어머니가 집에서 해주시던 맛에 가깝게 아주 맛있어요"라고 썼을 만큼 만족해했다(취리히의 숙박비는 대개 하루에 적어도 4프랑이었고, 그런대로 먹을 만한 점심도 1프랑이 들었다). 일요일 점심은 세 사람이 손수 해결해야 했으므로, 토요일 밤이면 모퉁이에 있는 식육점에서 쉬블링Schübling이라는 소시지를 사났다가 다음 날 아침에 구워 먹었다. 군침 도는 소시지 굽는 냄새가 건물 계단을 꽉 채웠다. 주말에는 날이 좋든 나쁘든 길거리를 걷는 것 말고는 딱히 할 일이 없었다. 세 사람 모두 돈이 없기는 마찬가지여서 술집이나 영화관, 극장에 갈 엄두를 내지 못했다. 그래서 "따분하고 꽁꽁 언 채 집으로 돌아와 남은 소시지나 먹기"일 쑤였다.

　용돈벌이가 될 만한 일은 무엇이든 환영이었다. 취리히 시립 극장에서 단역 배우 부업[12]을 하던 로르샤흐는 학생회가 극장 홍보용 벽보 공모를 후원하고 있다는 사실을 떠올렸다. 그는 서둘러 어느 교수의 캐리커처를 그린 뒤, 빌헬름 부슈가 두더지를 그린 어린이 책에 쓴 2행 각운시를 그림 아래에 더했다. 2주 뒤, 간절했던 10프랑이 우편환으로 도착했다. 3등을 차지한 것이었다.

　세계 최고의 의대 가운데 한 곳으로 꼽히는 취리히 대학교는 학사 일정이 빡빡했다. 첫 겨울학기(1904년 10월~1905년 4월)에는 10과목, 첫 여름 학기(1905년 4월~8월)에는 12과목을 들어야 했다. 그런 와중에도 로르샤흐는 공부 외에 다른 일에도 눈길을 돌렸다. 대학 시절 그와 가장 가까웠던 친구 발터 폰 뷔스Walter Von Wyss에 따르면, 그는 닥치는 대로 책을 읽었고 무엇에든 호기심을 보였다. 예술과 대화를 즐겼고, 당시 '리마트 강가의 아테네'라고 불렸던 취리히의 명성에 걸맞게 뛰어났던 중고 서점을 돌아다니며 책을 훑어보았다.

　로르샤흐는 토요일 오후를 취리히의 유일한 공공 미술관이던 퀸스틀러귀틀리Künstlergütli에서 보낼 때가 많았다.[13] 미술관은 집에서 리마트강을 건너 취리히 대학교 쪽으로 조금 올라간 언덕에 있었다. 그와 친구들은 아직 근대미술에는 이르지 않았던 스위스 작가들의 작품을 주로 살펴봤다. 19세기 스위스의 노먼 록

웰Norman Rockwell이라고 할 정도로 평범한 스위스인의 일상을 잘 표현한 풍속화가 알베르트 안케Albert Anker가 그린 시골 사람들, 신낭만주의 화가 레오폴 로베르Léo-Paul Robert가 그린 자연 풍경, 카를 슈피츠베크Carl Spitzweg가 그린 〈초막 앞에 앉아 있는 늙은 수도사Alter Mönch vor der Klause〉 같은 감상적인 작품들이었다. 이 밖에도 미술관에는 사실주의의 거장 루돌프 콜러Rudolf Koller가 그린 작품 중 가장 유명하고 역동성 넘치는 〈고트하르트 고개의 우편 마차Gotthardpost〉와 취리히가 낳은 위대한 작가이자 로르샤흐가 좋아한 시인 고트프리트 켈러Gottfried Keller의 〈강가 풍경Uferlandschaft〉도 전시되어 있었다. 페르디난트 호들러Ferdinand Hodler의 〈체육인의 행렬Turnerumzug〉, 아르누보의 선구자이자 초기 초현실주의자인 아르놀트 뵈클린Arnold Böcklin의 오싹한 〈전쟁Der Krieg〉 같은 몇몇 작품들은 앞으로 올 미래를 담고 있었다. 뵈클린은 로르샤흐가 고등학교에서 '시와 그림'에 대해 이야기할 때 주제로 삼은 대상 중 한 명이기도 했다.

관람이 끝나면 친구들은 서로 감상평을 나눴다. 대화는 로르샤흐가 이끌었다.[14] 로르샤흐는 친구들에게 작품을 어떻게 봤는지 물어보며, 저마다 각 작품에서 받은 인상이 어떻게 다른지를 즐겨 비교했다. 이를테면 성적 심리를 기가 막히게 담아낸 뵈클린의 〈깨어나는 봄Frühlingserwachen〉을 보면, 화폭 왼쪽에서는 상반신은 사람 하반신은 염소인 털북숭이 사티로스가 팬 플루트를 불고 있고, 오른쪽에서는 속살이 내비치는 얇은 붉은 치마를 두르고 상반신을 고스란히 드러낸 여인이 풍경을 압도한다. 둘 사이로 난 개울에는 검붉은 피가 흐른다. 이 그림은 무얼 뜻하는 것일까?

로르샤흐는 자신이 다른 사람들과 다르다는 걸 뿌듯해하며 사람들을 나누어 구별하기 시작했다. 1906년 4월에 치러진 예비시험을 뛰어난 성적으로 통과한 뒤인 5월 23일, 그는 아나에게 그 뿌듯함을 전한다. "4학기 만에 시험을 치른 사람은 나뿐이었단다. 5학기에서 8학기까지 마친 사람도 있었는데, 성적이 가장 좋은 건 5학기를 들은 사람 2명과 나였어." 그러면서 동급생들을 냉정하게 평가했다.

> 물론 내가 열심히 공부하기는 했어. 하지만 시험 전이나 시험 기간에 내가 아주 많이 '남다르게' 행동했기에 특히 행복하단다. 알다시피 의대생 하면 흔히 떠오르는 유형이 있잖니. 맥주나 마실 뿐 신문은 거의 쳐다보지도 않고, 고상한 척하고 싶으면 고작 질환 아니면 교수 이야기나 하는 부류 말이야. 그런 사람들은 특히 자기네들이 안착하려는 일자리에 말도 안 되게 자부심을 느껴. 허황하게도 돈 많은 부인과 멋진 차, 은제 손잡이가 달린 지팡이를 미리 떠올리고. 그러다 누군가가 '남다르게' 행동하면서도 마침내 시험을 통과한 걸 알고 나면 배 아파한단다.

예민한 스물한 살의 젊은이라면 대개 이런 생각을 떠올리기도 했겠지만, 만약 로르샤흐가 디종에서 겪은 깨달음이 없었다면 이런 편지를 쓰지 않았을 것이다.

로르샤흐의 '남달랐던' 자취는 취리히에서 흥미로운 외국인들과 어울린 시절에서 찾아볼 수 있다. 스위스는 정치적 자유를 보장했기 때문에 수많은 무정부주의자와 혁명주의자가 이곳으로 모여들었다. 특히 러시아 사람이 넘쳐났다. 블라디미르 레닌 역시 망명 기간인 1900~1917년에 취리히에서 살았다. 레닌은 "취리히에는 혁명 정신을 지닌 외국 젊은이가 많다"[15]며 베른보다 취리히를 더 좋아했다. 물론 도서관이 "열람자에게 유달리 신경을 쓴 덕분에 빨간 딱지도 없고, 도서 목록도 자세하고, 서가도 개방해" 훌륭하다는 것도 그의 취리히 선호에 한몫했다. 이것은 미래의 소비에트 사회의 모델이었다. 취리히 대학교 근처에는 러시아 사람들이 묵는 하숙집, 술집, 식당이 있는 '작은 러시아'라는 동네가 있었다. 어느 스위스 학자에 따르면 작은 러시아에서 벌어지는 토론이 어찌나 뜨거웠던지 음식이 차갑게 식기 일쑤였다.[16]

로르샤흐가 재학 중일 때, 1,000명이 넘는 학생 가운데 외국인이 절반 이상이었는데 많은 수가 여성이었다.[17] 1840년에 스위스 여성 2명이 취리히 대학교에서 철학을 공부하면서, 1860년대에 여성이 의학을 배울 수 있는 길을 일찌감치 열어놓았다. 1867년에 여성으로는 처음으로 의학박사 학위를 받은 사람은 취리히 대학교에서 공부한 러시아인 나데즈다 수슬로바Nadezhda Suslova였다. 스위스와 달리 러시아는 1914년까지, 독일은 1908년까지 여성의 대학 입학을 금지했다.

취리히 대학교의 여학생 대다수가 외국인이었던 것은 스위스의 아버지들이 고이고이 기른 딸이 어중이떠중이들과 어울릴까봐 입학을 허락하지 않으려고 했던 탓도 있다. 예컨대 카를 융의 아내이자 IWC 샤프하우젠의 상속녀인 에마 라우셴바흐는 고등학교를 1등으로 졸업했지만 취리히 대학교에서 과학을 연구하겠다는 꿈을 허락받지 못했다. 2003년에 디어드리 베어Deirdre Bair가 펴낸 카를 융의 전기에는 당시 상황이 이렇게 적혀 있다. "라우셴바흐 가문의 딸이 취리히 대학에 다니는 별의별 학생들과 어울린다는 것은 상상조차 하지 못할 일이었다. 에마 같은 아이가 그런 무리와 어울리다 어떤 생각을 받아들일지 어찌 짐작이나 하겠는가? (…) 에마가 대학 교육을 받는다면 동등한 지위에 있는 남자에게 어울리는 신붓감이 되지 못할 것이다."[18] 한편 취리히로 모여든 러시아 여성들은 스위스 남학생과 교수의 여성 차별뿐만 아니라 몇 명 되지 않던 스위스 여학생들의 반발에도 맞서야 했다. 스위스 여학생들은 "반쯤은 아시아인인 침입자들이 몰려들어와"[19] 취리히 시민들이 마땅히 누려야 할 자리를 훔치고, 대학을 "슬라브계 여성의 신부 학교"로 바꾸어놓고 있다고 비난했다.

취리히에서 러시아 여성은 잘난 체하는 여성 지식인이나 이글이글 불타는 혁명주의자로 풍자되기도 했지만, 미인으로 숭배받는 일도 잦았다. 머리칼이 칠흑처럼 검었던 브라운슈타인이라는 러시아 여성은 취리히에서 '크리스마스 천사Christchindli'[20]로 유명했다. 길거리에서 처음 본 사람들이 그녀에게 다가가 사진을 찍어도 되느냐고 묻곤 했지만, 늘 돌아오는 답은 거절이었다. 화학과 학생 몇몇은 학과 연례 축제에 그녀를 초대하면서 초대장 봉투에 거리 이름과 'MnO$_2$'를 적기도 했다. 이 화학식이 뜻하는 이산화망간이 독일어로 브라운슈타인이었기 때문이다. 부지런한 집배원들이 쉬지 않고 돌아다녀 기어코 그녀를 찾아냈지만, 답은 여전히 거절이었다. 이런 상황에서, 브라운슈타인의 초상화를 그리고 싶었던 로르샤흐는 레프 톨스토이가 자필로 보낸 편지를 보여주겠다는 약속으로 그녀와 친구 한 명을 자신의 하숙집으로 초대하는 데 성공했다. 그는 러시아어 실력이 상당했고, 적대적인 상황에 놓인 러시아 여성들을 존중했다. 그의 생김새도 도움이 되면 되었지 손해는 아니었을 것이다.[21] 토요일이던 그날 오후, 로르샤흐는 미술관에 걸린 예술 작품은 잊어버리고 바인플라츠 3번지에서 이젤을 폈다.

취리히에는 다양한 러시아 사람들이 살았다. 젊은 사람도 있고, 나이가 지긋한 사람도 있었다. 로르샤흐의 하숙집 친구였던 슈베르츠에 따르면, 어떤 이들은 열렬한 혁명주의자였다. 한 여자 동급생은 어쩔 수 없이 시베리아를 거쳐 일본까지 도망쳤다가, 마침내 배를 타고 먼 길을 돌아 유럽으로 온 망명객이었다. 하지만 어떤 이들은 "뼛속까지 부르주아였고, 겸손하고, 자기 일에 열중하고, 어떻게든 정치 이야기는 피하려 했다". 부유한 이들도 있었다. 예컨대 융의 환자와 제자와 동료들이 그랬다. 로르샤흐처럼 1904년에 취리히에 와 융의 환자였다가 애인, 제자를 거쳐 동료 정신분석학자가 된 사비나 슈필레인Sabina Spielrein[22]도 마찬가지였다. 그리고 가난한 이들도 있었다. 그 가운데 한 명이 지금은 타타르스탄 공화국의 수도인 카잔에서 약제사의 딸로 자란 올가 바실리예브나 슈템펠린Olga Vasilyevna Shtempelin[23]이었다.

올가는 1878년 6월 8일, 볼가 강가에 있는 교역 중심지이자 러시아 제국의 동쪽 관문이던 카잔에서 140킬로미터 남짓 떨어진 부인스크에서 빌헬름 카를로비치 슈템펠린과 옐리자베타 마트베예브나 슈템펠린의 딸로 태어났다. 그녀는 헤르만처럼 세 아이 중 맏이였고, 집안 사정상 가장 노릇을 해야 했다. 러시아에서 여학교는 부잣집 딸들이나 다니는 곳이었지만, 올가는 증조부가 군인으로 복무한 덕에 얻은 특별 혜택으로 카잔에 있는 로디오노프 여학교에 무료로 다닐 수 있었다.[24] 1902년 베를린에 도착한 그녀는 휴학한 뒤 일을 하며 가족을 부양했고, 1905년에 취리히 의과대학으로 학교를 옮겼다. 취리히 의과대학에 다닐 때는 동급생 중 월등하게 뛰어난 학생이었다고 한다.

1906년 9월 2일, 여름 학기가 끝난 뒤 로르샤흐가 여동생 아나에게 보낸 편지에서 이름은 언급하지 않은 채 올가의 배경과 성격을 설명한 대목은 인상적이다(그는 1908년에야 편지에 올가의 이름을 밝힌다).

러시아 친구들은 거의 집으로 돌아갔단다. 그런데 두 달 전쯤에 만난 한 여학생은 이제야 떠나려 하는구나. 그녀야말로 네가 만나봐야 하는 사람이라는 생각이 자주 들어. 그 여학생은 지금껏 자기 힘으로 살아왔어. 게다가 스무 살 때 개인 교사 일을 하고 문서를 옮겨 적는 일을 하며, 아픈 아버지와 어머니 그리고 두 동생을 모두 일 년 반 동안 부양해야 했다는구나. 이제 의대 졸업반으로 곧 스물여섯 살이 되는 이 여학생은 활기가 넘치고 당당하단다. 졸업하면 상류층이 사는 곳에서 멀리 떨어진 시골 마을에서 아픈 농부들을 치료하는 의사가 되고 싶다는구나. 그 사람들에게 맞아 죽는 한이 있어도 말이야. 이런 삶이 있을 거라고 상상해본 적 있니? 이런 자부심, 이런 용기는 러시아 여성의 특징이야.

숭고한 정신과 뛰어난 재능, 그리고 들끓는 감정. 헤르만은 올가의 성격을 대번에 알아봤다. 그렇다고 편지 내용이 전부 믿을 만한 것은 아니다. 올가는 헤르만보다 여섯 살 위였고, 실제로는 당시 스물여덟 살을 앞두고 있었다.

　올가는 로르샤흐가 디종에서 갖게 된 러시아의 이미지를 고스란히 보여줬다. 트레구보프가 러시아로 돌아간 뒤 연락이 끊기자, 젊은 로르샤흐는 그를 찾아내기 위해 여러 방법을 강구했다. 1906년 1월 8일, 그는 톨스토이에게 편지를 썼다. "존경하는 톨스토이 백작님. 바라옵건대, 백작님의 친구 한 분을 염려하는 한 젊은이에게 몇 분만 시간을 허락해주실는지요."[25] 그는 톨스토이의 비서에게 답장을 받았고, 덕분에 트레구보프와 다시 연락이 닿았다. 편지에서 로르샤흐는 대문호에게 속마음을 내보였다.

> 저는 러시아 사람들을, (…) 상반된 요소가 뒤섞인 러시아 사람들의 정신과 진심 어린 감정을 사랑하게 되었습니다. (…) 그토록 쾌활하면서도 슬플 때 울부짖을 줄 알다니, 질투가 나도록 러시아 사람들이 부럽습니다. (…) 그리스와 로마 사람처럼 세상을 보고 빚어낼 줄 아는 능력, 독일 사람처럼 세상을 생각할 줄 아는 능력, 그러면서도 슬라브 사람처럼 세상을 느낄 줄 아는 능력, 이런 능력들이 한 번이라도 하나로 합쳐질 수 있을까요?

로르샤흐에게 러시아다움이란 곧 **느끼는 것**이었다. 강렬하고 진심 어린 감정에 맞닿는 것, 그런 감정을 서로 나누는 것이었다. 그는 편지로 톨스토이에게 이렇게 고백했다. "격식에 얽매이지 않아도, 요령을 부리지 않아도, 유식한 말을 쏟아내지 않아도 마음속으로부터 이해받는 것, 그것이야말로 우리 모두가 추구하는 것입니다."

러시아 사람을 이렇게 생각한 이는 로르샤흐 말고도 많았다. 영국 작가 버지니아 울프Virginia Woolf부터 노르웨이 작가 크누트 함순Knut Hamsun, 그리고 프로이트까지 여러 사람이 러시아 소설과 연극에 감탄했다. 파리는 러시아 발레에 찬사를 보냈다. 유럽 곳곳

사람을 읽고 싶다

에서 톨스토이를 따르는 사람들이 늘어나 채식주의 식당이 문을 열고 그리스도교의 형제애를 설파했다. 유럽 대륙은 러시아의 드넓은 자연, 유럽 문명과 웅장한 타자성이 결합한 문화, 깊이 있는 정신과 뒤떨어진 정치가 뒤섞인 현실에 감탄과 불안을 동시에 느꼈다.[26] 러시아를 격렬한 감정이 넘실대는 곳으로 보는 이러한 시각이 정확하든 부정확하든, 이러한 관점은 로르샤흐의 말대로 마음속으로부터 이해받고 싶다는 평생에 걸친 열망을 그에게 심어주었다.

취리히 덕분에 로르샤흐는 러시아 문화, 그리고 러시아 사람과 점점 친밀해졌다. 그 무렵 그의 주변 곳곳에서는 이해받는 것이 무엇인지에 대한 연구가 이루어졌다. 취리히 대학교의 정신과 교수들이 마음과 욕망의 참된 의미를 찾기 위해 씨름하고 있었다. 1910년대는 정신의학이 여러 새로운 길을 개척하던 때였고, 그 중심에 취리히가 있었다.

비범한 발견들과
두 세계의 싸움
사이에서

멀리서도 교수의 작은 체구를 알아볼 수 있었다.[1] 부랴부랴 병원을 나선 그는 아슬아슬 강의 시각에 맞춰 강단에 올랐다. 160센티미터의 작은 체구에 등이 살짝 구부정했고, 수염이 덥수룩한 얼굴은 자못 진지해 보였다. 몸짓은 뻣뻣하고 어색했다. 그런데 이런 외모에 어울리지 않게도, 말할 때는 보는 사람이 깜짝 놀랄 만큼 얼굴에 생기가 돌았다. 교수는 강의 때마다 여러 차례 통계를 인용하며 임상과 연구 기법을 솜씨 좋게 두루두루 다뤘을 뿐만 아니라, 환자와 라포르rapport, 곧 신뢰 관계를 형성하는 일이 중요하다는 말도 거듭 강조했다. 그는 전문가다웠고, 때로 너무 꼼꼼하다 싶을 만큼 성실했다. 잘난 체하지도 않았고, 누가 봐도 친절했다. 그래서 가끔은 이 사람이 크게 존경받는 세계적인 정신과 의사 오이겐 블로일러Eugen Bleuler라는 사실을 잊어버릴 정도였다. 유럽 곳곳의 의과 대학에서 블로일러의 치료법을 가르쳤고, 수업이 끝난 뒤에는 열의에 찬 학생들이 갑론을박을 벌였다.

한편 같은 과의 다른 강사는 겸손과는 아예 거리가 멀었다.[2] 키가 크고 옷차림도 깔끔했던 그는 대문호 괴테의 사생아라는 소문이 있었던 저명한 의사의 손자였다. 그의 목소리와 태도에서는 귀티가 났다. 그에게서는 자신감과 예민함에 쉽사리 흔들리는 나약함이 뒤섞인 매력이 뿜어져나왔다. 그는 강의실에 미리 도착해 복도의 긴 의자에 앉아 있었으므로, 원하는 사람은 누구든 그와 이야기를 나눌 수 있었다. 그의 강의는 학생과 일반인 누구에게나 개방되어 있었다. 강의 수준도 높고 매력 있는 주제를 광범위하게 다뤄 인기가 매우 높다보니, 더 큰 강의실로 장소를 옮겨야 할 정도였다. 그는 카를 융이었다. 융의 전기 작가 베어에 따르면, 융은 얼마 지나지 않아 취리히에서 가장 부유한 동네의 이름을 따 '취리히베르크의 모피 코트들'로 알려진 "몹시 눈에 띄는 헌신적인 여성 추종자들을 사로잡았다". 이들은 떼를 지어 다니며 "강의 때마다 여봐란듯이 당당하게 들어와 막무가내로 가장 좋은 자리를 차지한 탓에, 어쩔 수 없이 뒤쪽에 서서 강의를 들어야 했던 학생들의 원성을 샀다". 이들은 자신들의 집에서 여는 사적인 토론 모임에 그를 초대했다. 그런 여성들 가운데 한 명의 딸은 이들을 가리켜 "섹스에 굶주린 열혈 팬이거나 폐경 히스테리에 빠진 무리"라며 비웃었다.

카를 융은 장래의 의사들에게 딱딱한 통계를 제시하거나 연구 기법을 가르치는 대신, 가족 역동성(가족 구성원 사이에서 발생하는 상호작용)과 사람들에 대한 이야기를 들려줬다. 대개는 그의 이야기를 듣는 청중 가운데 있을 법한 여성 환자들의 사례였다. 그는 의사들이 찾아낼 수 있는 것보다 더 많은 진실을 알려줄 열쇠가 여성들의 은밀한 이야기에 들어 있다고 때로는 에둘러서, 때로는 노골적으로 말했다. 그의 이야기는 전율을 불러일으켰다. 그의 날카로운 통찰은 때때로 마법 같았다.

이 두 사람은 로르샤흐의 행로뿐 아니라 심리학의 미래까지 빚어낸, 로르샤흐의 선생님들이었다.

20세기의 첫 10년 동안, 취리히는 정신 질환의 이해와 치료를 어마어마하게 탈바꿈시킨 중심지였다.[3] 20세기가 밝았을 때, 정신의학계는 주관적인 내면의 경험을 존중하는 쪽과 객관적 자료와 일반 법칙에 집중해 과학으로 존중받아야 한다는 쪽으로 크게 갈렸다. 프랑스를 주축으로 하는 학자들은 "정신병리학"을 추구해 마음을 탐구하는 데 발을 내디뎠고, 독일을 주축으로 하는 학자들은 "정신물리학"을 추구해 뇌의 해부를 더 중요하게 여겼다. 전문 분야와 지역에 따라 나뉘는 이 차이는, 대개 병원이나 진료소를 기반으로 활동하는 정신과 의사와 대학 실험실에서 연구에 몰두하는 심리학자를 나누는 제도적 구분과 어느 정도 겹치는 부분이 있었다. 정신과 의사는 환자를 치료하려고 애썼고, 심리학자는 실험 참가자를 연구했다. 두 활동 영역이 겹칠 때도 있어서, 심리학의 위대한 진전이 정신과 개업의에게서 나올 때도 많았다. 이를테면 프로이트와 융은 정신과 의사이자 의학박사였다. 하지만 정신과 의사는 의학박사 학위를 보유한 의사인 반면 심리학자는 박사 학위를 보유한 연구 학자였다.

신경학과 질병 분류가 발전하기는 했지만, 19세기의 정신과 의사들은 사람들에게 별 도움이 되지 못했다. 사실 의료계 전반이 그런 상황이었다. 항생제나 마취제, 인슐린도 없었다. 재닛 맬컴Janet Malcolm은 의사로도 활동했던 안톤 체호프Anton Chekhov의 삶을 그리면서 이렇게 지적했다. "체호프가 살던 시절의 의술에는 최근에 생겨난 치료 능력 같은 것이 없었다. 의사들은 질병을 치료할 길이 없다고 생각했다. 정직한 의사라면 자기 일을 매우 암울하게 느꼈을 것이다."[4] 정신의학의 상황은 더 나빴다.

의료계 바깥에서도 과학과 인문학 사이에 경계선이 다시 그려지고 있었다. 심리학의 목표는 병의 증상과 진행 원리를 정리해 질환을 과학의 눈으로 **정의**하는 것이어야 할까, 아니면 고유한 개인과 그 개인의 고통을 인문학의 눈으로 더 깊이 **이해**하는 것이어야 할까? 현실적으로 말하자면, 장차 심리학자가 되고 싶은 젊은이는 과학을 공부해야 할까, 아니면 철학을 공부해야 할까? 프로이트와 근대 신경 과학이 등장하기 이전에는 심리학이 대개 철학의 한 부분으로 분류되었다. 당시에는 마음을 파악할 길이 달리 없었다. 의료의 원칙도 선과 악, 성격과 자제력을 설파하는 종교의 가르침과 크게 다르지 않았다. 정신과 의사가 귀신 들린 사람을 치료해야 했고, 최면술이 가장 진보한 의료 기술이었다.

로르샤흐가 학생이었을 때 이 모든 상황이 바뀌기 시작했다. 프로이트는 이미 무의식과 성 추동이 서로 이어져 있다는 이론을 수립한 상태였다. 이 이론에서 그는 정신병리학과 정신물리학, 그리고 효과적인 새 심리 치료를 결합했고, 인문학을 자연과학과 다시 통합했으며, 정상 상태와 아픈 상태의 차이점을 다시 정의했다. 유물론적 뇌 과학자의 눈에는 터무니없어 보이는, 추정에 근거한 방법들로 정신 질환자의 무의미한 환상을 해석하고 치료했다.

그렇지만 로르샤흐가 의대에 입학했을 때만 해도, 프로이트가 이룬 것이라고는 빈의 상담실에 들여놓은 그 유명한 소파와 몇 명 안 되는 상류층 신경증 환자뿐이었다. 1899년에 출간된《꿈의 해석Die Traumdeutung》은 출판 후 6년 동안 고작 351권이 팔렸다.[5] 정신분석의 위상을 높이는 데 필요한 재원과 국제적 명성을 얻고 과학계와 제도권의 존중을 받는 데 중요한 역할을 할 장소가 있다면, 그곳은 바로 취리히였다.

취리히 의과대학은 부르크횔츨리Burghölzli 정신병원과 협력 관계를 유지하며 임상과 연구를 결합했다. 1870년에 문을 연 부르크횔츨리는 연구소이자 대학 정신과 진료소 겸 의대 부속 병원이었으며, 로르샤흐가 의대생이던 시절에는 세계 최고의 병원으로 널리 인정받았다. 환자는 대부분 교육받지 못한 하층민으로 조현병, 3기 매독, 신체적 원인에 의한 치매 등에 시달렸다. 병원의 운영 주체는 취리히 칸톤이었지만, 관리 권한은 취리히 대학교에 신설된 정신의학과 학과장이 쥐고 있었다.

그 당시 대부분의 대학에서 명망 있는 정신의학과 교수들은 대개 뇌 연구자들이었으며, 심리와 관련해 가르치는 내용이라고 해봐야 작은 진료소를 운영하며 얻은 단기 상담 사례가 전부였다. 하지만 역사가 존 커John Kerr에 따르면 취리히의 정신의학과 교수들은 다들 중증 정신 질환자를 100명 넘게 담당했다고 한다. 그런데 그 환자들이 독일 북부 저지대에서 쓰던 독일어 방언 또는 스위스 독일어에서도 취리히 사투리를 쓰는 토박이들이다 보니, 교수는 환자가 무슨 말을 하는지 아예 알아듣지 못했다. 그러니 당연하게도, 병원장으로 오는 사람마다 금세 다른 곳으로 옮겨가 버렸다. 취리히 대학교의 교수 신분은 위상이 높았던 반면, 취리히에서 부르크휠츨리는 머잖아 병원보다는 "병원 건너편에 있는 사창가로 더 이름을 알렸다".[6] 오귀스트 앙리 포렐Auguste-Henri Forel이 병원장을 맡은 뒤로 상황이 나아졌지만, 포렐마저도 일찍 은퇴하고 만다. 1898년 포렐이 병원장 자리를 물려준 사람이 바로 오이겐 블로일러[7](1857~1939, 프로이트보다 1년 늦게 태어나 같은 해에 죽었다)였다.

블로일러는 취리히 외곽의 농촌 마을로, 부르크휠츨리 병원과도 가까운 쫄리콘에서 태어났다. 그의 아버지와 할아버지는 1830년대에 농부들의 평등권 쟁취를 위해 우선적으로 취리히 대학을 세우자는 정치 투쟁에 참여했었다. 그 덕분에 블로일러는 마을에서 두 번째로 대학을 졸업했고, 처음으로 의과대학에 입학했다. 그는 평생 자신의 투박한 외모와 출신 배경을 깊이 의식하며 살았다. 또한 자신이 의사가 되는 것을 가능케 한 계급투쟁과 정치조직도 잊지 않았다. 무엇보다도 취리히 토박이말을 썼으므로, 환자들이 무슨 말을 하는지 잘 알아들었다.

당시 흔히 생각하던 대로라면, 블로일러가 보살피는 환자들에게는 희망이 없었다. 오늘날 조현병*이라고 부르는 질환에 조발성 치매라는 이름을 붙인 에밀 크레펠린Emil Kraepelin은 이렇게 적었다. "이제 알다시피, 우리 환자들의 운명은 병세가 어떻게 전개되느냐에 달렸다. 다시 말해 우리가 병의 경과를 바꿀 길은 거의 없다. 그러니 우리 시설에 입원한 환자 대다수에게 영영 가망이 없다는 사실을 솔직하게 인정해야 한다."[8] 크레펠린은 더 잔인한 말도 보탰다. "우리 정신병원에 쌓여가는, 치료되지 않는 엄청난 수의 환자들 무리는 조발성 치매의 손아귀에 있다. 이들의 병세를 볼 때, 특히 광범위한 영향을 미치는 성격 파탄이 나타난다."[9] 환자들은 병의 "손아귀에서 벗어날 수 없었다". 프로이트도 이런 환자에게는 손 쓸 길이 없다고 말했다. 하지만 블로일러는 환자들과 온갖 어려움을 함께 겪는 과정에서 그렇지 않다는 사실을 깨우쳤다. 아픈 정신과 건강한 정신을 가르는 경계는 그의 대학 동료들

---

* 이전까지는 정신분열병이라고 불렸지만, 부정적인 느낌 때문에 2011년 대한의사협회에서 조현병으로 개정했다.

이 믿는 만큼 고정불변한 것이 아니었다. 게다가 환자를 '쌓여가는 엄청난 무리'로 보는 것도 문제였다.

부르크횔즐리 병원장 자리를 맡기 전까지 블로일러는 스위스에서 가장 큰 정신 질환자 보호시설에서 600~800명[10]에 이르는 환자와 함께 12년을 살았다. 르하이나우라고 불린 병원은 한때 수도원(원래는 12세기에 지어진 유서 깊은 성당이었다)이었던 건물을 개조한 곳이었다. 르하이나우와 부르크횔즐리에서 블로일러는 증세가 심한 정신 질환자의 세계에 몰두했다. 하루 여섯 번씩 병동을 찾아가 반응이 더딘 긴장증 환자에게 몇 시간 동안 말을 걸었다. 그가 수련의들에게 부과하는 업무량도 엄청나, 주당 80시간 근무가 다반사였다. 수련의들은 오전 8시 30분 이전에 아침 회진을 마쳐야 했고, 저녁 회진 뒤에는 밤 10~11시까지 병력 작성을 마쳐야 했다. 게다가 수도사처럼 금욕 생활을 하고 술을 멀리해야 했다. 의사와 직원들은 아주 드문 경우를 빼고는 커다란 공용 침실에서 함께 잠을 잤다. 그래도 불만을 터트리기가 어려웠다. 블로일러가 제일 열심히 일했기 때문이다.

이렇게까지 환자들과 살을 맞대고 지낸 덕분에, 블로일러는 환자들이 생각보다 환경에 덜 강박적이고 미묘하게 다른 반응을 보인다는 사실을 알아챘다. 예를 들어 환자들은 같은 가족이라도 누구냐에 따라 다르게 행동했고, 동료 환자에게도 성별에 따라 다른 태도를 보였다. 생물학적 결정론으로는 환자들의 증상을 완전하게 설명할 수 없었다. 반드시 파국이 그들의 운명은 아니었으며, 적어도 희망은 있었다. 증세가 심각한 환자라도 의사가 환자와 인간적으로 친밀한 관계를 쌓아나가면 병의 진행이 멈추거나 호전될 때가 있었다. 블로일러는 증세가 심각해 보이는 환자를 불쑥 퇴원시키거나, 유난히 난폭한 환자 한 명을 자신의 집으로 초대해 정식 만찬을 대접하기도 했다. 또한 오랫동안 가망이 없다고 여겨왔던 만성 환자들에게 처음으로 작업 요법을 적용하여 발진티푸스를 앓는 동료 환자 보살피기나 장작 패기 같은 '현실 지향적 과제'를 수행하게 했고, 그 결과 기적에 가까운 치료 효과를 거뒀다. 조현병 환자들이 들일을 할 때면, 블로일러도 어린 시절 촐리콘에서부터 익숙하게 했던 일을 환자들과 함께했다. 블로일러는 자신이 보살피는 모든 사람과 감정을 나누는 관계를 쌓는 데 평생을 바쳤다. 환자와 직원 모두 그를 '아버지'라 부르곤 했다.

정신분열병이라는 병명을 지은 사람도 블로일러였다. 그가 과학계에 이바지한 것 가운데 가장 잘 알려진 업적이 정신분열병 명명이지만, 그는 이 밖에도 자폐증, 심층심리학, 양가감정이라는 용어를 만들어냈다. 블로일러가 이런 작업을 한 것은, 앞서 크레펠린이 명명한 조발성 치매dementia praecox라는 이름이 라틴어로 '일찌감치 나가버린 정신'을 의미하다보니 호전될 길이 없는 생물학적 증상을 암시했기 때문이다. 이와 달리 정신분열병schizophrenia은 라틴어로 '마음이 여럿으로 갈라지다'라는 뜻이라, 아예 희망이 없지는 않다. 달리 말해 아직도 기능하는 살아 숨 쉬는 힘이 있을 수도 있다. 또 블로일러가 남긴 기록에 따르면, 그가 새로운 용어를 만들고 싶었던 이유는 라틴어인 dementia praecox가 명사이며 형용사로 쓸 수 없었기 때문이라고 한다. 그는 병이라는 것은 단지 의료의 대상이 아니라 저마다 다르게 고통받는 인간을 묘사하는 여러 방법 가운데 하나여야 한다고 봤다.[11]

블로일러가 이렇게 환자에게 감정을 이입한 데는 나름의 사연이 있었다. 블로일러가 열일곱 살이던 해, 5살 위인 누이 아나-파울리나가 긴장증 증세를 보여 마을에서 가까운 부르크횔츨리에 입원했다. 그때 가족들은 정신과 의사들에게 크게 분노했다. 그 의사들은 사람보다 현미경에 더 관심이 있는 듯했고, 더구나 취리히 말도 할 줄 몰랐다. 그는 환자를 진심으로 이해할 줄 아는 정신과 의사가 되기로 마음먹었다. 그런 결심을 하게 된 것은 그가 스스로 원해서였다는 이야기도 있고, 어머니가 그러기를 바랐다는 이야기도 있다. 블로일러가 누이의 병에 대해 공개적으로 쓰거나 말한 적은 한 번도 없지만, 누이가 그에게 결정적 영향을 미쳤다는 것은 부인하기 어렵다. 1907~1908년에 부르크횔츨리에서 블로일러의 조교로 일했던 정신과 의사 아브라함 아르덴 브릴 Abraham Arden Brill은 이렇게 회고했다.[12] "블로일러 병원장은 아무리 증상이 심한 긴장형 조현병 환자일지라도 말로 설득하여 영향을 미칠 수 있다고 자주 말했다. 그러면서 자기 누이를 예로 들었다. (…) 한번은 하필 누이가 극도의 흥분 상태일 때 함께 집을 나서야 할 일이 있었다. 그는 완력을 쓰지 않기로 하고, (…) 몇 시간이고 누이에게 말을 걸었고, 마침내 누이는 옷을 입고 그와 함께 집을 나섰다. 블로일러는 이 사례를 증거로 삼아, 환자를 말로 설득하는 일이 **가능하다**고 주장했다."

블로일러는 부모님이 돌아가신 1898년부터 누이 아나-파울리나가 죽는 1926년까지 28년 동안 부르크횔츨리의 아파트에서 누이와 함께 살았다. 조교였던 브릴은 그때를 이렇게 묘사했다. "내 방에서 복도 건너편을 보면 그녀가 느릿느릿 같은 자리를 왔다 갔다 맴돌았다. 당시 블로일러 병원장의 아이들은 워낙 어려서인지 고모의 존재를 인식하지 못하는 듯했다. 어딘가에 올라가고 싶을 때마다 그녀를 무생물인 물건, 이를테면 의자처럼 아무렇지 않게 이용했다. 그녀는 아이들이 무슨 짓을 해도 반응이 없었고, 아이들에게 어떤 정서적 유대감도 보이지 않았다." 블로일러는 정신분열병이라는 용어가 존재하기 전부터도 몇십 년 동안 심각한 정신분열병을 바로 눈앞에서 마주하며 살았다. 그리고 부르크횔츨리에서 보낸 기간 내내, 정신분열병 환자의 인권 사례를 바로 그 방에서 생생히 경험했다. 그의 선구적인 노력은 가정에서 비롯한 것이었다.

무릇 어느 세대나 앞선 세대의 실수를 고치려 든다. 정신과 의사들은 선배들이 무자비했다거나 적어도 상황을 잘못 파악했다고 꾸준히 비난을 쏟아낸다. 하지만 여러 설명에 따르면, 실제로는 포렐에서부터 크레펠린, 뇌 중심 정신의학의 아버지 빌헬름 그리징거Wilhelm Griesinger에 이르기까지, 블로일러 이전의 정신과 의사들도 동정심 넘치는 친절한 의사들이었다. 그래도 부르크횔츨리는 완전히 달랐다고 브릴은 말한다. "의료진이 환자를 살피는 방식, 즉 진찰하는 방식은 거의 경이로웠다. 브루크횔즐리의 의사들은 환자를 그저 분류하는 데 그치지 않았다. 환자의 망상을 하나하나 기록하고, 그것이 무엇을 뜻하는지, 왜 환자가 그런 특정 망상을 떠올리는지를 밝히려고 애썼다. (…) 나에게는 완전히 새롭고 경이로운 경험이었다."[13] 부르크횔즐리에서 처음으로 환자 중심의 관리가 시작된 것도 아니고, 완성된 것도 아니다. 하지만 자신의 제자와 수련의 등 여러 세대의 정신과 의사들에게 그런 방식을 지도한 이는 블로일러였다. 그에게 가르침을 받은 이 가운데에는 그의 아들인 만프레드, 카를 융과 사비나 슈필레인, 나중에 로르샤흐의 상사가 되는 두 사람, 그리고 로르샤흐가 있었다. 오늘날 환자와 소통할 줄 모르는 정신과 의사를 상상하기 어렵다면, 그것은 상당 부분 오이겐 블로일러 덕분이다.

1900년 12월, 카를 융[14]이 블로일러의 조수로 일하기 위해 부르크횔즐리에 도착했다. 융은 심리학 분야에 한 획을 그을 걸출한 인물이 되겠다는 목표하에 부르크횔즐리에서 일하기 시작했다.

　　1902년부터 융과 부르크횔즐리의 동료 의사 프란츠 베다 리클린Franz Beda Riklin은 무의식 속 원형을 드러내 보일 첫 실험법을 개발했다. 바로 단어 연상 검사였다. 이들은 실험 대상자에게 자극어 100개를 하나씩 읽어주며 머릿속에 가장 먼저 떠오르는 단어가 무엇인지 묻고, 초시계로 반응 시간을 쟀다. 그런 다음 단어

100개를 다시 차례로 읽어주며 처음에 말한 답을 기억하는지 물었다. 처음에 말한 답을 떠올리지 못하거나, 시간이 오래 걸리거나, 놀랍도록 엉뚱한 소리를 하거나, 특정 단어에서 "막혀" 답을 반복하는 등의 모든 이상 행동은 기억과 억압에 무의식이 작용한 결과라고 설명할 수밖에 없었다. 다시 말해 숨겨진 욕망을 가리키는 답을 끌어내어 왜곡하거나, 그 답과 반대로 생각하도록 속임수를 던지는 눈에 보이지 않는 블랙홀이 있었다. 융은 이 보이지 않는 블랙홀을 '콤플렉스'[15]라고 불렀다. 실험 결과, 콤플렉스의 대부분은 성적 콤플렉스였다.

이 실험으로 융과 리클린은 "전에 없이 비범한 발견"[16]을 이루어냈다. 그들은 프로이트와는 별개로, 그리고 프로이트처럼 신경증 환자를 소파에 눕히고 긴 이야기를 듣는 것과는 완전히 다른 방법을 써서 정신 질환자에게뿐만 아니라 "평범한" 사람에게도 무의식적 과정이 작용한다는 구체적인 증거를 보여주는 데 성공했다.[17] 두 사람은 자신들의 실험 결과가 프로이트의 학설을 확증해준다는 것을 알아차렸다. 얼마 지나지 않아 정신분석에 단어 연상 검사가 포함되었고, 의사들은 환자에 따라 그때그때 자극어를 만들어내 특정 생각의 방향을 뒤쫓거나, 환자에게서 찾아낸 콤플렉스를 치료의 시작점으로 이용했다. 이 방법은 범죄학에서 엄청난 잠재력을 발휘했다. 융과 리클린은 그렇게 현대 심리검사를 만들어냈다.

그 뒤로 부르크횔츨리의 의사들은 너도나도 앞다퉈 초시

계를 들고 검사를 하겠다느니, 꿈을 해석하겠다느니, 정신분석을 하겠다느니 난리법석을 피웠다. 대상도 환자에서부터 자신들의 아내, 아이들, 동료 의사, 자기 자신에 이르기까지 다양했다. 무의식의 신호라고 할 만한 것은 그것이 말이나 글에 나타나는 실수든, 엉뚱한 기억이든, 무심코 흥얼거린 콧노래든 보이는 대로 달려들었다. 블로일러는 오랫동안 "부르크횔츨리가 그런 방식으로 서로를 알아갔다"[18]고 적었다. 블로일러의 맏이인 만프레드는 1903년, 융의 맏이인 아가테는 1904년에 태어나 당시 갓난쟁이였는데도, 둘 다 어릴 때 완전히 정신분석적인 관찰을 받던 느낌을 기억했다. 단어 연상 실험을 다룬 출판물들에는 블로일러와 그의 아내, 장모, 처제, 그리고 융 자신을 익명으로 분석한 결과가 실려 있다.

블로일러는 프로이트의 발견에 전율을 느꼈다. 그리고 그 방식을 단지 성적 콤플렉스에 시달리는 개인 환자뿐만이 아니라 심각한 정신 질환자를 돕는 데도 당장 활용하고 싶어했다. 얼마 지나지 않아 프로이트의 방식이 충분히 설득력 있다고 생각한 블로일러는 프로이트에게 연락을 취했다. 1904년에 서평을 쓰면서 프로이트가 쓴 《히스테리 연구Studien über Hysterie》와 《꿈의 해석》이 "신세계를 열어젖혔다"[19]고 강조했다. 유럽에서 손꼽히는 정신과 의사가 강력한 지지를 밝힌 것이다. 그런 다음 블로일러는 프로이트에게 편지를 썼다. "존경하는 동료여! 여기 부르크횔츨리에 있는 우리는 프로이트식 심리학 이론과 병리학 이론에 뜨거운 찬사를 보냅니다."[20] 부르크횔츨리에 자기 분석 열풍이 일었을 때 블로

일러는 프로이트에게 자신의 꿈 몇 가지를 적어 보내며 어떻게 해석하면 좋을지 조언을 구할 정도였다.[21]

　　블로일러의 뜨거운 찬사는 프로이트에게 더없이 용기를 북돋는 편지이자, 그의 이론이 학계에서 받아들여졌다는 첫 번째 신호였다. 프로이트가 서너 해 동안 손을 놓았던 저술 활동을 다시 시작하게끔 힘을 불어넣은 것도 아마 블로일러의 찬사였을 것이다. 프로이트는 1905년에 뛰어난 세 편의 저술《성에 관한 세 편의 해석Drei Abhandlungen zur Sexualtheorie》,《농담과 무의식의 관계Der Witz und seine Beziehung zum Unbewußten》,《히스테리 사례분석Bruchstücke einer Hysterie-Analyse》을 펴낸다. 그리고 친구들에게 이렇게 뽐낸다. "깜짝 놀랄 정도로 내 관점이 인정받고 있다네. 생각해보게나. 지금까지 정신의학과의 정교수라면 다들 내 † † † 히스테리와 꿈 연구에 한결같이 혐오와 역겨움을 나타냈었잖은가!"[22] (십자가 세 개는 농부들이 위험과 악귀를 막기 위해 집 앞문에 그려 넣었던 것이다. 그런데 짓궂게도 프로이트는 편지에서 세 십자가를 오싹하고 사악한 것을 가리키는 데 썼다.) 프로이트는 블로일러에게 이렇게 답했다. "머잖아 우리가 정신의학을 정복하리라 믿어 의심치 않습니다."[23]

　　이 "우리"라는 말에는 프로이트가 아주 잘 알고 있던 사실이 빠져 있다. 블로일러는 취리히 정신의학계 최고의 전문가였다. 따라서 블로일러에게 프로이트의 이론이 차지하는 비중보다는 프로이트의 이론에 블로일러가 차지하는 비중이 훨씬 컸다. 블로일러와 그의 조교들은 대학 정신병원으로는 세계 최초로 부르크횔츨리에 정신분석 치료법을 도입함으로써 프로이트를 의료계로 불러냈다. 로르샤흐가 공부하던 취리히는 그렇게 빈을 밀어내고 프로이트의 학설이 불러올 혁명을 이끌 중심지가 되었다.

1906년경, 부르크횔츨리는 프로이트의 이론을 둘러싼 논쟁에 휘말렸다. 프로이트는 이 논쟁이 전통 정신의학과 정신분석이라는 "두 세계의 싸움"²⁴이라고 불렀다. 융과 리클린의 단어 연상 연구가 프로이트의 학설이 옳다는 확실한 증거로 제시되자, 프로이트에 맞서는 이들이 공격에 나섰다. 리클린에게 단어 연상 검사를 시행하는 법을 가르쳤던 독일의 정신과 의사 구스타프 아샤펜부르크Gustav Aschaffenburg는 어느 정신의학 학회에서 프로이트에 맹비난을 퍼부었고, 뒤이어 그 내용을 글로 펴내기까지 했다.

그보다 2년 전인 1904년만 해도 블로일러는 프로이트를 강력하게 지지했었다. 그러나 그 후 블로일러는 과감하게 냉정한 질문들을 던졌다. 블로일러는 프로이트의 학설이 지나치게 성에 경도되어 있다고 여겼다. 정말로 성욕이 **모든 것**의 뿌리일까? 그런 결론을 내릴 만큼 프로이트의 초기 연구가 충분했다는 증거는 어디에 있는가? 그저 사례 하나로 인간의 본성을 비과학적으로 일반화하지 않은 것이 확실한가? 블로일러는 누군가의 견해에 의문을 제기해야 의미 있는 결과를 얻는다는 사실을 깨달았다. 하지만 프로이트는 그렇지 못했다. 그래서 블로일러가 제기한 타당한 의심을 거대한 진실에 맞서는 저항이라 무시하고, 블로일러와 함께 일하는 젊은 의사에게 눈길을 돌렸다.

1906년 「프로이트의 히스테리 이론 — 아샤펜부르크에 답한다Die Hysterielehre Frauds: Eine Erwiderung auf die Aschaffenburgsche Kritik」라는 글로 아샤펜부르크를 맹비난한 사람은 블로일러가 아니라 융이었다.[25] 무척 신랄했던 이 글은 프로이트의 명성을 확산시키는 데 큰 몫을 했다. 그때 이미 융은 블로일러를 무시하고 프로이트에게 편지를 보내기까지 했다. 융이 보낸 첫 편지에 이런 대목이 나온다. "블로일러 원장이 선생님의 이론에 처음으로 주목하게 된 사례를 발표한 것이 바로 저였습니다. 물론 그때는 원장이 거세게 거부했지만요." 진실은 그 반대에 가깝다. 1907년 프로이트와 따로 만날 기회를 얻은 융은 또다시 두 노장의 사이를 이간질하고, 취리히에서 프로이트 편에 선 것은 자신이라고 프로이트를 설득했다.

융이 프로이트에게 보낸 편지는 처음에는 교묘한 험담으로 시작했지만, 시간이 갈수록 블로일러가 너무 깐깐하고 좀스럽다는 등 정신분석이 뭔지도 모른다는 등 노골적인 말들이 등장한다. "블로일러 원장의 미덕은 사실 악행이 왜곡된 것이며, 그에게는 털끝만 한 진심도 없습니다." "강의가 끔찍할 정도로 얄팍해 수박 겉핥기 수준입니다." 블로일러가 반대하는 **"유일한 진짜 이유는 제가 그 금욕적인 무리들과는 다른 의견을 내고 있기 때문입니다."** "선생님이 블로일러 원장을 참아내시는 모습이 존경스럽습니다. 그의 강의는 참 형편없습니다, 안 그렇나요? 원장이 쓴 두꺼운 책은 받아보셨습니까?" 정신분열병을 다룬 이 책은 블로일러가 심혈을 쏟은 저술이었다. 융의 평가는 이랬다. "내용이 정말 엉망진창이더군요."

　오늘날 우리가 불공평하게도 블로일러를 모르는 큰 이유
는 융이 그를 역사에서 지워버렸기 때문이다. 융은 회고록에서 단
한 번도 블로일러의 이름을 언급하지 않았다. 그는 한술 더 떠, 부
르크횔츨리의 정신과 의사들이 오로지 환자에 어떤 꼬리표를 붙
일까에만 신경 썼다며, "정신 질환자의 심리가 어떤 상태인지 밝
혀내는 데 아무런 역할을 하지 못했다"고 적기까지 했다. 환자 하
나하나의 이야기를 밝혀낸 사람이 바로 자신이었다고 스스로 추
켜세우기도 했다. 예컨대 왜 어떤 환자는 이걸 믿고, 어떤 환자는
저걸 믿을까? 그런 독특하고 구체적인 믿음은 어디에서 나오는 걸
까? 가령 어떤 환자는 자신이 예수라고 생각하고 다른 환자는 "나
는 나폴리 시이니, 온 세상에 국수를 공급해야 한다"[26]고 말한다.
그렇다면 두 사람을 망상이라는 꼬리표 아래 한 덩어리로 묶는 것
이 무슨 의미가 있을까? 융은 블로일러가 "각 환자의 언어를 배워
진단하는 쪽보다 증상을 비교하고 통계를 내어 진단하는 쪽을 선
호했다"고 비난했지만,[27] 부르크횔츨리에서 스위스 토박이말과
관련한 내력을 생각한다면, 이는 특히나 비열한 짓이었다.

　흔히 프로이트와 융 둘 사이의 끌림, 반감, 이기심으로 비
친 관계는 사실 삼각관계였다. 블로일러를 대신하고 싶었던 융은
프로이트에게 열심히 자신을 알렸다. 블로일러가 덜 믿음직해지
자 프로이트는 융이 몹시 필요했다. 블로일러의 권위에 반감을 가
졌던 융은 장차 프로이트와도 권력 다툼을 벌인다. 이 시답잖은

실랑이를 가장 잘 헤쳐나간 사람은 블로일러였다. 비록 때로는 우유부단하고 상상력도 떨어졌지만, 자만심이 가장 적고 남에게 기꺼이 배우려는 마음이 가장 컸기 때문이다. 그렇지만 융의 인기가 올라갈수록 블로일러의 인기는 떨어졌다.

블로일러와 융 사이에 나타난 학문적 차이에는 계급 간의 갈등도 깔려 있었다. 블로일러의 가족은 검소하게 살았다. 병원 식당에서 밥을 먹었고, 긴장증을 겪는 블로일러의 누이와 함께 생활했다. 이와 달리 융은 1903년에 스위스에서 손꼽히게 부유한 상속인인 에마 라우셴바흐와 결혼했다. 융 부부는 한때 부르크횔츨리에 있는 블로일러네 아파트 바로 아래층에서 살았지만, 곧 다른 집으로 이사했다. 하인들이 차려주는 밥을 따로 먹었고, 취리히의 고급 식당에서 외식도 했다. 부인 덕에 돈에 얽매이지 않았던 융은 연구나 여행을 이유로 잇달아 무급 휴가를 냈다. 블로일러는 그럴 때마다 매번 허락했지만 해가 갈수록 마뜩잖게 여겼고, 큰 병원을 운영해야 하는 책임 탓에 정작 자신은 연구에 전력을 다하지 못했다.[28] 이토록 고되게 일하는 블로일러를 융이 갈수록 우습게 여긴 것은 그가 점점 큰 성공을 거두고 있다는 신호였다.

블로일러와 융은 모두 몇 년 못 가 프로이트와 사이가 틀어졌지만, 둘끼리도 오랫동안 으르렁거렸다. 베어에 따르면 둘은 "20년 동안 격렬한 적의"를 품었다.[29] "부르크횔츨리에서 근무하는 동안 두 사람 모두 다른 의사와 환자 앞에서 서로를 에둘러 비판하거나 아예 대놓고 험한 욕설을 퍼붓는 등 부딪치는 일이 잦아, 의사들이 놀라거나 환자들이 겁에 질리는 일도 있었다." 취리히에서 일하는 정신과 의사라면 누구나 "두 세계의 싸움"이 만들어내는, 끝없이 지형이 바뀌는 지뢰밭을 헤쳐나가야 했다. 한쪽에 서기를 거절하는 것은 양쪽에서 모두 배신으로 받아들여졌다. 이 때문에 블로일러는 진퇴양난에 빠졌다. 그는 절대 권위가 과학을 논의하고 진전시키는 데 해롭다고 여겼다. 그는 프로이트에게 솔직하게 자신의 생각을 밝혔다. "이렇게 '내 편 아니면 적'이라는 생각은 종교 공동체에는 반드시 있어야 하고 정당에도 유용하겠지만, 과학에는 해로워 보입니다." 블로일러는 다수의 의견을 좇아, 프로이트의 폐쇄적 진영에 맞서는 데 뜻을 같이하는 단체들에 합류했다. 프로이트는 블로일러에 동의하지 않았고, 대다수의 연구자들은 블로일러가 전에 프로이트를 지지했던 것을 놓고 비난했다.

이 은밀한 관계는 프로이트와 융, 블로일러 사이에 오간 개인 서신에만 드러나 있으므로, 로르샤흐는 이를 몰랐을 가능성이 크다. 프로이트가 블로일러 대신 융과 연합하려 하던 1906년 초 당시 2학년이던 로르샤흐는 예비시험을 치렀고, 융의 강의에 참석했다. 나중에 융이 밝힌 바로는, 그가 로르샤흐를 따로 만난 적은 없었다.[30] 그렇다고 로르샤흐가 이 세 선구자가 서로 으르렁거렸고 어떤 쟁점으로 다퉜는지까지 모를 수는 없었을 것이다.

　　학생일 때나 졸업한 뒤에나, 로르샤흐는 프로이트의 이론을 존경하면서도 일정 부분 의심을 떨치지 못했다. 정신분석을 계속 활용했지만, 한계도 분명히 알았다. 후에 취리히에서 멀리 떨어진 곳에 있는 의사들에게 공개 강연을 했을 때, 로르샤흐는 정신분석이 어떻게 작동하는지, 어떤 일을 할 수 있고 어떤 일을 할 수 없는지를 설득력 있게 설명했다. 그러면서도 동료 의사였던 모르겐탈러에게는 이런 농담을 던졌다고 한다. "머잖아 빈의 정신분석학자들은 정신분석으로 지구 자전을 설명할 걸세."[31]

당시 융은 단어 연상 검사를 거의 사용하지 않았지만, 로르샤흐는 이를 환자와 범죄자 분석에 여러 해 동안 활용했고,[32] 그 뒤에 나온 융의 연구에도 영향을 받았다. 융이 1912년에 펴낸《무의식의 심리학Wandlungen und Symbole der Libido》은 마침내 '취리히 학파'를 분명하게 정의한다. 취리히 학파는 그노시스 신화*와 종교에서부터 예술, 그리고 나중에는 집단 무의식이라고 불리는 것에 이르기까지 광범위한 문화 현상을 정신분석적으로 탐구했다. 융은 성추동을 문자 그대로 이해하는 데 반대하고, 보다 신화적이고 상징적으로 이해하여 성욕과 불과 태양이 공유하는 '생명 에너지'로 보았다. 올가에 따르면 로르샤흐도 "고풍스러운 생각, 신화, 신화학의 해석에 매료되었다. 그래서 다양한 환자에게서 옛날 사고방식의 자취를 추적하여 유사성을 찾아봤고, 마침내 은둔의 삶을 살아가는 아픈 스위스 농부의 망상이 놀랍게도 이집트 신들의 세상

---

* 1~2세기 무렵 지중해 지역에서 기독교를 전복적으로 이해하고자 앎gnōsis을 강조한 종교 운동의 신화.

을 암시한다는 사실을 발견했다."³³

　　로르샤흐는 프로이트의 견해에 대해서도 그랬듯, 융의 견해에 대해서도 활용은 하되 전적으로 추종하지는 않았다. 반면에 융은 어느 편인지가 확실했다. 융은 생리적 원인 때문에 발생하는 정신 질환도 있다고 인정하면서도 금세 자신의 환자 대다수는 뇌가 손상되지 않았고 적어도 심리 장애를 뇌와 연결지을 근거가 없다고 주장했다. 1908년 1월, 취리히 시청에서의 강연에서 융은 이렇게 말했다. "이런 이유로, 우리는 취리히 병원에서 정신 질환에 대한 해부학적 접근을 완전히 폐기하고, 심리학적으로 접근하기로 방향을 바꿨습니다."³⁴ 로르샤흐가 이 강연에 참석했는지는 확실하지 않지만, 그는 그 선언에 담긴 뜻을 받아들였다. 그는 자연 과학인 의학을 공부하면서 뇌의 내분비기관인 솔방울샘을 성실히 해부하고 연구했지만,³⁵ 정신의학의 미래는 뇌를 잘라내 살펴보기만 하는 것이 아니라 마음을 해석할 수 있는 길을 찾는 데 있다는 의견에 동의했다.

　　하지만 로르샤흐의 태도는 세 선구자 중 가장 덜 알려진 사람에 가까웠다. 블로일러는 체질적으로 해석적 방법과 해부학적 방법 어느 쪽도 "완전히 배제"할 수 없는 사람이었다. 그는 어떤 질환이 생물학적 질환이라면, 환자의 특이한 망상이나 "비밀스러운 이야기" 따위는 신경 쓰지 말고 치료해야 한다고 주장했다. 로르샤흐 역시 심리학이 생리학―그에게는 지각의 본질이었다―에 바탕을 둔다는 믿음을 계속 유지했다.

로르샤흐는 블로일러와 공통점이 많았다. 둘 다 사회적 배경이 대단하지 않았고, 심각한 정신 질환으로 고통받는 이에게 따뜻한 관심을 보였고, 대다수 동료에게 없는 능력, 즉 자기만의 길을 찾을 때도 남을 존중하고 남에게서 배울 줄 아는 능력을 가지고 있었다. 프로이트는 여성을 '우리'와 사뭇 다른 기이한 심리를 지닌 존재로 봤고, 융은 여성이 주로 집안일에 관심을 보이며 지성보다 감정을 더 이용하는 경향이 있다는 글을 자주 발표했다. 하지만 김나지움에서 여성의 권리를 옹호했던 로르샤흐는 물론 블로일러 역시 프로이트나 융과 달리 그런 편견을 갖고 있지 않았다.[36] 더욱 중요한 것은 그들이 여성을 중심에 놓고 학설을 세우지 않았다는 것이다.

블로일러와 로르샤흐 모두 객관적인 시각을 유지하며 초자연현상을 연구하는 초심리학을 받아들이지 않았다. 이와 달리 프로이트와 융은 윌리엄 제임스William James, 피에르 자네Pierre Janet, 테오도르 플루누아Théodore Flournoy 등 당대의 걸출한 심리학자들이 그랬듯, 유령이 전하는 메시지를 받는다는 교령회séance에 빈번히 참석하여 영매를 연구했다. 단순히 재미 삼아서가 아니라, 그것이 머잖아 무의식이라고 불릴 '잠재' 영역에 접근할 수 있는 길이란 희망을 품었기 때문이다. 블로일러와 마찬가지로 로르샤흐 역시 이런 관습을 오늘날 우리가 받아들이는 관점에서 이해했다. 여동생 아나가 자신들의 할머니가 심령술에 의지한다고 비웃자, 의대생이던 헤르만은 이런 답장을 보냈다. "나이 든 사람이 심령에 의

지하는 건 그 사람을 필요로 하는 사람이 아무도 없어서 심란하기 때문이야. 살아 있는 사람이 가까이에 아무도 없으니 유령하고라도 소통하려는 거지. 그러니 그건 정말로 마음 아픈 상황이지 결코 화낼 일은 아니란다."[37]

로르샤흐는 부르크휠츨리 병원에서 일한 적이 없었지만, 취리히 대학교와 부르크휠츨리 병원이 협력 관계에 있었기 때문에 세계적인 임상의를 지도 교수로 모실 수 있었다. 1906년 1월 술을 끊겠다고 맹세할[38] 만큼 진지하게 블로일러를 따르게 된 로르샤흐는 그 뒤로 평생 술을 입에 대지 않았다. 블로일러는 당시 대학의 정신과 의사 가운데 예외적으로 프로이트의 이론을 지지하고 적용하고 가르쳤다. 그러면서도 취리히가 빈에 휘둘리지 않도록 결정적인 역할을 했다. 로르샤흐는 정신분석을 진지하게 받아들이면서도 더 가다듬고 탐구하는 것에 대해 개방적인 세계 유일의 장소에 있었다. 그는 무의식을 탐색하는 심리검사를 세상에서 처음으로 만들어낸 이들과 함께 공부했다. 로르샤흐에게는 더할나위 없는 환경이었다.

로르샤흐가 정신과 의사로 활동하던 1914년, 스위스 육군 소속 자전거 부대가 로르샤흐의 진료소에 요하네스 노이비르트라는 병사를 보내 평가를 요청했다.[39] 그는 열흘짜리 휴가를 나와 의붓아버지의 장사 빚 2,900프랑을 갚은 뒤, 복귀하기 이틀 전인 12월 3일 목요일에 갑자기 자취를 감췄다. 6일 뒤 경찰이 선술집에서 그를 찾아냈다. 그는 커다란 맥주잔을 앞에 놓고 접시에 코를 박은 채 소리 없이 천천히 음식을 먹고 있었다. 잠시 지켜보던 경찰이 물었다. "왜 토요일에 부대로 복귀하지 않았나?" 고개를 든 그는 당황해하고 망설이더니 "이제 가야 합니다"라고 말했다.

병사는 순순히 경찰을 따라나섰고 당장 부대에 복귀하려고 했다. 그는 군 복무에 만족해했다. 그는 그날이 무슨 요일이냐는 질문에 "목요일"이라 답했고, 12월 9일 수요일이라는 사실을 믿지 않으려 했다. 그는 여러모로 혼란스러워하는 듯 보였다. 병원으로 이송된 병사는 3일 밤 눈길에 자전거가 미끄러지는 바람에 기차역 근처 다리께에서 넘어졌다고 말했다. 그 뒤로 선술집에서 경찰이 말을 걸기 전까지 있었던 일을 아무것도 기억하지 못했다. "꿈에서 깬 것 같아요. 사람들은 저더러 탈영하려 했다고 비난하지만, 제가 정말로 그러려고 했다면 2,900프랑을 죄다 빚 갚는 데 쓰고 나서가 아니라 그 돈이 주머니에 있을 때 도망쳤을 겁니다."

병사의 성장 배경, 신체 건강, 가족 환경 등 긴 이야기를 들은 뒤, 로르샤흐는 융과 리클린의 단어 연상 실험, 프로이트의 자유연상, 블로일러의 전문 분야 중 하나인 최면술을 써서, 무슨 일이 일어났는지를 병사가 기억하도록 도왔다. 단어 연상 검사는 무슨 일이 일어났는지를 전혀 드러내지 못했지만, **왜** 병사가 그런 발작을 보였는지를 설명하는 콤플렉스를 밝혀냈다. 병사는 친아버지가 아직도 살아 있어서 "모든 상황이 예전과 같기를" 바랐기 때문에 의붓아버지에게 적의를 느꼈다. 프로이트의 자유연상법은 병사를 해리 상태로 되돌려 그가 **어떻게** 행동했었는지를 보여줬다. 당시 노이비르트는 곧장 환각 상태에 빠졌고 나중에 환각에서 깨어나 처음 본 것 말고는 아무것도 기억하지 못했다. 로르샤흐가 짐작했던 대로, **무슨 일**이 일어났었는지를 밝히는 데는 최면술이 가장 효과적이었다. 로르샤흐는 세 방법의 결과를 비교할 수 있도록, 최면술을 마지막으로 남겨두었다. 최면에 빠진 병사에 따르면, 그는 자전거를 역에 내버려둔 뒤 공원 벤치에 앉아 있다가, 걸어서 의붓아버지가 장사하는 곳으로 돌아갔지만 집으로 가는 길을 찾지 못했다. 마치 간질 환자가 발작을 일으킨 것처럼 들리는 이야기였다. 병사의 이야기는 모두 앞뒤가 들어맞았는데, 병사는 그 모든 일이 하루 동안 일어난 것이라고 기억했다.

최면이 끝난 뒤, 로르샤흐는 자유연상을 통해 본 것과 단어연상으로 얻은 결론을 해석해 이야기의 대부분을 종합할 수 있었다. 그는 이렇게 요약했다. "내게 특히 중요했던 것은, 나중에 최면으로 찾아낸 단서들을 이용해 **이른바 '자유연상'이 실제로는 이미 결정되어 있다**는 사실을 보여주는 것이었다." 즉 자유연상은 무작위로 일어나는 것이 아니라, "무의식적 기억"의 결과물이란 뜻이었다. 각각의 기법에는 중요한 기능이 있었다. 로르샤흐는, 최면에서 드러나지 않는 좀 더 세부적인 내용을 밝히고, 환자 사례의 모든 측면이 "통합된 하나의 그림으로 합쳐졌음"을 증명하려면, 세 방법을 모두 종합하여 분석하는 것이 가장 적합하다고 결론지었다.

하지만 종합 분석을 진행하는 데 충분한 시간을 확보하기가 어려웠다. 로르샤흐에게 필요한 것은 한 회기에 바로 '통합된 그림'을 그려낼 수 있는 방법이었다. 단어 연상 검사에서 쓰는 자극어처럼 수검자가 반응할 구체적 대상이 있어야 했다. 그러면서도 무엇이든 머릿속에 떠오르는 대로 말하는 자유연상처럼 꽉 짜여 있지 않은 방법이어야 했다. 그리고 최면처럼 의식의 방어를 피해 우리가 알면서도 깨닫지 못하는 진실, 또는 알고 싶어하지 않은 진실을 드러낼 방법이어야 했다. 로르샤흐는 자신에게 큰 영향을 미친 세 사람에게서 배운 세 가지 유용한 기법을 자유자재로 쓸 수 있었지만, 미래의 검사는 세 가지를 하나로 합친 것이어야 했다.

자기만의
길을 찾아

1906년 봄, 예비시험을 갓 통과한 의대생일 때만 해도 로르샤흐는 그런 종합 분석법을 만드는 건 고사하고 그런 일을 상상도 못할 처지였다. 그는 경험을 쌓고 싶어 몸이 달았지만, 그에게 허락된 일이라고는 시력검사, 신체검사, 부검뿐이었다. 그래도 5월 23일 아나에게 보낸 편지에는 마침내 의술을 펼친다는 짜릿함이 드러나 있다. "정말로 진짜 환자를 진찰하다니, 내가 앞으로 할 일을 엿본 셈이야! (…) 대개는 구경만 해야 하지만, 그래도 배울 게 많단다." 그는 주당 50시간 이상을 일하며 보낸 2주간의 첫 실습 기간을 이렇게 표현했다. "이 2주를 영원히 못 잊을 것 같아."

로르샤흐는 하고 싶은 이야기가 넘쳤다. 열여섯 살 난 어떤 소년이 유리 지붕으로 떨어졌고, 의사들은 아이를 살릴 수 있을 거라고 판단했다. "하지만 사흘 뒤, 아이의 뇌는 해부학 실습 테이블 위에 놓였어."

> 병원에서 낯빛이 누렇게 뜬 나이 든 여자 환자를 보여줬어. 환자는 계속 눈을 꾹 감고 있었지. 이틀 뒤, 그 여인이 해부되는 광경을 직접 봤어. 또 한쪽 손이 끔찍하게 부어오른 젊은이가 마취제를 맞은 뒤 수술받는 것도 봤고. 마취에서 깨어난 젊은이는 오른손이 사라진 것을 보고 절망스러워 신음을 내뱉더구나. 그 소리는 절대 못 잊을 거야. 스물한 살 난 학생도 보았어. 죽으려고 손목의 맥이 뛰는 자리를 그은 학생이었어. 또 심한 성병에 걸린 열여덟 살쯤 된 소녀도 있었는데, 150명에 이르는 실습생 앞에 몸을 드러내야 했어. 이렇게 날마다 갖가지 일이 벌어진단다. 이런 일이 벌어지는 건 모두 가난한 사람들에게는 연금 생활자처럼 병원에 입원할 돈이 없기 때문이야. 이게 보호 진료소의 비극이란다.

로르샤흐는 맥주나 마시고 은제 손잡이가 달린 지팡이를 꿈꾸는 동급생들이 그런 광경에 보이는 반응에 질색했다. "내가 전에 말했던 부류의 의대생들이 이 상황들에 어떻게 반응했을지 상상해보렴. 우리는 이런 상황에 냉정해야 한다느니, 세상일이 원래 그렇다느니 말하더구나. 하지만 그런 상황을 대충 넘기고, 도덕적 백치가 되어야 한다니! 아니, 의사라고 꼭 그래야 한다는 법은 없단다."

실습 과정은 무척 흥미로웠지만, 그는 진심으로 이해받는 다는 느낌을 받지 못했다. 하루에 수십 명의 환자를 보며 끝도 없 이 상담해야 하는 현실 앞에서 그는 "모든 이상적인 것을 냉철하 게 바라보게 된다"고 아나에게 털어놓았다. "의사는 감사보다 불 신에, 이해보다 무례함에 직면한다."[1] 그해 봄, 로르샤흐는 취리 히 셋방에 찾아오는 사람들이 이름을 적을 수 있도록 조그만 방명 록 한 권을 놓아두었다. 6개월 뒤, 방명록에 적힌 이름은 30개였지 만, 실제 찾아온 사람은 엄청나게 많았다. 이제 그에겐 혼자만의 시간이 필요했다. 이런 양상은 로르샤흐의 삶에서 계속 되풀이된 다. 1920년 7월 16일에 그는 친구인 목사 한스 부리Hans Burri에게 이 런 편지를 쓴다. "두 달 동안 외향적으로 사느라 바빴다네. 외향성 을 실컷 맛보고 나니 무언가 내면적인 것이 그립더군. 사람은 외 향성만으로는 살 수 없네."

1906년 9월 2일 취리히에서 아나에게 부친 편지에서는 처 음으로 올가 슈템펠린을 언급하면서도, 혼자만의 시간을 누리고 싶다는 속내를 털어놓는다. "내가 여기에서 알고 지내는 사람이 너무 많단다. 무슨 뜻인지 알겠니? 밖에 나가자고 사람들이 찾아 오고 또다시 들르는 바람에 내 방식대로 혼자 있어야 할 유일한 시간을 빼앗긴단다. 자유에 어두움이 드리우는 거지." 올가도 러 시아로 떠난 뒤였다. 로르샤흐는 사람에게 관심이 많기는 했지만, "이제 있으나 마나 한 사람들을 떠나 다른 곳으로 옮겨갈 준비가 되어" 있었다.

당시 상급반 의대생은 흔히 다른 대학교에서 여러 전공 분야를 익히며 학기를 보냈고, 여름 방학에는 개인 병원에서 의사 대신 진료를 봤다. 하지만 로르샤흐는 특권층 출신인 동급생들과는 '남다르게' 처신하겠다고 마음먹기도 했고, 무슨 일을 해서라도 돈을 벌어야 했던 까닭에 여느 의대생보다 더 폭넓은 경험을 쌓았다. 그는 교환 학생 기간에 다른 나라에서 공부하며 여행을 다녔고, 취리히에 있을 때는 스위스의 여러 고장에서 단기 일자리를 찾아 일했다.

첫 교환 학기는 디종 이후 처음으로 스위스를 벗어나 베를린 의대에서 보냈다. 9월 2일, 로르샤흐가 베를린으로 떠나기 전 취리히에서 아나에게 보낸 편지에는 기대가 묻어난다. "베를린은 인구가 수백만 명이니 취리히보다 혼자 있기가 수월할 거야." 그는 처음에는 자신이 바란다고 생각한 자유를 누렸다. 10월 12일 베를린에 도착한 그는 20일 정도 지난 10월 31일에 아나에게 그런 생각을 전했다. "나는 여기에서 완전히 혼자란다. (…) 처음 며칠 동안은 정말로 완전히 혼자였고, 지금도 거의 혼자 지낸단다. 운 좋게도 말이야." 로르샤흐의 방은 베를린에서 흔히 볼 수 있는 곳이었다. 4층에 있는 방에서 창밖을 내려다보면 "작은 돌덩이와 자그마한 잔디밭"으로 꾸민 작은 안뜰에 서 있는 나무 한 그루가 눈에 들어왔다. 건물 곳곳을 채운 베를린 방식의 꾸밈새를 보는 만큼은 아니어도, 나무는 "제법 큰 기쁨을 안겨주었다".[2] 밤에는 집에 머물거나, 새벽 무렵까지 사람들로 북적이는 거리를 거닐었다. 로르샤흐는 극장, 서커스 공연장, 영화관을 즐겨 찾았다.

하지만 현대적인 대도시의 혼돈[3]은 그에게 맞지 않았다. 1900년대 초반 베를린은 세계에서 가장 크고 빠르게 성장하는 대도시 가운데 하나였다. 1848년 40만이던 인구는 60년 사이에 5배로 늘어 1905년에 200만 명에 이르렀는데, 이것은 도시 외곽을 둘러싼 새 교외 지역에 사는 150만 명은 포함하지 않은 숫자였다. 새벽 3시까지 노면 전차가 달렸고, 주말에는 밤새 달리는 노선도 있었다. 술집도 동이 틀 때까지 문을 열었다. 끝없이 이어지는 공사도 소음과 혼란에 한술 보태는 정도였다. 1900년 무렵 베를린의 모습을 설명한 《1900년대 베를린을 읽다Reading Berlin 1900》에 따르면, 20세기에 접어들던 무렵 베를린의 북적이는 프리드리히슈트라세를 따라 100걸음만 걸어 내려가도 "차 경적 소리, 거리 악사의 손풍금 선율, 신문팔이의 목청소리, 볼레Bolle 우유 배달원의 종소리, 채과상의 소리, 구걸하는 거지의 쉰 목소리, 몸 파는 여자들의 속삭임, 전차가 덜컹거리는 소리, 전차가 낡은 철로와 부딪혀 삐걱거리는 소리, 수많은 사람이 발을 끄는 소리, 경쾌하게 걷는 소리, 쿵쾅거리며 걷는 소리가 뒤섞여 귀를 따갑게 찔렀다. 게다가 (…) 화려한 네온등, 사무실과 공장을 훤히 밝히는 전등, (…) 마차와 자동차에 매달린 등불, 아크등, 백열전구, 카바이드등까지 온갖 빛이 도시를 밝혔다".[4] 당시 베를린은 빈, 파리, 런던에 견줘 두드러질 정도로 유동적이고, 불명확하고, 불안정했다. "언제나 어떤 곳으로 바뀌고 있지만 한 번도 이렇다 할 곳이 된 적은 없었다." 당시 "세상에서 가장 빠른 신문"이라고 자부하던 대표 일간지는 1905년 포츠다머 광장의 모습을 가리켜 "눈 깜빡할 새 풍경이 바뀐다"며 감탄했다.

베를린에 새로 발을 들인 많은 이가 자유와 가능성을 발견했지만, 로르샤흐의 마음은 스위스로 돌아가 있었다. 아니면 이미 올가에게 가 있었는지도 모른다. 1906년 12월 5일, 당시 열다섯 살이던 남동생 파울에게 보낸 편지에는 그가 베를린을 얼마나 차갑게 바라봤는지 잘 드러나 있다. "몇 년 안에 베를린 인구가 스위스 전체 인구보다 많아질 거야. 하지만 중요한 것은 양이 아니라 질이란다. (⋯) 네가 베를린 사람이 아닌 걸 기뻐하렴. 이곳 노인네 중에는 평생 한 번도 체리 나무를 본 적이 없는 사람도 있어. 나도 두 달 동안 고양이나 소를 한 마리도 못 봤단다." 그리고 파울에게 이렇게 권한다. "(⋯) 우리 나라의 상쾌한 공기와 멋진 산을 마음껏 즐기려무나. 내가 여기서 날마다 보는 사람들과 달리 너는 진정한 삶을 누리는 진실하고 자유롭고 정직한 사람이 되었으면 좋겠어." 그는 베를린 사람들이 "차갑고 따분하다"[5], 사회가 "뻔뻔하다"[6], 모든 경험이 "한심하기 짝이 없다"[7]고 썼다.

무엇보다도 헤르만을 질리게 한 것은 독일인의 복종이었다. 로르샤흐는 독일인들이 차르에게 지배받는 러시아인들보다도 자유롭지 못하다고 생각했다. 때마침 로르샤흐가 베를린에 도착했을 무렵, 독일 역사에서 생각 없이 권위에 복종한 가장 유명한 사건이 일어났다. 로르샤흐가 도착하기 나흘 전인 1906년 10월 16일, 어떤 떠돌이 사내가 시내의 여러 가게에서 프로이센 근위대장의 제복을 하나씩 따로따로 사들인 다음, 옷을 갈아입고 근위대장 행세를 했다. 그는 독일 황제의 명령이라며 병사를 징집한 다음 쾨페니크 시장을 체포하고 시의 금고를 몰수했다. 모든 사람이 의심 없이 그의 제복에 복종했다. 그가 체포된 10월 26일을 전후로 신문마다 '쾨페니크의 근위대장'[8]을 다룬 기사가 넘쳐났다. 그는 민중의 영웅이 되었다. 로르샤흐는 다음 해인 1907년 1월 21일 아나에게 보낸 편지에서 독일인을 이렇게 평한다. "카이저와 제복을 숭배하고 자기네가 세상에서 가장 잘난 민족인 줄 알지만, 실제로는 가장 충실한 관료들에 불과할 뿐이란다."

러시아는 계속 로르샤흐의 마음을 끌어당겼다. 로르샤흐는 베를린에서 교환 학생 학기를 시작하기 전인 1906년 7월, 베를린과 취리히에서 의학을 배우던 러시아인 안나 세메노프에게서 모스크바로 오라는 초대를 받았지만 정치 상황에 가로막혔다. 당시 러시아는 러일전쟁으로 크나큰 피해를 입은 데다 1차 러시아혁명으로 몸살을 앓고 있었다. 로르샤흐는 여전히 가족의 생계를 대부분 책임지고 있었으므로, 위험한 상황에 발을 들이는 게 내키지 않았다. 무사히 베를린으로 돌아온 세메노프가 크리스마스 휴가 때 다시 로르샤흐를 초청하자, 이번에는 로르샤흐도 받아들였다. 1906년 12월, 로르샤흐는 베를린을 벗어나 모스크바로 여행을 떠났다.

모스크바 여행은 그의 삶에서 가장 흥미로운 한 달이었다. 로르샤흐는 자신이 "무한한 가능성을 품은 땅"이라 부르던 러시아를 마침내 직접 보게 되었다. 모스크바에서 돌아온 그는 아나에게 러시아를 극찬하는 견문록을 보냈다. 편지는 크렘린 탑에서 바라본 전경, 무려 썰매 2만 5,000대가 소리 없이 조용하게 도시를 돌아다니는 모습, 거리 한복판에 있는 화톳불에서 꽁꽁 언 몸으로 "수염에 매달린 얼음을 떼어내는" 썰매몰이꾼까지, 놀라울 정도로 모스크바를 자세히 묘사한 글로 가득했다. 로르샤흐는 "사람들이 세계 제일이라고 말하는" 모스크바 예술 극장의 공연에서부터 볼거리가 풍성한 그랜드 오페라, 강연, 종교 모임, 정치 모임에 이르기까지 온갖 문화 행사에 참석했다. 옛 친구 트레구보프도 다시 만났다. 러시아 사람들 덕분에 로르샤흐는 자신의 껍데기를 깨고 나올 수 있었다. 흔히들 상트페테르부르크는 러시아의 머리요, 모스크바는 심장이라고 했는데, 로르샤흐도 이에 수긍했다. 그는 아나에게 전했다. "러시아 사람의 삶을 제대로 보고 이해하려면, 상트페테르부르크에서 1년을 지내는 것보다 모스크바에서 보름을 보내는 것이 더 낫단다."9

러시아를 여행할 무렵 로르샤흐는 자신도 느낄 만큼 완전한 어른이 되어 있었다. 그가 아나에게 보낸 견문록에 따르면, 그는 원래 베를린을 떠나 "아버지의 발자취를 되짚어보고" 싶어했다. "하지만 자기만의 길을 찾아내는 게 더 낫다는 생각이 들었어. 자기만의 길을 찾아 나설 용기가 없다면 그냥 남이 간 길만 따라

가게 될 거야." 이때부터 헤르만 로르샤흐는 중요한 집안일을 이야기할 때 외에는 편지에서 아버지 울리히 로르샤흐를 거의 언급하지 않는다. 그는 아버지를 잃은 슬픔을 삶의 밑거름으로 삼았다. 로르샤흐는 아버지를 위해 의사가 되었고, 아버지에게서 물려받은 여행과 예술에 대한 열정을 꾸준히 키워나갔다.

러시아는 삶의 지평을 더욱 넓히고 싶어하던 로르샤흐의 욕구를 채워줬다. 설사 디종에서 트레구보프를 만나지 않았더라도, 그는 틀림없이 다른 방법으로 그 욕구를 채웠을 것이다. 한 예로, 두 달에 걸쳐 진행되어 진을 빼놓는 의대 졸업 시험이 한창이던 1909년 1월 25일, 그는 그저 러시아 문화가 궁금하다는 이유로 《전쟁과 평화》를 다시 읽고 있다는 소식을 아나에게 전한다. 다른 사람들 같았으면 하지 않을 일이었다. 그야말로 눈앞에 닥친 환경의 틀에 갇히기를 거부하는 사람, 어디에서든 지성과 감성이 어우러진 삶을 추구하는 사람의 행동이었다.

러시아에 다녀온 뒤로 서유럽은 로르샤흐의 눈에 차지 않았다. 1907년 초, 로르샤흐는 "베를린에 실망해 조금은 울적한 마음을 안고"[10] 베른으로 옮겼다. 하지만 다음 학기도 그다지 만족스럽지 않았다. 1907년 5월 5일 아나에게 보낸 편지에 이런 실망이 묻어난다. "베른이 나쁘지는 않아. 세상에서 가장 세련된 사람이라고는 하지 못할 나마저도 움찔할 때가 있을 만큼 수준이 조금 낮고 한물간 데다, 사람들도 대부분 아주 거칠고 상스럽기는 하지만 말이야." 베른에서 한 학기를 마친 그는 1907년의 나머지 기간과 1908년 일 년 동안 취리히 대학교에서 공부하고 다른 곳에서 대체 의사로 일했다. 하지만 학교 생활과 스위스에서는 더 얻을 것이 별로 없다는 생각을 했던 게 분명하다.

적어도 동생 아나는 그런 생활에서 벗어났다. 1908년 초, 프랑스어권인 스위스 서부에서 2년 동안 가정교사로 일하던 아나는 헤르만의 도움으로 러시아에서 가정교사 자리를 얻는다. 아나는 그동안 오빠에게 수없이 들었던 "무한한 가능성을 품은 땅"을 볼 기회를 기꺼이 받아들였다.[11] 그후 몇 달 동안 로르샤흐는 동생을 위해 흥분에 들뜬 편지를 부쳤다. 여러 장에 걸친 편지에는 러시아어 문법, 철도 노선과 시간표, 짐을 얼마나 꾸려야 하는지, 세관 절차는 어떻게 밟아야 하는지가 꼼꼼하게 적혀 있었다.

헤르만은 아나의 여행으로 다시 한번 러시아를 방문하는 듯한 느낌을 받았다. 그는 스위스에 묶여 있었지만, 아나가 편지로 전하는 광경을 마치 눈앞에서 보는 듯 생생하게 느꼈다. 1908년 12월 9일 편지에도 "네가 보낸 첫 편지를 읽었을 때, 나는 너와 함께 거니는 듯 생생하게 모스크바를 돌아다녔단다"라고 적었다. 그는 아나에게 조언할 때마다 자신이 모스크바를 여행하던 기억을 다시 떠올렸다. 그래서 모스크바 극장에 가봐라, 오페라를 봐라, 볼쇼이 극장에 가봐라, 트레구보프를 만나라, 톨스토이를 만나라고 하는 등 온갖 일에 줄기차게 질문을 던지고 제안했다. 또 아나에게 러시아 회화[12]의 복제품을 보내달라고 부탁하는가 하면,

1908년 11월 16일 편지에서는 사진기를 사는 게 도움이 될 거라고 부추기기도 했다. "사진기는 꼭 사렴. 한 달 치 월급을 치러야겠지만, 사진기로 얻게 될 기쁨은 그만한 값어치가 있단다. 나중에 나이 들어 하릴없이 앉아 지내야 할 때, 젊은 시절 갔던 곳을 찍은 사진이 있으면 정말 멋질 거야. 모든 것이 머릿속에 생생히 살아 있을 테니까. 게다가 사진기가 있으면 장소를 더 꼼꼼히 보게 된단다." 로르샤흐는 아나에게 몇 가지 조언도 했다. "몇 가지 조작법을 알려주는 거야 일도 아니지만, 네가 직접 50번쯤 찍어봐야 다루는 법을 알게 된단다." 하지만 이듬해인 1909년 10월 21일에는 그가 누이에게 조언을 구하는 처지가 된다. "내가 찍은 사진 한 장을 동봉한다. 그런데 사진이 이상하단다. 지나치게 갈색이 돌아 답답해 보이는데, 혹시 뭐가 잘못된 건지 알겠니? 노출이 너무 적은 걸까, 많은 걸까? 아니면 현상을 너무 적게 했거나 오래 했던 걸까?"[13]

부모님이 돌아가신 뒤로 아나에게 "아버지이자 어머니"였던 헤르만은 든든한 큰오빠였다. 아나에게 헤르만은 "무엇이든 물어볼 수 있는" 사람이었다.[14] "의대생일 때와 초보 의사일 때, 오빠는 내게 생명이 어디에서 오는지에 대한 비밀을 알려줬고, 내 목마른 영혼을 달랠 만큼 많은 이야기를 끝없이 들려줬다." 온갖 조언과 가르침 가운데 압권은, 베를린에 머물던 1906년 10월 31일 보낸 편지에서 열여덟 살이던 아나에게 베를린의 길거리 여자들이 모여 있는 이른바 매춘 시장을 설명한 글이다. "그곳 여자들은 벨벳과 비단을 걸치고, 분을 바른 얼굴에는 눈썹을 그리고, 마스카라와 붉은 아이라이너를 칠하고, 입술과 눈두덩에 연지를 바른다. 머리부터 발끝까지 우아함이 흐르지. 그런 모습으로 돌아다니는 여자들을 부끄러운 줄도 모르고 비웃으며 음흉한 눈길로 훑어보는 남자들이야말로 한심하기 짝이 없어 보인단다. 이자들은 그러면서도 모든 걸 여자 탓으로 돌리지."

아나가 처음으로 성을 경험했다는 소식을 듣고 쓴 1907년 9월 17일 편지에서도 헤르만은 아나를 지지했다. "믿기 어려울 정도로 많은 남성이 여성을 잠자리 대상으로만 본다. 지난번 일을 네가 얼마나 많이 생각해봤는지 모르겠지만, 너만의 분명한 생각을 가졌으면 좋겠구나. 여성도 인간인 만큼 독립적일 수 있다는 확신을 가지렴. 스스로 자신을 향상하고 완성할 수 있으며 또 그래야 한다는 믿음을 굳게 지키거라. 그리고 남녀 사이는 반드시 평등해야 한다는 사실을 인식해야 해. 정치적 투쟁에서뿐 아니라 집안일에서도, 그리고 무엇보다도 성생활에서도 말이다." 로르샤흐는 자신이 그렇듯 여동생도 성을 알 권리가 있다고 여겼다.

아나가 가정교사로 일하던 1908년 6월 15일에는 아이가 어떻게 생기는지 설명하는 문제에 이런 조언을 건넸다. "정말로 황새가 나를 물어왔을까, 라는 궁금증은 아이의 삶에서 가장 민감한 물음이야. 당연히 **절대로** 황새를 입에 올려서는 안 돼!" 헤르만은 아이에게 수정된 꽃, 새끼를 밴 동물, 송아지나 새끼 고양이가 태어나는 모습을 보여줘야 한다고 주장했다. "거기서부터는 설명이 어렵지 않단다."

아나는 더 넓은 세상을 알고 싶어했고, 헤르만은 그런 지식을 전할 수 있다는 것을 기뻐했다. 아울러 자신도 아나에게서 그만큼 배우기를 기대했다. 사진기를 사라고 권했던 편지에서도 "머잖아 네가 나보다 러시아 상황을 더 많이 알게 되겠지"라고 희망을 드러냈다. 12월 9일 편지에서도, 남자들은 "다른 나라 사람이 주변에 있을 때에만 그 나라를 이해하는 까닭에 사교, 거짓말, 전통, 관습 같은 둑에 가로막혀 진짜 삶을 보지 못하지만," 여성은 은밀한 가정생활에 접근할 수 있으므로 "다른 나라를 훨씬 더 잘 안다"고 썼다. "너는 지금 완전히 다른 환경 속에 있어. 그런 상황이야말로 한 나라를 알 수 있는, 그것도 진정으로 알 수 있는 길이야. 이 기회를 발판 삼아 그곳 사람들을 제대로 살펴보렴. 그리고 내게 편지로 알려줘. 러시아 관리의 가족이 어떻게 사는지 **나에게** 말해줘야 하는 사람은 바로 너란다. 나는 그들의 삶을 아무것도 모르니까."

헤르만은 자기 눈으로 직접 볼 수 없는 것들이 궁금해 안달했다. 그는 국적이 다르면, 특히 성별이 다르면, 뚜렷이 구분되면서도 공감할 수 있는 관점을 갖는다고 처음부터 확신했다. 앎에는 친근함과 거리가 모두 필요하기 때문이다. 1907년 9월 17일에는 아나에게 "다른 나라에 가봐야만 조국을 사랑할 줄 알게 된단다"라고 적어 보냈다. 헤르만은 인간의 모든 본성을 최대한 탐구하고 싶어했다. 그래서 아나가 필요했다. 1908년 5월 26일에는 이렇게 부탁했다. "머리를 짜내고 펜을 놀릴 수 있는 한 내게 편지를 써줘야 해. 알았지? (…) 러시아 사람들은 어때? 시골 풍경은 어때? 시골 사람들은? 글을 많이많이 보내주려무나!"

같은 편지에서 헤르만은 여동생과 깊은 우애를 이어가고 싶은 마음도 드러냈다. "있잖니, 아날리, 내가 우리 사이에 진정으로 바라는 것은 서로 많은 편지를 주고받는 거란다. 그러면 여러 나라와 산과 국경이 우리를 갈라놓더라도 우리는 가까운 사이로 남을 거야. 아니 더 가까워질 거야." 두 사람 사이는 정말로 그랬다. 아나는 1911년에 잠시 스위스로 돌아왔을 때 외에는 1918년 중반까지 러시아에 머물며 전쟁과 혁명을 몸소 겪었고, 그 혼란 속에서 대부분의 소지품을 잃었다. 1911년 이후로 헤르만에게 받은 편지도 그렇게 사라졌다. 하지만 헤르만의 마음은 의심할 바 없이 러시아에 있는 여동생과 언제나 함께였다. 올가와도 그러했다.

1906년 여름 헤르만을 만난 이후 올가도 공부와 여행으로 시간을 보냈다. 그러다 1908년 초반, 아름다운 러시아 여인과 러시아를 아끼는 잘생긴 남성은 연인이 되었다. 헤르만은 고집도 세고 감정도 격렬했지만, 이를 절제하며 살았다. 다른 사람이 분출하는 감정을 견뎌야 했던 그는 올가에게서 자신을 충분히 채워주는 사람을 보았다. 나중에 그는 올가가 자신에게 세상을 보여줬고, 그 안에서 살아갈 길을 열어줬다고 고백했다. 올가는 공감각共感覺까지 지니고 있었고 헤르만은 그에 매료되었다. 올가는 겨우 네 살일 때

아치형 길을 각기 다른 색으로 7장을 그려 요일을 기억했다고 한다.[15] 올가는 스위스의 생활 방식에 결코 매료되지는 않았지만 그런대로 잘 받아들였고, 헤르만만큼이나 간절히 안정된 생활을 바랐다.

1908년 7월 말, 올가는 러시아로 돌아갔다. 헤르만이 콘스탄츠 호수의 동쪽 끄트머리에 있는 매력적인 독일 국경도시 린다우까지 그녀를 배웅했다. 올가는 서른, 헤르만은 스물넷이었다. 헤르만이 아나의 연락을 간절히 바란 정도였다면, 롤라(가족과 친구들이 부른 올가의 애칭이다)에게 보낸 편지 중 지금까지 남아 있는 것들의 내용은 절박감이 느껴질 정도다. "내 사랑, 내 연인, 롤루샤. 그대에게 아무 소식도 받지 못한 지 너무 오래되었소. 벌써 24시간도 더 지났다니. 편지를 써요 롤라, 편지를. 이곳은 끔찍하게 지루하고 공허하오. (…) 나는 점심을 먹은 뒤 여기에 앉아, 담배를 피우며 당신을 생각하고 있다오. 한 시간 정도 후에 오후 우편이 올 거요. 아침 우편에는 아무것도 오지 않았소. 오늘 받을 소식은 전혀 없는 거요? 내 여인이 무엇을 하고 있는지 정말 알고 싶소!" 편지에는 다른 연필로 쓴 글이 덧붙여져 있다. "지금 4시인데, 오늘 아무런 편지도 받지 못했소!"[16]

올가는 고향이나 다름없는 카잔에서 콜레라 환자를 돌보느라 바빴다. 11월 말에는 동쪽으로 거의 500킬로미터나 떨어진 더 작고 가난한 고장으로 옮겨갔다. 11월 27일 헤르만이 아나에게 전한 바에 따르면, "그곳에 간 뒤로 올가는 기분이 무척 가라앉아 있단다. 눈에 보이는 것은 죄다 더럽고 거친 것뿐이라는구나. (…)
올가는 완전히 혼자야." 취리히에 남은 헤르만은 1908년 여름에도
대체 의사로 일했다. 이번에는 루체른 인근의 크린스와 취리히 호
숫가에 있는 탈빌이었다. 헤르만이 아나에게 들려줄 이야기는 꾸
준히 늘어갔다. 이를테면 9월 2일 편지에는 이런 내용을 적는다.

> 내가 돌보던 환자 네 명이 죽었단다. 모두 죽어가고 있다고
> 할 만큼 몸이 망가진 나이 든 부랑자들이었어. 의사라도 그
> 들을 살리지는 못했을 거야. 다른 일도 있었단다. 난산인
> 아이를 내가 잘 받아냈어. 아이가 거꾸로 나오는 어려운 출
> 산이라 움직이지 않게 꼭 붙잡고 꺼내야 했어. 옆에 서 있
> 던 산파가 이런 아이가 살아서 세상에 나오는 건 "기적처
> 럼 드문 일"이라더구나. 부모가 천주교 신자라 산파가 급
> 하게 임종 세례를 받게 할 준비를 했을 정도였어. 하지만
> 내가 결국 아이를 살아서 태어나게 했으니, 임종 세례를 할
> 필요가 사라졌지.

로르샤흐는 별다른 일이 없을 때는 아직 남은 학업에 매진했다.
그는 가을과 겨울 내내 매일 밤 친구 한 명과 함께 공부에 매달렸
다. 11월 27일에는 아나에게 "끝이야, 끝! 학교 공부에 정말 질렸
어"라고 했다가, 열흘 남짓 지난 12월 9일에는 "이 모든 학업을 견
디느라 지겹도록 오래 앉아 있었더니 욕창이 생겼단다"라며 투덜

댔다. 이듬해인 1909년 1월 25일에는 "산 말고 나를 스위스에 가 둬놓을 수 있는 것은 없어!"라고 선언하기도 했다. 정확히 한 달 뒤, 그는 졸업 시험을 통과했다.

이제 의사로 일할 수 있었지만, 헤르만이 직장을 선택하는 데에는 제약이 있었다.[17] 대학 진료소에서 일하자니 임금이 낮았다. 경제 사정을 생각하면 무리였다. 멀리 외떨어진 정신 질환자 보호시설에서 일하면 급여가 조금 더 많고 정신의학 쪽으로 더 유용한 경험도 쌓겠지만, 학교 경력이 끊겼다. 결국 그는 뮌스터링겐에 있는 보호시설에 일자리를 마련했다. 뮌스터링겐 근처 병원에서 수련하던 1907년에 보호시설의 병원장을 만난 적이 있던 덕분이었다. 일은 8월에 시작할 예정이었지만, 그는 그 전에 먼저 올가를 찾아가 그녀의 식구를 만나고, 영원히 러시아로 이주할 기반을 다지고 싶어했다. 1월 25일 아나에게 보낸 편지에 따르면, 그는 러시아에서 1년 동안 일하면 학비 때문에 생긴 빚을 모두 갚을 수 있을 거라는 희망도 품고 있었다. 스위스에서라면 6년 이상 일해야 갚을 수 있을 것이었다.

졸업 시험이 끝나자마자 헤르만은 모스크바에 있는 아나를 찾아갔고, 이어 카잔으로 여행했다. 로르샤흐는 러시아어 실력이 뛰어났기 때문에 카잔에서 일할 수 있었다. 헤르만은 신경과 병원에서 환자를 진찰했고, 카잔의 대형 보호시설을 방문하고 싶어했지만 허가를 받기까지 한 달 동안 관료주의와 씨름해야 했다. 보호시설에는 1,100명 넘는 환자가 수용되어 있었고, 아직 검토되지 않은 사례 자료가 산더미처럼 쌓여 있었다. 1909년 7월 초, 그는 아나에게 이런 소식을 전했다. "이곳은 과학이 그리 발전하지 않았지만, 그래도 서류는 정리되어 있었단다. (…) 신기하게도 러시아인부터 유대인, 독일인 이주자, 시베리아 야만인까지 여러 종족의 환자가 섞여 있어. (…) 하지만 이곳 의사들은 인종별 정신의학이라는 흥미로운 물음에 관심이 없단다." 헤르만은 인종이나 민족에 따라 심리뿐 아니라 정신 질환도 다르게 유전된다고 본 듯하다. 러시아에서 쉽게 일자리를 찾을 수 있을 거라고 확신한 헤르만은 "나중에 카잔 보호시설에서 정말 일해보고 싶어"라고 고백했다. 카잔이 안 된다면 러시아의 수많은 다른 보호시설도 괜찮았다. 그는 러시아 사람들이 "(유럽 사람보다) 훨씬 자유롭고, 서로에게 숨김없고, 꾸밈없고, 더 정직"하다고 평했다. 1909년 4월 14일에 아나에게 보낸 편지에도 "나는 러시아의 생활 방식이 좋아. 사람들이 솔직한 데다, 여기서는 빠르게 성공할 수 있거든. 정부 당국을 상대해야 할 일만 없다면 말이지만"이라고 적었다.

불운하게도, 헤르만은 당국을 상대해야 했다. 게다가 그가 맞닥뜨린 관료주의는 사람을 미치게 할 만큼 불투명하고 제멋대로였다. 그는 끝내 러시아에서 의사로 일할 자격을 얻지 못했다. 4월 2일 그는 아나에게 초조함을 털어놓았다. "이렇게 기다려야 하다니! 러시아에서는 기다리는 법을 꼭 배워야 한다. (…) 무엇보다도 불쾌한 건, 명확한 답을 얻기가 너무 어렵다는 거야. (…) 돌고 도는 절차를 또 밟아야 해." 다른 스위스 동료 한 명도 상트페테르

부르크에서 8개월을 허송세월로 보냈다. 게다가 헤르만은 이제 하지 않아도 되어 기뻐하던 학교 공부를 다시 시작해야 했다. 다만 이번에는 러시아의 문학, 지리, 역사였다. 망상에 빠진 환자가 자신이 무슨 차르니, 무슨 백작이니 하고 주장할 때 환자가 하는 말을 알아들어야 하므로, 이런 과정을 거쳐야 한다는 사실은 이해했다. 하지만 그는 실제로 그럴 기회가 올지 확신하지 못했다.

헤르만은 사생활에서도 괴로움을 겪었다. 그는 4월 2일 편지에 "카잔은 모스크바 같은 대도시가 아니라, 넓기만 한 아주 작은 도시란다. 사람들한테서도, 곳곳에서도 그런 사실을 느낄 수 있단다"라고 적었다. 카잔은 취리히보다 넓고, 취리히의 '작은 러시아' 동네를 반대로 옮겨놓은 듯한 '러시아의 스위스'라는 공원도 있었지만, 그래도 지방이었다. 헤르만은 올가가 모두 23과목에 이르는 졸업 시험을 준비하는 일을 도왔다.[18] 올가의 어머니는 헤르만의 새어머니 레기나를 떠올리게 만드는 사람이었다. 7월 초 아나에게 보낸 편지에 따르면, 그녀는 가까이 지내기에는 강압적인, "남을 이해할 줄도 모르는" 사람이었다. 헤르만과 올가는 러시아에서 결혼할 계획이었지만, 끝내 돈을 마련하지 못했다. 편지에는 복잡한 속내가 엿보인다. "당연히 빚을 지면서까지 결혼하고 싶지는 않았단다. 결혼식은 정말로 올리고 싶었지만 말이야. 올가가 다른 일자리 때문에 5개월가량 떠나 있을 텐데, 무슨 일이 일어날지는 아무도 모르니까. 올가를 위해 적어도 결혼식만큼은 올리고 싶었단다."

러시아에서 5개월을 머문 로르샤흐는 스위스로 돌아왔다. 이제는 여러 의사 밑에서 돌아가며 일하는 수련의도 아니었고, 당국과 씨름하는 지원자도 아니었다. 그는 숙련된 정신과 의사였다. 그즈음 헤르만은 올가의 고국에 살짝 실망한 상태였다. 심한 여성혐오를 담은 오토 바이닝거Otto Weininger의 글《성과 성격Geschlecht und Charakter》이 러시아어로 번역되어 널리 읽히기까지 하는 현실을 알고 매우 놀랐다. 1908년 5월 26일 아나에게 썼던 편지를 보면 그가 상상했던 러시아의 모습은 현실과 사뭇 달랐음을 알 수 있다.

> 인간 사회 가운데 러시아만큼 여성을 존중하는 곳은 없단다. (…) 스위스 남자들에게 대개 여자란 너무 멍청하지 않고, 끔찍하게 못생기지 않고, 손가락만 빨고 살 만큼 가난하지 않으면 되는 존재인데. 여성이 정말로 어떤 사람인가는 그리 신경 쓰지 않아. 하지만 러시아에서는 그렇지 않단다. 적어도 지식인 사이에서는 말이지. (…) 러시아에서는 여성, 특히 지성이 뛰어난 여성이 사회를 돕고 싶어하고, 도울 수 있고, 실제로도 돕는 힘이 된단다. 러시아 여성들은 그저 바닥이나 쓸고 아이들 빨래만 하는 존재가 아니야.

1909년 12월 22일 아나에게 보낸 편지에서, 헤르만은 "여성이 아무짝에도 쓸모없고 남성이야말로 가장 중요하다고 증명하려 애쓰는" 책이 러시아에서 "웃음거리밖에 안 될" 거라고 예상했다. 책이 "기이하기 짝이 없는 헛소리"를 한다고, 누군가가 "머잖아 정신 나간 책이라 선언"할 거라고 코웃음을 쳤다. 하지만 그런 일이 벌어지기는커녕 책은 큰 성공을 거뒀다.

모든 이상을 냉철하게 따져봐야 했던 실습 과정 때처럼, 1909년 러시아 여행에서 그는 낭만적으로만 보았던 러시아의 현실에 눈떴다. 헤르만은 누구나 평등한 권리를 지닌다는 원칙이 스위스 가정에서 비롯되었음을 베를린에 있을 때보다 훨씬 더 고집스럽게 주장했다. 12월 22일 편지에서 "우리 서양 사람들의 문화 수준은" 러시아에 사는 "반은 아시아인인 무리"보다 "훨씬 더 높다는 것은 **지금도** 사실이고 **이전에도** 사실이었다"고 주장하며, 어느 러시아 관리와 결혼하겠다는 아나의 생각에 강하게 반대했다. 그는 아나가 "의사나 엔지니어 비슷한 인물"도 아닌 관리에 관심을 보였다는 사실 외에도 이런 문제를 경고했다. "그 사람과 결혼한다면 네가 러시아 사람이 되어야 할 거야. 그건 좋지 않아. (…) 생각해보렴. 너는 자유국가의 시민이자 세상에서 가장 오래된 공화국의 시민이잖니! 러시아는 두어 곳의 아프리카 국가를 빼면 세상에서 유일한 전제군주 국가야. (…) 가장 진보한 나라가 아니라 시대를 가장 거스르는 나라 어디에선가 네 아이들을 키워야 하는 거야. 심지어 그 아이들은 시대를 가장 역행하는 군대, 러시아군에 들어갈 거고."

로르샤흐는 이렇게 덧붙였다. "나는 언젠가 러시아로 돌아갈 거야. 하지만 내 조국은 앞으로도 스위스일 거야. 자신 있게 말

로르샤흐는 러시아에서 스케치북을 들고 다니며, 무엇이든 눈길을 사로잡는 대상을
목탄화와 채색화로 그렸다. 볼가 강가의 양파 모양 돔이 있는 교회를 그린 다음 쪽에
이런 모양이 나온다. 아마도 굴뚝에서 피어오른 연기인 듯하다. 러시아어로 적은 설명은
〈증기선 트리고리예〉이다. 그런데 왼쪽에는 이렇게 적혀 있다. "케이크? 산? 구름?"

하는데, 지난 2~3년 사이에 일어난 일들 덕분에 나는 이전보다 더
애국자가 되었단다. 혹시라도 우리 조국이 위기에 처한다면, 나는
우리의 오랜 자유를 위해, 그리고 산을 위해 다른 이들과 함께 싸
울 거야." 1909년 7월, 로르샤흐는 뮌스터링겐에 얻은 새 일자리
때문에 스위스로 돌아왔다. 하지만 돌아오기 전 마지막으로 한번
더 부아가 치미는 일을 겪는다. 러시아 국경 수비대에 저지당한
것이다. 그는 뒷돈을 주고서야 러시아를 벗어날 수 있었다.[19]

작은
잉크 얼룩에서 본
온갖 모양

24세의 한 화가는 교회 첨탑을 볼 때마다 첨탑처럼 날카로운 물체가 자기 몸 안에 있다는 생각에 사로잡힌다. 고딕양식의 뾰족한 아치를 몸서리치게 싫어하고, 로코코양식을 보면 마음이 가라앉는다. 날아가듯 흐르는 로코코양식의 선을 보면 신경세포가 구불구불한 선을 따라 휘고 꺾이는 느낌을 받는다. 그리고 무늬가 그려진 카펫 위를 걸으면 발아래에 놓인 기하학적 모양 하나하나가 자신의 대뇌 반구에 꾹 찍히는 느낌을 받는다.

40세의 조현병 환자 J. E.는 자신이 책에서 본 그림으로 변신한다고 여긴다. 책에 그려진 사람들의 자세를 따라 하고, 동물로 변하고, 심지어 표지에 적힌 큰 글씨처럼 무생물도 된다. 침대 위에 있는 전구를 볼 때는 자신이 전구의 필라멘트로 바뀌어, 작고 딱딱해진 채 전구에 들어가 빛나고 있다고 느끼기도 한다.

　　L. B.는 환각 속에서 자주 보는 영혼들 가운데 하나를 그린
다. 사람 모습을 한 영혼인데, 깜빡하고 팔은 하나도 그리지 않는
다. 의사 로르샤흐가 이 사실을 지적하자, 그녀는 종이를 자기 앞
에 내려놓고 '어머!' 하고 외친다. 그리고 자기 팔을 들어 올린 다
음 종이 속의 영혼을 뚫어지게 바라보다 말한다. "이제 봐봐요. 지
금은 팔이 있잖아요."

　　이들은 로르샤흐가 뮌스터링겐에서 진찰한 환자들이다.[1]
로르샤흐는 정신 질환자 기록을 손수 사례집으로 엮으면서 알아
보기 쉽게 수백 명에 이르는 환자의 사진을 찍고, 진단에 따라 분
류해[2] 신경 질환, 중간 백치증(지적 장애), 조울병, 히스테리, 지금
은 붕괴형 조현병이라 부르는 파과증형 조발성 치매, 긴장증형 조
발성 치매, 편집증형 조발성 치매, 법의학 사례로 나눴다. 로르샤
흐는 환자를 직접 살펴보며 이들을 이해했고, 손수 환자의 사진을
찍고 그림으로써 이들과 관계를 맺었다. 그가 그린 환자 그림이
지금도 병원 서류철에 남아 있는데, 몇 장은 환자의 특징적인 자
세를 아주 완벽하게 잡아내, 수십 년이 지난 뒤에도 생존해 있던
환자들을 그림에서 알아볼 수 있었다. 사진에 나온 얼굴은 비명을
지르거나 멍하니 카메라를 들여다보기도 했다. 몸을 가둬놓은 상
자 바깥으로 머리만 내밀고 있는 환자들도 있었다. 하지만 대다수
는 자신의 사진을 찍는 젊은 의사를 신뢰한다는 표정을 드러내 보
이고 있었다.

로르샤흐가 1909년 8월 1일부터 1913년 4월까지 일한 뮌스터링 겐 치료소[3]는 콘스탄츠 호숫가를 따라 건물들이 지어진 평화로운 곳이다. 원래는 영국 에드워드 왕의 딸이 986년에 세운 수도원 자리였지만, 수도원은 17세기에 헐리고 언덕으로 400미터쯤 올라간 곳에 바로크식 교회가 들어섰다가 훗날 병원으로 용도가 바뀌었 다. 아직도 호수와 가까운 곳에는 예스러운 회랑 벽 일부가 낮은 돌담처럼 남아, 19~20세기에 지어진 여러 건물과 조화를 이룬다. 눈길을 끄는 1913년의 안내 책자에는 새로 지어진 여성 연금 생활 자용 건물이 "아기자기한 정원에 둘러싸이고 호수 바로 가까이 있 어 아름다운 주위 환경이 장관을 이루는 저택 양식"이라고 소개되 어 있다. 또한 "만성질환 탓에 돈이 많이 들기 마련인 사설 기관을 감당하지 못할 처지의" 환자들이 이곳에서 "현대 정신의학의 요건 에 맞는 적절한 치료와 보살핌"을 받을 수 있다고도 나와 있다.

　　100년 넘게 보관된 연례 보고서에는 병원의 일상부터 마 음 아픈 일까지 무수한 정보가 담겨 있다. 치료와 사망 기록은 물 론이고, 탈출 시도(1909년에는 한 명이 담쟁이덩굴을 따라 창문을 넘 어 간 다음 외벽을 넘어 호수로 탈출했다. 1910년에는 4명이었다)와 강제 영 양 공급(환자 10명에게 총 972회를 실시했다) 사례까지 들어 있다. 그 해의 작업 요법 시간도 나온다. 남자들은 농사, 석탄 나르기, 목공 작업, 집안일, 정원일, 바구니 짜기 요법을 받았고, 여자들은 요리, 빨래, 다림질, 야외 작업, 집안일, 여성 수공예 요법을 받았다. 소 고기값이 올랐다는 기록도 있다. 1911년에 관리자는 "지난해에도 어쩔 수 없이 기계적 구속 장치를 썼다"고 기록한다. 이를테면 손에 잡히는 것은 무엇이든 일부러 잡아 뜯는 환자에게 가죽 장갑을 씌우거나, 때에 따라 욕조에 가둬놓기도 했다. "그런 환자들은 다량의 진정제를 투여받고도 소란을 피우고 끊임없이 몸부림을 쳐서 병실에 있는 다른 환자의 수면을 방해한다. 깨어 있을 때는 다른 환자를 괴롭히고, 너무 난폭해 격리실에서도 손에 잡히는 대로 모조리 부숴버리고, 남은 음식과 배설물 등을 자기 몸과 방에 문지른다. 그런 모습을 보면, 강제로 욕조에 붙잡아놓는 것이 환자 자신과 주변 사람들에게 진정한 축복이라는 결론을 내리지 않을 길이 없다." 1909년의 공식 보고서에는 환자 400명의 이름이 적혀 있는데, 그중 60%가 여성이고, 다양한 진단명 가운데 조현병 환자가 거의 절반에 이르고, 조울증 환자도 꽤 있었다. 바로 이들이 그해 8월 로르샤흐가 부임했을 때 맡은 환자들이다. 보고서에는 이들이 개개인으로 묘사되어 있지 않고, 집단으로 설명되어 있다.

뮌스터링겐의 의료진으로는 원장인 울리히 브라우흘리 Ulrich Brauchli와 의사 2명이 있었다. 한 명은 로르샤흐이고, 다른 한 명은 러시아인인 파울 소콜로프 Paul Sokolov였다. 올가가 러시아에 머무는 동안 로르샤흐는 러시아어를 연습할 셈으로 소콜로프와 일주일씩 번갈아가며 독일어와 러시아어로 이야기했다.[4] 그 밖에도 병원 관리자, 부관리자, 여성 병동 사감이 있었지만, 복지사나 치료사, 의료 보조인, 비서는 전혀 없었기 때문에 의사 세 명이 모든 일을 도맡아야 했다. 정확하게는 로르샤흐와 소콜로프가 일을 도

맡았다. 부임한 지 두 달 가까이 된 9월 24일, 로르샤흐는 아나에게 이렇게 투덜댔다. "병원장은 몹시 게으른 데다 정말 퉁명스럽고 무뚝뚝하기 짝이 없지만 그나마 같이 지내기에는 편하단다." 한때 오이겐 블로일러의 조교로 일했던 브라우흘리는 1905년부터 뮌스터링겐의 병원장을 맡고 있었다. 로르샤흐는 언덕 위쪽에 있는 병원에서 일하던 1907년에 그를 만났다. 그들은 서로 속을 터놓을 정도로 가까웠던 적은 없었지만 사이좋게 지냈고, 로르샤흐도 브라우흘리를 대체로 좋게 봤다. 10월 26일 로르샤흐는 아나에게 이런 일상을 전한다. "이상할 게 하나도 없단다. 브라우흘리는 게으르고, 그 사람이 할 일을 우리가 다 하니, 그 사람은 태평스럽게 빈둥거리기만 해. 쉽게 말해 자기가 원장이라는 거지. 브라우흘리가 자리를 비우면, 우리도 우리 몫을 누린단다. 우리도 원장이 되어 알아서 태평스럽게 빈둥거리는 거지."

올가가 러시아에 머물며 그곳에 번진 티푸스와 콜레라를 치료하는 동안, 로르샤흐는 작은 아파트로 이사했다. 9월 24일 아나에게 보낸 편지에는 기쁨이 묻어난다. "드디어 처음으로 안정적인 일자리를 얻어 돈을 벌 수 있게 되었단다. 올가가 여기에 없다는 것 외에는 모든 바람을 이뤘어." 6개월 뒤 올가가 돌아왔고, 드디어 1910년 4월 21일 두 사람은 취리히 관청에서 결혼식을 올렸다. 부부는 사진첩에 3장의 사진을 붙였다. 결혼사진 1장과 호수가 내려다보이는 자신들의 아파트 사진 2장이었다. 사진 아래에는 "1910년 5월 1일"이라고 써넣었다. 올가는 그해 8월 3일 아나에게 편지로 뮌스터링겐을 이렇게 묘사했다. "아주 괜찮은 작은 도시예요. 우리 아파트는 방이 두 개인데 꽃이 많이 피는 호숫가 바로 옆이라 꽤 멋져요." 헤르만은 저녁 7시까지 일했다. 밤에는 산책하거나 책을 읽었고, 일요일에는 호수에서 배를 타거나 당일치기 여행을 떠났다. "이곳 생활에는 즐길 만한 오락거리가 거의 없어요. 외진 곳에 있는 작은 도시니까요. 하지만 헤르만과 나는 그런 오락거리가 전혀 필요 없어요."

취리히 치안 판사 앞에서 결혼한 지 6개월 뒤, 헤르만과 올가는 제네바에 있는 러시아 정교회에서 다시 결혼식을 올렸다. 사흘 동안 제네바를 둘러본 두 사람은 배를 타고 레만 호수를 건너 몽트뢰로 갔다가, 기차와 도보로 슈피츠, 툰 호수, 마이링겐을 찾았다. 로르샤흐가 사랑해 마지않는 레오 톨스토이가 스물여덟 살이던 1857년에 걸었던 경로로, 톨스토이에게는 작가이자 인간으로서 중요한 여정이었다.[5] 이 여정은 원래 사람들에게 인기가 높았고, 톨스토이도 그런 이유로 이 길을 선택한 것이었다. 하지만 로르샤흐 부부가 이 길을 고른 것은 분명 스위스에서 러시아식으로 치른 자신들의 결혼식을 스위스에서 러시아식으로 걷는 순례로 확장할 수 있어서였을 것이다. 집으로 돌아오는 길인 11월 14일, 브라우흘리가 휴가를 떠난다는 소식을 들은 두 사람은 "적잖이 마음을 놓았다". "롤라와 나는 잘, 아주 잘 지낸단다. 서로 사랑하니까." 헤르만은 몇 주 뒤 아나에게 이렇게 편지를 썼다. "마치 섬에 사는 것 같아. 우리 둘끼리만, 아무런 방해도 받지 않고서."

이어서 그는 겨울을 맞은 콘스탄츠 호수가 몰라보게 황량해졌다며, 곧 겨울 하늘 때문에 호수가 새까만 먹빛이 될 거라고 적었다. 호숫가에서 몇 발짝 떨어지지 않은 그곳에서 산 지 1년이 지났을 때였다. 로르샤흐는 스물여섯 살이 되었다.

로르샤흐 부부의 활동 범위는 점점 넓어졌다. 1910년 8월에 올가가 아나에게 보낸 글에도 그런 흔적이 보인다. "오늘은 환자들을 위한 축제가 있는데, 몇 명은 헤르만이 돌보는 환자들이에요. 회전목마, 인형극, 사격장, 온갖 즐길 거리가 있어요." 헤르만도 덧붙였다. "회전목마, 무도회장, 이동 동물원 등등 온갖 게 다 있었어. 환자들이 아주 좋아했단다. 밤이면 끝이 난다니, 너무 안타까운 일이야." 다른 해에는 괴팅겐 음악협회에서 연주자들이 방문했고, 1913년부터는 특별히 커다란 화물선을 마련하여 100명이 넘는 환자를 태우고 호수를 건넜다.[6] 이 여행은 무척 인기가 높아, 환자들은 해마다 이런 기회가 있기를 바랐다.

로르샤흐 부부가 결혼식 사진을 꽂아둔 사진첩에는 뮌스터링겐에서 있었던 행사들을 찍은 수십 장의 사진도 들어 있다. 헤르만은 열정적인 사진가였고, 축제를 기록하고 싶은 만큼이나 사람과 풍경을 연출 없이 그대로 사진에 담는 데 도전한 듯하다. 그는 다방면에 해박했고, 호기심도 많았다. 따라서 그가 과학에 남긴 발자취만을 좇아간다면, 그런 업적을 이룰 수 있게 한 정수의 대부분을 놓치고 말 것이다. 로르샤흐는 자기 집, 뮌스터링겐을 막

뮌스터링겐의 풍경(이 사진을 포함해 6장에
나오는 모든 사진은 헤르만 로르샤흐가
1911~1912년 무렵 찍은 것이다).

뒤쪽에 보이는 집이 로르샤흐 부부가 살던 곳이다.

출발한 작은 배, 뭍에서 바라본 호수, 호수에서 바라본 뭍, 하늘과 호수에 비친 빛과 어두움을 찍고 또 찍었다. 그는 환자들에게 카메라 대신 종이와 물감, 진흙 같은 미술 용품을 나눠주었다. 조현병 환자와 대화를 나누기는 어려울지 몰라도, 사람이 자신을 드러내게 할 길은 대화 말고도 있었다.

눈이 내리는 뮌스터링겐에서 다시 만나 첫 크리스마스를 함께 보낸 헤르만과 올가는 체스를 두고 악기를 연주하며 지냈다. 헤르만은 샤프하우젠에서 가져온 바이올린을, 올가는 헤르만이 크리스마스 선물로 준 기타를 연주했다. 아나는 헤르만에게 니콜라이 고골Nikolay Gogol의 책을 크리스마스 선물로 보냈다. 헤르만은 "완벽한" 선물[7]이라며 고마움을 전했다. 그리고 아나에게도 "날마다 고국을 떠올릴 무언가를 보내고 싶어" 알프스산을 담은 달력을 보냈다. 사실 이는 올가의 생각이었다. 올가는 향수병에 시달리는 게 어떤 것인지 잘 알았다. 1년 전 올가가 없었을 때, 로르샤흐는 젠체하며 아나에게 괴테의 《파우스트》[8]를 크리스마스 선물로 보냈었다. "아마 아직 안 읽어봤겠지. 이 세상 모든 글 중에 가장 훌륭한 글이란다."

새해가 밝은 뒤에는 카니발이 이어졌다. 로르샤흐는 음악, 연극, 가면무도회, 춤으로 구성된 행사 계획을 짜야 했다. 해가 갈수록 이 일에 들어가는 시간도 늘어 나중에는 연휴 파티라기보다는 하기 싫은 일처럼 느껴졌지만, 처음에는 온 힘을 기울였다.

당시는 미술 치료,[9] 연극 치료 같은 요법이 알려져 있지 않

호수에서 바라본 로르샤흐 부부의 집.

로르샤흐가 데리고 다닌 원숭이.
이름은 빌헬름 부슈의 책
《원숭이 핍스Fipps, der Affe》에서
따온 핍스였다.

앞을 때라, 올가나 다른 이들의 눈에는 로르샤흐가 기획한 오락이 치료라기보다 즐길 거리로 보였다. 그렇지만 로르샤흐가 크리스마스 파티에서 실물보다 더 크게 보이는 화면을 영사할 때 환자들이 어떻게 반응하기를 바라는지 설명한 것으로 미루어보아, 로르샤흐는 이런 활동이 환자들에게 어느 정도 도움이 될 거라고 생각한 듯하다. 그런 노력의 하나로, 그는 어느 유랑 극단에서 원숭이를 한 마리 얻어 두세 달 동안 회진 때 데리고 다니기도 했다.[10] 반응이 전혀 없다시피 한 심각한 환자 가운데 더러는 원숭이가 찡그리는 모습을 보며 무척 좋아했고, 짓궂게 자기들 머리 위로 뛰어올라 머리카락을 가지고 노는 원숭이에 반응하기도 했다. 바로 치

작은 잉크 얼룩에서 본 온갖 모양

료 효과가 나타나는 것은 아니었지만 그런 활동 덕분에 로르샤흐는 환자의 마음에 조금이나마 다가갈 수 있었다.

로르샤흐는 원숭이와 사진으로 실험하느라 바쁘지 않을 때는 뮌스터링겐에서 진행한 연구를 바탕으로 논문을 써 11편[11]을 펴냈다. 어떤 글에서는 프로이트 이론을, 어떤 글에서는 융 이론을 다뤘고, 자신만의 관심사를 다룬 글도 있었다. 뒷날 뮌스터링겐 병원장을 맡은 롤란트 쿤Roland Kuhn은 로르샤흐의 활동을 이렇게 요약했다. "3년 동안 이런 과학적 결과물을 내놓다니 정말 놀랍다. 특히 수많은 책을 논평하고, 엄청나게 많은 환자 병력을 기록하고, 환자를 위한 활동을 기획하느라 많은 시간과 노력을 쏟고, 카니발에 쓸 익살스러운 가락과 노랫말을 짓고, 원숭이를 구하고, 마을에 볼링을 치러 가고, 그리고 무엇보다도 휴일을 포기한 채 취리히 뇌 해부 연구소에서 솔방울샘 종양을 현미경으로 연구해 까다로운 전공 논문을 마무리 지었다는 사실을 고려하면 더욱 그렇다."[12]

한 논문에서 로르샤흐는 환자가 그린, "겉보기에는 매우 단순하지만 실제로는 아주 복잡한 의미를 지닌" 그림을 분석했다.[13](그림 1)

다른 논문에서는 예술적 야망이 큰 벽화 화공을 다뤘다.[14] 뮌스터링겐 병원 서류에 남아 있는 로르샤흐의 24쪽짜리 친필 사례 기록에는 이 화공의 사진이 들어 있다. 사진 속 남자는 낙낙한 작업복에 애스콧타이를 매고 베레모를 쓴 채, 입에 작은 꽃 한 송이를 물고 빤히 정면을 바라보고 있다. 그는 성경 속 최후의 만찬

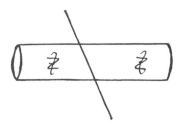

(그림 1) 조현병 환자의 그림. 로르샤흐는 이 그림을 남근을 상징하는 관, 자침, 그리고 한가운데 물음표가 그려진 남성 Z와 여성 Z라고 해석한다.
Z는 환자 이름의 첫 글자이자, 환자를 처음에 진찰한 정신과 의사가 살던 곳의 첫 글자이자, "의심"을 뜻하는 독일어 Zweifel의 첫 글자였고, 이 밖에도 여러 의미가 있었다.

을 그린 작은 목판화를 베껴 그렸다. 다만 그의 그림에서는 요한이 예수를 꼭 껴안고 있고, 유다를 제외한 모든 인물들의 머리카락이 여자처럼 길다. 그리고 예수의 머리를 비추는 후광이 그곳 여성들이 전통 의상을 입을 때 쓰는 보닛 모양으로 표현되어 있는데, 아마 그는 로르샤흐의 격려에 힘입어 그림을 그렸을 것이다. 로르샤흐도 인정했듯이, 환자의 이해력이 떨어진 탓에 대화 요법, 꿈 해석, 단어 연상 검사로는 그를 분석하기가 어려웠다. 오직 시각을 이용한 방법으로만 분석할 수 있었다.

　　로르샤흐를 알았던 사람들은 그가 환자들과 관계를 구축하는 재능이 뛰어나, 환자들이 편집증이나 긴장성 정신이상이라는 껍데기에서 벗어날 수 있도록 어떤 방법으로든 도왔다고 입을 모았다. 적지 않은 여성 환자들이 잘생긴 로르샤흐에게 흠뻑 빠졌지만, 로르샤흐는 자신에게 매달리는 환자들의 감정이 상하지 않게 이들에게서 벗어났다. 그는 환자의 손을 잡고 주의를 돌린 뒤 슬그머니 환자의 팔에서 빠져나오곤 했다.[15] 뮌스터링겐에서 로르샤흐의 일정은 카니발로 시작해 여름 축제로, 크리스마스로, 새해 첫날로, 그리고 다시 카니발로, 그렇게 쉼 없이 굴러갔다.

호숫가에서 올가와 함께 보낸 시절은 헤르만이 시야를 키우는 수련 기간이 되었다. 1914년 12월 8일, 당시 집을 떠나 취리히에서 잘 지내고 있던 파울에게 보낸 생일 축하 편지에서 헤르만은 이렇게 말한다. "올해는 5년 전 생일보다 너와 훨씬 더 가까워져 기쁘단다. 그렇지 않니? 집을 떠난 뒤로 너는 놀라울 정도로 빠르게 진짜 남자, 좋은 친구가 되었구나. 나는 그렇게 빨리 적응하지 못했는데. 결혼하고 나서야 제대로 세상을 보는 법을 배웠지." 헤르만은 자신의 성장을 늘 올가의 공으로 돌렸다.

　　헤르만과 새어머니 사이에는 여전히 앙금이 남아 있었다. 결혼한 지 1년이 지난 1911년 5월 23일에도 그는 아나에게 이렇게 털어놓았다. "어머니가 내 결혼식 때 선물 하나를 안 주시다니. **아무것도!** 결혼 선물은 세상 모든 곳의 풍습인데! 올가가 특히 상처받았어. '문제는 선물이 아니에요. 사랑이라고요!'라고 말했단다." 헤르만과 올가는 되도록 샤프하우젠을 찾지 않았지만, 당시 열 살이던 이복동생 레기넬리를 2주 동안 뮌스터링겐에 초대했다. 레기넬리에게는 엄격한 집을 벗어나는 반가운 탈출이었고, 그녀는 뮌스터링겐에서 자유분방하게 지냈다. 1910년 11월 14일 아나에게 보낸 편지에 드러나듯, 부부는 파울과 자주 만났다. "(파울은) 샤프하우젠에서 그 모든 일을 겪고도, 여전히 아주 마음씨가 착해서 잠시 향수병에 걸리기까지 했단다. (…) 당연히 홀가분해하며 자유를 누리지만, 그래도 자유를 잘못된 일에 쓰지는 않는단다." 파울은 형 헤르만에게 평생 금주를 서약하면 어떨지 조언을 구하기까지 했다. (헤르만은 아직 때가 이르다고 반대했다. 이유는 물을 마시는 게 안전하지 못한 나라가 많다는 것, 단 하나였다.) 헤르만과 올가는 뮌스터링겐에서 고작 24킬로미터밖에 떨어지지 않은 아르본의 로르샤흐 집안 친척들도 찾아갔다. 친척들은 올가를 따뜻하게 반겼다. 올가는 스위스 '농부'가 러시아 농부에 견줘 어떻게 사는지 궁금해했다.

로르샤흐는 스위스 신문과 독일 신문에 글도 기고했다.[16] 러시아에 머무는 동안 프랑크푸르트와 뮌헨의 신문에 한 편씩을 기고해 가능성을 타진했던 그는 뮌스터링겐에서 알코올중독이나 "러시아의 변신"[17]을 주제로 짧은 논평을 썼다. 문학 영역에도 발을 디뎌, 레오니트 안드레예프Leonid Andreyev의 심리 소설 《생각Mysl'》을 번역해서 한 스위스 신문에 한 달 동안 연재하기도 했다. 안드레예프는 당대 러시아를 대표하는 작가 가운데 하나였다.[18] 일반 대중들뿐 아니라 정신의학계에서도 폭넓게 읽힌 《생각》은 앨런 포와 도스토옙스키가 뒤섞인 듯 소름끼치도록 오싹한 책으로, 안드레예프가 법정 통신원으로 일할 때 겪은 일을 심리학과 버무려 쓴 소설이다. 이야기는 가장 친한 친구를 죽인 무자비한 살인자 케르젠체프가 1인칭 시점으로 고백하는 형식을 취하고 있다. 그는 정신이상을 주장해 처벌받지 않겠다는 계획을 설명하지만, 사실 그는 자기가 생각한 것보다 더 미쳐 있다는 실마리 몇 가지가 이야기 속에서 드러난다. 해설자가 3인칭 시점으로 밝히듯, 제목으로 쓴 '생각'은 "케르젠체프 박사는 정말로 미쳤다. 자신은 정신이상인 척하고 있다고 생각했지만, 정말로 그는 정신이 나갔다. 그는 이제 미쳤다"라는 의미를 갖고 있을 것이다. 안드레예프는 자신을 믿지 못하는 케르젠체프를 보여줌으로써 우리 안에 있는 똑같은 불확실성을 그대로 재현한다. 살인자는 자신의 존재가 걸린 위기를 의사나 판사가 해결해줄 거라는 간절한 희망을 품고 자백한다.

그런데 왜 로르샤흐는 당시 정신과 의사로서는 유별나게도 신문에 글을 썼을까? 가욋돈을 벌어보겠다는 생각도 한 이유였지만, 이 계획은 그리 오래가지 못한다. 1909년 7월 초 그는 아나에게 불만을 털어놓는다. "신문 기고는 그다지 돈벌이가 되지 않는단다. 독일 신문에 글을 쓰고 싶은 마음은 눈곱만큼도 없고, 러시아 신문에는 글을 쓸 기회가 아예 없구나." 하지만 돈을 떠나, 이런 신문 기고는 로르샤흐가 심리학의 테두리 바깥에서 독창적인 관심사를 추구할 수 있는 출구가 되었다.

뒷날 올가는 남편의 성공 비결을 이렇게 말한다. "끊임없이 다른 활동으로 옮겨갔어요. 그는 한번에 한 가지 일을 몇 시간씩 한 적이 한 번도 없었어요. (…) 한 가지 주제로 한 시간만 이야기하면, 설령 자신이 흥미롭게 여기던 주제라도 싫증을 냈습니다."[19] 하지만 다른 사정이 있었을지도 모르겠다. 로르샤흐는 메모 '광'이었기 때문이다.[20] 예를 들어 그가 다른 사람의 책을 발췌해 번개처럼 빠르게 휘갈겨 쓴 글들이 책 **한 권에** 240쪽에 이를 때도 있었다. 그는 책을 살 만큼 돈이 많지 않은 데다 중앙 도서관에서 멀리 떨어진 곳에서 살았다. 게다가 책에 적힌 글을 손으로 베껴 옮길 때 내용을 더 잘 이해하고 기억한 듯하다. (발췌해 적은 글의 글자를 거의 알아보기 어렵다. 그러므로 로르샤흐에게는 필사한 내용을 읽는 것보다 필사하는 과정이 더 쓸모 있었을 것이다.) 필사를 한 동기가 무엇이든, 올가가 묘사한 대로 1시간 만에 지루해 폭발하는 성격이라면 이런 일을 하는 모습은 상상하기 쉽지 않다.

로르샤흐는 샤프하우젠 출신인 가까운 친구 콘라트 게링Konrad Gehring과 함께 다른 일도 추진했다. 로르샤흐보다 3살 위인 게링은 뮌스터링겐 인근의 알트나우에서 교사로 일하고 있었다. 게링 부부는 헤르만과 올가를 자주 찾아왔고, 로르샤흐가 1911년 처음으로 잉크 얼룩을 실험할 때도 콘라트 게링이 함께했다.

잉크 얼룩 검사 연구자들은 로르샤흐 이전의 중요한 선구자로 흔히 유스티누스 케르너Justinus Kerner(1786~1862)를 꼽는다.[21] 독일의 낭만 시인이자 의사인 케르너가 남긴 광범위한 업적 가운데 몇 가지는 오늘날 우리가 의학이라 부르는 분야에서 찾아볼 수 있다. 케르너는 세균성 식중독인 보툴리누스 중독이 왜 일어나는지를 처음 설명했고,[22] 보툴리누스균에 있는 근육 치료 특성, 즉 보톡스를 처음으로 제안했다. 그는 정신의학의 낭만주의 전통에서도 중요한 인물이다. 그의 자서전에 따르면, 케르너가 자란 곳은 전설적인 파우스트 박사가 흑마술을 펼쳤다는 탑이 있는 작은 마을로, 그의 집에서는 창문 너머로 바로 옆의 정신병자 보호시설이 보였다. 그는 귀신 들린 환자를 치료할 때 자기력磁氣力과 악령 쫓아내기를 혼합한 치료법을 썼다. 그리고 최면술을 창시한 프란츠 안톤 메스머Franz Anton Mesmer의 전기를 최초로 쓰기도 했다. 또 대단히 영향력 있는 책《프레포르스트의 예언녀: 인간의 내면생활과 우리를 잠식한 정신세계의 고찰Die Seherin von Prevorst: Eröffnungen über das innere Leben des Menschen und über das Hereinragen einer Geisterwelt in die unsere》(1829)에서는 환영과 미래를 보고 방언을 하는 한 여성 환자를 다룬 경험을 설명했다.《프레포르스트의 예언녀》는 최초의 정신의학 사례 연구서라고 이야기된다. 융도 박사 학위 논문에서 자신이 환생한 프레포르스트의 예언녀라고 주장한 영매를 다뤘다. 융은 니체가《차라투스트라는 이렇게 말했다》에서 무심결에 케르너의 글을 갖다 썼다는 사실도 찾아냈다. 헤르만 헤세는 케르너를 가리켜 "놀라울 정도로 재능이 뛰어나, 젊은 나이에 낭만주의 정신의 환한 빛줄기를 모두 끌어 모아놓은 듯한 책을 썼다"고 평했다.[23]

　　케르너는 말년에 "잉크 얼룩 그림Klecksographien"[24]이라 이름 붙인 것들을 차곡차곡 모은 다음, 거기에 누가 봐도 우울한 시를 설명으로 붙여 동명의 책을 펴냈다. 3편은 '죽음의 전령'을, 25편

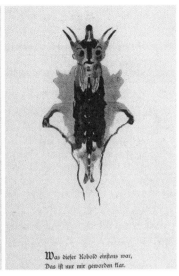

Die euch das vor'ge irre Leben gab,
Die also schwer die Seele euch umfing,
Daß sie statt aufwärts — weh, nach unten ging!

Was dieser Kobold einstens war,
Das ist nur mir geworden klar.

다른 세상에서 끌어낸 두 영혼. 유스티누스 케르너,《잉크 얼룩 그림》중에서.

은 '하데스의 모습'을, 11편가량은 '지옥의 모습'을 다룬 시였다. 케르너에게 잉크 얼룩 그리기는 정신 수련이자 심령주의자로서의 수행에 가까웠다. 그는 잉크 얼룩 그림이 예언녀의 힘처럼 "갑작스럽게 등장한 정신세계"라고 여겼다. 얼룩은 마술처럼 무심결에 어김없이 자신을 드러냈다. 케르너는 그저 은밀한 세계에서 "잉크 얼룩을 끌어내" 현실 세계로 나오게 했을 뿐이었다. 현실 세계로 나온 얼룩은 그의 시에 영감을 불어넣었다. 한때 케르너는 잉크 얼룩을 가리켜 "보이지 않는 세상을 보여주는 은판 사진"이라 불렀다.[25]

케르너와 로르샤흐가 살았던 곳이 지리적으로 가까운 데다 그들의 배경도 정신의학으로 비슷하다보니, 많은 미술 역사가와 정신의학 역사가들이 둘 사이에 연결 고리가 있지 않을까 지레짐작하곤 했다.[26] 하지만 로르샤흐가 잉크 얼룩 검사를 개발한 지 한참 지났을 때, 친구 한스 부리가 그에게 케르너라는 사람이 "분명 과학적 실험이 아니라 심령술 실험이긴 하지만 잉크 얼룩 실험을 했는데" 그를 아느냐고 물었다. 로르샤흐는 이렇게 답했다. "케르너 박사가 얼룩을 실험했다는 이야기를 듣긴 했네. 자네가 관련 책자를 찾아준다면 무척 고맙겠네. 아마 심령술의 이면에 중요한 무언가가 있겠지."[27] 로르샤흐도 케르너의 실험을 어렴풋이 알고는 있었지만 연구에 영향을 받지는 않았다.

어쨌든 '잉크 얼룩 그림'은 아이들이 흔히 하던 놀이였다.[28] 케르너 역시 어릴 때 잉크 얼룩 놀이를 했다. 카를 융도 어릴 때 "연습장 한 권을 온통 잉크 얼룩으로 채우고 상상의 나래를 펼치며 해석하고 놀았다". 헨리 데이비드 소로Henry David Thoreau도 잉크 얼룩 놀이를 해봤다. 로르샤흐와 가까웠던 러시아 여성 이레나 민콥스카Irena Minkovska도 어릴 때 종이에 잉크로 이름의 첫 글자와 마지막 글자를 적은 뒤 반으로 접었다 펴 "영혼이 무슨 말을 하는지 보는" 놀이를 자주 했던 기억을 떠올리고, 이런 놀이가 로르샤흐에게 아이디어를 줬을지도 모른다고 추측했다.

엄밀히 말하자면, 심리학에서는 로르샤흐 이전에도 상상력, 특히 아이들의 상상력을 측정할 수단으로 이따금 잉크 얼룩을 썼었다.[29] 프랑스인 정신과 의사 알프레드 비네Alfred Binet가 바로 1895년에 처음으로 그런 생각을 한 사람이다. 비네는 인간의 심리가 기억력, 주의력, 의지력, 도덕 감정, 피암시성, 상상력을 포함한 10가지 능력으로 이뤄졌다고 생각했다. 그는 그 능력들을 해당 분야의 검사로 측정할 수 있다고 여겼다. 이를테면 복잡한 기하학 모양을 재현하는 능력을 시험해 그 사람의 기억력이 얼마나 좋은지 혹은 나쁜지를 측정했다. 상상력 테스트는 이런 식이었다. "평소 읽는 소설이 몇 권인지, 소설에서 어떤 기쁨을 얻는지, 연극과 음악, 놀이 등에서 어떤 것을 즐기는지 물어본 뒤, 이어 직접 실험을 진행한다. 하얀 종이에 희한한 잉크 얼룩 모양을 만들어 보여준다. 어떤 사람은 아무것도 보지 못하겠지만, 예컨대 레오나르도 다빈치처럼 시각적 상상력이 살아 숨 쉬는 사람은 한낱 잉크 얼룩에서 온갖 모양을 볼 것이므로, 이 사람이 어떤 모양, 몇 가지 모양을 보는지를 기록하면 된다." 수검자가 한두 가지 모양을 본다면 상상력이 그리 뛰어나지 않은 것이다. 20가지를 본다면 상상력이 뛰어난 것이다. 하지만 이때 중요한 것은 수검자가 마구잡이로 만든 얼룩에서 얼마나 많은 모양을 찾아내느냐였지, 꼼꼼하게 설계한 얼룩에서 뭔가를 찾아내느냐가 아니었다.

잉크 얼룩으로 상상력을 측정해보겠다는 발상은 비네에게서 시작되어 조지 V. N. 디어본George V. N. Dearborn(1898), 스텔라 E. 샤프Stella E. Sharp(1899), 가이 몬트로즈 휘플Guy Montrose Whipple(1910), 에드윈 A. 커크패트릭Edwin A. Kirkpatrick(1900) 같은 미국의 지능검

사 개척자와 교육자에게로 이어졌다. 러시아에도 전파되어 표도르 리바코프Fyodor Rybakov라는 심리학 교수는 미국 학자들의 연구를 알지 못했는데도 그가 펴낸《성격의 실험 심리 연구 도해Atlas dlya eksperimentalno-psikhologicheskogo issledovaniya lichnosti》(1910)에 잉크 얼룩 8가지가 포함되어 있었다.[30] 그리고 같은 해에《심신 검사 설명서 Manual of Mental and Physical Tests》에서 가이 몬트로즈 휘플이 '잉크 얼룩 검사'라는 용어를 쓴다.[31] 로르샤흐가 완성한 그림은 단순히 잉크 방울을 떨어뜨린 것이 아니라 그림물감을 사용한 것인데도 미국 심리학자들이 로르샤흐 카드를 받아들일 때 '잉크 얼룩'이라고 부른 것은 이 때문이다.

로르샤흐는 비네의 연구뿐 아니라 그가 레오나르도 다빈치에게서 영향을 받았다는 사실도 잘 알았다. 다빈치는 영감을 얻기 위해 벽에 물감을 던져 얼룩 모양을 살펴봤다고《회화론Trattato della pittura》에서 밝힌 바 있다.[32] 하지만 로르샤흐는 비네를 추종한 미국과 러시아 학자들이 있다는 것은 알지 못했다. 그런데도 로르샤흐의 초기 잉크 얼룩 검사는 이들의 활동과 얼추 비슷했다. 이때는 어떤 모양이냐가 그리 중요하지 않았다. 예컨대 디어본의 경우 한 연구에서는 잉크 얼룩 120개, 다른 연구에서는 100개를 찍어내듯 쏟아냈다. 100개를 만들어낸 연구에서 디어본은 얼룩을 가로 10줄, 세로 10줄로 늘어놓고 수검자에게 15분을 준 뒤, 101번째 얼룩과 가장 비슷해 보이는 얼룩 10개를 순서대로 고르라고 요청했다. 디어본은 얼룩을 어떻게 해석하느냐가 아니라 패턴을 어떻게 인식하는지를 연구했다.

　　마찬가지로 로르샤흐의 초기 얼룩도 표준화되어 있지 않았다.[33] 매번 얼룩을 새로 만들었고, 평범한 흰 종이에 만년필 잉크로 그린 무늬는 한 장당 몇 개에서, 많게는 10개에 이르기도 했다 (화보 iv쪽 참조). 로르샤흐와 게링은 환자들, 그리고 게링이 가르치는 12~15세 사이의 학생들에게 잉크 무늬를 보여준 뒤 어디에서 무엇을 보았는지 그 반응을 기록하며 표시하거나, 환자와 학생들에게 자신이 본 것을 직접 그려보게 했다. 이는 로르샤흐가 환자들에게 격려한 시각적 표현 활동, 즉 그림 그리기와 크게 다르지 않다. 환자들은 때로 신문지를 씹거나 물에 적셔 둥글게 머리 모양을 만들고 단추로 눈동자를 박아 로르샤흐에게 주었고, 로르샤흐는 이 신문지 머리에 래커를 칠해 보관했다. 게링 부인에 따르면, 그 가운데 하나는 키클롭스처럼 커다란 단추 하나가 한가운데 박혀 있어서 특히 강렬한 인상을 남겼다. 그녀는 처음에 잉크 얼룩 검사에 회의적이었지만, 로르샤흐가 사람들의 대답을 꿰뚫어 분석하는 모습을 보고 생각을 바꿨다. 하지만 게링이 제자들에게 잉크 얼룩을 실험했을 때는 이렇다 할 결과를 얻지 못했다. 게링의 시골 제자들이 그리 많은 것을 보지 못했기 때문이다. 이와 달리 로르샤흐의 환자들은 훨씬 많은 것을 보았다.

　　이런 초창기 실험은 여러 실험 방식 가운데 한 가지 탐구 수단일 뿐이었으므로, 게링이 다른 곳으로 이사하자 로르샤흐는 이 방법을 주저 없이 폐기했다. 게링 부인에게 그토록 깊은 인상을 남긴 통찰력 있는 해석이 무엇이었을지 궁금해하는 사람도 있겠지만, 초창기 실험은 장차 등장할 로르샤흐 검사가 아니었다. 그러나 이미 로르샤흐는 상상력 측정이 아닌 지각의 본질을 연구할 목적으로 잉크 얼룩을 활용하고 있었다. 이미 그는 사람들이 얼마나 많은 것을 보느냐에 그치지 않고, 어떻게 보느냐에 관심을 기울이고 있었다. 하지만 1912년에는 로르샤흐의 사고에서 아주 중요한 조각이 빠져 있었고, 지각을 연구하는 다른 접근법이 훨씬 전망이 밝아 보였다.

뇌가 얇게 잘리는
느낌을 느끼다

뮌스터링겐의 조현병 환자인 B. G. 부인은 어느 남자 간호사를 사랑했다. 그런데 그가 작은 칼로 자기 성기를 공격하려 한다고 생각했고, 때로는 바로 눈앞에서 빙글빙글 도는 부유물을 작은 칼로 보기도 했다. 그럴 때마다 그녀는 허리 아래쪽이 난도질당하는 느낌을 받았다. 이런 생각은 다른 환각으로까지 이어졌다. 창밖으로 일꾼이 잔디 깎는 모습을 볼 때마다 커다란 낫이 자기 목을 휘갈긴다고 느낀 것이다. 그녀는 낫이 도저히 자기 목에 닿을 수 없다는 사실을 아주 잘 알았기 때문에 화가 치밀었다.

로르샤흐는 B. G. 부인의 사례에서 자신이 취리히에서 꿨던 꿈을 떠올렸다. 여러 해가 지난 뒤였지만, 꿈은 여전히 생생했다. 그는 학위 논문에서도 이 꿈을 이야기한다.[1]

임상 1학기에, 난생처음으로 부검을 참관했다. 나는 대개 어린 학생이나 가질 법한 열의를 품고 과정을 지켜봤다. 특히 뇌 해부에 관심이 컸는데, 생각과 느낌이 어디에서 나오는지, 뇌 해부가 영혼을 얇게 잘라내는 것인지 같은 갖가지 생각을 떠올렸다. 뇌졸중으로 사망한 고인의 뇌는 가로 단면으로 얇게 절단되었다. 그날 밤 꿈에서 나는 내 뇌가 가로로 얇게 잘리는 느낌을 받았다. 부검에서와 똑같이 반구 덩어리에서 뇌 절편이 하나씩 하나씩 떼어져 앞으로 놓였다. 이런 신체감각(안타깝게도 더 정확한 표현을 찾지 못했다)이 매우 또렷했고, 꿈에서 본 모습이 지금도 기억에 생생하다. 이 꿈에는 약하지만 뚜렷하게 감각으로 느낄 수 있는, 경험에서 나온 생생한 지각의 특성이 있다.

이 꿈의 내용에 프로이트식 물음을 던지는 것도 분명 가능하겠지만, 로르샤흐의 관심은 다른 곳에 있었다. 그는 누구도 자기 뇌가 얇게 잘리는 느낌을 느낄 수 없다는 사실을 지적했다. B.G. 부인도 실제로 낮에 목이 베인 적이 없었다. 그렇지만 "경험에서 나온 생생한 지각"은 진짜였다. 게다가 꿈속의 느낌은 단순히 부검을 보았다고 해서 나타난 것이 아니었다. 로르샤흐는 "마치 시각적 지각이 해석되거나 변환되거나 신체감각으로 바뀌거나 한 듯이, 부검 경험과 꿈속의 느낌이 매우 밀접하고 깊은 관계"를 형성했다고 느꼈다. 놀랍게도, 사람은 무언가를 보기만 해도 그것을 느낄 수 있다. 심지어 느낄 수 없는 것마저도 느낀다. 한 감각이 다른 감각으로 바뀔 수 있다.

　로르샤흐는 오래전부터 그런 경험에 관심을 쏟아왔다. 10대 시절에는 치통을 고음과 저음으로 변환했었고, 손가락을 움직여 근육이 바이올린 선율을 기억하게 했었다. 어렸을 때 친구들과 함께 놀이를 할 때도 그랬다. 여러 명이 한 소년에게 이를 하나 뽑겠다고 말한 다음 이를 하나 꽉 잡고 그 아이의 종아리를 불쑥 꼬집으면, 아이는 이가 뽑힌 줄 알고 비명을 질렀다. 소년은 아픈 곳이 아니라 아플 거라고 예상한 곳에서 통증을 느꼈다. 의사로 일하면서 그는 아이들에게 정확히 어디를 다쳤는지 말하게 하는 일이 얼마나 어려운지 깨달았다. 통증에는 정확한 위치가 없었다. 그리고 뮌스터링겐에서도 어디를 살펴볼지만 안다면, 그런 경험은 어디서든 할 수 있었다. "콘스탄츠 호숫가에 오래 살다보니, 공중에서 윙윙 소리가 들릴 때면 우리는 대번에 소리가 나는 곳을 알고 체펠린 비행선이 시야에 들어오기를 기다리곤 했다."

　로르샤흐는 이 모든 경험의 기저에 놓인 지각과 관련해 한 가지 사실을 깨달았다. 원래 감각을 느끼는 위치가 아닌 다른 곳에서도 그 감각을 느낄 수 있다는 것이다. 이것은 감각의 재지역화relocalization라고 부르는 과정이다. 우리는 새처럼 날아본 적은 없지만 물구나무를 서거나 헛간 2층에서 건초 더미로 뛰어내려본 적은 있으므로, 허공을 나는 꿈을 꾼다. 로르샤흐가 꿈에서 경험한 뇌가 얇게 잘리는 느낌은 "머리카락을 자르는 느낌이었다. 뇌 조각은 피곤에 지친 팔이 옆으로 툭 떨어지듯 앞으로 떨어졌다. 달리 말해 생각지 못한 곳에서 익숙한 감각을 느꼈다". 감각의 재지역화를 통해서 이전에는 느낄 수 없던 감각을 느낄 수 있었던 것이다.

감각을 느끼는 위치뿐 아니라 감각의 종류도 바뀔 수 있었다. 종아리 대신 이에서 통증을 느낄 때도 있지만, 순전히 시각적인 경험이 시각과 관련 없는 신체감각으로 바뀔 때도 있었다. B. G. 부인이 본 부유물이나 헤르만 로르샤흐가 본 부검이 그런 예다. 오래전부터 로르샤흐는 그림을 들여다본 뒤 자신이 무엇을 느끼는지에 주의를 기울여왔다. 그리고 예술가로서 그 반대, 즉 신체감각이 시지각으로 뒤바뀌는 경험도 했다. "특정 모양을 머릿속에 떠올리려고 하면, 시각적 기억으로는 떠오르지 않을 때가 많다. 하지만 한번이라도 그 대상을 그려본 적이 있어 그림을 그릴 때 펜의 움직임을 아주 작은 선 하나라도 기억할 때는, 내가 떠올리고 싶어한 기억 심상이 바로 생각난다."

로르샤흐는 몸으로 시각을 활성화시킬 줄 알았다. "예를 들어 모리츠 폰 슈빈트Moritz von Schwind의 그림 〈말을 탄 쿠노 폰 팔켄슈타인Der Ritt Kunos von Falkenstein〉이 떠오르지 않더라도 기사 쿠노가 오른쪽 팔을 어떻게 들고 있는지를 알면(여기서 '안다'는 지각과 관련 없는 기억 심상을 뜻한다), 상상으로든 실제로든 팔의 자세를 마음껏 흉내 낼 수 있다. 그러면 이런 보조 수단이 없을 때보다 훨씬 쉽고 빠르게 그림의 시각적 기억이 떠오른다." 로르샤흐가 여러 번 말했던 것처럼, 이는 그가 진료하는 조현병 환자들에게 일어났던 일과 정확히 일치했다. 그가 팔을 그림 속 자세대로 들자, "이른바 시각적 이미지를 지각하는 요소들이 환각처럼 끌려나왔다."

우리가 깨어 있든 잠들어 있든, 제정신이든 정신이 나갔든, 프로이트가 꿈으로 설명한 것은 우리의 모든 지각에서 실제로 일어났다. 프로이트의 이론에 따르면, 꿈에 나타난 기이한 이미지에는 다양한 경험이 '응축'되어 있거나 함께 뒤섞여 있다. 꿈속 누군가는 상사처럼 보이기도 하고, 어머니를 떠올리게도 하고, 연인처럼 말하거나, 카페에서 친구와 이야기하는 동안 귀에 들린 낯선 사람의 말을 되풀이하기도 한다. 꿈은 이 모든 관계가 한데 얽힌 것이다. 로르샤흐는 우리 몸이 꿈속의 우리 마음처럼 반응한다는 것을 깨달았다. 몸에는 여러 감각이 뒤섞인다. 종아리와 이빨, 팔과 그림의 기억, 잔디밭을 베는 남자와 목을 베는 칼날이 한데 얽힌다. 로르샤흐는 이렇게 썼다. "어떤 환경에서는, 특히 무의식적 욕망에 영향받는 환경에서는 정신이 다양한 시각 요소를 분리하고 결합하고 응축할 수 있듯이, 그와 동일한 환경하에서 다른 감각 지각도 재정의할 수 있어야 할 것이다." 감각은 "꿈에서 시지각이 응축되는 것과 똑같은 방식으로 '응축'될 수 있다".

B. G. 부인 같은 환자를 볼 때 로르샤흐는 융이 말한 것처럼 그녀의 "은밀한 이야기"를 해석하기보다는 그녀가 보고 느끼는 방식을 공유하는 데 끌렸다. 칼에 목이 베이는 환각이든, 카펫 무늬가 뇌에 꾹 찍히는 환각이든, 자신이 책에서 본 물건으로 바뀌는

환각이든, 이런 실재하지 않는 감각을 느끼게 한 것은 무엇일까?

로르샤흐가 처음으로 잉크 얼룩을 활용한 것은 이런 지각 변환을 연구하면서부터이다.

로르샤흐가 보는 것과 느끼는 것의 관계를 탐색한 최초의 정신 의학자는 아니다. 19세기에는 '미학aesthetics'이 심리학의 한 갈래 였고, **심미적**aesthetic이라는 말은 '감각이나 지각과 관련 있다'는 뜻의 학술 용어였다. 이와 어원을 공유하는 anesthetic(무감각한), synesthetic(공감각이 있는), kinesthetic(운동감각이 있는)도 마찬가지 로 학술 용어였다. 여기에는 프로이트나 블로일러의 정신의학과는 사뭇 다른 심리학적 미학의 전통이 있었다. 하지만 취리히에서 수련하고, 환각 증상이 있는 환자들을 만나고, 시각적 경험에 관심을 가진 로르샤흐는 심리학적 미학과 정신의학을 하나로 묶어냈다.

이 전통의 핵심 인물은 로베르트 피셔Robert Vischer(1847~ 1933)[2]였다. 피셔는 1871년에 쓴 철학 논문에서 우리가 어떻게 추상적 형태에 반응할 수 있는지를 처음으로 설명했다. 우리는 왜 맞물린 아치 모양에서 우아함이나 균형, 집중된 힘을 느낄까? 겉보기에는 텅 비고 숨결이 느껴지지 않는 모양을 마주하고도 어떻게 무언가를 느낄까? "눈부시게 빛나는 무지개, 저 위의 창공, 아래의 땅은 내 인간성의 고귀함과 어떤 관련이 있을까? 나는 살아 있는 모든 것을, 기어 다니고 날아다니는 모든 것을 사랑할 수 있다. 그런 것들은 나와 비슷하다. 하지만 비바람과는 연대감이 너무 옅어 어떤 연민도 들지 않는다." 한 가지 가능한 대답은, 우리가 음악을 듣거나 추상적인 모양을 볼 때 다른 무언가를 떠올린다는 것이다. 즉 우리가 생각의 연상에 의존해 반응한다는 뜻이다. 하지만 피셔는 이런 사고방식이 예술 작품을 내용이나 주제, 의도로 축소시킨다며 거부했다. 음악은 우리를 재우던 어머니같이 구체적 모습이나 사건만 떠올리게 하는 것이 아니다. 우리는 음악을 음악으로 느낀다.

피셔는 우리가 생명이 없는 것에 감정을 느낄 수 있는 유일한 이유는 먼저 그 대상에 감정을 불어넣기 때문이라고 주장했다. 인간이 아닌 이런 형태에 "우리에게 있는 어떤 직감을 투사함으로써, 우리도 모르는 사이에 우리의 감정을 부여한다"는 것이다. 우리는 감정뿐 아니라 우리 자신까지 투사한다. 피셔는 우리가 저 무지개들, 조화롭기도 하고 다툼을 벌이기도 하는 저 선들에 "우리의 육체적 양식을 투사하고 구체화할 줄 아는 멋진 능력을 지녔다"고 적었다. 우리는 고정된 정체성을 잃는 대신 세상과 연결할 줄 아는 능력을 얻는다. "한쪽 손이 다른 손을 움켜쥐듯, 나는 그저 대상에 나 자신을 맞춰 애착을 느끼는 듯하다. 그런데 신기하게도 나는 이러한 다른 대상으로 옮겨가 마법처럼 그것으로 모습을 바꾼다." 세상에서 재발견된 우리 자신은 우리가 감응하는 것, 바깥 사물에서 느끼는 우리의 일부다.

자신을 밖으로 투사했다가 다시 세상을 안으로 내면화한다는 피셔의 발상(그는 이것을 "외부감각을 내부감각으로 곧장 연장하는 것"이라고 불렀다)은 여러 세대에 걸쳐 철학자, 심리학자, 미학 이론가들에게 영향을 미쳤다. 피셔는 자신의 급진적인 새로운 개념을 설명하기 위해, '감정이입'을 뜻하는 독일어 Einfühlung을 썼다. 20세기 초에 피셔에게 영향을 받은 심리학 연구서들이 영어로 번역되었고, 따라서 이 새로운 개념을 표현할 새로운 용어가 필요했다. 번역가들은 영어로 empathy란 말을 만들어냈다.

감정이입을 뜻하는 empathy가 만들어진 것이 엑스레이나 거짓말 탐지기 검사와 마찬가지로 겨우 100년밖에 안 되었다니 놀라울 뿐이다. '감정이입 유전자empathy gene'라는 말은 시대를 초월한 인간의 조건과 최첨단 과학 사이의 부조화 때문에 매우 흥미롭게 들린다. 그런데 사실 진짜 최첨단인 것은 '감정이입'이라는 단어다. 다시 말해 감정이입보다 유전자가 먼저 발견되었다. 물론 **감정이입**이라는 말이 의미하는 것은 새롭지도 않았고, 오래전부터 '공감sympathy'과 '감성sensibility'의 의미와도 가까이 결부되어 있었다. 하지만 감정이입은 자신과 세상의 관계를 새로운 방식으로 재정립한다. 감정이입이라는 용어를 만든 까닭도 이타주의나 친절한 행위를 말하기 위해서가 아니라, 소나타나 해질녘을 얼마나 즐길 수 있는지 설명하기 위해서였다는 사실 역시 놀랍다. 피셔에게 감정이입이란 세상을 창의적으로 보고 구성해 거기에 반영된 우리 자신을 찾는 일이었다.

영어의 역사에서 감정이입의 이런 의미를 본보기로 보여준 사람은 낭만주의 시인 존 키츠John Keats였다. 키츠는 심지어 사물의 삶 속으로도 들어갈 줄 아는 사람이었다. 몇 해 전 한 비평가는 키츠의 "풍부한 상상력으로 물질적 대상에 들어갈 줄 아는 재능"[3]을 이렇게 요약했다.

에드먼드 스펜서Edmund Spenser가 《요정의 여왕The Faerie Queene》에서 '바다를 가르는 고래'를 묘사한 장면을 키츠가 처음 읽었을 때 그가 몸을 일으켜 세우고 "우뚝 서서 늠름하게" 쳐다보는 모습이라니. "앞발을 들고" 춤추는 곰이나, 유리창을 "두드리는 손가락"처럼 돌풍같이 빠르게 주먹을 날리는 권투 선수를 흉내 내는 모습은 또 어떤가. 넘치는 상상력으로 주의를 집중하고 감정을 이입하는 유명한 순간들도 있었다. "참새 한 마리가 내 창가에 날아오면, 나는 참새란 존재의 일부가 되어 자갈을 쫄 것이다." 또는 잘 익은 천도복숭아를 먹는 느낌도 이렇게 표현한다. "걸쭉한 복숭아 살과 즙이 부드럽게 눈 녹듯이 목을 타고 내려갔다. 도톰하니 맛있는 속살이 축복받은 커다란 딸기처럼 목구멍으로 녹아내렸다." 심지어 그는 당구공의 영혼으로 들어가 "둥그렇고 부드러운 표면, 매끄럽고 빠르게 굴러가는 움직임에서 기쁨"을 느낄 수 있었다.

이런 예는 로르샤흐의 경험과 꼭 맞아떨어진다. 공교롭게 키츠도 의대생이었기 때문에 신경학의 최신 발전을 따랐고, 신경 과학을 시에 결합하기까지 했다.[4] 스위스인 정신과 의사는 영국의 낭만주의자보다 감정을 훨씬 덜 드러냈겠지만, 헤르만 로르샤흐의 신중함의 이면에는 또 다른 존 키츠가 있었다. 종종 자신이 좋아한 시구를 인용해 이야기했듯, 로르샤흐는 "황금빛 넘실대는 이 세상", 매끄럽고 빠르게 움직이는 세상에 기쁨을 느꼈다.

로르샤흐의 경험을 예견이라도 한 듯 피셔도 비슷한 경험을 했다. "나는 정물을 관찰할 때, 별 어려움 없이 나 자신을 정물의 내부 구조, 정물의 중심에 갖다놓을 수 있다. 그 안으로 들어가는 길을 생각할 수 있다." 그는 별이나 꽃을 볼 때면 자기 자신이 "압축되어 대단치 않게" 느껴진다고 말했다. 또한 건물이나 물, 공기에서는 "정신의 장엄함과 여유를 경험한다. (…) 우리는 자신에게서 이상한 사실을 자주 관찰하곤 한다. 우리 몸의 다른 기관이 느끼는 감각이 그렇듯, 시각적 자극을 눈이 아닌 다른 곳으로 경험할 때가 많다. 눈부신 햇살 아래 뜨거운 길거리를 건너다 짙푸른 선글라스를 끼면 순간 나는 내 살갗이 시원해지는 느낌을 받는다"고 썼다. 로르샤흐가 피셔를 읽었다는 확실한 증거는 없지만, 피셔의 영향을 받은 저작물들을 읽었다는 것은 의심의 여지 없이 거의 확실하다. 어쨌든 그는 피셔와 비슷한 방식으로 세상을 인식했다.

프로이트의 《꿈의 해석》이 나오기 몇십 년 전, 피셔는 나중에 프로이트가 설명한 마음의 창조적 활동을 추적하고 있었다. 하지만 방향은 사뭇 달랐다. 프로이트는 겉보기엔 의미 없는 기이한 표면에서 시작해, 꿈 아래에 숨겨진 심리의 내용물이 무엇인지 알아내려고 했다. 따라서 꿈 아래에 숨겨진 내용이 어떻게 '응축'되거나 아니면 변형되었는지 알아야 했다.[5] 그래야 꿈을 거슬러 올라가 이른바 근원에 이를 수 있었다. 피셔는 프로이트와 달리 꿈이 스스로 만든 이런 변형을 감정이입, 창의성, 사랑의 바탕이라고 평가했다. 프로이트는 변형 과정이 어떻게 일어나는지에 관심을 둔 반면, 피셔는 변형 과정에서 만들어지는 아름다운 형태에 관심을 보였다. 그는 이렇게 말했다. "사람이 마음이 끌리는 사물에 조화롭게 감정이입을 하듯이 모든 예술 작품은 우리에게 그 스스로를 드러내 보인다."

이런 차이 때문에 프로이트는 현대 심리학을, 피셔는 현대 예술을 이끈다. 그런데 20세기 초반의 이 획기적인 두 아이디어, 즉 무의식의 심리학과 추상예술은 사실 철학자 카를 알베르트 셰르너Karl Albert Scherner(1825~1889)[6]를 공통 조상으로 둔 가까운 사촌 지간이었다. 피셔와 프로이트 모두 자신들의 핵심 아이디어의 원천은 셰르너라며 그에게 공을 돌렸다. 피셔는 셰르너가 1861년에 펴낸 《꿈의 생애Das Leben des Traums》를 이렇게 평가했다. "감춰진 심연을 열성적으로 속속들이 파헤치는 심오한 연구다. (…) 나는 '감정이입', 곧 '감정을 불어넣는다'는 개념을 여기에서 끌어냈다." 프로이트는 《꿈의 해석》에서 셰르너를 길게 다루며, 셰르너의 생각에는 "본질적인 정확성"이 있다고 칭송했고, 셰르너의 책을 "꿈으로 마음의 특별한 활동을 설명하려고 한 가장 독창적이고 광범위한 시도"라고 설명했다.

뇌가 얇게 잘리는 느낌을 느끼다

피셔의 생각은 빌헬름 보링거Wilhelm Worringer(1881~1965)를 통해 추상미술로 이어졌다. 보링거는 1906년에 미술사를 주제로 쓴 박사 논문 「추상과 감정이입Abstraktion und Einfühlung」[7]에서 제목만큼이나 간결한 주장을 펼쳤다. 감정이입이 전부가 아니라는 주장이었다. 보링거는 피셔식의 감정이입이 어떻게든 외부 세계에 부합하려 애쓴 노력의 산물인 사실주의 미술을 낳는다고 주장했다. 미술가는 세상에서 편안함을 느끼고, 사물에 감정을 불어넣고, 그 안으로 자신을 밀어 넣는다. 그리고 마침내 사물과 이어짐으로써 거기에서 자신을 발견한다. 보링거가 보기에 그런 미술가들이 나올 가능성이 특히 큰 것은 활기차고 자신만만한 문화, 이를테면 고대 그리스나 로마, 또는 르네상스 같은 문화에서였다.

그렇지만 이외의 다른 문화나 개인들은 세상을 위험하고 두려운 곳이라고 생각하므로, 그들의 영혼은 어떻게든 피난처를 찾으려고 한다. 보링거는 예술가가 느끼는 "가장 강렬한 충동"은 혼돈과 혼란이라는 "자연스러운 맥락에서 외부 세계의 대상을 떼어내 비트는 것"이라고 적었다. 이들은 염소를 그릴 때 복잡한 실제 모습을 무시하고, 뿔 대신 두 개의 곡선으로 그린 삼각형으로 묘사할지도 모른다. 아니면 대양의 파도에서 실제로 관찰되는 변화무쌍한 세부 모습을 그대로 옮기려 하지 않고 지그재그 선이 끝없이 펼쳐지는 기하학적 도형으로 그릴지도 모른다. 이것이 고전적인 사실주의의 정반대, 곧 추상이다.

그러므로 보링거가 보기에 감정이입 충동의 "대척점"에는 추상 충동이 있었다. 따라서 감정이입은 "인간의 예술 감정에 존재하는 **한** 지점"일 뿐, 반대 지점보다 더 타당하거나 아름다운 것이 아니었다.[8] 어떤 예술가는 세상에 가 닿아 감정을 불어넣음으로써 창작하고, 어떤 예술가는 세상을 등지고 그곳에서 빠져나옴으로써 창작한다(추상을 뜻하는 abstraction은 라틴어 동사 abstrahere(빼내다, 끌어내다)에서 비롯했다). 사람마다 욕구가 다르므로, 각 예술가들의 예술은 저마다 다른 욕구를 충족해야 한다. 그렇지 않다면 굳이 예술품을 만들 이유가 없다.

20세기 초반의 예술가들은 보링거의 견해를 중요하게 받아들였고, 카를 융은 보링거의 심리 이론에서 통찰력을 발견했다. 융은 심리 유형 이론을 정립한 첫 논문에서, 보링거의 이론이 자신이 만든 내향성과 외향성 이론에 "맞먹을 정도로 가치 있다"[9]고 언급했다. 추상은 내향적이라 세상을 등지지만, 이와 달리 감정이입은 외향적이라 세상으로 들어간다. 이제 이런 요소들을 하나로 묶기 위해 지각심리학을 연구하는 정신과 의사이자 예술가인 사람, 바로 로르샤흐가 등장할 차례였다.

로르샤흐는 뮌스터링겐에서 의술을 펼치게 됐지만, 박사 학위를 받기 위해 학위 논문을 써야 했다. 논문 주제는 대개 교수들이 학생들에게 정해주었지만, 1910년 10월 17일 로르샤흐는 지도 교수인 블로일러에게 자신이 생각한 다섯 가지 주제를 제안했다.[10]

로르샤흐가 속한 취리히 학파에서는 유전, 범죄학, 정신분

뇌가 얇게 잘리는 느낌을 느끼다

석, 문학을 혼합하는 일이 흔했다. 그는 뮌스터링겐이나 아버지의 고향 아르본의 기록물을 이용해 환자의 가족력을 추적하여 정신병 기질을 밝혀낼 수 있는지를 연구하는 것도 생각해보았다. 또 풍기문란으로 고발된 교사 한 명과 목소리를 듣는 긴장증 환자 한 명을 정신분석을 이용해 연구하는 안도 제안했다. 그는 간질과 간질에 시달린 도스토옙스키를 주제로 삼은 연구에도 관심이 있었지만, 그 주제를 더 철저하게 연구하려면 모스크바로 가야 했다. 결국 그는 맨 처음에 생각한 주제를 고른 뒤, 블로일러에게 "연구에서 무언가가 나올 수 있다면 정말로 기쁘겠습니다"라고 알렸다.

로르샤흐는 피셔가 말한 감정이입이 일어나도록 작동하는 심리 경로를 밝히는 연구에 착수했고, 1912년 학위 논문을 마무리했다. 「'반사 환각'과 관련 현상 연구Über „Reflexhalluzinationen" und verwandte Erscheinungen」라는 제목만 들으면 머릿속이 멍해지겠지만, 주제는 우리가 보는 것과 느끼는 것의 관련성에 대한 것이었다.

반사 환각[11]은 1860년대에 만들어진 정신의학 용어로, 로르샤흐가 자기 자신과 환자에게서 매우 흥미롭게 관찰했던 바로 그 공감각적 현상을 지칭하는 표현이었다. 예컨대 마르셀 프루스트의 소설 《잃어버린 시간을 찾아서》에서처럼 특정 냄새로 기억이 되살아난다거나, 자극에 의해 저도 모르게 지각이 유발되는 현상을 가리킨다. 존 키츠가 참새를 보고 자갈을 쪼는 자신을 느끼게 된 현상을 반사 환각이라고 해석할 수도 있겠지만, 이런 느낌은 '감각 교차 지각'이나 '유발된 환각'이라고 하는 것이 보다 분명할 것이다.

로르샤흐는 학위 논문 도입부에 필수적인 논문의 개요를 건조하게 서술한 뒤, 시각과 청각, 시각이나 청각과 신체감각, 또는 다른 감각들 사이에 교차 혼합이 발생하는 44개의 생생한 사례를 제시했다. 사례 1은 그가 꾸었던 뇌가 잘리는 꿈이었다. 피셔가 생각의 연상을 무시했듯, 로르샤흐는 일상에서 늘 일어나는 단순 연상(예컨대 우리는 고양이 울음소리를 들을 때, 머릿속으로 고양이를 그린다)을 무시했다. 반사 환각도 연상과 관련이 있기는 했다. 로르샤흐도 B. G. 부인이 몸에서 덜 상징적인 곳이 아니라 목을 일꾼의 낫에 베인다고 느낀 데는 그만한 이유가 있을 거라고 인정했다. 하지만 그런 연상은 부수적인 것이었다. 그 사례가 흥미로운 것은 한 지각이 다른 지각으로 탈바꿈한다는 사실 때문이었다.

공감각 연구는 대개 시각과 청각 사이의 교차 혼합에 초점을 맞추지만, 로르샤흐가 제시한 주요 사례들은 이와 달랐다. 그 사례들에서는 외부 지각이 내부의 신체 지각과 관련되어 있었다. 그리고 움직임을 느끼는 감각인 **운동** 감각도 포함되었다. 그는 "깜깜한 어둠 속에서 팔을 뻗어 손가락을 앞뒤로 움직이면서 그쪽을 쳐다보면 완전히 불가능한 일인데도 손가락이 움직이는 것을 볼 수 있다고 믿게 되는" 현상을 제시하며, 움직임을 지각할 때 경험으로 알게 된 것과 유사한 시지각이 약하게나마 유발되는 것이 틀림없다고 설명했다. 로르샤흐에 따르면, 노래나 외국어를 배우거나, 아이가 말을 배울 때도 소리와 움직임 사이에 연결고리가 만들어진다. 다시 말해 말을 배우는 사람이 단어를 들을 때마다 입을 움직여 그 단어가 발음되는 움직임을 느낄 때까지, 또는 입으로 말한 단어가 귀에 들릴 때까지 "청각과 운동 감각이 병행"한다.

　이런 병행은 양방향으로 작동할 수 있다. 졸로투른에 사는 한 조현병 환자는 창밖을 내다보았을 때 거리에 서 있는 자신을 보곤 했다. 그의 복제 인간은 그가 하는 모든 움직임을 "그대로 따라" 했다. 그의 움직임은 복제 인간이라는 시지각으로 변환되어, 타인의 움직임을 자기 몸에서 느낀 조현병 환자와 "똑같은 반사 환각 경로를 거꾸로 거슬러갔던 것이다".

　로르샤흐는 감정이입의 경로를 따라 시각과 움직임을 연결하면서, 잘 알려져 있지 않던 노르웨이 정신과 의사 욘 모울뤼 볼John Mourly Vold(1850~1907)의 연구를 활용했다. 볼이 꿈을 주제로 쓴 두 권짜리 전문 서적은 프로이트를 깡그리 무시하고 운동감각에 초점을 맞췄다.[12] 모울뤼 볼의 책에는 무수한 실험을 통해 잠자는 사람의 신체 일부를 끈이나 테이프로 동여맨 뒤, 꿈에서 움직임이 얼마나 많았는지, 어떤 움직임이었는지를 분석한 내용이 들어 있었다. 로르샤흐는 이런 실험 가운데 몇 가지를 자신에게 수행했다(그렇게 꾼 한 꿈에서, 그는 상사인 브라우흘리와 같은 성을 가진 환자의 발을 밟았다).[13] 프로이트의 이론과 모울뤼 볼의 이론은 매우 달랐지만, 로르샤흐는 두 이론을 통합했다. "모울뤼 볼의 꿈 분석은 정신분석에 따른 꿈 해석을 조금도 배제하지 않는다. (…) 모울뤼 볼의 관점을 건축 자재라고 하면, 상징은 일꾼이고, 콤플렉스는 공사 감독관이고, 꿈을 꾸는 정신은 우리가 꿈이라 부르는 구조물을 짓는 건축가이다."

로르샤흐는 이런 기제가 보편적이라는 증거를 제시하기 위해 안간힘을 썼지만, 학위 논문 말미에서는 어쩌면 자신이 지닌 능력을 다른 사람들도 다들 지니고 있는 것은 아닐 수도 있다는 점을 인정했다. "내가 설명한 반사 환각 과정이 어떤 독자들, 이를테면 청각 유형인 독자들에게는 주관적인 것으로 비칠지도 모른다. 왜냐면 이 글을 쓴 사람은 주로 운동 유형이고, 보조적으로 시각 유형인 사람이기 때문이다." 그는 이런 "유형"이 무슨 뜻인지 밝히지 않았지만, 사람마다 서로 다른 종류의 "유사한" 경험을 하는 경향이 있다는 사실을 분명하게 깨달았다. 로르샤흐의 타고난 흉내 내기 실력, 정교한 미술 재능, 감정이입은 그가 세운 새로운 심리학 견해의 기반이었으므로, 그는 그런 재능이 자신에게만 있는 것일 수도 있다는 사실을 인정하기를 꺼렸다.

여느 학위 논문처럼 로르샤흐의 논문도 완전한 결론을 내리지 못하고 끝을 맺는다. 최종 단계에 이르러 그는 논문을 과감하게 줄여야 했다.[14] 논문에서도 "수집된 사례가 상대적으로 적은" 탓에 최종 결론을 내리기가 "당연히 어려울 수밖에 없다"고 두 번이나 인정했다. 하지만 감각 변환을 온전히 이해하기는 어려웠어도, 특정한 지각들을 면밀히 살펴본 덕분에 그 밑바탕에 깔린 과정이 그의 눈에 들어오기 시작했다. 이렇게 로르샤흐는 심리학과 보는 것을 훨씬 깊이 통합할 기틀을 다지고 있었다.

뇌가 얇게 잘리는 느낌을 느끼다

가장 어둡고
가장 정교한
망상

1895년,[1] 스위스 중부의 산골 슈바르첸부르크에 흉흉한 소문이 나돌았다. 61세의 유부남 요하네스 빙겔리는 숲속형제단이라는 열혈 종교 공동체를 이끌고 있었다. 그는 신비주의자이자 설교자였고, 성령에게 들은 말씀을 그대로 받아쓴 여러 소책자의 저자였다. 원래 재단사였던 그를 가끔 고장 사람들이 부르기는 했지만, 대개 복권 당첨 번호를 예측해달라는 목적에서였다. 93명에 이르는 형제단원은 대개 자신들끼리만 어울렸다.

그런 어느 날, 형제단 소속 여성 한 명이 아이의 출생을 숨기다 체포되었다. 여성은 아이 아버지가 빙겔리라고 밝혔다. 2년 전 그녀가 8일 동안 오줌을 누지 못하고 있을 때, 빙겔리가 그녀의 오줌길에 저주가 걸렸다며 잠자리를 같이해 저주를 풀었다. 하지만 여성이 낫고 나서도 둘은 계속 잠자리를 이어갔다. 다른 신자들도 빙겔리가 성교로 여성과 소녀에게서 악귀를 쫓아낸다는 이야기를 제보하고 나섰다. 당국은 숲속형제단에 비밀 분파가 있다는 사실을 알아냈다. 이 분파는 빙겔리를 "다시 한 번 육신이 되신 하나님의 말씀"으로 떠받들었다. 빙겔리의 성기는 "그리스도의 물건"이었고, 빙겔리의 오줌은 치유 성질이 있다 하여 "천국의 물방울" 또는 "천국의 치료제"라고 불렸다. 그를 따르는 숭배자들은 병이나 유혹과 싸우려고 그의 오줌을 마시거나 몸에 발랐다. 또 그가 마음만 먹으면 빨간 오줌, 파란 오줌, 초록 오줌을 눌 수 있다고 믿었다. 빙겔리는 이따금 자기 오줌을 성찬식 포도주로 썼다.

나중에 밝혀진 바에 따르면 빙겔리는 1892년부터 체포되기 전까지 자기 딸과도 여러 차례 근친상간을 저질렀다. 딸이 낳은 사생아 셋 가운데 적어도 1명, 짐작에 따르면 2명이 그의 자식이었다. 체포된 빙겔리는 고양이와 쥐 모습을 한 악귀들을 쫓아내려고 오로지 꿈에서만 딸과 잠자리를 했을 뿐, 근친상간을 저지르지 않았다고 거듭 주장했다. 게다가 자기는 여느 인간과 다른 심신을 지녔으므로 법을 적용받지 않는다고 항변했다. 빙겔리는 정신이상자로 드러났고, 1896년 7월부터 1901년 2월까지 4년 반 동안 가까운 뮌징겐 보호시설에 수용되었다.

1913년 4월, 로르샤흐가 이 뮌징겐 정신 질환 보호시설로 자리를 옮겨왔다. 뮌스터링겐에서 로르샤흐의 상사였던 울리히 브라우흘리가 베른 근처에 새로 생긴 더 크고 시설도 좋은 뮌징겐 정신 질환 보호 시설의 원장으로 영전한 뒤 그의 후임으로 헤르만 빌레라는 사람이 왔는데, 그는 같이 일하기가 무척 어려운 사람이었다.[2] 이 때문에 로르샤흐도 브라우흘리를 따라 뮌징겐으로 옮겼다.[3] 하지만 올가는 의사로서 경력을 쌓고 돈도 벌어야 했으므로 임기가 끝날 때까지 3개월 동안 더 뮌스터링겐에 머물러야 했다. 이번에는 200킬로미터가 안 되는 거리였지만, 두 사람은 또다시 떨어져 지내야 했다.

뮌징겐에서 우연히 빙겔리의 서류를 발견한 로르샤흐는 이 이야기에 푹 빠졌다.[4] 더 깊이 파고 들어가보니, 빙겔리가 이끈 숲속형제단은 나폴레옹 시절에 안톤 운테르네러Anton Unternährer가 창시했고 유럽과 미국에서 20세기까지 살아남은 광범위한 신앙 운동 안톤파Antonianer에서 갈라져나온 종파였다. 이런 신앙 운동은 로르샤흐가 이반 트레구보프를 통해 알게 된 두호보르 교파에 가졌던 관심을 다시 일깨운 듯하다. 로르샤흐는 직접 빙겔리를 수소문해 산장에 사는 그를 찾아갔다. 그 무렵 빙겔리는 몇 안 되는 핵심 신자들, 재혼한 아내, 딸, 그리고 아들이자 손자인 인물과 함께 살고 있었다. 로르샤흐는 빙겔리를 이렇게 묘사했다. "그때 여든 살로 나이 탓에 정신이 깜빡깜빡했고 천식에 시달렸다. 머리와 몸통이 크고 팔다리가 짧은 그는 난쟁이처럼 체구가 작았다. 늘 슈바르첸부르크의 민속 의상을 입었고, 옷 양쪽에 반짝반짝 윤이 나는 금속 단추를 일곱 개씩 달았다." 반짝이는 금속 단추와 시곗줄은 빙겔리의 망상에서 중요한 역할을 했다. 로르샤흐는 "큰 어려움 없이 빙겔리를 설득해 사진을 찍었다".

빙겔리는 로르샤흐의 스위스 종파 활동 연구의 시작점이 되었고, 1915년경 로르샤흐는 이 연구가 평생의 일이 될 거라고 확신했다.[5] 그는 지각에 대한 생리학적 연구에 최선을 다했고, 그 덕분에 문화에 따라 보는 방식이 어떻게 다른지에까지 관심을 확장하는 등 호기심을 마음껏 펼칠 수 있었다. 환자를 치료하느라 바쁠 때를 빼고는, 스위스에서 예부터 내려온 남근숭배 문화 관련 자료를 차근차근 모으고, 종교 심리학을 사회학, 정신의학, 민속 문화, 역사, 정신분석과 통합하면서, 놀랍도록 많은 연구 결과를 쌓아나갔다.

연구 결과, 그는 종파 활동은 종족이나 정치 세력이 대립하는 경계 지역을 따라 늘 같은 곳에서 일어났다는 사실을 발견했다. 즉 전쟁이 일어났던 곳에서 생겨났다. 로르샤흐가 지도에 색을 칠해보니, 종파 활동이 일어난 곳과 베 짜는 사람의 밀도가 높은 지역이 일치했다. 그는 그 이유를 추측해봤다. 역사적 측면에서는, 이런 지역에서 일어난 종파 활동의 근원을 찾아 초기 개신교 집단을 거쳐 12세기 발도파와 13세기 자유심령형제단, 이보다 훨씬 앞선 이단 신앙, 그리고 분리주의 운동까지 거슬러 올라갔다. 그런 종파 활동들은 모두 그때까지도 해당 지역에 뚜렷한 흔적을 남기고 있었다. 로르샤흐는 심리학적 측면에서는 조현병 환자의 망상이 고대 신앙 체계와 동일한 심리적 원천을 활용하고 있다는 융의 주장에 동조했다. 그리고 종파의 전체 역사에 나타나는 표상 및 사상과 고대 영지주의까지 거슬러 올라가는 철학과 신화의 표상 및 사상 사이에 유사성이 존재한다고 언급했다. 그는 한 예로 18세기 안톤파의 가르침이 1세기 아담파의 가르침과 세부 사항까지 일치한다는 사실을 보여주었다.

사회학적 측면에서는, 종파를 세울 때 카리스마 넘치는 지도자보다 새로운 종파를 쉽게 받아들이는 추종자 집단이 더 중요하다고 주장했다. 공동체에 종교 지도자가 절실하게 필요할 때는 누구라도 내세워 지도자로 삼지만, 외부에서 종파가 들어오더라도 공동체가 받아들일 준비가 되어 있지 않았다면 그 종파는 빠르게 자취를 감추곤 했다. 로르샤흐는 적극적인 추종자와 수동적인 추종자를 구분했다. 또 콤플렉스에 의해 가르침을 정하는 히스테릭한 지도자와 원형原型의 신화를 철저히 활용해 교리를 세우는 조현증적인 강력한 지도자를 구분했다.

종파를 주제로 삼은 로르샤흐의 강연문과 논문은 학술용으로나 대중용으로나 매우 인상적이었고, 전기, 사례 연구, 역사, 신학, 심리학 측면에서도 흥미로웠다. 그는 다양한 질문을 던질 "두툼한 책"[6]을 펴낼 계획도 세웠다.

왜 어떤 조현병 환자는 공동체를 세우고 어떤 환자는 그러지 못할까? 왜 조현병 환자는 원시인의 생각을 되밟고, 신경증 환자는 미신을 좇을까? 그리고 이런 다양한 상황은 그곳 주민들과 어떤 관련이 있을까? 왜 종파는 늘 직물 산업 지역에서 발생할까? 어느 종족이 지역의 토착 종파를 이어받고, 어느 종족이 외래 종파에만 참여할까? 어느 종파든 신화, 윤리, 종교, 역사 등은 비슷하잖은가!

이 글에서 드러나는 로르샤흐는 의사가 아니라 사상가였다. 프로이트, 융을 비롯한 당대의 개척자처럼 그도 환자 치료 이상의 것을 꿈꿨다. 로르샤흐는 문화와 심리학을 한데 묶어 개인과 공동체의 믿음에 담긴 본질과 의미를 탐구하고 싶어했다.

취리히 학파에 속한 로르샤흐는 개인의 심리와 문화 사이에 상호 작용이 일어난다고 믿었지만, 누구에게나 적용되는 보편 심리학이 있다는 주장에는 반대했다. 종파 연구는 로르샤흐의 경력에서 본질이 다른 우회적 행보처럼 보이지만, 사람마다 어떻게 다른 것을 보는지 이해하기 위해 그가 기울였던 평생의 노력 가운데 하나였다.

연구 대상을 넓혀가고 있을 무렵, 로르샤흐는 또다시 스위스를 떠나고 싶어 안달이 나 있었다. 그는 다시 한 번 모스크바의 관료주의와 씨름한 끝에 마침내 어느 정도 성과를 거뒀다. 러시아 주재 스위스 대사로부터 1914년 러시아에서 처음 열리는 의사 국가고시를 치를 수 있다고 확인받은 것이다.[7] 1913년 12월, 헤르만과 올가는 뮌징겐을 떠나, 심리학과 예술은 떼려야 뗄 수 없는 관계라는 것이 상식으로 통하는 국제적인 세계, 러시아로 향했다.

러시아를 방문하기에는 더없이 좋은 때였다. 황금시대에는 못 미쳤지만 이른바 은시대에 이른 러시아 문화는 예술, 과학, 초자연적 믿음의 상호 작용으로 충만해 있었다.[8] 특히 혁명으로 어수선하고 문화 운동이 휩쓸던 시기라, 러시아 과학은 서유럽보다 덜 분화되고 덜 배타적이었다. 러시아 정신분석의 역사에 정통한 저술가 알렉산드르 옛킨트Alexander Etkind는 이렇게 말했다. "러시아의 정신분석 역사에서는 의사와 심리학자뿐 아니라 퇴폐주의 시인, 도덕 철학자, 유능한 혁명가들이 큰 역할을 해왔다." 한편 근대 러시아 문화에 정통한 역사가 존 보울트John Bowlt는 "미술가 알렉산드르 베누아Alexandre Benois가 묘사한 대로, 그때 그 '히스테리에 빠져 정신이 고통에 시달리던 시절'을 제대로 평가하려면" 안톤 체호프와 안나 아흐마토바Anna Akhmatova, 페테르 카를 파베르제Peter Carl Fabergé와 마르크 샤갈Marc Chagall, 세르게이 댜길레프Sergei Diaghilev와 바츨라프 니진스키Vaslav Nizhinskii, 바실리 칸딘스키Wassily Kandinsky와 카지미르 말레비치Kazimir Malevich, 이고리 스트라빈스키Igor Stravinsky와 블라디미르 마야콥스키Vladimir Mayakovsky 같은 예술가들, 그리고 로켓 공학부터 이반 파블로프Ivan Pavlov의 행동주의 심리학까지 "러시아 과학이 이룬 대단한 발전"을 반드시 언급해야 한다고 적었다.

로르샤흐는 모스크바 외곽에서 아주 가까운 크류코보의 상류층 민간 요양소에서 일자리를 제안받았다. 러시아의 유명 정신분석가가 운영하던 이 병원에는 작가와 예술가가 넘쳐났다. 여러모로 로르샤흐에게 이상적인 환경이었다. 이 병원은 당시 러시아에서 흔히 찾아볼 수 있던, 신경 질환을 앓는 환자들이 제 발로 찾아오는 사설 병원으로, 환자로 북적이던 병원에 익숙하던 로르샤흐에게는 상당히 큰 변화였다. 대학교나 국영 병원에서 급여를 받지 않는 의사들이 세운 이런 기관은 어떤 면에서는 영리 기업이었다. 다시 말해 급여가 후했고, 환자를 가둬놓기만을 바라는 가족에게 의료 서비스를 파는 영국의 '미치광이 병원'과는 달리 최소한 자신들의 의료 서비스를 환자에게 파는 데 집중했다. 병원은 "자연스럽고 건강한 생활"이 주는 치유적 속성을 활용하기 위해 시골에 자리 잡았고, 환자는 인간적이고 좋은 대우를 받았다. 그곳에서 일한 정신과 의사 니콜라이 오시포프Nikolay Osipov에 따르면, 의사들은 환자들이 "친밀하고 힘을 북돋워주는 심리적 환경에서, 고정된 이론에 따르기보다 의사의 '개성'에 따라 치유될 수 있도록" 여러 이론과 실험을 자유롭게 새 치료법과 결합하는 전체론적 접근법을 썼다.[9]

크류코보의 의사들은 박학다식하고 사회 참여에 적극적인 지식인들이었다. 예컨대 오시포프는 나중에 톨스토이 전문가로 이름을 날리고, 도스토옙스키와 투르게네프를 주제로도 강연한다.[10] 환자들 가운데 문화계의 유명 인사도 여럿 있었는데, 그중에는 러시아의 상징주의 시인으로 두각을 보인 알렉산드르 블로크Alexander Blok와 극작가 체호프의 조카이자 위대한 배우였던 미하일 체호프Mikhail Chekhov도 있었다. 이 요양소는 작가, 의사, 그리고 고인이 된 안톤 체호프의 친척들을 특별히 대우했다.[11] 여러 해 동안 스위스 시골에서 아마추어 연극을 올리고 남는 시간에 안드레예프를 번역했던 로르샤흐는 자신이 문화의 중심지에 와 있다는 것을 실감했다.

로르샤흐에게 귀중한 주제인 공감각과 광기, 그리고 자기 표현으로서의 시각예술이 러시아의 은시대를 관통하고 있었다.[12] 현대 소설가 안드레이 벨리Andrei Bely의 말을 빌리자면, 러시아에서는 로르샤흐가 연구했던 반사 환각의 핵심 요소인 움직임을 "현실의 기본적 특성"으로 보았다. 러시아 발레의 이론가들은 움직임이 모든 위대한 예술의 가장 중요한 양상이라고 일컬었다.

심리학계를 보면, 저 멀리 떨어진 서유럽에서는 그토록 중요해 보였던 학파 구분이 러시아에서는 별 의미 없었다. 1909년 크류코보 요양소가 펴낸 홍보 안내문에 따르면, 환자들은 "적합한 인식의 심리 치료"뿐 아니라 "최면, 암시, 정신분석"을 받았다.[13] 여기서 "적합한 인식의 심리 치료"란 로르샤흐와 같은 스위스 사람인 신경 병리학자 폴 샤를 뒤부아Paul Charles Dubois가 개척한 합리적 치료rational therapy를 뜻한다.[14] 오늘날 인지 행동 치료라고 부르는 방법과 꽤 비슷한 이 요법은 한때 프로이트의 정신분석보다 유명했고 더 널리 쓰였다. 러시아 심리학계에서는 학파가 다르다고 전선이 갈리지는 않았다.

로르샤흐에게도 영감을 불어넣었던 현명한 인도주의자이자 영혼의 치료자인 톨스토이[15]는 러시아 정신의학계에 영감을 불어넣었다. 러시아에서 정신분석을 그토록 선뜻 받아들인 이유 가운데 하나는 정신분석이 러시아의 전통인 자기 성찰, '영혼의 정화'와 맞물렸기 때문이다. 즉 인간의 삶에 깊은 물음을 던지는 실존적 성찰, 인간의 내면세계를 존중하는 마음과 맞아떨어졌던 것이다. 다방면에 관심을 보이고, 학파에 얽매이지 않고, 대체로 인도주의자이고, 문학적이고, 시각을 중시하는 등 이상과 지적 관심사를 뒤섞는 로르샤흐의 행보가 서유럽에서는 튀어 보였지만, 러시아의 정신과 의학계에서는 표준이었다.

1912년 프로이트는 융에게 보낸 편지에서 러시아에 "정신분석이 유행병처럼 번지는 모양이더군"이라고 농담을 던졌다.[16] 하지만 실제로는 유럽의 "전염병"이 낙후된 내륙으로 퍼지는 일방적 관계가 아니었다. 러시아 사람들은 러시아뿐 아니라 서유럽에서도 탁월한 정신분석가였다. 크류코보에서 로르샤흐와 함께 일한 오시포프는 러시아에서 첫 정신분석 학회지를 펴냈고, 프로이트가 펴낸 학술지 《이마고Imago》의 위원에 임명되기도 했다. 이른바 유럽 사람이 내놓았다는 아이디어도 알고 보면 러시아의 영향을 받은 것이었다. 프로이트는 받아들이기 어려운 심리적 요소를 억누르는 심리 기제를 '검열'이라고 불렀는데, 이는 러시아의 정치 검열을 대놓고 빗댄 말이었다.[17] 프로이트에 따르면 검열은 "낯선 서방의 영향력이 파고들지 못하도록 막기 위해 차르 체제가 쓴 불완전한 수단"이었다. 프로이트의 환자 가운데 여럿이 슬라브인이었고, 러시아인도 꽤 있었다. 그가 자신의 가장 중요한 사례 연구 주제로 뽑은 대표 환자인 '늑대 인간'도 마찬가지였다. 융의 첫 정신분석 환자이자, 그의 삶과 연구에 가장 큰 영향을 끼친 사람도 러시아인 사비나 슈필레인이었다. 이런 예는 무수히 많다. 정신의학의 역사가 정신과 의사와 이론가뿐 아니라 환자의 이야기이기도 하다면, 그것은 상당 부분 러시아 문화의 이야기이다.[18]

로르샤흐도 러시아 환자를 치료한 경험에서 자신만의 정신분석법을 만들어냈다. 스위스의 보호시설에 있는 정신 질환자나 요하네스 노이비르트 같은 탈영병처럼 평가를 빨리 마쳐야 하는 범죄자의 사례와 달리, 크류코보에는 정신분석을 실행할 만한 환자가 있었기 때문이다. 하지만 로르샤흐는 정신분석의 본질이 러시아의 문화적 양상과도 관련 있다고 보았다. 나중에 이 주제로 일반 청중에게 강연하면서[19] 그는 인구수에 따른 "양적 차이"는 어느 정도 있어도, 러시아인이든 스위스인이든 신경증의 발병에는 큰 차이가 없다고 말했다. 하지만 독일 배경을 지닌 환자보다 슬라브인 환자들에게 정신분석이 더 효과적이었다고 밝혔다. "슬라브인 환자의 대다수가 뛰어난 자기 관찰자(러시아인들 말로는 자기 포식자였다. 때로는 자기 관찰이 정말로 자신을 집어삼킬 듯 고통스러운 중독이었던 탓이다)"인 동시에, "온갖 편견에 억눌리지 않아" 자신을 더 마음껏 표현할 줄 알았기 때문이다. 러시아 사람들은 "우리 스위스 사람이 불쌍함과 더불어 느끼는 경멸감"을 느끼지 않아 "어떤 민족보다 질병에 훨씬 관대했다". 그들은 신경 질환을 앓더라도, 그 사실이 드러나면 "명예가 실추"될 거라는 두려움 없이 시설에서 치료받을 수 있었다. 올가를 통해 사랑에 빠졌던 러시아의 인상, 즉 "러시아인"의 감정 표현력은 이제 로르샤흐가 환자를 이해하는 감각으로 이어져, 그가 걸을 정신의학의 길을 결정했다.

로르샤흐가 크류코보에 머물던 1914년 초, 러시아 예술은 시각 이미지의 힘을 재정의하는 분수령을 맞고 있었다. 러시아의 미래파는 절정에 이르렀고, 로르샤흐는 이를 두 눈으로 목격했다. 1915년경 그는 「미래파의 심리Zur Psychologie des Futurismus」라는 평론의 초안을 썼다. 신문 기사처럼 써 내려간 도입부에는 당시 상황이 잘 설명되어 있다.[20] "지금 세상을 깜짝 놀라게 하며 모습을 드러낸 미래파는 처음 볼 때는 이해되지 않는 이미지와 조각, 거창한 선언과 불분명한 소리, 소음 같은 예술과 예술 같은 소음, 권력을 휘두르고 싶은 의지와 부조리를 휘두르고 싶은 의지가 다채롭게 뒤범벅되어 있다. 미래파의 유일한 공통 주제는 분명하다. 끝없는 자신감, 그리고 앞서 존재한 모든 것을 향해 끝없이 이어질지 모르는 비난, 즉 오늘날까지 문화, 예술, 일상의 경로를 결정해온 모든 관념에 맞서는 전투 구호다."

미래파는 근대주의자가 모든 대상을 단번에 산산조각 내어 분해해버리는 데 쓰는 용광로 같았다.[21] 문학, 그림, 연극, 음악에서 에너지가 폭발한 러시아의 미래파에는 수많은 하위 운동과 유파, 그리고 이름 붙이기 전략이 존재했다. 러시아의 미래파는 입체 미래파, 자아 미래파, 전체파, 원심분리기, 그리고 멋들어진 이름을 붙인 '시의 다락방' 등을 만들었다. 로르샤흐가 러시아에 머물 무렵, 언론에서는 거의 매일 미래파를 다뤘다. 게다가 1914년 1월과 2월에는 이탈리아의 미래파를 이끈 필리포 마리네티Filippo T. Marinetti의 강연이 있었는데, 모스크바에서 널리 홍보된 강연회에는 많은 사람들이 참석했다. 미래파 운동 조직이 거리행진을 벌였을 때는 예술가들이 "얼굴에 물감을 바르고 군중들과 함께 걸으며 미래파의 시를 암송했다."[22] 행진에 참여한 위대한 시인 블라디미르 마야콥스키가 조그만 여자아이가 건넨 오렌지를 까서 먹자, 군중들이 놀라 "저 사람, 먹는다, 먹어"라고 수군거렸다. 마치 미래파가 화성인이라도 되는 듯한 반응이었다. 미래파는 전국에서 강연과 행사를 열었다.

　　미래파의 탐구 대상은 로르샤흐의 관심사와 대부분 일치했다. 작곡가이자 화가 미하일 마튜신Mikhail Matyushin[23]은 에른스트 헤켈의 추종자로, 유목流木의 예상치 못한 형태를 연구했고, 색상 이론을 집필했다. 인간의 시각적 능력을 확장하려 노력했고, 여기에는 망가진 시신경을 뒤통수와 발바닥에서 재생하려는 시도도 포함되었다. 로르샤흐는 니콜라이 쿨빈Nikolai Kulbin[24]의 강의를 듣기도 했는데, 그는 예술가이자 의사로, 감각 지각과 심리검사를 다룬 과학 저술을 발표했다. 쿨빈이 좌우명으로 삼은 심리학적 구호는 이랬다. "자아는 자기 감정 외에는 아무것도 모른다. 그리고 그런 감정을 투사하는 과정에서 자기만의 세상을 창조한다." 시인 알렉세이 크루체니흐Aleksei Kruchenykh[25]는 "(이성과 비이성) 양쪽에서 사물을 보는 것"과 "주관적 객관성"을 옹호했다. "책은 짧게 쓰자.

그래도 (…) 마지막 잉크 얼룩 하나까지 저자의 모든 것을 담아내자." 미래파는《직관적 빛깔Intuitivnye kraski》처럼 공감각을 다룬 저작물, 그리고 색과 음표의 대응을 적은 표를 발간했다. 신조어와 오류가 어떻게 "움직임을 일으키고 단어를 새로 지각하게"[26] 하는지를 성명으로 발표했다. 어느 시인은 영화관에서 특별한 노력을 기울인 끝에 화면을 뒤집어볼 수 있었다는 내용을 시로 발표했다.[27] 이런저런 주요 인물들이 로르샤흐가 펴낸 미래파 평론에 언급되거나 인용되었다.

　　로르샤흐는 미래파가 미친 것처럼 보인다거나 논리에 어긋나 보이는 사실을 인정했지만, "어떤 움직임이든, 어떤 행동이든 '미쳤다'고 무시해도 되는 시대는 이제 지나갔다. (…) 절대 말이 안 되는 일 따위는 이제 없다. 심지어 조발성 치매 환자의 가장 어둡고 가장 정교한 망상일지라도, 거기에는 숨겨진 의미가 있다"고도 밝혔다.[28] 그는 취리히 학파에서 말하는 조현병과 미래파 사이의 비슷한 점을 도출해, 정신분석 이론의 적용 범위를 넓힐 수 있는 가능성을 증명했다. "프로이트가 개척한 심층심리학의 정교함 덕분에 지금까지 상상할 수 없었던 연결이 구축되어왔다. (…) 신경증 증상과 망각 체계, 꿈뿐만 아니라 신화, 동화, 시, 음악 작품, 그림도 모두 정신분석 연구로 접근할 수 있다는 것이 증명되었다." 따라서 "우리가 미래파를 광기와 헛소리라 평하기로 마음먹더라도, 그런 헛소리에서 의미를 찾아내야 할 의무가 여전히 우리에게 있다".

로르샤흐는 미래파를 진지하게 받아들였고, 비판하기에 충분할 만큼 명확하게 미래파를 파악했다. 미래파에 대해 쓴 가장 기발한 평론에서, 그는 이미지가 어떻게 움직이는 느낌을 만들어내는지를 미래파가 잘못 이해했다고 주장했다.[29] 그의 지적에 따르면, 일반적으로 대상이 동시에 여러 상태에 있는 모습을 보여줌으로써 움직임을 표현하려 하는 것은 그가 오랫동안 좋아한 빌헬름 부슈 같은 만화가들이나 하는 방식이었다. 이를테면 부슈는 열정 넘치는 피아니스트를 표현하기 위해 팔과 손을 많이 그렸다. 이와 달리 미켈란젤로의 조각상이나 그림은 그 자체로 역동적이다. 즉 우리가 움직임을 **느끼게** 한다. 미래파는 개에 다리를 열 개나 그려 넣음으로써 부슈와 같은 방법을 쓰는 실수를 저질렀다. 하지만 로르샤흐는 몹시 단호했다. 만화보다 더 나은 그림을 그리고 싶은 예술가에게는 미켈란젤로가 쓴 방식 외에 "움직임을 다룰 길이 달리 없다. (…) 물체의 움직임을 표현할 진정한 길은 보는 사람의 운동감각에 영향을 미치는 것뿐이다"라고 주장했다. 그러므로 미래파의 전략은 "성공하기 어렵다". 이는 감정이입, 그러니까 피셔의 말을 빌리자면 남의 감정 속으로 들어가는 것과 시각의 관계를 잘못 이해했기 때문이다. "철학자와 심리학자에게는 조언을 구하지 않아도 되지만, 생리학자에게는 꼭 조언을 구해야 한다. 여러 개의 다리가 줄지어 늘어선 모습에서는 움직인다는 느낌이 들지 않는다. 아주 추상적으로만 보자면, 발이 1,000개쯤 달린 절지동물에 인간이 운동감각 반응을 일으켜 감정을 이입하지 않는 것

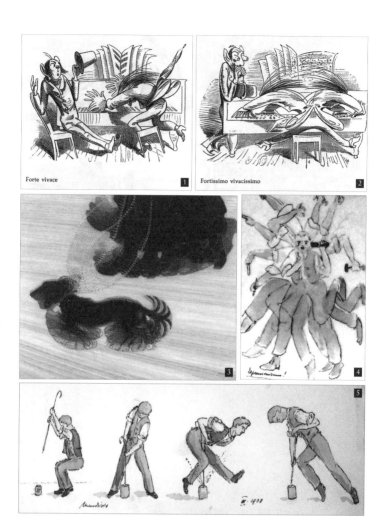

Forte vivace   **1**

Fortissimo vivacissimo   **2**

3

4

5

1, **2** 빌헬름 부슈, 〈거장Der Virtuos〉(1865).

3 자코모 발라Giacomo Balla의 미래파풍 그림 〈개줄에 묶인 개의 역동성Dinamismo di un cane al guinzagli〉(1912). 이 그림은 로르샤흐가 만화에만 적합하다고 생각한 전략을 썼다.

4 로르샤흐가 고등학교 졸업 앨범에 실은 그림. 여기에서 이미 그는 이런 전략을 "표현주의랍신다!"라는 말로 비웃었다.

5 나중에 이 그림을 비롯해 잇달아 그린 작은 그림에서, 로르샤흐는 움직임을 보다 효과적으로 담아낼 방법을 탐색했다.

과 같다."

최소한 잘 표현되기만 한다면, 시각 이미지는 심리 상태를 일으킨다. 즉 보는 사람의 "생각을 일깨운다". 평론 초안의 한 대목에서, 로르샤흐는 X와 X 사이에 아무 설명도 없이 러시아어로 인용구를 삽입했다.

X

그림 하나―미술가의 주장에 따르면, 관람객의 상상력을 어김없이 굴러가게 해야만 하는 철도.[30]

X

스위스에서 로르샤흐와 게링은 상상력이라는 것을 측정할 수 있는 양적 특성이라고 생각해, 잉크 얼룩으로 상상력을 측정하려고 했다. 여기에는 보는 사람의 상상력을 **바꿔**, 철도에서처럼 새로운 방향으로 이끄는 그림의 미래상이 있었다.

로르샤흐의 주장은 명확했지만, 1915년에 그가 아방가르드를 정신의학의 이론 및 실제와 완전히 일치시켜 설명한 「미래파의 심리」는 시대를 너무 앞서갔다.[31] 프로이트는 자신이 근대 예술에 무지하다는 사실을 거침없이 인정했다.[32] 융은 조이스를 주제로 1편, 피카소를 주제로 1편씩 겉핥기식의 거만한 평론을 썼다가 비웃음을 산 뒤 다시는 그 주제에 얼씬하지 않았다.[33] 러시아 이외의 곳에도 로르샤흐보다 예술에 관심이 깊은 정신과 의사가 있었고, 심리학을 공부한 예술가도 있었다. 예컨대 독일의 초현실주의자 막스 에른스트Max Ernst는 대학에서 정신의학 교육을 꽤 많이 받았다.[34] 하지만 로르샤흐는 학문의 차이를 아우를 줄 아는 비할 데 없이 해박한 인물이었다.

미래파 이후 1910년대에 서유럽과 러시아의 사상이 합쳐지면서 추상예술이 태어났다. 흔히 현대의 1세대 순수 추상예술가로 네덜란드의 핏 몬드리안Piet Mondrian, 러시아의 카지미르 말레비치, 뮌헨으로 망명한 러시아인 바실리 칸딘스키, 그리고 스위스인 조피 토이버Sophie Taeuber를 꼽는다. 보링거의「추상과 감정이입」이 그 판단의 준거가 되었다. 로르샤흐의 미래파에 대한 평론에 뒤이어, 스위스에서 현대 예술의 탄생을 알리는 사건이 벌어진다. 1916년 2월, 취리히의 한 카바레에서 다다이즘이 태어난 것이다. 조피 토이버도 뒷날 남편이 되는 한스 아르프Hans Arp(장 아르프Jean Arp라고도 불린다)와 함께 여기에 참여했다. 기하학적 추상예술을 추구한 토이버는 한 세대 전 울리히 로르샤흐가 다녔던 취리히 응용예술학교에서, 아르프의 말을 빌리자면, "쿠션에 끝도 없이 화환을 수놓겠다는 불타는 열망을 안고 스위스 전역에서 모인 여러 소녀 무리"[35]를 가르친 끝에 "학생들 대다수가 사각형을 받아들이게 했다".

로르샤흐가 다다이스트들과 직접 접촉했다는 기록은 없지만, 서유럽에서 발전한 현대 예술을 추종했다는 것은 틀림없다. 그는 이미 고등학교에서 표현주의를 비꼬는 만화를 그렸었다. 나중에는 성향 변화에 따라 작풍도 바뀌었던 오스트리아의 표현주의 화가 알프레트 쿠빈Alfred Kubin[36]을 예로 들어 내향성과 외향성에 대한 이론을 펼치기도 했다. 보다 넓게는 러시아에서 얻은 예술과 심리학에 대한 통찰을 스위스에서 정신의학을 펼쳐나가는 데 활용했다.

어디에 정착할 것인가라는 헤르만과 올가의 "해묵은 물음"[37]은 두 사람을 줄기차게 극과 극으로 끌어당겼다. 헤르만은 1909년에 그랬듯이 1914년에도, 아무리 자신이 러시아 문화에 매료되어 있긴 해도 삶의 현실은 또 다른 문제라는 결론에 이르렀다. 올가는 예측할 수 없는 러시아 생활을 즐겼지만 헤르만에게 그 생활은 혼돈이었다. 올가는 헤르만의 야망을 "이른바 성취를 꿈꾸는 유럽인의 열망"[38]이라고 깎아내리며, "헤르만은 러시아의 마술에 무릎 꿇을까봐 두려워했다"고 회상했다. 게다가 올가가 따뜻한 정이라고 느끼는 것들이 내향적인 헤르만에게는 때로 지나친 개입으로 여겨졌다. 그는 1909년에도 아나에게 지나치게 사교적인 러시아 문화에 대해 불평한 적이 있었다. "여기서는 집에서 일하기가 무척 어렵단다. 하루 내내 사람들이 문을 열고 찾아오거든."[39] 아나의 회고에 따르면, 헤르만은 알아차릴 새도 없이 계속 이어지는 러시아식 대화 때문에 "혼자 있기를 간절히 바랐다".[40] 크류코보 요양소의 환자들은 흥미로웠지만, 그에게서 너무 많은 시간과 기운을 빼앗아 갔다. "오빠에겐 관찰한 정보를 기록하거나 살펴볼 만한 시간이 없었다. 오빠는 내게 멋진 풍경 앞에 서 있는데 종이나 물감이 없는 화가 같은 느낌이라고 탄식했다." 아나는 이런 경험을 한 헤르만이 다시 외국에 나가 살기를 바라지는 않았을 것이라고 생각했다.

1914년 5월 어느 날 새벽 2시, 끝없이 이어지던 한밤의 부부 싸움이 마침내 막을 내렸다. 헤르만의 주장이 받아들여진 것이다. 하지만 안타깝게도 세계적 명성을 자랑하는 부르크횔츨리에서는 일자리를 잡기가 어려웠다. 로르샤흐는 베른 외곽에 있는 볼리겐의 발다우 정신병원에 일자리를 얻었다. 발다우는 독일어권 스위스에서 부르크횔츨리 외에 두 곳밖에 없던 대학 정신병원 가운데 하나였다. 러시아에 머물던 헤르만은 발다우에서 일하는 한 동료에게 편지를 보내 이렇게 털어놓았다. "그동안 집시처럼 끝없이 떠돈 끝에 비로소 정착해야 한다는 강렬한 욕구를 느낀다네."⁴¹ 편지에는 걱정이 묻어났다. "혹시 괜찮다면, 발다우에서 우리에게 내줄 방들의 상태가 어떤지 좀 알려주겠나? 방은 얼마나 큰가? 그러니까 몇 걸음 정도 너비인가? 창은 몇 개나 달렸나? 입구는 어떻게 생겼는지 아나? 계단하고 복도는 몇 개쯤인지? 방들이 한군데 모여 있나? 거기에서는 평안한 결혼 생활이 가능할까?" 동료가 보낸 답장이 그를 퍽 안심시킨 게 틀림없다. 1914년 6월 24일, 그는 러시아를 떠나 스위스로 돌아왔다. 그리고 다시는 러시아를 찾지 않았다.

올가는 카잔에 한 달 반쯤 더 머물다 스위스로 오기로 했다. 그런데 헤르만이 스위스로 떠난 지 4일 만인 6월 28일, 프란츠 페르디난트 대공이 사라예보에서 총에 맞았다. 그리고 올가가 카잔에 머문 지 한 달 반이 되어갈 무렵,[42] 1차 대전이 터졌다. 올가는 1915년 봄까지 10개월을 더 러시아에 머물렀다. 최소한 네 번째였을 이 긴 헤어짐은 어쩔 수 없는 상황이자 선택이었다.[43] 올가는 아직 러시아에 있고 싶은 꿈을 버리지 못했고, 특히 어려움에 처한 고국을 떠나기 힘들어했다. 올가가 없었으므로, 헤르만에게 아파트는 더 이상 관심사가 되지 못했다. "병원 중앙 건물 4층에 있는 작지만 멋진 방 3칸짜리 새 거처"는 훌륭했다. 로르샤흐는 그곳을 "나의 비둘기장"이라고 불렀다. 새 비둘기장은 달콤한 고독과 고된 업무를 즐기기에는 완벽한 다락방이었다.[44]

로르샤흐가 러시아에서 보낸 편지를 받은 발다우의 동료, 발터 모르겐탈러(1882~1965)는 뮌스터링겐 시절부터 로르샤흐와 알고 지낸 사이였다. 로르샤흐가 발다우에 도착할 무렵, 모르겐탈러는 연구용으로 쓸 환자들의 그림을 찾기 위해 병력 자료를 샅샅이 조사하느라 바빴다. 환자들에게 마음껏 그림을 그리도록 북돋기도 하고, 종이를 준 뒤 특정 주제(이를테면 남자, 여자, 아이, 집, 정원)를 지정해 그림을 그리도록 요청해 환자들의 예술 활동을 체계적으로 장려하기도 했다. 모르겐탈러는 로르샤흐가 환자들과 형성한 친밀함과 신뢰를 이렇게 회상했다. "미술 교사의 아들인 데다 본인도 데생에 아주 뛰어났기 때문에, 헤르만은 당연하게도 환자들의 그림에 관심을 보였다. 그는 환자들이 그림을 그리게 하는 데 놀랍도록 재능이 뛰어났다."

예를 들어, 로르샤흐는 거의 날마다 침대에 누워 있거나 뻣뻣하게 앉아 지내던 어느 긴장증 환자가 아프기 전에 뛰어난 데생 화가였다는 사실을 알아냈다. 그래서 환자의 담요 위에 스케치북, 한 움큼의 색연필과 버둥대는 왕풍뎅이를 커다란 단풍잎에 테이프로 붙여 같이 올려놓았다. 미술용품뿐만 아니라 쳐다볼 거리를, 물건뿐만 아니라 움직이는 생명체도 같이 준 것이다. 다음 날, 로르샤흐는 기쁜 나머지 활짝 웃으며 모르겐탈러와 병원장에게 이 파리에 앉은 왕풍뎅이를 아주 정밀하게 그린 채색화를 보여줬다. 그때까지 여러 달을 꼼짝 않던 환자는 그 뒤로 서서히 그림을 더 그리기 시작해 그림 수업을 듣더니, 증상이 한층 호전된 끝에 마침내 퇴원했다.

로르샤흐는 모르겐탈러가 예술과 정신 질환에 대해 연구한다는 데 열광했다. 물론 그럴 만한 이유가 있었다. 모르겐탈러가 천착한 예술과 정신 질환 연구는 전에 없던 것이었다.[45] 모르겐탈러의 환자 가운데 1895년부터 입원하고 있던 아돌프 뵐플리Adolf Wölfli(1864~1930)[46]라는 조현병 환자는 1914년경에는 시각예술가, 작가, 작곡가로 성장하여 어마어마하게 많은 그림을 그렸다. 1921년 모르겐탈러는 기념비적인 책 《예술가 기질이 있는 어느 정신병 환자Ein Geisteskranker als Künstler》를 펴낸다. 초현실주의와 관련된 모든 이가 이 책에 영향을 받았다. 프랑스 시인 앙드레 브르통André Breton은 뵐플리를 피카소, 러시아의 신비주의자 게오르기 구르지예프George Gurdjieff와 더불어 중요한 영감을 주는 사람이라고 일컬었고,

뷜플리의 예술을 가리켜 "20세기의 가장 중요한 예술 작품 중에서 다섯 손가락 안에 든다"고 말했다.[47] 라이너 마리아 릴케도 뷜플리의 사례가 "언젠가는 우리가 창의성의 기원을 새롭게 통찰하는 데 보탬이 될 것이다"라고 생각했다.[48] 뷜플리는 장차 20세기 아웃사이더 예술가의 전형이 된다.

로르샤흐는 회진 때 뷜플리를 진찰하여 모르겐탈러가 뷜플리를 치료하는 데 도움을 줬을 가능성이 크다. 로르샤흐는 모르겐탈러를 도와 발다우의 서류철에서 흥미로운 시각 자료를 찾았고,[49] 발다우를 떠난다면 "무엇보다 먼저 할 일"로 모르겐탈러처럼 환자들의 그림을 모으겠다고 다짐했다. 그 시간이 서서히 다가왔다. 올가가 마침내 스위스로 돌아왔고, 부부는 쥐꼬리만 한 월급만큼이나 집도 너무 작다고 생각했다. 그리고 다시 스위스 동북쪽의 헤리자우로 이사했다.

1913년부터 1915년까지 여기저기를 떠돌며 보낸 시간 덕분에, 헤르만은 보다 총체적인 인본주의 심리학을 그릴 수 있었다. 빙겔리를 발견함으로써 인류학적 측면에서의 지각에 흥미를 느꼈고, 개인과 공동체의 신념에 자리 잡은 어두운 중심부로 이어지는 길을 보았다. 그 길에서 심리학이 문화와 만났다. 러시아 문화에서는 예술과 과학을 잇는 본보기를 보았다. 그리고 미래파와 뷜플리 덕분에 심리학적 탐구가 예술과 얼마나 가깝게 연결될 수 있는지를 보았다. 시각 이미지의 힘을 깊이 이해한 이 경험 덕분에 로르샤흐는 머잖아 획기적인 발전을 이루어낸다.

다시
잉크 얼룩으로

헤리자우는 높은 구릉 지형에 자리 잡은 곳이다. 화창한 여름이면 영화 〈사운드 오브 뮤직〉에서처럼 초원 여기저기에 야생화가 피는 알프스를 거닐 수 있지만, 여름은 일찍 찾아오는 가을에 금세 길을 내어준다.[1] 차갑고 쓸쓸한 겨울에는 눈이 펑펑 내리고, 기나긴 봄에는 비가 잦다. 해발 771미터의 이 도시는 스위스에서도 손꼽히게 고도가 높아, 로르샤흐는 동생 파울에게 보내는 편지에서 8킬로미터쯤 떨어진 영예로운 수도원 도시 "장크트갈렌이 짙은 안개에 잠길 때에도 이곳에는 해가 비치고 하늘이 맑단다"라고 이야기한다. 친척들이 사는 아르본은 북쪽으로 약 24킬로미터 거리로 가까웠다. 맑은 날이면 로르샤흐가 사는 구릉지에서 콘스탄츠 호수가 보였다. 또 남쪽으로는 콘스탄츠 호수만큼이나 가까운 곳에 로르샤흐가 하이킹을 가는 곳이자 일대에서 가장 높은 산인 젠티스산이 있었다. 2층인 로르샤흐네 집 창문에서는 산이 보였다. 아무래도 그는 늘 높은 층을 골랐던 것 같다. 새로 마련한 집을 그는 이렇게 묘사했다. "이곳은 겨울, 늦봄, 그리고 늦가을이 특히 아름답단다. 가장 아름다운 철은 가을인 것 같아. 멀리서도 풍경이 훤히 눈에 들어오거든."[2]

샤프하우젠을 뺀다면, 헤리자우는 로르샤흐가 가장 오래 산 곳이다. 바로 이곳에서 그는 가족을 부양하고, 경력을 쌓고, 소명을 좇았다. 아펜첼아우서로덴 칸톤이 운영하던 크롬바흐 보호시설은 시 서쪽의 구릉지에 있었다. 로르샤흐가 도착하기 7년 전인 1908년에 문을 연 이곳은 스위스 보호시설에서는 처음으로 본관과 부속 건물들을 따로 떼어 지었다. 치료를 돕고 전염병이 퍼지지 못하게 하려고 공원처럼 탁 트인 지역에 건물을 분리해 지었다. 본관 건물 뒤로는 남성 환자용 건물 세 동과 여성 환자용 건물 세 동이 둥그렇게 자리 잡았고, 가운데에는 예배당이 있었다. 로르샤흐가 도착할 무렵, 수용 인원이 250명인 그 병원에는 400명의 환자가 있었는데 대다수가 심각한 정신 질환자였다. 이곳의 주요 기능은 치료소라기보다 점잖게 말해 수용 시설, 사실상은 감금 시설이었다.

크롬바흐 보호시설[3]의 의사와 직원들은 그림 같은 주변 환경 속에서 상대적으로 고립된 채 환자들과 공동생활을 했다. 당시 헤리자우의 인구는 1만 5,000명가량이었고, 다른 칸톤이나 나라에서 온 사람들이 갈수록 늘어나고 있었다. 1910년 당시에 장크트 갈렌은 전 세계 자수의 절반을 생산하고 있어 인구의 대다수가 직물 노동자였다. 헤리자우에는 영화관 한 곳과 몇 군데의 오락 시설만 있을 뿐 별다른 즐길 거리가 없었다. 특히 1차 대전으로 직물 산업이 무너진 뒤로는 더욱 그랬다. 아펜첼아우서로덴 칸톤은 시골 지역인 데다 몹시 보수적이어서, 주민들이 외지인에게 속마음을 드러내지 않기로 유명했다. 로르샤흐는 아펜첼 사람보다는 전형적으로 느리고 내성적인 성격의 베른 사람에게 더 깊은 동질감을 느꼈지만,[4] 아펜첼 지역민에 녹아들려 굳이 애쓰지 않으면서도 그들을 존중하여 토박이들과 사이좋게 지냈다.

헤르만과 올가는 "집시처럼 떠돌던 생활"이 마침내 끝났다는 데 엄청난 안도감을 느꼈다. 드디어 너비가 30미터쯤 되고 사방에 창이 난 커다란 아파트가 생겼다. 집은 둥글게 호를 그리는 본관 정면에 있었다. 나중에 헤르만이 그린 그림을 보면 여름 풍경이 보이는 탁 트인 방이 나온다(화보 v쪽 참조). 이삿짐 차가 도착했을 때는 짐이 별로 없었지만,[5] 헤르만은 곧 남동생에게 이런 편지를 쓸 수 있었다. "우리는 정말로 우리 소유의 가구에 앉아 있단다. 상상이 되니? 이런 일이 진짜로 일어나다니!"[6]

병원장 아르놀트 콜러Arnold Koller는 따분하지만 부지런한 운영자였다. 크롬바흐 보호시설을 지을 때 유능하게 과정을 관리했는데, 돌이켜보면 이때가 그의 경력이 정점에 오른 때였다. 회고록에서 콜러는 크롬바흐 생활을 이렇게 되돌아보았다. "시설이 일단

순조롭게 굴러가기 시작하자 관리 감독에 크게 신경 쓸 일이 없었다." 콜러도 블로일러의 제자였으므로 환자의 몸과 마음이 평안한지를 가까이서 친밀하게 이해하는 방식을 지지했지만, 완고한 사람이라 딱딱하고 도덕적으로 엄격했다. 한번은 아들이 거짓말을 했더니 이렇게 대꾸했다고 한다. "계속 그런 짓을 하려면 차라리 죽으려무나."[7]

콜러는 예산과 비용에도 신경을 많이 썼다. 이 때문에 로르샤흐는 콜러가 "조금은 좀스러운 데다 타고난 통계가"[8]라고 투덜댔다. 해가 바뀔 무렵이면 어김없이 그해 회계 명세를 작성하고 분석해야 했기 때문에 로르샤흐는 살짝 화가 나 있곤 했다. 오죽하면 이 기간을 '통계 주간'이라 불렀겠는가.[9] 1920년 1월 8일에는 가까운 친구 에밀 오베르홀처Emil Oberholzer(1883~1958)[10]에게 이렇게 하소연한다. "이제 막 병원의 한 해 업무 중 가장 하기 싫은 일을 마쳤다네. 1919년 통계표 말일세. 며칠 동안 허구한 날 정신 나간 짓만 하다 이제야 서서히 제정신이 돌아오고 있다네." 1921년 1월 6일에도 이렇게 한탄한다. "아직도 통계성 치매 증상에 시달리느라, 꼭 해야 할 일만 겨우 처리하고 있다네. (…) 프로이트가 곧 펴낸다는 책을 고대하고 있지만, 인생을 살맛 나게 만드는 걸로 치면 그의 책《쾌락 원리 너머Jenseits des Lustprinzips》만 한 것이 또 있을까? 프로이트는 뭐라고 말할까? 나는 쾌락 원리 너머에 무엇이 있는지 안다네. 바로 통계지!"

그러면서도 로르샤흐는 꼬박꼬박 체면치레를 했다. 그는

원장 가족이 여행을 다녀올 때마다 재밌는 그림이 들어간 환영 쪽지를 썼다. 쪽지에는 원장이 자리를 비운 4주일 동안 무슨 일이 일어났는지 설명하는 짤막한 시도 덧붙였다. 콜러의 아들 루디는 무려 40년이 지난 뒤에도 그 쪽지들을 생생히 기억했고, 로르샤흐가 놀랍도록 비범하면서도 겸손해 함부로 나선 적이 없었다고 회상했다.[11] 원장의 아들인데도 그는 로르샤흐를 "전 시설의 영혼"이라고 일컬었다. 루디가 예닐곱 살 때 그의 아버지가 집을 비운 사이 맹장 부위에 극심한 통증을 느낀 적이 있었는데, 그때 로르샤흐가 침대 옆에 앉더니 손가락에서 결혼반지를 빼 루디에게 최면을 걸었다. 루디는 로르샤흐의 질문에 대답하다 잠이 들었고, 깨어났을 때는 통증이 사라지고 없었다.

로르샤흐의 업무는 콜러 원장과의 아침 회의로 시작되었다.[12] 그는 회의가 끝난 뒤 회진을 돌며 증상이 심각한 남녀 환자들을 진료했다. 복도에는 귀청을 찢는 비명이 넘쳐났다. 하루는 어느 환자가 헤르만의 옷을 위아래로 갈기갈기 찢어 집에 가야 했던 적도 있었다. 1920년 1월 1일도 좋게 지나가지 않았는지, 그의 일기에 이런 글이 적혀 있다. "거의 자정 무렵, 한 환자가 스스로 목을 조르려 했다." 주된 치료법은 환자들이 좋아하는 온종일 목욕, 진정제, 그리고 종이 가방 만들기나 커피콩 선별 같은 작업 치료였다. 긴장증 환자가 배정받은 일을 멈추고 "벽에 기대서고" 싶어 하면, 하고 싶은 대로 하게 내버려뒀다. 육체노동을 할 수 있는 사람들은 정원일, 목공, 책 제본 같은 일을 했다. 의사들은 가족과 함께 식사했다. 올가는 대개 한낮 무렵까지 침대에 머물며 책을 읽었다. 가끔 요리도 했지만, 가정부를 고용할 만큼 돈을 벌면서는 횟수가 크게 줄었다. 빨래는 병원 직원들이 맡았다. 헤르만은 늦게까지 일했다.

월급은 여전히 적었고, 병원에는 로르샤흐를 도울 세 번째 의사가 절실했다. 1916년에 로르샤흐가 맡은 환자만도 300명이었고, 나중에는 320명으로 늘었다.[13] 하지만 1919년이 되어서야 무보수 수련의가 허용되었다. 사실 로르샤흐 역시 고용되지 못할 뻔했었다. 왜냐하면 콜러의 상급자가 추가 고용을 고집스레 반대했었는데, 콜러는 그런 와중에 로르샤흐를 뽑으면 역시 의사인 올가까지 채용하기로 약속했다고 상급자가 오해할까봐 걱정했던 것이다.[14] 1917년 3월 12일, 로르샤흐가 베른으로 돌아온 모르겐탈러에게 보낸 편지를 보면 그가 업무량 때문에 얼마나 화가 났는지 잘 드러나 있다.

자네가 빌려준 책을 읽는 데 걸린 시간으로 짐작하겠지만, 아직도 여유 시간이 거의 없다네. 방대한 통계 자료로 서사시를 한 편 써서 지금 막 감독위원회에 보냈다네. '아펜첼의 독소 및 세균 저항 취약 지역'이란 시일세. 그 자료를 보면 헤리자우가 가장 취약한 곳이라는 게 드러난다네. 넓게 보면 아마 유럽 전체에서도 제일 취약할 걸세. 의사 수를 생각하면, 꼭 의사를 한 명 더 뽑아야 하네. 내 생각에 찬성하는 사람이 많지만, 위원회 사람 하나가 정말 희한한 결론을 내리더군. "어떻게든 의사를 한 명 더 얻어내려고 환자 수를 일부러 그렇게 많이 늘리고 있는 거 아닙니까?" 참 대단한 혜안 아닌가!

로르샤흐는 지적 자극에 크게 목말라했다. 그는 스위스 정신분석 협회[15]의 설립을 돕고 부회장 임무도 맡았지만, 이따금 열리는 모임만으로는 도저히 갈증을 채울 수 없었다. 1920년 5월 21일에는 한 주제를 놓고 모르겐탈러에게 아쉬움을 털어놓는다. "우리가 멀리 떨어져 사는 게 매우 안타깝네. 가까이 살았다면 오래전에 얼굴을 맞대고 이 문제를 이야기할 수 있었을 텐데." 또 같은 해 5월 3일에는 취리히에 사는 친구이자 동료인 오베르홀처에게 불편을 호소한다. "이런 지방에서는 새로운 출판물을 구경하기가 어렵다네. 있어도 어쩌다 가끔이고." 헤리자우에서 느낄 수 있는 시골의 평화로움과 고요가 부럽다는 친구도 있었지만,[16] 로르샤흐는 "아펜첼 사람들과는 다르게, 강바닥의 자갈처럼 풍파에 깎이고 깎인 흥미로운 사람들"을 다루는 동료들을 부러워했다.[17]

　　로르샤흐는 헤리자우에서 이전에 진행하던 연구 과제들, 특히 종파 연구를 계속 이어나갈 수 있었다. 또 스위스의 다른 정신과 의사 및 정신분석학자와 적어도 편지로는 꾸준히 전문 지식을 나눌 수 있었다. 하지만 그것 외에 무엇이 더 있을 수 있겠는가? 그는 모르겐탈러에게 환자들이 그린 그림을 모아주겠다고 했던 약속을 지키지 못했다. 로르샤흐는 안타까움을 담아 모르겐탈러에게 보낸 편지에서, 실패의 원인을 문화 차이에서 찾았다. "베른 사람 앞에 종이를 한 장 놓아두면 잠시 뒤 그는 그림을 그리기 시작할 거야. 말은 한마디도 하지 않고. 하지만 아펜첼 사람을 텅 빈 종이 앞에 앉혀놓으면, 종이에 그려도 될 머릿속 생각을 죄다 입으로 쏟아낼 걸세. 종이에는 점 하나도 찍지 않고 말이야!"[18] 로르샤흐가 헤리자우에서 만난 환자들은 그림을 그리는 재주보다 그림을 말로 푸는 재주가 더 뛰어났다.

로르샤흐가 헤리자우로 옮긴 첫해에 1차 대전이 격화되면서 그 영향은 중립국인 스위스에까지 미쳤다. 프랑스어권과 독일어권이 민족주의로 대립했고, 비전투병으로서의 군 복무가 가능해졌으며, 물가가 치솟았다. 스위스로 돌아오자마자 전쟁이 터졌으므로, 로르샤흐는 발다우에서도 모르겐탈러와 함께 군 병원에 자원하려고 했다.[19] 하지만 헛수고였다. 발다우의 상급자는 화를 못 이기고 쏘아붙였다. "도대체 무슨 생각을 하는 건가? 자네 임무는 바로 여기에 머무는 거야. 그게 이해가 안 되나?" 모르겐탈러는 로르샤흐가 우울해하며 보인 반응을 기억했다. 로르샤흐는 기분이 상해 여러 날 동안 풀이 죽은 채 평소보다도 말수가 줄기까지 하더니, 한숨을 내쉬며 안타까워했다. "이제 독일인의 임무는 되도록 많은 프랑스인을 죽이는 것이고, 프랑스인의 임무는 되도록 많은 독일인을 죽이는 것이 되었는데, 우리 임무는 바로 여기 한가운데서 꼼짝 않고 조현병 환자에게 날마다 '안녕하세요'나 말하는 거라니."

로르샤흐는 헤리자우로 이사한 뒤에야 군 병원에서 근무할 수 있었다. 올가와 함께 6주 동안 자원 복무한 그는 여러 비전투 임무 가운데 독일이 점령한 프랑스 영토의 정신 질환자 보호시설에 있던 환자 2,800명을 프랑스로 이송하는 일을 도왔다.[20] 그러면서도 늘 그랬듯, 전쟁으로 일어난 사건들을 한 발짝 떨어져 분석했다. 반독일 정서를 막아야 한다는 입장에 대해서는 남동생에게 프랑스어로 편지를 씀으로써 자신이 그러한 입장을 경멸한다는 것을 드러내면서도, 전쟁이 막바지에 이르자 기회주의자처럼 말을 바꾸는 친독일 스위스인에게도 몸서리를 쳤다. 1918년 12월 15일, 그는 파울에게 보낸 편지에서 속내를 밝힌다. "스위스에 사는 독일인들이 지난 10월부터 느닷없이 말을 뒤집더구나. 카이저에 미쳐 더 날뛰었던 사람일수록 더 산더미 같은 저주를 퍼붓는단다. (…) 온갖 거드름을 피울 때보다 더 끔찍해. 이런 군중심리에서 느낀 역겨움은 살아 있는 동안 절대 잊지 못할 거야."

그 와중에 가장 우려스러운 일이 러시아에서 일어났다. 1918년 스위스에까지 전해진 소식에 따르면, 끔찍하게도 러시아에서는 총격과 처형이 난무하고, 사람들이 굶어죽고, 지식인이 모조리 숙청되었다. 로르샤흐 부부는 올가의 가족, 그리고 그때까지도 모스크바에 머물던 아나에게 어떻게든 소식을 듣기 위해 온갖 노력을 기울였다. 아나는 그해 7월 스위스로 돌아왔지만 카잔에 있던 올가의 가족에게는 2년이 더 지나서야 연락이 닿았다. 그것도 좋은 소식이 아니었다. 티푸스가 퍼져 올가의 남동생이 "겨우 목숨을 건졌다"는 소식이 전해졌는데, 그러고 나서 또다시 연락이 끊겼다.

로르샤흐는 볼셰비키 지지 선전 활동이 "모든 진실과 인간성, 상식에 반한다"[21]고 생각했고, 스위스에서든 러시아에서든 이를 혐오했다. 그래서 그는 이따금 신문에 쓰는 기고문의 방향을 보다 정치적으로 바꿔, 서구 친공산주의자의 순진함을 질타했다. 개인 서신에서는 훨씬 대놓고 분통을 터트렸다. 1920년 9월 27일에 한스 부리에게 보낸 편지를 보자. "고리키가 쓴 유인물을 읽거나 들어본 적이 있나? 톨스토이와 도스토옙스키가 인민은 '그저 고통받아야' 한다는 프티부르주아적 메시지를 던졌다고 두 사람을 싸잡아 비난하는 글 말일세. 나는 이렇게 썩은 내를 풍기는 늪을 본 적이 없네! 적어도 가리온 사람 유다는 자리를 떴다가 목이라도 맸지. 고리키가 밤에 무슨 꿈을 꾸는지 정말 궁금하다네!"

늘 그랬듯이, 로르샤흐는 지각이라는 문제에 가장 예리하게 주목했다. 부리에게 편지를 쓴 날, 파울에게도 이런 편지를 쓴다.

러시아를 놓고 어찌 그리 사뭇 다른 목격담이 쏟아질 수 있는지 이제 알 것 같구나. (…) 이렇게 엄청난 차이가 나는 데 중요한 역할을 하는 것은 목격자가 러시아를 처음 경험하느냐 아니면 예전부터 러시아를 알았느냐, 또 예전 러시아의 모습을 설명해줄 사람을 아느냐, 아니면 뭐라 규정하기 어려운 인민들, 실제로는 인민이 아니라 무리에 지나지 않는 사람들만을 보느냐야. (…) 예전에는 러시아를 몰랐다가 이제 처음 러시아에 발을 디디는 사람이라면, 누가 됐든 아무것도 보지 못할 거야.

3개월 뒤인 12월 28일에는 한스 부리에게 이런 글을 보낸다. "자네는 여기저기서 우후죽순 생겨나는 이런 공산당들을 어떻게 생각하나? 내가 무언가를 놓치고서도 모르는 걸까, 아니면 그들이 뭘 모르는 사람들일까? 심리학과 역사로 이 물음을 풀어보려 할수록 답을 모르겠네."

전쟁이 계속되면서 로르샤흐 부부의 살림살이도 어려워졌다.[22] 그래도 러시아에 있는 친척들에게는 되도록 지원을 아끼지 않아, 비누 같은 생활필수품까지 보내줬다. 한번은 헤리자우에 있는 한 친척에게 초를 선물하기도 했다. 그래도 1919년 8월에 파울에게 보낸 편지에는 낙관이 엿보인다. "전쟁 동안 적어도 석탄이 떨어진 적은 없고, 올해는 더 나빠질 일도 없단다. 일이 잘되어 네가 온다면, 추위에 몸이 얼 일은 없을 거야. 아무리 춥다고 해도 샤프하우젠에서 겨울마다 손발이 꽁꽁 얼던 때만큼이야 하겠니."[23]

여느 때처럼 로르샤흐는 큰 어려움 없이 돈고생을 넘겼다. 그는 옷에 큰 신경을 쓰지 않았고 술도 마시지 않았다. 그나마 사치라고는 담배뿐이었다. 개인 서재를 꾸밀 돈도 없고 병원장 콜러에게 지원을 받기도 어려워지자, 그는 보고 싶은 책과 학술지를 대부분 빌린 뒤 그 많은 내용을 엄청나게 베껴 적었다. 그는 글뿐 아니라 가구도 베꼈다. 업무로 취리히에 가야 할 때면 시내에 들러 오랫동안 가구 가게와 장난감 가게를 꼼꼼히 살핀 뒤, 헤리자우로 돌아와 자신이 본 그대로 만들어냈다. 1919년 4월 24일, 그는 파울에게 그런 일상을 알린다. "꾸준히 목공소에 들르고 있으니, 집에 들일 새 가구가 뭐라도 하나 생길 거야." 서가처럼 "더 멋져 보이는 가구를 만들 실력을 머지않아 갖추게" 되겠지만, 지금은 "자그마한 가구, 이를테면 농가 가구처럼 칠한 탁자 하나, 의자 세 개, 세면대 한 벌을 만들고 있단다".

그때 로르샤흐는 아버지이기도 했다. 헤리자우에서 그에게 찾아온 가장 큰 기쁨은 1917년 6월 18일에 엘리자베트Elisabeth(애칭 리자Lisa)가, 1919년 5월 1일에 울리히 바딤Ulrich Wadim(독일식으로는 Vadim)이 태어난 일이었다.[24] 1919년 5월 6일 그는 파울에게 바딤의 탄생을 알렸다. "네가 쉽게 짐작할 수 있는 여러 가지 이유로, 순스위스 이름 하나와 순러시아 이름 하나를 붙였단다." 이름은 러시아식으로 바딤이라 불렸지만, 아이는 다행히도 완전한 러시아 사람처럼 자라지는 않는다. 바딤이 태어난 5월 1일이 러시아혁명에서 기리는 노동절이었으므로, 헤르만은 파울에게 이런 농담을 던졌다. "이 녀석이 과격한 볼셰비키에 너무 빠지지 않았으면 좋겠구나. 하지만 우리 아이들이 언젠가는 우리와 완전히 다른 관점에서 세계의 투쟁을 떠올릴 거란 현실을 인정해야겠지."

1918년 8월 마침내 아나는 러시아를 벗어났고,[25] 곧이어 결혼했다.[26] 1920년 로르샤흐는 브라질에서 찾아온 파울과도 다시 만난다. 전쟁을 피해 브라질로 갔던 파울은 그곳에서 커피 상인으로 성공했다. 렌 시몬이라는 프랑스 여인과 결혼도 했고,[27] 헤리자우에도 함께 찾아왔다. 동생들이 사랑하는 짝을 만나 정착한 모습에 헤르만은 살아온 보람을 느꼈다.

뮌스터링겐에서 그랬듯, 헤르만과 올가는 기회가 될 때마다 아르본을 찾았지만 샤프하우젠은 반드시 가야 할 때만 방문했다. 레기넬리는 계속 샤프하우젠에서 어머니와 함께 살았지만, 헤르만의 초청으로 헤리자우에 오랫동안 머물렀다. 나중에 그녀는 헤리자우에서 헤르만이 자신에게 많은 글을 읽어주었다고 회고했다.[28] 그녀는 헤르만과 함께 젠티스산을 찾았다가 기슭에서 맑은 하늘을 가르며 울려 퍼지는 교회 종소리를 듣기도 했다. 몇십 년이 지난 뒤에도 레기넬리는 삶에서 영원한 존재, 신과 마주하는 기분을 느낀 것은 그때가 처음이자 유일했다고 밝혔다.

로르샤흐의 서재는 환자를 보거나 글을 쓸 때가 아니면 아이들의 놀이방이 되었다. 그의 사촌은 "아이들을 키우는 데 엄마인 올가보다 헤르만이 더 큰 역할을 했다고 말해도 될 만큼 훌륭한 아버지"였다고 기억했다.[29] 헤르만은 리자와 바딤에게 자신은 거의 누리지 않는 물질을 아낌없이 내주었고, 온갖 장난감, 그림, 그림책을 손수 만들어주었다. 리자에 따르면, 과일을 그린 작은 그림 하나가 어찌나 진짜 같았던지 그녀는 그림이 흐릿해질 때까지

핥았다고 한다.[30] 1919년 9월 15일 로르샤흐의 일기에는 크리스마스 때 리자에게 선물할 장난감으로 "헛간 한 채에 암탉 네 마리, 수탉 한 마리, 병아리 다섯 마리, 칠면조 암컷과 수컷, 공작 수컷, 거위 네 마리, 오리 네 마리, 그리고 어린 여자아이 두 명"을 조각하려는 계획이 드러나 있다. 아이들에게 주려고 만든 미술품도 있었지만, 아이들을 묘사한 것도 있었다. 1919년 4월 24일에는 파울에게 이렇게 자랑한다. "너에게 리자를 그린 그림 몇 점을 보낼 날이 오기를 바란다. 그림으로 리자의 일대기를 만들고 있거든!"(화보 v쪽 참조).

그러나 가족이 늘 화목한 것은 아니었다.[31] 콜러 부부는 사내아이 셋과 함께 로르샤흐네 바로 아래층에서 살았다.[32] 콜러의 막내아들 루디는 리자보다 겨우 네 살 위였는데도, 로르샤흐 부부의 결혼 생활이 "아주, 아주 격렬했다"고 기억했다. 병원장의 부인이자 헤르만과도 친구로 지낸 조피 콜러도 위층에서 크게 싸우는 소리를 들었고 올가를 무서워했다. 조피는 헤르만도 올가를 무서워했다고 여겼다. 헤르만이 밤늦게까지 일하고 한밤까지 타자기를 두드리다보니, 말싸움이 되풀이되었을 것이다. 올가는 "또, 또 타자 두드리러 가잖아"라며 화를 내곤 했다. 레기넬리도 말다툼과 눈물바람, 비난, 북받치는 감정을 직접 목격했다. 리자가 태어난 지 얼마 되지 않았을 때, 헤르만이 늦게 퇴근하자 올가가 참지 못하고 크게 화를 냈다. 레기넬리의 눈앞에 끔찍한 광경이 펼쳐졌다. 부부

싸움을 할 때면 올가가 접시, 컵, 커피 주전자를 집어 던지는 바람에, 결국 로르샤흐 집 부엌 벽에는 어떻게 해도 지워지지 않는 커피 얼룩이 남았다고 한다.

다른 사람들의 눈에 비친 올가의 이런 부정적인 모습은 뒷날 그녀가 기억하는 것보다 더 많은 사실을 드러내 보인다. 올가는 한결같이 자신의 결혼 생활을 완벽한 모습으로 기억했다. 남들이 기억하는 올가는 격렬하고, 충동적이고, 관능적이고, 남을 압도하는 여성이었다. 그리고 그것이 바로 헤르만이 사랑한 올가였다. 사람들이 올가를 '반쯤 아시아인 같은' 러시아 사람(흔히 말하는 '러시아 사람의 성질을 긁어보라. 야만인을 볼 것이다'라는 문구가 올가에게 딱 어울렸다)으로 묘사했다는 것은 대다수의 스위스 사람들이 헤르만이 사랑하고 결혼한 외지인을 존중할 줄 몰랐다는 사실을 보여 줄 뿐이다. 의사인데도 진료 면허를 받지 못해 헤리자우에 틀어박혀 지내야 했으니, 올가는 틀림없이 헤르만보다 훨씬 고립된 느낌을 받았을 것이다. 올가가 고집이 세다고들 했지만, 어쨌든 부부는 러시아를 떠나 스위스로 돌아왔다. 아이들도 그녀가 바랐던 러시아정교회가 아니라 개신교 세례를 받았다.

헤르만은 설사 결혼 생활이 불행하다고 느껴도 티를 내지 않을 사람이었다. 이를테면 그는 늘 레기넬리에게 올가를 좋게 말하며, 그녀가 왜 그렇게 행동하는지를 설명하려고 했다. 새어머니를 맞이했을 때와 퍽 비슷한 모습이다. 헤르만은 올가를 사랑했다. 올가 덕분에 껍데기 밖으로 나왔고, 아이들을 안았고, 충만하다고

다시 잉크얼룩으로

여긴 삶을 맛보았기 때문이다. 샤프하우젠의 뛰다놓은 보릿자루이자 뮌스터링겐과 헤리자우의 행사 기획자 로르샤흐는 춤을 거의 추지 않았다. 심지어 검은 드레스를 입은 올가가 환자들 한 명 한 명과 몸을 밀착하고 춤을 췄던 파티에서도 마찬가지였다. 두 사람은 싸우고 나서도 여봐란 듯이 팔짱을 끼고 병원을 산책하곤 했다.

헤르만이 일하는 시간을 놓고 벌인 부부 싸움도 다르게 볼 수 있다. 실제로 헤르만은 어마어마하게 일을 많이 했다. 올가는 이것이 사회를 어지럽히는 그릇된 '서구식' 야심이라고 여겼다. 하지만 그 집에서 일했던 한 가정부에 따르면, 헤르만은 아이들에게 줄 장난감과 선물을 만드는 등 아이들을 위한 일을 더 많이 했다.

로르샤흐는 보호시설에서 맡은 일에 때로 만족을 느끼기도 했다. 헤리자우에서 일한 지 몇 년 지났을 때 가족과 뱃놀이를 하던 그는 자신이 환자들에게 중요한 의미를 가진 것 같다고, 그저 의사에 그치지 않고 그들에게 감정적으로든 정신적으로든 실제로 도움이 되어 보람을 느낀다고 말했다.[33] 겨울밤이면 그와 올가는 슬라이드로 러시아가 어떤 나라인지를 가르쳤고, 병원 직원들에게 자기 계발 강연도 열었다(여성 참가자에게는 바느질과 수예를, 남성 참가자에게는 목공을 가르쳤다). 로르샤흐는 1916년 '정신 질환의 본질과 치료 교육'이라는 간호 직원을 위한 의료 교육 과정도 개설했다. 스위스 병원에서는 처음 있는 일이었다.

그는 연극 상연도 다시 활발하게 진행해나갔다.[34] 소품을 직접 디자인해 만들었는데, 그중에서도 1920년 2월에 열린 카니

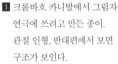

1 크롬바흐 카니발에서 그림자
연극에 쓰려고 만든 종이.
관절 인형, 반대편에서 보면
구조가 보인다.

2 회계 장부를 들고 있는
보호시설 운영자, 양동이를
나르는 환자, 신호 나팔을 든
야경꾼.

3 놀이를 하는 소녀를 그린
그림 두 점.

발에서 그림자 연극에 쓴 45개 정도의 인형이 특히 눈에 띈다. 이런 엉뚱한 창작품, 그러니까 대략 25~50센티미터 크기의 회색 종이 관절 인형은 로르샤흐를 포함한 의사와 직원, 환자들을 나타냈다. 로르샤흐의 일기에 따르면 인형은 모든 참석자에게 큰 인기를 얻었다. 인형은 움직임을 포착해낼 줄 아는 그의 재능을 보여줬다.

한 친구는 로르샤흐를 이렇게 기억했다. "눈 깜짝할 사이에 판지를 오리더니 관절을 움직이게 만들었다." 그러자 바로크식 모자를 벗거나 "바이올린을 연주하는 인물의 특징을 보여주는 움직임이 놀라울 정도로 고스란히 재현되었다".[35] 하지만 모스크바에서 연극을 관람했고 크류코보에서 당대의 뛰어난 몇몇 배우를 진료했던 로르샤흐는 보호시설에서 상연하는 작품이 기대대로 되기 어렵다는 사실을 잘 알고 있었다. 뮌스터링겐에서와 달리, 헤리자우의 환자 대다수는 너무나 무력해 연극에 참여하기는커녕 공연을 지켜보지도 못했다. 1920년 12월 12일 그는 친구 오베르홀처에게 이런 고충을 털어놓았다. "아내는 진짜 연극이라 할 만한 것을 다시 보고 싶어한다네. 거의 기억조차 나지 않을 지경이거든."

로르샤흐는 자신에게 맡겨진 초과 근무를 좋게 생각하려 애썼지만, 시간은 많이 차지하면서도 예술적 만족을 거의 얻을 수 없자 점점 분개하기 시작했다. 한 해에는 일찌감치 9월부터 이렇게 적었다. "겨울철 과외 업무가 이제 곧 다시 시작된다. 연극이든 뭐든, 조금도 재미있지 않다. 그나마 재미를 찾으려면 목공소에 가야 하겠지." "해가 갈수록 이 업무에 조금씩 진저리가 난다."

로르샤흐는 휴가도 가지 못했다. 돈은 없고 일은 많았기 때문이다. 1920년이 되어서야 비로소 올가와 아이들과 함께 추크 호숫가에 있는 리슈에서 진정한 첫 가족 여행을 즐겼다. 그는 이렇게 썼다. "정말 유익한 여행이었다. (…) 휴가 동안 그림을 많이 그렸다. 다른 사람은 몰라도 리자는 이 경험을 더 잘 기억할 것이다."

이 밖에도 헤르만은 젠티스산으로 며칠씩 하이킹을 다녔고, 강연 때문에 취리히를 비롯해 여러 곳에 다녀왔다. 이런 여행 가운데 하나가 그의 운명을 갈랐다.

　　1917년 중반 무렵, 취리히 대학교 병원을 방문한 로르샤흐는 25세의 폴란드 출신 의대생 시몬 헨스Szymon Hens를 15분가량 만났다.[36] 두 사람은 그해 말에도 한 번 더 잠시 만났다. 헨스의 지도 교수이기도 했던 오이겐 블로일러는 헨스에게 박사 학위 논문으로 쓸 30개의 주제를 제시했다. 헨스는 잉크 얼룩을 골랐다.

　　헨스는 엉성한 검정 잉크 얼룩 8개를 이용해 실험 참가자의 상상력이 얼마나 뛰어난지 또는 부족한지를 측정했다.[37] 특정 반응을 수검자의 배경이나 성격과 실제로 관련짓기는 했지만, 오로지 내용만 기준으로 삼아[38] 겉핥기식으로 연결했다. 이를테면 미용사는 **"가발을 쓴 여성의 머리"**를 보았고, 재봉사의 아들인 11세 소년은 **"조끼 가봉용 모형"**을 보았으므로, 본인이나 부모의 직업이 "상상력에 강한 영향을 미쳤다"는 사실을 증명한다고 결론지었다. 최종 발표한 얼룩은 8개지만, 실험 과정에서는 20개를 이용했고, 수검자가 1시간 동안 잉크 얼룩을 보고 직접 써낸 답의 개수만을 세었다. 그도 그럴 것이 어린 학생 1,000명에 일반 성인 100명, 부르크휠츨리의 정신 질환자 100명을 검사하는 어마어마한 연구를 수행하느라 다른 일을 더할 여력이 없었기 때문이다. 결과 취합도 그의 여자 친구가 도왔다고 한다.[39] 학위 논문은 추가 연구를 암시하는 아이디어를 몇 가지 제시하며 끝을 맺었지만,

결론은 매우 빈약했다. "진단과 관련하여, 정신 질환자가 얼룩을 해석하는 방식은 건강한 수검자와 다르지 않다(적어도 지금은 그렇다)."[40]

　　로르샤흐가 헤리자우에서 일한 지 2년이 지나자, 다루기 어려웠던 환자들이 닳고 닳은 자갈처럼 유순해졌다. 1917년 8월 로르샤흐는 1914년에 분석했던 탈영병 요하네스 노이비르트를 다룬 논문을 출간했다. 논문에서는 이상적인 검사가 되려면 단어 연상 검사, 프로이트식 자유연상, 최면술을 어떤 방식으로든 결합해 대체해야 한다는 의견이 분명하게 암시되어 있다. 헨스의 박사 학위 논문 「비정형 얼룩을 이용한 초등학생, 일반 성인, 정신 질환자의 상상력 검사Phantasieprüfung mit formlosen Klecksen bei Schulkindern, normalen Erwachsenen und Geisteskranken」는 1917년 12월에 출간되었다. 로르샤흐는 헨스의 논문이 발표되기 전에 블로일러에게서든 헨스에게서든 이 논문에 대해 들었거나 원고를 직접 본 것이 확실하다. 모든 일이 동시에 일어났다.

아주 단순한
실험

로르샤흐는 잉크 얼룩 실험이 훨씬 더 깊이 있게 진행될 수 있다는 것을 깨달았다. 그러나 먼저 해야 할 일이 있었다. 더 나은 그림이 필요했다. 로르샤흐는 어떤 그림은 보는 사람을 잡아끌어 심리 반응뿐 아니라 신체 반응까지 일으키지만, 어떤 그림은 그렇지 못하다는 것을 잘 알았다. 그래서 수십 장에서 수백 장에 이르는 잉크 얼룩을 직접 그려, 사람들을 보는 족족 어떤 그림이 더 나은지 시험해보았다.

헤리자우에서 처음 시도했던 그림은 비교적 복잡한 구성과 아르누보다운 디자인 감각이 곁들여져 보기보다 상당히 완성도가 높았다. 로르샤흐는 잇달아 초안을 그린 다음(화보 ii쪽과 iii쪽 참조), 얼룩 모양을 단순하고 명확하게 정리하는 동시에 한층 더 알아보기 어렵게 만들었다. 얼룩의 모양은 무의미와 의미를 넘나들었고, 모든 것이 너무나 분명한 쪽과 상당히 분명하지 않은 쪽의 경계에 걸쳐 있었다.

　　로르샤흐의 얼룩이 얼마나 뛰어난지는 시몬 헨스나 유스티누스 케르너의 얼룩과 비교해보면 곧바로 알 수 있다. 헨스의 잉크 얼룩을 해석하려면 억지로 답을 쥐어짜내야 하는 느낌이 든다. 즉 올빼미처럼 보인다고 말할 **수는 있겠지만, 정말로** 그렇게 보인다고 하기에는 뭣하다(…). 헨스 자신도 박사 학위 논문 첫 장에 이렇게 적었다. "실험자뿐 아니라 정상인 수검자도 얼룩은 그저 얼룩일 뿐 다른 어떤 것이라고 주장하기 어렵고 어떤 답을 내놓을지는 어느 정도 상상력을 발휘한 '그림 해석'과 모호한 유추에 달려 있을 뿐이라는 것을 안다." 이와 달리 로르샤흐가 그린 얼룩은 정말로 두 웨이터가 나비넥타이를 맨 채 스프 항아리를 쏟아 붓고 있는 모습처럼 **보일 것이다**. 그림을 보면 답이 절로 떠오르는 느낌을 받는다. 로르샤흐의 얼룩에는 우리를 자극하는 무언가가 있다.

　　정반대로 유스티누스 케르너의 잉크 얼룩 그림은 모호한 부분이 없다. 심지어 그는 설명까지 달아놓았다. 케르너의 얼룩에 견주면, 로르샤흐의 얼룩은 저마다 차이는 있지만 무언가를 연상케 해 여러 가지로 해석할 길이 열려 있다. 전경과 배경의 관계가 불분명하고, 하얀 여백도 의미가 있을 가능성이 있는 데다, 일관성이 있어 보이지도 않는다. 따라서 보는 사람이 그림을 전체로 통

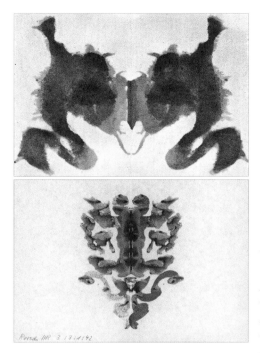

[위] 시몬 헨스의 논문에
실린 삽화 8번.
[아래] 로르샤흐가 초기에
그린 잉크 얼룩. 날짜는
나와 있지 않다.
검사나 실험에 쓰이지
않았을 가능성이 크다.

합해서 보거나, 아니면 반대로 따로따로 봐야 한다. 그림이 사람으
로 보일 수도 있고 사람이 아닌 것으로 보일 수도 있다. 동물일 수
도 있고 동물이 아닐 수도 있다. 해골일 수도 있고 해골이 아닐 수
도 있다. 생물체일 수도 있고 아닐 수도 있다. 이렇게 이해할 수 있
는 대상의 경계를 건드리므로, 잉크 얼룩은 신비로운 것이 된다.

　　얼룩을 만들어낼 때 로르샤흐는 장인이나 예술가의 솜씨
가 담긴 흔적을 남김없이 없앴다. 얼룩은 절대로 "누가 만든 것"

처럼 보이지 않아야 했다.[1] 얼룩이 효과를 발휘하려면 사람의 손길이 느껴지지 않는 것이 아주 중요했다. 초기 시안만 해도 로르샤흐가 어디를 붓으로 손봤는지, 얼마나 두꺼운 붓을 썼는지 등이 뚜렷이 드러나지만, 얼마 지나지 않아 그 모양들은 저절로 생겨난 것처럼 보여지게 되었다. 로르샤흐가 만든 그림은 분명 대칭이지만, 그냥 반으로 접어서 생긴 얼룩이라기엔 매우 정교했다. 색도 신비를 더했다. 어떻게 잉크 얼룩에 **색**이 들어갔을까, 궁금증을 자아냈다. 갈수록 로르샤흐의 그림은 삶이나 예술에서 봐왔던 것들과 다른 모양이 되어갔다. 그 이유가 그의 조수로 일한 적 있는 게오르크 뢰머Georg Roemer에게 1922년 3월 22일에 보낸 편지에 드러난다. "매우 촘촘한 구조로 그린 보기 좋고 세련된 그림을 오랫동안 이용한"끝에, 좀더 의미 있는 결과를 보다 많이 드러낼 얼룩을 만들기 위해, 특히 "결과를 비교하기가 더 쉽고, 좀더 믿을 만한 계산이 가능하고, 움직임의 반응이 훨씬 더 많이 일어나게 하기 위해, (…) 이전 그림을 쓰지 않기로 했다네".

무엇보다도 얼룩이 무언가를 알아내려는 수수께끼나 검사처럼 보이지 않는 것이 중요했다. 로르샤흐가 치료하던 편집증 환자들은 숨은 속셈이 있다는 낌새만 보여도 예민하게 반응했기 때문이다. 이름이나 숫자가 들어가서도 안 되었다. 환자들이 이름이나 숫자에 무슨 의미가 있는지 신경 쓰느라 정작 그림에는 눈길을 주지 않을 터였다. 카드에 테두리를 쳐서도 안 되었다. 스위스의 조현병 환자들은 검은 테가 둘린 부고를 떠올릴 가능성이 컸다.

로르샤흐는 뮌스터링겐에 있을 때부터 환자들의 의심을 피하는 방법을 잘 알고 있었다. 잉크 얼룩 방식은 환자들의 의심을 벗어나는 데 엄청난 이점이 있었다. 잉크 얼룩 방식은 "실험처럼 시행하든 놀이처럼 시행하든 결과에 영향을 미치지 않는다. 어떤 실험이든 묵묵부답으로 참여하지 않으려 하는 조현병 환자조차도 이 과제는 기꺼이 수행할 때가 많다".[2] 재미있었기 때문이다! 애초에 로르샤흐는 잉크 얼룩이 '검사'란 생각을 아예 하지 않았다. 그래서 평가도 제약도 없이 사람들이 보는 방식을 살펴보는 조사, 즉 **실험**[3]이라고 일컬었다.

얼룩을 대칭으로 그린 선택이 당연하게 보일지 몰라도,[4] 이것은 로르샤흐의 결단 덕분이었든 직관 덕분이었든 결정적 역할을 해 매우 중요한 결과를 낳았다. 이전까지 심리학에서 쓴 잉크 얼룩은 굳이 대칭이지 않아도 괜찮았다. 알프레드 비네가 쓴 얼룩은 "하얀 종이 위에 생긴 이상한 모양의 잉크 얼룩"에 지나지 않았다. 가이 몬트로즈 휘플의 얼룩 15개 가운데 대칭은 2개뿐이었고, 표도르 리바코프의 얼룩 8개에서도 대칭은 2개뿐이었다. 하지만 로르샤흐의 얼룩은 모두 대칭이었고, 그는 왜 그렇게 만들었는지도 설명했다. "대칭 모양은 사람들이 십중팔구 나비 같은 것으로 본다는 단점이 있다. 하지만 여기에는 단점을 훌쩍 뛰어넘는 장점이 있다. 대칭 형태는 눈을 더 즐겁게 만들어, 수검자가 더 기꺼이 과제를 수행하게 한다. 수검자가 오른손잡이든 왼손잡이든 상관없이 적합하다. 게다가 그림 전체를 보도록 자극한다."

로르샤흐는 가로 중심선을 축으로 삼는 상하 대칭을 이용해, 수평선을 따라 펼쳐진 풍경이나 연못에 비친 모습을 떠올리게 할 수도 있었다. 하지만 그는 수평 대칭, 즉 좌우 대칭을 이용했다. 어쩌면 에른스트 헤켈의 《자연의 예술적 형상》 때문에 좌우 대칭이 생명체처럼 자연스럽게 보인다고 생각했을지도 모른다. 아니면 감정이입을 다룬 로베르트 피셔의 논문을 고려했을지도 모른다. 피셔는 "수평 대칭은 우리 몸과 유사하므로, 언제나 수직 대칭보다 더 큰 영향을 미친다"고 주장했다.[5] 의식을 따랐든 직관을 따랐든, 로르샤흐는 우리가 가장 큰 관심을 기울이는 모든 것, 이를테면 다른 사람, 다른 사람의 얼굴, 우리 자신의 대칭 이미지를 연구 대상으로 삼았다. 좌우 대칭은 우리 감정, 곧 우리 마음이 반응하는 모양을 만들어낸다.

매우 중요한 선택이 하나 더 있었다. 바로 빨강을 쓰기로 한 결정이었다.[6] 여느 화가가 그렇듯, 로르샤흐도 파랑을 비롯한 차가운 색은 눈에 잘 띄지 않지만 빨강을 비롯한 따뜻한 색은 눈에 잘 들어온다는 것을 알았다. 다시 말해 잉크 얼룩에서 빨강은 다른 어떤 색보다 강렬하게 수검자의 눈을 사로잡아 반응을 일으키거나 억제한다. 빨강에는 같은 채도의 다른 색보다 더 밝게 보이는 이른바 헬름홀츠-콜라우슈 효과Helmholtz-kohlraush effect가 있다. 또 빨강은 같은 밝기인 다른 색보다 채도가 더 높다. 흰색과 검은색만 있는 상태에서는 어느 색보다도 상호 작용을 잘 일으켜, 하양과 대비해서는 어둡게 보이고 검정과 대비해서는 밝게 보인다.

(1969년 인류학자들이 어떤 언어에는 색을 가리키는 말이 오로지 검정과 하양밖에 없다는 사실을 알아냈다. 하지만 색을 가리키는 말이 하나 더 있는 언어의 경우 그 말은 어김없이 빨강이었다).[7] 빨강은 그런 색이다. 이전까지 심리학에서 이용한 잉크 얼룩에는 색이 전혀 쓰이지 않았다. 하지만 로르샤흐는 대칭 중에서도 가장 의미 있는 좌우 대칭을 썼듯이, 색 중에서도 가장 적합한 색 빨강을 썼다.

로르샤흐가 이전에 잉크 얼룩을 이용한 이들과 가장 결정적으로 갈린 지점은 그는 잉크 얼룩을 상상력을 측정하는 데 쓰지 않았다는 것이다. 헨스는 박사 학위 논문 1쪽에서 형태가 없는 잉크 얼룩에서 무언가를 보려면 "상상력이라고 부르는 것이 있어야 한다", "어느 정도 상상력을 발휘한 '그림 해석'"이 없다면 "얼룩은 그저 얼룩일 뿐 다른 어떤 것이라고 주장하기 어렵다"고 주장했다. 하지만 로르샤흐가 평생에 걸쳐 얻은 답은 '아니다'였다. 아무짝에도 쓸모없는 얼룩이 아닌 한, 얼룩은 그저 얼룩으로 그치지 않는다. 그림에는 진짜 의미가 있다. 상상력을 굴러가게 하는 철도처럼 그림을 어떻게 보느냐는 그림 그 자체에 의해 제약을 받지만, 그렇다고 그림을 해석할 모든 자유까지 사라지는 것은 아니다. 달리 말해 사람마다 다른 것을 보고, 그 차이는 의미심장한 사실을 드러낸다. 대학 시절 취리히 미술 박물관에 함께 간 친구들에게서, 그리고 의사이자 한 인간으로서 사람을 읽기 위해 모든 노력을 기울인 끝에 로르샤흐는 이 사실을 깨우쳤다.

알프레드 비네와 그 후계자들, 그리고 헨스는 눈치채지 못

아주 단순한 실험

했지만, 얼룩을 보고 말한 응답 개수로 수검자의 상상력을 측정하는 데는 아주 분명한 문제가 있었다. 어떤 응답은 상상력에서 나오지만, 어떤 응답은 그렇지 못했다. 그림 안에서 정말로 무엇을 보았기 때문에 나온 응답, 즉 지각에서 나온 반응도 있다. 이런 답은 정신 나간 소리일지는 몰라도 상상에서 나온 것이 아니다. 망상증이 있는 사람에게는 망상이 진짜처럼 보인다. 로르샤흐는 얼룩을 들여다보며 거기에 없는 무엇을 보려 하는 사람은 없다는 사실을 알아냈다. 사람들은 "그림의 진실에 최대한 근접한 답을 내놓으려 한다. 이는 여느 사람뿐 아니라 상상력이 뛰어난 사람도 마찬가지다".[8] 로르샤흐가 파악한 바에 따르면, 수검자에게 "상상력을 활용하세요"라고 말하든 말하지 않든 결과는 다르지 않았다.[9] 어느 조현병 환자가 원래 상상력이 뛰어나다면 "원래 상상력이 떨어지는 환자에 견줘 당연히 더 풍부하고 다채로운 색다른 망상을 드러낼 것이다". 하지만 정신병 환자가 자신의 망상을 진짜로 받아들였을 때는 "상상의 기능과 관련 있는 무엇이든 대개 아무런 의미가 없었다".

초기에 로르샤흐가 잉크 얼룩을 보여주고 들은 반응 두 가지도 이 점을 증명했다.[10] 36세의 한 여성은 카드 8번으로 추정되는 그림(화보 i쪽 참조)을 보고, **"동화의 주제네요. 보물이 담긴 푸른 보물 상자 두 개가 어떤 나무의 뿌리 아래 묻혀 있고, 그 아래로 불길이 타오르고, 신화 속 동물 두 마리가 보물을 지키고 있어요"**라고 말했다. 하지만 한 남성은 **"곰 두 마리군요. 전체가 둥그**

스름한 것이 베른의 곰 정원입니다"라고 반응했다.

　　상상력이 뛰어난 여성은 모양과 색을 통합해 전체 그림을 완성했다. 그녀의 대답에서는 쾌활함과 기쁨이 묻어났다. 이와 달리 남성의 응답에서는 로르샤흐가 말짓기증confabulation이라고 부른 증상이 엿보였다. 그림 일부에만 매달린 나머지, 다른 부분은 무시해 눈길을 주지 않은 것이다. 남자가 둥근 모양을 곰 정원으로 본 까닭은 그 안에 곰이 있어서가 아니었다. 사실 곰 모양은 카드의 가장자리에 있다. 하지만 그는 곰 생각에 사로잡혀 있었기 때문에, 모든 것을 곰과 관련시킨 것이다. 그래서 전체 상황을 고려해 둥근 모양을 보지도 못했고, 그림 속에 있는 다른 것과 관련짓지도 못했다. [보다 최근의 말짓기증 사례로는 카드 5번(266쪽을 참조하라)을 다음과 같이 해석한 사례를 들 수 있다. **"조지 부시와 등을 맞대고 있는 버락 오바마네요."** 왜냐면 **"두 힘이 충돌하고 있으니까요. 그림 전체는 독수리같이 보여요. 이 나라의 상징인 독수리요."**[11] 독수리라는 상징은 독수리의 어떤 부분이 실제로 대통령처럼 보인다는 뜻이 아니다.] 로르샤흐는 답을 지어내 말하는 남성의 어조가 창작 놀이를 한다기보다 문제를 정복하겠다는 말투였고, 이야기의 논리가 별로 맞지 않는데도 이상하리만치 사실대로 말하는 듯 들렸다고 묘사했다. 여성이 연상한 동화는 창의성을 곁들인 문학 같아서 응답에 상상력이 넘쳤다. 그러면서도 그녀가 지각한 내용은 말짓기증 남성에 견줘 훨씬 더 논리가 맞았고 누가 봐도 그림을 바탕으로 한 이야기였다.

　　쉽게 말해, 얼룩에서 한 가지를 더 찾아낸다고 해서 그 사

　　　　　　　　아주 단순한 실험

람의 상상력 점수를 1점 더 주는 식으로 단순 계산해서는 안 된다는 것이다. 중요한 것은 자신이 본 것을 **어떻게** 보는지, 즉 시각 정보를 어떻게 받아들이고, 어떻게 이해하고, 해석하고, 곱씹어보는지였다. 시각 정보로 무엇을 할 수 있는지, 어떤 꿈을 꾸는지가 중요했다.

박사 학위 논문에서 로르샤흐는 비교적 좁은 생리학적 의미에서 지각의 기제를 집중 조명해, 보거나 듣는 경로가 신체감각과 어떻게 교차하는지를 살펴봤다. 하지만 인지한 것을 해석하기까지 지각에는 훨씬 많은 과정이 들어갔다. 《심리 진단》에서 로르샤흐는 이렇게 강조했다. **우연히 생겨난 그림을 해석하는 것은 지각 작용의 한 과정이다.**[12]

로르샤흐는 잉크 얼룩을 계획하고 만들어내면서 자신이 계획한 실험으로 무엇을 할지도 생각해야 했다. 그는 지각을 최대한 폭넓게 연구하고 싶었다. 그렇다면 사람들에게 무엇을 물어봐야 할까? 또 사람들의 응답에서 무엇에 주목해야 할까?

로르샤흐는 줄기차게 상상보다 지각을 더 강조했다. 따라서 그가 사람들에게 물은 것은 무엇을 **찾아냈는가, 상상했는가, 볼 수 있었는가**가 아니었다. 그 대신 무엇을 **보았는가**를 물었다. 그는 이렇게 물었다. "이것은 무엇입니까?" "이것은 무엇일까요?" 그가 만든 그림처럼 연상을 일으키는 그림에는 실제로 존재할지도 모를 무언가가 들어 있었다.

사람들의 응답은 로르샤흐가 생각했던 것보다 더 많은 사실을 드러냈다. 지능 수준, 성품과 개성, 사고思考 장애를 포함한 여러 심리 문제가 드러났다. 다른 방법으로는 구별하기 어려웠던 특정 정신 질환을 잉크 얼룩을 이용해 구분할 수 있었다. **실험**으로 시작했던 일이 이제 사실상 **검사**처럼 보였다.

로르샤흐는 늘 잉크 얼룩 검사가 "경험"에서 나왔다고 주장했다. 여러 증상의 환자와 여러 성격의 일반인이 특정 방식으로 반응하는 경향이 있다는 사실을 그저 우연히 알아냈다는 뜻이었다. 물론 그도 특정 반응을 구분하기 전까지는 그 반응이 무엇을 의미하는지 밝혀내지 못했다. 하지만 마침내 의미를 알아낸 뒤에는, 그 뒤에 계속 밝혀질 관련성 가운데 적어도 몇 가지를 틀림없이 미리 짐작했을 것이다. 하지만 그의 재능은 되풀이되는 경향을 인지해 주의 깊게 살피고, 가늠하기 모호한 사례를 검토하고, 그런 경향의 뚜렷한 특색을 끌어낼 얼룩을 새로 만든 다음 다시 시험해 보는 데 있었다.

몇 달 지나지 않아, 틀이 완벽하게 갖추어진 검사가 세상에 나왔다. 1917년 초~1918년 여름에 로르샤흐가 남긴 메모나 날짜가 적힌 초고, 다른 사람에게 보낸 편지는 하나도 남아 있지 않다. 그러므로 그가 어떤 과정을 거쳤는지는 앞으로도 정확히 알 길이 없다. 1918년에 쓴 편지 가운데 남아 있는 첫 번째 편지는 8월 5일에 동료인 신경학자 미예치슬라프 민콥스키Miecyzslav Minkovski에게 보낸 것이다. "지금까지 오랫동안 잉크 얼룩 그림을 실험하는 중이라네. (…) 블로일러 교수도 알고 있는 일이야." 같은 달, 그는 실험을 상세히 정리해 최종 순서대로 배열한 최종 잉크 얼룩 10장을 제시하고, 검사 과정과 결과를 해석하는 기본 방식까지 설명했다. 그가 학회지에 논문으로 발표하고 싶어했던 이 초고는[13] 타자기로 친 26쪽의 본문과 28쪽의 실험 결과 사례로 구성되어 있었다. 나중에 그는 이 틀을 확장하기는 하지만, 틀 자체는 한 번도 바꾸지 않았다.

로르샤흐는 사람들의 반응과 관련하여 4가지 중요한 양상이 있다고 결론지었다. 첫째, 그는 검사에서 나온 전체 응답이 모두 몇 개인지와 수검자가 어떤 카드를 "거부"해 답하지 않으려고 했는지를 기록했다. 이는 개략적인 척도였다. 그는 정상 수검자는 절대 카드를 거부하지 않는다는 사실을 발견했다. "특정 콤플렉스 때문에 방해받는 신경증 환자 정도가 되어야 카드를 거부할 것이다." 응답 개수는 과제를 수행할 기본 능력의 유무나, 조증(답이 많은 경우)이나 우울증(답이 거의 없는 경우)을 암시하기도 했지만, 사람들이 카드를 **어떻게** 보는지는 거의 알려주지 못했다.

둘째, 로르샤흐는 각 반응이 잉크 얼룩 전체를 묘사하는지, 아니면 일부에만 관심을 쏟는지를 기록했다. 카드 5번을 **박쥐**라고 부르면 전체 반응Whole response(W)이었다. 카드 8번의 좌우에서 **곰** 한 마리씩을 보거나, 카드 1번의 중앙에서 **팔을 들어 올리는 한 여인**을 보면 부분 반응Detail response(D)이었다. 부분 반응이라도, 카드 1번의 맨 위 귀퉁이를 **사과**라고 말하는 것처럼 아무도 눈길을 주지 않거나 해석하지 않았던 작은 세부 사항에서 무엇을 보는 것은 드문 부분 반응Small Detail response(Dd)으로 구분했다. 드물긴 하지만, 카드의 여백 부분을 해석하는 의미 있는 경우에는 공백 반응Space(S)이라고 불렀다. 로르샤흐는 W, D, Dd의 반복된 변화가 수검자 특유의 "이해 방식"을 알려준다고 보고 주의를 기울였다. 즉 수검자가 전체에서 부분으로 움직이는지, 부분에서 전체로 움직이는지, 아니면 전체나 부분 한쪽에만 집착하는지를 눈여겨봤다.

셋째, 로르샤흐는 반응을 이끈 그림의 외형에 따라 응답을 분류했다. 당연히 대다수 대답은 모양을 바탕으로 나왔다. 즉 박쥐 모양을 한 얼룩에서는 박쥐를 봤고, 곰 모양을 한 얼룩에서는 곰을 봤다. 그는 이것을 형태 반응Form response(F)이라고 일컬었다.

색을 바탕으로 나온 응답도 있었다. 이를테면 사람들은 푸른 사각형을 **물망초**로 보았고, 빨간 모양을 **산꼭대기의 저녁노을**로 보았다. 파란 영역을 "하늘"이라고 하면, 비록 분명하게 **파란 하늘**이라고 말하지 않더라도 색채 반응Color response(C)이다. 얼룩의 모양이 아니라 색을 바탕으로 나온 응답이기 때문이다. 모양이 아무런 구실도 하지 않는 순수 색채 반응은 정상 수검자에게서 드물게 나타났다. 그러나 좀 더 비정상인 수검자는 형태에서 색을 완전히 떼어내, 빨간 조각을 보고 **"이건 빨강이에요"**라고 말했다. 더 흔히 나타나는 반응은 색채-형태 반응Color-Form response(CF)과 형태-색채 반응Form-Color response(FC)이었다. 색채-형태 반응은 주로 색을 바탕으로 삼지만 모양도 어느 정도 반영해, 회색 얼룩의 모양이 그다지 바위 같지 않은데도 '**바윗덩이**'라는 답이 나오거나,

1917~1918년에 로르샤흐는 다른 시각 검사들을 만들어 자신의 연구 결과를 보강하거나 확인했다. 하지만 잉크 얼룩 검사를 다루는 전문 지식이 쌓일수록 보조 검사가 필요 없어져 차츰 폐기하기에 이른다.

색채(화보 iv쪽 참조): 개구리색의 고양이 또는 고양이 모양의 개구리 한 마리, 그리고 수탉색의 다람쥐 또는 다람쥐 모양의 수탉 한 마리는 모양이나 색이 수검자의 지각에 강력하게 작용하는지 검사하는 데 쓰인다. 간질 환자, 그 가운데에서도 치매 증상이 있는 환자는 개구리와 수탉을 봄으로써, 잉크 얼룩 검사에 드러난 색의 중요성을 확인해줬다.

움직임: 페르디난트 호들러의 그림 〈나무꾼Der Holzfäller〉은 1911년부터 50프랑짜리 지폐에 쓰였으므로 스위스인치고 모르는 사람이 없었다. 로르샤흐는 이 그림에서 도끼와 배경을 뺀 나머지 부분을 그린 다음, 베낀 그림을 창문에 비춰 다시 반대로 베껴 그

렸다. 로르샤흐는 두 그림을 모두 사람들에게 보여준 뒤 물었다. "남자가 무얼 하고 있습니까?" "둘 중 어느 쪽이 맞게 그려진 것 같습니까?" 움직임 반응을 자주 보인 사람은 첫 번째 물음에 어려움 없이 답했지만, 두 번째 물음에는 답을 내놓지 못했다. 보기에 두 그림이 똑같이 잘 그려졌다고 느꼈을 것이다. 움직임 반응이 거의 또는 아예 없었던 사람들은 두 물음에 모두 쉽게 답했다. 호들러의 그림에서는 나무꾼이 오른쪽 그림처럼 왼손잡이다. 하지만 정신 질환이 없는 오른손잡이들은 동작이 거울에 비친 자기 모습처럼 느껴졌다며 남자가 자신처럼 오른손잡이라고 말했다. 왼손잡이들은 반대로 왼쪽 그림에서 그런 느낌을 받았다.

형태: 로르샤흐에 따르면, 조현병 환자는 아래의 오스트레일리아 얼룩을 보고 "아프리카인데, 제대로 된 모양이 아니네요"라고 말할 것이다. 얼룩이 검정이고, 피부가 검은 흑인은 아프리카 출신이기 때문이다. 로르샤흐는 조현병 환자들이 "러시아Russland"라고 부른 이탈리아 얼룩도 만들었다(독일어에서 ruß는 까만 검댕을 뜻하는데, 로르샤흐가 이탈리아를 검댕처럼 새까맣게 그렸기 때문이다).

빨간색 얼룩을 '피'라고 하는 답이 나오기도 했다. 형태-색채 반응은 주로 모양을 바탕으로 삼지만 색도 보조적인 역할을 해, 파란 사각형 모양을 보고 '**보라색 거미**'나 '**파란 깃발**'이라고 반응하기도 했다.

카드에 있는 형체가 움직이고 있다는 응답, 이를테면 그냥 곰이 아니라 "**춤추는 곰**", 또는 "**서로 입 맞추는 코끼리 두 마리**"나 "**맞절하는 두 웨이터**"라면 움직임 반응Movement response(M)이었다. 로르샤흐는 움직임 반응을 가장 모호하게 분류했다. 왜 곰이 춤을 추느냐 아니냐를 구별해야 할까? 로르샤흐는 학위 논문에서 세상의 움직임을 보는 것과 느끼는 것이 어떻게 상호 작용하는가를 집중해 다뤘었다. 그림자 연극용 관절 인형부터 환자의 병력 서류에 그려 넣은 몸짓까지, 미술가로서 그의 장기는 움직임을 지각해 잡아내는 것이었다. 1918년판 검사에서 로르샤흐는 사람들이 움직임 반응으로 응답할 때 몸을 움직이거나 움직이기 시작하는 모습이 흔히 나타났다고 적었다. 이를테면 **맞절하는 두 웨이터**를 본 수검자는 몸을 살짝 앞으로 숙였다. 이 단계에서 로르샤흐는 움직임 반응은 본질적으로 반사 환각이라고 생각했다.

거의 모든 잉크 얼룩 반응은 형태, 색채, 움직임 중 적어도 하나에 바탕하고 있었다. 물론 이따금 세 요인과 아무 상관이 없는 추상적 응답, 이를테면 "**사악한 힘이 보이네요**" 같은 반응도 나왔다.

마지막으로, 로르샤흐는 응답 내용, 즉 카드에서 **무엇**을 보았느냐에 주목했다. 로르샤흐의 말을 빌리자면, "물론 사람은 무엇이든 상상할 수 있다. 그런데 조현병이 있을 때는, 당신이 상상할 수 없는 꽤 많은 것을 보기도 한다".

환자와 일반인 수검자가 예상치 못한 기발하거나 기이하기까지 한 응답을 보이면, 여느 사람이 그렇듯 로르샤흐도 매료되어 기뻐했다. 하지만 그는 응답이 '좋은지' 또는 '나쁜지', 즉 응답이 잉크 얼룩의 실제 모양을 타당하게 묘사하고 있다고 할 수 있는지에 초점을 맞췄다. 그래서 수검자가 **얼마나 잘** 봤는지를 평가하는 척도로, 사람들이 주로 **무엇**을 봤는지에 주목했다. 형태 반응에서 형태를 잘 본 경우에는 F+로, 반대인 경우에는 F-로, 그런대로 괜찮은 경우에는 F로 표시했다.

이런 평가는 1918년 8월 초고의 첫머리에서부터 장차 로르샤흐 검사를 계속 괴롭힐 물음을 던졌다. 타당한지 아닌지를 누가 결정하는가? "형태 반응이 좋은지 나쁜지를 개인이 제멋대로 판단하지 못하게 하려면, 당연히 다양한 지능 수준의 일반 수검자를 대상으로 많은 검사를 해봐야 한다. 그러면 주관적으로는 좋다고 판단되지 않는 수많은 응답도 객관적으로는 좋은 응답으로 분류하게 될 것이다." 이제 막 검사를 개발한 뒤라, 로르샤흐에게는 좋고 나쁘고를 객관적으로 구분할 만한 자료, 기준으로 삼을 규준이 없었다. 따라서 일반 수검자에게서는 어떤 응답이 흔히 나타나는지, 보기 드문 이상한 응답은 무엇인지를 판단할 양적 기준을 세우는 일이 로르샤흐의 우선적인 목표 가운데 하나였을 것이다. 어떤 사람이 형태를 잘 보았느냐 못 보았느냐의 비율인 F+%와 F-%가 인지 기능을 가늠할 중대한 잣대였기 때문이다.

로르샤흐가 보기에 그 자체로 의미 있는 내용의 범주는 두세 가지, 이를테면 사람Human, 동물Animals, 해부Anatomy 모양을 보는 경우뿐이었다(로르샤흐는 이를 H, A, Anat.로 기록했다). 수검자가 어떤 응답에 집착하거나 여러 응답을 뒤섞어 내놓을 때는 이런 내용 범주가 중요했다. 하지만 대체로 내용은 부차적이었다. 로르샤흐가 가장 주목한 것은 반응을 끌어낸 얼룩의 외형, 쉽게 말해 부분 반응이냐 전체 반응이냐, 그리고 움직임 반응이냐, 색채 반응이냐, 형태 반응이냐였다.

수검자가 로르샤흐 검사를 받은 내용을 적은 "반응" 기록에는 수검자가 말한 모든 응답과 거기에 해당하는 기호가 기재되었다. 예를 들어 카드 8번에 **"북극곰 두 마리"**라고 답한다면, 색과는 무관하게 흔히 해석되는 부분인 양쪽의 빨간 형체에서 동물 형태를 잘 본 반응(D F+ A)이다. **"연옥의 불꽃과 거기에서 나오는 두 악마"**라고 답한다면, 부분에서 움직임을 본 반응(DM)이다. **"카펫"**이라고 답한다면, 전체에서 형태를 잘 못 본 반응(WF-)이다. 얼룩이 별로 카펫처럼 보이지 않기 때문이다. 로르샤흐가 헤리자우에서 만난 41세의 조현병 환자는 종잡을 수 없는 심각한 망상에 시달렸는데, 지나치게 흥분한 상태에서 **"빨갛고 거무스레하고 파란 거대한 뇌혈관 종양들의 부활"**[14]이라는 답을 내놓았다. 전체 색채 반응(WC)인 이 응답은 말할 것도 없이 다른 문제가 있음을 보여주고 있었다.

로르샤흐는 반응을 기호로 정리한 뒤 형태, 색채, 움직임 반응이 얼마나 많았는지, 나쁜 반응의 비율(F-%)이나 동물 반응의 비율(A%)은 얼마인지 같은 기본 점수 몇 가지를 계산했다. 그걸로 끝이었다. 검사 결과는 이렇게 열 가지 남짓한 기호와 수치가 전부였다.

검사의 틀이 만들어진 1918년 논문에서 로르샤흐는 정신질환의 수십 가지 세부 증상에 따라 나타난 전형적인 결과들을 서술했다. 물론 헤리자우에서 모은 사례가 많지 않아 선뜻 일반화하지 않고 언제나 신중하게 의견을 제시하긴 했다. 그는 얼핏 자의적으로 보일 수도 있는 이런 전형적인 특성이 실제로 검사 과정에서 드러났다고 주장했다. 로르샤흐에 따르면, 우울 상태인 조울증 환자는 움직임 반응이나 색채 반응을 전혀 보이지 않고, 사람 모양을 하나도 보지 못한다. 또 정상인의 흐름과는 반대로 작은 부분 반응에서 시작해 전체 반응으로 옮겨가는 경향이 있으며, 전반적으로 전체 반응도 드물다. 이와 반대로 조현병성 우울증을 겪는 사람들은 카드를 더 많이 거부하고, 색채 반응은 어쩌다 가끔 보이며, 움직임 반응은 아주 흔하게 보인다. 동물 모양을 보는 비율은 훨씬 낮고, 형태를 보는 수준도 상당히 나빠서 F- 비율이 30~40%에 이른다. 왜 그럴까? 로르샤흐는 추측을 꺼렸지만, "대다수 사례에서 확실하게" 조울증과 조현병성 우울증의 차이를 말해줄 수 있는 이런 감별 진단법이 의학의 진정한 돌파구가 될 것이라고 언급했다.

특히 정신 질환의 진단과 관련해서는, 눈에 보이는 사실을 무시하게 만들 만큼 강렬한 검사 결과가 나타날 때도 있었다. 정신 질환 증상이 없는 사람에게서 전형적으로 정신 질환자가 보이는 결과가 나타났을 때 로르샤흐는 더 깊이 파고들었고, 그 사람에게 정신 질환의 유전 형질이 있거나, 직계 가족 중에 환자가 있거나, 최근에 증상이 나타나기 시작했다는 사실을 발견했다. 여러 해 동안 병을 키워온 경우도 있었다. 증상이 발현하지 않은 경우에도 잠재적 조현병을 진단할 수 있었다. 로르샤흐는 잉크 얼룩이 대체로 양이 아닌 질, 그러니까 이런 경향이 얼마나 많이 표출되는가가 아니라, 어떤 사람이 어떤 심리 상태인지를 드러낸다고 생각했다. 잉크 얼룩 검사를 통해 증상의 강약이나 유무에 상관없이 조현병 성향을 알 수 있었다. 오래지 않아 로르샤흐는 윤리적 문제, 즉 수검자에게 검사 결과 잠재성 조현병이나 정신병이 나타났다고, 눈에 보이지도 않고 꿈에도 생각지 않았을 정신 질환이 드러났다고 어떻게 말해야 하느냐는 난제에 봉착했다. 하지만 그만한 가치가 있었다. 1920년 5월 28일, 그는 부리에게 알렸다. "머잖아 모든 사례에서 잠재성 조현병이 있는지 없는지를 판단할 수 있을 듯싶네. 상상해보게나! 그렇게 된다면, 정신이상이 될지도 모른다는 삶을 갉아먹는 두려움을 세상에서 얼마나 많이 몰아낼 수 있을지!"

그렇다고 하나의 반응만으로 심리 상태를 규정하려고 한

적은 한 번도 없었다. 예를 들어 로르샤흐는 특정 형태의 반응을 내놓는 사람은 십중팔구 조현병 환자이거나 아니면 데생에 재능이 있거나 둘 중 하나라는 사실을 발견했지만, 데생 솜씨가 반드시 조현병과 관련 있거나 닮아 있다고 결론지으려고는 하지 않았다. 비슷해 보이는 반응일지라도 사람의 유형이 다르면 "자연히 질적으로도 사뭇 다를 것이다"라고 적었다.

처음부터 잉크 얼룩 실험은 다차원적이었다. 쉽게 말해 여러 가지 능력과 역량을 동시에 발휘하게 했고, 그렇게 함으로써 그 능력과 역량을 검사했다. 이것은 다행스럽게도 검사가 의미 없는 응답을 대부분 스스로 수정한다는 뜻이었다. 로르샤흐는 이런 사실을 알아냈다. 즉 시간이 흐른 뒤에 조현병 환자를 다시 검사하면 "이전과는 사뭇 다르게 카드를 해석하겠지만, F-의 비율, 움직임 반응, 형태 반응, 색채 반응, 전체 반응과 드문 부분 반응의 개수 등은 큰 차이가 없을 것이다. 물론 환자의 상태가 눈에 띄게 달라지지 않았다는 가정 아래에서다". 카드가 10장이고 카드마다 다양한 답이 나올 수 있는 여지가 있으므로, 유별나게 기발하거나 기이한 응답 한두 개로 전체 기록이 바뀔 가능성은 없었다. 카드에서 콧수염이 난 뱀 한 마리가 달에서 발레를 하는 모습을 봤다고 그 수검자가 미쳤다는 뜻은 아니었다.

요인별 점수를 한데 모으면, 수검자의 심리가 그려졌다. 특이하거나 기이한 응답(F-)을 많이 한다면, 지능이 매우 높고 창의성이 무척 뛰어나다는 신호이거나, 심각한 장애가 있고 누구나 보는 것을 보지 못한다는 뜻일 수 있다. 하지만 전체 검사 결과를 보면 어느 쪽인지 알 수 있다. 지능과 창의성이 뛰어난 사람은 흔히 전체 반응, 움직임 반응, 잘 본 형태 반응의 개수(W, M, F+)가 높게 나타난다. 하지만 장애가 있는 사람이라면, 세 가지 반응의 개수가 모두 낮을 것이다.

마찬가지로 전체 반응은 좋은 신호일 수도 있고 나쁜 신호일 수도 있었다.[15] "교육 수준이 높고 정서적으로도 안정된 똑똑한" 한 남자는 잉크 얼룩을 모두 창의적으로 통합해 반응했다. 그래서 반응 기록의 응답 12개가 모두 잘 본 전체 반응(WF+)이었다. 이 사람이 보기에 카드 2번은 "**그루터기에서 춤추는 다람쥐**"였고, 카드 8번은 "**으리으리한 샹들리에**"였다. 하지만 마찬가지로 모든 응답이 전체 반응인 다른 수검자의 반응 기록은 의미가 사뭇 달랐다. 25세의 냉담하고 종잡을 수 없는 조현병 환자가 카드마다 하나씩 내놓은 응답은 대다수가 F-, 나쁜 형태 반응이었다(**나비, 나비, 카펫, 동물 카펫, 동물 카펫, 카펫** (…)).

여러 형태의 반응들이 일으킨 이러한 상호 작용 때문에 검사를 수행하기는 쉽지 않았다. 특정 반응이 무슨 뜻인지를 알려줄 어떠한 간단한 해독기도 없었다. 설상가상으로, 로르샤흐는 검사가 왜 효과를 발휘하는지 전혀 설명하지 못했다. 그는 잉크 얼룩을 경험과 직관에 기대어 만들었듯이, 상관관계도 경험과 직관에 기대어 도출했다. 따라서 움직임과 색채가 무엇을 뜻하는지, 왜 움직임과 색채에 가장 먼저 주목해야 하는지를 기존의 이론으로 뒷받침하지 못했다. 모든 반응 기록을 전체론적인 관점에서 해석한 나머지 가끔 특이해 보일 때도 있었다. 이 모두가 검사의 약점이 자 장점이었다. 다시 말해 제멋대로 아무렇게나 해석하는 검사가 되게도 했고, 다채롭게 여러 측면을 파악하는 검사가 되게도 했다.

1920년 2월 16일, 스프링거 출판사를 설득하는 편지에서 로르샤흐는 이런 점을 내세웠다. "이 책은 아주 단순한 실험을 다룹니다. 심리 이론에 미칠 파급 효과는 잠시 접어두더라도, 적용 범위가 무척 넓은 실험입니다. 이 실험은 개인에게 심리 질환의 특성이 있는지 진단할 수 있을 뿐만 아니라, 감별 진단도 가능합니다. 즉 신경증인지, 정신병인지, 건강한지를 진단할 수 있습니다. 건강한 사람에 대한 검사에서는 그 사람의 성품과 성격이 어떤지를 아주 광범위하게 알려줍니다. 정신 질환자에 대한 검사에서는 정신병에 가려졌을 뿐 대부분 그대로 남아 있는 이전 성격을 결과로 알려줍니다." 잉크 얼룩 검사는 새로운 형태의 지능검사이기도 했다. "교육 수준이 높든 낮든, 기억력이 좋든 나쁘든 진짜 지능 수준은 감출 수 없습니다." 잉크 얼룩으로 "판단할 수 있는 것은 '종합 지능'이 아니라, 개인의 다양한 지능, 소질, 재능을 구성하는 무수한 심리 요소입니다. 특히 이러한 면에서 이론의 진보는 그 의미가 적지 않을 것입니다".

로르샤흐는 짐짓 겸손한 체하며 편지를 마무리 지었다. "이 실험이 관심을 모을 거라고 해도 무리가 없을 듯합니다. 연구 결과를 출간하실 의향이 있으신지 여쭙고 싶습니다."

11

곳곳에서
관심과 반감을
불러일으키다

1919년 10월 26일 일요일, 활기찬 젊은 여성 그레티 브라우흘리[1]
가 헤르만과 올가, 그리고 아이들을 만나러 헤리자우로 찾아왔다.
그레티는 뮌스터링겐 시절 헤르만의 상사였던 울리히 브라우흘리
의 딸로, 10대이던 1911년과 1912년에 헤르만에게 초기 잉크 얼룩
실험을 받은 적이 있었다. 이제 20대 중반이 된 그레티는 결혼을
앞둔 상태였고, 그녀의 아버지가 보기에는 지나치게 급진적이었
다. 그레티가 성인이 되었듯, 잉크 얼룩 실험도 완전히 제 모습을
갖춘 상태였다.

앞서 10월 초에 로르샤흐는 뮌징겐에 있는 브라우흘리 가
족을 방문해 울리히에게 검사를 보여줬었다. 10월 6일 일기에서
로르샤흐는 "울리히가 검사를 이해했다!"고 기뻐했다. 울리히 브

라우흘리는 초기에 "실험을 진정으로 이해하고 의견을 제시했던"[2] 사람 가운데 한 명이었다. 그레티가 헤리자우에 도착했을 때, 마침 로르샤흐는 독일 프라이부르크에서 열리는 스위스 정신의학 협회 회의에서 정신과 의사들에게 잉크 얼룩 실험에 대해 강연할 준비를 하던 중이었다. 10월 29일 장크트갈렌의 박물관에서 그레티를 만난 로르샤흐는 그녀에게 잉크 얼룩을 실험하기로 일정을 잡았다. 생각이 깊은 수검자를 검사해볼 수 있는 드문 기회였다.

로르샤흐는 검사 결과를 빠르게 해석해 그레티에게 보냈다. 결과에 입을 다물지 못한 그레티는 11월 2일 바로 답장을 보냈다. "결과를 알려주셔서 정말 고맙습니다! 제 짐작과 다르지 않지만, 선생님이 모든 부분을 얼마나 정확히 보셨는지 알고 나니 놀랍기만 하네요. 적어도 제가 보기엔 그래요(아시다시피 자신이 묘사하는 자기 심리는 틀릴 때가 많으니까요)." 그레티는 "거의 아는 사람이 없는" 자기 모습을 로르샤흐가 알아냈다는 데 특히 깊은 인상을 받고 "도대체 어떻게 알아내신 거예요?"라고 물을 정도였다. 그리고 검사 결과와 더 깊은 수수께끼에 여러 질문을 던졌다. "심리의 본모습은 바꿀 수 없는 기정사실이니, 그저 평생 씨름하며 나란 존재로 받아들여야 하는 걸까요? 심리학에서 볼 때 사람은 바뀌지 않는 건가요, 아니면 바뀔 수 있는 존재여서 자각과 의지로 개선할 수 있나요? 저는 바뀔 수 있어야 한다고 생각해요. 그렇지 않다면 사람은 살아서 창조하는 존재가 아니라 정해진 사실, 곧 죽은 존재니까요."

이틀 뒤인 11월 4일, 로르샤흐는 따뜻한 답장을 보내 자신이 어떻게 그런 결론에 이르렀는지 설명했다. 그레티가 보인 드문 부분 반응은 그녀가 평소 아주 감쪽같이 감췄던, 세세한 규칙에 얽매이는 성향을 드러냈다. 여러 움직임 반응은 그레티도 몰랐던 풍부한 상상력을 드러냈다. 그레티가 편지에서 털어놓았던 "공허하고 무미건조한" 기분은 우울증 탓이라기보다 상상력을 억눌러 나타난 부작용일 가능성이 컸다. 그레티는 답장에서 로르샤흐가 말한 자신의 "빠른 정서적 순응"과 "강한 감정이입 능력"이 어떻게 다른 것인지 물었다. 로르샤흐는 명확히 따지자면 타인의 정서에 동조하는 것은 타인의 경험 속으로 들어가 그 경험을 공유하는 감정이입과는 다르다고 설명했다. "지적장애가 있는 사람도 남의 기분을 맞출 줄 안단다. 심지어 동물도 그렇고. 그러나 감정이입은 자신만의 내면생활을 갖춘 총명한 사람만 할 줄 알지. (…) 뛰어난 배우가 남에게서 많은 것을 보고 배우듯, 어떤 상황에서는 감정이입이 확장돼 자신이 공감하는 사람 또는 감정을 불어넣은 어떤 것과 거의 하나가 되는 느낌이 들기도 한단다." 늘 그랬듯이, 그는 여성의 감정능력이 더할 나위 없이 뛰어나다는 사실을 알아봤다. "감정이입 능력과 정서적 순응력은 주로 여성적 특질이란다. 두 능력이 결합해 감성이 충만한 감정이입이 나오는 거지." 그는 훨씬 더 뜻깊은 결합에 대해서도 이야기했다. "순응하는 영혼이 내향성까지 지닌다면, 그때는 주변에서 일어나는 모든 일을 훨씬 강하게 울려 퍼뜨리는 공명판이 될 거야." 그레티가 그런 사람이었다.

　　로르샤흐는 그레티가 던진 중요한 질문에 심리 상태는 영원하지 않다고 답했다. "아무리 애써도 자신에게서 바꿀 수 없는 유일한 것은 아마도 내향성과 외향성이 서로 어떻게 결합하느냐일 거야. 물론 살면서 성숙해가는 과정을 거치며 결합 관계가 바뀌기는 하겠지. 사람이 원숙해져가는 과정은 스무 살에서 끝나지 않고 쭉 이어진단다. 사람은 특히 서른에서 서른다섯 사이에, 그리고 다시 쉰살 무렵에 성숙해지지." 이 편지를 쓸 때 로르샤흐는 서른다섯살 생일을 나흘 앞두고 있었다.

　　로르샤흐는 그레티가 그저 이론만을 묻는 것이 아니라는 사실도 알아챘다. 그녀의 약혼자에게 도움이 필요했다. 11월 2일 로르샤흐는 프라이부르크 회의에서 돌아오던 길에 뮌징겐에서 그를 만났고, 일기에 이렇게 적었다. "그레티의 신랑이 될 부리 목사. 잘난 체하지 않고, 조용하고, 느리다. 하지만 똑똑하고, 그렇게 느린데도 활기차다." 로르샤흐에게서 사람은 바뀔 수 있다는 답을 들은 그레티는 앞으로 남편이 될 부리에게 로르샤흐를 만나 정신분석을 받아보라고 권했다. 로르샤흐가 오베르홀처에게는 "강박증과 신경증이 있는 성직자"[3]라고 표현한 한스 부리는 불안해하며 편지 두 통을 보낸 끝에야 정신분석을 받기 시작했다.

　　부리는 치료 과정에서 "영향을 받거나 조종당하지" 않을까 두려워했다. 로르샤흐는 정신분석이 그런 작용을 하지 않는다며 그를 다독였다. "정신분석은 절대로 사람을 직접 조종하지 않는다네. 간접 조종이 있다 해도 환자 자신의 정신에서 나오는 것이니, 자네는 사실 영향을 받는 게 아니라 자네의 운명을 드러내는 거라네."[4] 부리는 처음에는 정신분석과 자신의 신앙이 충돌할까봐 걱정했지만, 마침내 로르샤흐가 자신을 비롯해 다른 사람의 관점을 존중한다고 느꼈다. 부리에 따르면, 로르샤흐는 그와 함께 빙겔리와 운테르네러 종파에 대해 토론할 때도 그들을 깔보거나 비웃지 않았다.

치료사 역할을 할 때 로르샤흐는 거칠게 굴지 않고 부리를 격려했다. 하지만 부리와 많은 내용을 서신으로 의논하는 것은 거절했다. 그레티와 식견을 나눌 때와는 달리, 실제 치료는 얼굴을 맞댄 가운데 이루어져야 했다. 로르샤흐는 부리에게 꿈을 글로 적으라고 조언하며, 자신이 학위 논문을 쓸 때 깨달은 방법을 알려줬다. "자네 꿈을 잊지 않고 계속 기억하는 데 쓸모 있을 만한 기법이 하나 있다네. 잠에서 깨면 꼼짝 말고 자리에 그대로 누워 마음속으로 꿈을 곱씹어보게나. 그러고 나서 바로 꿈을 적게. 운동감각은 꿈 전달자일 가능성이 매우 크며, 우리가 몸을 움직이자마자 바로 신경 자극이 생겨나 꿈 전달을 방해한다네." 로르샤흐가 쓴 방법은 고전적인 프로이트식 정신분석이 아니었다. 늘 그랬던 것은 아니지만 일주일에 다섯 차례 상담할 때도 있었다. 로르샤흐는 무표정하게 조용히 앉아 있기보다는 자주 개입하고 말했다. 상담이 끝날 때마다 올가까지 함께 앉아 커피나 차를 마시며 이야기를 나누곤 해, 그레티가 올가의 호의에 감사하는 편지를 보낼 정도였다. 하지만 기본적으로 그는 프로이트식 원칙을 따르고 있었다. 차이점은 로르샤흐가 자유자재로 쓸 수 있는 새로운 도구였다.

1920년 1월, 부리는 치료를 받기 위해 헤리자우로 오기 시작했고, 로르샤흐에게 잉크 얼룩 검사를 받았다. 부리가 보인 무려 71가지의 반응은 그가 시달리던 여러 문제를 콕 짚어냈다.[5] 그는 도를 넘은 자기 감시, 감정 표현 불능, 사소한 것까지 집착하는 철두철미함, 끝없는 음울, 강박적 환상, 마음을 괴롭히는 의심에 시달렸다. 또 매사에 투덜거릴 뿐 아무것도 마무리 짓지 못하는 데다 삶을 따뜻하게 바라보지도 못했고, 그 밖에도 갖가지 문제가 있었다. 하지만 5개월 뒤 다시 받아본 잉크 얼룩 검사 결과, 그가 "분석 과정에서 얼마나 많이 바뀌었는지"가 드러났다. "모든 생각과 경험을 강박적으로 의식해 감시하는 '반복적 발작'이 사라졌다." 부리는 훨씬 융통성 있는 사람이 되었다. "감정을 안정되게 다뤘고, 착실하게 친밀감을 다졌다." 내면에도 "더 자유롭고 강하게" 다가가 이전 검사보다 기발한 응답이 더 많았고, 움직임 반응도 2배 이상 늘었다. 로르샤흐가 다독였던 대로, 부리의 "지적 능력은 거의 변함이 없었지만", 내면의 충동을 강박적으로 억누르던 행동은 "몰라볼 만큼 바뀌었다".

그레티의 물음은 현실에서 답을 얻었다. 사람은 바뀔 수 있고, 치료될 수 있었다. 기적에 가까운 결과를 얻은 로르샤흐는 치료를 마쳤다. 부리와 그레티는 늘 이 일을 고맙게 여겼다. 5월 22일, 그레티는 감사 편지를 보낸다. "모든 것에 감사드립니다. 부리의 치료는 정말 성공적이었어요. 그 사람에게 가장 잘된 일이고요. 제가 얼마나 행복한지는 짐작하시는 대로랍니다!" 이로부터 4개월 후, 부리 부부는 로르샤흐 부부를 결혼식에 초대했다.[6]

로르샤흐는 잉크 얼룩을 정신분석에 활용하여 치료를 진행하고 부리 부부 같은 수검자에게 영민한 질문을 받으면서 검사를 더 깊이 이해하게 되었다. 그는 한스 부리에게 두 번째 검사 결과를 알리는 편지에 "자네에게 많이 배웠다네"라고 적었다. 부리에게 알려준 꿈을 기억하는 방법은 잉크 얼룩 실험을 다룬 책에 한 마디 한 마디가 거의 그대로 들어간다. 책을 출판할 길을 아직 찾지 못했기에 가능한 일이었다.

1920년 2월경, 그는 "아주 단순한 실험"을 책으로 내자고 설득하는 편지를 썼다. 잉크 얼룩 검사를 출간하려고 애쓴 지 벌써 1년 반이 흘렀을 때였다. 그런 설득은 처음도 아니었고, 그렇다고 끝도 아니었다. 잉크 얼룩 검사가 인쇄되어 나오기까지는 다시 1년 하고도 반이 소요되었다.

큰 걸림돌은 그림이었다. 그리고 늘 그렇듯 돈도 문제였다. 잉크 얼룩을 인쇄하려면, 특히 유색 잉크 얼룩을 인쇄하려면 돈이 많이 들었다. 1918년 초고를 학술지[7]에 처음 제출했을 때, 그는 유색 잉크 얼룩을 하나만 인쇄하고 흑백 얼룩도 몇 가지만, 그것도 크기를 많이 줄여 싣자고 제안했다. 편집자인 콘스탄틴 폰 모나코프Constantin von Monakov는 로르샤흐의 오랜 친구이자 지지자였는데도, 로르샤흐에게 인쇄비를 지불하는 게 어떻겠느냐고 제안했다. 불가능한 일이었다. 그래서 모나코프는 로르샤흐에게 출판 자금을 지원해줄 수 있는 재단을 알려줬지만, 거기서도 그는 아무런 도움을 받지 못했다. 출판사들이 계속 머뭇거리자 로르샤흐는 그림 크기를 1/6로 줄이거나, 모든 그림을 한 장에 모아 작게 인쇄하거나, 색을 쓰는 대신 음영을 달리하거나, 그도 아니면 독자 스스로 색을 칠하는 방식으로 책[8]을 만들자고 제안했다. "정말이지 모두 원시적인 방법이다!" 그는 이렇게 적었다.

이렇게 갈수록 커가는 좌절을 맛보면서도 로르샤흐는 책을 출판하기 위해 3년 동안 고군분투했다. 그리고 검사를 보다 심도 있게 발전시켰다. 출판 가능성이 있는 출판사와 연줄이 있는 동료들에게 잇달아 편지를 보내고 전보를 치며, 처음에는 전문가의 어조로 설득하다가, 다음에는 간청했다가, 거칠게도 나갔다가, 다음에는 필사적으로 매달리는 과정에서 그는 잉크 얼룩 검사에 대한 이해도를 꾸준히 키워나갔다. 새 방법에 더 능숙해졌고, 그 뒤에 무엇이 있는지를 간파했다. 검사를 바꾸라는 다양한 압력 속에서 무엇을 타협할 수 있고 어디쯤에서 선을 그어야 하는지를 깨우쳤다. 1920년 1월 7일 그는 모르겐탈러에게 이렇게 밝힌다. "1918년판으로 출판되지 않아 참 다행이라네. 책 전체 내용이 훨씬 늘어났거든. 1918년 초고의 기본적인 사실이야 바꾸지 않아도 되지만, 추가해야 할 내용이 아직 많다네. 1918년에는 전쟁 중이라 종이가 부족했고, 그래서 적은 쪽수로 되도록 많은 내용을 말하려다보니 글이 여러모로 형편없었거든." 그러나 책을 내야 할 때가 다가왔다. "지금껏 여러 해 동안 잉크 얼룩 실험을 다뤄왔네. 이제 출간을 미루지 말아야 할 내용이 되었어."

출판의 지연으로 얻은 것 가운데 하나는 많은 결과를 표본으로 모을 시간을 번 것이었다. 1919년 가을까지 그는 조현병 환자 150명과 일반인 100명을 똑같은 그림으로 검사했다. 물론 그가 지적한 대로 일련의 동일한 검사를 사용해야만 검사 결과를 표로 만들 수 있었다. 검사 횟수는 곧 405건으로 늘었다. 사례가 꽤 많이 쌓인 덕분에, 마침내 출간된 책의 연구 결과가 더욱 설득력을 얻게 되었고, 백 번에 한 번 나올까 말까 한 "기발한" 응답을 정량적으로 정의할 수 있었다. 그는 쉽게 말해 응답이 좋다, 나쁘다를 주관적으로 평가하던 쪽에서 흔하다, 흔치 않다는 객관적 측정 쪽으로 이동하고 있었다. 1919년 2월에 장크트갈렌에서 열린 교육심리학협회 강연에서는 효과를 배가하기 위해 조금 과장하긴 했지만 청중을 위해 아펜첼의 지역 전통을 예로 들어 이렇게 이야기한다.

제 관점에서 보자면, 예컨대 카드 1에서 가장 좋은 응답은 '불룩한 코트를 걸친 새해맞이 가장행렬 배우 두 명이 양쪽에 있고, 가운데에는 여자 시체가 있는데, 머리가 없거나 앞으로 숙이고 있다'입니다. 하지만 가장 흔한 답은 나비, 독수리, 까마귀, 박쥐, 딱정벌레, 게, 갈비뼈죠. 이 가운데 어떤 응답도 제 관점에서는 잘 본 반응이 아닙니다. 하지만 똑똑한 정상인들이 이런 응답을 자주 보였으므로, 이 반응을 '좋은 정상' 응답으로 인정해야 합니다. 그래도 게는 제외해야 하지만요. [9]

1919년 로르샤흐는 자신이 할 수 있는 유일한 방식으로 검사 결과의 정확성을 확인하기 시작했다. **눈가림 진단**blind diagnosis이었다. 사실 수검자의 정체를 모른 채 검사를 평가하는 눈가림 진단이라는 말을 만들어낸 사람도 로르샤흐로 짐작된다.[10] 로르샤흐는 잉크 얼룩 검사를 수행할 만한 사람을 찾았다. 이들이 할 일은 로르샤흐에게 반응 기록을 보내 그가 수검자를 전혀 모른 상태에서 채점하고 해석하게 해주고, 그의 해석이 맞는지 틀리는지를 알려주는 것이었다. 맨 먼저 그가 도움을 요청한 사람은 그의 아주 가까운 친구인 에밀 오베르홀처였다. 블로일러의 조수로 일했던 오베르홀처는 취리히에서 개인 병원을 운영하고 있었다. 1920년 로르샤흐는 출판사에 책의 출간을 요청하면서 눈가림 진단을 언급했다. "대조 실험은 다음과 같습니다. 저는 제가 조금도 모르는 사람들, 그러니까 건강한 사람, 신경증 환자, 정신 질환자를 진단할 때 오로지 검사의 반응 기록만을 바탕으로 삼았습니다. 오진율은 25% 미만이었습니다. 하지만 제가 성별이나 나이, 그러니까 제가 일부러 알려주지 말라고 했던 정보를 알았더라면 이런 오진은 일어나지 않았을 겁니다."[11]

로르샤흐는 눈가림 진단을 늘 조금 엇갈린 시각으로 바라보았다. 그는 눈가림 진단이 대조 실험과 검사자 수련에만 유용하다고 여겼다. 그래서 눈가림 진단 몇 가지를 책에 넣어야 할지 고심했다. 1921년 6월 15일 그는 오베르홀처에게 보낸 편지에서 "아무리 봐도 마술사의 날랜 손놀림 속임수와 너무 비슷하네"라고 하소연했다. 하지만 눈가림 진단은 로르샤흐가 수검자의 범위를 크롬바흐 보호시설의 조현병 환자 이상으로 확장할 수 있는 유일한 길이었다. 1922년 3월 15일에는 한때 조수였던 뢰머에게 이렇게 탄식하기도 했다. "도대체 헤리자우 어디에서 내게 필요한 실험 대상자들을 만날 수 있겠는가? 평균의 안정적인 사람들은 고사하고라도 위대한 미술가들, 명연주자들, 왕성하게 활동하는 부류의 사람이라도, 응?!!? 헤리자우에서 말일세!"

눈가림 진단은 로르샤흐가 오이겐 블로일러를 비롯한 정신의학계의 지지를 얻는 데 무엇보다 큰 역할을 했다. 1919년 11월에 열린 스위스 정신의학협회 회의에서 로르샤흐는 몇 안 되는 의심 많은 청중을 앞에 놓고 검사 방식을 설명했다. 일기에 따르면 "너무 도식적"이라고 비난한 의사도 몇 있었지만, 그들은 로르샤흐와 따로 만나 검사에 대해 설명을 들은 후 생각을 바꾸었다고 한다. 헤켈에게 진로 상담 편지를 썼고, 톨스토이에게 친구의 연락처를 물었던 이 사람은 유럽 정신의학계를 이끄는 인물들에게 기죽지 않고 자신의 잉크 얼룩을 건네고[12] 사용법을 가르쳤다.

블로일러는 이전부터 잉크 얼룩에 흥미를 느끼고 있었다.[13]

적어도 1918년부터 로르샤흐의 잉크 얼룩을 알고 있었던 그는 1919년 회의가 끝나고 돌아가던 기차 안에서 이렇게 말했다. "헨스도 그런 쪽으로 탐구해야 했는데, 계속 상상력에만 매달렸지."[14] 블로일러는 부르크횔츨리에서 다양한 사람들에게 프로이트의 정신분석을 시도한 뒤로 15년 만에 잉크 얼룩 검사를 여기저기에 적용했고, 눈가림 진단에 쓸 수십 개의 반응 기록을 로르샤흐에게 보냈다. 그리고 로르샤흐가 보내온 해석에 경탄했다. 1921년 6월 그는 자기 자식들을 모조리 검사한 반응 기록도 보냈다.[15] (그중 한 명으로 나중에 정신과 의사가 된 만프레드 블로일러는 1929년에 잉크 얼룩 검사에서 수검자들이 형제자매간일 경우 그렇지 않은 사람들보다 더 유사한 결과를 보이는지를 조사해 논문으로 펴냈다.[16] 형제자매일수록 비슷한 결과가 나왔다.) 1921년 6월 18일 로르샤흐는 동료인 뢰머에게 기대와 초조가 엇갈리는 마음을 전한다. "눈가림 진단 결과가 어떤지 그가 알려줄 때만을 내가 얼마나 기다리는지 쉽게 짐작할 수 있을 걸세." 그로부터 열흘 뒤, 블로일러에게서 더할 나위 없이 힘이 되는 엽서가 왔다. 실험은 성공이었다. "진단은 놀라울 정도로 정확하네. 게다가 심리 소견과 개념은 훨씬 더 가치가 크네. (…) 설혹 진단이 무언가를 놓치거나 틀릴지라도, 해석은 그 자체로 가치가 있을 걸세."[17] 로르샤흐의 스승은 "모든 주요 사항에서 로르샤흐의 결론이 맞다고 확인"해줬다.[18]

크롬바흐 시설의 환자를 돌보는 일 외에는, 눈가림 진단이 로르샤흐가 해야 할 일의 거의 전부였다. 그는 개인 병원을 열고 싶은 마음이 굴뚝같았지만, 부양할 가족이 늘어났기 때문에 쉽게 행동으로 옮기지 못했다. 1919년 8월 20일, 그는 브라질에 있는 남동생 파울에게 넌지시 뜻을 비쳤다. "계획이 하나 있기는 한데, 위험이 너무 큰 데다 안타깝게도 아직은 주제넘은 욕심이라 밝힐 수가 없구나." 1919년 9월 21일 그는 종파를 주제로 한 두 차례의 중요한 강연을 끝낸 뒤 뢰머에게 이렇게 알린다. "'잉크 얼룩 그림'은 한층 더 발전했다네. (…) 최근에는 취리히에서 종파를 주제로 두 차례 강연했네. 보게나, 죄다 어두운 것뿐이네! 까만 얼룩에 어두운 영혼. 하지만 뭐니 뭐니 해도 가장 암울해 보이는 것은 정신병원이라는 멍에를 지고 사는 삶이야. 언젠가는 그것도 벗어던질 걸세." 두 달쯤 뒤에는 일기에 이렇게 적는다. "11월 8일. 서른다섯 살 생일. 정신병원에서 보내는 마지막 생일이기를."

전업 정신분석가로 일하면서 로르샤흐는 돈도 더 많이 벌었고, 여유 시간도 늘어났다. 그리고 뢰머에게 고백했듯이 즐거움이라는 마음의 보상도 얻었다. "분석이 잘 풀리면 아주 짜릿하고 흥미롭고 살아 있는 기분이 드니, 지식과 정신에서 얻는 기쁨 가운데 이보다 더 큰 기쁨을 떠올리기 어렵다네." 물론 "분석이 잘 풀리지 않을 때는 지옥의 고문이 따로 없지만 말일세".[19] 하지만 로르샤흐는 "잉크 얼룩 실험"을 위해 훨씬 다양한 환자를 만나보고 싶어했다.

점점 더 많은 수검자를 만나면서 로르샤흐는 잉크 얼룩이 정신 질환을 진단하는 방식뿐 아니라 성격을 드러내는 방식에도 큰 흥미를 느꼈다. 1918년 초고에서 로르샤흐가 제시한 28개의 반응 기록 가운데 정상인 수검자는 딱 한 명이었다. 최종 인쇄판에서는 28개의 사례 가운데 13개가 정상인 수검자의 사례였다.[20] 그레티에게 보낸 편지에도 썼듯, 내향성과 외향성, 감정이입과 애착이라는 문제가 갈수록 수면 위로 올라왔다. 로르샤흐는 성격을 알려줄 열쇠는 움직임과 색채라고 결론지었다.

1919년 2월 장크트갈렌에서 열린 교육심리학협회 강연[21]에서 로르샤흐는 움직임 반응(M)을 자아의 핵심과 결부시켰다. 그에 따르면 움직임 반응이 많을수록 "내면 심리"가 활발했다. 움직임 반응의 수는 수검자의 "내향적 에너지, 사색적인 성향, 그리고 (완전히 믿을 만하지는 않지만) 지능"에 비례했다.

움직임 반응을 더 많이 보인 사람들이 말 그대로 몸도 더 날래게 움직인 것은 아니었다. 그렇기는커녕 움직임을 억눌러 내면으로 들어간 것이라 실제로는 움직임이 느렸고, 엉거주춤하니 어설프게 움직일 때도 많았다. 장크트갈렌 강연에서 로르샤흐는 잉크 얼룩 검사에서 그때껏 움직임 반응을 가장 많이 보인 사람은 긴장증 환자라고 밝혔다. "그는 내향성의 열반에 푹 빠져 지냈습니다. 날이면 날마다 탁자에 엎드려 온종일 꼼짝도 하지 않았죠. 그 환자를 안 지 3년이 넘었지만, 반응을 보인 날은 고작 이틀뿐입니다. 그때 말고는 한결같이 한마디도 하지 않았어요. 그런 그에게 잉크 얼룩은 죄다 움직임이었죠." 로르샤흐는 학위 논문에서 사람마다 차이가 있긴 해도 시각에서 움직임을 느끼는 것이 인간의 타고난 능력이라고 설명했었다. 그리고 이제는 그런 차이에 의미가 있고, 그 차이를 측정할 수 있다는 사실을 알아낸 것이다.

《심리 진단》에 나와 있듯, 움직임 반응이 더 중요해질수록 반응을 기호로 정리하는 일이 "실험 전체에서 가장 까다로운 문제"가 되었다.[22] 난관은 **"나는 새"**나 **"폭발하는 화산"**이 실제로는 움직임 반응이 아니라는 것이었다. 새가 날고 있다거나, 화산이 폭발하고 있다는 묘사는 당연한 것이기 때문이다. 이런 묘사는 실제 느낌이라기보다 그저 표현 방식이자 "그럴듯하게 꾸며낸 수사", 즉 연상이었다. 로르샤흐는 굳이 "파랑"이라고 말하지 않아도 **"하늘"**이 색채 반응이듯, 움직임을 언급하지 않아도 움직임을 느꼈다는 뜻이 들어 있다고 생각한다면 움직임 반응(M)으로 기록해도 괜찮다고 생각했다. 《심리 진단》에서 그가 "경험에 근거해" 예로 든 한 사례를 보면, 수검자가 카드 1번을 **"새해맞이 가장행렬에서 겨드랑이에 빗자루를 낀 두 배우"**로 설명했을 때 로르샤흐는 이를 움직임 반응으로 보았다. 카드의 얼룩 모양은 가장행렬 배우와 그리 닮아 보이지 않지만, 로르샤흐에 따르면 그런 반응은 "모양 안으로 들어가 느낄 때만" 나오는데, "그런 느낌은 늘 운동감각과 함께 일어나기 때문이다."

무언가를 움직임 반응으로 만드는 것은 공감에 따른 동일시, 곧 감정이입이었다. "문제는 늘 같다. 수검자가 실제로 **움직임에 감정을 이입**하고 있는가?" 하지만 검사자가 이 물음에 답하려면, 수검자의 말을 뛰어넘어 수검자가 무엇을 느끼고 있는지를 파악해야 했다. 초기에 로르샤흐는 사람이 움직임 반응을 보이면 몸도 움직이는 모습을 볼 수 있을 거라고 생각했지만, 이제는 그것이 단순하기 짝이 없는 생각이라는 것을 깨달은 뒤였다. 로르샤흐와 함께 일했던 게오르크 뢰머는 카드 하나에서 딱 하나 나온 반응을 움직임 반응으로 분류해야 할지를 놓고 로르샤흐와 몇 시간 동안 토론했던 일화를 자신의 책에서 소개했다.[23]

로르샤흐는 색채 반응(C)에도 더 깊은 의미를 두기 시작했다. 1918년 초고에서도 움직임 반응이 많을수록 색채 반응이 적고, 반대로 색채 반응이 많으면 움직임 반응이 줄어든다고 적기는 했지만, 당시 그가 주로 구분한 것은 움직임 반응과 정적 형태 반응이었다. 그 당시만 해도 로르샤흐는 다양한 정신 질환자가 흔히 보이는 반응의 목록에 주목할 뿐, 색채 반응을 거의 다루지 않았다. 따라서 그의 초기 연구에는 색에 크게 주목한 사례가 하나도 없었다. 그러다 그는 비로소 형태, 움직임, 색채의 관계가 훨씬 더 복잡하다는 사실을 깨달았다.

색채 반응은 정서나 감정에 연결된 듯 보였다. 로르샤흐는 **정동**affect이라는 단어를 감정이든 감정의 표출이든, 정서 반응을 의미하는 말로 썼다. "정동성affectivity"은 감정 상태로, 사람이 상황에 어떻게 영향받는지를 뜻했다. 로르샤흐는 "안정된 정동"을 보이는 수검자, 즉 평온하고 차분한 반응이나 무감각, 또는 병에 따른 우울증 상태에 있는 수검자는 한결같이 색채 반응을 거의 또는 아예 보이지 않는다는 사실을 알아냈다. "불안정"하거나 변덕스러운 정동을 보이는 피검자, 즉 강렬하다 못해 히스테리성 반응이나 과민 반응을 보여 조증 또는 치매일 가능성이 큰 수검자는 색채 반응을 자주 보였다.

이때도 로르샤흐는 우리가 정서를 바탕으로 색에 반응한다는 누구나 알 만한 평범한 지혜 말고는 이런 통찰의 근거로 삼을 이론을 제시하지 못했다. 그저 현장에서 상관관계를 인지했다는 주장이 다였다. 그는 놀라울 정도로 많은 수검자가 잉크 얼룩에 색이 나올 때 깜짝 놀라거나 불안해한다는 사실도 알아냈다. 그들은 특히 흑백 잉크 얼룩을 여러 장 본 뒤 채색된 얼룩을 볼 때 더욱 놀랐다. 그런 수검자들은 "마치 정신이 나간 듯" 머뭇거렸고, 답을 전혀 내놓지 못할 때도 있었다. 로르샤흐는 이를 "색채 충격"이라 일컬으며, 이것이 신경증의 징후라고 주장했다. 즉 받아들이기에 너무 클 것 같은 외부 자극을 억누르는 경향이라고 설명했다.

여전히 대다수의 수검자는 형태 반응(F)을 내놓았다. 잉크 얼룩의 모양을 묘사하는 것은 흔한 반응으로, 특별히 병의 징후나 흥미로운 사실을 드러내지는 않았다. 하지만 형태 반응 역시 다른 반응과 상호 작용을 했다. 모든 움직임 반응에서는 어쨌든 형태가 움직인다. 로르샤흐는 색채 반응이 많을수록 형태 지각력이 떨어졌고(F-는 늘고, F+는 줄었다.), 반대로 형태 반응이 많으면 색채 반응이 줄어들었다는 것도 발견했다. 로르샤흐가 보기에는 앞뒤가 맞았다. 정서가 더 크게 개입할수록 사람들은 눈앞에 있는 실제를 이성적으로 보지 못한다. 1919년 10월 21일 일기에서 로르샤흐는 "색은 형태의 적"이라고 예리하게 지적했다. 그에 따르면 "정서가 불안한데도 형태를 잘 알아보는 정상 집단은 신경과민인 사람들과 예술가들"뿐이었다.

물론 사람들은 평소 자신의 정서 반응을 많든 적든 자신이 의식하고 있는 생활 양태에 반영했고, 잉크 얼룩 검사도 이와 관련한 정보를 색채 반응, 색채-형태 반응(CF), 형태-색채 반응(FC)의 차이로 알려줬다. 로르샤흐에 따르면, 드문 순수 색채 반응은 정동이 제어되지 않는다는 신호이며, 정신 질환자나 "성질이 못 말릴 정도로 불같고 사나운 무책임한 '정상인'"에게서 나타나곤 했다. 형태 반응보다 색채 반응이 훨씬 많은 색채-형태 반응도 정도만 약할 뿐 같은 성향, 곧 "정서가 불안정하고, 성마르고, 예민해 남에게 쉽게 영향받는" 성향을 뜻했다. 주로 모양을 바탕으로 반응하지만 '**보라색 거미**'나 '**파란 깃발**'처럼 색채도 포함하는 형태-색채 반응은 지성과 정서가 결합한 반응이었다. 형태-색채 반응은 색에 반응하면서도 제어 상태를 유지했다.

정상인의 색채 반응은 대부분 형태를 잘 본 형태-색채 반응이었다. 이와 달리 형태를 잘 못 본 형태-색채 반응은 정서 관계를 쌓고 싶지만 그럴 만한 지적 능력이 달린다는 것을 의미했다. "정상인이 누군가에게 선물을 주고 싶을 때는 **상대**가 좋아할 만한 선물을 찾아본다. 하지만 조증인 사람은 자신이 좋아하는 선물을 준다. 정상인이 무언가를 말할 때는 **서로**의 관심사에 맞추려

하지만, 조증인 사람은 점잖게 **자신**의 관심사만 이야기한다. 두 경우 모두에서 조증인 사람은 자기중심적으로 생각한다. 친밀한 정서 관계를 쌓고 싶은 욕구가 있지만 부족한 인지 능력이 이를 방해하기 때문이다."

1919년이 끝나갈 무렵, 로르샤흐는 움직임, 색채, 형태 반응을 하나의 심리 체계로 통합했다. 색채 반응이 불안정한 정서를 가리킨다면, 움직임 반응은 안정성, 곧 깊이 생각하고 성찰할 줄 아는 굳건함을 뜻했다. 움직임 반응이 내향성을 뜻한다면, 색채 반응은 외향성을 뜻했다. 외부 세계에 신경 쓰는 사람이라면, 색채 반응이 증명하는 대로 외부 세계에 반응하거나 과잉 반응할 것이다.

따라서 움직임 반응이 두드러지는 유형은 "개성 있는 지능을 지니고, 창의력이 뛰어나고, 내면생활을 중시하고, 정서가 안정되고, 현실 적응력이 떨어지고, 움직임이 차분하고, 몸이 엉거주춤하니 어설펐다". 색채 반응이 두드러지는 유형은 "정형화된 지능을 지니고, 복제 능력이 뛰어나고, 외부를 지향하는 삶을 중시하고, 정서가 불안정하고, 현실 적응력이 뛰어나고, 쉼 없이 움직이고, 재주가 뛰어나고 민첩했다". 기본적으로 움직임 유형은 내향적인 사람이고, 색채 유형은 외향적인 사람이다. 하지만 움직임이나 색채 반응은 거의 보이지 않고 형태 반응이 전부이다시피 한 사람은 둘 중 어느 쪽 능력도 보이지 않았다. 이 유형은 대개 편협하고, 사소한 것에 집착하는 강박적 성격을 가지고 있었다. 움직임 반응과 색채 반응이 모두 많다는 것은 성격이 너그럽고 균형 잡혀 있다는 것을 뜻했다. 로르샤흐는 이 유형을 "양향성ambiequal"이라고 일컬었다.

이제 로르샤흐는 공식을 만들었다. 움직임 반응과 색채 반응의 비율은 "경험 유형", 즉 세상을 경험하는 전반적인 방식이었다. 검사를 받을 때 기분이 좋은지 나쁜지에 따라 움직임 반응과 색채 반응의 개수가 바뀔 수는 있어도, 비율은 바뀌지 않았다. 따라서 "그 사람 안에 내향 성향과 외향 성향이 어떻게 뒤섞여 결합해 있는지가 바로 드러났다". 그가 그레티에게 말했듯이 이 비율은 살아가는 과정에서 자연스레 바뀌긴 해도 큰 틀에서는 바뀌지 않았다. 잉크 얼룩이 정신 질환 진단이 아니라 성격검사로 쓰일 때, 경험 유형은 검사에서 유일하게 중요한 결과였다.

그럼에도 로르샤흐는 사람을 분류하려고 하지 않았다. 융은 앞서 내향형과 외향형이 무엇인지 밝혔지만, 로르샤흐는 융이 만든 용어를 수정해 사람의 유형이 아니라 정신의 다른 역량을 강조했다. 그는 내향성을 **지닌** 성격이나 외향성을 **지닌** 성격이 아니라, "내면을 **지향하는**introversive" 성향과 "외부로 **긴장을 표출하는**extratensive" 성향이라고 적었다. 움직임형인 사람이라고 꼭 내향인 것은 아니지만, 내향이 될 잠재력이 있었다. 색채형인 사람은 자기 충동에 따라 행동하든 그렇지 않든, "외부 세상에서 살고 싶은 충동"을 가졌다. 이런 능력들은 반대 능력을 상쇄하지 않았다. 대부분의 상황에서 대다수 사람이 한쪽 방식을 쓰기는 하지만, 거의 누구나 자기 안으로도 바깥으로도 시선을 돌릴 수 있었다. 로르샤흐는 자신이 제시한 여러 도표에서 움직임 반응과 색채 반응을 가르는 중간선을 두고 거듭 이렇게 주장했다. "이 선은 완전히 다른 두 유형을 가르는 뚜렷한 경계선을 나타내는 것이 아니다. 그보다는 어느 쪽이 더 많은지 또는 적은지를 보여준다. (⋯) 움직임의 반대가 색이라고 말할 수 없듯, 심리학적 측면에서 유형은 대립한다고 말할 수 없다." 그렇지만 경험 유형이 드러내는 것은 "그 사람이 어떻게 산다거나, 무엇을 이루고자 애쓴다거나 하는 것이 아니다. (⋯) **무엇**을 경험하는지가 아니라, **어떻게** 경험하는지를 드러낸다".

자신이 젊었을 때 톨스토이에게 보낸 편지를 일부러 기억하고 있지는 않았겠지만, 로르샤흐는 거기에 적었던 꿈을 이뤘다. "그리스와 로마 사람처럼 세상을 보고 빚어낼 줄 아는 능력, 독일 사람처럼 세상을 생각할 줄 아는 능력, 그러면서도 슬라브 사람처럼 세상을 느낄 줄 아는 능력, 이런 능력들이 한 번이라도 하나로 합쳐질 수 있을까요?" 움직임 반응은 우리가 잉크 얼룩에 어떻게 생명을 불어넣느냐 하는 것(잉크 얼룩들에 우리가 집어넣은 것을 보는 것)이다. 형태 반응은 잉크 얼룩을 어떻게 생각하느냐 하는 것(지능이 잉크 얼룩을 어떻게 처리하느냐 하는 것)이다. 색채 반응은 잉크 얼룩을 어떻게 느끼느냐 하는 것(감정이 잉크 얼룩에 어떻게 반응하느냐 하는 것)이다. 로르샤흐는 이런 힘을 하나로 합치는 길을 찾아냈다. 그것도 고작 카드 10장에서.

그는 "한 사람이 삶을 경험하는 방식을 실험 결과로 결론지으려면 늘 위험을 무릅써야 한다"고 인정했지만, 그의 자신감과 포부는 커졌다. 책 출간이 1919년을 지나 1920년까지 질질 늘어지자 그는 훨씬 더 대담해졌다.[24] 그리고 "내면 지향 성향은 자신을 수양하고, 외부 표출 성향은 사회의 관행을 익힌다"고 종합했다. 그는 자신이 사는 시대가 온통 외향적인 시대(과학적이고 실증적인)라 일컬었지만, 인지학과 신비주의를 위한 "훈련된 추론"은 거부하면서도 시계바늘이 "내향성이라는 오랜 앎의 길"로 되돌아가려 한다고 느꼈다. 그래서 한가할 때 읽던 중세 동물 우화집을 이렇게 평했다. "현실에 신경 쓰지 않는 내향적 사고를 보여주는 멋진 사례다. 하지만 당시 사람들이 동물을 가리켜 하던 말은 꼭 오늘날의 정치를 놓고 하는 말 같다!"

로르샤흐는 재치 있게 이런 말도 했다. "지식인의 경험 유형을 안다면, 그 사람이 어떤 철학자를 좋아하는지 웬만큼은 짐작할 수 있다. 맹세할 때를 예로 들자면, 극도로 내향인 사람은 쇼펜하우어를 걸고, 포용력 있는 양향성은 니체를 걸고, 이해하기 어려운 인간은 칸트를 걸고, 외부 표출 성향은 시류에 맞는 권력, 이를테면 크리스천 사이언스 같은 것을 내세운다." 로르샤흐는 자신의 사례에서도 확인할 수 있듯, 움직임 반응이 유아기 기억과 관련이 있다고 보았다.[25] 경험 유형을 특정 정신병과 관련짓기도 했다. 그래서 내향인 정신 질환자는 신체감각이나 내부의 목소리로 환각을 느끼지만, 외향인 질환자는 외부에서 목소리를 듣는다고 주장했다. 서아프리카 기니만의 황금 해안에서 돌아온 한 선교사가 헤리자우에서 슬라이드를 보여주며 강연했을 때, 헤르만은 그를 집으로 초대한 뒤 잉크 얼룩을 사용해 "원시인의 심리"를 탐구하는 게 어떻겠느냐고 제안하기도 했다. 그는 색채 철학에 대해 골똘히 생각하고 나서 파랑을 "열정을 제어하는 사람들이 좋아하는 색"이라고 주장했다(그가 좋아한 색도 용담빛 파랑이었다). 그 뒤에는 대담하게 시각예술 분석에도 뛰어들었다.

로르샤흐는 오베르홀처의 사촌 에밀 뤼티Emil Lüthy(1890~1966)[26]와 친구였다. 뤼티는 예술 교육도 받은 정신과 의사로, 주말이면 꼬박꼬박 바젤에서 헤리자우를 찾았고, 곧 예술 문제와 관련해 로르샤흐가 가장 신뢰하는 사람이 되었다. 1927년 아예 의학계를 떠나 예술계에 뛰어들기 전에 뤼티는 50명이 넘는 예술가에게 잉크 얼룩 검사를 한 뒤 특히 흥미로운 반응 기록 몇 개를 로르샤흐에게 보냈다. 두 사람은 다양한 예술 학파를 대표하는 경험 유형을 함께 표로 만들었다. 로르샤흐는 늘 그렇듯 여기에도 주의를 덧붙였다. "사실 모든 예술가는 자신의 개성을 대표한다."[27] 나중에 로르샤흐와 뤼티는 오롯이 색채에만 근거한 진단 검사 개발을 의논하는 서신을 주고받는다.

로르샤흐가 잉크 얼룩의 의미를 더 깊이 파고드는 동안, 그의 발견에 대한 이야기들이 퍼져나가기 시작했다. 로르샤흐는 교수가 아니었지만, 콜러 병원장의 보호시설보다는 로르샤흐 박사와 일할 수 있다는 가능성에 이끌린 학생들(주로 블로일러의 제자였다)이 무보수 수련의로 일하겠다며 헤리자우를 찾았다.[28] 모든 상황을 따져볼 때, 학생들이 로르샤흐에게 도움과 지원을 주었다기보다는 로르샤흐가 학생들에게 더 큰 도움과 지원을 베풀었지만 학생들의 관심과 활동은 로르샤흐 검사를 가다듬고 발표하는 데도 영향을 미쳤다.

한스 벤에셴부르크Hans Behn-Eschenburg[29]는 1919년 8월부터 수련의로 일했다. 로르샤흐는 벤에셴부르크에게 프로이트의 견해와 자신의 견해를 모두 알려주었다. 벤에셴부르크의 아내에 따르면, "로르샤흐와 함께 지각 진단 실험에 대해 연구하고 싶은 사람은 누구나 자신부터 그 '절차'의 대상이 되어야 했다. 로르샤흐는 심리 도해를 만들어 보여준 뒤 아주 솔직하게 의견을 주고받았다. 이 과정이 끝난 뒤에야 자신의 실험을 연구하는 데 참여시켰다".[30] 그 후 벤에셴부르크는 「형태 해석 검사를 이용한 학생 심리 조사 Psychische Schüleruntersuchungen mit dem Formdeutversuch」라는 자신의 박사 학위 논문에 잉크 얼룩을 이용했다.

벤에셴부르크는 몇백 명에 이르는 아동과 청소년에게 로르샤흐 검사를 수행한 뒤 나이와 성별에 따라 분석해 흥미로운 예비 결과를 얻었다. 1920년 7월 16일, 로르샤흐는 부리에게 벤의 연구 결과를 종합해 알렸다. "열네 살은 삶에서 주목할 만한 고비라네." 10대에는 성격이 갈수록 극단으로 치달아, 여자아이들은 보통 더 외향성이 되고 사내아이들은 더 내향성이 된다. 그러다 해가 갈수록 여자아이보다는 남자아이의 성격이 극적으로 위축되면서 신경과민이 된다. 그래서 "우울하기에는 너무 게을러지고, 게을러빠지기에는 너무 불안한 상태"가 된다. 그러나 로르샤흐는 이렇게 결론지었다. "250번에 이르는 검사에서 도출된 결과이긴 하지만, 어린 나이일지라도 개인차가 엄청나므로 이 결론을 사실로 받아들이려면 훨씬 더 많은 자료가 있어야 한다네."

로르샤흐의 책은 출간이 늦어지고 벤에셴부르크가 논문에서 담은 연구 결과는 더 단순했으므로, 그의 학위 논문은 로르샤흐의 발견을 설명하는 첫 출판물이 되었다. 그래서 로르샤흐는 논문에 흠은 없는지, 논문이 좋은 인상을 줄 수 있을지 염려했다.[31] 벤에셴부르크가 과제를 감당하지 못해, 로르샤흐가 논문 전체를 손수 손보기까지 했다.[32] 로르샤흐는 낙담하기도 하고 시간도 허비했지만, 벤과 함께 연구를 진행하면서 다른 저술에서보다 더 확고하게 자신의 업적에 어떤 과학적 가치와 인간적 가치가 있는지 알려줄 서술을 이끌어냈다. 1920년 11월 28일, 로르샤흐는 벤에셴부르크에게 긴 편지를 보내 논문에서 잉크 얼룩 실험을 어떻게 논해야 하는지 설명했다.

실험은 아주 단순하다네. 워낙 단순해서 처음에는 누구나 고개를 절레절레 젓는다네. 자네도 두 눈으로 여러 차례 보았듯이, 흥미와 반감을 불러일으키지. 그런 단순함은 검사가 열어젖히는 믿기 어려울 정도의 다채로운 전망과 더없이 극명한 대조를 이룬다네. 이런 대조도 고개를 젓게 할 구실이 되지만, 남들이 반감을 보이더라도 기분 나쁘게 받아들이면 안 되네. 그러니 자네 논문은 이런 위험을 무릅쓰지 않은 다른 주제의 논문보다 훨씬 더 완전하고, 정확하고, 명확하고, 분명해야 한다네. (…) 자네 마음에 호소해야 할 것 같네. 과학이라는 무기고에 진정으로 새로운 무엇을 제공했다는 자각은 사람이 소유할 수 있는 더할 나위 없이 좋은 것임을 마음에 새기기 바라네.

완곡한 이 글에는 로르샤흐가 자신의 연구를 어떻게 생각하는지가 드러난다.

게오르크 뢰머[33]는 또다른 부담을 안겨주었다. 뢰머는 헤리자우의 지역 병원에서 수련의로 일하던 1918년 12월에 로르샤흐를 만났고, 1919년 2월부터 5월까지 크롬바흐에서 수련의로 일했다. 1920년 9월 독일로 돌아간 뢰머는 독일 대학생총연합회의 일을 도왔고, 잉크 얼룩을 학업 적성검사 방법으로 적용하자고 졸랐다. 로르샤흐도 그렇게 된다면 지식인으로서도 커다란 성취이고 금전적으로도 괜찮은 보상이 따를 거라고 인정했지만, 신중하게 대응했다. 그가 1921년 1월 11일 혹은 12일에 뢰머에게 보낸 편지에도 그런 생각이 드러난다.

나도 실험이 적성검사로 큰 성공을 거둘 거라 생각하네. 하지만 어린 시절부터 대학 진학을 꿈꾸었을지도 모를 어느 젊은이가 실험을 통과하지 못했다는 이유로 대학에 가지 못한다고 생각하면, 나도 몰래 숨이 막히는 느낌이 든다네. 그러니 이렇게 말할 수밖에 없네. 잉크 얼룩 실험이 그런 검사에 적합할지도 모르지만, 적합성 여부를 판단하려면 먼저 학계가 아주 큰 표본을 모은 뒤 모든 분산 법칙과 상관관계를 따져 체계적이고 통계적으로 꼼꼼히 조사해야 한다고. 그렇게 한다면 차별화된 적성검사로 쓸 수 있겠지. 그렇다 해도 의사로 적합한지 아닌지, 법률가로 적합한지 아닌지를 가르는 검사는 아닐 걸세. 그보다는 의사가 되기로 마음먹었을 때 기초의학에 몸담아야 하는지 임상의학에 몸담아야 하는지, 법률가가 되기로 했을 때 기업 법률가가 되어야 하는지 법정 변호사가 되어야 하는지 등을 판단하기에 적합한 검사일 걸세.

그리고 반드시 다른 검사와 결합해 사용해야 할 걸세. (…) 무엇보다도, 실험을 밑받침할 이론을 훨씬 더 탄탄하게 세워야 하네. 아주 탄탄한 이론이 밑받침되지 않는 검사를 바탕으로 그런 중대한 조처를 내리는 것은 그릇된 일이니까. (…)

또 벤에센부르크 박사의 학위 논문을 보면, 이 검사를 너무 일찍 적용해도 안 된다는 것을 알 수 있네. 예컨대 열넷에서 열여섯 살 사이의 남학생들한테 얻은 결과는 눈에 띄게 형편없거든. (…) 그러므로 열일곱에서 스물, 어쩌면 더 나이가 있는 수검자를 연구해서 결과가 언제 성인 수준으로 안정화되는지를 밝혀야 하네. (…) 모두 광범위한 연구가 필요한 일이지.

로르샤흐는 비밀리에 잉크 얼룩을 직접 만들었을 만큼 몸이 달아 있던[34] 뢰머에게 꼼꼼하게 검토할 것을 주장했고, 앞으로 다가올 세기에 잉크 얼룩 검사가 직면하게 될 대부분의 반론을 예측했다. 그는 나중에 《심리 진단》에서 특히 검사 결과가 정말로 중요한 경우에는 "수검자가 눈치채지 못한 상태에서 실험이 수행된다는 것이 거센 반론의 근거가 된다"고 인정했다.[35] 사람들이 자신에게 불리한 내용을 말하도록 속이는 것이나 다름없어 보이기 때문이다. 로르샤흐는 검사가 선한 힘으로 쓰이기를 바랐다. "이 검사로 엉뚱한 직업과 환상에 이르기보다 숨어 있는 진정한 재능을 발견하기를. 정신병이라는 두려운 짐을 지기보다 더 많은 사람이 그런 두려움에서 벗어나기를. 고통이 아니라 평안을 얻기를!"

뢰머는 여러 해 동안 로르샤흐에게 엄청난 양의 편지를 보내 잉크 얼룩 실험을 뒷받침하는 이론이 무엇인지, 융, 프로이트, 블로일러를 비롯한 다양한 사상가와는 어떤 관련이 있는지를 물어 장문의 답신을 받아냈다. 답신에서 로르샤흐는 책을 간결하게 만들기 위해 또는 완전히 정리되지 않아 책에 넣지 않은 견해와 새로 생각해낸 견해를 자세히 설명했다. 뢰머는 나중에 그것이 자기 견해라고 주장한다. 헤르만은 뢰머의 물음에 기나긴 답장을 쓰느라 여러 날을 밤늦게까지 타자기 앞에서 보냈고, 그래서 올가와 다투기까지 하면서도 뢰머를 격려했다. "자네의 물음은 흥미롭기 그지없군. 계속 질문을 보내주게나."[36]

로르샤흐는 자신과 전공 분야가 다른 젊은 동료와 매우 가까워진다. 바로 마르타 슈바르츠Martha Schwarz[37]로, 그녀는 크롬바흐 정신병원에서 7개월 동안 수련의로 일했다. 마르타의 박사 학위 논문 주제는 정신의학과 아주 많이 동떨어진 화장火葬이었다. 그녀는 교양이 풍부한 사람이었고, 오랫동안 의학과 문학 사이에서 망설였다. 마르타의 폭넓은 관심사를 알아본 로르샤흐는 그녀에게 혜리자우에 적응하는 요령을 알려줬을 뿐 아니라, 얼마 지나지 않아 정신의학 업무까지 맡긴다. 그가 마르타에게 잉크 얼룩 검사를 수행한 지 얼마 뒤에 그녀가 자기 대신 검사를 수행하게 할 정도였다. 로르샤흐는 마르타가 수행한 검사 하나를 "이제껏 본 것 가운데 손에 꼽힐 정도로 흥미로운 연구 결과"라고 일컬었고, 그 결과를 책에서 사례 1번으로 쓴 듯하다. 마르타는 환자의 신체검사도 매우 꼼꼼하게 진행했다. 당시에는 신체검사를 하찮게들 여겼지만, 마르타는 로르샤흐에게 이렇게 설명했다. "그러니까, 의사가 환자의 몸을 알면 환자와 완전히 다른 관계를 맺게 되거든요."

잉크 얼룩에 관심을 보인 다른 사람으로는 알베르트 푸러 Albert Furrer[38]가 있다. 1921년 봄 그는 로르샤흐에게서 잉크 얼룩 검사를 배운 뒤 군대의 저격병을 검사했다. 로르샤흐는 그 상황을 흥미롭게 생각했다. "내가 아는 어떤 사람이 여기 혜리자우에 있는 병영에서 잉크 얼룩을 실험하고 있어. 명사수와 형편없는 사수를 검사한다나!!! 우리가 이렇게나 검사에 굶주린 시대에 살고 있을 줄이야!" 하지만 저격병에 대한 지각 검사는 일리가 있었다. 그들이 얼마나 세밀하게 보는지, 명확하지 않은 시야를 어떻게 살피는지, 지각한 것을 얼마나 깊이 해석하는지를 알 수 있기 때문이다. 특등 사수가 되려면 정동을 조절해, 기분이나 감정에 어떤 신체 반응도 일으키지 않을 수 있어야 했다. 푸러가 콘라트 슈테헬리Konrad Stäheli라는 세계 사격 챔피언을 검사해본 결과, 그의 조절 능력은 인상적일 정도로 높았다(슈테헬리는 세계선수권대회에서 개인 메달 44개를 포함해 모두 69개의 메달을 목에 걸었고, 그중 금메달 3개와 동메달 하나는 1900년 파리 올림픽에서 딴 것이었다). 다른 발견도 있었다. 로르샤흐는 병사들의 검사 결과를 검토하다 "군 복무가 사람의 경험 유형을 얼마나 강하게 바꿔 움직임 반응을 억누르고 색채 반응을 부추기는지" 깨달았다. 그래서 "경험 유형이 비교적 변하지 않는다는 관점에 어느 정도 의심이 일었다". 그러면서도 "가장 먼저 검사해야 할 대상이 사격술이 아니라 소질이라는 사실은 정말이지 조금은 웃기다"고 탄식했다.

잉크 얼룩 검사를 책으로 출간할 수만 있다면, 이런 부작용들은 하나도 중요하지 않았다. 하지만 출판사들이 머뭇거리는 와중에도 로르샤흐는 자신이 만든 그림의 독특한 진가를 제대로 인식했고, 따라서 그림은 반드시 원래 크기와 색깔대로 출간되어야 한다고 고집했다. 1920년 5월 19일 그는 비르허 출판사의 대표 에른스트 비르허Ernst Bircher에게 이렇게 전한다. "핵심은 책에 그림을 넣느냐 마느냐가 아니라, 검사에 관심 있는 사람은 누구든 책에 있는 그림으로 실험을 수행할 수 있게 하는 겁니다. (⋯) 그리고 사람들이 **내** 그림으로 검사하는 것은 이루 말할 수 없이 중요합니다."

이전에 로르샤흐는 겸손하게 독자들에게 자신만의 잉크 얼룩을 만들어보라고 권했었다. 벤에셴부르크와 뢰머한테도 잉크 얼룩을 만들어보라고 격려했지만, 두 사람이 만든 얼룩은 제구실을 하지 못했다. 로르샤흐는 에밀 뤼티에게만큼은 계속 해보라고 격려했지만, 그마저도 손을 들었다. 본인이 실제로 예술가였던 까닭에 뤼티는 형태와 움직임을 모두 정확히 떠올리게 하는 잉크 얼룩을 만드는 것이 보기보다 어렵다는 것을 알았다. 로르샤흐는 남이 따라 하기 어려운 얼룩을 완성한 것이었다. 1919년 7월 18일 그는 마침내 오베르홀처에게 속내를 털어놓았다. "새로운 삽화를 이용해 실험을 시도하려면 꽤 수고로울 걸세. 확실히 내 잉크 얼룩 열 개에서는 움직임 반응과 색채 반응의 관계가 유난히 잘 기능하네. 그런 관계를 다시 만들어내기란 어쨌든 쉬운 일이 아니야."

1918년에 초고를 쓰고 1919년에 강연을 하고 나서도, 로르샤흐는 책이 정신과 의사를 겨냥한 교재여야 할지 대중을 겨냥한 교양서여야 할지, 책에 그림을 실어야 할지, 싣는다면 원래 크기여야 할지 줄여야 할지 갈피를 잡지 못해 최종 원고를 쓰지 못했다. 그래서 목사이자 정신분석가인 오스카어 피스터Oskar Pfister[39]에게 도움을 청했다. 피스터는 스위스 정신분석협회의 공동 설립자로, 로르샤흐에게 종파 연구를 짧은 대중서로 펴내라고 권한 적이 있었다.[40] 하지만 피스터가 추천한 출판사와도 일은 성사되지 않았다. 그때 드디어 책을 펴낼 곳을 찾아준 사람이 발다우의 동료 발터 모르겐탈러였다.[41] 모르겐탈러는 로르샤흐에게 자신의 책을 펴낸 비르허 출판사의 대표 에른스트 비르허를 소개해줬다.

그 무렵, 모든 준비는 끝나 있었다. 로르샤흐는 책을 쓰기 나흘 전 모르겐탈러에게 책의 얼개를 간략히 적어 보냈다. 그리고 쏜살같이 책을 써 내려갔다. 1920년 4월부터 6월까지, 그의 말을 빌리자면 "비가 잦은 헤리자우의 기나긴 봄" 동안 손으로 267쪽을 적고, 다시 타자기로 280쪽에 이르는 원고를 완성했다.[42]

1919년 후반, 그는 33~35세가 "거의 확실하게 깊은 내향성으로 바뀌기 쉬운 시기", 즉 삶에서 내면에 시선을 돌려 깊이 파고드는 때라는 생각에 빠져 있었다.[43] 그는 그리스도와 부처, 성 아우구스티누스가 모두 나이 서른셋에 세상에 등을 돌렸고, 그가 연구한 스위스의 종파 창시자 빙겔리와 운테르네러도 바로 그 나이에 신기한 환상을 보았다는 것을 언급했다. "그노시스파의 전통에 따르면, 사람은 서른세 살을 넘어야만 진정으로 내면에 시선을 돌릴 준비가 된다." 로르샤흐 역시 자신이 서른셋에서 서른다섯이던 1917~1920년에 잉크 얼룩 검사를 발전시켰다는 생각이 없지 않았을 것이다. 그 단계는 이제 막바지에 이르러, 바야흐로 바깥세상에 모습을 드러내려는 순간이었다.

그러나 로르샤흐가 비르허에게서 삽화를 인쇄하겠다는 확답을 듣기까지 여러 달이 걸렸고, 그런 뒤에도 계약 협상에 여러달이 걸렸다. 그는 계약에 서명하고 나서도 언젠가는 책이 나올거라는 기대 속에 몇 달을 기다려야 했다. 1919년 11월 18일, 비르허 출판사가 로르샤흐에게 보낸 첫 편지에는 수신인이 'O. 로르바흐 박사'로 적혀 있었다. 좋은 징조는 아니었다. 12월 4일, 로르샤흐는 브라질에 있는 동생 파울에게 사업가의 노련한 조언이 정말로 필요하다는 편지를 보냈지만, 성과는 없었다.

계약한 출간일이 한참 지난 1921년 1월, 비르허는 로르샤흐의 책을 출판사에서 잇달아 펴낼 다른 책과 글씨체를 달리해 출간해야겠다는 편지를 보냈다.[44] 모르겐탈러의 책을 여전히 찍어내던 중이라, 해당 금속활자를 계속 쓰고 있었기 때문이다. 즉 로르샤흐의 책은 아직 인쇄에 들어가지도 않은 것이었다. 로르샤흐는 출판사를 고소할 수도 있었지만, 그랬다가는 모든 일이 더 지연될 뿐이었다. 두 달 뒤, 비르허는 로르샤흐의 책에 대문자 F가너무 많아 인쇄공이 쓸 활자가 모자란다고 알려왔다[45](독일어는 영어에 견줘 F를 덜 쓰는데, 로르샤흐의 책에는 F가 넘쳐났다. 형태를 뜻하는 Form을 F로 줄여 썼고, 색을 뜻하는 Farbe도 Fb로 줄여 썼기 때문이다). 마침내 출판사는 책의 첫 장을 찍었다. 첫 장의 인쇄를 마쳐야만 활자를 다른 장에 쓸 수 있었기 때문이다.

이 모든 과정 때문에 로르샤흐의 연구 역시 지연되었다. 잉크 얼룩이 출판사를 거쳐 석판 인쇄사 인쇄공의 손에 넘어가 있어, 로르샤흐나 그의 동료들이 검사에 쓸 그림이 없었다. 점점 더 다양한 개인 환자들을 검사할 수 있고, 눈가림 진단에 쓸 반응 기록을 제공해줄 동료도 늘어가던 상황이었는데 자료 수집이 뚝 멈췄다. 가능할 때는 임시방편으로 "비슷한 잉크 얼룩"을 이용했지만, 대개는 원본 잉크 얼룩이 필요했다. 그래서 그 시기에 로르샤흐가 보낸 편지들은 단 한 벌뿐인 잉크 얼룩을 돌려달라는 애원으로 가득하다. 그는 그림을 빨리 인쇄해달라고, 아니면 적어도 교정쇄라도 보내달라고 출판업자에게 간절히 요청했지만, 그림은 1921년 4월에야 로르샤흐 손에 들어왔다. 하필 그것도 잘못 인쇄된 것이라, 쓸 만한 그림은 5월에야 도착했다.

인쇄 과정에서 로르샤흐가 비르허에게 보낸 편지를 보면, 그가 검사에서 중요하다고 판단한 요소들이 어떤 것인지 알 수 있다. 예컨대 1920년 5월 29일에 보낸 편지에서는, 혹시라도 그림 크기를 줄여야 한다면 카드 전체의 모양 배치가 원래 그림과 정확히 비례해야 한다고 설명한다. "그림이 이런 공간적 리듬의 조건을 만족하지 못하면, 수검자가 그림을 거부하는 경우가 많기"때문이었다. 그리고 카드 귀퉁이에 찍힌 자그마한 잉크 자국까지도 반드시 인쇄해야 했다. "어떤 수검자는 주로 이런 자잘한 부분을 해석하려 드는데, 이런 특성이 진단에서 대단히 중요"했기 때문이다. 같은 이유로, 그는 카드 앞면에 숫자가 들어가서는 안 된다고 주장했다. "그냥 숫자에 불과해도 손톱만큼이라도 의도가 드러날 경우 정신 질환이 있는 수검자 대다수에게 악영향을 미치기"때문이

[위] 교정 작업: 인쇄공의 교정쇄에 붙인 로르샤흐의 쪽지로, 카드 5번을 박쥐 모양으로 만들고자 필요 없는 무늬를 삭제하는 내용이다. "가위표를 한 작은 무늬를 뺄 것. 큰 박쥐 모양을 사각형 한가운데에 둘 것. 나머지는 그대로 인쇄해도 좋음. 로르샤흐 박사."

[아래] 카드 5번 최종판.

었다. 그는 교정쇄를 바로잡으면서도, 어느 짙푸른 부분이 너무 옅다며 다시 찍을 때는 "물감과 잉크를 최대한 잘 풀어야" 한다고 평했다. 다른 그림에는 이런 평을 달아 퇴짜를 놓았다. "점묘법은 윤곽선을 지나치게 강조하므로 사용하면 안 됩니다."

비르허 출판사가 출판을 미룬 데에 모르겐탈러의 책임이 직간접적으로 얼마나 큰지는 알기 어렵지만, 그가 로르샤흐에게 한 조언을 보면 모르겐탈러는 검사를 제대로 이해하지 못했다. 예컨대 그는 로르샤흐에게 그림 크기를 줄여서 출판하라고 권하기도 했다. 그런데 로르샤흐가 자신의 대표작에 '지각-진단 실험의 방법과 결과(우연히 생긴 형태의 해석)'이라는 애매모호한 제목을 붙이려 했을 때, 좋든 나쁘든 로르샤흐를 설득해 말린 것은 모르겐탈러였다. 1920년 8월에 주고받은 편지[46]에서 모르겐탈러는 잉크얼룩 검사가 "한낱 실험을 넘어서고, 지각-진단보다 훨씬 많은" 정보를 다룬다고 설득했다. 그러면서 제안한 제목이 바로 '심리진단'이었다.

처음에 이 제목이 탐탁지 않았던 로르샤흐는 너무 포괄적인 용어라며 거절했다. "내가 보기엔 너무 나간 듯하네." 특히나 정상인 수검자를 상대로 광범위한 대조 실험을 실행하기 전인 초기였으므로, 마음을 진단한다는 말이 그에게는 "거의 신비주의"처럼 들렸다. 그래서 그는 이렇게 이의를 제기했다. "시작 단계에서는 말을 너무 많이 하느니 아주 적게 하겠네. 겸손해서 하는 소리만은 아닐세." 모르겐탈러가 '지각-진단 실험'에 비싼 돈을 치를 사람은 없을 거라며 제목을 더 멋지게 지어야 한다고 고집하는 바람에 "마지못해" 받아들이기는 했지만, 로르샤흐는 여전히 새 제목이 "거만하기 짝이 없게" 들린다고 생각했다.[47] 그래서 길고 따분한 원래 제목을 부제로 썼다. 모르겐탈러가 옳았을지도 모른 다. 책을 시장에 더 잘 알려야 했다. 하지만 로르샤흐는 장사치처 럼 보이고 싶어하지 않았다.

1921년 6월 중순, 드디어 《심리 진단》의 초판 1,200권이 출간되었 다. 1년 전인 1920년 7월 12일, 원고를 맨 처음 읽어본 친구 에밀 오베르홀처는 엄청난 용기를 북돋는 답신을 보냈다. "이 연구와 자네의 결론이야말로 프로이트의 출판물 이후 가장 중요한 연구 결과일 걸세. (…) 정신분석에서는 오랫동안 형태 분류가 적절치 않다고 봐왔네. 본질적인 이유도 있었지. 어쨌든 새로운 방법은 진 전을 부르는 법이네. 그리고 열매를 맺는 돌파구는 늘 놀라울 정 도로 단순하기 마련이지." 대학이라는 배경도, 공식 후원도 없이 연구하던 로르샤흐에게는 특히 힘이 되는 격려였다. 책이 나온 지 얼마 안 된 1921년 6월 23일, 종파 연구와 잉크 얼룩 연구를 모두 책으로 내라고 권했던 오스카어 피스터도 기분 좋은 편지를 보냈 다. 로르샤흐의 책을 그의 아이로 빗댄 피스터의 편지에는 서글서 글한 목사의 조금은 속 보이는 허세가 드러나 있으면서도 찬사가 넘쳤다.

경애하는 박사께.

나는 박사가 새로 탄생시킨 작은 사내아이가 세상에 발을 디디도록 돕는 산파 역할을 했기에, 벌써 이 아이를 사랑하게 되었소. 눈빛이 살아 있는 활기찬 이 작은 녀석은 드문 혈통을 타고났고, 박식하고, 호들갑스럽지 않고, 상황을 독창적으로 깊이 들여다볼 줄 아는구려. 강박 신경증 이론과 달리 이 아이는 사실 앞에서 젠체하는 버릇이나 번드르르한 거만함을 드러내지 않는 순수한 자비심 자체요. 이 작은 녀석은 큰 이야깃거리가 될 거요. 그래서 오래전부터 학계의 시선을 받아왔던 이 녀석의 아버지도 다시 한번 그들을 사로잡을 것이오. 이 소중한 선물에 진심으로 마음에서 우러난 고마움을 전하오. 그리고 머잖아 녀석의 어린 누이도 종파라는 지식을 손에 들고 나를 찾아오기를 바라 마지않소! 친애하는 피스터가.

출간이 거듭 지연된 끝에, 드디어 잉크 얼룩 검사가 세상에 나왔다. 당시 독일 대학생총연합에서 운영 및 직업 상담 책임자로 일하던 뢰머는 단체의 주요 인물들에게서 얻은 반응 기록을 산더미처럼 보내왔다. 이 기록들이 보여주는 일관성에 입꼬리가 절로 올라간 로르샤흐는 이렇게 평한다. "말하자면 모두 장차 성직자나 정치인, 또는 무언가를 설립할 사람들이야. 무미건조하기 짝이 없는 관료부터 혈기가 하늘을 찌르는 나폴레옹까지 범위가 무척 다양하다네. 그리고 한 사람도 빠짐없이 죄다 외향성이야. 그러니 분명 정치에 몸담아야겠지?!"[48] 지칠 줄 모르는 뢰머는 전쟁 신경증에 걸린 퇴역 병사와 은퇴 생활에 도무지 적응하지 못하는 연금 생활자까지 검사했다. 그리고 그해 겨울에 알베르트 아인슈타인과 1차 대전의 유명한 장군 에리히 루덴도르프, 더 나아가 바이마르 공화국의 수뇌부까지 검사할 계획을 세웠다.[49]

초기에 책은 주로 호의 어린 반응을 받았다. 1921년 11월, 로르샤흐가 책이 출간된 뒤 처음으로 학회에서 잉크 얼룩 검사를 발표했을 때, 블로일러는 토론 시간에 자리에서 일어나 자신이 이미 환자와 일반인 모두에게서 로르샤흐의 방식이 맞는다는 사실을 확인했다고 밝혔다.[50] 토론 뒤 로르샤흐는 활짝 웃으며 모르겐탈러에게 다가갔다. "아, 드디어 해냈네. 이제 고비를 넘어섰어!"[51] 12월 7일 마르타 슈바르츠에게 보낸 편지에서 그는 이렇게 말했다. "지금 블로일러 교수가 직접 이 방법의 가치를 공개적으로 명확하게 밝혔다네. 논평도 몇 개 나왔는데, 지금까지는 모두 호평이야. 너무 호평뿐이라 이따금 논쟁도 있었으면 좋겠네. 입씨름을 벌일 기회가 거의 없거든." 헤리자우에서 홀로 연구하는 일보다 못할 것은 아무것도 없었다.

논쟁은 곧 벌어졌다. 심리학 학술지에 대강의 요점만 다룬 논평이 두어 편 실린 뒤, 드디어 한 논평이 처음으로 검사를 아주 상세하게 파고들어 호평과 혹평이 뒤섞인 단호한 의견을 내놨다. 아르투어 크론펠트Arthur Kronfeld가 1922년에 발표한 이 논평[52]은 첫

머리에서 로르샤흐를 "재능이 넘치는 인물, 섬세한 직관을 지녔지만 실험과 방법론에서는 정말로 정확성이 떨어지는 심리학자"라고 칭했다. 크론펠트는 로르샤흐가 성격과 지각에서 보여준 통찰이 매우 설득력 있다고 생각했다. 그러나 검사에 점수를 매기는 수치 접근법은 "따질 것도 없이 너무 엉성한 어림재기"였고, 로르샤흐의 해석은 사람들의 응답에서 결론을 "짜내려" 얼마나 애썼든 실제 검사 결과에서 지나치게 벗어났다고 봤다. 그래서 검사가 지나치게 양을 따진 동시에 지나치게 주관에 치우쳤다고 결론지었다. 로르샤흐와 알고 지냈고, 훗날 실존 심리학의 중요한 개척자가 되는 루트비히 빈스방거Ludwig Binswanger는 로르샤흐의 연구가 명확하고, 통찰력 있고, 객관적이고, 정확하고, 독창적이라며 훨씬 높이 평가했다. 그러나 빈스방거도 뒷받침할 이론이 부족하다고 강하게 비판했는데,[53] 이것은 로르샤흐도 절감하던 부분이었다. 따라서 잉크 얼룩 검사가 어떻게, 그리고 왜 효력을 발휘하는지 설명하지 않는다면 효과를 주장하기 어려울 것이었다.

학리를 따지는 독일 심리학계는 책이 나오기 전부터 검사를 덮어놓고 부정했다. 1921년 4월, 1차 대전이 끝난 뒤 처음 열린 독일 실험심리학협회 주관 회의에서, 뢰머가 잉크 얼룩 검사를 주제로 강연했다. 이때 그는 교육계에서 쓰기 위해 자신이 만든 얼룩을 사용한 변형된 검사를 소개했다. 회의에는 심리학계의 유명한 거물로, 한 세대 전에 학계에서 처음으로 프로이트의《꿈의 해석》을 비평한 빌리암 슈테른William Stern[54]이 참석해 있었다(슈테른은《꿈의 해석》을 몹시 싫어했다). 그는 자리에서 일어나 어떤 검사도 인간의 성격을 파악하거나 진단할 수 없다고 반박했다. 로르샤흐 검사(실제로는 뢰머가 변경한 검사였다)에 대해서는 "접근 방식이 억지스럽고 한쪽에 치우쳤으며, 해석이 제멋대로고, 통계치도 불충분하다"고 지적했다.[55] 정작 로르샤흐는 잉크 얼룩 검사를 단독으로 써야 한다고 주장한 적이 없었고, 뢰머도 로르샤흐와 주고받은 서신을 통해 그 사실을 잘 알고 있었다. 뢰머가 자신의 대변인인 양 행동한 것에 크게 마음이 상한 로르샤흐는 6월 17일 오베르홀처에게 이렇게 털어놓는다. "책이 나오기도 전에 필요하지도 않은 변경을 제안하다니." 그리고 다음 날인 6월 18일, 뢰머에게 이 문제에서 물러나 있으라고 요청하며 경고와 우려를 전했다. "원본과 다른 잉크 얼룩이 여러 개 존재한다면 혼란만 일으킬 뿐이잖나! 특히 슈테른한테는!!! 전반적으로 자네는 검사를 수행하고 해석하는 어려움을 제대로 강조하지 않고 있네." 로르샤흐는 슈테른이 자신의 책을 실제로 읽고 나서는 그가 "더 잘 이해하게 되었다"[56]고 생각했다. 하지만 이미 로르샤흐의 평판에는 금이 간 상태였다. 그 뒤로 잉크 얼룩 검사는 독일에서 한 번도 널리 받아들여지지 않았다.

　　로르샤흐는 이미 유럽 너머를 바라보고 있었다. 헤리자우에서 수련의로 일하던 칠레 의사[57]가《심리 진단》을 스페인어로 번역할 계획이었다. 하지만 1922년 1월 27일 뢰머에게 편지로 이야기했듯, 그는 현실을 간파했다. "분명 북아메리카가 훨씬 더 중요할 걸세. 그곳에서는 사람들이 이미 직무 적성검사 같은 심층 심리학에 흥미를 보이고 있으니까." 그러면서 프로이트도 "빈에서 다른 일은 하지 않고" 정신분석을 수련하고 싶어하는 미국인들에게 "분석을 가르치는 일만 하고 있다"고 예를 들었다. "말할 것도 없이, 미국인들이 검사를 받아들인다면 상황이 아주 유리할 걸세." 그러면서 소식을 전했다. "영국의 《정신분석 저널Psychoanalytic Journal》과 미국의 여러 정신분석 학술지가 긴 논평을 실을 계획이라네."

그리고 마지막으로, 그는 자신이 종파 연구를 하면서 가장 큰 흥미를 느꼈던 인류학에 잉크 얼룩 실험을 활용하고 싶어했다. 《심리 진단》에서는 종족 차이나 민족 차이를 일반화할 자료가 내향성이고 느린 말투에 그림을 잘 그리는 베른 사람과 외향성이고 움직임이 활발한 익살꾼인 아펜첼 사람의 차이뿐이었다.[58] 아펜첼 사람은 움직임 반응이 적고, 색채 반응이 많았다. 하지만 로르샤흐는 계속 민족지학 및 종파 관련 연구를 이어가, 프로이트가 만든 학술지 《이마고》에 관련 논평을 실었다.[59] 또 중국인을 검사할 수 있을지를 오베르홀처와 논의했다.[60] 어느 강연 뒤 알베르트 슈바이처Albert Schweitzer를 잘 설득해 호텔 방으로 찾아가 그를 검사한 일도 이야기했다.[61] 슈바이처는 로르샤흐가 본 사람 가운데 "합리주의 특성이 가장 높고, 색채 반응을 가장 매섭게 억누르는" 인물이었다. 검사가 끝난 뒤 슈바이처는 선교 공동체의 아프리카인에게 요청해 그들이 로르샤흐 검사를 받게 하는 데 찬성했다고 한다.

1921년 6월 18일, 마침내 출판사에서 우편으로 책을 받은 로르샤흐는 뢰머에게 긴 편지를 썼다. "실험에는 아직도 살펴봐야 할 것이 많네. 크든 작든 수긍할 만한 이론적 근거를 찾는 문제는 말할 것도 없지. 그리고 분명 결과의 이면에는 이론화할 수 있는 근거들이 숨어 있네. 그걸 찾아내느냐는 우리에게 달렸지."

1921년에 《심리 진단》이 출판되었을 때, 책은 시대를 앞선 동시에 이미 1년이나 뒤처져 있었다. 1920년 봄에 형성된 로르샤흐의 견해만을 뚝 떼어내 담았기 때문이다. 만약 1, 2년 더 이르게 또는 늦게 책을 썼다면 사뭇 다른 저술이 되었을 것이다. 하지만 한 가지만큼은 지켜졌다. 출간된 책에는 잉크 얼룩을 담은 상자가 딸려 있었다. 처음에는 그림이 종이에 인쇄되어 있어서 구매자가 그림 뒤에 두꺼운 종이를 덧대어야 했지만, 나중에 나온 판에는 그림이 바로 두꺼운 판지에 인쇄되어 있었다. 그 10개의 잉크 얼룩은 오늘날에도 똑같이 쓰인다.

자기 눈에 보이는 것이
곧 자신의 심리

로르샤흐는 헤리자우에서 차츰 개인 진료를 늘려가, 다양한 문제와 콤플렉스가 있는 환자에게 하루 한두 시간씩 정신분석을 진행했다. 1922년 1월 27일에는 한 환자가 "마흔이 넘었는데도 충동을 이기지 못해 애처럼 구는" 바람에 정신분석의 효용성을 의심하기 직전까지 갔다가 뢰머에게 다짐한다. "다시는 이런 신경증 환자를 받지 않겠네. 정말이지 진을 다 빼버리는군."[1]

이 환자는 잉크 얼룩 검사를 받아본 뒤 검사가 매우 효과적이라고 생각해 로르샤흐에게 치료를 부탁한 동료였다. 로르샤흐는 마지못해 4주 동안 시험 기간을 거치기로 동의했지만, "실험에 더 신경 썼어야" 했다고 후회했다.

환자는 카드 8번에 있는 빨간 동물을 "소 등에 실려 보스포루스해협을 건너는 에우로페"라고 해석했다네. 소 모양에서 에우로페 이야기를 꾸며내다니, 벌써 강력한 신호가 보인다네. 색채 반응이 두 개나 있으니 더 강력한 신호고. 보스포루스해협은 파랑을 가리키고, "황소"는 그 남자에게 붉디붉은 열정을 뜻했거든. 하지만 그때는 그의 응답에서 언급되는 내용 모두가 중요하다는 걸 까맣게 몰랐다네. 나중에야 겨우 깨달았지. 황소는 그 남자고, 거기에는 자신을 학대하는 공상, 피해 의식, 정말 말도 안 되는 과대망상이 작동하고 있었어. 그 남자는 "자기 등에 온 유럽을 짊어지고" 있다네. 온 유럽이 그 남자 등에 있는 거야. 어쨌든, 적어도 이 점에서는 내가 한 수 배웠다네.

보다 다양한 사람들에게 잉크 얼룩 검사를 활용하면서 로르샤흐는《심리 진단》에 썼던, 잉크 얼룩 검사는 "무의식을 파헤치지 않는다"는 주장에서 한발 물러서기 시작했다. 그리고 사람들이 잉크 얼룩을 **어떻게** 보느냐는 것뿐만 아니라 **무엇**을 보느냐도 중요한 사실을 드러낼 수 있으므로, "반응의 내용도 의미 있을 수 있다"고 생각하기에 이르렀다.

　　로르샤흐는 자신의 통찰이 20세기의 주류 심리학 사상에 포함되려면 잉크 얼룩 실험과 정신분석 사이에 연결 다리가 놓여야 한다는 현실을 깨달은 것 같다. 둘을 하나로 합친다면 적어도 검사를 뒷받침할 어떤 이론을 얻는 동시에 자신이 만든 독특한 '심리 진단'을 넘어 검사의 의미를 확장할 수 있을 것이고, 따라서 프로이트의 견해에 형태와 시각을 새롭게 바라본 통찰을 더해 더욱 질적인 향상을 이룰 수 있을 터였다.

프로이트의 심리 모델은 눈에 보이는 증상과 행동보다 정서 작용과 심리 기제, 즉 마음의 밑바닥에 깔린 "움직임"에 초점을 맞추므로 '역동 정신의학dynamic psychiatry'[2]이라고 불린다. 1922년 무렵 이미 자신의 도구를 능수능란하게 다룰 줄 알았던 헤르만 로르샤흐는 마음이 지각 활동을 벌일 때 보이는 미묘한 움직임을 추적함으로써 진정한 역동 정신의학을 제대로 실행해나가고 있었다.

그해 로르샤흐는 뛰어난 성과를 보여준 한 검사 결과를 글로 정리했다.[3] 오베르홀처가 환자의 나이와 성별(40세 남성)만 적어 눈가림 진단용으로 보내온 반응 기록을 분석한 결과였다. 스위스 정신분석협회에서 강연할 목적으로 작성한 글의 제목은 「정신분석에 적용한 형태 해석 검사Zur Auswertung des Formdeutversuchs für die Psychoanalyse」였다(이 글은 로르샤흐 사후에 《심리 진단》 2판부터 쭉 책에 수록된다). 로르샤흐는 20쪽에 걸친 글에서 환자의 반응 기록을 조목조목 짚어나가며, 각 반응에 어떻게 기호를 매기고 해석해야 하는지 조언했다. 하지만 로르샤흐는 반응의 흐름이 환자가 세상에 다가가는 방식을 어떻게 드러내는지를 정교하게 파악했기 때문에 아무나 이 조언을 그대로 따라 하기는 어려워 보였다. 그는 환자가 무엇에 관심을 보이는지, 무엇을 지나치는지, 무엇을 억누르는

지, 어떤 움직임을 드러내는지를 세심히 살폈다. 그리고 자신의 분석에서도 균형된 흐름을 요구했다. "지금까지 우리는 환자의 내향 특성에 지나치게 주목한 나머지 외향적 측면을 소홀히 다뤘다."

오베르홀처의 환자는 연속하는 10장의 카드에서 다른 사람에 비해 뒤늦은 움직임 반응을 보였다. 로르샤흐는 이 환자가 감정이입 역량은 있지만(움직임 반응을 보였다) 신경증 탓에 반응을 억누르고 있다고(처음에 환자는 움직임 반응을 끌어내는 카드에서조차 반응을 회피했다) 결론지었다. 환자는 처음에는 뚜렷하고 활기찬 색채 반응을 보였지만, 이어서 모호하게 해석되는 반응을 보였다. 로르샤흐는 이 환자가 감정 반응을 자기도 모르게 억눌렀다기보다는 일부러 통제하려 애쓴 것이라고 밝혔다. 또 남자가 카드마다 처음 내놓은 응답은 대개 모호하고 독창적이지 않지만, 결국은 "확고하고 설득력 있는" 매우 독창적인 반응에 이르렀다는 사실도 알아냈다. 카드 2번에서 남자는 **광대 두 명**을 보더니, "**하지만 아름다운 검정 나무가 줄지어 선 탁 트인 도로일지도 모르겠다**"고 말했다가, "**여기 빨강이 있으니, 연기를 내뿜는 불구덩이**"라고 답했다. 이 사람은 "연역법보다 귀납법으로, 추상보다 사실을 바탕으로 사고했고", 스스로 만족스러운 답을 찾아낼 때까지 계속 노력했다. 동시에 그는 흔하고 평범한 부분 반응을 한 번도 보이지 않았는데, 이는 "노련한 사람이 지니는 눈치 빠른 기지, 본질을 파악해 어떤 상황에도 대처할 줄 아는" 기본 순응력이 모자란다는 뜻이었다.

그가 끊임없이 카드 한가운데를 바라본 것은 남자의 심리를 알려줄 열쇠가 되었다. 카드 3번에서 그는 많은 사람이 그러듯 정장용 예식 모자를 쓴 남자 2명이 서로 허리를 굽혀 인사하는 모습을 보았다. 그런데 이런 말을 덧붙였다. **"가운데 있는 빨간 것이 양쪽을 갈라놓아 서로 만나지 못하게 하는 것 같다."** 다른 카드에서는 **"전체적으로 모든 것이 가운데에 있는 강력한 무언가에 매달려 있다는 느낌"**이라고 답했다. 또 다른 카드에서는 **"한가운데에 있는 흰색 선이 흥미롭다. 힘의 중심선이라 모든 것이 이 선을 중심으로 배열한다"**고 답했다. 분류하기는 어려웠지만 이런 반응들은 로르샤흐의 해석에서 핵심을 차지했다. 그는 패턴을 알아채는 데 그치지 않고 더 깊이 파고들었다. 각 응답은 중심선과 어떤 **관계**일까? 중심부가 다른 부분에 기대는가, 아니면 주변부가 중심부에 매달리는가?

로르샤흐는 이 남자가 내향성인 신경증 환자이고, 강박 행동도 보일 것이며, 무능하다는 생각과 자기 불신에 시달린다고 결론지었다. 바꿔 말하자면, 환자는 바로 이런 감정 때문에 그토록 강하게 감정을 제어해왔던 것이다.

환자는 자신의 성취에 만족하지 못하는 탓에 버릇처럼 자신을 들볶는다. 그래서 쉽게 평정심을 잃지만, 다시 일에 전념해야 하므로 제자리를 찾는다. 주변 세상과 자유롭고 풍성한 정서 관계를 맺는 일이 드물고, 제 고집대로 움직이

자기 눈에 보이는 것이 곧 자신의 심리

는 성향이 꽤 강하다. 이 사람을 지배하는 정서, 버릇처럼 몸에 밴 정동은 상당한 불안과 우울, 체념에의 순응이다. 물론 지능과 순응력이 뛰어난 덕분에, 가능한 한 이 모든 감정을 제어할 줄 알고, 또 실제로 제어한다.

사고력은 대체로 뛰어나고 예리하고 독창적이며, 추상적이라기보다 구체적이고, 연역적이라기보다 귀납적이다. 하지만 여기에 모순이 있다. 수검자가 분명한 실재를 제대로 감지하지 못할 때가 잦다는 것이다. 따라서 이 남자는 하찮고 부수적인 부분에 얽매이고 갇혀버린다. 그런데도 정서와 사고력을 스스로 갈고닦아 장악하는 것이 분명하게 드러난다.

이 모든 해석은 잉크 얼룩에서 나온 것이었다. 오베르홀처는 로르샤흐가 명확하게 묘사한 환자의 성격과 광범위한 추론이 맞는다고 확인해주었다. 예컨대 환자와 "힘의 중심선"의 관계는 정신분석으로 밝혀진 그와 아버지의 관계와 일치했다. 오베르홀처는 "내가 그 환자를 여러 달 분석한들, 그 사람의 성격을 더 명확히 묘사하지는 못했을 것이다"라고 썼다.

1922년 강연록을 보면 로르샤흐는 한발 더 나아가 형태, 움직임, 색채 반응 세 가지를 프로이트의 이론과 통합할 방안을 제안했다. 어떤 응답이 무의식을 비춰줄 빛줄기일까? 로르샤흐에 따르면 형태 반응은 정확성, 명확한 사고, 주의력, 집중력 같은 의식이 어떻게 작동하는지를 보여줬다. 이와 달리 움직임 반응은 "무의식을 들여다볼 수 있는 깊은 통찰"을 마련해줬고, 색채 반응도 방식은 달랐지만 마찬가지였다. **"가운데에 있는 강력한 무언가"** 같은 추상적 응답은 꿈으로 표출되는 내용이 그렇듯 마음속 깊은 곳에서 생겨난 것이므로, 제대로 해석하고 분석하면 마음이 내면에서 어떻게 작동하는지 밝혀낼 수 있다.

　　다시 말해, "환자가 카드의 빨간 부분을 벌어진 상처로 해석하느냐, 아니면 장미꽃잎이나 시럽, 햄 조각으로 보느냐"는 완전히 의미가 달랐다. 하지만 얼마나 크게 다른지, "그런 해석 내용 가운데 얼마가 의식에 해당하고, 얼마가 무의식에 해당하는지"를 밝혀낼 공식이 없었다. 핏자국이 그저 핏자국일 때가 있고, 황소 등에 실린 에우로페가 반드시 황소 등에 실린 에우로페가 아닐 때도 있었다. 로르샤흐는 내용의 의미가 **형태의 특성**과 내용 사이에 존재하는 관계에 따라 주로 결정된다"고 주장했다. 즉 움직임 반응과 색채 반응의 발생률, 전체 반응과 부분 반응의 발생률, 시야의 어떤 부분에 반응하는 응답의 발생률에 좌우된다는 것이었다. 로르샤흐는 또 다른 한 환자가 "세상을 다시 세우겠다는 생각"을 품고 있다고 의심했다. 그 사람이 잉크 얼룩에서 거대한 신들을 봐서가 아니라, 그가 "내놓은 몇 가지 추상적 해석을 볼 때 그림의 중심선에 보인 반응과 한가운데에 보인 반응이 같은 주제의 변주였기" 때문이다.

　　검사를 이용한 사람들 가운데 누구도 로르샤흐처럼 형태

와 내용을 하나로 결합시키지 않았다. 예컨대 게오르크 뢰머는 "로르샤흐 검사가 형태상의 엄격성에서 벗어나 내용에 근거한 상징 검사로 재구성되어야 한다"고 생각했다.[4] 뢰머는 자신이 별도로 몇 벌의 그림을 만들기도 했다. 뢰머의 그림은 로르샤흐가 특히 인정하지 않는 "더 복잡하고 짜임새 있고, 보기에 좋고 미적으로 세련된"[5] 것이었다(화보 vii쪽 참조). 1922년 1월 27일, 로르샤흐는 뢰머의 그림이 어느 정도는 가치가 있다고 인정하면서도, 원본을 대체하지는 못한다고 완강하게 반대하는 편지를 보냈다.

> 자네 그림에 견주면 내 그림은 엉성해 보이네. 하지만 거의 쓸모없던 다수의 초기 그림들을 어쩔 수 없이 폐기하고 나니, 그렇게 할 수밖에 없었다네. (⋯) 자네가 자료를 모을 때 내 카드를 쓰지 않았다니, 정말 아쉽군. 내 카드에서 움직임 반응을 보일 확률이 자네 카드보다 두 배 많다느니 등으로 단순하게 어림짐작해서는 소용없다네. 미묘한 차이가 아주 크니까. (⋯) 경험 유형의 탄탄한 근거를 마련하고, 움직임 반응과 색채 반응의 개수를 제대로 파악하려면, 반드시 내 카드로 먼저 검사해야 하네. 그런 뒤에는 자네 그림을 이용한 검사가, 말하자면 아름다움을 맛볼 기분 전환처럼 느껴질 테고, 아마도 콤플렉스를 더 잘 드러내겠지.[6]

다시 말해, 뢰머가 주장한 '내용 기반 상징 검사'는 프로이트의 자유연상법과 꽤 비슷했을 것이다. 정신과 의사가 잉크 얼룩의 시각 및 형태 특성에 상관하지 않고, 사람들이 말하는 내용에 주의를 기울일 수 있기 때문이다. 뢰머의 그림을 본 사람들은 다른 대상에서도 그랬듯 자유로운 연상을 펼쳤다. 하지만 만약 로르샤흐가 환자에게 자유연상을 바랐다면, 말로 요청하면 그만이었을 것이다. 의식하지 못한 콤플렉스를 밝혀내고 싶었다면, 단어 연상 검사를 써도 되었다. 하지만 움직임, 색채, 형태가 독특하게 균형을 이룬 10개의 잉크 얼룩은 더 많은 정보를 드러냈다. 이와 달리 움직임이 눈에 띄게 결여된 뢰머의 잉크 얼룩에는 그런 효과가 없었다.

움직임은 로르샤흐의 역동 정신의학에서 처음부터 끝까지 중요했다. 1922년 강연록에서 로르샤흐는 자신이 생각하는 이상적인 정신 건강을 역동적인 용어로 명쾌하게 묘사했다. "이른바 콤플렉스에서 자유로운 사람들은 움직임, 형태, 색채 반응을 **자유롭게 뒤섞는** 특성을 보인다." 1922년 1월 28일 뢰머에게 보낸 편지에서도 "중요한 것은 전체를 직관적, 구조적, 추상적으로 조합한 해석을 되도록 잡다하게 뒤섞어 움직임에서 색채로 재빨리 전이하는 것이라네. 처음으로 색채가 눈에 들어오는 꽃을 얼른 낚아챈 다음 되도록 빨리 움직임으로 되돌아가 (…) 재미있거나 적어도 쉬운 말을 골라, 이 모든 상황을 두 팔 벌려 맞이하는 거지."

로르샤흐는 통찰력이 역동적이라고까지 밝혔다. 통찰할 줄 알려면 "직관할 줄 아는 동시에, 직관을 한 묶음으로 파악해 유지할 줄 알아야 한다. 다시 말해, 팽창하는 생각을 수축으로 **재빠**

르게 전환할 줄 알아야 한다"고 주장했다. 집중하지 않으면, 어떤 번득이는 직관도 "허울뿐인 경구, 실생활에 적합하지 않은 뜬구름 잡는 생각"에 그치기 마련이다. 지나치게 이성적이거나 경직된 성격은 직관을 완전히 마비시킨다. 잘 알려져 있는 이 사실은 "말할 것도 없이 새로운 의견이 아니다. 새로 말하려는 것은, 잉크 얼룩 검사를 이용하면 억누르는 의식과 억눌린 무의식이 어떻게 충돌하는지 이해할 수 있다"는 것이었다. 환자가 자신을 강박적으로 가혹하게 비평함으로서 자신의 풍부한 직관과 자유로운 내면생활을 억누르는 작용을 하는 것을 볼 수 있다는 것이다. 잉크 얼룩 검사는 정적 결과만 알려주는 게 아니었다. 검사에 힘입어 로르샤흐는 마음의 역동 과정을 추적할 수 있었다.

자신의 해석을 따라올 자도 없고, 벤에센부르크나 뢰머 같은 추종자들의 노력도 어설펐으므로, 틀림없이 로르샤흐는 잉크 얼룩을 제대로 이용할 줄 아는 사람이 도대체 있기는 할까라는 생각을 했을 것이다. 게다가 카를 융이 새로 펴낸 중요한 책 때문에 그는 잉크 얼룩 검사를 두루 적용할 수 있게 일반화하려면 어떻게 해야 하느냐는 문제에 직면했다.

　　《심리 진단》보다 한 달 앞서 출간된《심리 유형Psychologische Typen》[7]에서 융은 인간에게 두 가지 기본 태도, 내향과 외향이 있다고 단정한다. 그리고 여기에 주요 심리 기능 네 가지를 더한다. 세상을 판단할 때 쓰는 **사고**와 **감정**, 세상을 지각할 때 쓰는 **감각**과

직관이었다. 이 분류가 아마 귀에 익숙할 것이다. 이 접근법은 나중에 마이어스-브릭스 유형 지표Myers-Briggs Type Indicator, 곧 MBTI로 널리 알려진다. 물론 잉크 얼룩 실험에서도 세상을 어떻게 판단하고 지각하느냐는 물음은 중요했다. 하지만 융의《심리 유형》이 로르샤흐에게 갖는 의미는 그 이상이었다.

융은 1911년부터 내향과 외향을 글로 다뤘는데, 로르샤흐가 내향과 외향이라는 말을 가져와 잉크 얼룩 검사에 맞게 수정하는 사이에 융의 견해가 바뀌었다.《심리 유형》을 읽은 로르샤흐는 6월 18일에 뢰머에게 편지를 보내 불만을 털어놓았다. "융이 이제는 내향의 네 번째 개념을 이야기하는군. 어떻게 글을 쓸 때마다 개념을 다시 바꾸는지!" 결론만 놓고 보면 두 사람이 정의한 내향의 의미가 하나로 수렴되었기 때문에, 로르샤흐가《심리 진단》에서 자신의 내향 개념이 "융의 개념과는 이름만 빼고 공통점이 거의 없다"[8]고 언급한 내용은 오해를 살 만했다. 로르샤흐가 책을 쓸 때 언급한 융의 이론은 1920년 이전에 출간한 저술에 나온 것이었기 때문이다.

로르샤흐와 마찬가지로 융도 사람을 무 자르듯 분류하는 데 반대했다. 그는 사람에게는 늘 여러 유형이 뒤섞여 있다고 주장했다. 그러면서 자아의 한 부분이 어떻게 다른 부분을 보정하는지 설명했다. 예컨대 의식이 내향 유형이나 사고 유형일 때 무의식에서는 외향이나 감정이 두드러진다. 융은 현실 세계의 상호 작용을 충분히 통찰하면서, 한 유형이 자신의 틀로 다른 유형의 행동을 볼 때 어떻게 이해하거나 오해하는지를 보여줬다.[9] 융이 심리 유형을 분류한 것은 인간의 행동에 꼬리표를 붙이기 위해서가 아니라, 실제로 인간의 상태가 얼마나 복잡한지 이해하도록 돕기 위해서였다.

그래도 요점은 사람이 서로 다르다는 것이었다. 내향형이든 외향형이든 콕 집어 각각 네 유형이 있다고 주장하는 이유에 대해 융은 오랫동안 인간으로서, 정신과 의사로서 겪은 경험에서 나온 결론이라고[10] 답했다. 쉽게 말해 사람은 본디 그런 존재라는 것이었다.

《심리 유형》의 맺음말에서 융은 모든 심리 이론의 문제는 "일반적으로 과학 이론이 기본적으로 본질은 하나이며 동일하다고 가정하듯, 인간의 심리도 균일하다고 가정"하는 것이라고 지적했다.[11] 안타깝게도 현실 속 인간은 절대 그렇지 않다. 균일한 인간 심리는 존재하지 않는다. 융은 프랑스의 건국이념 '자유, 평등, 박애'를 언급하고, 러시아의 사회주의와 공산주의 혁명을 넌지시 언급한 뒤(이 암시는 틀림없이 로르샤흐의 관심을 끌었을 것이다), 모든 사람이 동등한 기회, 동등한 자유, 동등한 소득, 더 나아가 온갖 공평성을 누린다면 어떤 사람은 행복해지겠지만 어떤 사람은 불행해지기 마련이라며 단호하게 반대했다. 만약 내가 세상을 다스릴 경우, 나는 X라는 사람에게 돈이 아주 큰 의미가 있다는 이유로 Y보다 X에게 돈을 2배 더 많이 줘야 할까? 아니면 Z라는 사람에게는 평등 원칙이 중요하므로 그러지 말아야 할까? 남을 깔아뭉개야 성이 차는 사람은 어떤가? 그런 사람들을 어떻게 만족시킬까? 우리가 법으로 정하는 그 무엇도 "인간의 심리 차이를 결코 극복하지" 못한다. 과학에서도 그렇고, 모든 의견 차이에서도 마찬가지다. "어느 쪽이든 한쪽을 열렬히 지지하는 사람은 상대방의 빈틈을 노리면서 전적으로 외부만 공격한다. 이런 시시한 말싸움은 대개 별 볼일 없이 끝난다. 논쟁이 그것이 처음 일어난 영역에서 심리의 영역으로 옮겨간다면 저만의 존재 이유를 지닌 다양한 심리 태도가 바로 드러날 것이므로 훨씬 큰 가치를 가질 것이다." 모든 세계관은 "개인의 심리를 전제로 삼는다". 어떤 이론가도 "자기가 보고 있는 심리가 곧 자신의 심리인 줄을, 더군다나 **자신**의 심리 유형인 줄을 깨닫지 못한다. 그래서 오로지 단 하나의 참인 설명(…), 다시 말해 자신의 심리 유형과 일치하는 한 가지 설명만이 존재할 수 있다고 가정한다. (…) 다른 관점(일곱 관점 모두)도 그의 관점만큼이나 나름대로 참인데도, 그에게는 정상을 벗어난 이상한 관점일 뿐이라서 강렬하지만 이해할 만한 혐오"를 느낀다.

《심리 유형》을 쓰겠다는 기획은 양립할 수 없는 견해들이 존재하는 한 사례에서 비롯했다. 프로이트는 모든 문제가 결국 성에 관한 것이라고 생각했고, 알프레트 아들러Alfred Adler는 권력에 관한 것이라고 생각했다. 융의 연구는 "내 견해가 프로이트, 아들러와 어떻게 다른지 밝히고 싶은 욕구에서 비롯했다. (…) 이 물음에 답하려다보니, 심리 유형이라는 문제와 마주쳤다. 처음부터 사람의 판단을 결정하고 제한하는 것이 바로 심리 유형이기 때문이다".[12] 책에서 융은 자신의 한계를 중심으로 까다로운 문제를 섬세하게 다뤄냈다. 연구 전체에서 올림포스 신처럼 여러 성격 유형을 모두 꿰뚫는 통찰을 보여주면서도, 거듭 자신의 편파성을 인정했다. 모든 것을 굽어보는 완전한 이론을 세우고 싶은 욕망이 자신의 진짜 심리이고, 자신이 옳듯 프로이트도 나름대로 옳다고 말했다. 그는 자신의 것과 다른 심리 유형이 존재한다는 사실과 그 가치를 알아채기까지 여러 해가 걸렸고, 자신과 다른 심리 유형을 논하는 것이 부적절하다고 거침없이 인정했다.[13]

융이 아주 정확히 알았던 것처럼, 남의 시각으로 보는 일은 한마디로 불가능했다. "실제 연구를 살펴보면 한결같이 너무나 분명하게도, 사람은 자기 관점과 다른 것은 무엇도 이해하고 받아들일 줄을 거의 모른다. (…) 모든 사람은 자신의 심리 유형에 꽁꽁 갇힌 나머지 다른 관점을 완전히 이해하는 능력이 몹시 떨어진다." 인터넷 댓글 창을 확인해보면 누구라도 여기에 사례를 보탤 수 있다. 《심리 유형》이 걸작이 된 것은 융의 직관과 분석력에, 모든 일들에도 불구하고 몇십 년에 걸쳐 자신을 벗어나려 한 융의 노력이 결합되었기 때문이다.

로르샤흐는 융의 책이 본질적으로 자신의 책과 연관성이 있다는 것을 알아봤고, 그래서 여느 때와는 다르게 자신의 연구를 멈추고 내용을 검토했다. 융과 관련한 학문적 배경이 있는 로르샤흐는 자연스레 《심리 유형》의 논평을 부탁받았고, 1921년 4월에 이를 받아들였다. 하지만 책을 더 깊이 연구할수록, 책에 담긴 통찰을 어떻게 통합해야 할지 점점 확신을 잃어갔다.

두말할 것도 없이 융의 책은 어마어마했다. 말 그대로 수백 쪽에 이르는 책은 인도의 베다 경전, 스위스의 서사시, 중세 유럽의 스콜라 철학, 요한 괴테와 프리드리히 실러 등 인간 경험의 두 극단을 표현하는 모든 대상을 다뤘다. 그해 6월 17일 로르샤흐는 오베르홀처에게 이렇게 쓴다. "융을 읽고 있는데, 마음이 혼란스럽네. 구구절절 옳은 말이 많아. 정말 많아. 그런데 구조가 아주 기묘해." 그리고 5개월 뒤인 11월 15일, 이런 생각을 전한다.

> 《심리 유형》을 세 번째 읽고 있는데도, 쓰기로 약속한 논평에 아직도 손을 대지 못하고 있다네. (…) 어쨌든 전에 융에게 내렸던 평가를 꽤 많이 수정해야겠네. 책 내용이 정말 놀라워. 게다가 (…) 융이 프로이트의 견해와는 대조적으로 제시한 연역 구조에서도 지금까지는 흠잡을 구석이 없어. (…) 허물이 없나 이리저리 트집을 잡아보려 하지만, 그럴 때마다 내 생각이 맞는지 의심스럽군.

같은 달 5일에는 헤리자우에 동떨어져 사는 현실을 부리에게 푸념한다. "어떤 때는 융에 대해 누군가와 오랫동안 이야기 나누고 싶은 마음이 마구 솟구치네. 융의 책에는 정말로 좋은 내용이 많거든. 게다가 추론이 어디에서 궤도를 벗어났는지 말하기는 빌어먹게 어렵고." 1922년 1월 28일 뢰머에게도 이런 몸부림을 전한다. "융에게 동의하지 않을 길이 없네. 의식과 무의식의 사고방식을 구분하고, 의식이 외향일 때 무의식이 이를 보상해 내향이 된다고 말하거든. 물론 보상이라는 용어가 거슬리고, 표현도 서로 끔찍하게 충돌하지만, 보상이라는 개념이 아주 의미심장한 것은 분명하네." 로르샤흐는 "대다수 환자는 내향적인 면과 외향적인 면을 모두 지니므로, 모든 유형이 실제로는 두 특성의 혼합이다"라는 견해가 자신만의 남다른 주장이라 여겼었다. 하지만 융 역시 이미《심리 유형》에서 같은 견해를 주장하고 있었다.

《심리 유형》 때문에 로르샤흐는 자신이 세운 개념, 그리고 자기 자신의 심리를 다시 생각해볼 수밖에 었었다. 그는 한때 자신의 환자였던 부리 목사에게 그런 사정을 털어놓았다. "처음에는 융의 심리 유형이 순전히 추측에 근거한 구성이라고 여겼네. 하지만 결국 잉크 얼룩 실험 결과로부터 융이 주장한 심리 유형을 도출해보면서 그것이 가능하다는 것을 알았네. 융의 주장에 맞서는 과정에서, 내가 내 심리 유형 때문에 생각보다 실제로 훨씬 더 많이 편견에 치우쳤었다는 걸 깨달았네."[14]

자신의 반응이 자신이 어떤 사람인지를 드러낸다는 사실을 인식하는 과정에서 로르샤흐는 융 이론의 핵심에 이르렀을 뿐 아니라, 이전의 통찰을 한층 더 발전시켰다. 학위 논문에서 로르샤흐는 "내가 설명한 반사 환각 과정이 어떤 독자, 이를테면 청각 유형인 독자에게는 내 주관으로만 비칠지도 모른다. 왜냐면 이 글을 쓴 사람은 주로 운동 유형이고, 보조적으로 시각 유형이기 때문이다"라고 인정했었다. 1920년 1월 28일 일기에는 이렇게 적혀 있다. "내향인 사람은 외향인 사람이 생각하고 행동하는 방식을 이해하지 못하는 현실을 거듭 마주하게 된다. 반대의 경우도 마찬가지다. 그런데도 나와 유형이 다른 사람을 마주하고 있다는 사실조차 인식하지 못한다." 융 때문에 이제 문제를 명확히 매듭지어야 할 시기가 왔다. 이른바 이론의 개념이 이론가의 심리에서 비롯하는 것이라면, 보편 이론이라는 것이 가능하기는 한 걸까?

융은 세상을 8개의 다른 세계관으로 나눴다. 하지만 로르샤흐의 이론은 과감하게 훨씬 더 촘촘한 상대주의를 시도하면서, 일원화된 진실을 끝없이 다양한 지각 유형으로 세분화했다.《심리 유형》이 나오기 전까지만 해도, 그는 여러 특성에 대한 자신만의 균형감각을 활용하여 잉크 얼룩 실험의 골치 아픈 문제를 숨길 수 있었다. 그는 뛰어난 직관으로 검사 기록을 읽어내면서도 탄탄한 수치를 바탕으로 결과를 나타내려고 했다.《심리 진단》에서 그는 검사자가 움직임에 반응하거나 지나치게 반응하지 않을 경우 검사를 제대로 채점하기 어려울 거라고 적으면서도,[15] 자신은 정확히 균형을 잡을 줄 안다고 여겼다. 그는 움직임 유형 혹은 색채 유형이 더 낫거나 못하다는 평가를 하지 않았다. 그런데 융의 책은 로르샤흐의 눈앞에 그의 편파성, 더 나아가 공평함의 편파성을 들이민 꼴이었다.

학위 논문에서 로르샤흐는 자신이 묘사한 심리가 자신의 심리임을 인정하기도 했지만, 나중에는 자신의 잉크 얼룩으로 모든 사람이 어떻게 보는지를 파악할 수 있게 되었다고 생각했다. 하지만 사람들이 저마다 다 다르다는 것을 진정으로 받아들였다면, 자신이 어떻게든 그 차이를 메울 수 있다고 주장하기는 어려웠을 것이다.

융 때문에 고심하고 신경증 환자와 씨름하면서도 로르샤흐의 생각은 거듭 발전하여, 다가올 100년 동안 검사가 진화할 수 있는 더 많은 가능성에 이르렀다. 로르샤흐는 검사의 주요 결과로 꼽았던 경험 유형과 내향/외향의 균형에서 벗어났다. 그리고 수검자가 말하는 방식에 깊이 주목하기 시작하면서, 정신없이 강박적으로 말을 쏟아내는지 아니면 차분히 느긋하게 말하는지를 살폈다. 아울러 100년 동안 이어질 논쟁을 규정하는 물음을 던졌다. 검사자가 결과에 영향을 미치는가, 미치지 않는가? 검사가 변치 않는 성격 특성을 밝히는가, 아니면 수검자의 상황과 그 순간의 기분을 나타내는가? 표준화로 검사가 더 믿을 만해졌는가, 아니면 더 경직되기만 했는가? 반응을 따로따로 채점해야 하는가, 아니면 전체 반응 기록의 맥락 속에서 봐야 하는가? 1922년 3월 22일, 로르샤흐는 독일의 정신과 의사 한스 프린츠호른Hans Prinzhorn에게 이렇게 털어놓는다. "내 방법은 아직도 걸음마 단계에 있소. 잉크 얼룩으로 충분히 연구한 끝에 나는 완전한 확신을 얻었습니다. 더욱 특화된 다른 잉크 얼룩으로 나아갈 길이 열릴 것이며, 그러면 틀림없이 더 차별화된 결론을 내릴 수 있을 겁니다."[16]

로르샤흐는 여전히 신중하게 접근했다. 1922년 1월 27일 그는 뢰머에게 편지로 "물론 반드시 체계적으로 연구해봐야겠지만," 검사자가 검사 절차의 형식적인 면보다는 반응의 내용에 훨씬 많은 영향을 미치는 듯하다고 밝혔다. 《심리 진단》에서도 그는 전체론적 접근법을 쓰더라도 수치로 표시할 수 있는 자료를 반드시 확보해야 한다고 말했다. "특정 변수의 점수에 현혹되어 실수하지 않도록 반드시 전체 검사 결과를 종합해 살펴야 한다. 하지만 수많은 경험과 실습을 했음에도, 나는 점수를 계산하지 않고서는 명확하고 믿을 만한 해석을 얻을 수 없다고 생각한다."[17] 로르샤흐는 1921년 6월 뢰머에게 알렸듯이 "검사에서 안타깝게도 매우 자주 맞닥뜨리는 딜레마", 즉 결과를 검사자 임의대로 해석하도록 놔두느냐 아니면 다소 불완전하더라도 공식을 따르도록 하느냐 하는 문제 앞에서 과학에 근거한 객관성의 손을 들어줬다. "내 모든 연구가 증명하듯, 누가 봐도 상황이 명확하지 않을 때는 불완전한 체계화가 제멋대로인 해석보다 낫다네."

잇따른 새로운 발견들이 로르샤흐에게 놀라움을 안겼다. 당시 헤리자우에 새로 온 수련의가 장크트갈렌의 농아 병원에 있는 환자에게 잉크 얼룩 검사를 수행했을 때, 로르샤흐는 귀가 먼 환자들이 운동 반응을 자주 보일 거라고 짐작했다.[18] 하지만 그렇지 않았다. "내 예상은 완전히 어긋났네. 환자들은 그림을 보고 오롯이 시각에만 기댄 드문 부분 반응을 보일 뿐, 움직임 반응은 거의 하나도 보이지 않았네!" 되돌아보면 그것은 "예상하지는 못했더라도 매우 이해할 만한 결과"였다. 로르샤흐는 이 결과와 다른 비슷한 결과를 바탕으로 볼 때 잉크 얼룩 검사를 설명하는 이론을 세우기에는 아직 시기상조라고 결론지었다. 다양한 수검자를 두루두루 경험한 뒤에야 제대로 된 이론이 "제 자리를 잡아갈 수 있다고" 여겼기 때문이다.

뢰머는 로르샤흐가 다른 나라의 정신과 의사들을 만나 그의 새로운 생각을 나눌 수 있도록 로르샤흐를 주요 강연자로 내세운 학술회의를 독일에서 열 계획을 세웠다. 회의는 1922년 4월 초, 부활절 무렵에 열릴 예정이었다. 하지만 1월 27일, 로르샤흐는 고심 끝에 참석하지 않겠다는 답신을 보낸다. "몇 번이고 다시 생각해봤지만, 그냥 여기에 있는 게 낫겠네. 정말 구미가 당기지만, 먼저 조금 더 명확히 정리하고 싶은 점들이 있거든. 지금은 너무 많은 일이 한꺼번에 몰려드는군. 물론 앞으로 100년을 더 연구한다 한들 언제나 무언가가 '진척 중'이겠지만, 정말로 신경이 쓰이는 대목이 몇 가지 있다네. 내가 아무리 이러한 나의 내향적 망설임에 깔린 본질을 꿰뚫어본다 해도, 나 자신이 그런 망설임에서 자유로울 수는 없겠지." 로르샤흐는 다른 사람의 연구를 더 깊게 파고들고 싶었다. 무엇보다도 뢰머가 조르는 대로 적성검사를 내세우는 것이 영 내키지 않았다. "이해해주게나. 머잖아 다른 기회가 오기를 바라봄세."

더 나은 미래로
넘어가려는 찰나

1922년 3월은 사자처럼 사나운 날씨로 시작해, 얼음 사자처럼 더 매섭게 끝났다. 봄철 눈보라가 스위스를 뒤덮었는데, 고산 지역인 헤리자우는 특히 심했다. 3월 26일 일요일, 로르샤흐는 하루 휴가를 내어 올가와 함께 입센의 연극 〈페르 귄트Peer Gynt〉를 보러 장크트갈렌으로 갔다.[1] 다음날 아침, 잠에서 깬 로르샤흐는 복통과 미열을 느꼈다. 그리고 4월 2일 일요일, 헤르만 로르샤흐는 세상을 떠났다.

당시 올가는 헤르만의 복통이 별것 아니라고 말했다. 이 때문에 헤르만의 친구들은 몇십 년이 지난 뒤에도 올가를 원망했다. 무능했던 병원장 콜러는 흔한 복통이라 저절로 나을 거라고 진단했다. 장크트갈렌에서 불러온 의사 촐리코퍼는 담석일 가능성이 크다고 보고 음료를 많이 마시라고 권했다. 벤에센부르크 부부는 그 주에 로르샤흐가 거의 새우등을 하고 건물 안을 돌아다니는 모습을 보고, 뭔가 단단히 잘못되었다며 한바탕 소란을 피웠다. 그런데도 올가는 니코틴중독이라고 생각해 아무런 조치도 하지 않았다. 전에 헤르만이 니코틴중독을 앓았을 때도 계단을 오를 때면 굴러떨어지지 않게 난간을 꽉 붙잡아야 할 만큼 통증이 아주 심했다는 이유에서였다. 헤르만도 애써 의사를 찾지 않았다. 얼마 전에 로르샤흐 부부의 가정부가 손에 염증이 생겨 허드렛일을 할 수 없었는데, 올가의 등쌀에 헤르만이 그녀의 상처를 절개했다 그만 그 부위가 감염되어 가정부가 입원하는 일이 벌어졌다. 그 일로 의사에게 크게 혼난 헤르만은 의사를 또다시 귀찮게 하고 싶지 않았다. 로르샤흐와 친구로 지냈던 유능한 의사 마르타 슈바르츠는 당시 헤리자우를 떠나고 없었다. 그녀는 40년이 더 흐른 뒤에도 여전히 속상해하며 자신이 헤리자우에 있었다면 로르샤흐가 죽지 않았을 거라고 주장했다.

마침내 올가는 취리히에 있는 에밀 오베르홀처에게 연락했고, 그는 내과 의사 파울 폰 모나코프Paul von Monakov를 데리고 한달음에 달려왔다. 모나코프는 헤르만의 아버지 울리히를 살리지 못했던 의사 콘스탄틴 폰 모나코프의 아들이었다(또 헤르만이 편지를 보낸 학술 잡지의 학회장이기도 했다). 오베르홀처는 한눈에 맹장염임을 알아봤고, 취리히에서 외과 의사를 불렀다. 하지만 곳곳이 눈으로 뒤덮인 까닭에 길을 잃은 외과의는 헤리자우가 아니라 25

킬로미터쯤 떨어진 어느 도시로 차를 몰았다. 외과의가 밤늦게 기진맥진해 도착했을 때는 사실상 이미 늦은 뒤였다. 헤르만은 욕실에서 고통에 신음했고, 밖에는 여전히 눈이 내리고 있었다. 새벽 2시 30분이 되어서야 구급차에 실려 병원으로 간 그는 이미 빈사 상태였다. 1922년 4월 2일 아침 10시, 헤르만 로르샤흐는 맹장 파열에 따른 복막염으로 수술대 위에서 죽음을 맞았다.

4월 8일, 올가는 브라질에 있는 파울에게 충격적인 소식과 헤르만의 마지막 날들을 자세히 알렸다.

> 헤르만이 불쑥 "롤라, 아무래도 일이 잘못될 것 같아"라고 말하더군요. (⋯) 그러더니 연구, 환자들, 죽음, 나, 우리의 사랑, 파울, 레기넬리 이야기를 했어요. 그 사람이 사랑한 존재들을요! 그리고 "파울에게 작별 인사를 전해줘. 그 아이를 볼 수 있다면 정말 좋을 텐데"라고 말했어요. 그 말을 할 땐 흐느껴 울었답니다. 그리고 말했어요. "어찌 보면 삶의 중간에 떠나는 건 아름다운 일이지만, 마음이 **아리군**." "내가 할 일은 다 했어. 이제는 다른 이들의 손에 맡길밖에." (자신의 학문 연구를 뜻하는 거였어요.)

편지에 뚜렷이 드러나듯이, 죽음을 앞두고서도 헤르만은 자신이 생각하는 자기 모습보다 남이 생각하는 자기 모습을 더 신뢰한 듯하다.

헤르만이 나한테 물었어요. "말해줘. 나는 어떤 사람이었지? 사람이 삶을 살아갈 때는 영혼이나 자기 자신을 그리 많이 생각하지 않아. 하지만 죽어갈 때는 그런 것이 알고 싶어져." 그래서 그 사람에게 말했죠. "당신은 고결하고, 믿을 수 있고, 정직하고, 재능 있는 사람이었어." 헤르만이 묻더군요. "확실해?" "그럼." "당신이 그렇다고 확신한다면, 나도 믿어." 그런 다음 나는 아이들을 데려왔어요. 아이들과 입맞춤을 나눈 헤르만은 애써 웃어 보였어요. 그런 다음 나는 아이들을 데리고 나갔죠. (…)

여러모로 인정을 받으면서 헤르만은 더 자유로워졌고 자신감을 얻었어요. 그래도 여전히 이전처럼 겸손하게 행동했어요. 그래서 헤르만이 더 멋져 보였죠! 기분이 좋아져 활기가 넘쳤어요. 나는 늘 이렇게 말했어요. "내 잘생긴 남편! 당신이 얼마나 멋지고 잘생긴 남자인지 알아?" 그러면 그 사람은 웃기만 하다 말했어요. "**당신** 눈에 그렇게 보인다니 좋군. 남들이 어떻게 생각하는지는 관심 없어."

올가는 헤르만이 아버지로서 얼마나 큰 기쁨을 느꼈는지도 적었다. "어릴 적에 너무 큰 상실을 겪었기에, 헤르만은 끔찍할 정도로 아이들에게 '황금빛 어린 시절'을 선사하고 싶어했어요. 머리도 좋고 성격도 밝았으니, 그럴 수 있었을 텐데." 이전에는 헤르만의 연구를 어찌 생각했든, 이제 올가는 헤르만이 살아 있을 때 남편을 높이 평가하지 않았다는 죄책감에 시달렸다. 그리고 40년 뒤 자신이 죽음을 맞을 때까지 그녀는 자신이 원하는 남편의 모습을 만들고 거기에 매달렸다.

헤르만이 학계에서 떠오르는 유력 인사였다는 걸 알았어요? 그 사람 책이 돌풍을 일으켰어요. 벌써 사람들이 '로르샤흐 방법'을 다루고, '로르샤흐 검사'를 이야기해요. 헤르만이 만들어낸 새로운 심리학이라는 최고로 기발한 발상을요. (…) 이곳에 사는 헤르만의 학계 친구들은 그의 죽음이 무엇으로도 메꾸지 못할 손실이라고 애석해해요. 헤르만이 스위스에서 가장 유능한 정신과 의사라면서요! 아무렴요, 헤르만은 정말로 재능이 뛰어났어요. 최근 온갖 새로운 발상과 꼬리에 꼬리를 무는 생각을 쏟아냈어요. 그 사람은 모든 것을 이해하고 싶어했어요. (…)
우리가 더 나은 미래로 넘어가려는 찰나였다고 생각했는데, 이제 헤르만은 가고 없어요.

로르샤흐의 능력에 "경외심"[2]을 느꼈던 친구이자 지지자인 오스카어 피스터는 4월 3일 프로이트에게 편지를 썼다. "어제 우리는 가장 능력 있는 분석가 로르샤흐 박사를 잃었습니다. 놀랍도록 냉철하고 독창적인 두뇌를 지녔던 로르샤흐 박사는 마음과 영혼을 분석하는 데 온 힘을 쏟았습니다. 형태 분석이라고 부르면 좋을

'진단 검사'는 감탄스러울 만큼 수검자의 심리를 알아냅니다." 피스터는 로르샤흐의 인품을 설명한 뒤 마지막으로 잉크 얼룩 검사를 옹호하고 나선다. "로르샤흐는 평생 가난하게 살았지만 마음이 아주 따뜻하면서도 당당하고 강직한 사람이었습니다. 그런 그가 죽다니, 우리에게는 엄청난 손실입니다. 그가 만든 검사 체계가 정말로 훌륭하다는 사실을 검증하도록 뭐라도 해주실 수는 없는지요? 틀림없이 심리 분석에 엄청난 도움이 될 겁니다."[3] 프로이트는 4월 6일 답신에서 엇갈린 반응을 보였다. "로르샤흐의 죽음은 무척 안타까운 일이오. 오늘 중으로 그의 아내에게 몇 자 적어 보내겠소. 내가 느끼기에 선생은 분석가로서의 그를 과대평가하는 듯하오. 선생의 편지에서 그 사람을 인간적으로 높이 존경하는 모습이 보여 기뻤소."

4월 5일 낮 2시, 여느 때처럼 날이 궂은 가운데 취리히의 노르트하임 공원묘지에서 로르샤흐의 장례식이 서둘러 열렸다. 올가는 파울에게 취리히를 장지로 고른 이유를 알렸다. "헤르만을 헤리자우에 남겨두고 싶지 않았어요. 취리히는 모든 면에서 '우리 도시'였고요. 우리 사랑이 꽃핀 도시에 잠들게 하려고 해요!" 목사이기도 한 피스터가 장례 예배를 올렸다. 한 번도 감정을 쏟아낸 적이 없는 블로일러마저 로르샤흐를 "스위스 정신의학계 전체의 희망"이라고 불렀다. 오베르홀처의 사촌 에밀 뤼티는 관에 난 유리창으로 "극심한 고통을 겪어 괴로워 보이는 얼굴"을 봤던 일을 오랜 세월이 흐른 뒤에도 기억했다. 올가는 파울에게 편지로 알렸다. "화환도 많이 왔고, 정말 많은 의사가 찾아와 조문했어요." 헤르만의 대학 친구인 발터 폰 뷔스가 낭독한 "정말 멋진 추도사"도 적어 보냈다. "저는 헤르만에게서 최고를 추구하려는 마음을 봤습니다. 인간의 영혼을 오롯이 이해하고 자신을 세상에 어우러지게 하려는 깊은 욕구였죠. 그는 다양한 사람의 처지에서 생각해볼 줄 아는 정말 빼어난 능력을 가지고 있었습니다. 헤르만은 독립된 사람이었습니다. 왜냐면 그만이 줄 수 있는 무엇이 있는 사람이었으니까요. 그럴 수 있는 사람은 정말 드뭅니다."[4] 1923년 루트비히 빈스방거는 《심리 진단》을 다룬 평론을 펴내면서 "스위스 정신의학자의 한 세대를 이끌 독창적인 선도자"를 잃었다며 안타까워했다.[5] "헤르만 로르샤흐는 남다른 과학 실험 기술, 사람을 이해하는 천재성을 지니고 있었다. 영민한 심리학적 논증과 예리한 논리적 추론을 펼칠 줄 알았다. (…) 남들은 겨우 수치나 '증상'만 볼 때, 그는 그 자리에서 심리의 연관성과 상호 관계를 알아봤다."

　　이런 찬사와 올가의 편지만이 로르샤흐의 최후를 엿볼 수 있는 전부는 아니다. 암울한 장면도 있다. 벤에셴부르크가 수술실에서 나와 올가와 자기 아내 게르트루트에게 헤르만이 죽었다고 말하자, 올가는 게르트루트에게 고개를 돌려 "당신도 똑같은 일을 겪었으면 좋겠어!"라고 말했다. 가정부에 따르면, 올가는 "바닥에 주저앉아 짐승처럼 비명을 질렀다". 올가가 아이들을 창밖으로 던지려고 하는 바람에 그녀의 몸을 붙들어야 할 정도였다. 올가는 거칠게 소리 질렀다. "애들을 도저히 못 보겠어. 꼴도 보기 싫어. 아이들을 보면 헤르만이 떠올라!" 그때 리자는 네 살, 바딤은 세 살을 앞두고 있었다. 게르트루트 벤에셴부르크는 도저히 올가를 혼자 내버려둘 수 없어, 꼬박 2주 동안 로르샤흐의 집에 머물며 그녀 곁을 지켰다. 나중에 '러시아 사람의 성질을 긁어보라. 야만인을 볼 것이다'라는 말로 올가를 설명한 사람이 바로 게르트루트다. 올가가 가장 잔인하게 굴었던 것은 헤르만의 이복동생 레기넬리가 장례식에서 복통을 느낀 뒤 맹장 수술을 받고 건강을 회복했을 때였다. 올가는 레기넬리가 단지 헤르만이 맹장염을 앓았다는 이유로 맹장염을 앓으려 했다고 비난했다. 올가는 레기넬리가 정말로 수술을 받아야 했다는 사실을 믿으려 들지 않았다.

로르샤흐는 취리히 출신으로 19세기의 전형적인 교양 소설을 대표하는 멋진 소설《녹색 옷의 하인리히Der grüne Heinrich》를 쓴 고트프리트 켈러의 글을 즐겨 낭송했다. 특히 켈러의 가장 유명한 시 〈저녁 노래Abendlied〉의 두 구절을 자주 읊었다. 그래서 파울에게 주려고 만든 로르샤흐 가계도의 마지막 장과 콜러 병원장의 아들들에게 준 선물에 그 시구를 새겨 넣었다. 아들 바딤의 탄생을 알리는 안내문에도 써넣었고, 죽음을 눈앞에 뒀을 때도 인용했다.
　　시는 죽을 운명이지만 고귀한 눈에 보이는 세상과 인생 여정의 아름다움을 찬양하며 그 광경을 되도록 많이 눈에 담으라고 노래한다.

눈이여, 내 사랑스러운 작은 창이여,

그대는 오랫동안 티 없이 아름다운 빛을 비춰주었소.

친절을 베풀어 끊임없이 바깥 모습을 보여주었소.

하지만 언젠가는 그대도 어두침침해지겠지!

시는 이어 곧 닥칠 죽음을 묘사한다.

어느 날 지친 눈꺼풀이 내려앉을 때,

빛은 사라지고, 영혼은 평안에 들리.

어둠 속에서 더듬더듬 신발을 벗고,

어두운 관에 몸을 누이리.

그래도 어렴풋이 빛나는 두 불꽃이 보일지니,

작은 별 두 개가 관 안을 비추는 듯하리.

허나 나비의 펄럭인 날갯짓에 스친 듯

일렁이는 불꽃마저도 끝내 사그라지리.

로르샤흐가 사랑한 마지막 연에서, 시는 시각을 찬양하며 끝을 맺는다.

그래도 나는 지는 별만을 벗 삼아

저녁 들판을 여기저기 헤매리.

눈꺼풀이 버티는 마지막까지, 아 눈이여, 실컷 맛보시오,
황금빛 넘실대는 이 세상을!

37년 동안 헤르만 로르샤흐는 넘실대는 세상을 실컷 맛보았다. 그는 영혼을 들여다보는 창을 만들어냈고, 우리는 100년 동안 그 창으로 영혼을 엿보았다. 그리고 로르샤흐는 그의 유산에 도전하는 가장 큰 시험대에 대응하기도 전에 죽음을 맞았다. 검사는 그저 로르샤흐의 심리 때문에 효과를 발휘한 것일까? 로르샤흐의 해석은 그만의 독특한 기술일까, 아니면 검사가 로르샤흐를 뛰어넘어 살아남을 수 있을까? 그가 이 물음들에 무어라 답했을지 모르지만, 잉크 얼룩은 그의 손과 눈이 이끌지 않아도 자유롭게 세상을 돌아다녔다.

잉크 얼룩,
미국에 발 디디다

1923년, 31세의 정신과 의사이자 정신분석가 데이비드 모더카이 레비David Mordecai Levy[1]는 미국의 첫 아동상담소인 시카고 청소년연구소의 소장이었다. 1920년까지 청소년정신질환연구소로 불린 이곳은, 미국 사회복지의 기반을 다졌고 1931년 노벨 평화상을 받은 제인 애덤스Jane Addams의 도움으로 1909년에 문을 열었다. 진보 시대Progressive Era*의 개혁 운동인 아동 상담은 '아이 자신의 이야기'에 귀 기울이고 아이의 주변 사회 및 가족을 배경으로 아이를 바라봄으로써 아동의 신체 건강 및 정신 건강 문제를 해결한다. 예리한 관찰자이자 다른 이의 이야기를 주의 깊게 경청하는 레비에게 꼭

• 미국에서 사회 운동 및 정치 개혁이 일어났던 1890~1920년대.

들어맞는 일이었다.

그해 레비는 연구소장 자리를 내려놓고 1년 동안 외국에 나가 어느 스위스 정신과 의사와 함께 아동 정신분석을 연구하기로 했다.[2] 그는 바로 로르샤흐의 친구 에밀 오베르홀처였다. 마침 오베르홀처는 로르샤흐의 1922년 명강연을 사후 강연록으로 펴내는 작업을 하고 있었다. 1924년 레비는 시카고에 있는 마이클 리스 병원의 정신의학과를 맡기 위해 미국으로 돌아오면서 로르샤흐의 강연록과 책, 잉크 얼룩 카드를 함께 챙겨왔다. 따라서 마이클 리스 병원에서든, 일리노이주 산하 시카고 청소년연구소에서든, 레비의 시카고 개인 진료소에서든, 미국에서 처음으로 어떤 사람이 10장짜리 잉크 얼룩을 보고 "이것은 무엇일까요?"라는 물음을 받은 것은 로르샤흐가 죽은 지 2년이 지나서였다. 처음으로 놀이 치료를 고안하고, **형제간 경쟁**이란 용어를 만드는 등 오랫동안 성공 가도를 달리게 되는 레비는 앞서 1924년에 로르샤흐의 1922년 강연 「정신분석에 적용한 형태 해석 검사」를 영어로 펴냈고,[3] 1925년에 미국에서 처음으로 로르샤흐 검사를 주제로 토론회를 열었다.[4] 로르샤흐 검사가 무엇이고 어떻게 이용하는지를 당대의 학생들에게 가르친 사람도 바로 레비였다.

헤르만 로르샤흐는 살아 있는 동안 독일과 프랑스, 빈과 러시아가 교차하는 스위스에 뿌리내리고 있었다. 하지만 죽은 뒤에는 전 세계로 나아간다. 세계 곳곳으로 퍼져나간 잉크 얼룩은 나라마다 사뭇 다른 상황에 따라 널리 보급되기도 하고 그러지 못하기도 했다. 20세기 중반 스위스에서는 항우울제 이미프라민을 발견한 롤란트 쿤이 잉크 얼룩 검사를 옹호했다. 영국에서 검사를 지지한 아동심리학자 테오도라 올콕Theodora Alcock은 2차 대전 때 런던 공습의 와중에 「폭격을 겪은 아이와 로르샤흐 검사The Bombed Child and the Rorschach Test」라는 글을 썼다.[5] 프랑스에서는 프란치스카 민콥스카Franziska(Françoise) Minkovska[6]가 홀로코스트 기간 및 이후에 유대인 아동을 연구하며 로르샤흐 검사를 개척했다. 로르샤흐 검사를 일찌감치 받아들인 나라 가운데 하나인 일본에서는 지금까지도 100만 명에 이르는 대중교통 기관 임직원에게 필수적으로 시행하는 우치다-크레펠린 검사를 고안한 우치다 유자부로内田勇三郎가 로르샤흐 검사를 널리 알렸다.[7] 현재 잉크 얼룩 검사는 영국에서는 완전히 외면받고 있지만, 일본에서는 아직도 가장 인기 있는 심리검사다. 아르헨티나에서는 큰 인기를 얻고 있고, 러시아와 호주에서는 아직 주변부에 머물고 있으며, 터키에서는 상승세에 있다.[8] 이 모든 발전에는 저마다의 성장사가 자리하고 있다.

그렇지만 검사가 처음으로 널리 이름을 알린 곳은 미국이었다.[9] 미국에서 잉크 얼룩 검사는 매우 인상적인 인기를 얻었다가 논쟁에 휘말렸다. 그리고 문화 깊숙이 스며들어 20세기 역사의 이정표 곳곳에서 한몫을 했다.

잉크 얼룩 검사는 미국에 발을 디딜 때부터 큰 주목을 받았다. 눈에 보이는 수치와 전문가의 판단 중 어느 쪽이 더 믿을 만한가? 뒤집어 말하자면, 어느 쪽을 덜 믿어야 하는가? 이 물음은 미국의 사회학, 더 나아가 미국인의 생활 전반에서 언제나 주요한 논쟁거리가 되었다. 당시는 20세기 초반인데도 수치를 믿는 쪽이 주류를 차지했다.

미국 심리학계에는 확실한 자료로 증명할 수 없는 것은 무엇이든 의심하는 태도가 널리 퍼져 있었다. 특히 정신지체로 밝혀진 사람을 격려하거나 이들에게 불임 시술을 하라는 요구 때문에 논란이 일었던 터라, 심리학자들은 검사로 터무니없는 결론을 끌어내지 말고, 객관적으로 타당한 양적 수치를 다루는 심리측정학 psychometrics을 이용해야 한다고 여겼다. 당시 심리학을 이끈 이론은 행동주의였기 때문에, 행동 뒤에 숨어 있다고들 말하는 알 수 없는 마음이 아니라 사람이 실제로 어떻게 행동하는가가 더 중요했다.

그러나 이와는 반대로, 유럽에서 건너온 프로이트의 견해와 그 밖의 철학에 힘입어 행동주의를 극도로 이성에 기대는 차가운 학문으로 보는 전통 역시 남아 있었다. 복잡한 상황에 직면한 사람들을 현장에서 치료해온 심리 치료사들은 정신분석이 비논리적이긴 해도 분석으로 밝혀낸 진실이 논리가 흔히 내세우는 근거보다 더 강력하고 설득력이 있다고 인정했다.[10] 그들은 인간의 심리를 객관적으로 측정하는 데는 한계가 있음을 인정했다.

오늘날에는 심리학자들이 "좀 더 유연한" 치료법을 쓰고, 정신의학자들이 깐깐하게 "자연과학자" 노릇을 하지만, 20세기 초반에는 정반대였다. 프로이트를 추종한 정신의학자들은 연구 심리학자들을 숫자만 아는 좀생이라 무시했고, 학리를 따지는 심리학자들은 객관적 측정을 마다하는 프로이트식 비법과 접근법에 견주면 자기네 학문 배경은 빈틈이 없다고 으스댔다.

그러던 와중에 이들 앞에 잉크 얼룩 10개가 나타난 것이다. 로르샤흐 검사는 혈액검사처럼 과학적이고 계량할 수 있는가, 아니면 대화 치료처럼 인간성을 독창적으로 해석할 수 있는 결과를 낳는가? 이것은 학문일까, 기술일까? 로르샤흐 역시 잉크 얼룩 검사가 과학자가 보기에는 너무 감정에 기대고 정신분석가가 보기에는 너무 꽉 짜여 있어서 두 진영 어디에서도 환영받지 못하리라는 것을 인정했다. 1921년 6월 18일 로르샤흐가 뢰머에게 보낸 편지에도 그 사실이 드러나 있다.

> 검사는 사뭇 다른 두 접근법에서 나왔다네. 정신분석, 그리고 학리를 따지는 연구 심리학일세. 연구 심리학자들은 검사가 너무 정신분석에 치우쳤다고 하고, 정신분석가들은 해석 내용에 매달리느라 형태적 관점을 간과하여 검사를 이해하지 못하기 일쑤라네. 그렇긴 해도 검사가 효과를 발휘한다는 것이 중요하지. 진단 결과가 놀랍도록 정확하다네. 그래서 양쪽 모두 검사에 더욱 질색하지.

굳이 따지자면, 로르샤흐는 문제를 과소평가했다. 당시 심리학에는 정신의학에서 잉크 얼룩 검사를 활용해 환자를 진단해도 된다는 실제 근거, 말하자면 왜 내향성이나 외향성이 움직임 반응이나 색

채 반응을 보이는지 설명하는 이론이 하나도 없었다. 따라서 심리
학자들은 정신과 의사들이 검사로 명백한 효과를 얻는 상황을 도
무지 이해하지 못했다. 하지만 로르샤흐가 옳게 짚은 것도 있었다.
검사는 논쟁거리가 되다 못해 미움을 살 운명이었다.

초기에 미국에서 가장 영향력이 컸던 두 명의 로르샤흐 추종
자 사무엘 J. 벡Samuel J. Beck(1896~1980)과 브루노 클로퍼Bruno Klopfer
(1900~1971)는 이런 분열을 거의 완벽하게 보여주는 사례다.[11]
1927년 가을, 스위스에서 또다시 1년 동안 로르샤흐를 연구하고
돌아온 데이비드 레비는 뉴욕 아동상담소의 소장을 맡았다.[12] 상
담소 복도를 지나던 레비는 학위 논문의 주제를 잡지 못해 어깨가
축 처진 만학도와 마주쳤다. 그래서 이 학생에게 《심리 진단》과
로르샤흐의 1922년 강연록을 빌려줬다. 그것은 학생에게 큰 도움
이 되었다.

　　그 학생이 바로 사무엘 J. 벡이다. 루마니아 출신인 벡은
1903년에 미국으로 건너왔고, 성적이 매우 뛰어나 열여섯 살에 하
버드에서 장학금을 받고 고전문학을 공부했다. 레비도 같은 시기
에 하버드에 다니고 있었다. 하지만 벡은 아버지가 아픈 바람에 오
하이오주 클리블랜드로 돌아가 기자로 일하며 가족을 먹여 살려
야 했다. 기자 일은 그 자체로 심리학 교육이었다. "대도시에 존재
하는, 둘째가라면 서러울 살인자, 강도, 밀주업자, 횡령범을 여럿 보
았다."[13] 10년 동안 현실을 피부로 겪은 뒤, 벡은 하버드로 돌아가

1926년에 학부를 졸업하고, "인간이 어떤 존재인지를 과학적인 방법으로"[14] 알아내기 위해 컬럼비아 대학교에서 심리학을 공부했다.

그리고 그는 평생 동안 잉크 얼룩 검사를 연구한다. 1930년에 쓴 「로르샤흐 검사와 성격 진단The Rorschach Test and Personality Diagnosis」을 시작으로, 벡은 미국에서 처음으로 로르샤흐 검사를 다룬 논문들을 펴낸다. 1932년에는 미국에서 처음으로 로르샤흐 검사를 다룬 학위 논문을 마무리 지었다. 1934~1935년에는 직접 스위스로 가 오베르홀처와 교유하며 함께 연구했다. 미국으로 돌아온 뒤에는 1936년부터 레비를 따라 시카고 마이클 리스 병원에서 일했다.

연구 심리학자인 벡과 대조되는 정신분석가는 브루노 클로퍼였다. 독일에서 유대인 은행가의 아들로 태어난 클로퍼는 권위주의에 질색하는 즉흥적이고 반항적인 사람이었다. 게다가 어릴 때 원인을 진단하기 어려운 건강 문제를 겪어 시력이 몹시 나빴다. 그러니 "여느 학생들과 달리 시야가 밝지 못해 보지 못하는 것을 영민한 사고력을 이용해 꾸며내야" 했다.[15] 이것은 장차 미국에서 로르샤흐에 회의적인 저명한 해석가가 될 사람이 어떤 인물인지를 완벽하게 보여준다. 클로퍼는 남이 본 것을 자신은 보지 못했을지라도, 그것을 이해한다는 확신을 줄 수 있는 인물이었다.

스물두 살에 박사 학위를 받은 클로퍼는 베를린의 아동 상담 기관에서 10년 넘게 일하며 정신분석 이론, 주관적 경험에 집중하는 철학적 접근법인 현상학을 폭넓게 수련했다. 또 5년 동안 그는 인기 높은 주간 라디오 프로그램에서 부모들에게 육아법을 조언했다.[16] 시대를 앞서간 이 프로그램에서 클로퍼는 이래라저래라 훈계하는 대신 직접 청취자의 문제를 듣고 토론하였다. 그러던 1933년, 여덟 살인 아들이 그에게 물었다. "유대인이 뭐예요?"[17] 그가 이유를 묻자, 학교에서 어떤 남자아이가 두드려 맞았는데 교장이 저 아이는 유대인이니 도와줘서는 안 된다고 말했다는 답이 돌아왔다. 클로퍼는 대답했다. "다음 주에 알려주마." 다음 주, 클로퍼와 가족은 독일을 떠났다.

아들을 안전하게 영국 기숙학교로 옮긴 브루노 클로퍼는 카를 융의 보증으로 스위스 입국허가를 받았다. 그 덕분에 취리히 정신기법연구소에서 일하게 된 그는 드디어 알리스 그라바스키Alice Grabarski라는 조수에게서 로르샤흐 검사를 배워 하루 두 번씩 스위스의 구직자들에게 검사를 수행했다. 사업을 중시하는 스위스에서는 진지한 심리학자보다 직업 상담소와 산업계에서 잉크 얼룩 검사를 훨씬 자주 활용했다.[18] 하지만 클로퍼에게는 지루한 일이었다. 1934년 7월 4일, 클로퍼는 컬럼비아 대학교의 인류학자 프란츠 보아스Franz Boas의 연구 조수 자격으로 미국에 건너왔다. 클로퍼의 전문성과 경험에도 불구하고 당시 그의 연봉은 겨우 556 달러, 오늘날 가치로 1만 달러 정도밖에 되지 않았다. 그때 클로퍼는 뉴욕 사람들이 애타게 로르샤흐 검사를 배우고 싶어한다는 사실을 포착했고, 자신에게 찾아온 기회를 알아봤다.

클로퍼도 미국에 올 때《심리 진단》과 잉크 얼룩 카드를 가져왔다. 마침 컬럼비아 대학교 심리학과 학과장이자 벡의 학위 논문을 지도했던 사람이 로르샤흐 검사에 관심을 보였다. 하지만 학과장은 심리 측정학과 행동주의 쪽을 굳게 지지하고 있었기 때문에, 정신분석과 현상학에서 주요 경력을 쌓은 클로퍼가 영 미심쩍었다. 그래서 컬럼비아 대학교에서 가르치려면 신망이 높은 벡이나 오베르홀처에게 보증서를 받아와야 한다는 조건을 달았다. 공식적인 경로로는 클로퍼가 높은 자리에 오르기가 어려워 보였다. 그래서 클로퍼는 자기 힘으로 미국에서 손꼽히는 로르샤흐 전문가로 올라설 길을 찾았다.

당시 뉴욕은 바야흐로 지성의 활기가 넘치던 때였다. 나치치하 독일에서 망명한 학자와 과학자들이 프린스턴 대학교, 컬럼비아 대학교, 사회연구를 위한 뉴스쿨New School for Social Research의 망명자 대학University in Exile에 넘쳐났다. 위대한 신경학자 쿠르트 골드슈타인Kurt Goldstein이 브롱크스 몬테피오레 병원의 지하실에서 연비공식 문화 교류 같은 모임들이 곳곳에서 열렸고, 그런 곳에서는 프랑스어, 독일어, 이탈리아어가 뒤섞인 열띤 대화가 이어졌다.[19] 이런 모임들은 클로퍼를 기꺼이 반겼다. 그리고 클로퍼가 여러 학문을 넘나드는 엄청난 인맥을 쌓을 길을 터줬다.

사실 클로퍼는 영어 실력이 형편없었다. 그런데도 로르샤흐 검사에 관심 있는 대학원생과 교직원에게 검사를 가르쳤다. 처음에는 6주 동안 일주일에 이틀씩 밤에 7명을 가르쳤고, 장소도

빈 강의실부터 브루클린의 아파트까지 형편 닿는 대로 이용했다. 1936년이 되자, 강의가 세 팀으로 늘었다. 그리고 1937년 클로퍼는 마침내 컬럼비아 대학교 상담학과 강사로 임용되어 학기당 한 과정을 가르쳤고, 컬럼비아 대학교 학생이 아닌 이들에게도 개인 강습을 이어갔다. 최초의 로르샤흐 학술지 《로르샤흐 연구 교류 Rorschach Research Exchange》(나중에 《투사 기법 저널Projective Technique Journal》을 거쳐 《성격 평가 저널Journal of Personality Assessment》로 바뀐다)는 클로퍼와 제자들의 느슨한 협력 관계에서 나왔다. 1936년에 16쪽짜리 첫 호를 등사기로 밀어 펴낼 때는 14명이 3달러씩을 모아 출판 비용을 마련했다. 《로르샤흐 연구 교류》는 1년도 지나지 않아 전체 구독자가 100명에 이르는 평판 좋은 학술지가 되었다.[20] 클로퍼는 곧이어 회원 자격과 인증 절차가 있는 로르샤흐 연구소Rorschach Institute• 도 세웠다. 벡도 클로퍼가 만든 학술지에 연구 결과를 발표했지만, 오래가지는 않았다.

두 사람 모두 로르샤흐 검사를 믿기 어려울 만큼 강력한 도구로 본 것은 똑같았다. 클로퍼는 잉크 얼룩 검사의 역사에서 거듭 되풀이되는 은유를 이용해 "검사는 어떤 행동의 단면을 드러낸다기보다, X선 사진이 그렇듯 행동을 이해할 수 있는 기저의 구조를 보여준다"[21]고 밝혔다. 벡 역시 유사하게 검사를 "영혼을 보여주는 형광 투시경", "사람을 샅샅이 꿰뚫어볼 잠재력이 있는 극도

• 나중에 성격평가협회Society for Personality Assessment로 바뀌었다.

로 섬세하고 객관적인 도구"라고 묘사했다.[22]

하지만 두 사람은 잉크 얼룩 검사에서 사뭇 다른 것을 읽어 냈다. 미국의 행동주의 전통을 지닌 벡과 달리 유럽의 철학 전통을 지닌 클로퍼는 전체론적으로 검사에 접근했다. 따라서 한 사람의 반응은 합계를 내야 할 점수가 아니라 전체로 해석해야 할 "게슈탈트"[•]를 낳았다. 하지만 벡이 보기에 게슈탈트는 기껏해야 거들 뿐, 객관성이 전부였다. 예를 들어 벡은 검사자가 제아무리 노련하더라도, F+나 F-처럼 반응에 좋다, 나쁘다 점수를 매길 때는 절대로 개인 특유의 판단에 기대서는 안 된다고 여겼다. 수검자가 말했을 어떤 사항을 전체적 관점에서 고려한다 해도, "한번 + 또는 - 로 최종 결정된 반응은 언제나 +나 -로 채점해야 한다"[23]는 의미였다. 클로퍼도 흔한 반응을 F+나 F-로 판정하려면 좋은 반응과 나쁜 반응의 목록이 필요하다는 데는 동의했지만, 드물면서도 "예리하게 지각되는" 반응은 나쁜 반응과 따로 분류해야 한다고 주장했다.[24] 일어날 만한 모든 반응을 담은 목록은 없으니, 그런 반응을 별개로 판단해야 한다는 뜻이었다.

로르샤흐는 주관적인 동시에 객관적인 사람이라, 성격도 그가 만든 잉크 얼룩처럼 대칭을 이뤘다. 두 사람 모두 그 사실을 알았다. 클로퍼에 따르면, 로르샤흐는 "임상의의 탄탄한 경험에 기댄 사실주의와 직관적 사상가의 추론에 기댄 통찰력을 아주 뚜

[•] 부분의 집합이 아닌 완전한 전체성을 지닌 형태.

렷하게 하나로 통합했다".[25] 벡에 따르면, 로르샤흐는 심층심리학을 이해한 정신분석가였으므로 "자유연상의 가치를 잘 알았다. 다행히도 그만큼이나 실험을 좋아했고, 객관성의 이점을 인정했고, 독창적인 통찰력을 타고났다".[26]

1937년에 이르자 전선이 그어졌다. 클로퍼는 급한 대로 열성적이고 호기심 많은 학생들의 손을 빌려, 경험적 연구라고 하기에는 어려운 임상 경험과 본능에 근거해 마음대로 검사를 바꿔 새 기법을 개발했다. 예컨대 로르샤흐는 움직임 반응이 수검자가 동일시한 인간의 움직임 또는 인간과 유사한 움직임을 나타낸다고 주장했는데도, 클로퍼는 사람이 아닌 대상의 움직임을 설명하는 반응에 새 기호를 붙였다. 사실 클로퍼는 기호를 제멋대로 붙였다. 이를 두고 벡은 "로르샤흐는 간단히 M, C, CF, FC, F(C) 기호만으로 검사 자료를 다룰 줄 알았는데, 클로퍼는 M, FM, m, mF, Fm, k, kF, Fk, K, KF, FK, Fc, c, cF, FC', C'F, C', F/C, C/F, C, Cn, Cdes, Csym을 늘어놓아 도무지 갈피를 잡지 못하겠다"고 푸념했다.[27]

전통주의자였던 벡은 스승들의 계보를 충실하게 따랐다. 그는 "로르샤흐-오베르홀처에게 가르침을 받은 제자"[28]는 자신이라고 생각했다. 따라서 정본 검사를 조금이라도 바꾸고 싶다면 철저한 실증 연구를 근거로 삼아야 한다고 여겼다. 예컨대 그는 클로퍼가 제시한 인간이 아닌 대상의 움직임이라는 개념이 "로르샤흐, 오베르홀처, 레비, 그 밖에 이들과 가까운 추종자들이 이해한 움직임 반응의 가치와 일치하는 것 같지 않다. (…) 만약 움직임 반응을 이렇게 해석한 것이 클로퍼의 경험에 바탕한 것이라면, 누구나 자연스레 그 증거가 무엇일지 관심을 갖기 마련이다"[29]라고 썼다. 벡은 "최근 미국에서만 볼 수 있는 새 표현 방식이 로르샤흐 잉크 얼룩을 이용한 연구를 보고할 때 영향을 미치지만, 내 연구에서는 거의 그렇지 않다"며[30] 뿌듯해했다. 심지어 클로퍼가 잉크 얼룩 그림을 이용해 진행한 연구를 진짜 로르샤흐 연구라고 부르는 것도 거부했다.

미국에서 로르샤흐 전문가로 손꼽히는 벡과 클로퍼는 머잖아 말 그대로 서로 외면하는 사이가 되었고, 그 뒤로도 쭉 그런 관계를 유지한다. 벡과 함께 연구했던 학생이 클로퍼의 연구회에 참석할라치면 클로퍼를 신봉하는 학생들이 의심 어린 눈길을 보냈다.[31] 1954년 여름, 존 엑스너라는 전도유망한 대학원생이 벡의 조수로 일하기 위해 시카고로 왔다.[32] 엑스너는 곧 벡 부부와 친한 사이가 되었다. 그런 어느 날, 그가 아무 뜻 없이 클로퍼가 쓴 로르샤흐 서적을 들고 벡의 집에 들렀다. 벡은 차갑게 돌변했다. "그거 뭔가? 어디서 났지?"

엑스너는 흠칫했다. "도서관에서요."

"**우리** 도서관에서 빌렸다고?" 마치 시카고 대학교가 자기 영역이라, 꼴 보기 싫은 사람은 출입할 수 없다는 듯한 말투였다.

잉크 얼룩에 접근하는 상반된 방식을 대표하는 역할로만 보면 클로퍼와 벡이 속 좁고 꽉 막혀 보이지만, 사실 그들의 실제 모습은 그렇지 않았다. 클로퍼는 1942년에 펴낸 첫 책《로르샤흐 기법—성격 진단용 투사법 사용 설명서The Rorschach Technique: A Manual for a Projective Method of Personality Diagnosis》를 자연과학을 중시하는 정신과 의사 더글러스 켈리Douglas Kelley와 함께 썼고, 몇 년 뒤에는 태도가 많이 누그러졌다. 물론 경쟁자와 화해할 만큼은 결코 아니었다. 벡은 확보한 자료를 넘어서는 눈부신 해석을 내놓는 "주변 사람들을 경외"할 때가 많았다.[33] 동료들은 "견고한 경험주의자라는 벡의 겉모습 속 어딘가에 숨어 있던 현상학자가" 어떻게 "'모습을 드러내' 뛰어난 임상의의 완벽한 전문 지식을 보여주곤 했는지"를 회고했다. 그러나 불화는 수그러들 줄 몰랐다.

어느 학문이든 불화와 험담이 오간다. 하지만 로르샤흐 검사의 역사는 유난히 적대적인 논쟁, 융이《심리 유형》에서 쓴 표현을 빌리자면 '하찮은 말싸움'으로 얼룩져왔다. 한쪽은 카리스마 있는 허풍선이를 혐오하는 객관적 과학자였고, 한쪽은 표준화라는 제단에 무릎을 꿇지 않으려는 영리한 마음 탐험가였다. 로르샤흐 검사는 문제를 해결하려는 의식과 반응을 보이려는 무의식 사이에서, 구조와 자유 사이에서, 주관성과 객관성 사이에서 균형을 이루고 있었으므로, 다른쪽 관점을 버리고 오직 한쪽 관점에서만 보기가 쉬웠다.

클로퍼와 벡의 불화는 보다 온건한 인물들의 목소리를 가려버렸다. 그런 이들 가운데 가장 눈에 띄는 인물은 마거리트 헤르츠

Marguerite Hertz(1899~1992)다. 헤르츠는 클리블랜드에서 만난 친구 사무엘 벡에게서 처음으로 잉크 얼룩을 소개받았고, 1930년에 데이비드 레비 아래에서 수련했다. 표준화 문제를 다룬 그녀의 1932년 박사 학위 논문은 벡에 이어 두 번째로 로르샤흐를 주제로 삼은 학위 논문이었다. 1934년 헤르츠는 학술지에 처음으로 「로르샤흐 잉크 얼룩 검사의 신뢰도The Reliability of the Rorschach Ink-Blot Test」라는 글을 실을 때 심리측정학의 관점을 취했다. 하지만 1936년에는 클로퍼 측에도 합류했다.

헤르츠는 본질적으로 벡에 가까웠지만 기질상 선례를 그대로 따르는 사람은 아니었으며, 로르샤흐가 만든 체계를 비판하거나 보완하는 데 거리낌이 없었다. 헤르츠의 혁신 가운데 하나는 시험용 잉크 얼룩이다.[34] 이것은 본검사에 앞서 수검자를 다독이며 어떤 검사를 할지 알려주기 위해 보여주는 잉크 얼룩이었다. 헤르츠는 필요할 때면 어느 편에도 치우치지 않고 비판을 하여 지금도 로르샤흐 검사를 발전시킨 초기 개척자의 양심으로 불린다.[35] 클로퍼가 '정성적 접근법'을 주장한 데 반해, 헤르츠는 클로퍼가 발간한 《로르샤흐 연구 교류》에 처음 논문을 실으면서 실험에 따른 통계치를 근거로 '정상' 여부를 판단해야 한다고 주장했다.[36] 하지만 그녀는 표준화를 옹호하면서도 벡과 벡의 지지자들에게 절대로 "융통성이 없거나 경직되어서는" 안 된다고 충고했다.[37] 다른 글에서는, 클로퍼의 제자들이 클로퍼의 방식과 클로퍼라는 사람에게 "반짝하다 사라질 헌신"을 바치지만 클로퍼는 "그

의 제자 대다수보다 훨씬 더 유연하다"고 높이 평가했다.[38]

1939년 헤르츠가 발표한 「로르샤흐 검사의 세 가지 눈가림 분석 비교A Comparison of Three 'Blind' Rorschach Analyses」는 양쪽을 화해시키려 애쓴 노력 가운데서도 가장 깊은 인상을 남겼다.[39] 헤르츠는 로르샤흐 검사를 해석할 때 주관성이 개입하는 것을 좋아하든 좋아하지 않든, 채점자와 해석자가 달라져도 어느 정도 신뢰할 만큼의 결론에 이르지 못한다면, 즉 다른 검사나 평가로부터의 결과와 어느 정도 일치하는 결론에 이르지 못한다면 검사는 그 가치를 잃어버린다고 지적했다. 그러면서도 "로르샤흐의 방식이 대다수 심리 검사와는 특히 다르므로", 일반적인 방식으로는 신뢰도를 검사하기 어렵다고 썼다. 로르샤흐 검사는 효과를 발휘하는 잉크 얼룩이 한 벌뿐이라 비교 대상이 없다. 처음 5장의 결과와 나머지 5장의 결과를 따로따로 봐서는 의미가 없으니, 측정 도구를 반으로 나누어 따로따로 측정하는 반분법도 쓰지 못한다. 시간이 흐른 뒤 수검자를 다시 검사하면 수검자의 심리가 바뀌어 있을 수 있으므로, 결과가 달라진다고 해서 꼭 검사에 오류가 있다는 뜻도 아니다. 그렇다면 검사를 검사할 길은 무엇일까?

로르샤흐의 눈가림 진단에서 영감을 받은 헤르츠는 로르샤흐 검사를 이용한 첫 다중 눈가림 해석을 실행했다. 같은 반응 기록을 클로퍼와 벡에게 보낸 뒤 자신도 같이 해석한 것이다. 검사는 검사를 통과했다. 쉽게 말해 세 분석 모두 의견이 같았다. 분석 결과는 환자 담당의의 임상 결론과도 일치해 환자의 지능, 인지 유형, 감정에 영향받는 정도, 갈등, 신경증을 보여주는 "성격 묘사가 같았다". 세 해석 모두 이렇다 할 차이는 없었고, 강조하는 부분이 살짝 달랐을 뿐이었다. 헤르츠는 이 결과를 "주목할 만한 일치"라고 일컬었다. 격렬한 논쟁에서 세 사람은 모두 승자였다.

헤르츠는 여러 해 동안 케이스 웨스턴 리저브 대학교의 브러시 재단에서 연구원으로 일하며, 규준 연구에 쓸 방대한 자료를 모았다. 아이, 젊은이에서부터 건강한 사람, 아픈 사람, 뛰어난 사람, 범죄자, 여러 인종까지 다양한 집단에서 모은 로르샤흐 반응 기록이 3,000건을 넘었다. 30대가 끝나갈 무렵, 헤르츠는 책의 초안을 거의 마무리 지었다. 그녀의 저술은 출판만 되었다면 미국의 로르샤흐 검사 역사를 바꿨을 종합 교과서 같은 책이었다. 그런데 일이 생겼다. 브러시 재단이 후원한 연구가 취소된 뒤, 헤르츠는 전화 한 통을 받았다.[40] "어느 날 갑자기, 앞으로 쓰지 않을 자료와 재단 관계자가 가치 없다고 판단한 자료를 폐기하겠다는 결정이 내려졌다. 나는 내 자료를 **가져도 좋다**는 말을 전화로 들었다. 그래서 대학원생들과 트럭 한 대를 몰고 갔지만, 놀랍게도, 내 자료가 이미 '실수로' 다 소각되었다는 사실을 알게 되었다. 다른 폐기 자료와 '헷갈려서'였다고 한다. 그때껏 모은 로르샤흐 기록, 심리 자료, 기록지, 게다가 원고 초안 역시 하나도 남지 않고 모두 연기로 사라졌다." 자료를 다시 수집할 길이 없으니, "돌이킬 길도 없었다". 헤르츠는 "손수 진행한 연구를 다루지 않는 책은 쓰고 싶은 마음이 없었다". 이 재앙 탓에, 로르샤흐 검사는 중요한 중도의 목소리를, 로르샤흐의 정신과 어조에 가장 가까웠던 목소리를 잃었다. 완전히 사라지지는 않았다 치더라도, 헤르츠는 클로퍼와 벡의 목소리에 가려졌다.

그 뒤로 헤르츠는 여러 해 동안 중요한 논문을 수십 편 썼지만, 그 논문을 모아 책으로 내지는 않았다. 1942년《로르샤흐 기법》을 펴낸 클로퍼에게 기꺼이 주도권을 양보하려는 의도였음이 틀림없다.[41] 헤르츠가 초기에는 심리 측정을 강조했지만 시간이 흐를수록 클로퍼의 방식에 가깝게 기울었으니 특히 그랬을 것이다. 헤르츠는 50년 동안 로르샤흐 검사 분야의 전반적인 상황을 평가하는 논평을 꾸준히 쓰며 다른 이들의 주장을 종합해 비판했지만, 자신의 주장은 펼치지 않았다. 로르샤흐 검사가 미국에 도입된 이후의 초기 몇십 년 동안, 시카고 이외 지역에서는 의료 진단에 초점을 맞췄지만 헤르츠의 초기 연구는 대부분 아이와 청소년에게 초점을 맞췄다. 그녀가 좀 더 "여성스러운" 연구 주제를 고르고 스스로 책을 출판하지 않으려고 한 과정에서 성별 차이가 어떤 작용을 했는지 정확히 말하기란 늘 그렇듯 쉽지 않다. 하지만 헤르츠가 여성이라는 사실은 의심할 바 없이 큰 영향을 미쳤다. 어쨌든 그녀가 로르샤흐 검사를 운용하고 해석한 방법은 벡이나 클로퍼의 방법과 현저하게 달랐지만, 헤르츠는 자기 고유의 통합 체계가 반영된 방법론을 제시하지 않았다.

일반적으로 사람들은 객관성을 강조한 벡보다 직관적 해석과 주관을 강조한 클로퍼의 접근법에 더 큰 반응을 보였다. 나쁘게 말하자면 벡은 딱딱하니 꽉 막힌 사람이었고, 클로퍼는 활동 내내 마술사라 환호받는 동시에 사기꾼이라고 욕을 먹곤 했다. 하지만 클로퍼가 활기차게 조직을 꾸리지 않았다면 로르샤흐 검사가 많은 주목을 받기 어려웠다는 데는 그때나 지금이나 누구도 반박하지 못한다.

1940년 무렵, 클로퍼는 컬럼비아 대학교 사범대학에서 세 과정을, 뉴욕 주립 정신의학연구소에서 한 과정을 가르쳤고, 컬럼비아 대학교와 뉴욕 대학교에서 대학원생 8명을 지도했다.[42] 또 샌프란시스코, 버클리, 로스앤젤레스에서부터 덴버, 미니애폴리스, 클리블랜드, 필라델피아에서까지 강습회와 토론회를 열었다. 채 1년이 지나지 않아 텍사스주, 메인주, 위스콘신주는 물론이고 캐나다, 호주, 영국, 남아메리카에까지 지부가 생겼다. 헤르츠도 1937년부터 해마다 대학원에서 두 과정을 가르쳤고, 그 밖에도 6개월짜리 검사 시행 및 채점 과정도 가르쳤다. 벡도 시카고 대학교에서 연구하고 가르치느라 바빴다. 1938년 뉴욕으로 건너온 에밀 오베르홀처도 1939년까지 뉴욕 정신의학협회에서 잇달아 강연을 열었다. 로르샤흐 검사에 관심 있는 사람은 초급부터 고급 과정까지 미국 곳곳에서 수련을 받을 수 있었다.

뉴욕주 웨스트체스터에 있는 명문 대학교 세라 로런스(당시는 여자 대학교였다)는 학생 한 사람 한 사람에게 맞는 탄력적인 맞춤형 교육을 제공한다.[43] 1937년 당시 이 학교의 교직원들은 "관찰과 일반적인 객관적 검사"로 학생들 각각의 개성을 알아내는 정도에 만족하지 않았다. 이 학교의 심리학자 루스 먼로Ruth Munroe는 로르샤흐 검사에 시선을 돌렸다. 그래서 클로퍼에게 신입생 6명의 반응 기록을 보내 심리 상태를 분석받은 뒤, 학생의 이름을 적지 않고 지도 교수에게 보내봤다. 지도 교수는 해당 학생이 누구인지 정확히 알아봤다. 다른 눈가림 분석 내용과 "다양한 확인 장치"도 마찬가지로 설득력이 있었다.

검사 효과에 만족한 먼로와 세라 로런스 대학교 동료들은 "원래 계획했던 완전히 과학적인 분석을 미룰 정도로 로르샤흐 검사를 열심히 이용했다". 검사는 그들이 썼던 어떤 방법보다 나아 보였다. 게다가 모든 학생의 세세한 개인 정보를 상당히 많이 알고 있는 교수와 상담자들이 검사 결과가 맞다고 확인해주고, 검사가 다시 이들이 의심했던 부분을 "분명하게 드러내 맞다고 확인해준다"면, 더 바랄 게 무엇이 있겠는가? 먼로에 따르면, 로르샤흐 검사도 "틀릴 수 있다. 교수진의 판단도 틀릴 수 있다. 하지만 크게 보아 양쪽 결론이 꽤 가깝게 일치하므로, 우리는 로르샤흐 검사를 교육 계획을 세우는 데 유용한 도구로 받아들이는 것이 타당하다고 생각한다. 학생에게 어떤 중요한 결정을 내리든, 검사를 유일한 기준 또는 주요한 기준으로 삼지 않는다는 것은 굳이 말할 필요도 없다". 먼로가 이끄는 상담자들은 학생과 교수 들의 친밀함과 신뢰도를 예측할 수 있을지 살펴보기 위해 채 3년이 안 되는 기간 동안 16명의 교수와 100명이 넘는 학생에게 로르샤흐 검사를 실행했다.

곧 로르샤흐 검사 결과는 각 학생의 필요에 맞는 맞춤형 교육 방식을 마련하거나, 학교생활을 힘겨워하는 학생에게 "발전을 기대할 만한 자질"이 있는지 알아보는 데 이용되었다. 아버지가 법률가인 한 여학생은 관심사가 좁고 유난히 고집스러운 데다, 새로운 것에는 덮어놓고 격렬하게 저항했다. 이것이 "철없는 젊은이의 반발"이라 해결책을 더 열심히 찾아야 할지, 아니면 "깊게 자리 잡은 강박"이라 바뀔 가능성이 없는지가 확실치 않았을 때, 로르샤흐 검사는 경직되고 지적으로 평범하다는 결과로 그 학생이 후자에 속한다는 것을 보여주었다. "이런 학생을 잘 도울 수 있는 방법을 알기는 어렵"지만, 학생 스스로 학습 분야를 결정하게 내버려두는 것은 올바른 접근법이 아닐 것이다. 다른 학생은 불안에 시달리고 지나치게 성실해 보였지만, 로르샤흐 검사에서 독창적이고 활기찬 상상력을 드러냈다. 빡빡하게 짜인 그 학생의 수강 계획을 바꿔 관심사에 몰두할 자유를 줬더니, 그녀는 뛰어난 성적을 거뒀다.

잉크 얼룩 검사는 문제를 일찌감치 짚어내기도 했다. 한 신입생은 "생기발랄한 태도에, 어느 정도 풋풋하고 유머러스하고, 상식과 관례를 잘 지키고, 머리끝에서 발끝까지 '대학생다운' 차림새"라 문제가 없어 보였다. 그래서 교수진은 이 학생의 성적이 낮은 주요한 원인이 "조금 지나친 사교 생활"이라고 봤다. 학생은 "한눈에 봐도 대단히 즐거운 얼굴로 여러 남자 대학교를 돌아다녔고", 최근에 "프린스턴 대학교 남학생"과 싸우고 나서 "돌아다니는 범위"가 아주 살짝 줄었을 뿐이었다.

특별히 의심스러운 구석이 없던 이 학생은 대조군으로 참여해 로르샤흐 검사를 받았다. 그런데 검사 결과에 따르면, 그녀는 반에서 "가장 눈에 띄게 정서가 불안정해, (…) 무슨 이유인지는 모르겠으나 죽을 만큼 큰 두려움을 느끼는" 학생이었다. 극도로 방어적이었고, 적의와 분노의 징후도 보였다. 그녀가 보인 반응 가운데는 "사람들이 서로 침을 뱉고, 혓바닥 같은 것을 쑥 내밀고 있다"는 것도 있었다. 활기와 통찰력을 보여준 몇 안 되는 반응에서는 뛰어난 지적 능력이 뚜렷했지만, 감정을 엄격하게 차단한 나머지 그 능력이 거의 억눌린 상태였다. 이 학생을 가르치는 교수들과 상담자들을 잇달아 만나보니, 검사가 암시하는 것과 학생이 보여준 면이 들어맞았다. 학생은 모든 과목을 건성건성 공부했다. 처음에는 흥미를 보이지만 계속 겉핥기만 하다 불쑥 수강을 그만두거나 딴청을 피웠다. 그녀는 칼을 들고 언니를 뒤쫓아 간 적도 있었지만, "물론 다 지나간 일이었다"고 둘러댔다. 상담자에게 "날마다 자살 충동"을 느꼈었다고 말했지만, 다시 농담인 척 웃어넘겨버렸다.

이런 문제가 있었는데도, 잉크 얼룩으로 검사하기 전까지는 아무도 문제를 알아채지 못했다. 1940년부터 세라 로런스 대학교는 모든 입학생에게 로르샤흐 검사를 실행했다. 결과를 빠르게 훑어봐 눈에 띄는 문제가 없는지 확인한 뒤에는, 나중에 학생에게 문제가 생겼을 때를 대비해 서류로 보관했고, 그 덕분에 "연구 자료가 쌓이는 영원한 창고"[44]가 되었다.

　　로르샤흐 검사가 미국에 소개된 지 10년 남짓 지났을 때, 사람들은 곳곳에서 검사를 맹렬하게 가르치고, 쓰고, 연구했다. 채점 방식을 가다듬어 재정립했고, 자료를 모아 분석했다. 기법을 개선하고 새로 고안했으며, 검사 결과를 눈가림 분석한 뒤 다른 검사 및 상상할 수 있는 모든 사회 문화적 요인과 관련지었다. 이 상황을 이해하려면, 검사의 어떤 점 때문에 이토록 인기를 얻었는지 질문하는 동시에 미국이 왜 이토록 발 빠르게 검사를 받아들였는지 물어야 할 것이다. 로르샤흐가 1921년의 스위스를 "검사에 굶주린 시대"라고 일컬었듯, 미국도 검사에 목마른 시대였다. 하지만 이유가 더 있었다. 당시 미국인들 사이에는 어떤 표준검사로도 접근하지 못할 무언가가 자기 안에 있다는 생각이 갈수록 커지고 있었다. 미국인들은 그것이 무엇인지를 로르샤흐 검사로만 파악할 수 있다고 여겼다.

성품에서
성격으로

우리가 하는 일, 정확히는 우리가 하는 모든 일이 우리가 누구인지를 나타낸다. 이때 행동이 드러내는 것은 성품이 아니라 성격이다. 즉 공인된 도덕 덕목을 잘 따르느냐가 아니라, 자신만의 독특하고 특별한 특성을 어떻게 드러내느냐를 보여준다.

자주 들어봤을 이 견해는 미국 문화가 20세기 초반에 성품에서 성격으로 이동한 산물이다.[1] 20세기가 밝아오던 무렵에는 더 높은 도덕질서와 사회질서에 이바지하는 이상, 곧 '성품'이 꾸준히 언급되었다. 여기에 따라붙는 말은 **시민권, 의무, 민주주의, 노동, 확립, 고귀한 행위, 야외 활동, 정복, 명예, 명성, 도덕, 예의, 진실성,** 그리고 무엇보다도 **남자다움**이었다. 이와 달리 수십 년 동안 '성격'과 함께 언급되는 단어는 **마음을 홀리다, 기막히다, 마**

음을 사로잡다, 사람을 잡아끌다, 열정적이다, 능수능란하다, 창의적이다, 만만찮다, 단호하다였다. 명사가 아니라 형용사로, 특정 행동을 가리킨다기보다 뇌리에 박히도록 과장한 말이었다.

이 새로운 찬사들은 도덕을 따지지 않았다. 누군가의 성품은 좋거나 나쁘거나 둘 중 하나지만, 성격은 마음을 사로잡든 그렇지 않든 둘 중 하나였다. 굳이 따지자면 나쁜 쪽이 더 나았다. 언제나 오싹한 반역자가 강직한 얼간이를 이겼다. 사람들을 잡아끄는 매력과 기세가 사람들에게 존경을 살 진실성이나 고결한 행위보다 중요했다. 침착함이 미덕보다, 진실해 보이는 것이 진실한 것보다 앞섰다. 당신이 너무 따분한 사람이라 나머지 이름 모를 군중에 묻혀 조금도 눈에 띄지 않는다면, 당신의 속마음이 어떤지 누가 신경 쓰겠는가?

문화가 성품에서 성격으로 이동한 흔적은 자기계발서, 설교, 교육, 광고, 정치, 소설 등 삶의 이상을 제시한 모든 것에서 찾아볼 수 있다. 당시의 인기 상담사 오리슨 스웨트 마든Orison Swett Marden은 1899년에 펴낸 《성품 ─ 세상에서 가장 위대한 것Character: The Greatest Thing in the World》의 마지막을 미국 20대 대통령 제임스 가필드의 말로 마무리한다. "나는 반드시 남자다워져야 한다." 하지만 1921년에 《능수능란한 성격Masterful Personality》을 펴낼 때는, 마든도 시대에 발맞춰 생각을 바꾼다. "삶에서 성공하느냐 못하느냐는 남이 나를 어떻게 생각하느냐에 달렸다." 영화배우가 인기를 누린 것도 이런 변화의 일부였다. 초기만 해도 영화사는 배우의 정체를 감추려 했다. 하지만 1910년 무렵 스타 배우들이 탄생하자, 그 배우만이 지닌 성격, 곧 개성이 영화의 주요 홍보 요소가 되었다. 처음으로 그런 유명 영화배우가 된 더글러스 페어뱅크스Douglas Fairbanks에 대한 1907년의 묘사를 보자. "페어뱅크스는 잘생기지는 않았지만 개성이 풍부한 배우다." 위대한 영화배우 캐서린 헵번 Katharine Hepburn은 이런 주장을 폈다. "개성이 없는 여배우를 내세우는 것은 스타를 보여주지 않겠다는 이야기다." 화려한 새 시대를 보여주는 전형은 사람 좋은 개츠비가 아니라 비할 데 없이 위대한 개츠비였다. 개츠비가 돈을 어떻게 벌었느냐는 것은 말로 다 할 수 없는 그의 성격, 생기, 멋진 셔츠에 비하면 정말 하잘것없었다.

어떤 인상을 줄지는 어느 정도 스스로 조절할 수 있으므로, 우리는 자기표현을 가다듬어 운명을 빚어낼 수 있다. 20세기 초반 미국의 전형적인 약속이 이런 형태를 취하고 있었다. 그리고 그 뒤로 몇십 년 동안 유행잡지와 경영계 거물들은 이러한 약속을 끝없이 되풀이했다. 능수능란한 인상을 심어줄 기회가 끝이 없다는 말을 뒤집어보면, 나쁜 인상을 심어줄 위험도 당연히 한이 없다는 이야기다. 끊임없이 서로 관찰하고 비교하는 세상이었으므로, 자신을 홍보해야 한다는 요구 역시 한시도 끊이지 않았다. 눈에 불을 켜고 판단하려 드는 시선 앞에서는 티끌만 한 무엇이 내가 아는 것보다 실제에 가까운 나를 드러낼지도 모를 일이었다.

롤런드 머천드Roland Marchand의 명저《아메리칸드림 광고하기Advertising the American Dream》는 20세기 초반의 광고물을 정말로 소름 돈을 만큼 그대로 옮겨놓았다. 당시 광고들은 입 냄새, 대충 깎은 수염, 자리에 맞지 않는 옷차림, 목 늘어난 양말 등이 눈에 띈다면 연애, 성공, 안락한 삶을 거머쥘 기회에 재를 뿌리는 것이라고 주장한다. 윌리엄스 면도 크림 광고는 "지금 운명을 가를 시선이 당신을 평가하고 있다"며 자못 진지하게 충고한다. 닥터 웨스트 칫솔 광고에서는, 썰매에서 떨어진 한 여성이 처음 보는 잘생긴 남자의 도움을 받아 일어섰을 때 닥터 웨스트 칫솔을 갖고 있다는 이유만으로 '첫인상 검사'를 통과한다. 그 전에는 광고가 제품을 있는 그대로 설명했지, 이렇게 약속과 위협이 뒤섞인 목소리를 내지는 않았었다.

하지만 과장이 조금 섞이기는 했어도 새로운 광고는 사회 현실을 반영했다. 머천드에 따르면, 안정적인 관계를 맺었던 이전 시대에 견줘 "유동적이고 비정한 도시 사회에서는 겉으로 보이는 것이 더 중요**했다**". 특히 사랑과 사업에서 능수능란한 성격을 지닌다는 것은 "자기 자신이 되자"는 뜻도 있었지만, 웃어야 할 때 웃어 보이고, 흠 잡히지 않게 차려입어야 한다는 의미이기도 했다. 이렇게 자신을 겉으로 드러내지 않으면 운이 비껴가버렸다.

인생이 걸린 까닭에 역설적으로 "개성"이라는 매력과 재능이 필수 요소가 되어버렸다. 꾸밈새가 곧 실체였고, 인상이 곧 나였다. 저명한 인류학자 앨프리드 크로버Alfred Kroeber의 말을 빌리자면, "1915년만 해도 개성이라는 단어는 주로 톡 쏘는 짜릿함, 예측 불가능, 지적 대담함이라는 뜻을 담고 있었다. 남자의 개성은 당시 흔히 쓰던 "잇걸It Girl"이란 말에서 it에 해당하는 여성의 성적 매력과 꽤 비슷했다".[2] 그렇지만 프로이트가 명성을 얻은 뒤인 1930년대에 이르자, 미국인들은 꼭 짚어 말하기 어려운 내면의 어떤 힘이 우리 삶을 좌지우지한다는 생각에 사로잡혔다. 그리고 성격이 곧 그 힘이라고 보았다. 꾸며낸 겉모습보다 성품에 가까운 것을 묘사했던 융의 "심리 유형"은 1920년대에 미국에서 마이어스와 브룩스의 작업을 거쳐 "성격 유형"이라는 새 옷을 걸쳤다. 사람들이 보기에 프로이트가 주장한 무의식은 소용돌이치는 힘이라 손쓸 길 없는 혼돈이었지만, 성격에는 분석하고 분류하고 파악할 수 있는 "구조"가 있었다. 그런 내면의 힘을 "성격"으로 묘사한다면, 말할 수 있는 내용이 더 있었다.

로르샤흐 검사가 이용한 것이 바로 이 진화하는 자아의식이었고, 그런 다음에는 그 자아의식이 검사를 다시 정의했다. 1939년 로런스 K. 프랭크Lawrence K. Frank(1890~1968)[3]가 쓴 논문 「성격 연구를 위한 투사법Projective Methods for the Study of Personality」[4]은 개인이 세상에서 차지하는 위치를 그야말로 새롭게 밝혀냈다. 이 논문은 20세기에 맞는 심리학을 다시 정의했고, 로르샤흐 검사가 성격 파악 검사로 심리학의 중심에 자리매김하게 했다.

로런스 K. 프랭크는 작가, 강연자, 멘토, 그리고 1920~1940년대에 잇달아 자선 단체들의 운영 이사로 일하며 여러 결실을 이끈 까닭에 "사회과학계의 조니 애플시드"라고 불렸다. 문화인류학자 마거릿 미드Margaret Mead는 프랭크의 죽음을 알리며, "사실상 사회과학을 만들어낸" 사람이자, 자선단체를 "신이 뜻하신 용도"로 활용한 "두세 명 가운데 한 명"이라 칭송했다. 프랭크의 가장 큰 공헌은 아동 발달 연구를 장려하고, 연구 결과를 보육 시설과 초등학교, 치료 시설에 전파한 일이다. 그의 노력에 힘입어, 이후 몇십 년 동안 아동 발달 심리학, 유아교육, 소아과 분야가 형성되었다.

프랭크는 「성격 연구를 위한 투사법」에서 성격을 우리가 삶에 의미를 부여하는 방식으로 매우 폭넓게 설명했다. "개인이 상황마다 제멋대로 찍어대는 고무도장처럼 성격이 작용한다는 생각이 들지도 모른다. (…) 사람들은 그 상황에서 자신과 상관없거나 무의미한 면은 어김없이 무시하거나 경시하고, 자신에게 중요한 면만 골라 반응한다." 우리는 우리가 사는 세상을 결정한다. 외부 세상의 자극이나 사실을 받아들여 반응하는 수동적인 생명체가 아니라는 뜻이다. 그런데 프랭크의 관점에서 볼 때 사실과 외부 세계, 외부의 자극은 사람들이 "그것들을 선별적으로 구성하여 반응"하지 않는 한 존재하지 않는다. 로르샤흐가 러시아에서 들었던 미래파 예술가 니콜라이 쿨빈의 말을 떠올리게 하는 생각이었다. "자아는 자기 감정 외에는 아무것도 모른다. 그리고 그런 감정을 투사하는 과정에서 자기만의 세상을 창조한다."

이런 주관성은 프랭크에게 물음을 던졌다. 주관성을 반복

• 미국에 사과를 퍼뜨린 선구자.

실험하거나 대조 실험할 길은 없었다. 그저 "어떤 사람이 지각하고, 그렇게 지각한 모든 것에 자신이 투사한 의미를 부여한 다음, 어떤 방식으로 반응할" 때마다 일어나는 독특한 상호 작용이 있을 뿐이었다. 모든 행동에는 의미가 있지만, 그런 행동을 표로 만드는 데 그치지 말고 해석해야 했다. 표준화된 검사는 효과가 없었다. 프랭크에게는 수검자의 성격이 수검자의 경험을 **어떻게** 체계화하는지 측정할 방법이 필요했다.

로런스 프랭크에게는 해결책이 있었으며, 그것을 '투사법 projective method'이라고 불렀다. 가끔 '검사'라고 불리기도 했지만, 프랭크가 보기에 투사법은 검사가 아니었다. 투사법이 수검자에게 제시하는 것은 "(이른바 "객관적"이기 위해 표준화된 자극을 이용하는 대다수의 심리 실험이 그렇듯) 실험자가 그 의미를 제멋대로 결정한 것이 아니라, 개인의 성격이 자신만의 은밀하고 남다른 의미와 체계를 대상에 부여하도록 의도된 모든 것", 쉽게 말해 정해진 답이 없는 무엇이어야 했다. 이때 수검자는 자신의 성격을 표출하는 방식으로 반응한다. 이른바 객관적으로 옳고 그른 답을 내놓기보다, 실험자가 알 수 있도록 자신의 성격을 드러내 세상에 투사한다.

프랭크가 최고로 꼽은 투사법이 바로 로르샤흐 검사였다.

성격을 끌어내는 투사법들은 1939년에도 이미 여러 가지가 있었다. 프랭크가 예로 든 것은 놀이 치료, 미술 치료, 문장 완성 검사, 그림 명명 과제, 구름 연상법Cloud Pictures test 등이다. 로르샤흐 검사 다음으로는 하버드 대학교의 융 추종자 크리스티나 D. 모건Christiana D. Morgan과 헨리 A. 머리Henry A. Murray가 1930년대에 만든 주제 통각 검사(TAT)[5]가 단연 두드러졌다. 주제 통각 검사에서는 수검자에게 이를테면 탁자에 놓인 바이올린을 바라보는 소년의 사진이나, 옷을 갖춰 입고 손등으로 눈을 가린 채 서 있는 남자의 등 뒤로 벌거벗은 여인이 침대에 누워 있는 그림 등을 보여주고, 그 장면을 설명할 "극적인 이야기"를 지어내보라고 요청한다. 하지만 극적인 이야기에는 표준 잉크 얼룩 검사의 중요한 형태 특성, 이를테면 움직임 반응과 색채 반응, 전체 반응과 부분 반응처럼 점수를 매겨 측정할 확고한 자료가 없었다. 주제 통각 검사의 결과를 어렴풋이 느낌대로 해석할 뿐이었다. 따라서 성격을 객관적으로 측정할 방법을 찾는 심리학자에게는 로르샤흐 검사만 한 수단이 없었다.

헤르만 로르샤흐가 죽은 지 17년 뒤, 그가 만든 잉크 얼룩 검사는 심리학과 문화 전반에서 최고의 투사법이자 현대의 성격에 대한 새로운 패러다임으로 거듭났다. 로르샤흐 검사는 하나의 상징적인 상황, 가령 세상은 어둡고 혼란스러운 곳이라는 그런 상황을 중심으로 우리의 정체성에 대한 생각과 합쳐졌다. 세상은 우리가 의미를 부여할 때만 의미가 있다. 하지만 나는 대상의 모양을 지각하는가, 만들어내는가? 잉크 얼룩에서 늑대를 발견하는가, 없는 늑대를 집어넣는가? 처음 만난 잘생긴 남자가 천생연분임을 알아보는가, 천생연분이라고 상상하는가? 나라는 존재 역시 알지 못할 힘에 마음이 흔들리는 어둡고 혼란스러운 공간이다. 내가 남

성품에서 성격으로

을 대하는 방식대로 남도 나를 대한다. '지금 운명을 가를 시선이 당신을 평가하고 있다'는 면도 크림 광고의 말마따나, 모든 사람이 나를 평가하고 내 비밀을 들춰내고 있다. 과학자, 광고주, 처음 만난 잘생긴 남자, 잉크 얼룩 검사는 내가 그들을 들여다보는 만큼이나 그들도 나를 들여다보고 있다. 나는 잉크 얼룩에서 늑대를 보고, 잉크 얼룩은 내게서 정신이 멀쩡한지 아닌지를 본다.[6]

1939년에 투사법으로 거듭난 로르샤흐 검사는 저마다 대상을 어떻게 볼지 결정하는 창조적인 자아가 있다고 가정하고, 그 자아를 드러내 측정하는 기법과 자아를 나타내는 아름다운 시각적 상징을 제공했다.[7]

로르샤흐는 적어도 겉으로는 자신의 검사를 이런 용어로 설명하지 않았다. 잉크 얼룩 검사를 '투사법'이라고 부르지 않았고, 사실 '투사'라는 말도 거의 입에 올리지 않았다. 그는 투사라는 개념을 프로이트식으로 좁게 해석해, 자기가 받아들이기 어려운 자신의 어떤 면을 남에게 돌리는 것이라고 이해했기 때문이다(이를테면 화가 난 사람은 모든 사람이 자신에게 화를 낸다고 여긴다. 동성애 기질을 억누르고 있는 사람은 자신의 욕구를 무시한 채 남에게서 동성애 기미가 보일라치면 혐오를 드러낸다).

그래도 프랭크가 새롭게 이해한 잉크 얼룩 검사에는 로르샤흐의 생각을 뒷받침하는 특성이 고스란히 드러났다. 프랭크가 의미한 투사는 결국 감정이입의 다른 말, 즉 어떤 세계에서 무엇인가를 찾아내어 반응하기보다 자신이 그 세계 안으로 들어가 본다는 뜻이었다. 움직임 반응과 프랭크가 생각한 투사는 자아와 외부 세계 사이를 왔다 갔다 하는 똑같은 전환에 기초한다.

1939년부터는 클로퍼와 벡의 진영 모두 잉크 얼룩을 프랭크가 의도한 대로 '성격 연구용 투사법'이라고 설명한다. 로르샤흐 검사가 X선이라면, 숨겨져 있지만 비할 데 없이 중요한 성격이야말로 사람들이 보고 싶어하는 몸속 뼈대였다. 투사는 성격을 볼 수 있게 해줬다.

프랭크가 주장한 이론의 보다 폭넓은 함의도 바로 로르샤흐 검사에 들어 있었다. 프랭크는 무한한 선택지에서 성격을 고르는 것이 아니라고 지적했다. 다시 말해 우리는 사회라는 맥락 안에 존재한다. 이른바 현실은 대중이 어느 선에서 합의한 세계이므로, 한 사회의 구성원은 누구라도 허락된 편차 안에서만 현실을 받아들이고 해석해야 한다. 그러지 않으면 병들었다고 낙인찍혀 배제될 위험을 무릅써야 한다. 그러므로 사회마다 현실도 다르다. 한 사회에서 미친 짓이라고 여기는 행위라고 해서 다른 사회에서도 반드시 미친 짓이 되는 것은 아니다. 프랭크의 견해는 융만큼이나 상대주의에 가까웠다. 문화, 그리고 문화 안에서 살아가는 개인들은 대상을 저만의 방식으로 본다.

심리학은 이렇게 인간의 보편적 특성인 성품보다 개인의 성격 차이를 새롭게 강조하면서, 문화의 차이를 다루는 학문인 인류학으로 발을 넓히고 있었다. 로르샤흐가 종파 연구와 문화 비교용 잉크 얼룩 검사를 계획할 때 이루고 싶었던, 그렇지만 일찍 세상을 떠나 이루지 못했던 움직임이었다.

심리학이 그랬듯 인류학도 나름대로 미국 대중의 관심을 끌었다.
1920년 이전만 해도 인류학은 꽤 지루한 연구였다.[8] 아무리 이국
적인 소재라도 대개는 혈연 구조와 유물을 설명하는 연표에 지나
지 않았다. 인류학자들은 사회제도와 인구 전체를 연구하면서 개
별적인 사람들을 그저 문화 전달자로만 여겼다. 1928년 인류학 학
술지《미국의 인류학자American Anthropologist》가 이전 40년 동안 실은
논문을 정리한 색인을 보면, 성격이라는 말이 한 번도 나오지 않는
다. 이런 초기 인류학과 관련 있는 심리학 접근법을 굳이 찾자면,
행동주의가 있다. 행동주의는 보편적인 본능을 부인하면서, 모든
문화는 습득되며 모든 행동은 사회적 훈련의 결과라고 주장했다.
　　이와 달리 정신분석은 개개의 사람들을 한 문화의 대표자
가 아닌 개인으로 다뤘다. 정신분석가는 자기 환자들의 사회적·
문화적 배경이 비교적 비슷할 경우 문화의 차이라는 쟁점은 거의
무시해도 된다고 보았다. 그렇지만 정신분석이 여러 문화로 퍼지
면서, 심리 상태가 실제로 문화에 따라 결정된다는 사실이 뚜렷해
졌다. 그러므로 한 사람의 성격을 파악하려면, 그 사람이 속한 문
화가 무엇을 부추기거나 경시하는가에 비춰 개인을 보아야 했다.
　　심리학과 인류학은 비로소 공통분모가 있다는 사실을 깨
달았다. 그때껏 인류학자들은 자신도 모르게 인간의 심리 정보를
모으고, 심리학자들은 인간의 문화 정보를 모아오고 있었다. 어떤

의미에서 정신분석은 인류학의 축소판, 곧 개별 환자에게서 파악한 인생사였다. 두 학문의 수렴을 알린 선구자도 있었다. 1890년 영국의 인류학자 제임스 조지 프레이저James George Frazer가 펴낸 《황금 가지The Golden Bough》는 본질적으로 심리학을 지향한 인류학이었다. 1900년에는 독일에서 빌리암 슈테른이 개인, 종족, 문화의 차이를 사실상 인류학이라 할 수 있는 차이심리학differential psychology에 따라 연구해야 한다고 제안하기도 했다. 프로이트의 주장까지 받아들여지면서 조각들이 하나로 맞춰져갔다. 인류학자들은 프로이트가 빈의 육아 방식을 '자연스럽고 보편적인' 가족 유형으로 잘못 부풀렸다고 깎아내렸을지도 모른다. 하지만 빈에서 나온 프로이트식 심리학이나 다른 특정 심리학을 만들어낸 대상이 바로 자신들이 연구하는 사회적 양식임을 깨달은 인류학자도 많았다.

1930년대에 이르러서는 심리인류학, 즉 문화와 성격Culture and Personality 연구가 인류학을 주도했다. 이런 흐름을 이끈 것은 프란츠 보아스, 루스 베네딕트Ruth Benedict, 에드워드 사피어Edward Sapir였다. 미국 인류학의 아버지라고 불리는 보아스는 "여러 문화에서 모습을 드러냈던 것처럼 객관적 세계와 인간의 주관적 세계가 맺는 관계"9가 인류학이 풀어야 할 중요한 문제라고 생각했다. 브루노 클로퍼를 연구 조교로 미국에 불러들인 것도 보아스였다. 사회과학을 가로지르는 발전의 기저에는 인맥이 촘촘히 깔려 있었다.

문화와 성격 연구의 핵심 원리인 문화 상대주의는 프랭크와 융이 심리학에서 찾은 결론과 다르지 않았다. 우리는 한 문화를 판단할 때 다른 문화의 기준에 의해서가 아닌 그 문화의 관점에서 이해해야 한다. 이것이 바로 프로이트에게 관심이 쏟아질 때 그랬듯 1930년대에 많은 사람이 인류학에 귀 기울이게 한 원리였다. 1930년 루스 베네딕트는 융을 미국이라는 맥락에 맞게 바꿔 《남서부 문화의 심리 유형Psychological Types in the Cultures of the Southwest》을 펴냈고, 1934년에 펴낸 인기 도서《문화의 유형Patterns of Culture》에서 가치는 상대적이고 문화는 "성격의 확장판"이라고 알렸다. 심리학이 인류학적 전환을 꾀했듯이, 인류학도 심리학적 전환을 꾀하고 있었다. 그렇게 두 학문은 모두 성격 연구로 수렴되고 있었다.

로르샤흐 검사는 두 분야에서 모두 개인에 대해 알려줄 강력한 새 열쇠가 될 가능성을 보였다. 정신 질환 진단에서 시작되었던 탓에 정신 질환을 찾아내는 데 쓰이는 것이라는 편견에 시달렸지만, 인류학에서 가치중립인 문화 차이를 탐구하는 용도로 쓰이면서 갈수록 무게중심이 병리학에서 멀어졌다. 헤르만 로르샤흐가 환자를 진단하는 데서 시작해 성격을 알아내는 것으로 활용 범위를 넓혔듯, 인류학자들은 이제 잉크 얼룩 검사를 정신과 의사의 진료실에서 빼내어 세계 곳곳으로 가져가 인간의 온갖 차이를 조사했다.

1933년과 1934년에 오이겐 블로일러의 두 아들은 모로코에 머무르고 있었다. 만프레드 블로일러는 아버지의 뒤를 이어 정신과 의사가 되었다. 1927~1928년에 보스턴 정신병리병원에서 레지던트로 일할 때는, 레비에 이어 두 번째로 로르샤흐 검사를 미국에 가져왔다.[10] 동생인 리하르트 블로일러Richard Bleuler는 농학자였지만, 아버지가 1921년에 보여줬던 잉크 얼룩을 역시 기억하고 있었다. 두 사람은 "유럽 문명의 경계선 너머에서도 로르샤흐 검사를 적용할 수 있다는 것을 증명"하기 위해 모로코의 시골 농부 29명에게 잉크 얼룩을 보여줬다.

1935년 블로일러 형제가 발표한 논문 「로르샤흐 잉크 얼룩 검사와 인종에 따른 심리—모로코인의 정신 특성Rorschach's Ink-Blot Test and Racial Psychology: Mental Peculiarities of Moroccans」[11]에는 민망한 논조도 섞여 있다. "모로코 토착민과 섞여 사는 유럽인이 보기에, 바람에 날리는 헐렁한 옷을 입은 채 당나귀나 낙타에 올라 지치지도 않고 길을 가거나 들판과 산을 터벅터벅 걸어가는 이곳 인물들에게는 무언가 낯설고 신비로운 것이 있다." 그래도 결론에서는 다른 문화 사이에 차이가 있고, 이런 차이가 오해와 매혹을 함께 불러일으킨다고 주장한다. 모로코 사람에게서 느낀 "무언가 낯설고 신비로운" 느낌은 블로일러 형제가 "갑자기 느낀 진심 어린 이해" 때문에 흔들린다. 형제는 아라비아의 로렌스라고 불린 토머스 에드워드 로런스Thomas Edward Lawrence를 인용한다.

T. E. 로런스는 자신의 책 《사막의 반란Revolt in the Deser》에서 아랍인의 성품에는 "볼 수는 있어도 이해하지는 못할 높이와 깊이"가 있다고 썼다. 각 민족은 자신의 정신적 기질의

차이를 지각하긴 해도 이해하지는 못한다. 볼 수는 있어도 이해할 수는 없는 민족의 성격 차이는 매우 흥미로운 수수 께끼라 사람들의 마음을 거듭 사로잡는다. 이런 차이는 개 인과 민족이 조국 밖으로 나가도록 충동하고, 친구를 사귀 게 부추기거나 증오와 전쟁으로 몰아간다.

이해하지는 못해도 보는 것이, 완전히는 몰라도 보이는 차이를 존 중하는 것이 가능했다. 어쨌든, 차이는 정말 존재했다.

블로일러 형제가 모로코 사람들에게 로르샤흐 검사를 해 보니, 반응은 유럽 사람과 비슷했지만 두 가지 예외가 있었다. 먼 저 모로코 사람들에게는 드문 부분 반응이 훨씬 많았다. 이를테면 그들은 잉크 얼룩 양쪽에 거의 보이지도 않게 이빨처럼 돌출된 모 양을 적군 소총수들이 몸을 숨긴 진지로 보았다. 다음으로, 카드의 여러 부분을 하나로 연결하지 않은 채 부분을 모아 해석하는 경향 을 보였다. 유럽 사람이라면 카드 3번의 양쪽에서 각각 머리 하나 와 다리 하나씩을 보고, 머릿속으로 각 신체 부위를 모아 몸을 구 성하여 '**웨이터 두 명**'이라고 답할 것이다. 하지만 모로코 사람들 은 각 부분들을 분리된 머리와 다리가 무더기로 쌓인 '**전쟁터**'나 '**공동묘지**'로 볼 가능성이 컸다(화보 vi쪽 참조).

블로일러 형제는 이런 반응이 전적으로 타당하다고 강조 했다. 그들은 모로코인의 반응을《아라비안나이트》처럼 주제를 벗어나기 일쑤인 아랍 문학, 조각조각 세밀하게 이어붙인 모자이크, 그 밖의 문화 기호와 연관 지은 뒤, 유럽인은 이와 달리 광범위한 일반화를 선호하고 "대체로 질서와 정돈을 소중하게 여기는 분위기" 등이 있다고 대비하여 설명했다. 두 사람은 더 구체적인 문화 차이도 언급했다. 이를테면 모로코 사람들은 유럽 사람에 견줘 사진이나 그림을 쳐다보는 데 훨씬 덜 익숙했고, 그런 풍습을 내면화하지 못했다. 유럽 사람이라면 당연히 그림 속 모든 대상이 같은 축적이지만 거리가 다르고, 더 큰 대상은 중요해서 전경에 그렸다고 짐작하곤 했지만, 모로코 사람의 해석에서는 척도가 다른 형체를 나란히 놓거나(예를 들어 크기가 자기만 한 자칼 다리를 들고 있는 여자), 아주 작은 부분에서 중요한 의미를 읽을 때가 많았다.

　블로일러 형제의 목적은 "외국인의 성격을 측정"하는 것이었지, 판단하거나 순위를 매기는 게 아니었다. 유럽인이 잉크 얼룩 검사에서 극도로 작은 부분에 지나치게 신경 쓰면 조현병일지도 모른다는 뜻이었다. 하지만 모로코 사람은 전혀 그렇지 않다. 블로일러 형제는 검사에서 모로코인의 정신이 열등하다는 어떤 증거도 볼 수 없었으며, 문화 차이에서 중요한 것을 모두 파악할 수 있을 만큼 세밀한 검사는 아니었다고 주장했다. 그리고 현지 언어와 문화를 아는 것이 매우 중요하다며, 감정이입을 요구했다. 다시 말해 실험자는 반드시 "틀에 박힌 사고로 반응을 분류하지 않도록 자신을 다잡아야 하고, 반응 하나하나 '속으로 들어가 느껴야' 한다". 물론 말은 쉽고 실천은 어렵다. 하지만 말조차 하지 않을 때도 많다.[12] 로르샤흐는 수검자가 그림의 움직임을 느끼고 있는지 판단하려고 했다. 블로일러 형제는 검사자가 수검자 안으로 들어가 느껴야 한다고 분명하게 밝혔다.

1938년, 34세의 코라 뒤보이스Cora Du Bois[13]가 로르샤흐 카드를 들고, 지금은 인도네시아 땅인 네덜란드령 동인도의 화산섬 알로르에 도착했다. 발리 동쪽이자 티모르 바로 북쪽에 있는 이 섬은 동서로 90킬로미터, 남북으로 35킬로미터쯤 되는데, 깎아지른 듯한 절벽과 가파른 계곡이 있는 험준한 지형이라 경작지라고는 건기에 옥수수와 쌀, 카사바를 키우는 작은 땅뙈기뿐이었다. 그래서 섬을 가로지르려면 무려 닷새가 걸렸다. 7만 명에 이르는 인구는 험준한 지형에 막혀 서로 꽤 떨어진 여러 공동체로 나눠 살았고, 8개 언어와 셀 수 없이 많은 사투리를 썼다. 말을 타고 몇 차례 섬 안쪽으로 들어간 뒤보이스는 알로르의 통치자와 기나긴 협상을 한 끝에 자신이 갈 곳을 정했다. 그곳은 반경 1.6킬로미터 안에 600명이 살아가는 아티멜랑 마을이었다.

뒤보이스는 알로르에 갈 때 두 가지의 기본 가정을 품고 있었다. 첫째, 문화 차이에는 중요한 의미가 있다. 둘째, 본질적으로 사람은 모두 똑같다. 뒤보이스에 따르면, 우리는 누구나 먹어야 하고, 이 욕구를 어떤 사람은 아침 8시에 토스트와 커피, 12시에 샐러드와 디저트, 저녁 7시에 전채와 후식을 곁들인 균형 잡힌 식사로 채운다. 그리고 어떤 사람은 해가 뜬 뒤 삶은 옥수수 두 움큼과 푸른 채소를, 늦은 오후에 조롱박 한가득한 쌀과 고기를, 그리고 온종일 주전부리를 달고 살며 채운다. 두 반응 모두 인간의 욕구를 채우기에 적합하기는 마찬가지다. 모든 사람은 "본질적으로 유사하다". 또 자기가 속한 문화의 "여러 맥락에서 발생하여 대다수 개인이 노출되는 반복되고 표준화된 경험, 관계, 가치"에 적응한다. 문화가 빚어낸 환경이 우리 몸과 뇌의 기본적 기질과 상호작용하면서 "문화에 따라 결정된 성격 구조"를 낳는다. 한 문화에 속하는 사람의 대다수는 이런 성격 구조를 공유하지만, 그렇다고 모두가 공유하거나 완전히 공유하는 것은 아니다.

듀보이스가 그렇게 멀리 떨어진 아티멜랑까지 찾아간 까닭은 "은밀한 가르침을 갈고닦으려는 것"이 아니라, 무엇이 우리를 우리로 만드는지 이해할 방법을 찾기 위해서였다. "가장 단순화시킨 물음은 이것이다. 왜 미국인은 알로르 사람과 다른가? 미국인과 알로르 사람이 다르다는 것은 누구나 아는 결론이다. 하지만 지금껏 날씨부터 인종에 이르는 해명들은 한숨이 나올 만큼 부적절하다는 것이 증명되었다." 좀 더 적절한 답을 얻으려면 문화적 관습과 심리적 특성의 상호 작용에 맞추는 섬세한 접근법을 써야 할 것이다.

듀보이스는 1년 반 동안 아티멜랑에 머물렀다. 그곳 말을 배웠고, 그 언어에 아부이Abui라는 이름을 붙였고, 처음으로 아부이 말을 문자화했다. 사람들을 인터뷰해 아이 키우기, 청소년기에 치르는 의식, 가족 역동성에 대한 정보를 모았고, 마을 사람 여럿에게서 생애를 듣고 기록했다. 듀보이스는 자신이 머무는 공동체의 알로르 사람들은 성미가 성말라서 화를 잘 내고, 집 안팎을 가리지 않고 말싸움과 몸싸움이 잦다는 것을 알아차렸다. 다른 무엇보다도 이런 특성이 이들의 "문화에 따라 결정된 성격 구조"를 낳았다.

하지만 듀보이스는 자신이 어렴풋이 느낀 내용을 보다 탄탄한 객관적 근거로 밑받침해야 했다. 그래서 미국으로 돌아오자마자 아티멜랑 사람의 생애 기록을 포함한 여러 자료를 당시 정신분석 이론가로 이름을 날리던 컬럼비아 대학교의 에이브럼 카디너Abram Kardiner에게 보냈다(카디너는 1939년에 출간된 《개인과 그가 속한 사회The Individual and His Society》의 저자다). 또 카디너의 분석과 자신의 관찰 의견은 빼놓은 채, 알로르 남성 17명과 여성 20명의 로르샤흐 반응 기록을 다른 동료에게 건넸다. 바로 에밀 오베르홀처였다.

카디너, 오베르홀처, 그리고 듀보이스 모두 알로르 사람에 대해 똑같은 결론에 도달했다. 예컨대 오베르홀처가 파악한 바에 따르면, "알로르 사람들은 의심이 많아 남을 잘 믿지 않는다. (…) 이런 두려움은 이들이 타고난 전형적인 정서 성향의 일부이자 핵심을 이룬다. (…) 이들은 쉽게 당황하고, 겁에 질리고, 소스라치게 놀랄 뿐 아니라 (…) 그만큼이나 쉽게 버럭 화를 낸다. 틀림없이 감정이 폭발해 성깔을 부리고, 화와 분노를 참지 못해 때로 난폭한 행동을 할 것이다". 듀보이스가 직접 겪은 내용과 똑같았다. 특정한 사람들, 즉 듀보이스가 생애 기록을 모았고 카디너가 멀리서 서류를 바탕으로 정신분석을 했으며 오베르홀처가 로르샤흐 검사로 채점하고 해석한 사람들에 대한 세 사람의 분석이 하나로 수렴되었다.

1940년 2월 루스 베네딕트에게 보낸 편지에서 듀보이스는 이런 일치가 아주 놀라운 일이라고 말했다. "문제의 핵심은 개개인의 자료들이 카디너 교수의 분석이 맞다는 것을 입증해주는가입니다. 로르샤흐 검사의 결과는 카디너 교수의 분석이 맞다는 것을 보여주는 듯합니다. (…) 오베르홀처 박사와 저는 아직 열심히 연구 중입니다. 오베르홀처 박사가 신중해 마음이 놓입니다. 정말로 개개인의 기록들이 카디너 교수의 분석이 맞다고 입증해준다면, 저는 놀라 평생 입을 다물지 못할 것 같습니다. 사실이라면 너무 멋져서 믿을 수 없을 거예요."[14] 듀보이스는 카디너의 분석이 자신의 막연한 생각과 일치하는 것이 미심쩍다고 인정했다. 어쩌면 그녀가 뜻하지 않게 자료를 선별했거나 왜곡해 카디너에게 보냈을지도 모를 일이었다. "하지만 제가 로르샤흐 검사를 마음대로 손댈 방법은 없었습니다. 다른 의미가 숨어 있다는 걸 전혀 모르는 오베르홀처 박사는 저만큼이나 들떠 있어요. 박사는 반응을 설명하는 데 필요한 내용 말고는 알로르 문화를 전혀 모릅니다. 그리고 그 결과를 로르샤흐 검사의 승리로 봅니다. 저는 사회학부터 심리학까지 모든 해석 작업의 승리라고 생각합니다. 흥미롭지 않나요?"

당시 듀보이스는 세라 로런스 대학교의 교수였다. 로르샤흐 검사가 이미 한창 무르익어가고 있던 바로 그곳이다. 1941년 듀보이스는 연구를 종합해《알로르 사람들The People of Alor》을 마무리 지었고, 1944년에 카디너와 오베르홀처가 쓴 방대한 논문들과 묶어 출간했다. 코라 듀보이스는 그렇게 인류학과 심리학을 하나로 통합했다.

블로일러 형제보다는 늦었지만, 오베르홀처 역시 잉크 얼룩 검사를 연구하고 있었다. 알로르 사람들의 특정 문화를 모르는 상태에서, 이를테면 어떤 응답이 흔하거나 특이한지, 좋거나 나쁜지, 어떤 부분 반응이 보통이거나 드문지 등 채점을 가능케 하는 모든 표준 수치를 미리 알지 못한 상태에서 로르샤흐 검사를 통해 유용한 내용을 알아낼 수 있을까?[15] 알로르 사람들의 검사 결과는 언뜻 보기에는 분명 이질적이다. 한 여성이 카드 5번, 이른바 박쥐에 보인 반응은 이랬다.[16]

(1) 돼지 다리 같다(측면 돌출부)

(2) 염소 뿔 같다(가운데 위쪽, 박쥐 귀 부분)

(3) 염소 뿔 같다(가운데 아래쪽)

(4) 까마귀 같다(커다란 얼룩의 까만 부분)

(5) 검은 옷 같다(커다란 얼룩의 반쪽)

그럼에도 불구하고 오베르홀처는 로르샤흐 검사가 겉으로 드러난 이런 문화적 차이를 넘어서서 당시 그가 듀보이스와 공유했던 성격 특성의 유형들을 꿰뚫어볼 수 있다고 결론지었다.

듀보이스에게는 더 큰 목표가 있었다. 그녀는 한발 더 나아가 문화가 성격을 결정짓는다고 주장할 수 있는지 알아내고 싶어했다. 하지만 그런 주장이 모두 근거 없는 가정으로 그치지 않으려면, 인류학자가 문화를 설명하기 위해 연구하는 행동과는 별개로 성격에 대해 알려줄 정보의 출처가 필요했다.[17] 로르샤흐 검사가 제공한다고 주장한 것이 바로 이렇게 성격에 접근하는 직접적인 방법이었다. 1934년에 뇌파도(EEG)가 등장해 처음으로 인간의 뇌파를 두루마리 종이에 기록하긴 했지만, 그런 신경 기술은 아직 갈 길이 멀었다.[18] 그러니 잉크 얼룩 검사를 이용해 문화적 차이에 가려진 사람을 정말로 꿰뚫어볼 수 있다면, 듀보이스 말마따나 "너무 멋져서 믿을 수 없"는 일이 아닐 수 없다.

로런스 A. 프랭크의 투사법을 미국 인류학의 한가운데로 들여왔다는 말을 듣는 인물이 로르샤흐 검사를 쓴 것도 바로 이런 이유에서였다.[19] 앨프리드 어빙 핼러웰Alfred Irving Hallowell(1892~1974)[20]은 1922년에 프란츠 보아스 밑에서 루스 베네딕트와 함께 공부한 뒤 문화와 성격 문제로 눈길을 돌렸다. 1932~1940년에 그는 거의 480킬로미터 떨어진 수원에서 발원해 위니펙 호수로 흘러들어가는 캐나다의 작은 강 베런스 근처에서 여름을 보냈다.[21]

이 지역은 "미로 같은 물길, 늪, 빙하에 매끈하게 깎인 바위, 훼손되지 않은 숲이 있는 고장"[22]으로, 북아메리카에서 유럽인이 탐험해봐야 할 중요한 장소 중 하나였다. 베런스강과 위니펙 호수 사이에는 큰 호수나 강이 없었으므로 외진 곳으로 남아 있었다. 오지브웨족이나 치페와족에 속하는, 이동 생활을 하는 사냥꾼

성품에서 성격으로

과 어부들이 강어귀부터 동쪽 삼림지에 이르기까지 세 공동체로 나뉘어 자리 잡고 살았다. 한 공동체는 강어귀에 있는 위니펙 호수에, 한 공동체는 안쪽으로 힘겹게 160킬로미터쯤 들어간 곳에(카누로 이동한다면 직접 카누를 들고 물길을 쉰 번 정도 갈아타야 했다. 육로는 없었다), 나머지 한 공동체는 훨씬 더 들어간 내지에서 살았다.

이런 지형 때문에 세 공동체는 "문화의 비탈길culture gradient"을 따라 콜럼버스 이전 시대에서부터 완전한 동화에 이르기까지 서로 다른 세 단계에 놓여 있었다. 호숫가에 사는 공동체에는 백인도 살고 있었고, 여름 동안 위니펙시에서 주 2회 증기선이 들어왔다. 집은 유럽식 통나무집이었고, 전통문화의 흔적도 매우 희미해져 원주민 의식이나 춤, 북소리는 아예 찾아보기 어려웠다. 하지만 그때껏 상인이나 선교사의 발길이 드물었던 내지에서는 "자작나무껍질을 덧댄 티피*가 (…) 끝없이 수평선을 그리는 짙푸른 가문비나무를 배경으로 우뚝 선 채 뚜렷한 윤곽을 드러냈고, (…) 옛날 옛적 인디언의 생활 특징이 남아 있었다".[23] 아마 그곳 내지의 오지브웨족도 상점에서 옷을 사 입고, 쇠솥과 쇠 냄비로 요리를 하고, 차를 마시고, 껌을 씹고, 막대 사탕을 빨았을 것이다. 하지만 남자들은 아직도 사냥한 말코손바닥사슴을 카누에 실어 강가로 가져갔고, 여자들은 모카신을 짓거나, 실처럼 잘게 간 가문비나무 뿌리로 자작나무 껍질을 이어 붙여 카누를 만들거나, 크래들보

* 평원 지역 인디언이 쓴 거주용 텐트.

드*에 아이를 단단히 동여매 등에 업은 채 나무를 베거나 운반했다. 주술사, 한밤에 굿이나 점을 치는 의식, 한여름에 거행되는 춤 의식 와바누위원wabanówiwin이 남아 있었다. 핼러웰은 "겉으로 드러난 여러 상황과는 달리, 이런 분위기에서는 예전 원주민이 지녔던 사고와 믿음의 고갱이가 아직도 대부분 남아 있다고 느끼지 않을 길이 없다"[24]고 적었다. 느끼지 않을 길이 없었다지만, 어떻게 확신할 수 있었을까?

핼러웰은 "로르샤흐라는 낯선 단어"[25]를 30대 중반에 처음 접했다. 미국 국립연구원National Research Council의 문화와 관련한 성격 연구 위원회Committee on Personality in Relation to Culture 회의에서 루스 베네딕트의 발언을 듣고서였다. 오지브웨족을 현장에서 연구하면서, 그는 "인류학 연구에서 새롭게 떠오른 영역, 즉 개인과 문화의 심리학적 연관성"이라는 분야에 발을 내디뎠다. 문화 아래에 깔려 있는 개인의 심리를 드러낼 이 새로운 기법이야말로 핼러웰이 찾던 것이었다. 그는 로르샤흐 검사를 직접 시도해보기 위해 충분한 정보를 긁어모은 뒤 벡, 클로퍼, 헤르츠가 쓴 방법의 기본 원리를 혼합해, 통역을 거쳐 수행할 검사 절차를 임시변통으로 만들었다.

"내가 카드 몇 장을 하나씩 보여줄 겁니다. 카드에는 얼룩 자국이 있어요." 여기서 통역사는 그림을 뜻하는 오지브

• 널빤지에 고정한 인디언식 요람.

웨 말 ocipiegátewin을 집어넣었다. "카드에는 이 종이(시험용 잉크 얼룩을 보여준다)에 있는 그림과 비슷한 무늬가 있어요. 카드를 한 장씩 손에 쥐어보시겠어요?(시험용 잉크 얼룩을 수검자에게 건넨다) 찬찬히 살펴본 다음, 무엇을 봤는지 이 막대기로 짚어봐요(수검자에게 오렌지 나무 막대기를 건네준다). 카드에 있는 얼룩 자국에서 떠오르는 것이나, 얼룩이 무엇처럼 보이는지 모두 말해보세요. 지금껏 보아온 것들과 다를지도 모릅니다. 혹시 무언가와 비슷하게 닮은 것 같으면 그게 무엇이든 다 말해주세요."[26]

다음 해, 캐나다에서 여름을 보내고 돌아온 핼러웰의 손에는 오지브웨족 12명의 로르샤흐 반응 기록이 들려 있었다.[27]

핼러웰은 오지브웨족 공동체들이 캐나다 백인 문화에 동화된 단계가 서로 다른 덕분에 개인의 심리와 문화의 연관성을 연구하는 데 완벽한 방법이 되었다고 보았다.[28] 동화 단계가 다르다는 것은 말 그대로 똑같은 심리가 각기 서로 다른 문화의 영향을 받는다는 뜻이기 때문이다. 핼러웰은 이렇게 적었다. "짐작한 대로 성격 형성과 문화 유형 사이에 밀접한 관련이 있다면, 문화가 바뀔 때 개인의 성격도 바뀐다고 예상해볼 만하다."

오베르홀처가 알로르 사람을 분석했을 때처럼, 핼러웰도 자신이 수행한 로르샤흐 검사에서 "지금까지 연구된 문화적 적응의 모든 단계를 통해 분명하게 구별할 수 있는… 오지브웨족의 성격 유형"을 찾아냈다고 주장했다. 겉으로 드러난 문화 풍습은 캐나다 백인에게서 빌려왔겠지만, "타고난 심리의 중요한 알맹이"가 바뀌었다는 "증거는 전혀 없었다". 이어서 핼러웰은 베런스강 줄기를 따라 살아가는 세 집단이 같은 유전 형질과 문화적 배경을 공유하고 같은 조건에서 로르샤흐 검사를 받았으므로, 세 집단의 검사 결과가 조금이라도 다르다면 서로 다른 문화적 적응 단계에서 그 원인을 찾을 수밖에 없다고 주장했다. 로르샤흐 검사는 오지브웨족에 속하는 개인들이 새로운 문화 압박에 얼마나 다르게 적응하고 있는지 또는 아닌지를 말해주고 있었다.

핼러웰은 오지브웨족의 성격이 "극단에 몰려" 있다는 것을 발견했다. 검사 결과, 내지에 사는 오지브웨족은 주로 내향성이고, 의미심장하게도 모든 외향성을 억눌렀다. 사건을 언제나 내면의 신앙 체계와 관련지어 이해했고, 꿈은 가장 중요한 경험이라 본인만 알아야 했다(꿈을 남에게 이야기하는 일은 대부분의 상황에서 금기였다). 사회적 관계가 촘촘하게 짜인 문화였으니 그럴 만했다. 이와 달리 호숫가에 사는 오지브웨족은 "자기 주변에 있는 사람 및 대상과 깊은 감정을 나누며 살았고," 성격이 매우 다양하게 나타나 특히 여성에게서 외향성이 뚜렷했다. 이들은 자신의 외향성을 억누르지 않고 마음껏 외향성을 드러내 행동해도 괜찮았다.

특히 여성에게서 발견되는, 남과 달라도 되는 이 엄청난 자유는 바람직한 측면이 있었다. 매우 잘 적응한 사람의 81%가 호숫가 공동체에 속했기 때문이다. 하지만 매우 심각한 부적응자의

75%도 호숫가 집단에서 나왔다. 핼러웰은 백인 문화가 심리를 더 많이 자극하므로, 자신을 표현할 기회뿐 아니라 적응에 실패할 가능성도 크게 높인 것이라고 결론지었다. "로르샤흐 기법을 빌리지 않더라도 이런 추론 중 몇 가지는 도출할 수 있다. 하지만 실재하는 개인들이 현재 상황에 어떻게 적응하고 있는지 평가할 조사 방법이 없다면, 추론을 증명하기가 어려울 것이다."

　　듀보이스가 그랬듯, 핼러웰도 연구에서 구체적 결론을 넘어서는 종합적인 교훈을 얻었다. 로르샤흐 검사를 이용해 개인에게서 문화 규범을 찾아낼 수 있다면, 문화가 성격 전반을 어떻게 결정하는지도 연구할 수 있다. 핼러웰은 심리학자를 겨냥한「원시사회의 성격을 연구하는 수단으로서의 로르샤흐 방법The Rorschach Method as an Aid in the Study of Personalities in Primitive Societies」(1941)과 인류학자를 겨냥한「성격과 문화 연구에 적용한 로르샤흐 기법The Rorschach Technique in the Study of Personality and Culture」(1945)이라는 획기적인 두 논문에서 로르샤흐 검사만이 지닌 장점들을 제시했다.[29] 로르샤흐 검사는 정량화할 수 있는 객관적 자료를 수집한다. 검사 도구를 갖고 다니기도 편하다. 사람들이 검사받기를 좋아한다. 수검자가 글을 몰라도 상관없다. 실험자가 전문 심리학자가 아니어도 괜찮다. 다른 사람이 반응 기록을 채점해 해석하면 되기 때문이다. 이미 검사를 받은 사람이 친구들에게 정답을 알려줄 위험도 없다.

　　핼러웰이 꼽은 가장 중요한 장점은 로르샤흐 검사가 "문화와 무관하다"는 것이었다. 다양한 집단을 대상으로 검사를 실행해도 전형적인 반응은 놀라울 정도로 일정하게 나타났다. 예컨대 카드 1장을 제외하고는, 흔히 나타나는 반응이 유럽에서 건너온 백인이나 오지브웨족이나 거의 동일했다. 그 예외적인 1장의 카드에서 백인은 흔히 **동물 가죽**을 보았고, 오지브웨족은 **거북이**를 보는 경향이 있었다. 그 밖에도 "로르샤흐 해석은 대부분 통계적 기준보다는 심리학적 의미에 근거하므로,"[30] 핼러웰은 큰 표본 자료가 없는 경우에도 귀중한 통찰을 얻을 수 있다고 여겼다. 핼러웰이 첫 논문을 쓸 때만 해도, 문자가 없는 문화권에서 모은 반응 기록은 블로일러 형제, 듀보이스, 핼러웰의 것을 모두 포함해 채 300건을 넘지 못했다. 하지만 몇 년 지나지 않아 기록은 1,200건을 넘어섰다. 핼러웰이 보기에 앞으로 글을 모르는 집단에게 로르샤흐 검사를 수행하지 못할 가능성은, 물론 "상상이야 해볼 수 있겠지만 매우 희박했다".[31]

　로르샤흐 검사가 "문화와 무관한" 성격 정보를 알려준다 해도, 검사를 이용하는 인류학자들은 또 다른 문제와 마주쳤다. 모든 문화는 저마다 "전형적인 성격 구조"를 가지고 있지만 개인마다 편차가 있을 여지도 있는 반면, 문화가 다르다고 간주되어도 사람들은 근본적으로 같았다. 모든 검사 결과가 한 사회 내의 개인의 특징을 드러내거나, 또는 문화적 차이에 대한 일반화를 뒷받침한다고 주장할 수 있다는 의미였다. 어느 쪽이 됐든 인류학자들이 바라는 바였다.

　1942년 필립 쿡Philip Cook이 핼러웰에게 영향을 받아 진행한 사모아인 연구에서 딜레마가 드러났다.[32] 사모아 사람들은 유난히 순수 색채 반응(C)을 많이 보였으므로, 결과만 놓고 보면 이들은 대체로 외향성이었다. 하지만 쿡에 따르면 이 결과는 색깔을 나타내는 사모아 말의 개수에서 비롯한 것이었다. 사모아 언어에서 색채 단어는 검정, 하양, 빨강뿐이었고, 그마저도 추상적이었다. 이를테면 빨강에 해당하는 mumu는 '불같다, 불꽃 같다'는 뜻으로, 거의 늘 피를 연상시켰다. 매우 드물게 쓰이는 색채 단어도 특정 대상에 밀접하게 묶여 있었다. 이를테면 파랑을 나타내는 단어는 "깊은 바다색"을 뜻했고, 바다색의 변화에 따라 초록부터 잿빛까지를 가리켰다. 초록을 나타내는 단어는 "자라나는 모든 것의 색"을 뜻했다. 따라서 사모아 사람이 색을 가지고 대상을 묘사할 가능성은 낮았다. 달리 말해 형태-색채 반응(FC)이 드물었다. 해부 반응도 훨씬 많았다. 유럽인이나 미국인의 반응이었다면 "성적 억압이나 병적인 신체 집착"을 암시한다고 여겼을 것이다. 하지만 사모아 사람들은 어릴 때부터 성생활이 왕성했고, 성을 억압하는 문화가 있다손 치더라도 매우 드물었으므로 이들이 보이는 해부 반응은 더할 나위 없이 정상이었을 것이다. 쿡은 로르샤흐 검사가 사모아의 문화 양상은 드러내는 듯하지만 개인을 구별하거나 진단하지는 못한다고 인정했다. 하지만 쿡에게는 이것이 앞으로 여러 문화에서 방대하고 깊이 있는 연구를 수행해야 한다는 것을 뜻할 뿐이었다. "로르샤흐 검사가 문화적 정신 역동을 연구하는 데 의심할 바 없이 탁월한 도구"이기 때문이다.

심리학계와 인류학계 모두 이 가정에 동의했다. 핼러웰은 두 분야의 이론을 완전히 통합할 것을 제안하면서 로르샤흐 검사가 그 목적을 이루는 데 "매우 쓸모 있는 수단"[33]이라고 높이 평가했다. 1948년 무렵 핼러웰은 미국 인류학협회American Anthropological Association와 클로퍼가 세운 로르샤흐 연구소의 수장을 맡았는데,[34] 이것은 두 학문이 수렴된다는 명확한 신호였다. 대중들도 로르샤흐 검사가 미국 문화에서든 아니면 가장 낯설고 이국적인 문화에 있는 누구에게서든 성격 구조를 밝혀낼 수 있다고 이해했다.

당시 대학원생이었고, 나중에 아이들의 자제력을 향후 성공 가능성과 연결짓는 유명한 마시멜로 실험을 진행한 월터 미셸Walter Mischel은 로르샤흐 검사를 이렇게 회상했다. "마치 정신을 비추는 X선 기계 같았다. 그림을 보여줌으로써 어떤 사람인지 답을 찾을 수 있었다."[35]

검사의
여왕

1941년 12월 7일, 일본군이 진주만을 공습했다. 그로부터 채 3주가 지나기도 전에 브루노 클로퍼는 로르샤흐 연구소와 자원입대한 연구소 회원 사이의 가교 역할을 하기 위해 '로르샤흐 자원봉사단'을 조직했다.[1] 그리고 검사와 관련한 조언과 정보를 제공할 창구 역할을 자임했다. 1942년 초, 드문드문 군이 검사를 문의하거나 요청해오더니 얼마 지나지 않아 일이 쏟아졌다. 얼마 후 클로퍼는 육군 인사 담당 부서와 함께 로르샤흐 검사가 어떻게 미국의 전쟁 활동을 도울 수 있을지를 살폈다.

이때 쓰인 로르샤흐 검사는 인류학과 성격 연구의 최전선에 있던 섬세한 도구와는 사뭇 달랐다. 군은 무엇보다도 군대 일반 분류 검사Army General Classification Test[2]처럼 쓰기 간편한 평가를 필

2차 대전 동안 미국 전략사무국(OSS)이 요원 선발 목적으로 사용한 집단 로르샤흐 검사.

요로 했다. 1940년에 개발된 군대 일반 분류 검사는 그 뒤로 5년 동안 육군과 해군 1,200만 명을 평가했다. 세라 로런스 대학교에서 입학생 검사를 맡았던 루스 먼로는 검사자들이 로르샤흐 반응 기록에서 눈에 띄는 문제를 재빨리 식별하는 데 도움이 되도록, 1941년에 「정밀 검사 기법Inspection Technique」[3]이라는 논문을 펴냈다. 그런 식별 요령 덕분에 다양한 채점자들이 덜 모호하면서도 더 균일하고 훨씬 빠른 해석을 내놓을 수 있었다.

　　몰리 해로어Molly Harrower는 채점뿐 아니라 검사 운용을 간소화하기 위해 집단 로르샤흐 기법Group Rorschach Technique[4]을 도입했다. 검사자는 조금 어두운 방에서 수검자들에게 슬라이드를 보여 준 뒤 답을 적게 했다. 강당에 모인 200명이 넘는 사람들을 검사하는 데 20분이면 넉넉했다. 난관도 있었다. 로르샤흐가 잉크 얼룩을 인쇄하는 데 어려움을 겪었던 것만큼이나, 원본대로 나온 슬라이드를 구하기가 어려웠다. 특히 "전시라 품질 좋은 필름을 구하기가 대단히 어려웠지만,"⁵ 결국 슬라이드를 제대로 만들어줄 사진가를 찾아냈다.

이런 진전이 있었지만, 로르샤흐 검사를 집단에 적용하는 데에는 두 가지 큰 걸림돌이 있었다. 검사 운용이야 전문 지식이 떨어지는 군무원이 수행해도 되지만, 반응 기록의 채점과 해석은 여전히 훈련된 로르샤흐 전문가가 맡아야 했기 때문이다. 게다가 정부 관료에게 보여주거나 펀치 카드와 IBM의 판독기용으로 쓸 수 있도록 결과를 간단한 수치로 요약하는 것은 여전히 불가능했다. 그래서 해로어는 한발 더 나아가, "로르샤흐가 처음에 의도했던 본질에서 멀리 벗어나 (…) **완전히 다른** 절차"를 고안했다. 해로어는 이것을 '로르샤흐 카드나 슬라이드용 선다형 검사'라고 불렀다.

이 방식에서는 수검자에게 카드마다 제시된 열 가지 반응 중 "잉크 얼룩을 가장 잘 묘사했다고 생각하는 의견"의 네모 칸에 표시를 하고, 만약 하나를 더 고르고 싶다면 해당 칸에 2를 적으라고 요청했다. 예를 들어 14쪽에 나온 카드 1번을 위해 제시된 반응은 아래와 같았다.

☐ 육군이나 해군의 상징
☐ 진창과 흙

☐ 박쥐

☐ 아무것도 아님

☐ 사람 두 명

☐ 골반

☐ X선 그림

☐ 게의 집게발

☐ 더러운 것

☐ 내 몸의 일부

예시에는 없음 : _____

1급 기밀인 정답에 따라 적절한 답과 부적절한 답이 구별되었다. 해로어는 전쟁 중에 펴낸 논문에서 스파이 소설에 나올 법한 말로 이 절차를 묘사한다. "이 정답이 엉뚱한 사람의 손에 들어가지 않게 하는 게 가장 중요하므로, 여기에는 공개하지 않았다. 하지만 군에서 일하는 정신과 의사와 심리학자가 요청한다면 바로 사본을 보낼 것이다." 부적절한 답이 3개 이하면 통과였고, 4개 이상이면 탈락이었다.

검사 방식이 미심쩍게 느껴지는가? 그런 사람이 한둘이 아니었다. 나중에 해로어가 밝힌 바에 따르면, "사람들이 집단 로르샤흐 검사 절차에는 눈살을 찌푸린 정도였다면, 선다형 검사를 도입했을 때는 차디찬 반응을 보였다".[6] 하지만 수백만 명을 걸러내야 하는 상황이었으므로, 새로운 접근법이 필요했다. 해로어가 논문에서 짚었듯이, "요컨대 선별 프로그램으로 부적합 인력을 찾아낼 수만 있다면, 그 사람이 **왜** 부적절한지 자세한 이유에는 별 관심이 없다. (…) 겨우 몇 사람만 다룰 수 있는 아주 조심스러운 수단보다는 어디서든 누구나 쓸 수 있는 간단한 도구에 더 관심이 있다."

해로어가 고안한 검사는 어느 정도 효과적인 듯 보였다. "무작위로 뽑은 정상인" 329명, 남성 재소자 22명, 대학 정신과 의사에게 상담받는 학생 30명(꽤 심각한 진단을 받은 학생도 있었고, 심리 치료를 받고 상당히 호전된 듯한 학생도 있었다), 보호시설 생활에 익숙해진 정신 질환자 143명을 검사했더니, 여러 범주로 뚜렷하게 분류되었다. 후자 쪽 집단에 속할수록 탈락할 가능성이 컸다. "우수한 성인" 수검자 가운데 무려 55%가 부적절한 답을 아예 하나도 내놓지 않았고, 유일하게 탈락한 수검자는 알고 보니 조울증으로 2번 입원했던 전력이 있었다. 해로어는 곧 몇 가지 요인을 조정했다. 예를 들어 해부 반응은 나쁜 답으로 채점되지만, 의사와 간호사는 해부 반응을 더 많이 보인다는 사실을 반영한 것이다. 숙련된 로르샤흐 전문가들이 검사 결과를 검토해야 판단이 더 정확하다는 사실도 알아냈다. 특히 부적절한 답이 서너 개 나온 경계선 대상자의 경우에는 더더욱 그랬다. 하지만 "엄격하게 오로지 양적 관점만 고수"했을 때도 결과가 대단했다. 해로어는 자신이 여기저기 손본 간단한 검사의 "명백한 장점은 로르샤흐 검사와 경쟁하여 뛰어넘으려는 데 있는 것이 아니라 절차 자체에 있다"고 주장했다.

교육계와 사업계에서는 선다형 검사를 반겼다.[7] 하지만 여러 연구 끝에 군 병력 선별에 쓰기에는 신뢰도가 너무 낮다는 사실이 밝혀졌고, 군대에서는 한 번도 집단검사용으로 채택되지 않았다. 1939년에 성격의 미묘함을 밝히는 최고의 투사법으로 거듭났던 로르샤흐 검사는 이제 다시금 간단한 수치, 예/아니오를 내놓는 검사로 재창조되고 있었다. 엄밀한 의미의 로르샤흐 검사는 "여전히 전문가가 반드시 개입해야 하는 **체계적 방법**이지만", 해로어는 잉크 얼룩 검사를 "사람들이 흔히 말하는 간단한 심리검사"로 바꿔놓았다(체계적 방법과 간단한 검사의 차이에 주목하라). 군대에 필요했던 것이, 그리고 미국인이 바랐던 것이 바로 이런 검사였다.

1944년 한 해에만 2,000만 명의 미국인이 심리, 교육, 적성 분야에서 6,000만 건이 넘는 표준검사를 받았다.[8] 1940년《심리 측정 연감The Mental Measurements Yearbook》이 논평한 검사가 325가지, 그 외 목록에 실린 것이 200가지였다. 대다수는 몇 안 되는 심리학자만 사용하는 검사였지만, 한 검사만은 "검사의 여왕"[9]으로 알려진다. 그것은 잉크 얼룩 검사 자체보다는 미국 심리학계에 닥친 변화와 관련 있었다.

2차 대전은 미국 정신 건강계의 역사에서 전환점이 되었다.[10] 전쟁 전만 해도 정신과 의사는 정신병원에서 일했고, 당시엔 '부드러운' 치료사가 아닌 '깐깐한' 과학자였던 대다수의 심리학자는 대학교 실험실에 틀어박혀 지냈다. 몇 안 되는 임상심리학자도 어린이와 교육에 집중하는 경향을 보였다. 미국에서는 정신과 의사들이 프로이트의 이론을 본뜻과 사뭇 다르게 차용하는 바람에, 정신분석을 예컨대 과학적 질문을 던지거나 개인을 탐구하는 수단이 아니라 거의 정신 질환을 치료하는 방법으로만 보았다.

그때껏 대다수의 미국인은 정신 건강 치료를 받아본 적이 없었고, 그것이 무엇인지도 몰랐다. 정신분석법에 끌린 일부 정신과 의사가 병원을 벗어나 개인 진료소를 차리거나 몇몇 대도시에 있는 아동상담병원으로 자리를 옮겼지만, 심리 치료는 사회 전반에서 아직 주변부에 머물러 있었다. 정신과 의사는 환자를 치료했고, 심리학자는 실험 대상을 연구했다. 그리고 대다수 국민을 최선을 다해 도와야 할 몫은 그들이 속한 공동체에 떠넘겨졌다.

미국이 2차 대전에 참전하고, 미국 역사상 처음으로 전면적인 징병이 시행되면서, 건장한 미국 남성은 누구나 지능검사, 신체검사와 더불어 선별용 심리검사를 받았다. 잠재적 병력 가운데 "용인할 수 없을 만큼 위험한 심리 상태"로 판정되어 걸러진 인원이 믿기 어려울 만큼 많았다. 1942~1945년 검사 대상자 가운데 12%로, 육군만 따져도 무려 약 187만 5,000명이었다.[11] 1차 대전에 견줘 면제 비율이 6배나 높았는데도, 보고에 따르면 당시 미군의 전쟁 신경증 환자 비율은 1차 대전에 견줘 2배 넘게 늘었다. 신경 정신 질환으로 의료 지원이 필요하다고 인정된 군인이 육군에서 100만 명을 넘겼고, 해군에서도 15만 명에 이르렀다. 모두 선별 검사를 통과한 병사였다. 정신 질환을 사유로 제대한 병력이 약 38만 명으로, 전체 의사 제대의 1/3을 넘겼고, 이와 별도로 '성격 장애'를 사유로 의사 제대한 병력도 13만 7,000명이었다. 작전 지역에서 철수시킨 정신 질환자가 12만 명이었고, 2만 8,000명은 비행기로 수송했다.

이 수치가 선별 검사가 얼마나 절실하게 필요한지를 보여줬든 아니면 제구실을 못하는지를 보여줬든, 위기가 닥쳤다는 것은 분명했다(당시 육군 참모총장이던 조지 C. 마셜 장군은 1944년에 선별 검사를 중단했다). 아픈 척 속임수를 쓰는 병력도 있었지만, 대다수는 진짜 환자였다. 이는 두 가지를 뜻했다. 첫째, 정신 질환이 생각보다 훨씬 엄청난 인구에 영향을 미치고 있다. 둘째, 이른바 건강한 사람도 심리 치료가 필요하다. 군에서 신경쇠약증을 일으킨 병력 중 최전방이나 해외 파병지 복무자는 소수였다. 대다수는 '스트레스'처럼 제대한 뒤에도 영향을 미치는 다양한 요인 때문에 발병했다. 군 정신의학계에서 생겨난 스트레스라는 개념은 빠르게 일반 사회로 퍼져나갔다.

이제 정신 건강은 국가가 신경 써야 할 문제가 되었다. 미국의 심리 치료 역사를 다룬 책에 표현된 대로, 당시 미국 젊은이의 육체 건강은 "보기 딱할" 만큼 끔찍했다.[12] 많은 젊은이가 "빠진 이, 종기와 염증, 시력 문제, 골격 기형, 만성 감염증을 치료받거나 교정받지 못한 채 방치되었다". 이에 따라 의사 수를 늘리고 전국 어디서나 진료받을 수 있게 하는 조치가 취해졌다. 그런데도 "징집 대상자의 12%가 정신 질환을 사유로 면제되었다는 것은 비할 데 없이 큰 충격을 안겼다".

전쟁이 시작될 무렵, 미 육군 소속 정신과 의사는 모두 35명이었다.[13] 당시 육군 준장으로 정신 보건 책임자였던 정신과 의사 윌리엄 C. 메닝거William C. Menninger에 따르면, "생각지 못하게도, 정신과 의사와 신경학자는 물론이고 심리학자와 정신 보건 사회복지사도 숙련된 인력이 크게 모자랐다". 전쟁이 끝날 무렵, 육군 소속 정신과 의사는 1,000명으로 늘었고, 나머지 군대에서도 700명이 일했다. 새로 뽑은 다수의 인력은 물론이고 미국 정신의학협회의 "거의 모든 회원이 나이나 신체장애에 가로막히거나, 민간 정신과에 필수로 배정되지 않은 한"[14] 군에 복무했다.

국내외를 가리지 않고 수백 곳에 이르는 징병 사무소, 기초 훈련소, 영창, 갱생시설, 군 병원에서 전문 인력을 필요로 했다. 정신과 의사 외에도 군 심리학자가 복잡한 기계장치의 계기판을 사용자의 지능과 지각력의 한계에 맞게 설계하는 일 등에 참여했다.[15] 나중에 메닝거가 요약한 바에 따르면, "전쟁이 거의 끝날 때까지도, 업무를 맡을 인력이 턱없이 모자랐다".

사실 미국 어디에서도 인력은 충분하지 않았다. 신경정신의학 부문에 배치된 군의관 중 거의 1/3이 전쟁 전에 정신의학을 배운 적이 없었다. 전쟁이 끝나갈 무렵에는, 자주 관찰해야 할 복귀 병력이 1,600만 명에 이르렀으므로 인력 수요는 훨씬 더 커졌다. 전후의 보훈 병원 환자 가운데 아마 절반 이상이 정신 건강 장애 때문에 입원한 이들일 것이다. 일반 시민도 정신 건강 치료의 이점을 알아갔다. 전쟁이 끝난 뒤 메닝거 준장이 말했듯, "이 전쟁에서 병사들에게 일어난 정신병이나 성격 장애 때문에 정신의학과와 직접 접촉했거나 관계를 맺게 된 사람이 줄잡아 최소한 200만 명이다. 이들 대다수에게는 처음 겪는 일이다. 이들은 정신의학을 알아가고 있다". 이런 경험에서 교훈을 얻은 메닝거는 미국 곳곳에서 정신 건강 교육과 예방 관리, 치료를 장려하는 데 팔을 걷어붙였다. 군대가 그랬듯, 국가도 정신 건강 지원을 늘려야 했다.

1946년 미국 의회는 국민정신건강법National Mental Health Act을 통과시키고, 폭넓은 공공 의료 지원 임무를 담당할 미국 정신건강연구소National Institute of Mental Health를 창설했다. 이 연구소는 정신의학계에 새로운 표준을 제시했고, 이에 따라 임상심리학자는 실험실에만 머물지 않고 일반인을 진료하는 "과학자이자 임상의"가 되었다. 보훈부는 필요한 심리 치료자를 육성하기 위해 산하 병원과 인근 의대가 함께하는 협력 프로그램을 마련했고, 오래지 않아 보훈부에 근무하는 임상심리학자의 수가 1940년 당시 미국의 전체 임상심리학자의 수보다 3배나 많아졌다. 임상심리학은 정부의 과감한 기금 지원에 힘입어 빠르게 성장하고 있었다.

이때 로르샤흐 검사는 현업에 종사하는 정신과 의사에게는 확실한 이점이 있는 진단 도구로, 그리고 학리를 따지는 심리학에서는 수치로 점수를 매기려는 욕구에 잘 맞아떨어지는 검사로 모든 방면에 편의를 제공할 준비가 되어 있었다. 한편 임상심리학자의 평판이 올라가고 이들이 새롭게 '과학자이자 임상의'로 단련되면서, 심리학은 정신분석에 더 가까워지고 양적 연구에서는 더 멀어졌다. 시기도 잘 맞아떨어졌다. 1951년 MMPI를 다룬 교재가 나오기 전까지는 성격 평가를 다룬 교재가 없었으므로,[16] 우후죽순 생겨난 모든 신규 임상심리학 과정은 로르샤흐 검사를 다룬 책을 이용할 수밖에 없었다. 1946년에 로르샤흐 검사는 성격 검사 가운데에서 플로렌스 굿이너프Florence Goodenough의 인물화 검사Draw-a-Person Test 다음으로 많이 쓰였고, 전체 검사에서도 지능검사 두 가지와 인물화 검사 다음으로 많이 쓰였다. 게다가 여러 해동안 임상심리학에서 가장 많이 다룬 학위 논문 주제 역시 로르샤흐 검사였다.[17]

그래도 군대에서는 여전히 제한적으로만 쓰였다. 다른 검사에 견줘 시간이 오래 걸리는데다, 수백만 명에 이르는 병사 모두에게 로르샤흐 검사를 수행하는 데 필요한 로르샤흐 전문의가 부족했기 때문이다. 심지어 잉크 얼룩 카드도 부족했다. 1980년대에 미국 심리학협회 회장을 지낸 맥스 시걸Max Siegel이 2차 대전 때 파리 주둔 정신의학 부대에 중위로 배치받고 보니, 로르샤흐 카드가 한 벌도 없었다고 한다.[18] 하는 수 없이 그는 아내에게 맨해튼에 있는 브루노 클로퍼를 만나 카드 한 벌을 얻어 우편으로 부쳐달라고 부탁했다(몇 주 뒤, 시걸은 우연히 아이젠하워 사령부의 지하실에 들렀다가 100벌이나 되는 로르샤흐 카드와 주제 통각 검사 카드를 발견한다. 육군은 카드를 주문해놓고도 까맣게 잊고 있었던 것이다). 선다형 검사는 다수의 인원을 선별하는 데 실패했지만, 그래도 원래의 로르샤흐 검사는 군에서 여러 용도를 찾았다. 정신의학에서는 환자를 진단하고 치료하는 데 쓰였고, 심리학에서는 이를테면 공군 전투 비행사의 전투 피로 연구[19]에 쓰였다.

보다 넓은 맥락에서 보면, 검사는 새로운 가치를 갖게 되었다. 정신과 의사와 심리학자가 주도권 다툼을 벌인 것도 로르샤흐 검사에 행운으로 작용했다. 아동상담병원에서 비롯해 점차 흔한 관행으로 자리 잡은 사례 검토 회의는 치료를 맡은 정신과 의사, 검사를 수행하는 심리학자, 치료에 참여하는 정신 보건 사회복지사를 하나로 묶었다.[20] 과거에 심리학자는 환자의 지능지수와 한두 가지 수치 결과를 발표하고 그것으로 연구를 끝내곤 했다. 하지만 심리학자가 복잡하고 신비로운 로르샤흐 검사의 전문가라면 토론에서 색채 충격, 경험 유형, 엄격한 문제 해결 방식을 한참 설명할 터이고, 책상에 둘러앉은 동료들은 고개를 끄덕이며 환자의 실제 모습과 일치한다고 인정할 것이다.

그때껏 수천 명에 이르는 정신과 의사와 심리학자들이 기막히게 빠르고 정확하다고 느낀 눈가림 진단을 경험해온 터였다. 다른 방식에서는 제공하지 못하는, 로르샤흐 검사로만 가능한 발견이었다. 특히 정신분석을 다루는 정신과 의사는 질문지 같은 '자기 보고' 검사가 무의식의 힘을 과소평가한다고 꺼림칙해하면서도, 로르샤흐 검사는 자신들의 견해와 일치한다고 여겼다. 심리학자들이 그랬듯 로르샤흐 검사를 "검사의 여왕"이라고 부른 이들이 바로 그런 정신과 의사들이었다.

　　어떤 면에서는 심리학자와 정신과 의사 모두 공통된 위협에 맞서 자기네 직업의 역할을 정의하기 위해 몸부림치는 중이었다. 심리학 학위나 정신의학 학위 없이 군 복무에 맞춰 급하게 훈련받은 군의관들이 실무를 곧잘 뛰어나게 해냈기 때문이다. 또 사회복지사는 어떤가? 덜 엄격한 훈련을 받은 이들의 주장이 더 적은 비용으로 똑같이 사람들을 도울 수 있다면, 그리고 그것을 '심리 치료'가 아니라 '상담'이라고 부른다면, 정신과 의사와 임상심리학자는 도대체 어떤 의미를 갖게 될 것인가? 이들의 주장에 따르면, 중요한 것은 자신들이 받은 훈련과 전문 지식이며 로르샤흐 검사는 그런 전문 지식을 나타내는 훌륭하고 위협적인 신호였다. 잉크 얼룩 카드 10장은 이제 지위를 나타내는 중요하고 선명한 상징이 되어[21] 임상 전문가의 직업 안정성과 자아상을 높였다.

1942년, 클로퍼가 쓴 《로르샤흐 기법》이 세상에 나와 다음 세대를 빚어냈다. 책이 심리검사자의 필독서이자 대학원 과정의 표준 교재로 자리 잡기에 더없이 알맞을 때였다. 클로퍼는 서문에 이렇게 적었다. "이 책은 우리가 사람이든 물질이든 자원을 최대한 효율적으로 이용하라고 요구받는 위태로운 순간에 세상에 나왔다. 로르샤흐 기법은 군대와 민간 방위에서 여러 가지 중요한 긴급 업무를 맡을 인력을 선별하고 훈련시킬 때 가치를 발휘해 인력을 낭비하지 않도록 도와준다. 더 많은 사람이 이 방법에 능숙해지는 데 책이 보탬이 된다면, 내가 한몫을 할 수 있다는 데 감사할 뿐이다."[22] 독일에서 탈출한 유대인인 클로퍼의 애국심은 진심이었다. 그리고 뛰어난 홍보 전략이기도 했다. 저명한 교육심리학자 리 J. 크론바흐Lee J. Cronbach[23]가 1950년대 후반에 말했듯, "클로퍼와 켈리가 1942년에 펴낸 책만큼 미국의 로르샤흐 기법과 임상 진단 관행에 영향을 끼친 책은 없었다".[24]

　　뉴욕 벨레뷰 시립병원에서 석사급 심리학자로 일하던 두 여성 루스 로덴버그 보크너Ruth Rothenberg Bochner와 플로렌스 콘 핼펀Florence Cohn Halpern[25]은 로르샤흐 검사를 다룬 책을 쓴 덕분에 유명해졌다. 두 사람은 클로퍼가 책을 낸 해에 로르샤흐 검사에 가장 큰 영향을 끼친《로르샤흐 검사의 임상 적용The Clinical Application of the Rorschach Test》을 펴냈다. 당시 로르샤흐 전문가들은 전쟁의 압박 속에서 쓰인 이 책을 놓고 "신중하지 못하게 쓴 책이라 엉성한 문장과 모순, 엉뚱한 결론이 가득하다"[26]며 콧방귀를 뀌었다. 하지만 책은 좋은 반응을 얻었다. 1942년 3월 30일《타임》지에 서평이 실렸고, 1945년에는 2판 인쇄에 들어갔다. 책에서 두 사람은 심리검사 임무를 맡은 모든 신입 군 심리학자에게, 대학교 실험실에서 미로를 돌아다니는 쥐를 분석하다 뽑혀 왔든, 로르샤흐 검사가 무엇이고 어떻게 사용하는지 한 번도 훈련받지 못한 채 뽑혀왔든, 서둘러 로르샤흐 전문가가 되어야 한다고[27] 촉구했다.

　　지나치게 단순화했든 그렇지 않든, 책은 에둘러 말하지 않았다. 책 뒤쪽에 접혀 있는 분수표를 이용하면, 복잡한 나눗셈을 하거나 계산자를 준비하느라 시간을 낭비하지 않고 모든 백분율을 계산할 수 있었다. 예컨대 표에서 13/29를 찾으면 바로 44.7퍼센트가 나왔다. 각 장에는 '1열의 상징들이 의미하는 것'처럼 실무자가 알아보기 쉬운 제목이 붙었다. 이름 있는 로르샤흐 전문가들은 그렇게 명료하게 밝힌 적이 없었다. 클로퍼는 자신의 책에서 똑같은 주제를 '반응 위치의 채점 범주'라는 제목으로 다루는데, 그에 앞서 읽어야 할 내용이 거의 100쪽에 달한다. 사무엘 J. 벡도 1944년에 펴낸 《로르샤흐의 검사Rorschach's Test》에서 같은 주제를 '채점 문제', '접근법과 절차' 등 6개에 걸쳐 다룬다. 로르샤흐 검사를 수행할 방법을 배우기에 어느 쪽이 낫겠는가?

보크너와 핼펀도 클로퍼와 벡이 벌인 논쟁, 로르샤흐가 책에서 밝힌 미묘한 의미와 주의 사항, 검사의 다른 부분들이 복잡하게 상호 작용하는 사실을 잘 알고 있었다. 그러나 두 사람은 단도직입적으로 요점을 제시했다. 어떤 응답을 내놓은 사람에 대해 "틀림없이 유능한 사람이고, 남과 감정을 잘 나누지 못할 것이다"라고 분석했다. 다른 반응을 보인 사람에게는 "자기중심적인 사람이라 온갖 요구를 해대고, 성마른 경향을 보인다. 필요할 때 상황에 자신을 맞출 줄 모르므로, 온 세상 사람들이 자신에게 맞춰주길 기대한다"고 결론지었다. 특정 카드에서 "불길함"을 본 사람에 대해서는 "짙은 어두움에 쉽게 마음이 흔들리고, 쉽게 우울해하고 불안해하는 경향을 보인다"고 평가했다. 어떤 카드에 반응을 거부하는 여성은 잉크 얼룩에 있는 "남성 성기의 상징을 다른 것으로 해석하거나 부인해" 피하려는 것이므로, "틀림없이 성적인 문제와 관련 있다. 반응 내용을 분석한 결과로 볼 때, 임신 문제와 관련 있다"고 판단했다. 아니나 다를까 그녀의 신상을 살펴보니, 한 달 반 전 남자 친구와 "평소와 다르게 애무에서 그치지 않았고", 그때껏 생리가 없었다. 분류에 쓸 용도라면 치료 또는 분석에 쓸 상세 보고서가 한두 문장으로 충분히 대체되었다. 로르샤흐 검사가 여느 검사보다 숙달하기는 어려울지 모르지만 그것이 표준화될 수 없다는 의미는 아니었다.

나중에 사람들은 이런 광범위한 단언들과 이와 유사한 주장들을 로르샤흐 검사의 본질과 의미에 대한 일반적인 통념으로 받아들이게 되었다. 보크너와 핼펀은 단호하게 로르샤흐 검사를 지각 실험이 아닌 투사법으로 제시했고, "본래 잉크 얼룩에 내용이 없으므로, 수검자가 당연히 자신을 얼룩에 투사해야 한다"며 실제 그림의 객관적 품질을 중요하게 여기지 않았다. 그들은 반응이 실제로 좋게 채점되든 나쁘게 채점되든, 수검자가 "자신의 모든 반응이 좋은 반응이라 여기도록 만들어야 하고", 그 밖의 것은 "이 실험의 이념과 양립할 수 없다"고 잘라 말했다. 하지만 로르샤흐는 검사 결과가 실제적인 중요성을 갖는다면, 사람들을 오도하게 만드는 것은 비윤리적이라고 밝힌 바 있다.

대중문화를 파고든 것은 바로 보크너와 핼펀이 생각한 로르샤흐 검사였다. 정답도 오답도 없으니, 말하고 싶은 대로 마음껏 말해도 괜찮았다. 그리고 자신이 분류되었다는 사실을 알기도 전에 자신의 비밀이 드러났다. 보크너와 핼펀이 프로이트나 루스 베네딕트가 쓴 인류학 책《문화의 유형》같은 인기를 얻어 대중에게 직접 영향을 미친 적은 없다. 하지만 미국 대중이 알고 있다고 생각한 로르샤흐 검사는 바로 두 사람의 주장에서 나온 것이었다.

1942년《로르샤흐 기법》,《로르샤흐 검사의 임상 적용》외에 한 권의 책이 더 세상에 나왔다. 비로소 헤르만 로르샤흐의《심리 진단》이 영어로 출간된 것이다. 언뜻 보기에는 검사가 정말로 무엇을 다루는지 독자에게 일깨워줄, 다시 말해 검사의 취지를 되살려줄 권위 있는 설명이 있을 것 같았다. 하지만 20년 동안 너무 많은 일이 일어난 뒤였다. 그리고 번역은 엉망인 데다, 혼란스럽게도 일부가 빠졌고, 로르샤흐 사후인 1922년에 나온 논문을 추가하는 바람에 내용이 서로 충돌하기까지 했다.《심리 진단》에는 투사법이나 영혼을 비추는 X선, 성품과 성격, 집단검사, 인류학(베른 지역 스위스인과 아펜첼 지역 스위스인을 넘어서는!), 경쟁 관계였던 벡과 클로퍼의 방식이 전혀 담겨 있지 않았다. 만약 로르샤흐가 살아 있었더라면 겨우 쉰일곱 살이었을 테니, 이 모든 주제에 손수 관여할 수 있었을 것이다.《심리 진단》은 마법사의 제자를 자제시키기에는 너무 보잘것없이, 너무 늦게 나왔다.

심리학자의
청진기

1940년대 중반, 미국인 가운데 자신의 아들이나 형제, 또는 사랑하는 이가 징집 대상자로 심리검사를 받지 않은 경우를 찾기가 어려울 정도였다. 게다가 스스로 그런 검사를 받는 사람도 늘어갔다. 놀라울 것도 없이 바로 이때 대중문화에서 **열등감 콤플렉스, 억압** 같은 프로이트식 용어가 홍수처럼 쏟아졌다. 그러면서 일반적인 심리 치료, 잉크 얼룩 검사도 봇물 터지듯 늘어났다.

1946년 10월,《라이프》지에 〈성격 검사―마음의 작동법을 알려주는 잉크 얼룩〉이라는 글이 실렸다. 1940년대 후반 이 잡지의 구독자가 미국 성인 및 청소년 인구의 20%를 넘는 2,250만 명이었으니,[1] 이 기사를 본 사람이 족히 수백만 명은 되었을 것이다. 기사는 "성공한 젊은 뉴요커"인 법률가, 경영자, 프로듀서, 작곡가(공교롭게도 나중에 소설가가 되는 폴 볼스Paul Bowles다[2]) 4명이 잉크 얼룩을 바라보는 모습과 "하버드 대학교에서 직업 선택에 로르샤흐 검사를 적용하는 과정을 가르치는" 토마스 M. 해리스Thomas M. Harris를 함께 보여줬다. 글은 규준과 점수 같은 세부 사항을 정확하게 다뤘다. "반응은 실제 내용보다는 이전에 무수히 수행된 검사에서 나온 반응과 비교하여 판단한다. (…) 잉크 얼룩 검사는 투사라고 불리는 검사법의 일종이다." 그리고 슬며시 독자에게 직접 검사를 받아보라고 권한다.

읽고 있던 《라이프》를 내려놓고 〈검은 거울The Dark Mirror〉[3]을 보러 간 독자도 있었을지 모른다. 오스카상을 받은 이 필름 누아르에서 올리비아 드 하빌랜드Olivia de Havilland는 쌍둥이로 1인 2역을 맡았다. 영화는 잉크 얼룩을 배경으로 크레디트가 올라가면서 시작해 수십 개의 거울, 대칭 무늬의 벽지, 두 사람이 마주 보는 장면이 나오고, 마지막에는 또 다른 불길한 잉크 얼룩 위로 "끝"이라는 글자가 겹쳐지며 막을 내린다. 영화에서 정신과 의사인 남자 주인공은 쌍둥이 가운데 어느 쪽이 살인을 저질렀는지 알아내기 위해 로르샤흐 검사, 단어 연상 검사, 거짓말 탐지기 등 여러 가지 초현대적 방법들을 이용하다 그 과정에서 쌍둥이 가운데 착한 쪽과 사랑에 빠진다. 영화사는 널리 쓰이는 잉크 얼룩을 인쇄 광고물에 쓰는 것도 고려했지만,[4] 결국은 제목 그대로 검은 거울 안에 올리비아 드 하빌랜드의 두 모습을 넣고 그 위로 "Twins!(쌍둥이!)"라고 휘갈겨 써넣었다.

쌍둥이 중 사악한 쪽이 잉크 얼룩(변형된 얼룩이다)으로
로르샤흐 검사를 받으며 "가면 같네요"라고 말하는 장면.
착한 쪽은 "두 사람이 민속 의상을 입고 있고, 오월제
기둥을 가운데 두고 춤을 추고 있어요"라고 말한다.

할리우드는 음울해져갔다. 1945년 8월 27일만 해도《라이
프》는 귀국한 수병이 타임스퀘어에서 간호사에게 키스하는, 삶
을 긍정하는 사진을 표지에 실었다. 하지만 2년 뒤인 1947년,《라
이프》가 뒤돌아본 1946년[5]은 "전후의 할리우드가 소름 끼치는 극
본에 지극한 애정을 한창 쏟아부은 시기였다. 영화관에서는 1월부
터 12월까지 줄곧 짙은 어두움, 꽉 움켜쥔 손, 총알을 내뿜는 권총,
잔인한 악당, 깊이 뿌리내린 정신 질환 때문에 고통받는 여주인공
이 화면 위로 숨 가쁘게 획획 지나가며 정신신경증, 그릇되게 발현
된 성욕, 잔인하기 짝이 없는 살인을 보여줬다". 마음속의 어두움
을 흑과 백으로 투사하는 영화 예술인 필름누아르는 로르샤흐 검

심리학자의 청진기

사의 이면에 숨겨진 폭력과 성의 의미에 생명을 불어넣었다.

필름누아르와 잉크 얼룩 검사는 색 배합만 공유한 것이 아니었다. 1910년대에서 1920년대 초반, 미국은 독일어권에서 표현주의도 들여왔다. 바로 이 표현주의가 정신 상태를 시각으로 드러낼 또 다른 방법이 되었다. 필름누아르라는 장르를 처음 다룬《한눈에 보는 필름누아르A Panorama of Film Noir》가 정의한 대로, "꿈같고, 낯설고, 성욕을 자극하고, 상반된 감정을 불러일으키고, 잔혹한" 필름누아르, 다시 말해 할리우드로 건너온 이 수입 문물은 〈칼리가리 박사의 밀실The Cabinet of Dr. Caligari〉을 비롯한 다른 표현주의 고전의 시각적 표현을 이용해 갈피를 못 잡는 새로운 세상을 다뤘다. 흔히 첫 필름누아르로 언급되는 〈3층의 이방인Stranger on the Third Floor〉(1940)은 지각과 해석을 주제로 삼았다. 영화는 살인 사건 재판에서 핵심 목격자가 봤다고 생각한 내용이 맞는지를 따졌다. 필름누아르에는 도덕이 흔들리는 세상에서 진실을 찾는 사설탐정, 그리고 수사 선상에 오른 속을 알 수 없는 팜므파탈이 빠지지 않았다. 말 그대로 로르샤흐 검사가 영화 줄거리의 주요소였다.

20세기 중반, 로르샤흐 검사를 떠올리게 하는 예술은 영화만이 아니었다. 1920년대 프랑스와 독일의 초현실주의자들은 무의식중 글쓰기automatic writing와 꿈의 원천인 무의식에 관심을 보였고, 잉크 얼룩과 비슷한 그림을 시각예술에서 선보였다. 하지만 초현실주의는 로르샤흐 검사보다는 케르너의 잉크 얼룩 그림에 더 가까웠다. 초현실주의자들은 케르너가 만든 얼룩이 다른 세계에서 유도되었듯, 우연히 생겨난 방식이 무의식을 시각화하도록 유도한다고 생각했다. 이들은 시를 짓고 그림을 그릴 때 의식의 역할을 부인하거나 얕보면서도, 역설적으로 특정 해석을 고집했다. 가령 1920년 프랑스 화가 프랑시스 피카비아Francis Picabia는 잉크가 사방으로 점점이 튄 종이에 짙은 잉크 얼룩을 비대칭으로 뚝 떨어뜨려놓고 그림 위에 〈성모마리아La Sainte Vierge〉라고 제목을 써넣었다.

미국인들이 보고 로르샤흐 검사를 연상하는 미술 작품은 초현실주의 작품과 비교할 때 겉보기에는 검사와 덜 비슷해 보였지만, 작동 방식은 검사에 더 가까웠다. 즉 새롭게 나타난 이 회화 양식은 성격으로 형성된 문화를 고스란히 보여줬다.

1949년 8월 8일자 《라이프》가 잭슨 폴록Jackson Pollock을 다루며 뽑은 제목은 "그는 미국의 가장 위대한 생존 화가인가?"였다. 형식만 의문문이었지, 사실 강한 긍정문이었다. 폴록이 드리핑dripping 기법으로 그린 그림은 자아를 남김없이 끌어올려 분출했다. "폭발한 열정", "넋을 앗아가는 힘"같이 자기표현이 워낙 생생한 이런 활동은 추상표현주의라고 불렸다. 폴록에 따르면 "대다수의 현대 화가는 내면에서 나온 것으로 작업"[6]했다(에밀 뤼티에 따르면 로르샤흐도 비슷한 생각을 가지고 있었다. "예술 자체에는 관심이 없었지만, 영혼을 표현한 예술은 다르게 보았다. (…) 로르샤흐는 예술품이 창작자의 정신이나 영혼, 감정, 심리 상태를 표현한다고 여겼다. 그는 감각, 예컨대 몸짓, 손짓 같은 움직임으로 표현한 영혼에 가치를 두었다").[7] 폴록이 화실 바닥을 뒤덮은 커다란 캔버스에 물감을 좍좍 흩뿌리고,

뚝뚝 흘리고, 살살 붓고, 모래를 쏟는 모습을 찍은 한스 나무트Hans Namuth의 사진들은 상징적이었다. 사진은 검은 옷을 입고 담배를 가볍게 입에 문 채 자신의 성격을 행동으로 옮기는 폴록을, 한 예술가의 활동을 그림보다도 훨씬 명확하게 보여줬다.

사람들이 보기에 폴록의 그림과 로르샤흐의 잉크 얼룩은 대칭, 색채, 리듬, 맥락, 크기 등 하나에서 열까지 모두 달랐을 것이다. 하지만 보는 사람에게 미친 영향은 비슷했다(화보 vii쪽 참조). 폴록의 그림에는 그의 과묵하고 강인한 카우보이 페르소나와 전후 미국이 강대국으로 떠올라 거들먹거리던 역사적 맥락이 결합해 있다. 그래서 그림을 본 사람이 일종의 고압적인 멸시와 맞닥뜨리는 느낌이 들게 만든다. 그림은 도발이라도 하듯, 사람들이 어떤 반응을 보일지에 신경 쓰지 않고, 무엇을 봐야 한다는 의도도 내비치지 않았다. 그러면서도 사람들의 눈길을 역동적인 캔버스 여기저기로 잡아끌었고, 그림에 한 발 더 다가가거나 물러서서 바라보고 싶은 마음을 불러일으켰다. 로르샤흐의 잉크 얼룩을 마주한 사람들도 이와 상당히 비슷한 느낌을 받았다. 현대미술을 다룬 무수한 기사와 풍자, 만화에서 추상표현주의가 로르샤흐 검사와 다를 바 없다는 생각을 당연하게 받아들이기 시작한 것도 바로 폴록의 명성이 정점에 이른 1950년 무렵이었다.

또한 잉크 얼룩 검사는 대중문화에서 보다 가벼운 온갖 눈요깃거리를 더해주는 도구로 쓰였다. 광고회사들은 전문 지식과 신비, 앎과 무지가 섞여 있는 로르샤흐 검사가 남성의 사업 세계

와 여성의 친목 세계에서 똑같이 무언가를 환기시킨다는 사실을 알아챘다. 1955년 주가 시세표에 잉크 얼룩을 겹쳐놓은 광고는 투자회사의 전문가가 개인 투자자의 특징을 본인보다 더 잘 안다고 암시했다. "다양한 분석이 존재합니다. (…) A. G. 베커 투자회사는 **당신만의** 투자 목표를 고려해 자산 운용을 면밀하게 검토해드립니다(장단기 투자 목표는 **있으신가요**? 없으시다면, 더더욱 A. G. 베커에 방문하세요)". 사업적 전문성을 알리는 광고라고 꼭 지루하란 법은 없다. 아메리칸 뮤추얼 보험사는 잉크 얼룩을 곁들여 "모든 것을 살펴볼 독창적 방법이 있다. (…) 그래서 가장 독창적이고 유용한 직장인 보험 계획을 만들었다"고 주장했다. 한편 1956~1957년에 소개된 향수 발 드 테트의 시리즈 광고에서는 잉크 얼룩과 함께 한 여성의 사진을 싣고, "발 드 테트와 함께라면 당신이 바라는 사람이 됩니다. 당신의 개성을 완성할 마지막 하나, 발 드 테트"라

심리학자의 청진기

고 설명을 달았다. 하지만 어떨 때는 설명 없이 그저 잉크 얼룩만으로 모든 것을 말했다.

TV 퀴즈쇼 〈얼마일까요?The Price Is Right〉와 〈당연하지You Bet Your Life〉, 드라마 〈딜론 보안관Gunsmoke〉을 바탕으로 하여 온 가족이 즐길 수 있는 게임을 내놓았던 장난감 회사 로웰은 목표 고객을 조금 좁혀 1957년에 잉크 얼룩을 이용한 친목 게임 〈인간 분석PERSON-ALYSIS〉을 선보였다. 설명서에는 "심리 과학의 최신 검사 기법에 근거한 성인용 심리 파악 게임"이라며 흥미를 자극했다. 《뉴요커》지에 실은 광고는 로르샤흐 검사에 더욱 근접해 있었다. "세련된 친목 게임의 최신판"인 〈인간 분석〉에서 "사람들은 친구와 가족 (…) 더 나아가 자신의 은밀한 삶에 감춰진 흥미로운 사실을 유쾌하고, 신나고, 친근하게 엿볼 기회를 얻는다." 부모들도 쾌락을 위해 잉크 얼룩에 시선을 돌렸다. 심리학은 곧 프로이트였고, 프로이트는 곧 성욕이었다. 하지만 프로이트의 견해에는 연결할 만한 뚜렷한 시각 이미지가 없었다. 1950년대에 잉크 얼룩은 무의식처럼 보이는 것이었고, 1948년과 1953년에 성생활을 다룬 킨제이 보고서가 발간된 뒤 미국인들은 무의식이 어떻게 보이는지를 덜 거북하게 받아들였다.

로르샤흐 검사는 미국 문화의 다양한 분야에서 전성기를 누렸다. 구글에 따르면, 로르샤흐 검사는 1954년에 정점에 달했다. 1950~1960년대에 세계의 심리학자와 정신과 의사가 실제로 수행한 검사 가운데 가장 널리 쓰인 것은 로르샤흐 검사였다. 미

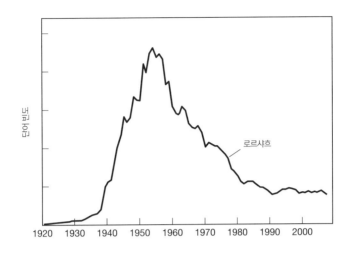

영어에서 '로르샤흐'라는 말을 쓴 빈도(출처: 구글 엔그램Ngram)

국의 병원, 진료소, 아동상담소에서만도 1년에 100만 건이 넘는 잉크 얼룩 검사가 이루어졌고, 심리학자 아서 젠슨Arthur Jensen이 말했듯 "내과 의사 하면 청진기를 떠올리듯이 임상심리학자 하면 로르샤흐 검사를 떠올렸다".[8]

로르샤흐 검사는 모든 사람, 모든 대상을 연구하는 데 쓰였다. 독일의 어느 학위 논문[9]은 여성의 심리가 월경 기간 동안 바뀐다며 제시된 증거가 맞는지 확인하기 위해 로르샤흐 검사를 이용했다. 저자는 22~26세의 의대 여학생 20명에게 한 번은 월경 주기 첫날에, 한 번은 월경 주기 중간에 잉크 얼룩을 보여줬다. 검사 결과, 생리 중인 여성은 성적 반응과 해부 반응을 더 많이 보였고, 반응 시간이 더 길었고, 더 까탈스럽게 드문 부분 반응을 보이는 등 전체적으로 좀 더 변덕스럽게 반응했다. 한눈에 봐도 '피'라는 답이 2배 더 많았고, '불', '동굴', '문'은 6배나 많이 나왔다. 움직임 반응도 더 적었고, 움직임 반응이 잘 나오는 카드에서는 응답 수도 줄었다. 다시 말해 반응을 억제하는, "자신의 내면세계를 믿지 않는다"는 의미였다. 색채 반응은 더 늘어나, "감정에 크게 반응했다". 그래서 논문의 저자는 여성에게 로르샤흐 검사를 수행하는 심리학자는 생리 주기를 고려해야 한다고 결론지었다.

하버드 대학교 교수이자 임상심리학자인 앤 로Anne Roe[10]는 시각을 달리하여 학자들의 심리를 파헤치는 데 로르샤흐 검사와 주제 통각 검사를 이용했다. 그녀는 로르샤흐 검사에서 사회과학자는 평균 반응 수가 67개로, 자연과학자(생물학자 22개, 물리학자 34개)에 견줘 더 많다는 것을 알아냈다. 로에 따르면, 사회과학자들은 보다 거리낌 없이 공격성을 드러냈고, "사회적 관계를 더 귀찮아하면서도 관심은 더 많이 보였다". 행동주의 심리학자 B.F. 스키너B. F. Skinner를 검사한 결과는 특히 흥미로웠다. 스키너의 반응 개수는 믿기 어렵게도 무려 196개였고, 전체적으로 "남을 업신여기는" 특징을 보였다. 그는 사람을 거의 보지 못했고, "동물의 생명을 존중하는 모습도 부족"했다. 이 수검자가 유명한 심리학자라고 밝히자 전문가들은 이 특징만으로도 그가 스키너일 거라고 짐작했다. 스키너는 잉크 얼룩 검사 자체를 하찮게 여겨, "**대칭이 걸리적거린다**", "**작은 게 거슬린다**", "**그림이 형편없다**", "**구성이 시**

원찮다" 같은 반응을 보였다.

스키너에게도 투사법에 얽힌 이야기가 있다. 1934년 어느 일요일 아침, 하버드 대학교 지하 실험실에서 연구에 몰두하던 그의 귀에 벽 너머로 기계 소리가 들려왔다. "디-**댑**-디-디-**댑**, 디-**댑**-디-디-**댑**." 정신을 차리고 보니, 그는 머릿속으로 계속 "넌 절대 못 나간다. 넌 절대 못 나간다"를 되뇌고 있었다. 이 경험을 통해 스키너는 주말에는 실험실 밖에서 시간을 더 보내자는 생각을 한 게 아니라,[11] 하버드 심리 클리닉Harvard Psychological Clinic의 헨리 A. 머리를 만나기로 마음먹었다. 당시 머리는 한창 주제 통각 검사를 개발하는 중이었다. 스키너는 그 일을 거들면서, 자신도 음성 혼합 Verbal Summator 기법이라는 검사를 만들었다. 이 검사에서 스키너는 단어처럼 들리는 소리를 수집해 녹음한 뒤 수검자에게 들려주고, 떠오르는 단어를 말하게 했다. 그는 그 기법이 "귀로 듣는 잉크 얼룩 같은 것"이라고 칭했다. 심리학자들은 이 청각 로르샤흐 검사를 잠깐 적용하다 말았다.[12]

1950년대에는 또 다른 사람이 감각의 마지막 경계선을 넘어서고자 투사법을 이용했다. 의학박사인 에드워드 F. 커먼Edward F. Kerman[13]은 이렇게 효과적인 방법을 시각장애인이 이용하지 못하는 현실이 안타까웠다. 그래서 낙우송의 무릎뿌리를 닮은 고무 6개를 수검자의 손에 쥐여주는 낙우송 무릎뿌리 투사 기법Kerman Cypress Knee Projective Technique을 만들었다(커먼의 설명을 빌리자면, "낙우송 무릎뿌리가 낯선 이들에게 알려드리건대, 이것은 낙우송Taxodium distichum

---

심리학자의 청진기

의 뿌리에서 뻗어 나온 것으로, 우리 문화에서 장식품으로 자리 잡았고, 복잡하고 모호한 형태에 상상력 넘치는 반응을 보이게 하는 고유 능력 때문에 보는 사람의 마음을 건드린다"). 수검자들은 마음에 드는 순서대로 고무 모양에 순위를 매기고, 그 이유를 말했다. 또 각각의 무릎뿌리에 이름이나 제목을 붙인 뒤, 6가지 특성을 이용해 이야기를 만들었다. 그다음에는 한 무릎뿌리는 어머니, 한 무릎뿌리는 아버지, 한 무릎뿌리는 아이라고 가정해 이야기를 만들었다.

18세의 시각장애인 고등학생은 5번을 가장 좋아했다. "5번 무릎뿌리는 그리스신화의 괴물이나 머리가 엄청나게 많아 보이는 무엇을 떠올리게 합니다. (…) 그것 말고는 잘 모르겠습니다. 그냥 그게 좋아요." 이 학생은 5번에 아보가드로라는 이름을 붙였다. 온도와 압력이 같을 때 모든 기체는 같은 부피 안에 같은 분자 수가 존재한다는 화학 법칙에서 따온 이름이었다. 그는 4번에서는 지루함을 느꼈다. "정말 지루한 건 딱 질색이에요." 커먼 박사의 분석은 자기 풍자처럼 읽힌다. 그는 이 젊은이가 "임상적으로 정신병질 성격을 가지고 있거나 명백한 동성애자라고 암시할 의도는 없지만, 그런 경향이 있다"고 말한다. 검사의 타당성이 실제로 증명되지는 않았다고 언급하면서도, 낙관적으로 끝을 맺는다. "타당성 연구가 필요하므로, 필자는 투사 기법 분야에서 일하는 관심 있는 연구자의 참여를 요청한다."

20세기 중반에는 곳곳에서 커먼의 무릎뿌리 같은 어설픈 정신분석 학설이 나왔다. 어떤 새 학설[14]은 로르샤흐가 만든 잉크 얼룩 하나가 "아버지 카드"이고, 다른 하나가 "어머니 카드"라, 두 카드에 보이는 모든 반응이 수검자의 가족 심리에서 특히 의미 있다고 주장했다. 만약 여성이 아버지 카드에서 팔이 "가늘고 약해" 보인다고 말하면, 그것은 그녀의 애정 생활에 문제가 있다는 불길한 신호였다.

임상심리학자들이 정량분석보다 정신분석으로 기울면서 "과학자이자 임상의"라는 그들의 사명에서 임상의 쪽으로 좀 더 이동해 로르샤흐 검사 과정에서 나오는 풍부한 구술 자료를 방치하는 데 대해 아쉬움을 느끼기 시작했다. 구체적인 점수를 매기는 것이 더 정확할 수 있으며, 초기에는 제대로 채점하는 것이 오랜 훈련과 빈틈없는 세심함이 필요하고, 더 나아가 미술까지 알아야 하는 까다롭고 어려운 일로 인식되었다. 하지만 어떤 이가 말했듯, 이제 "객관적으로 엄격하게 분석하는 관점"을 고수하는 것은 "칭찬할 만하겠지만, 정신과 의사의 의무를 생각하면 부적당해" 보이곤 했다.

저명한 심리학자로, 나중에 너무도 유명한 영화에 제목을 빌려준《이유 없는 반항Rebel Without a Cause》을 쓴 로버트 린드너Robert Lindner[15]는 로르샤흐 검사를 구술의 내용적인 측면에서 접근하는 방식에 찬성한 주요 인물 가운데 하나이다. 그는 "로르샤흐 정밀 검사를 받는 환자들이 **무엇**을 내놓느냐는, 그것을 **어떻게** 내놓느냐는 것만큼이나 매우 중요하다. 때로는 더 중요하다"고 주장했다. 내용에 주목하면 "진단 및 치료 목적용 로르샤흐 반응 기록의 가치가 어마어마하게 풍성해진다". 린드너에 따르면, 그때껏 밝혀진 43가지 특정 반응은 그 자체로 진단에 유용했다. 이를테면, 남성 수검자는 대개 카드 1번의 아래쪽 가운데를 살찐 여성의 몸통으로 보았지만, 동성애 경향이 있는 남성은 근육질 남성의 몸통으로 보았다. 보크너와 핼펀은 어떤 카드 하나에서 "불길함"을 발견한다는 것이 무슨 뜻인지 설명했었다. 린드너는 이 카드를 '자살 카드'라고 불렀다. "'썩은 이', '썩은 나무둥치', '짙게 드리운 검은 연기', '무언가 썩은 것', '불에 까맣게 탄 나무토막' 같은 투사를 포함하는 반응은 자살 의도와 자기 파괴에 대한 생각이 동반된 심각한 우울 상태에서 나타난다. 어쨌든 이 영역에서 나타난 반응이 명백하게 죽음을 가리킬 때는 전기충격요법이 환자에게 도움이 될 거라고 전망하는 게 타당하다."

로르샤흐가 내용 분석에 어떤 태도를 보였는지는 불분명하다.[16] 그는 1920년까지만 해도 내용 분석을 인정하지 않았다. 하지만 1922년 무렵에는 "응답 내용도 의미 있을 수 있다"고 견해를 바꿨다. 내용 분석을 인정하는 1922년 강연록이《심리 진단》에 포함된 뒤로는 한 책에 두 견해가 같이 나왔으므로, 논쟁에서 어느 쪽을 지지하든 신성한 경전을 입맛대로 인용할 수 있었다.

한편 다른 심리학자들은 내용 및 형태 점수 어느 쪽과도 상관없이 수검자들이 어떻게 말하는지에 더 주목하기 시작했다. 정신분석에 근거한 로르샤흐 검사를 대표하는 20세기 중반의 두 인물 데이비드 라파포트David Rapaport[17]와 로이 셰이퍼Roy Schafer는 로르샤흐 검사에서 비정상적으로 들리는 모든 반응을 기록할 새 기호들을 개발했다. 이런 "이탈한 언어 표현"을 더욱 세분화해 "기이한 언어 표현"(카드 6번에 **얼룩말 가죽, 그럴 리가 없다. 점이 없으니까**), "괴상한 언어 표현"(카드 9번에 **정신의학 실험, 초현실주의 그림, 지옥에서 불타는 영혼**), "자폐적 논리"(카드 3번에 **남아프리카에서 일어나는 또 다른 싸움**), 그리고 다른 여남은 범주로 나누었다.

심리검사를 받는 동안의 행동도 행동이기는 마찬가지였다. 횡설수설하거나 난폭한 환상을 말하는 것은 로르샤흐 검사에서도 나쁜 징조였다. 무엇이든 나타나는 대로 해석하면 되지 않을까? **"짙게 드리운 검은 연기"** 같은 응답이 다른 끔찍한 반응과 함께 나타난다면 어떤 어두운 집착을 암시한다는 데 동의하지 않을 사람은 드물 것이다. 그렇지만 1920년대에 게오르크 뢰머가 로르샤흐 검사를 "내용에 기반한 상징 검사"로 재구성하려 시도했을 때 그랬던 것처럼, 응답에 나타난 움직임 반응과 색채 반응을 비롯한 여러 형태 특성을 채점하는 데서 벗어나 방식을 바꾸려 하면 실제 잉크 얼룩이 가진 독특한 가치를 잃어버릴 위험이 있었다. 어떤 이들은 그렇게 하면 로르샤흐 검사 수행에 들어가는 시간과 수고가 약간은 무의미해질 수 있다고 느끼기도 했다. **"초현실주의 그림, 지옥에서 불타는 영혼"**을 보는 경향이 있는 사람과는 아마도 5분만 이야기를 나누어보면 그런 응답과 비슷한 무언가를 들을 수 있을 것이다. 내용 분석이나 언어 표현 분석을 지지하는 사람들은 늘 이렇게 얼버무렸다. 가령, 매우 신중하게 접근할 필요가 있다, 이건 그저 제안 또는 지침일 뿐이다, 이건 고유의 채점 방식을 보완할 뿐 대체하지는 않는다, 라는 식으로. 그런 다음 연기는 이런 뜻이고 남자나 여자의 몸통은 저런 뜻이라고 답을 내놓았다.

내용 기반 접근법은 가장 매력적이고 프로이트에 부합하는 방식인 동시에 가장 논란이 분분하고 주관성과 오용에 물들기도 쉬웠다. 로르샤흐가 무엇을 의도했든, 이제 이 방법은 보다 진지한 다른 로르샤흐 방법론 대신 쓸 수 있는 대안이 되었다. 게다가 날이 갈수록 사람들의 상상 속에 널리 퍼져나갔다. 초원을 나는 행복한 나비를 보면 좋고, 도끼 살인마를 보면 나쁘다. 그것은 사람들이 쉽게 할 수 있는 생각이었다.

20세기 중반 누구나 자유롭게 잉크 얼룩 검사를 이용하고 오용하기도 하는 가운데, 몇몇 사려 깊은 학자들은 잠시 멈춰 서서 그동안 무엇을 알아냈고, 얼마나 더 알아내야 하는지를 되돌아보았다. 로르샤흐는 사람이 33~35세 무렵이면 내향적으로 바뀌어 스스로를 돌아보면서 미래를 위한 생각과 계획을 채워간다고 생각했다. 우연히든 아니든, 1917년 후반부에 '태어난' 로르샤흐 검사도 그 나이쯤인 1950년대 초반에 비슷하게 일종의 과거를 뒤돌아보는 시간을 거치게 되었다.

그즈음인 1954년, 앙리 엘렌버거가 올가 로르샤흐를 비롯한 헤르만의 가족과 친척, 동료, 친구들을 찾아다닌 끝에 「헤르만 로르샤흐의 삶과 일The Life and Work of Hermann Rorschach」이라는 40

쪽짜리 논문을 썼다. 2년 전에는 오이겐 블로일러의 아들이자, 모로코 농부들을 검사했고 미국에 잉크 얼룩 검사를 두 번째로 가져온 만프레드 블로일러가 새로 나온 학술지《로르샤흐 문헌집 Rorschachiana》첫 호에 임상에 활용된 로르샤흐 검사의 30년 역사를 돌아본 논문을 실었다.[18]

만프레드는 로르샤흐 검사를 글로 다룬 여러 미국인보다 훨씬 겸손하게, 현실적인 문제들을 로르샤흐 검사 하나만으로 판정해서는 안 된다고 결론지었다. 그는 잉크 얼룩 검사가 "결코 환자 개개인을 전혀 오류 없이 진단하는 도구"가 아니라고 말했다. 검사는 일상의 상황에서 환자에게 말을 걸고 환자를 관찰하는 일을 보조할 뿐, 결코 이를 대체할 수 없었다. 그러면서도 만프레드는 검사가 모든 환자 개개인에 활용하는 것 이상의, 헤아릴 수 없이 큰 의미를 가지고 있다고 주장했다. 그는 "**로르샤흐 검사로 할 수 있는 일은 이것이다**"라는 말과 함께 이렇게 썼다.

심리학과 정신병리학의 크나큰 문제를 명확히 보여줄 수 있고, 새로운 각도에서 실마리를 던져줄 수 있다. (⋯) 아이들이 날린 단순한 연이 항공 산업의 발달에 어떤 역할을 했는지는 잘 알려져 있다. 마찬가지로, 심리학자도 로르샤흐 검사를 길잡이로 삼아 증명하고 탐색하고 활용할 수 있다. 그러면서 살아 움직이는 인간이 어떤 사람인지와 어떤 이상 증상이 있는지를 한꺼번에, 또 따로따로 알아내는 어려운 과제에 대비할 수 있다.

나는 바로 여기에 로르샤흐 검사에 주어진 매우 중요한 문화적 사명이, (…) 로르샤흐 개인의 전통을 따르는 사명이 있다고 확신한다. 사람을 공식에 가두고, 측정할 수 있는 특성에 따라 드러나는 심리 기제로 축소하는 것이야말로 로르샤흐의 견해에서 가장 동떨어진 일이다. 로르샤흐가 정말로 찾아내려고 한 것은 관습의 장막에서 벗어난 사람의 모습이었다. (…) 앞으로 로르샤흐 검사를 이용해 연구할 때도 그의 이런 정신이 필요해 보인다. 오늘날에는 도식화와 형식화가 시대정신이라지만, 그는 살아 숨 쉬는 사람을 도식화하려 들지 않았다. 오히려 더할 나위 없이 경이로운 삶을 깊이 들여다보는 데 잉크 얼룩이 보탬이 되기를 바랐다.

로르샤흐, 그는 일상생활에 존재하는 "관습의 장막에서 벗어"났다. 잉크 얼룩을 해석하는 일에는 관습도, 규준도 없었기 때문이다.[19] 1908년 로르샤흐가 여동생 아나에게 썼듯, 우리는 "사교, 거짓말, 전통, 관습 같은 둑에 가로막혀 진짜 삶을 보지 못한다".

여기저기서 내용 분석으로 기우는 큰 흐름이 이어지는 가운데, 형태로 돌아가자고 외롭게 외치는 한 목소리가 있었다. 1951년과 1953년에 펴낸 두 논문에서, 심리학자이자 시각예술 이론가인 루돌프 아른하임Rudolf Arnheim[20]은 독자들에게 "시각 자극으로서의 잉크 얼룩에는 그 자체로 탐구할 수 있고 탐구해야 하는 객관적인 지각 특성"이 있다고 환기시켰다. 반응 가운데 적어도 일부는 "응답자의 개인적 특성보다는 잉크 얼룩 자체의 특성에서 나왔다". 다시 말해 반응이 모두 투사는 아니라는 의미였다. 아른하임에 따르면, '투사'라는 은유는 시각을 떠올리게 하면서도, 실제로는 보는 행위, 정말로 무엇이 있는지를 이해하려 애쓰는 행위의 가치를 깎아내렸다. "입에 발린 소리로 자극을 말하지만, 우리는 그 자극을 지각하는 사람이 아무것도 없는 데서 환각을 일으킨 듯 말하기 일쑤다." 수검자가 실재하는 특정 모양에 반응한다기보다는 자신의 성격이 지시하는 대로 투사한다고 여긴다는 의미였다.

로르샤흐가 투사와 비슷한 개념인 "감정이입"과 연관 지은 움직임 반응조차도 모두 개인의 주관에서 나온 것은 아니었다. 아른하임은 그림이 어느 정도는 누가 봐도 객관적으로 역동적일 수 있다고 지적했다. 정지된 그림들 중에서도 고개를 돌리는 남자의 모습처럼 움직임이 **존재하는** 그림도 있고, 움직임이 없는 그림도 있다. 모양이나 크기가 주관적이지 않듯, 이런 특성도 "'주관적'이지 않았다". 카드 1번의 "비스듬히 기운 쐐기"에는 본래부터 역동성이 있었다. 카드 3번의 "절하는 두 웨이터"는 경쾌한 곡선 모양이라, 누가 봐도 카드 8번의 "보기 안쓰러울 만큼 활기가 떨어지는 기어오르는 곰 두 마리"보다 기운찼다.

아른하임은 잉크 얼룩 검사의 시각적 특성을 세밀히 정리해갔다. 15쪽에 나온 카드 2번의 가운데 여백 부분은 "대칭을 이루는 볼록한 모양인 데다, 잉크 얼룩으로 에워싸여" 전경을 이루는 모양으로 보기 쉽지만, 한편으로는 바깥쪽 여백과도 "똑같이 잘 어우러져" 검은 잉크 얼룩 모양의 배경으로 보이기도 했다. 수검자의 반응 범위를 결정하는 것이 바로 이런 객관적인 시각 특성이었다. 아른하임은 카드 1번의 복잡성을 설명하는 데 무려 10쪽을 할애했다.

아른하임은 그때껏 이런 시각 분석이 전혀 나오지 않은 것은 흔히들 로르샤흐 검사의 잉크 얼룩에 "체계가 없고", 얼룩에 보이는 반응이 "순전히 개인의 주관에서만 나온다"는 선입견 때문이라고 짐작했다. 그는 이것을 "편향된 개념"이라고 일컬었다. 잉크 얼룩이 여러 가지로 해석 가능한 동시에 "어떤 유형의 반응을 이끌어낼 만큼 체계가 있다면", 그 체계를 설명하기 위해 꽤 많은 노력을 기울여야 한다. 어쨌든 아른하임은 그림이 충분히 복잡하므로 그 그림들을 이용해, 사람들이 시각 정보를 처리하는 방식을 직접 조사하자고 제안했다. 예컨대 심리학자는 카드 1번을 본 수검자에게 "이것은 무엇일까요?"라고 에둘러 묻는 대신, "수직 블록 3개가 결합한 모양으로" 봤는지 아니면 "솟구치는 사선들로 이루어진 어떤 덩어리로" 봤는지를 대놓고 물어봐도 괜찮다는 주장이었다.

1950년대 초반에 논문을 발표한 뒤로 신경심리학과 인지과학을 미술 연구에 적용하는 분야에서 가장 영향력 있는 이론가가 된 아른하임은 로르샤흐 검사를 머릿속에서 지우려 했다. 왜냐

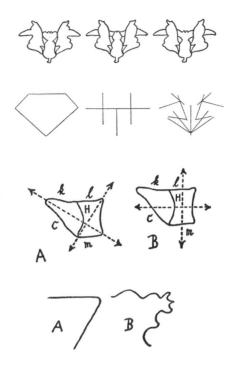

카드 1번의 시각 특성을 연구한 아른하임의 그림

(1) 부분은 다양한 방식으로 분류할 수 있다. 예를 들어 양쪽에 있는 삼각 모양 날개는 바깥쪽 수직 덩어리의 일부로도, 위에 걸친 가로대로도 보기 쉽고, 가운데 수직 덩어리와 분리하거나 합쳐 보기도 쉽다.

(2) "시각 모양을 결정짓는 특징은 바깥쪽 윤곽이 아니라 '짜임새의 얼개'라고 부를 수 있는 것인지도 모른다." 카드 1번은 이 세 모양처럼 다양한 얼개와 맞아떨어진다.

(3) 이 얼개, 특히 주요 축이 지각의 역동성을 바꾼다. 이를테면 하단부에 있는 흰 삼각형과 회색 사각형은 A처럼 비스듬히 기울어 매우 역동적으로 보일 수도 있고, B처럼 좀 더 정적으로 보일 수도 있다.

(4) 그림에서 "날개" 끝과 같은 윤곽선은 지각을 누그러뜨리기도 쉽고, 날카롭게 자극하기도 쉽다.

하면 대다수의 사람들이 여전히 로르샤흐 검사를 순전히 주관에 기댄 투사 활동으로 생각했기 때문이었다. 로르샤흐 검사를 다룬 저술가 가운데 오직 한 사람만이 아른하임이 요청한 명확한 시각 분석을 받아들였다. 아른하임처럼 이 사람도 검사가 '투사' 활동이라는 생각에 의문을 던졌다.[21]

심리학자 에르네스트 G. 샤흐텔Ernest G. Schachtel(1903~1975)은 로르샤흐의 철학에 가장 가까이 다가간 사람이었다. 그는 벡과 클로퍼가 검사를 너무 제한적으로 파악했다고 여겼다. 그는 클로퍼의 1942년 저서《로르샤흐 기법》이 모호하고 모순되며, 이론이 완벽하지 않고, 무엇보다 "전체 인간 경험"과 유리되어 있다고 주장했다.[22] 10년 후 만프레드 블로일러가 펼치는 주장과 비슷하게도, 샤흐텔은 잉크 얼룩 실험의 진정한 목표는 "인간 심리를 더 깊이 이해하는 것"이고, 로르샤흐는 "이 목표를 한 번도 잊지 않았지만, 클로퍼의 책에서는 이 목표가 독자의 눈에 거의 띄지 않는다"고 썼다.

내용 분석을 둘러싼 논쟁이 벌어지는 가운데 샤흐텔은 검사자가 검사 상황에서 드러난 모든 정보를 활용해야 한다는 데 동의했다. 하지만 형태 반응과 내용 기반 반응 사이의 구별보다 더 근원적인 구별에 주목했다. 그는 물었다. 무엇이 로르샤흐 검사의 결과인가? 수검자가 말하는 단어인가, 아니면 수검자가 보는 모양인가? 경험주의자나 사실주의자는 수검자가 입으로 말하는 것만 이용할 수 있다고 말할 것이다. 어쨌든 우리가 마음을 읽을 길은 없으니까. 샤흐텔은 다른 사람이 무엇을 보거나 느끼는지 알아내는 것이 우리가 항상 하는 일이고, 다른 이의 눈으로 보는 일이 아무리 어려울지라도 그것이 바로 심리학자가 해야 할 일이라고 보았다. 샤흐텔에 따르면, "물론 지각한 것을 전달하기 위해 쓴 단어들도 심리학적으로 매우 의미 있을 때가 많지만," 로르샤흐 검사는 "그런 단어가 아니라" 지각, 그리고 지각이 일어나는 과정 자체를 분석했다.[23] 검사자가 수검자의 보는 방식에 접근할 길은 계량할 수 없는 상상에 기댄 감정이입뿐이지만, 그래도 핵심은 무엇을 보느냐, 어떻게 보느냐였다. 단지 입으로 말한 단어를 분석하는 데만 로르샤흐 검사를 쓴다면, "검사는 로르샤흐가 생각해 제시한 대로 사람을 탐구하는 독창적인 수단이 되기보다, 효과 없는 기법이 되고 말 것이다".[24]

샤흐텔이 로르샤흐 검사의 채점과 해석 체계를 만든 적은 없다. 그의 통찰은 체계화를 정중하게 거부했다. 하지만 1951년 잉크 얼룩을 그저 투사에 쓰는 스크린이 아니라 실제의 시각적 대상으로 상세히 분석하자는 아른하임의 요청을 받아들인 사람은 바로 샤흐텔이었다.[25] 그는 잉크 얼룩이 한 묶음으로 엮이는지 분해되는지, 견고한지 허술한지, 큼직한지 섬세한지, 딱딱한지 부드러운지, 촉촉한지 건조한지, 밝은지 어두운지를 분석했다.[26] 그러면서 이런 특성이 마음에 던지는 울림을 강조했다.

예를 들어 그림의 크기는 객관적 사실이지만, 크기의 의미는 마음이 느끼는 사실이었다.[27] 위대한 화가들이 흔히 그린 크기의 초상화를 "아주 작게 축소한 그림에서는 원본이 지닌 힘, 깊이, 그지없이 인간다운 특성이 마음에 와닿지 않는다". 그런 것들이 마음에 와닿으려면, 그림의 척도가 인간을 기준으로 삼아야 했다. 그것은 그림이 완전히 실물 크기여야 한다는 뜻이 아니라, "인간의 모든 감정을 말하고 반응할 수 있을 만한 척도"여야 한다는 뜻이었다. 초상화는 아니지만 잉크 얼룩도 카드의 크기에 따라 어떤 효과를 내느냐가 좌우된다. 슬라이드를 이용한 집단 로르샤흐 검사가 원본 검사처럼 효과를 발휘하지 못한 데는 이런 이유도 있었다.

로르샤흐는 좌우 대칭이 핵심임을 꿰뚫어봤다. 그리고 샤흐텔과 아른하임은 모두 로르샤흐 시절 이래로 지각 과학 분야에서의 발견이 그러한 로르샤흐의 통찰을 어떻게 뒷받침해왔는지를 보여주었다[28](아른하임은 말년에 이르러 1982년에 균형과 대칭을 다룬 흠잡을 데 없는 책《중심의 힘The Power of the Center》을 펴냈다). 두 사람에 따르면, 예컨대 상하 대칭은 큰 의미가 없다. 왜냐하면 물체는 대부분 위아래를 거꾸로 하면 모양이 다르게 보이지만, 좌우로 뒤집으면 달라 보이지 않기 때문이다. 어른들은 위아래가 바뀐 그림을 보면 시키지 않아도 제자리로 돌려놓지만, 어린아이들은 그렇게 하지 않는다. 공간 방위, 즉 수평이 수직과 다르다는 사실을 아직 알지 못하기 때문이다. 수평으로 늘어선 똑같은 원들은 크기가 같아 보이지만, 수직으로 늘어선 원들은 그렇게 보이지 않는다. 낮게 뜬 달이 더 커 보이는 한 가지 이유이기도 하다. 그러나 수평과 수직을 자유자재로 움직이는 원숭이나, 아직 똑바로 서는 법을 배우지 못한 어린아이는 이런 차이를 알지 못한다. 이런 현상은 기하학 법칙이 아니라 인간의 심리가 만든 법칙이다.

지금 돌이켜보면 낙우송 무릎뿌리, 친목 게임, 향수 광고와 비교했을 때 샤흐텔, 아른하임, 만프레드 블로일러, 엘렌버거는 검사의 본질과 검사를 만든 사람의 삶을 사려 깊게 되돌아보았다는 점에서 돋보인다. 당시에는 잉크 얼룩 검사가 정말 너무 많은 상황에서 너무 다양한 용도로 쓰였다.

2차 대전으로 직격탄을 맞은 독일에서는 이런 용도 가운데 하나가 더할 나위 없이 중요했다. 하지만 그것은 한 세대 동안 거의 비밀로 묻혔다. 나치가 저지른 홀로코스트의 참상을 해결하느라 골머리를 앓던 전후 세계가 마주하기를 꺼려하는 수많은 물음을 제기하기 때문이었다. 그러다 20세기를 정의하는 순간 가운데 하나가 펼쳐지던 1961년 예루살렘에서 로르샤흐 검사는 그러한 껄끄러운 물음들을 마침내 세상 밖으로 드러낸다.

18

나치를
검사하다

나치는 본디 독일 사회주의노동자당 당원을 가리키는 말이었다.
하지만 1945년 무렵, 전 세계에서 이 말은 인간성을 내팽개친 잔
혹하고 냉혈한 괴물을 가리키고 있었다. 유대인 600만 명이 죽음
을 당했다. 어느 나치가 이 사실을 몰랐겠는가? 사람들은 이 일을
전 세계와 나치의 대결로 끌고 가 모든 피고인은 유죄이고 죽어
마땅하다고 판결하고 싶은 욕망으로 들끓었다. 하지만 그럴 만한
법적 근거가 뚜렷하지 않았다. 게다가 사실 학살에 가담한 가해자
가 모두 당원인 것도 아니었고, 당원이라고 해서 모두 학살에 가
담한 것도 아니었다. 논리상으로나 원칙상으로나, 모든 당원을 하
나도 빼놓지 않고 전쟁범죄자로 규정하는 것은 불가능했다. 나치
의 만행은 인류 역사에서 찾아보기 힘든 잔혹한 범죄였지만, 바로

그런 이유로 어떤 법을 적용해야 할지가 불명확했다.

　　법률과 관련한 쟁점은 연합국들의 협상과 결단으로 해결되었다. 연합국은 국제군사재판을 하기로 했다. 1945년 11월에 시작된 뉘른베르크재판[1]에서 전쟁범죄자들이 '반인도범죄Crimes against humanity'로 처음 기소되었다. 첫 피고 집단으로 주요 나치 인사 24명이 추려졌다. 하지만 도덕적 측면에서는 어려운 문제가 여전히 남아 있었다. 피고들은 조국의 법, 다시 말해 히틀러가 바란 대로 따랐을 뿐이라고 항변했다. 보편적인 인간성이라는 더 상위의 규범을 근거로 누군가에게 법적 책임을 물을 수 있을까? 문화적 상대성의 무게는 얼마나 클까? 만약 이 나치들이 정말로 미친 사이코패스라면, 정신이상이라는 이유로 재판을 받기에 부적합하거나 심지어 무죄일 수도 있을까? 뉘른베르크재판의 피고인 중 한 명인 율리우스 슈트라이허Julius Streicher는 지독한 반유대주의자였지만, 워낙 외설스러운 변태라 1939년에 히틀러에 의해 권력에서 밀려나 가택 연금 상태였다. 이 사람은 전쟁범죄에 어떤 책임이 있을까?

　　전범들은 3층짜리 감옥의 1층 감방에 한 사람씩 수감되었다. 넓은 복도를 따라 줄지어 들어선 감방은 가로 2.7미터, 세로 4미터 크기로, 두께가 10센티미터를 넘는 나무문이 달렸고, 안뜰 쪽으로 높이 난 창에는 창살이 붙어 있었다. 앉을 곳이나 몸을 숨길 곳은 없이 달랑 철제 침대와 변기뿐이라, 경비의 눈에 죄수의 발이 보였다. 개인 소지품은 바닥에 보관했다. 감방문 한가운데에 설치된 가로세로가 각 38센티미터 정도 되는 작은 문은 언제나 열려 있어, 배식용 선반 구실도 하고 경비원들이 안을 들여다보는 구멍 구실도 했다. 죄수 1명당 경비 1명이 24시간 자리를 지켰다. 감방에는 온종일 불이 켜져 있었다. 밤에는 밝기를 줄였지만, 그래도 글씨가 보일 만큼 밝았다. 침대에 누워 있는 죄수는 잘 때든 깨어 있을 때든 머리와 손이 보여야 했다. 규칙을 어기면 혹독한 징벌이 따랐다. 경비는 말할 것도 없고, 식사를 가져오는 교도관조차 죄수에게 말 한마디 붙이지 않았다. 죄수들은 하루 15분씩 따로따로 바깥을 걸었고, 몸은 1주일에 1번, 그것도 감시를 받으며 씻었다. 1주일에 4번까지 알몸 수색을 받았고, 방도 이 잡듯이 샅샅이 뒤지는 바람에 다시 정돈하려면 4시간이 걸렸다.

그들의 건강을 유지시켜 재판에 세우기 위해 치료를 맡은 의료진도 있었다. 의료진은 헤르만 괴링Hermann Göring이 모르핀 중독에서 벗어나게 했고, 손목을 그어 자살하려고 했던 한스 프랑크Hans Frank의 손을 어느 정도 쓸 수 있게 회복시켰다. 그리고 알프레드 요들Alfred Jodl의 허리 통증과 요아힘 폰 리벤트로프Joachim von Ribbentrop의 신경통을 줄여줬다. 치과 의사 몇 명과 가톨릭 신부 한명, 개신교 목사 한 명도 있었다. 그리고 정신과 의사도 있었다. 바로 1942년에 브루노 클로퍼와 함께《로르샤흐 기법》을 쓴 더글러스 켈리였다.

켈리는 진주만 공습 뒤 일찌감치 자원입대한 로르샤흐 연구소 회원 중 한 명으로, 1944년에는 유럽 작전 지구의 정신과 의무 부대를 이끌었다. 1945년 켈리는 피고인들이 재판정에 설 법적 능력이 있는지 판단하는 일을 돕기 위해 뉘른베르크에 파견되었다. 그리고 5개월 동안 전범들을 만났다. 그는 매일 회진을 돌며 오랫동안 그들과 상담했고, 때로는 감방의 철제 침대 모서리에 앉아 서너 시간씩 이야기를 나눴다. 혼자인 데다 일상이 지루하기까지 했던 나치 전범들은 말하고 싶어 입이 근질거리던 참이었다. 켈리는 그렇게 면담이 쉬운 환자 집단은 본 적이 없다고 말했다. "꼼꼼한 건강 진단과 정신 건강진단 외에, 이들에게 여러 가지 심리검사를 받게 했다. (…) 적용한 기법 중 가장 중요한 것은 널리 알려져 있고 매우 유용한 성격 연구 방법인 로르샤흐 검사였다."[2]

켈리 말고도 죄수들을 자유롭게 만날 수 있던 미국인이 또 있었다. 뉘른베르크 전범의 기분을 관찰하는 일을 맡았던 구스타브 길버트Gustave Gilbert였다. 그의 임무는 죄수들의 기분을 살피고, 되도록 많은 정보를 모으는 것이었다. 길버트는 거의 날마다 이들을 찾아가 기분이 어떤지 가볍게 이야기를 나눈 뒤, 사무실로 돌아가 대화 내용을 빠짐없이 기록했다. 공교롭게도 그는 심리학 박사였으므로, 스스로를 '교도소 심리학자'라고 불렀다. 물론 공식 직함은 아니었다.[3] 하지만 명확한 지휘 계통이 없었으므로, 그 직함이 굳어졌다.

켈리는 독일어를 할 줄 몰랐기 때문에 검사를 수행하려면 통역을 거쳐야 했다. 길버트는 유대계 오스트리아 출신 이민자 가정에서 자라 독일어를 할 줄 알았지만, 임상심리학이 아니라 사회심리학을 연구했으므로 진단 검사 경험이 거의 없었다. 그래도 교

나치를 검사하다

도소 근무자 가운데 목사와 신부 두 사람 외에 독일어를 할 수 있는 미국 장교는 길버트뿐이었다. 게다가 길버트는 "나치 연구에 착수할 날을 목이 빠지게 기다리고 있었다".[4] 켈리와 길버트 모두 인류 역사에 남을 범죄자들에 대한 객관적 성격 자료가 노다지라는 사실을 잘 알았다. 그래서 두 사람 모두 포로 상태의 전범들에게 당대의 가장 발전한 심리 기법을 적용해, 나치의 심리에 숨은 비밀을 밝혀내고 싶어했다.

재판이 시작되기 전, 길버트는 미국 문화에 대한 이해가 필요한 질문을 뺀 지능검사를 전범에게 실시했다. 어떤 죄수들은 발끈하기도 했고,[5] 적어도 한 명은 유대인인 길버트를 속이려고 일부러 실수를 저지른 듯하다. 교사로 일했던 적이 있는 슈트라이허가 100 빼기 72를 셈할 줄 모른다고 우긴 것이다. 하지만 대다수는 기분 전환 거리로 생각해 기꺼이 즐겁게 검사를 마쳤다. 히틀러의 재무상이었던 할마르 호러스 그릴리 샤흐트Hjalmar Horace Greeley Schacht는 길버트의 방문을 "꽤 반겼다". 독일 국방군 최고 사령부 총장이었던 빌헬름 카이텔Wilhelm Keitel은 "국방군 검사소에서 독일 심리학자들이 썼던 말도 안 되는 허튼짓에 비하면 지능검사가 정말 훨씬 낫다"고 칭찬했다. 나중에 알고 보니 카이텔은 자기 아들이 지능검사를 통과하지 못하자 군에서 지능검사를 없애버렸던 인물이었다. 히틀러 아래에서 부수상을 지냈던 프란츠 폰 파펜Franz von Papen은 처음에는 검사에서 제외해달라고 요청했다가 나중에 마음을 바꿨고, 피고 가운데 자기가 세 번째로 지능이 높다고 떠벌렸다(실제로는 다섯 번째였다). "영리하고 자기만 아는 학생"처럼 굴어 댄 사람들도 있었다. 건축가이자 군수 장관을 지낸 알베르트 슈페어Albert Speer에 따르면, 모든 사람이 "자신의 역량을 확인하기 위해 지능검사에 최선을 다했다".

특히 게슈타포를 창설하고 죽음의 수용소를 세운 헤르만 괴링은 자신이 특히 검사를 잘 받을 거라고 생각했다. 심리검사의 중요성을 알았던 그는 사촌인 마티아스 괴링Matthias Göring을 독일 심리 연구 및 심리 치료 연구소의 소장으로 세웠다. 괴링은 기꺼운 마음으로 검사를 받곤 했는데, 특히 길버트가 침이 마르게 칭찬해 구슬릴 때 그랬다. 길버트는 1945년 11월 일지에 괴링을 이렇게 묘사했다.[6]

> 괴링의 성적에 놀란 표정을 지어 보였더니, 그가 좋아하며 씩 웃었다. (…) 기쁨을 주체하기 어려운지 의기양양한 모습이었다. 이런 라포르는 검사 내내 되풀이되었다. 검사자인 나는 다음 문제를 풀 수 있는 사람이 몇 명 안 된다는 말로 그를 부추기고, 괴링은 으스대기 좋아하는 학생처럼 반응했다(…).
>
> "아무래도 정치인보다 교수가 되셨어야 했어요."
>
> "아마도. 어느 곳에 뛰어들었든 보통 사람보다 잘해냈을 거라고 확신하오."

숫자 외우기 검사에서 아홉 자리를 기억하지 못하자(일곱 자리를 넘기면 평균 이상이다.), 괴링은 길버트에게 애원했다. "아, 이런. 다시 해보게 해주시오. 할 수 있다니까!" 나중에 길버트가 다른 전범 2명이 그보다 더 잘했다는 사실을 알려주자, 괴링의 얼굴이 딱딱하게 굳었다. 이때부터 괴링은 마음을 바꿔, 지능검사가 믿을 만하지 않다고 결론지었다.

쓸쓸하게도, 사실 나치 전범들은 지능이 높았다. 속임수를 썼을 가능성이 큰 율리우스 슈트라이허가 106으로 가장 낮았고, 샤흐트는 나이를 보정한 결과가 정말 인상 깊게도 143이었다. 검사를 받은 전범 21명 가운데 18명이 120 이상으로 '우수' 또는 '매우 우수'였고, 그중에서도 9명은 멘사급인 130 이상이었다. 괴링은 138이었으므로, 켈리의 표현대로 "최고 수준에 가까운 뛰어난 지능"[7]을 자랑했다.

이 검사 결과는 널리 알려지지 않았다. 그뿐이 아니다. 켈리를 다룬 1946년 6월 1일자 《뉴요커》 기사의 제목은 〈천재는 없었다〉였다. 기사에서 켈리는 괴링의 지능을 다른 곳에서보다 더 깎아내렸다. 기사는 J. D. 샐린저의 글에서 바로 튀어나온 듯한 20세기 중반의 속어를 툭툭 섞어 켈리를 "헝클어진 갈색 머리에 냉소적인 미소를 짓는, 유연한 몸짓에 쾌활한 30대 초반의 친구"라고 묘사했다. 글에 따르면 켈리는 자살한 "로베르트 라이 박사 말고는, 그들 가운데 정신 나간 인간은 없었다. 천재도 보지 못했다. 예컨대 괴링은 지능지수가 138로 꽤 높았지만, 귀재는 아니었다"

고 말했다.

어쨌든 지능검사는 나치 전범의 심리라는 수수께끼를 조금도 풀지 못했다. 켈리는 "연구할 시간이 짧았으므로, 이들의 성격 양상을 조사해보기로 했다".[8] 그리고 클로퍼와 함께 썼던 책에 나온 기법을 이용하기로 했다.

뉘른베르크의 어느 누구도 로르샤흐 검사를 해보라고 지시하지 않았다. 검사 결과가 재판에 쓰이지도 않았다. 유례없이 초긴장 상태인 그곳 분위기 때문에 켈리와 길버트는 자신들이 알아서 검사를 수행하기로 했다. 독일에서는 로르샤흐 검사가 미국에서처럼 널리 쓰인 적이 없었다. 나치 치하에서 쓰이기는 했지만, 주로 적성 검사나 "걸리적거리는 사회적·'인종적' 요소를 뿌리뽑는 데" 기여하는 평가로 쓰였다. 나치는 다른 나라에 효과적인 심리전을 전개하기 위한 목적 말고는, 마음을 꿰뚫어보는 일에 별 관심이 없었다.[9] 드디어 로르샤흐 검사가 나치를 꿰뚫어보는 데 쓰일 참이었다.

켈리가 8명,[10] 길버트가 16명을 검사했다. 길버트가 검사한 전범 중 5명은 앞서 켈리에게 로르샤흐 검사를 받았던 사람들이었다. 두 사람은 알베르트 슈페어, 부총통을 지낸 루돌프 헤스Rudolf Hess, 인종주의 이론가 알프레트 로젠베르크Alfred Rosenberg, 외무장관을 지낸 요아힘 폰 리벤트로프, '폴란드의 도살자'라고 불린 한스 프랑크, 나치가 점령한 네덜란드를 관할했던 아르투어 자이스-잉크바르트Arthur Seyß-Inquart 등에게 따로따로 잉크 얼룩 10장을 보여주고, "이것은 무엇일까요?"라고 물었다. 괴링은 지능검사 때보다 훨씬 즐기는 모습이었다. 웃음을 터트리고, 흥미로워하며 손가락을 뚝뚝 꺾었다. 켈리에 따르면 그는 "독일 공군이 이런 훌륭한 검사 기법을 활용하지 못했다니 유감"이라고 아쉬워했다.

죄수들의 검사 결과에는 두어 가지 공통점이 있었다.[11] 확실히 자기 성찰이 부족했고, 카멜레온처럼 유연하게 지시에 적응하는 성향을 보였다. 하지만 공통점보다 차이점이 훨씬 더 컸다. 전범 중 몇 명은 편집증이나 우울증, 또는 뚜렷한 정신 장애를 보였다. 요아힘 폰 리벤트로프는 "감정이 황폐했고", 전체적으로 "성격 장애가 뚜렷했다". 폴란드의 도살자 한스 프랑크는 냉소적이고 반사회적인 미치광이라는 결론이 나왔다. 평범한 사람도 있었고, "적응력이 유달리 뛰어난" 사람도 있었다. 지능검사에서 높은 점수를 기록한 교양 있는 샤흐트는 거의 일흔이 다 된 나이인데도 "내면세계에서 만족스러운 경험을 할 줄 알았기 때문에, 선고를 앞두고 신경이 곤두섰을 몇 달을 무사히 버텼다". "특별할 정도로 잘 융화되고 뛰어난 능력을 가졌다고" 평가받은 그는 나중에 로르샤흐 검사가 꽤 마음에 들었다고 회고했다. "내 기억이 맞는다면, 그것은 유스티누스 케르너가 사용했던 놀이였다. 잉크를 뿌리고 종이를 반으로 접는 과정에서 만들어지는 여러 기이한 형태를 알아보는 놀이다. 우리가 받은 과제는 이보다 훨씬 더 즐거웠다. 한 카드에 여러 색깔이 쓰였기 때문이다."

전범들 가운데 어떤 이는 똑똑한 미치광이였고, 어떤 이는 멀쩡한 정신에 탁월한 적응력과 뛰어난 능력으로 나치를 이끌었다. 겉보기엔 그것이 결론 같았다. 하지만 길버트는 이를 받아들이지 않았다. 그는 1947년에 펴낸《뉘른베르크 일지Nuremberg Diary》에서 유죄 판결을 받은 괴링의 모습을 이렇게 묘사했다.[12]

괴링은 완전히 탈진하고 풀이 죽어 침대에 드러누웠다. (…) 마치 들고 있던 풍선이 터지는 바람에 풍선 쪼가리만 손에 쥔 아이 같았다. 선고 며칠 뒤, 그는 심리검사, 특히 잉크 얼룩 검사에서 자신의 성격이 어떻게 나왔는지 다시 물었다. 그 검사가 늘 신경 쓰였던 듯했다. 그래서 사실대로 말해줬다. "솔직히 말해, 당신은 왕성하고 적극적인 정신을 지녔지만 당당하게 책임질 줄 아는 배짱이 부족합니다. 잉크 얼룩 검사에서 작은 몸짓 하나가 당신의 민낯을 드러냈어요." 나를 뚫어져라 쳐다보는 괴링의 눈빛에서 두려움이 묻어났다. "빨간 점이 있던 카드를 기억하세요? 심각한 신경증 환자는 그 카드에서 머뭇거릴 때가 많아요. 그러다 피가 있다고 말합니다. 당신도 머뭇거렸죠. 하지만 피라고 말하지는 않았어요. 손가락으로 빨간 점을 휙 치려고 했지요. 마치 작은 손짓으로 피를 닦아버릴 수 있다고 생각하는 것처럼요. 재판에서도 내내 그런 행동을 보였습니다. 재판정에서 당신이 유죄라는 증거를 더는 듣고 싶지 않을 때마다 통역용 수신기를 벗어버렸어요. 전쟁 중에도 똑같

나치를 검사하다

은 모습을 보였습니다. 당신이 저지른 끔찍한 짓을 머릿속에서 지워버리려고 약물에 취했습니다. 사실을 마주할 용기가 없었으니까요. 그것이 당신이 지은 죄입니다. (…) 당신은 남의 눈치나 보는 겁쟁이예요."

괴링은 잠시 아무 말 없이 나를 바라봤다. 그러다 심리검사는 무의미하다고 말했다. (…) 며칠 뒤 그는 나에게 자신이 변호사한테 진술한 내용을 말해주었다. 이 시점에 심리학자나 감옥에 있는 다른 누군가가 뭐라고 말했든 그것은 모두 편견에서 나온 무의미한 말이라고. (…) 잉크 얼룩 검사가 정곡을 찌른 것이다.

극적인 순간이었다. 셰익스피어 소설에나 나올 법한 순간이자, 《뉘른베르크 일지》의 절정이었다. 하지만 잉크 얼룩 검사는 길버트가 괴링의 태도와 개인사에서 이미 알고 있던 내용이 맞다고 확인해준 것 외에 무엇을 더 알아냈을까? 길버트가 괴링에 대해 아무것도 모르는 가운데 검사가 진행됐다면, 빨간 얼룩을 휙 친 행동이 대량 학살을 일으킨 겁쟁이라는 신호라는 것을 절대 증명하지 못했을 것이다.

　휠씬 숙련된 로르샤흐 전문가 켈리는 결과를 다른 시각에서 보았다. 뉘른베르크재판의 판결이 내려지기도 전인 1946년 초, 켈리는 비정상인 사람도 더러 있었지만 피고인들은 "본질적으로 제정신"[13]이라는 주장을 담은 논문을 발표했다. 그는 특별히 로르샤흐 검사를 언급하지는 않았지만, "그런 성격은 독특하거나 정신이상이지도 않거니와, 오늘날 어느 나라에서나 똑같이 나타날 수 있다"고 주장했다.

켈리는 이 주제를 확장해 1947년에 대중서《뉘른베르크의 22개 감방22 Cells in Nuremberg》을 펴냈다. 책은 이렇게 시작한다.

독일 뉘른베르크 교도소에서 정신과 의사로 일하다가 돌아온 뒤, 나는 많은 사람이, 심지어 학식이 높은 사람조차 심리가 문화에 따라 결정된다는 개념을 이해하지 못한다는 것을 깨달았다. 이렇게 묻는 사람이 너무 많았다.

"나치는 정말 어떤 사람들이던가요? 물론 우두머리급은 죄다 정상이 아니었어요. 분명 정신이상이었을 텐데, 어떤 정신이상이었나요?"

정신이상은 나치를 조금도 설명하지 못한다. 모든 인간이 그렇듯, 그들은 그들을 둘러싼 환경이 빚어낸 창조물일 뿐이다. 그리고 그 환경을 만든 것 역시 그들이었다. 대다수 인간에 비해 그 정도가 훨씬 컸을 뿐이다.

켈리는 전후의 대중이 굳게 믿었을 뿐만 아니라 심지어 더 굳게 믿고 싶어했던 생각에 반하는 주장을 밀고 나갔다. "나치 지도부는 눈에 띌 만한 유형, 100년에 한 번 날까 말까 한 인물들이 아니었다." 그저 "권력을 잡을 기회를" 얻은 "강인하고, 지배적이고,

공격적이고, 자기중심인 성격"의 사람들이었다.[14] 괴링 같은 사람은 "드물지 않다. 그런 사람은 미국 어디서나 볼 수 있다. 큰 책상 뒤에 앉아 큰일을 좌지우지하는 경영자, 정치인, 협잡꾼들 말이다".

미국의 지도자들에 대해서는 그쯤 하기로 하자. 그렇다면 지지자들은 어떨까? "우리들 가운데 일부한테는 충격이겠지만, 사람만 놓고 보면 우리는 20년 전" 히틀러가 권력을 잡기 전인 1920년대의 "독일인과 무척 닮았다". 두 국민 모두 사상적인 배경이 비슷했고, 지성보다 감정에 기댔다. 켈리는 "전쟁이 끝난 지 고작 1년이 지났을 뿐인데 (…) 천박하고 위험한" 미국 정치인들이 정치적 이득을 얻기 위해 인종주의와 백인 우월주의를 악용하고 있다고 썼다. 인종주의적 발언을 일삼았던 미시시피주 상원의원 시어도어 G. 빌보Theodore G. Bilbo와 백인 우월주의를 외쳤던 조지아 주지사 유진 탈마지Eugene Talmadge를 염두에 둔 말이었다. 켈리는 "경찰을 통제해 자기의 의도대로 법을 집행한 휴이 롱Huey Long의 강권 정치"도 언급했다. 이런 주장들은 "나치가 설파한 주장과 같은 인종적 편견"이자, "뉘른베르크 감옥의 복도에 울려 퍼졌던 것과 다를 게 없는 말"이었다. 쉽게 말해 "오늘날 미국에는 나치 같은 국가가 들어서지 못하게 막을 만한 장치가 거의" 없다고 썼다.

뉘른베르크재판은 전쟁과 홀로코스트의 의미를 밝히는 데 실패했다. 그러기는커녕 산산 조각난 인류 공동체의 가치를 재정립하지도 못했다. 피고인들은 이미 자살한 나치의 진짜 우두머리

아돌프 히틀러Adolf Hitler, 하인리히 힘러Heinrich Himmler, 요제프 괴벨스Joseph Goebbels와 동질적인 집단이 아니었다. 24명의 피고인 가운데 3명은 무혐의로 풀려나기까지 했다. 심리검사에서 뛰어난 결과를 보인 샤흐트도 그 가운데 하나였다. 곧 켈리는 자신의 가장 정교한 기법이 이른바 '나치의 성격'을 알아내는 데 실패했다고 주장했다.

　사람들은 이 교훈을 선뜻 받아들이지 못했다. 그래서 선다형 집단 로르샤흐 검사에 대해 고안한 몰리 해로어는 1948년에 정신 건강을 다룬 중요한 국제회의를 개최할 계획을 세운다. 뉘른베르크에서 수행된 로르샤흐 검사에 대해 발표하기에 완벽한 장이 될 참이었다. 해로어는 길버트가 수행한 검사의 반응 기록 16건을 세계에서 손꼽히는 로르샤흐 전문가 11명에게 보냈다. 그들 가운데 벡과 클로퍼, 헤르츠와 라파포트, 먼로와 샤흐텔도 포함되어 있었다. 그들은 모두 보고서를 꼭 보고 싶다고 했지만, 회의에서 의견을 말한 사람은 단 **한 명도 없었다**. 하나같이 갑자기 생각지 못한 일정이 겹쳤다고 하거나 다른 핑계를 둘러대며 불참을 알렸다.

　세계의 내로라하는 로르샤흐 전문가들이 아무리 바쁜들 역사에서 가장 의미 있는 검사가 될 가능성이 있는 기록을 들여다보기 위해 두세 시간 짬을 내지 못했을까? 이들이 하나같이 참석을 거절한 것이 우연의 일치라고 믿기는 어렵다. 아마도 이들은 반응 기록에 내포된 의미를 정확히 읽었을 것이다. 하지만 대중의 머릿속에 나치는 전부 사악하다는 생각이 너무 강하게 각인되어 있었기 때문에, 자신들이 그 의미를 밝힌 기록을 남기고 싶지 않았을 것이다. 더 큰 가능성은 그들이 자신들이 본 내용을 어떻게 이해해야 할지 몰라, 켈리와 길버트의 능력이나 해석을 의심했을 수도 있다는 것이다.[15] 해로어는 1976년에 쓴 글에서 당시의 사고방식을 이렇게 설명했다.[16]

우리는 섬세한 임상 도구, 즉 로르샤흐 검사가 도덕적 의도가 무엇인지, 또는 도덕적 의도가 있었는지 없었는지도 틀림없이 입증할 수 있다는 가정을 분명히 믿고 연구에 임했다. 당시에는 혐오스럽기 짝이 없는 유형의 사람들에게 기본적으로 존재하는 성격 구조를 검사가 밝혀낼 거라는 믿음도 깔려 있었다. 우리는 흑과 백, 선인과 악인을 다루는 악의 개념을 신봉했다. (…) 악은 성격에 깊이 배어들어 있으므로, 심리검사에서 틀림없이 감지해 점수를 매길 수 있는 요소라는 생각이 강했다. 그런 탓에 우리의 과학적 판단이 찾아낸 증거를 믿지 않으려고 했다.

1948년 회의에 토론자를 초청하려던 계획은 틀어졌지만, 뉘른베르크의 로르샤흐 검사 결과를 먼저 출간하고 싶어 몸이 달았던 길버트와 켈리는 계속 주장을 밀어붙였다.

뉘른베르크에서도 긴장 관계였던 두 사람은 곧이어 또 다른 로르샤흐 논쟁으로 맞섰다. 소령이던 켈리는 중위이던 길버트를 '조수'라고 부르곤 했다. 길버트는 방첩부대 소속이라 의무대 소속인 켈리의 직속 부하도 아니었다. 켈리는 자신의 로르샤흐 검사가 "정통"이라고 주장했고, 길버트는 켈리의 로르샤흐 검사가 통역사를 거쳐 얻은 결과라 "설익고", "엉망"인 데다, 조금은 "조작되었다"고 주장했다. 모욕과 앙갚음, 법적 위협과 맞대응이 빠르게 늘어갔다.[17] 켈리는 "기본 윤리를 명백히 무시하는 길버트에게 끊임없이 놀란다"고 적었다. 길버트는 "내가 이미 분명히 양보했는데도 켈리의 헛소리가 선을 넘었으니 더는 참지 않겠다"고 맞받았다. 켈리는 길버트의 출판사가 "도난품을 출간하고 있다는 사실을 모를 것이다"라고 되받아쳤다.

1950년 길버트는 심리 분석서《독재 심리The Psychology of Dictatorship》를 펴냈다. 그는 데이비드 레비와 사무엘 벡을 비롯한 여러 사람에게 기고문을 요청했지만, 결국에는 로르샤흐 검사 자료나 어떠한 상세한 해석도 싣지 않았다. 켈리에게 법적 압박을 받았기 때문이기도 했고, 로르샤흐 해석에 켈리보다 능숙하지 못해서이기도 했다. 그리고 뉘른베르크 로르샤흐 검사의 결과가 그가 바랐던 대로 철저히 부정적이지 않은 까닭도 있었다. 켈리도 길버트처럼 클로퍼, 벡 등 여러 사람에게 글을 요청했다. 그들의 의견이 서로 다르다는 것에는 신경 쓰지 않았다. 그는 "되도록 많은 전문가로부터 그들이 반응 기록에서 알아낸 가장 완벽한 성격 양상들을 얻는 데에만 관심이" 있었다.[18] 하지만 여러 사람에게서 많은 공력이 들어간 긴 보고서들을 받고서도, 그리고 로르샤흐 검

나치를 검사하다

사의 가치를 여전히 믿으면서도, 켈리 역시 길버트처럼 뉘른베르크 로르샤흐 검사의 결과와 해석을 발표하지 않기로 했다. 나중에는 자기들이 보낸 연구 자료를 어떻게 할 거냐며 화를 내는 전문가들의 편지에 해명하는 일마저 그만뒀다. 그리고 자료는 상자 속에서 몇십 년을 묵었다.

그 뒤로도 켈리는 범죄자를 악마로 묘사하는 데 계속 맞서 싸웠다. 켈리는 아웃사이더를 향한 연민을 드러낸 20세기 중반의 위대한 산물이 탄생하는 데 한몫한다. 니콜라스 레이Nicholas Ray 감독이 영화 〈이유 없는 반항〉의 각본에서 묘사한 심리학 및 범죄학의 내용이 정확한지 검토해달라고 그를 고용했기 때문이다. 1957년에는 수상 이력이 있는 유명 TV 프로그램 〈범죄자Criminal Man〉[19]에 20회 동안 출연했다. 이 프로그램의 목적은 "범죄를 저지르는 사람을 대중이 더 깊이 이해하도록" 이끌고, "단순한 앙갚음"에서 갱생으로 변화를 촉진하는 것이었다. 범죄자에게 공통된 신체 특징이 있는지를 다룬 일화에서, 그는 카메라에 대고 외쳤다. "아닙니다! 범죄자 유형 같은 것은 없습니다. 그건 그냥 떠도는 말일 뿐입니다. 지구가 평평하다고 말하는 것과 같아요. 겉만 봐서는 모릅니다. 날 때부터 범죄자인 사람은 없어요."

켈리는 괴링을 악마로 묘사하는 것도 거부했다. 뉘른베르크에서 괴링과 켈리의 유대감은 께름칙할 만큼 돈독했다.[20]《뉘른베르크의 22개 감방》에도 그런 모습이 보인다. "내가 회진하러 괴링의 방에 들를 때마다, 그는 의자에서 벌떡 일어나 활짝 웃는 얼굴로 나를 맞이했다. 팔을 내밀어 침대로 안내한 뒤, 큼직한 손으로 침대 한가운데를 두드렸다. '잘 주무셨소, 의사 선생. 와줘서 정말 반갑소. 앉읍시다. 여기 앉아요.'" 괴링은 "내가 찾아갈 때마다 눈에 띌 정도로 즐거워했고, 내가 뉘른베르크를 떠나 미국으로 돌아올 때는 창피함도 잊고 눈물을 흘렸다". 괴링이 어떤 잔혹한 짓을 저질렀는지는 켈리도 잘 알았지만, 나치 2인자를 다룬 내용 대부분에는 괴링에게 푹 빠졌다고 할 수 있을 만큼 존경하는 낌새가 스며 있다. "괴링은 영리한 사람이었다. 히틀러도 괴링을 함부로 대하지 못했다. 그는 영리하고, 용감하고, 무자비하고, 탐욕스럽고, 상황 판단이 빠른 수완가였다."

괴링은 교수형이 집행되기 전날 청산가리를 삼켜 자살했다. 켈리는 특히 이 일을 높이 샀다. "언뜻 보면 그의 행동은 그의 동료들이 받은 처벌을 피하려는 시도로 보일 것이다. 하지만 찬찬히 들여다보면, 인간이 만든 규칙과 규제에 아랑곳하지 않고 자기 생명을 자신이 바라는 때에 자기가 선택한 방식으로 거두는 진짜 괴링의 모습이 드러난다." 괴링은 뉘른베르크 재판소가 자신에게 판결을 내리고 형을 선고할 권리가 없다고 부정했으므로 태연하게 재판을 견뎌냈고, 이제 연합국의 승리에 찬물을 끼얹는 방식으로, 이미 자살한 나치 지도부에 합류했다. "수수께끼에 싸인 자살로 미군 경비병들의 무능함이 두드러졌다. 다가올 미래에 독일인들이 찬사를 보낼 전당을 완성시키는, 교묘하고 영리하기까지 한 마무리였다." 켈리는 이런 말까지 남겼다. "헤르만 괴링이 독일인의 마음속에 자신을 새롭게 각인시켰다는 것은 거의 의심의 여지가 없어 보인다. (…) 역사는 결국 괴링의 손을 들어줄 것이다." 여기에 길버트도 말을 보탰다. "괴링은 그가 살았던 방식대로 죽었다. 그는 인간의 모든 가치를 조롱하고 극적인 행동으로 자신의 죄에서 사람들의 시선을 돌리려 한 사이코패스였다."[21] 길버트는 나중에 「헤르만 괴링, 호감을 사는 사이코패스」 등의 제목으로 몇 편의 논문을 썼다.

켈리는 마지막까지 샐린저의 소설을 떠올리게 하는 인물로 남았다. 샐린저의 소설에 등장하는 시모어 글래스처럼 켈리도 신동이었다. 스탠퍼드 대학교는 지능지수 140 이상인 천재로 확인된 학생들을 오랫동안 추적 연구했는데, 그도 그 가운데 한 명이었다. 그리고 글래스처럼 켈리도 스스로 목숨을 끊었다.[22] 그는 매우 드문 자살 수단을 택했다. 그의 잔인한 영웅이 그랬듯, 켈리도 청산가리를 삼켰다. 소문으로는 1958년 새해 첫날 부인과 아이가 보는 앞에서 이로 깨물어 삼킨 알약이 뉘른베르크에서 가져온 기념품이라는 말이 돌았다. 한술 더 떠, 맨 처음 괴링에게 청산가리 알약을 몰래 가져다준 전달자가 바로 마술에도 상당히 능통했던 켈리(그는 미국 마술사협회 부회장이기도 했다)였다는 말까지 떠돌았다. 그것은 사실이 아니었다. 하지만 그의 마지막 몸짓에는 분명 중요한 의미가 있었다. 그는 자기 죽음을 괴링의 "교묘하고 영리하기까지 한 마무리"와 일치시켰다.

길버트에게는 20세기의 또 다른 재판을 마주할 운명이 기다리고 있었다. 바로 뉘른베르크 로르샤흐 검사를 재평가하게 해줄 재판이었다.

1960년 이스라엘 정보기관 모사드가 유대인을 죽음의 수용소로 이송하는 임무를 맡았던 한 나치 전범을 아르헨티나에서 붙잡았다.[23] 바로 아돌프 아이히만Adolf Eichmann이었다. 모사드는 그를 예루살렘으로 데려가 법정에 세웠다. 법원 지정 정신과 의사였던 이스트반 쿨차르Istvan Kulcsar는 아이히만을 3시간씩 7번 만나, 7가지 심리검사를 수행했다. 여기에는 지능검사, 주제 통각 검사, 그리고 1961년 무렵 세계에서 손꼽히던 심리검사인 로르샤흐 검사가 포함되어 있었다.

쿨차르가 수행한 검사들에 따르면, 아돌프 아이히만은 정신병질 성격으로 "무자비한" 세계관을 지녔고, 사디즘이 아니라 "아이히마니즘"이라 불러야 할 만큼 사드 후작 뺨치게 가학적이었다. 구스타브 길버트는 아이히만의 재판에 증인으로 출석했고, 그가 뉘른베르크에서 수행한 로르샤흐 검사 자료는 증거로 인정되었다. 그후 얼마 지나지 않아, 길버트는 홀로코스트 전문 학술지 《야드 바셈 연구Yad Vashem Studies》에 「살인 로봇 나치 친위대의 사고방식The Mentality of SS Murderous Robots」[24]을 발표하며, 나치의 성격 유형을 "병든 사회의 병증과 독일 문화의 질병 요소가 반영된 것"이라고 설명했다. 켈리는 이제 이 세상에 없었으므로 쿨차르와 길버트의 해석에 반박하지 못했지만, 다른 이들은 그렇지 않았다.

《뉴요커》는 재판을 취재하기 위해 당대의 손꼽히는 정치 철학자 한나 아렌트Hannah Arendt를 예루살렘에 보냈다. 아렌트는 취재 결과를 엮은 책《예루살렘의 아이히만Eichmann in Jerusalem》에서 '악의 평범성'이라는 표현을 만들어냈다. 아렌트에 따르면, 아이히만이 저지른 짓은 전에 없던 종류, 즉 성품에서도 성격에서도 비롯하지 않은, 관료주의에서 나온 범죄였다. 정확히 말하자면, 아이히만은 자기 성격을 억누르면서 군중 사이에서 조금도 튀지 않고 집단의 가치관을 의심 없이 받아들이는 인물이었다. 아렌트는 그를 "어리석지도, 세뇌되지도, 냉소적이지도 않은 평범한 '정상'인"[25]이라고 설명했다. 하지만 그런 사람도 "옳고 그름을 전혀 구별하지 못할" 수 있었다.

요샛말로 하면, 아이히만은 로봇이 아니라 가담자[26]였다. 문제는 그가 가담하기로 마음먹은 집단이 나치 독일이라는 것이었다. 다른 면에서 보면, 히틀러는 마음속에 도덕을 품은 진실한 개인이 아니라 생각할 줄 모르는 가담자를 찾은 셈이다. 아이히만은 아렌트가 언급한, "다른 사람의 관점에서 생각할"[27] 줄 모르는 사람의 실례였다. 어떤 의미에서 그는 자기 관점에서도 생각할 줄 몰랐다. 이런 평범한 결함이 나치라는 맥락과 만나면 "모든 사악한 본능을 합친 것보다 더 큰 해를 끼칠"[28] 수 있었다. 그런데 아이히만에게 도덕을 판단할 잣대가 아예 없다면, 어떻게 그를 공정하게 판결할 수 있을까?

이런 쟁점은 아이히만에게만 국한된 것이 아니었다. 어느 나치가 자신은 기계의 톱니바퀴처럼 하찮은 존재였을 뿐이라는 말로 자기가 한 짓을 변명하려 했을 때, 아렌트는 도전적으로 "마치 범죄자가 범죄 통계를 가리키며 자기는 그저 통계적으로 예상되는 일을 했을 뿐이고, 어쨌든 누군가는 그 일을 해야 했으니 다른 사람이 아닌 자신이 그 일을 한 것은 그저 우연일 뿐이라고 말하는 것과 같다"[29]고 주장했다. "행위를 저지른 사람의 책임을 시대정신에서부터 오이디푸스콤플렉스에 이르기까지 이런저런 결정론적 관점에서 둘러대는"[30] 사회학과 심리학의 어떤 이론도, 판결을 내리는 데 아무런 영향을 미치지 못했다.

아렌트는 이를 "시대를 초월한 매우 중요한 도덕적 문제"[31]라고 일컬었다. 실제로 이 문제는 이러지도 저러지도 못할 딜레마였다. 사람들은 아이히만과 어떤 인간성도 공유하지 않는다고 부정하며 거리를 두고 싶겠지만, 법규범은 고소인과 피고소인, 판결을 내리는 사람과 받는 사람이 공유하는 공통된 인간성이 있다고 상정한다. 또 사람들은 모든 인간의 양심은 똑같은 근본 가치를 가지고 있으므로 누가 봐도 '인간의 도리에 어긋나는' 범죄나 결코 따라서는 안 되는 명령과 같은 것이 있다고 가정하면서, 공통된 인간성이 있다고 주장할 것이다. 하지만 나치는, 특히 아이히만은 이런 보편적 이상이, 아렌트의 말을 빌리자면 "우리 시대에서 가장 당연하지 않은 문제"[32]였다는 사실을 보여줬다. 사람은 자신이 해야 할 일을 하기 마련이다. 그리고 "모든 여론이 누구도 다른 사람을 판단할 권리가 없다는 데 기꺼이 동의하는 듯하다".[33] 그렇지만 아이히만 사건은 반드시 판단이 내려져야 했다.

아렌트가 재판을 주제로 글을 쓰는 동안, 예일 대학교에서는 스탠리 밀그램Stanley Milgram[34]이라는 심리학자가 다른 방식으로 아이히만을 연구했다. 그는 평범한 사람이 어떻게 대량 학살에 동참할 수 있는지를 밝히기 위해 한 실험을 설계했다. 밀그램은 유명한 물음을 던졌다. "홀로코스트에 참여한 아이히만과 100만 명에 이르는 공범자가 그저 명령에 따르기만 했을까?" 원래 밀그램은 미국에서 예비 실험을 한 번 돌려본 뒤 독일에서 본실험을 진행할 셈이었다. 독일 사람에게서 좀 더 복종적인 성향을 찾아낼 수 있을 거라고 기대했기 때문이다. 하지만 예비 실험을 마친 후 그는 굳이 독일에 가야 할 필요를 느끼지 못했다.

1961년 7월부터 '징벌이 학습에 미치는 효과'라는 실험에 참여한 미국인들은 옆방에 있는 학습자에게 극도로 고통스러운 전기 충격을 주는 장치라고 소개받은 기계를 다뤘다. 모든 상황은 가짜로 꾸며진 것이었다. 하지만 실험자에게서 구두 명령을 받은 참가자 가운데 약 65%는 전기 충격을 진짜라고 생각했으면서도 '위험: 극심한 충격'이라는 표시가 된 450볼트까지 올렸다. 심지어 옆방에서 들리던 비명이 불길하게도 뚝 끊긴 뒤에도 작동을 멈추지 않았다. 그들은 실험자에게 이건 그릇된 일이다, 이런 일은 하고 싶지 않다고 말은 했지만, 어쨌든 시키는 대로 움직였다. 기꺼이 지시에 따르려 하는 괴물을 찾고 싶다면, 거울만 들여다봐도 될 듯했다.

1963년 아렌트의 책《예루살렘의 아이히만》과 밀그램의 논문 「복종 행동 연구Behavioral Study of Obedience」가 발표되었다. 두 글이 주장을 펼치는 방식은 매우 달랐다. 정치철학자 아렌트는 개인의 책임은 무엇인지에 대한 물음을 던졌고, 실험심리학자 밀그램은 특정 상황에서 복종을 강요하기가 얼마나 쉬운지를 보여줬다. 하지만 얼마 지나지 않아 둘을 구분하기가 어려워졌다. 밀그램은 아렌트의 사유를 생생하게 보여줬다. 아렌트는 밀그램의 실험에 세계 역사에 남을 울림을 더했다. 고분고분 사람을 전기 처형하는 실험 참가자는 아이히만과 관련지어 생각해보면 훨씬 더 소름 끼쳐 보였다. 아렌트는 아이히만이 마지못해 지시에 따랐다고 말한 적이 없다.[35] 하지만 밀그램의 실험이 도덕 가치를 무시하고 순응하는 인간의 모습을 보여준 까닭에, 사람들은 아렌트가 아이히만이 어쩔 수 없이 '지시를 따랐을 뿐'이라고 주장한 것으로 이해했다.

　　아렌트는 아이히만이 실제로 받은 로르샤흐 검사의 성격을 오해해 "정신과 의사 6명이 그가 '정상'이라고 증언했다"[36]고 썼다. 실제로 아이히만을 진찰한 사람은 쿨차르 한 사람뿐이었고, 그는 아이히만이 미쳤다고 판단했다. 아렌트의 의도는 "영혼 전문가들의 웃긴 소리"를 신랄하게 뭉개버리는 것이었다. 행위가 일반 법칙으로 해명될 때 개인의 책임이 의미하는 바를 다룬 아렌트의 포괄적인 철학적 주장은 어떤 검사로도 증명하거나 반박하기 어렵다. 그렇지만 넓은 의미에서 (적어도 밀그램과 연결된) 아렌트는 로르샤흐 검사의 역사에서 핵심적인 인물이었다. 그녀의 견해, 혹은 그녀의 견해가 이해되는 방식은 검사에 내포된 상대주의로부터 급진적인 결론을 이끌어냈다.

　　아렌트와 밀그램 덕분에, 마침내 뉘른베르크 로르샤흐 검사가 던진 난제를 극복하려고 노력하는 사람이 나왔다. 바로 몰리 해로어였다. 1948년에 뉘른베르크의 검사 결과를 발표하는 회의를 열려다 실패했던 그녀는, 늦기는 했지만 1975년에 미국 문명을 다룬 학술 세미나에서 연설해달라는 부탁을 받고, 길버트가 수행한 반응 기록을 다시 살펴봤다.[37] 해로어는 자신을 포함한 심리학자들이 이전에 "흑과 백, 선인과 악인을 다루는 악의 개념을 신봉" 했던 것은 "아렌트와 밀그램의 견해처럼 놀라우면서도 널리 알려지지 않은 견해로부터 도전받은 적이 없었기" 때문이라고 솔직하게 털어놓았다.

　　해로어는 나치가 아닌 수검자의 결과를 대조군으로 놓고, 뉘른베르크에서 나온 반응 기록을 눈가림 방식으로 분석했다. 그 결과 어디서나 그렇듯 나치 역시 정상과 비정상인 사람이 섞여 있다는 켈리의 견해가 맞다는 것이 확인되었다. 해로어는 이렇게 결론지었다. "나치 전범의 로르샤흐 기록에서 공통된 기본 요소를 찾는 것은 단순하기 짝이 없는 태도다. 뉘른베르크 재판정에 선 나치들은 오늘날 우리가 미국 정부에서 볼 수 있는, 또는 학부모회 임원진에서 볼 수 있는 다양한 사람이 모인 집단이었다."[38]

　　같은 해인 1975년, 나치가 받은 로르샤흐 검사를 특별히 인용하고 분석한 최초의 책《뉘른베르크의 마음—나치 지도부의 심리The Nuremberg Mind: The Psychology of Nazi Leaders》[39]가 출간되었다. 저자는 1948년 회의에서 발을 뺐던 전문가 중 한 명인 플로렌스 R. 미알리Florence R. Miale, 그리고 정치학자 마이클 셀저Michael Selzer였다. 두 사람은 도덕적 판단을 건너뛰고, 모든 뉘른베르크 전범에게 뚜렷하게 공통된 병적 심리가 있다고 주장하는 쪽에 섰다. 셀저는 1977년 11월 27일《뉴욕 타임스》일요판에〈살인 심리The Murderous Mind〉라는 글도 실었다. 이 글에는 아이히만이 투사 검사인 벤더-게슈탈트 검사와 집-나무-사람 그림 검사에서 그린 그림들과, 아이히만을 "매우 뒤틀린 인물"로 묘사한 눈가림 진단도 실렸다. 켈리와 길버트 사이에 벌어졌던 논쟁이 미디어에서 다시 그대로 되풀이되었고, 이제는 아이히만의 검사 결과까지 더해졌다.

비평가들은 즉시《뉘른베르크의 마음》이 저자들의 기존 판단을 증명하려고 쓰인, 편견에 빠진 책이라고 평했다. 대다수의 심리학자들은 저자들이 과도할 정도로 내용 분석에 기댔다고 여겼다. 1970년대에는 내용 분석이 가장 주관적이고 가장 입증이 덜 된 로르샤흐 해석법이라고 여겨졌다. 물론 주관성과 편견을 기꺼이 받아들인 반응도 있었다. 1980년에 아이히만의 로르샤흐 반응 기록을 분석한 심리학자 로버트 S. 매컬리Robert S. McCully[40]는 누구의 검사 기록인지 알고 있었던 것이 분석에 영향을 미쳤다고 솔직하게 인정했지만, 자신은 객관적 진단이 아니라 특정 인물의 복잡한 성격을 꿰뚫어보는 데, 즉 "이 특이한 사람이 어떤 인물이었는지를 더 많이 알아내는 데" 목적을 뒀다고 주장했다.

그래도 한 가지는 합의에 이르렀다. 뉘른베르크 로르샤흐 검사는 켈리와 해로어가 주장한 대로 '나치의 성격' 같은 것은 없다는 것을 증명했다. 사람들 사이에 좁혀지지 않는 차이가 있기를, '우리'와 나치 사이에 깊은 도덕의 골이 있기를 **바랐던** 사례에서, 로르샤흐 검사는 정반대의 결론에 이른 듯 보였다. 그리고 사람들의 이런 차이를 옳다 그르다 판단할 수 없다고 시사하는 듯 보였다.

아이히만의 로르샤흐 결과가 더 복잡했던 것은 한 사람만 검사한 것이었기 때문이다. 검사 결과는 아이히만이 정상이거나 비정상임을 증명했는가? 누가 해석한 결과인가? 아이히만은 실제로 괴물이었는가, 아니면 '악의 평범성'을 보여주는 사례에 지나지 않았는가? 그나저나 악의 평범성이란 무엇인가? 서로 맞물리는 이 질문들을 둘러싼 논쟁은 지금도 이어지고 있다.

그럼에도 상황을 종합해보면, 이런 전개 과정은 로르샤흐 검사 같은 심리검사의 지위에 엄청난 타격을 안겼다. 심리검사에는 악에 악이라는 꼬리표를 붙일 공통 근거가, 모두가 받아들일 도덕 판단의 근거가 없었다. 그리고 심리학자의 도덕적 권위에도 짙은 의심이 드리워졌다.

아렌트와 밀그램을 둘러싼 논쟁은 1960년대에 완전히 꽃을 피울 엄청난 문화적 변화의 일부였다. 미국인들은 갈수록 심리학자의 권위뿐 아니라 거의 모든 제도적 힘에 의심을 품었고, 로르샤흐 검사의 명성은 그 피해자가 된다.

위기를
맞다

1950년대 후반, 아마도 역사상 가장 위대한 정신과 의사일 이마누엘 브로코가 자신의 유명한 뉴욕 진료소에서 흔적도 없이 사라졌다. 그의 믿음이 흔들린 뒤에 일어난 일이었다. 어느 날 상담 치료 녹음 기록을 듣던 그는 한 환자가 남편이 "제 안의 선함(the best)을 사랑했어요"라고 말했다는 사실을 깨달았다. 그때까지 브로코는 "제 안의 짐승(the beast)을 사랑했어요"라고 기억하고 있었다. 어느 쪽이냐에 따라 결혼 생활이 굉장히 달라지는 것이었다. 브로코는 자신이 오랫동안 잘못 들어왔다는 사실을 깨달았다. 겉보기에는 성공을 거둔 수많은 치료가 모두 오류와 착각을 바탕으로 나온 것이었다. 새로 콘택트렌즈를 낀 그의 눈에 거울에 비친 얼룩지고 못난 자신의 민낯이 들어왔고, 이전에는 상황을 흐릿하게 비추던 필터가 걷힌 뒤 고스란히 드러난 현실이 그의 세계관을 한층 더 흔들었다. 어쩌면 브로코는 그때까지 줄곧 현실을 틀리게 지각했을지도 모른다. 이제 그는 현실을 보지 않기로 했다.

10년 뒤, 브로코와 친했던 친구가 우연히 캘리포니아 뉴포트에서 시내버스의 통로를 어슬렁거리는 브로코와 마주쳤다. 브로코는 LA 다저스 야구 모자에 검정 가죽 샌들, 긴 반바지, 그리고 눈이 핑핑 돌아가게 현란한 셔츠를 걸친 늙은이가 되어 시간을 보내고 있었다. 선명한 꽃무늬로 뒤덮인 셔츠는 선과 색으로 요동치는 잔무늬가 가득했다. 이 뛰어난 의사가 던진 말이라고는 자기 셔츠에 대한 질문뿐이었다. "무엇이 보입니까?" 남자와 여자, 어른과 아이가 다양한 답을 내놓았다. 말, 구름, 큰 파도, 엄청 멋진 서핑 보드, 번개, 고대 이집트의 액막이 장식, 핵폭발 뒤의 버섯구름, 사람을 잡아먹는 참나리. 그리고 해질녘이 아닌 아름다운 해돋이! 브로코의 셔츠는 웃음과 기쁨을 불러일으켰고, 질문을 받은 사람들은 자기만의 답을 내놓았다. 브로코는 만족스러운 답을 얻은 뒤에야 버스에서 내려 바닷가를 가로질러 사라졌다.

브로코는 심리학의 역사에서 별로 언급되지 않는다. 실존 인물이 아니기 때문이다. 그는 소설가 레이 브래드버리Ray Bradbury가 쓴 소설《로르샤흐 셔츠를 입은 남자The Man in the Rorschach Shirt》[1]에 나오는 인물이다. 1966년에 《플레이보이》에 실렸다가 1969년에 책으로 출간된 이 글은 줄거리가 어처구니없기는 하지만 1960년대의 대항문화 정신을 잘 포착하고 있다. 대항문화는 나치 관료이든, 밀그램의 실험자이든, 전면 핵전쟁 추진론자이든, 아니면 서른 살이 넘은 누구든, 모든 종류의 권위 있는 인물과 인정머리 없는 전문가들을 점점 의심의 눈초리로 바라봤다. 그러므로 브로코의 이야기는 진실은 하나뿐임을 부정할 때 어떻게 개성이라는 아름다운 혼돈이 일어나는지를 상징적으로 나타냈고, 그 상징으로 제안된 것이 로르샤흐 검사였다.

브래드버리의 이야기에서 로르샤흐 셔츠는 브로코 박사가 정신과 의사로서 마주한 막다른 길에서 벗어나게 했다. 현실에서는 임상심리학이 신뢰의 위기를 맞고 있었다. 적어도 일부 개업의들은 자기 분야의 대표 검사에 대한 불신을 점점 키워가고 있었다. 만약 미국 곳곳에서 사용 중인 로르샤흐 검사가 오류와 착각에 근거한 것이라면 어떻게 해야 할까?

로르샤흐 검사의 명성은 높았지만, 이렇게도 저렇게도 해석되는 모호한 잉크 얼룩은 미국 심리학자들이 "심리 측정 전통의 실제적인 태도"[2]라고 여긴 것과 언제나 조금씩 어긋났다. 잉크 얼룩 검사를 '투사'로 이해한 지지자들은 잉크 얼룩이 피검자의 독특한 성격을 드러내는 수단이라면 표준화하는 것은 부적절하다는 주장을 이어갔다. 하지만 학자들은 잉크 얼룩을 여전히 검사로 활용하려고 했으므로, 로르샤흐 검사는 두 가지 역할을 모두 수행했다. 그러면서 검사의 타당성과 신뢰성이 광범위한 연구 주제로 남았다.

1950년대 초반, 공군 심리학자들은 성격 검사를 이용해 전

투 비행사로서의 성공 여부를 예측할 방법을 연구하기 시작했다.[3] 1,500명이 넘는 공군 사관생도들이 개인 면접, 느낌과 행동Feeling-and-Doing 질문지, 공군용 문장 완성 검사, 집단 인물화 검사, 집단 손디Szondi 검사와 함께 집단 로르샤흐 검사를 받았다(손디 검사는 얼굴 사진 한 벌을 보여주고 가장 마음에 드는 얼굴과 가장 역겨운 얼굴을 묻는 검사다). 어떤 생도들은 교수들에게 높은 평가를 받고 동료들에게 리더로 여겨져 돋보였고, 어떤 생도들은 비행 실력은 뛰어나지만 "명백한 성격 장애" 때문에 공군에서 쫓겨났다. 대다수의 생도는 평균이었고, 다른 이유가 없다면 전투 비행사가 될 것이었다.

1954년 심리학자들은 가장 뛰어난 생도 50명과 성격 장애로 판정된 생도 50명의 검사 기록을 무작위로 고른 다음, 골고루 섞어 20명씩 다섯 집단으로 나눴다. 그리고 평가 전문가 19명에게 다섯 집단의 검사 기록을 맡겼다. 이 전문가들 가운데에는 브루노 클로퍼, 선다형 로르샤흐 검사를 개발한 몰리 해로어도 있었다. 전문가들은 검사 결과에서 어느 생도가 어떤 범주에 해당하는지를 알아낼 수 있을까? 즉 미국에서 가장 앞서가는 전문가들이라면 어느 생도의 초기 검사로 그 생도가 미래에 겪을 심리 문제를 예측할 수 있을까?

동전 던지기를 해도 스무 명으로 구성된 각 집단마다 평균 10번은 맞게 예측한다. 그런데 심리학자들이 맞게 예측한 횟수가 평균 10.2회였다. 동전 던지기보다 유의미하게 잘 예측한 심리학자는 단 한 명도 없었다. 그들에게 특히 어떤 평가를 자신 있게 확신하는지 물어본 뒤 그 경우만 세어보았을 때도, 동전 던지기보다 나은 결과를 얻은 심리학자는 19명 가운데 오직 2명이었다. 7명은 동전 던지기만도 못한 결과를 냈다.

　　나중에 일부 심리학자들은 표준검사를 공군용으로 수정한 탓에 결과가 왜곡되었다고 주장했다. 이미 이와 비슷한 부정적인 검사 결과에 답한 경험이 있는 해로어는 뛰어난 전투 비행사의 자질이 무엇인지가 "현재로선 로르샤흐로 명확하게 파악되지 않을"지 모른다고 지적했다.[4] 어쩌면 뛰어난 군인에게는 우리가 흔히 '튼튼한 정신 건강'이라 생각하는 자질이 전혀 상관없을지도 모른다. 훈장을 받은 비행사와 임무를 5회 이상 완수하지 못한 비행사의 로르샤흐 결과를 보면, 양쪽 모두 "명백히 불안정하거나 정신병질 성격"인 인원의 수가 똑같았다. 하지만 이런 정신병질 성격은 "평화 시기의 기준으로 판정"한 결과였다. 보통의 상황에서 균형을 잘 잡는 성격이 전투기같이 위험하고 부담이 큰 환경에서는 최적의 성격이 아닐 수도 있다. 분명 결과는 여러 성격 검사를 종합해 나온 것이지, 로르샤흐 검사만으로 결론지은 것은 아니었다. 하지만 그것이 로르샤흐 검사에 맞서는 설득력 있는 반론이든 아니든, "20건 가운데 10.2회"는 큰 문제가 있다는 소리로 들렸다.

　　다른 연구에서는 로르샤흐 검사가 업무 능력이나 학업 성취도를 예견할 때 성적표, 고용 기록, 짧은 질문서와 같은 보다 간단한 도구보다 뒤처진다고 밝혀지기도 했다.[5] 헤르만 로르샤흐는 채색 카드에 움찔 놀라고, 감정에 압도되기 쉽다는 표시로 '색채 충격'이라는 말을 썼지만, 채색 카드를 흑백으로 바꿔 수검자에게 보여줄 때도 똑같은 반응이 나타났으므로 신빙성이 떨어졌다. 로르샤흐 검사를 단독으로 써서는 안 되며 다른 검사와 함께 써야 한다는 주장을 분석한 더 많은 연구에 따르면, 로르샤흐 검사에서 나온 정보를 여러 검사와 결합했을 때 실제로는 진단이 더 정확해지기는커녕 오히려 부정확해졌다.

여러 연구에 따르면, 임상심리학자들은 로르샤흐 검사를 하면서 수검자의 정신 건강 문제를 한결같이 과잉 진단했다. 1959년 한 연구에서 건강한 사람 셋, 신경증 환자 셋, 정신 질환자 셋, 다른 심리 장애자 셋을 검사했다.[6] "남에게 의존하는 수동적 성격", "히스테리성 불안 신경증", "분열성 성격, 우울증 성향." 건강한 수검자 3명 중 한 명에게라도 '정상' 판정을 내린 평가자는 하나도 없었다.

로르샤흐 검사의 가장 큰 장점, 즉 검사 결과는 수검자가 자신을 어떻게 보이려 하느냐가 아니라, 수검자가 어떤 사람이냐에 따라 좌우된다는 주장에 가장 날카로운 비판이 쏟아졌다. 로르샤흐 검사는 X선 같아서, 슬라이드가 영사기를 속일 수 없듯 수검자도 검사를 속일 수 없다고 여겨져왔다. 그렇지만 1960년에 이르면, 여러 연구를 통해 검사자가 의도적이든 아니든 결과에 영향을 미칠 수 있고, 수검자도 검사를 받는 이유에 따라, 검사자가 반응을 어떻게 받아들이느냐에 따라, 또는 단지 검사자의 유형에 따라 자신의 반응을 바꾼다는 사실이 밝혀졌다. 검사자와 수검자 사이에 일어나는 작용을 검사의 힘으로 본 사람도 있었지만, 이런 작용은 검사의 객관성을 떨어뜨렸다.

숙련된 해석가는 로르샤흐 검사를 이용해 진단이나 치료에 도움이 되는 통찰을 얻을 수 있고, 그 통찰이 맞는지를 환자에게 확인하거나 다른 정보와 대조해 확인할 수 있다. 심리검사자들이 '임상적 타당성'이라고 부르기도 하는 이러한 사실을 회의론자들은 아주 다르게 보기 시작했다.[7] 이른바 통찰을 확증 편향(원래 믿는 정보를 더 높이 평가하거나 더 많이 인지하는 경향), 착각 상관(관련이 없는데도 있다고 보는 경향), 점쟁이와 영매가 쓰는 여러 기술(저도 모르게 상황에 얽힌 정보를 이용하고, 거의 누구에게나 맞는 말을 하면서도 꿰뚫어보는 듯 느끼게 하고, 이어지는 질문에서 미묘하게 바뀌거나 아예 완전히 반대인 밀어붙이기식 예언을 내놓는 등의 기술)이 결합한 것이라고 설명했다.

눈가림 진단은 이런 문제를 상당 부분 없앴지만, 전부는 아니었다. 여전히 누군가는 수검자와 대면해 검사를 수행해야 했다. 진단이 맞는지 입증하려면 예컨대 수검자를 정기적으로 치료하는 사람의 판단과 맞춰봐야 했으므로, 문제가 되풀이될 뿐이었다. 더구나 마음의 진실에 다가간다는 측면에서는 어떤 형태의 외부 확인이 있어야 하는지 말하기 어려웠다. 임상의와 환자 모두 검사가 환자를 맞게 묘사한다고 느낀다면, 달리 또 무슨 방법이 있겠는가? 하지만 이런 느낌들로는 명백한 증거를 내놓으라는 요구를 충족시키지 못할 것이다.

로르샤흐 검사자들이 제 이익만 좇는 사기꾼이거나 돌팔이라고 주장하는 사람은 거의 없었다. 하지만 그렇게 따지면, 하물며 점쟁이도 정확하게 마음을 읽는다고 손님들에게 찬사를 받을 때는 자신에게 놀라운 능력이 있다고 믿기 마련이다. 로르샤흐 검사를 매우 강력하게 비판한 이들은 바로 이 비유를 들었다. 적어도 그들은 통설, 권위를 내세운 논증, 과학에 어긋나는 편향을 드러낸 이른바 "로르샤흐 문화"에 당황과 실망을 드러냈다.

그런 비판은 전문적인 내용의 출판물에 나타났을 뿐, 로르샤흐 검사에는 거의 영향을 미치지 못했다. 검사가 널리 쓰이기도 했고, 임상심리학계가 자신들의 역할을 규정하는 데 로르샤흐 검사가 중요하다고 여겼기 때문이다. 성격에 접근하려는 수요가 지나칠 만큼 엄청났다. 그리고 잉크 얼룩 검사는 그 성격을 알려준다고 주장했다.

냉전이 가장 뜨겁게 달아오른 1960년대에는 공산주의와 자본주의의 싸움에서 어느 쪽에 서는지를 아주 명확히 밝혀야 했다. 그리고 모호함을 어떻게 해석하느냐에 정말 말 그대로 세계의 운명이 달렸던 순간이 있었다. 1962년 10월 미국에서 가장 성능 좋은 정찰기 U-2가 찍은 쿠바 항공사진 몇 장이 존 F. 케네디John F. Kennedy 대통령에게 전달되었다. 소련의 중거리 탄도미사일 발사장이 보이기도 하고 보이지 않기도 한, 그래서 핵전쟁을 시작할 이유가 되기도 하고 안 되기도 한 사진이었다.

한 사진에서 대통령 존 F. 케네디는 "축구장"을 봤고, 법무부 장관 로버트 F. 케네디Robert F. Kennedy는 "농장으로 사용할 개간지나 기초 공사를 한 집터"를 보았다.[8] 미국 사진해석본부(그런 곳이 1961년에 설립되어 존재했었다)의 부본부장마저도 대통령에게 사진이 보여주는 것을 "증거는 없지만 믿어야" 한다고 인정했다. 하지만 확실한 증거가 필요했다. 10월 22일 케네디 대통령이 미국 국민에게 텔레비전 연설을 했을 때, 그는 사진들이 소련 미사일 발사장을 보여주는 "틀림없는 증거"라고 말했다. 그리고 사진들이 세계 곳곳에 배포되었을 때, 사람들은 그 사진들을 틀림없는 증거라고 생각했다.

현실은 모호한데 시각적이고 사상적인 확실성은 절박하게 필요했던 까닭에, 이른바 "이미지의 냉전 위기"[9]가 생겨나 철의 장막 양쪽에 영향을 끼쳤다. 자본주의자들과 공산주의자들은 하나같이 모든 것에서 암호문이나 비밀 통신을 찾아 나섰고, 찾아냈다고 주장했다. 1950년에는 의도도 없고 무작위인 듯 보이는 재료에 특별한 의미를 감춘다는 뜻의 신조어 encryption(암호화)이 웹스터 사전에 올랐다. 미국 세관원은 파리에서 건너온 추상화들에 공산주의자가 보내는 암호가 담긴 것 같다며 그림을 압수했다.[10] 잉크 얼룩과 같은 모호함이 이제 더는 개인의 성격을 탐구하는 유익한 방법이 아니라 판독해야 할 암호로 여겨졌다.

마음을 읽으려는 노력은 마음을 통제하려는 시도와 뗄 수 없는 사이였다. 이런 관계는 한국전쟁 무렵 미국의 행동과학을 뒤

혼든 이른바 "세뇌"[11]를 둘러싼 연구와 논쟁에서 가장 뚜렷하게 나타났다(세뇌는 1959년에 소설로 나와 1962년에 영화화된《맨츄리안 캔디데이트The Manchurian Candidate》때문에 대중문화에서 불멸의 자리를 차지했다). 미국 정부는 인류학에서든 일반 분야에서든 소련인의 심리, 아프리카인의 심리, 비유럽인의 심리 등 여러 심리의 구석진 곳을 파헤치느라 엄청난 노력을 쏟았다. 풀브라이트 장학금 같은 기금을 지원해 문화 교류와 침투를 장려했고, 유명 대학교에 라틴아메리카 학과, 극동 학과 같은 지역 연구 학과를 신설했다.

심리학은 본질적으로 국가 안보 및 민주주의라는 대의와 연결된 듯 보였으며, 라틴아메리카나 소련 같은 특정 분쟁 지역 밖에서조차도 잉크 얼룩 검사는 외국인의 심리를 파헤치는 데 광범위하게 활용되었다. 블로일러가 모로코 농부를, 듀보이스가 알로르 사람을, 핼러웰이 오지브웨족을 검사한 일은 시작에 지나지 않았다. 학자 레베카 레모프Rebecca Lemov는 1941~1968년에 발표된 5,000건에 이르는 논문[12]을 '투사 검사 운동'으로 묶었다. 이 운동은 로르샤흐 검사를 포함해 다른 투사 기법들을 미국 서부의 블랙피트족부터 미크로네시아의 1.3km^{2}밖에 안 되는 산호섬에 사는 이팔릭족한테까지 적용했다. 이 연구들은 다른 연구들과 마찬가지로 상당한 정부 기금을 지원받았다. 레모프의 말마따나 "사람의 머릿속을 들여다보겠다는 냉전 시대의 공상이 활개를 쳤다."[13]

이렇게 과학기술 관료가 개입된 상황에서는, 수집된 정보가 기록물보관소와 대학 도서관의 거대한 자료 더미로 끝나버릴 가능성이 컸다. 코넬 대학교의 비코스 콜렉션Vicos Collection은 1952 년에 코넬 대학교가 페루의 한 마을을 임대해 소작인들에게 빌려 준 뒤 마을이 근대화하도록 운영하면서 모든 단계마다 투사 검사 를 이용해 마을 사람들을 연구한 내용을 기록한 것이다. 위스콘신 에 있는 마이크로카드 기록물보관소 '문화와 성격을 다룬 주요 기 록의 마이크로카드 간행물The Microcard Publications of Primary Records in Culture and Personality'은 '꿈의 자료 창고'라고 불린다. 여기에는 마이크로카 드에 축소 복사된 수천 건의 로르샤흐 반응 기록과 생애 기록이 보관되어 있다. 예컨대 위스콘신주 동북부의 메노미니족 출신으 로 근대화 과정에서 무너져버린 한 술꾼의 로르샤흐 반응 같은 삶 의 단편들 말이다. 카드 6번을 보고 그는 말했다. **"죽은 별 같구려. 한때 위대했지만 사라진 (…) 무슨 일이 일어난 것처럼 사라진 사람들 이야기를 하는 것 같아. 남은 것이라고는 상징뿐이지."**[14]

페요테교* 신봉자인 다른 메노미니족 사람은 잉크 얼룩 검사를 더 편안하게 받아들였다. "있잖아요, 이 로르샤흐 검사는 (…) 뭐랄까 페요테와 비슷해요. 마음을 들여다보니까요. 겉으로 드러나지 않는 것을 보잖아요. 페요테를 쓸 때도 그렇거든요. 모임 에 참석하면 두세 시간으로도 어떤 사람을 평생 알고 지낸 것보다 더 깊이 알 수 있어요. 그 사람의 모든 것이 바로 눈앞에 펼쳐지니 까요."[15]

---

* 마약 성분이 있는 페요테 선인장을 의식 때 사용하는 인디언 종교.

냉전이 심리학에 품은 최악의 야심은 국방부의 고등 군사 연구 계획국Advanced Research Projects Agency이 전쟁으로 갈라진 베트남 정글에 심리학자들을 보낸 일일 것이다.[16] 이들은 농부 1,000명에게 수정된 주제 통각 검사를 수행해(현재의 호찌민시인 사이공의 한 미술가가 하버드 대학교가 만든 원본을 고쳐 그린 그림을 썼는데, 그림에 설명이 달려 있지 않았다) 베트남 농부들을 움직이게 하는 가치, 희망, 좌절을 찾았다. 그런 다음 군과 정부 관리들을 만났다. 그들은 어떻게든 파괴 전쟁을 베트남에 "평화와 민주주의, 안정"을 가져올 "복지 전쟁"으로 전환하고, 베트콩에 맞선 선전 활동을 남부 베트남 사람들의 마음을 사로잡을 수 있는 방향으로 조정하려 했다. 어느 역사가의 말따나 "베트남 사람들의 심리는 승패를 판가름할 정책 목표였다".

원래 시뮬매틱스Simulmatics Corporation는 1960년 대통령 선거를 앞두고 유권자의 행동을 컴퓨터로 모의 실험해보기 위해 1959년에 세워진 영리 목적의 연구 기업이었다. 그후 시뮬매틱스는 다른 분야로 발을 넓혀, 1966년에는 컬럼비아 대학교 강사이자 심리치료사인 월터 H. 슬로트Walter H. Slote[17]를 7주 동안 사이공으로 보냈다. 그의 임무는 "베트남 사람의 성격"을 밝혀내는 것이었다. 슬로트는 한 사람의 삶만 살펴보아도 그 공동체의 삶을 결정짓는 힘을 밝힐 수 있다고 믿었다. 한 사람을 움직이는 동기가 "강렬할수록 전체를 대표할 가능성도 더 크다"고 생각했기 때문이다. 그래서 네 사람을 조사해 결론을 도출했다. 그는 일반화하기에는 표본이 너무 작다고 일부 인정했지만, 어쨌든 꾸준히 일반화를 시도했다.

　　슬로트가 조사한 사람은 베트남 대학 세 곳에서 교수직을 맡고 있던 노승, 과도 정부를 무너뜨린 뒤 극적인 혁명의 영광을 위해 사는 학생 시위 지도자, 가난한 시골 농부의 아들로 태어나 열여섯 살에 프랑스로 건너간 뒤 스무 살에 대학을 마치고 반체제 작가가 되어 돌아온 일류 지식인, 그리고 미국 대사관을 포함해 일곱 곳에 폭탄 공격을 했고 "그때껏 알고 있는 유일하게 행복한 순간이 남을 죽일 때였다"고 말하는 "감정이라고는 남아 있지 않은" 베트콩 테러범이었다. 이 네 사람은 어떤 "성격 구조" 때문에 "그런 사람이 되었을까?" 이를 알아내기 위해 슬로트는 로르샤흐 검사와 주제 통각 검사를 이용했고, 일주일에 5~7일씩, 하루 2시간에서 많을 때는 7시간까지 네 사람에게 정신분석을 수행했다.

　　수검자들이 말하기 꺼리는 개인의 세세한 형편을 거듭 파고든 끝에, 슬로트는 가족 역동성이 베트남 사람의 심리를 알려줄 "열쇠를 쥐고" 있다고 결론지었다. 베트남 문화에서는 부모가 마땅히 권위를 가지고 있어야 한다고 여겨, 부모에게 느끼는 모든 적의를 억눌러야 했다. 이 때문에 감정이 충족되지 못해 빈구석이 생겼다. 그들은 "자애로운 아버지와 같은 존재"를 간절히 찾고 있었고, "권위가 자신을 보듬어주기를 애끓다시피 바랄 때도 있었다". 그리고 미국을 "몹시 강력하고 뭐든 내주는 아버지상"으로 여겼다. 그러므로 "본질적으로" 베트남 사람들은 미국을 조금도 싫어하지 않았다. 그러기는커녕 오히려 좋아했다! 안타깝게도 그들이 그토록 철저하게 감정을 억누른 탓에 "엄청난 분노"가 쌓였고, 이를 어디론가 분출해야 했다. "베트남 사람들이 미국의 역할에 대해 손바닥 뒤집듯 생각을 바꾸는" 것도 이 때문이었다.

슬로트는 수검자들이 특히 편집증적인 모습을 보인 전략 하나를 언급했다. 수검자들은 "먼저 사건을 촉발한 사안을 깡그리 외면하고 사건 중간에서 시작해" 남에게 책임을 돌리는 경향을 보였다. 예컨대 베트콩 전투원은 미국 군인들이 애먼 베트남 민간인을 죽이고 싶어한다는, 누가 봐도 망상인 생각을 가지고 있었다. 미군이 농부들이 잔뜩 탄 버스에 총을 쐈기 때문이다. 슬로트는 그 버스가 바로 직전에 폭탄이 터졌던 건물을 지나갔다는 사실을 짚었다. 미군에게는 버스를 가득 채운 민간인이 적군이라고 생각할 만한 이유가 있었다. 슬로트는 "두 사건이 잇달아 일어난 상황이라, 당연히 미군은 최선의 판단을 내리지 못했을 것"이라는 의견을 내놓았다. 그런데도 베트콩 전투원은 무슨 이유에선지 미군의 발포를 해석할 때 이런 사실을 "깡그리 외면했다". 슬로트가 보기에 "이들에게는 자신을 비판적으로 평가하는 안목이 매우 모자랐다".

지금 다시 살펴보면, 슬로트야말로 자신을 비판적으로 평가하는 안목이 매우 모자랐다는 것을 쉽게 알 수 있다. 그는 베트남 사람들이 미국을 증오할 수밖에 없었을 정치, 역사, 군사 문제에는 눈을 감았다. 미국에게 "이 불행한 상황을 조성"한 책임이 조금이라도 있다면, 그것은 우리가 너무 크고 강력해서라고 말할 정도였다. 미국인들이 듣고 싶어했던 것은 슬로트의 이런 평가였다. 1966년 11월 20일자《워싱턴 포스트》의 1면 기사는 슬로트의 연구를 "최면에 걸릴 만큼 매혹적"[18]이라고 일컬었다. 사이공에 있던 관료들도 "엄청난 통찰력과 설득력이 있는"[19] 연구라고 여겼다.

1960년대가 저물어갈 무렵, 높아가는 반권위주의 물결이 슬로트의 연구 같은 활동에 마침표를 찍었다. 학생들은 거리로 나왔고, 혁명의 기운이 감돌았다. 대학가는 떳떳지 못한 정부 지원금에 엮이는 일을 꺼렸다. 이제 미국의 호기심 많고 포용력 있는 연구자들의 눈에는, 이전에 접근하지 못했던 영혼에 접근할 수 있는 거의 완벽한 길을 기술이 열어줄 거라는 생각이 그럴싸하게 보이지 않기 시작했다.

　인류학자들은 투사 검사가 수검자의 심리를 드러나게 해줄 것이라고 약속했었다. 하지만 레모프가 말했듯, 그런 검사가 "심리를 들여다볼 수 있는 다루기 쉬운 X선을 제공하긴 해도, 그 작동 방식으로 볼 때, 원주민이 한 말의 진짜 의미, 원주민이 무엇을 생각하고 있는지를 알아차리는 과제는 **전문가의 몫**으로 남는다"[20]는 주장을 무시하기가 갈수록 어려워졌다. 무의식을 다루는 모든 개념에서 똑같은 윤리적 딜레마가 제기되었다. 만약 내가 사람들에게 그들은 알아채지 못하는 무엇이 있다고 주장한다면, 그것은 그들의 생각을 그들보다 내가 더 잘 말할 수 있다고 주장하는 꼴이고, 자기 삶을 이야기할 권리를 그들에게서 빼앗는 일이다.

제3세계의 국민들, 정치인들, 혁명가들은 자신들의 목소리를 들으라고 점점 더 분명하게 말하고 있었다.

인류학에서는 점점 더 생물학을 강조했고, 사회적 상호 작용이 무의식의 정신 상태보다 중요하다고 보는 행동 기반 이론으로 돌아가려는 움직임을 보였다. 문화와 성격 연구, 특히 투사 검사 활동은 급속도로 몰락해 시대에 뒤떨어진 것이 되었고, 수행하는 사람도, 가르치는 사람도, 읽는 사람도 없어졌다. 오랜 옹호자였던 어빙 핼러웰[21]마저도 자신의 오지브웨족 연구를 되돌아보면서 로르샤흐 검사가 조금이라도 유익하게 이바지했는지 의심했다. 로르샤흐 검사는 그가 다른 방식으로 이미 알고 있던 사실을 보완했을 뿐이었다.

정신 건강 직종에서도 비슷한 변화가 일었다. 새롭게 발견한 향정신성의약품, 이를테면 항우울제, 리튬, 발륨, LSD에 힘입어 정신의학은 정신분석에서 빠르게 돌아서서 오늘날 우리가 아는 깐깐한 자연과학으로 바뀌었다. 게다가 외부의 사회경제적, 문화적 힘에 초점을 맞추는 공동체 기반 치료가 늘어나고 행동 기반 이론이 다시 명성을 얻으면서, 내면의 동기나 마음에 주목하는 일이 그다지 가치 있어 보이지 않기 시작했다.

특히 임상심리학계에서 로르샤흐 검사를 향한 비판이 힘을 얻었다. 1965년에 상황을 살펴본 유명한 심리학자 아서 젠슨은 학계에서 좋은 평판을 얻고 있는 참고 문헌 《심리 측정 연감》에 논평을 실어 로르샤흐 검사를 누구보다 단호하게 비평했다.[22] "솔직히 말하자면, 전체는 아니라도 대다수의 합의된 견해는 로르샤흐 검사가 아주 형편없고, 열성 지지자들이 추천하는 어떤 용도에서도 써볼 만한 실제 가치는 없다고 본다."

젠슨은 이 논평에서 "내과 의사 하면 청진기를 떠올리듯이, 임상심리학자 하면 로르샤흐 검사를 떠올렸다"는 표현을 썼는데, 이것은 칭찬이 아니었다. 젠슨에 따르면 로르샤흐 검사는 그저 쓸모없기만 한 게 아니었다. 정신 질환적 진단을 지나치게 많이 내리는 경향 탓에, "정신의학이 뒷받침되지 않는 학교나 산업계 같은 곳에서는 해로운 결론에 이를" 수 있었다. 젠슨은 이렇게 결론 지었다. "아직도 이토록 많은 사람이 로르샤흐 검사를 추종하고, 폭넓게 이용한다는 것은 (…) 놀랍기 짝이 없는 현상이다. 이를 제대로 설명하려면 (…) 무언가를 쉽게 믿는 심리를 지금보다 더 깊이 알려줄 지식이 나와야 할 것이다. 한편으로 임상심리학의 과학적 발전 속도는 로르샤흐 검사를 얼마나 빨리, 철저하게 넘어서느냐로 측정할 수 있을 것이다."

20세기 중반에는 로르샤흐 검사가 광범위하게 여기저기에 사용되면서, 학계의 저명한 목소리가 내는 그런 강력한 비난마저 사라졌다. 제아무리 자격이 있더라도, 최종 결정을 내려도 되는 권위를 부여받은 사람은 누구도 없었다. 젠슨이 비평을 발표한 이듬해, 월터 슬로트의 보고서와 레이 브래드버리의 단편소설이 발표되었다. 지나칠 정도로 유행한 냉전 시대의 영향력 있는 검사와 거기에 맞선 반응을 다룬 글들이었다. 슬로트와 브래드버리가 젠슨의 논평을 알았을 리는 없지만, 설령 알았다 하더라도 별로 신경 쓰지 않았을 것이다.

그런데도 임상심리학은 놀라울 정도로 빠르고 철저하게 프로이트를 넘어섰다. 1960년대 후반부터 프로이트식 심리 치료는 누구나 인정하던 핵심적인 위치에서 내려와 공격에 시달리고 때로는 배척받는 처지가 되었다. 로르샤흐 검사도 검사의 타당성과 검사 수행자의 신뢰성을 의심받았으므로, 쉽게 같은 운명을 맞을 뻔했다.

어떤 나라에서는 실제로 그런 일이 벌어졌다. 하지만 로르샤흐 검사는 미국의 문화 전반과 임상심리학 모두에서 살아남았다.

잉크 얼룩 검사는 검사에 문제를 제기한 바로 그 반反권위주의적 상대주의의 상징으로 등장했었다. 정신분석 하면 빼놓을 수 없는 소파 뒤에서 흰옷을 걸치고 담배 연기를 내뿜는 의사가 없이도, 잉크 얼룩 또는 현란한 셔츠에 보이는 반응이 이제 기꺼이 그 사람을 설명했다.

브래드버리의 소설에서 브로코 박사가 사람들에게 자기 셔츠를 보여준 바로 그때, 로르샤흐 검사는 다르면서도 똑같이 타당한 의견들을 끌어내는 모든 것을 위한 실생활 속 상징이 되었다. 1964년 6월 7일자 《뉴욕 타임스》에 뉴욕을 다룬 책 10권을 논평한 브루스 블라이번Bruce Bliven는 이렇게 적었다. "뉴욕시를 다룬 책을 쓰는 일은 일종의 투사적 심리검사, 말하자면 로르샤흐 검사 같은 일이다. 5개의 자치구는 관찰자가 자기 성격에 따라 반응하는 자극일 뿐이다." 이 말은, 적어도《뉴욕 타임스》에서는 앞으로 수없이 보게 될 '로르샤흐'라는 진부한 표현의 시작이었다. 오래지 않아 샤를 드골은 전기 작가들에게 "로르샤흐 검사 같은 인물"이 된다.[23] 스탠리 큐브릭의 영화 〈2001 스페이스 오디세이2001: A Space Odyssey〉가 선보인 열린 결말도 로르샤흐 검사 같은 마무리가 되었다.[24]

문화 전반에서 권위가 흔들린 까닭에, 권위자들로서는 어쨌든 권위를 그만 내세우는 것이 더 마음이 편했다. 의견은 다양하게 갈렸으며, 무언가를 '로르샤흐 검사 같은 것'이라고 부른다면 누구 편을 들 필요도, 누구와 멀어질 위험을 무릅쓸 필요도 없다는 뜻이었다. 이제 언론인과 비평가들은 뉴욕시나 〈2001 스페이스 오디세이〉에 어떤 반응을 보여야 맞는지 독자들에게 말해주는 것이 자신들의 일이라고 보지 않았다. 누구나 자기 의견을 가질 권리가 있고, 잉크 얼룩 검사는 그런 자유를 빗대는 데 없어서는 안 될 상징이었다.

하지만 로르샤흐 검사가 실질적으로 심리검사로 살아남으려면, 공감을 불러일으키는 상징만으로는 부족했다. 이 대목에서 반드시 밝혀야 할 사실이 있다. 당시에는 오늘날처럼 완전히 체계가 잡힌 그런 로르샤흐 검사가 전혀 없었다는 사실이다.

체계를
잡다

그런 상황을 바꾼 사람은 1928년 뉴욕주 시러큐스시에서 태어난 존 E. 엑스너 2세John E. Exner Jr.[1]였다. 엑스너는 한국전쟁 때 공군에서 비행기 정비공과 내과 조수로 복무한 뒤 미국으로 돌아와 텍사스주 샌안토니오의 트리니티 대학교에 진학한다. 트리니티에 재학 중이던 1953년에 처음으로 잉크 얼룩 검사를 본 그는 이 검사가 평생을 바칠 연구 대상임을 한눈에 알아봤다. 그리고 코넬 대학교에서 임상심리학 박사 과정을 밟았다.

엑스너의 눈에 들어온 것은 혼돈이었다. 1940년대 이후로 클로퍼와 벡의 접근법은 계속 다른 궤도를 달렸다. 마거리트 헤르츠도 자신만의 방식을 고집했다. 그렇지만 미국에서는 다른 두 체계, 즉 정신분석에 근거한 로이 셰이퍼와 데이비드 라파포트의 방식과 지그문트 A. 피오트로프스키Zygmunt A. Piotrowski 특유의 '지각 분석Perceptanalysis' 방식[2]이 명성을 얻고 있었다. 말할 것도 없이 다른 나라에도 여러 접근법이 있었다. 이 모든 방법은 본검사에 앞서 어떤 질문을 할지 설명하기 위해 견본 얼룩을 추가로 사용하는 경우를 제외하면, 똑같은 잉크 얼룩 카드 10장을 똑같은 순서대로 사용했다. 하지만 시행 절차, 채점 기호, 후속 질문은 서로 다르기 일쑤였다. 심지어 검사를 실행하는 근본 목적까지 상당히 달랐다.

클로퍼 방식이 가장 많이 쓰이고 벡의 방식이 그다음으로 쓰이긴 했지만, 이런 방법들 가운데 심리학자의 절대다수가 사용한 것은 하나도 없었다. 교수들은 어떤 방식을 가르쳐야 할지 헷갈려했다. 현장의 전문가들은 그때그때 알아서 여러 방식을 섞어 썼다. 나중에 엑스너가 묘사한 대로, "자신의 경험에 클로퍼 조금, 벡 몇 방울, 헤르츠 몇 알갱이, 피오트로프스키 한 꼬집을 직감으로 더하고서는, 그것을 **로르샤흐 검사**라고 불렀다".[3]

아주 사소한 세부 사항조차 문제를 일으킨다는 사실이 드러났다. 어떤 로르샤흐 검사를 수행할 때, 검사자는 어디에 앉아야 할까?[4] 엑스너가 읽은 내용에 따르면, 로르샤흐와 벡은 수검자 뒤에 앉아야 한다고 주장했다. 클로퍼와 헤르츠는 옆에, 라파포트와 셰이퍼는 정면에 앉아야 한다고 주장했다. 피오트로프스키는 어디든 "가장 자연스러운" 곳에 앉으라고 권했다. 이렇게 견해가 다양했던 것은 좌석 배치가 중요하지 않아서가 아니라, 접근법마다 자기 방식에 맞춰 도출한 근거가 서로 달랐기 때문이다. 하지만

체계를 잡다

검사자가 어딘가에 앉기는 앉아야 했다.

로르샤흐 전문가들 사이의 "내부 균열"을 메우려 애썼던 마거리트 헤르츠가 실패한 지 한 세대 뒤, 엑스너가 도전에 나섰다. 1954년에 별 뜻 없이, 클로퍼가 쓴 《로르샤흐 기법》을 들고 시카고에 있는 사무엘 벡의 집에 들렀다가 "**우리** 도서관에서 빌렸다고?"라는 말을 들었던 스물여섯 살의 대학원생이 바로 그였다. 나중에 그가 논문 자문을 위한 교수 위원회에 그 실수를 말하자 한 사람이 이런 제안을 했다. "우리가 클로퍼와 오래 알고 지냈으니 그에게 연락해, 자네가 내년 여름에 그와 함께 연구하도록 주선해줌세. 어떻겠나?" 엑스너는 그렇게 클로퍼와 연구를 진행했고, 나중에 그는 "그 두 사람 **모두**를 아주 좋아하게 되었다"고 회상했다.

클로퍼와 벡은 화해할 수 없는 사이로 남았지만, 벡이 제안하고 클로퍼가 허락한 덕분에 엑스너는 두 사람의 방식을 비교한 짧은 논문을 쓰기로 했다. 두 사람 모두 자기 방식이 "승리"할 거라고 여겼다. 짧은 논문으로 시작한 일은 두툼한 책이 되었고, 그래서 마무리까지 거의 10년이 걸렸다. 책에는 검사의 자세한 역사, 주요 로르샤흐 방식 5가지와 여러 고안자의 생애, 각 방식을 활용한 무삭제본 해석 사례가 한 편씩 실렸다. 마침내 1969년 마흔한 살이 되던 해, 엑스너는 《로르샤흐 체계The Rorschach Systems》를 펴냈다.

엑스너는 헤르만 로르샤흐가 명쾌하게 밝힌 핵심 개념에

있어서는 5가지 방식이 대체로 겹친다는 것을 알아냈다. 이를테면 움직임 반응, 그리고 전체 반응과 부분 반응의 순서의 중요성 같은 부분에서는 의견이 같았다. 하지만 수행 절차나 기반 이론, 로르샤흐가 제안한 것 이외의 기호들처럼 일찍 세상을 떠난 로르샤흐가 미처 명확히 밝히거나 지침을 제시하지 못했던 여러 영역에서는 로르샤흐 전문가마다 다른 길을 갔다.

이제 무엇이 필요한지가 분명해졌다. 엑스너는 수백 명의 로르샤흐 전문가가 발표한 연구 내용과 수천 건의 조사를 이용해 통합본을 엮기 시작했다. 그리고 5년 뒤인 1974년, 무려 500쪽에 이르는《로르샤흐 종합 체계The Rorschach: A Comprehensive System》를 펴낸다. 그 뒤로도 그는 후속작을 여러 권 출간하고, 개정판을 내고, 관련 책자도 펴냈다. 엑스너가《로르샤흐 종합 체계》를 쓴 것은 "로르샤흐 검사의 정수를 단일 형식으로 보여주기" 위해서였다.

엑스너는 검사의 모든 측면을 차근차근 따라가면서 검사를 단일 체계로 묶었다. 검사자의 위치에 관해서는 검사자의 비언어 신호가 미치는 영향을 줄일 수 있게 나란히 앉는 쪽으로 최종 가닥을 잡았다. 그리고 행동에 어떤 영향을 미칠 수 있는지를 다룬 연구를 고려할 때, 모든 심리검사에서 좌석 배치를 재고해보는 게 좋겠다는 의견도 덧붙였다. 또 검사 결과와 해석 사례를 다양하게 제시했고, 흔한 반응과 드문 반응의 목록을 완벽에 가깝게 내놓았다. 즉 수검자가 정상이냐 아니냐를 판가름하는 데 매우 중요한 '규준'을 제시했다. 카드 1번에서 나오는 전체 반응 92가지

중 일부를 보자.

> 좋은 반응: 나방
>
> 좋은 반응: (양쪽에서 본) 신화 속 생명체
>
> 나쁜 반응: 둥지
>
> 좋은 반응: 크리스마스 장식
>
> 나쁜 반응: 올빼미
>
> 좋은 반응: 골반(골격)
>
> 나쁜 반응: 항아리
>
> 나쁜 반응: 인쇄기
>
> 나쁜 반응: 로켓
>
> 나쁜 반응: 카펫
>
> 좋은 반응: 바다 동물

뒤이어 카드에서 흔히 해석되는 부분 9곳에서 나타나는 반응 126가지와 드물게 해석되는 부분에서 나타나는 반응 58가지를 모두 도표로 만들었다. 그다음에는 카드 2번이 이어진다.

새로운 점수와 공식으로 가득한 《로르샤흐 종합 체계》는 그때껏 나왔던 어떤 로르샤흐 방법보다도 복잡했다. 헤르만 로르샤흐가 만들었던 10개 남짓한 기호는 이제 총 140개 정도로 급속히 늘어, 아래와 같은 공식도 추가되었다.

$$\text{현재의 심리적 고통(eb)} =$$
$$\text{채워지지 않은 내면의 욕구(FM)} + \text{상황에 따른 심리적 고통(m)} \,/$$
$$\text{음영 반응(Y + T + V + C')}^5$$

또는

$$3 \times \text{반사 반응(r)} + \text{쌍 반응(2)} \,/\, \text{총 반응 개수(R)}^6$$
$$= \text{"자기중심성 지수"}$$

알기 쉽게 말하자면, X라는 사람이 로르샤흐 검사에서 카드마다 반응을 2개씩 내놓았다면, 총 반응 개수(R)는 20이다. 잉크 얼룩을 어떤 대상, 그리고 그것이 거울에 비치거나 무언가에 반사된 모습으로 묘사하는 모든 응답, 예컨대 **"한 여자가 거울에 비친 자기 모습을 보고 있다"**거나, **"곰 한 마리가 바위와 물을 건너고 있고, 개울에 곰의 모습이 비친다"** 같은 응답은, 엑스너 방식에서는 다른 기호와 함께 반사 반응(r) 기호를 붙여야 했다(바위와 물을 건너는 곰은 움직임 반응이고, 물이 카드의 파란 부분이면 색채 반응이다. 그 밖에도 전체 반응과 부분 반응이 있다). '2'로 기호를 매긴 쌍반응이란 **"당나귀 두 마리"**, **"부츠 한 켤레"**처럼 카드 양쪽에 대칭으로 자리 잡았지만, 가위의 두 날이나 얼굴의 두 눈처럼 2개를 합쳐야 온전한 것이 되는 것은 아닌 대상을 묘사하는 반응이다.

　　가령 X라는 사람이 앞서 예를 든 반사 반응 2가지를 보였고, 쌍반응도 4개를 보였다고 해보자. 그런 숫자를 엑스너의 공식에 집어넣으면 자기중심성 지수는 [(3×2)+4]/20＝0.5가 나온다. 좋지 않은 신호다. 왜냐면 이 지수가 0.42보다 높으면 "자신에게만 지나치게 초점을 맞춰, 특히 사람을 상대하는 상황에서 현실 왜곡을 일으킬지도 모른다"는 것을 암시하기 때문이다. 지수가 0.31보다 낮으면 우울증을 암시한다. 하지만 아직 기회는 남아 있다. 검사에서 나온 다른 여러 점수와 지수가 이 높은 수치의 의미를 바꾸기도 하기 때문이다.

어떤 사례에서는 엑스너가 만든 새 점수 덕분에 로르샤흐는 생각지도 못했을 뿐더러 그 시절에는 정의조차 되지 않았던 정신 건강 상태, 예컨대 자살 위험, 대응력 결핍, 스트레스 내성을 측정할 수 있었다. 하지만 다른 사례에서는 기호의 목적이 그저 점수 매기기에만 있는 것처럼 보이기도 했다. 이를테면 엑스너가 중요하게 생각한 Wsum6[7] 점수는 일관성이 없고 비논리적인 생각을 하는지 하지 않는지를 측정하는데, 이는 1940년대에 6가지 서로 다른 점수의 가중 합계일 뿐이었다. 이 6가지는 이탈한 언어 표현Deviant Verbalization(DV), 이탈 반응Deviant Response(DR), 부조화 결합 반응Incongruous Combination(INCOM), 꾸며낸 결합 반응Fabulized Combination(FABCOM, 우화적 결합 반응), 오염 반응Contamination(CONTAM), 부적절한 논리Inappropriate Logic(ALOG)*였다. 새 점수는 정신 상태의 측정 가능한 기준점을 제공했다. 연구 결과, 성인의 평균 WSum6는 7.2였고, 17 이상이면 높은 축에 들

---

* 엑스너는 라파포트의 자폐적 논리Autistic Logic를 부적절한 논리라고 불렀지만, 지수명은 계속 ALOG를 사용했다.

었다. 그리고 WSum6는 9가지 변수로 측정하는 지각적 사고 지수 PTIPerceptual Thinking Index에 평가 점수로 들어감으로써, PTI가 양성 판정 오류율이 높았던 조현병 지수 SCZISchizophrenia Index를 대체하는 데 한몫했다. PTI가 3점 이상이면 "이미지 형성 기능 장애에서 기인한 심각한 적응 문제를 가리킬 때가 많다". 이것은 모두 **미친 소리를 많이 한다면 미쳤을지도 모른다**는 사실을 대단히 복잡하게 돌려 말하는 방법이었다.

하지만 시대는 바로 이런 정량적 체계를 요구했다. 엑스너는 클로퍼 이후에 로르샤흐 검사를 대변한 사람이었다. 그는 겉만 번지르르한 허풍선이가 아니라, 전문 지식을 갖추고 있고 협력할 줄 아는 진정한 전문가로 그동안의 논쟁들을 넘어선 것처럼 보였다. 로르샤흐 검사는 표준화되어야 했다. 직관에 기대고, 감정에 큰 영향을 미치며, 아름답다고까지 할 만한 특성을 벗어던지고, 미국 의학계의 새로운 자료 기반 시대[8]에 적응해야 했다.

《로르샤흐 종합 체계》가 출판되기 1년 전인 1973년, 리처드 닉슨 대통령이 건강관리 기구법Health Maintenance Organization Act(HMO법)에 서명했다. 보험 규칙과 지급 계획을 포함한 새 복잡한 제도는 짧게 줄여 관리 의료Managed care라고 불렸다. '관리 의료'는 불필요한 입원을 없애고, 고정 의료비로 비용 대비 효과가 높은 치료를 제공해 의료 효율을 높이는 일을 목표로 삼았다. HMO 가입자가 전문의와 승인 절차라는 미로를 잘 통과할 수 있게 안내하는 책임은 이제 '1차 진료 의사'가 된 가족 주치의가 맡았다. 이들은 의료비를 줄여야 하는 압력과 예전에는 환자라고 불렀던 고객을 만족시켜야 할 필요 사이에서 점점 이러지도 저러지도 못하는 신세가 되었다.

관리 의료 정책 덕분에 더 많은 사람이 건강보험에 가입해 의료 접근성이 높아졌지만, 더 많은 사람이 건강보험을 이용하면서 비용이 늘어났고, 따라서 보험 회사들은 보험 적용을 엄격하게 제한했다. 정신 건강 관리의 측면에서는 1960년대부터 시작된, 전통적인 성격 평가에서 벗어나려는 움직임이 가속화되었다. 어떤 치료에 대해 '의료적 필요성medical necessity'을 확실히 하라는 요구가 일면서, 약을 처방하지 않는 모든 접근법에 대해 왜 그 방법을 써야 하는지를 설명하라는 압박이 자연스레 생겨났다. 심리 평가 비용은 환급받기가 어려웠다. 예비 승인 요건과 많은 서류 작업 탓에 심리 평가를 유연하게 적용하기가 어려워졌다. 좁은 공리주의적 관점에서 보더라도,[9] 초기 평가 및 진단이 정확할수록 의료 비용이 줄어들 것으로 기대된다. 하지만 심리검사가 "비용 대비 효과가 높은 치료 관련 정보"[10]를 제공하고, "치료 계획과 관련하여 타당성이 있다"[11]는 것을 임상심리 담당자가 증명하지 못하면, 보험 적용에서 제외될 가능성이 매우 컸다. 1998년에 미국의 거의 모든 임상심리 의사들을 대상으로 관리 의료 시대의 심리 치료 실태를 조사한 결과만 봐도, 이들에게는 "시장 중심의 요구 탓에 (…) 장애물이 생겨나 (…) 전통적인 심리 치료의 존재 자체가 위협받는다"는 공감대가 널리 퍼져 있었다.

좋든 나쁘든, 엑스너는 로르샤흐 검사의 역할을 현대 세계에 맞게 재정립했다. 1940년대에 몰리 해로어가 했던 것만큼 빠르고 쉬운 검사로 만들지는 못했지만, 검사 결과를 수치화했다. 수치화는 그전부터도 로르샤흐 검사의 매력적인 요소의 하나였다. 거슬러 올라가면, 로르샤흐 자신도 "계산을 하지 않고서는 명확하고 믿을 만한 해석을 얻기가 매우 어렵다"[12]고 생각했다. 사람들은 정신분석에서 말하는 꿈이나 자유연상과 비교했을 때 잉크 얼룩 검사가 기호를 매기고, 개수를 세고, 대조하기 쉽다고 보았다. 때로는 잉크 얼룩 검사가 미묘한 성격을 밝혀내는 투사법으로 널리 쓰이면서 더 직관적이고 정성적인 접근법이 부각되었던 적도 있었다. 하지만 심리학의 무게추가 숫자를 우선하는 쪽으로 되돌아갈 때마다, 잉크 얼룩 검사의 정량적 측면이 항상 강조되었다. 그렇기는 해도, 엑스너의 방식은 이전의 어떤 방식보다도 유달리 수치를 많이 다뤘다. 게다가 해로어 시대의 펀치 카드가 훨씬 더 강력한 컴퓨터로 발전했으므로(늘어가는 관리 의료 관료들에게는 꼭 필요한 부분이었다), 정량화가 어느 때보다 중요해졌다.

데이터 과학이라는 용어가 만들어진 지 4년밖에 지나지 않은 1964년,[13] 연구자들은 존스 홉킨스 대학교의 건강한 의대생 586명의 로르샤흐 반응을 초기 컴퓨터 분류 프로그램으로 처리해 무려 741쪽짜리 용어 색인을 만들었다.[14] 이 언어 자료에 더해, 수검자를 오랫동안 추적 조사한 생애 이력이 1980년대 중반 무렵에

확보되면서, 전통적인 로르샤흐 해석을 완전히 피해 갈 길이 열렸다. 컴퓨터는 검사 과정에서 수검자가 말한 모든 단어의 발생 빈도를 단순 계산하여, 응답과 이후 운명의 상관관계를 찾았다. 1985년에 나온 당혹스러운 글 「로르샤흐 검사에서 말한 단어는 질병과 죽음을 알려줄 예언일까?Are Words of the Rorschach Predictors of Disease and Death?」는 카드 10장에서 한 번이라도 소용돌이를 말한 사람이 그렇지 않은 사람보다 자살 가능성이 5배 높고, 다른 원인으로 죽을 가능성도 4배 높다고 주장했다.[15]

엑스너도 자신의 방식에 컴퓨터를 도입했다. 그는 1970년대 중반부터 "검사 해석의 보조 수단으로 컴퓨터 활용을 늘릴" 길을 탐색했다. 그리고 마침내 1987년에 로르샤흐 해석 보조 프로그램Rorschach Interpretation Assistance Program을 내놓았고, 그 뒤로도 여러 차례 수정판을 내놓았다. 검사자가 환자의 모든 응답에 기호를 매기면 프로그램이 기호를 계산해 복잡한 점수를 내놓고, 통계적 규준에서 유의미하게 벗어난 편차를 강조해 표시했다. 또 "해석적 가설"을 산문 형식으로 출력해 제공했다. 예를 들자면 이런 식이다.[16]

> 이 사람은 자신이 남들보다 못났다고 여겨, 낮은 자존감과 자기 확신 부족에 시달리는 것으로 보인다.
> 이 사람은 실생활에서 사람들과 동질감을 느낄 줄 아는 충분한 능력을 분명하게 보여주며, 그런 동질감을 형성할 기회가 있는 것으로 보인다.

이 사람은 남들과 가까운 애착을 형성하는 능력이 부족하다는 증거를 보인다.

엑스너는 말년에 가서는 컴퓨터 기반 접근법을 부정했지만, 이미 검사에 흠집이 난 뒤였다.[17] 한때 사람의 성격을 들여다보는 가장 정교한 창으로 환영받았던 로르샤흐 검사를 이제는 기계 장치가 해석했다.

컴퓨터의 힘을 빌리지 않았다 해도, 엑스너의 방식에는 바람직하지 않은 측면이 있었다. 엑스너는 엄격하게 경험주의를 강조함으로써, 많은 로르샤흐 지지자들이 검사에서 가장 가치 있다고 여긴 장점을 축소해버렸다. 바로 열린 해석으로 놀라운 통찰을 제공하는 능력이었다. 여러 세대에 걸쳐 임상의들이 숨겨진 사실을 드러내고 도움이 된다고 여겼던 전략들, 예컨대 첫 카드에서 나온 첫 응답은 수검자의 자기상을 알려주는 것이라는 견해 등은 엑스너가 고안한 넘쳐나는 기호와 변인 사이에서 설 곳을 찾지 못했다. 그 결과, 대화 치료나 다른 자유로운 탐색의 시작점으로 잉크 얼룩 검사를 이용했던 심리학자들이 엑스너의 방법을 거부하거나 로르샤흐 검사에서 완전히 손을 떼버렸다.

그렇기는 하지만 로르샤흐 검사는 엑스너 덕분에 다시금 존경을 받게 되었다. 특히 1978년에 보다 엄밀해진《로르샤흐 종합 체계》2권이 나온 뒤로는 더욱 그랬다. 여러 요구를 받아들여 통합한 엑스너의 접근법은 앞서 로르샤흐 체계를 거부했던 대다수를 설득했다. 게다가 오랫동안 투사법이 주관적이라는 이유로 비난했던 저명한 심리 평가 전문가들이 엑스너가 로르샤흐 검사에 가져온 엄격함을 칭찬하고 나섰다.[18]

엑스너는 로르샤흐 검사를 둘러싼 논쟁의 역사도 재설정했다. 이제는 1965년 아서 젠슨의 비평과 초기의 다른 모든 공격이 "덜 과학적이었던 초기" 검사를 향한 비난이었다고 무시할 수 있었다.

엑스너는 1984년부터 노스캐롤라이나 애슈빌에서 로르샤흐 개인 강습을 열어 당대의 임상의들을 가르쳤다. 임상심리 대학원 과정에서는 클로퍼와 벡의 책 대신 《로르샤흐 종합 체계》를 교재로 썼다. 단 한 곳, 뉴욕 시립대학교는 예외여서 끝까지 클로퍼를 지지하는 세력으로 남았다. 그렇지만 그곳 학생들도 다른 곳에서 인턴과 레지던트 과정을 밟을 때는 엑스너 방식을 쓸 줄 알아야 하므로 엑스너의 종합 체계를 배워야 했다. 로르샤흐 검사를 다룬 수천 건의 논문과 연구들이 빠르게 쏟아졌고, 엑스너가 통합한 로르샤흐 방식은 대다수의 임상 실무자가 한 번이라도 살펴봐야 할 제일가는 자료가 되었다.

1971년에 브루노 클로퍼가, 1980년에 사무엘 벡이 세상을 떠났다. 마거리트 헤르츠는 1986년에 엑스너에게 바통을 넘기며, 그의 연구를 "여러 해 동안 우리를 괴롭혀온 미해결 쟁점에 맞서는 진지하고 체계적인 첫 시도"라고 일컬었다. 그리고 "무엇보다도 엑스너와 그의 동료들이 우리 구성원에게 규율을 제공했고, 우

리 분야에 낙관하는 마음을 일으켰다"고 덧붙였다.[19]

엑스너가 여러 해에 걸쳐 공식을 정교하게 조정하면서, 로르샤흐 검사는 갈수록 정확한 결과를 내놓았다. 즉 다른 검사나 기준이 조현병이라고 분류한 증상을 정확히 조현병으로 분류한다는 뜻에서 '정확'했다. 잉크 얼룩 검사는 모르는 무언가를 탐구하는 실험이 아니라, 알려진 정도를 재는 표준화된 척도로 쓰이고 평가되었다.

이런 쓰임새에는 로르샤흐 검사를 다른 심리 기법의 조사 결과와 통합할 수 있다는 이점이 있었지만, 정신과 의사들이 이미 다른 기법들로 할 수 있는 일을 더 번거롭게 더 큰 비용을 들여 하는 꼴이 되기도 했다. 컴퓨터화하는 작업에서도 그랬듯, 엑스너는 "일반화된 진리"를 찾으려는 조사에 대해서도 점점 비판의 목소리를 높여갔다. 《DSM-5 정신 질환의 진단 및 통계 편람Diagnostic and Statistical Manual of Mental Disorders(the DSM)》 같은 정신의학계의 참고 서적에 대해 "고통을 기준으로 사람을 분류하고" 판박이같이 엇비슷한 치료 계획만 내놓는 "회계 담당자용 설명서"라고 힐난했다.[20] 엑스너는 그런 표준 분류가 어떻게 쓰이는지에 의구심을 품었을지도 모른다. 하지만 종합 체계가 제공한 것이 바로 표준 방식이었다. 그리고 다른 검사와 평가들이 일찌감치 제공한 것이기도 했다.

효율적인 검사를 만들려는 움직임은 엑스너의 종합 체계 이전에도 있었다. 임상심리학계의 교수들을 조사한 1968년의 한 연구에 따르면, 로르샤흐 검사는 여전히 널리 사용되고 있었지만 절반이 넘는 응답자가 "투사가 아닌" "객관적"인 방법들이 더 많이 사용되고 더 중요해지고 있다고 답했다.[21] 이런 방법들 가운데 하나가 특히 빠르게 세를 넓혀가고 있었다.

1943년에 처음 발표된 미네소타 다면 성격 검사, 곧 MMPI는 마침내 1975년에 로르샤흐 검사를 앞질렀다. 504문항(성인용으로 개정된 MMPI-2에서는 567문항)으로 구성된 검사에서 수검자는 문항에 동의하는지 아닌지를 답한다. 문항은 언뜻 봐도 아주 사소한 것("나는 식욕이 좋다", "나는 대체로 손발이 아주 따뜻하다")부터, 뚜렷하게 위험을 알리는 것("때로 사악한 영혼이 나를 지배한다", "남들은 보지 못하는 물건이나 동물, 사람을 본다")까지 다양했다. 단순 사무 작업자도 집단검사를 수행할 수 있으며, 점수를 매기기도 쉬웠다. 우울증 척도, 편집증 척도 등 각각의 척도마다 관련 질문 목록이 2개씩 있었다. 결과는 첫 번째 목록에서 '예'로 표시된 문항 수와 2번 목록에서 '아니오'로 표시된 문항 수를 더한 것이었다. MMPI 검사는 빠르고 '객관적'이었다.

정확히 말하자면, 이것은 '투사'가 아닌 검사일 뿐이었다. "어떤 사람들은 나를 알기 어렵다고 생각한다", "나는 올바르게 살지 않았다", "많은 사람이 나쁜 성행위를 저지른다" 같은 질문에 예, 아니오로 답한다는 것은 어떻게 따져봐도 객관적이지 않다. 사람은 자신을 객관적으로 평가할 줄도 모르거니와, 그럴 마음도 없다.[22] 수검자가 기술한 자기 모습은 친구와 가족들이 말한 내용이나 수검자가 보여주는 행동과 잘해야 겨우 일부만 일치하는 것으로 나타났다. 게다가 응답을 곧이곧대로 받아들여서도 안 되었다. 우울을 묻는 문항에 여러 번 '예'로 답하고 행복을 묻는 문항에 여러 번 '아니오'로 답한다고 해서 수검자가 꼭 우울하다는 뜻은 아니었다. 그래서 수검자가 상황을 부풀리거나 거짓말할 가능성이 있는지를 측정하는 척도가 있었다. 한 척도가 다른 척도에 다른 방식으로 영향을 미칠 수도 있었다. 따라서 MMPI 결과를 해석하는 것 역시 주관적 판단을 요구하는 전문 기술이었다. 하지만 **투사가 아닌 객관적** 검사라는 편파적인 용어는 분명 MMPI의 성공에 보탬이 되었다.

1975년만 해도 임상심리학에서 두 번째로 흔히 쓰는 성격검사였던 로르샤흐 검사는 10년 뒤 순위가 다섯 번째로까지 밀려난다.[23] 로르샤흐 검사보다 널리 쓰인 방법은 MMPI, 인물화 그리기(특히 아이들에게 썼다), 문장 완성 검사, 집-나무-사람 검사 같은 투사 검사였다.

한정된 이런 검사에서 나온 결과는 로르샤흐 검사에 비해 해석이 덜 필요했다. 인물의 머리를 크게 그린다면 거만함을 암시하기 마련이다. 중요한 신체 부위를 그리지 않는 것은 나쁜 징조였다. 문장에 적의나 폭력, 비판을 드러내는 단어가 들어가는 것도 좋지 않은 신호였다. 따라서 이런 검사들은 '인상 관리'에 더 취약했다. 수검자가 자신이 원하는 대로 인상을 꾸며내는 법, 남에게 보여주고 싶은 대로 자신을 드러내는 법을 알아낼 수 있었기 때문이다. 채용 과정에서 집-나무-사람 검사를 받은 어느 뉴욕 경찰은 동료들에게 미리 귀띔을 받았다고 했다.[24] "집에는 연기가 솟아나는 굴뚝을 꼭 그려야 하고, 무슨 일이 있어도 나무에는 반드시 이파리를 그려 넣어야 해." 그는 들은 대로 했다. 하지만 어떤 결점이 있든, 이런 검사들이 빠르고 저렴했으므로 갈수록 많이 쓰였다.

검사의 인기 순위는 으레 대표성을 띠지 못하는 작은 표본으로 이따금 시행한 조사를 바탕으로 매겨졌으므로, 듣기와 달리 정확하지도 믿을 만하지도 않았다. 하지만 추세는 분명했다. 잉크 얼룩 검사는 사라지려는 조짐을 보이고 있었다.

이런 새로운 지형에서, 심리 평가 전문가들은 교육계가 의료계보다 심리검사에 더 우호적이라는 사실을 눈치챘다. 보험 회사는 병원 시설에서 실행하는 포괄 검사에 무려 3,000~4,000달러나 들이는 것을 달가워하지 않았다. 사실 정신과 환자들은 장기 입원 승인을 받기도 매우 어려웠다. 하지만 학교는 아직 평가에 비용을 치르려 했다. 이것은 1930년대에 세라 로런스 대학교가 실행했던 일종의 전면 검사 프로그램과 다른 것이었다. 그런 용도로는 지능 검사와 적성 검사처럼 알아서 번성하는 산업이 있었다. 심리 평가 전문가들이 주목한 것은 학교 상담소에 찾아왔거나 평가를 의뢰받은 문제 아동 및 청소년 개인을 평가하는 심리검사였다.

따라서 엑스너는 '종합 체계'를 계속 발전시켜가면서 적용 범위를 넓혀나갔다. 1982년에 추가로 내놓은 《로르샤흐 종합 체계》 3권은 오롯이 아동과 청소년을 위한 검사 설명서였다.[25] 엑스너에 따르면 아동의 로르샤흐 반응은 대개 성인의 반응과 아주 비슷했다. 예컨대 순수 색채 반응과 색채–형태 반응은 감정 제어가 잘되지 않는다는 암시였다. 그래도 규준은 다를 때가 많았다.[26] 일곱 살짜리 남자아이한테는 정상인 응답의 상당수가 어른에게는 미성숙한 응답일 테고, 어른이라면 성숙한 특성일 반응이 어린아이에게는 "적응성이 떨어지는 과잉 통제 가능성"을 가리킬 것이다.

엑스너는 로르샤흐 검사가 행동 문제의 경우에는 제한적으로 적용될 수밖에 없다고 강조했다. 검사 결과가 행동을 설명하는 정보로 바로 해석되지는 않았기 때문이다. 어떤 로르샤흐 점수로도 "'행동화'• 아동을 확실하게 밝혀내거나 비행 청소년을 구분해내지" 못했다. 특히 아동의 행동을 유발하는 환경 인자가 있는 경우, 로르샤흐 검사는 치료에 영향을 미칠 수도 있는 일종의 심리적 장단점만 암시해줄 뿐이었다. 그렇지만 청소년 심리학자들이 마주하는 대다수의 경우, 즉 학생들이 학업 문제로 어려움을 겪는 경우에는 로르샤흐 검사로 낮은 지능, 신경계 장애, 심리적 어려움을 구분할 수 있었다.

1970년대와 1980년대에 임상심리학자들을 교육 분야로 몰아간 바로 그 시장의 힘이 이번에는 그들을 사법제도로 몰아갔다. '법정 심리 평가'가 붐을 일으킨 것이다. 법정 심리 평가는 이제 양육권 분쟁에서 부모를, 학대 사건에서 아동을, 신체 상해 소송에

• 억눌린 감정을 행동으로 해소하는 방어기제.

체계를 잡다

서 정신적 피해를, 범죄 사건에서 소송 능력을 평가했다. 엑스너가 1982년에 펴낸 《로르샤흐 종합 체계》 3권에는 아동과 관련한 법적 상황에서 로르샤흐 검사를 활용한 사례 몇 가지가 포함되었다.

그 가운데 하나가 행크(가명)와 신디(가명)의 사례였다. 고등학교 시절부터 연인이던 두 사람은 행크가 스물두 살이던 1960년대 중반에 결혼했다. 2주일 남짓한 짧은 신혼 뒤 행크는 베트남으로 떠나 1년 동안 복무했고, 다낭에서 보여준 무공으로 훈장을 받았다. 행크가 귀국한 뒤 서너 해 동안은 부부에게 행복한 시절이었다. 하지만 그 뒤로는 그렇지 못했다. 1970년대 후반, 13년에 걸친 결혼 생활이 별거와 양육권 싸움으로 끝을 내렸다. 행크는 신디가 열두 살짜리 딸을 키우기에는 심리적으로 문제가 있다고 비난했다. 신디는 이에 맞서, 행크가 자신과 딸의 "정신을 잔혹하게 괴롭혔으므로" 자신만 심리 평가를 받는 것은 부당하다고 주장했다. 결국 두 사람과 딸이 함께 심리 평가를 받으라는 법원 명령이 내려졌다.

두 사람의 결혼 생활에 어떤 문제가 있었는지 인터뷰에서 훤히 드러났다. 엑스너 종합 체계의 결론이 전문 용어로 복잡하게 쓰이기는 했지만, 신디는 행크가 "성마르다"고 불평하면서 자신이 "앙심을 품고" 돈을 흥청망청 썼다는 사실을 인정했다. 딸의 로르샤흐 검사 결과, "경험 잠재Experience Potential(ep)*와 경험 실

---

* 지금은 경험 자극Experienced Stimulation(es)이라고 부른다.

제Experience Actual(EA) 비율이 오랫동안 그런 식으로 유지되어왔다면" 딸이 그 시기에 학교에서 겪었던 문제가 설명되었다. "정서비Affective Ratio(Afr)가 또래에 견줘 매우 낮았으므로", 아마도 상당히 외톨이로 지냈을 것이다. 행크의 "능동 움직임Active Movement(a)과 수동 움직임Passive Movement(p) 비율은 한쪽으로 매우 치우쳐 있으므로, 사고나 태도가 그리 유연하지 않다. (…) 자기중심성 지수가 0.48로 높으므로, 여느 성인보다 훨씬 더 이기적이고, 그래서 대인관계에 어느 정도 악영향을 미쳤을 것이다".

신디는 더 큰 정서 장애가 있는 듯했다. 그녀가 카드 1번에 처음 내놓은 답은 거미였다. "나중에는 날개까지 더해 그림을 더욱 왜곡했다. 이것이 사실상 자기의 모습을 투사한 반응이라면, 기준에 한참 못 미친다. (…) 신디가 보인 모호한 발달질vague Development Quality(DQv) 반응 3개가 모두 채색 카드에서 일어났으므로, 그녀는 화를 일으키는 자극을 그리 잘 다루지 못하는 사람일 것이다." 결론에 따르면 "신디는 기분에 크게 영향을 받고, 그런 감정을 그리 잘 제어하지 못한다. (…) 아마도 친밀감이라는 욕구를 느끼는 방식이 여느 사람과 다를 것이다". 로르샤흐 검사에서 드러났듯이 지나치게 감정에 휘둘리는 신디의 미성숙함과 행크의 이기적인 고집불통이 결혼 생활에서 갈등을 일으켰을 거라고 쉽게 판단할 수 있었다.

마지막에 심리학자들은 신중한 권고를 전달했다. 권고문에 따르면, 아이는 "상당한 심리적 고통을 받고 있었다". 누가 양육권을 갖든, "아이의 현재 상태로 보아 어떤 형식으로든 개입이 필요" 했고, 부모가 모두 이에 참여해야 했다. 신디를 검사한 보고서는 "신디가 심리 치료의 도움을 받는다 해도, 이것이 양육자로 부적합하다는 뜻도, 아버지보다 능력이 떨어지는 부모라는 뜻도 아니라고 강조했다". 법률가들은 거듭 한쪽 편을 들라고 압박을 가했지만, 심리학자들은 "양육권과 관련한 특별한 권고"나 어느 쪽이 더 부적합하다는 증거를 내놓지 않았다. 따라서 이들의 조언은 법원이 기대했던 바에 미치지 못했고, 판사는 재량껏 결론을 내려야 했다. 그는 공동 양육권을 지정하고, 신디에게 치료를 받는 동시에 아이를 위한 개입 방안을 마련하라고 명령했다.

엑스너가 행크와 신디의 사례를 이렇게 꼼꼼하게 다룬 것은 깜짝 놀랄 만하거나 세상을 떠들썩하게 할 내용이어서가 아니었다. 법적 상황에서 로르샤흐 검사 결과가 어떠해야 하는지를 고스란히 보여준 사례였기 때문이다. 이 책은 로르샤흐 검사 사용법을 다룬 설명서였으므로, 자연스레 가족 3명의 로르샤흐 반응 기록, 점수, 해석을 전부 신고 사례를 세세하게 설명했다. 실제 평가 과정에서는 심리학자들이 로르샤흐 검사 결과를 책에서는 그리 자세히 소개하지 않은 다른 정보와 결합했었다. 그렇다 해도 수수께끼 같은 기호를 결합해 성품과 심리를 한꺼번에 판단하는 일은 로르샤흐 검사를 의심하는 사람들, 특히 엑스너가 고안한 검사 방식을 잘 모르는 이들에게는 듣고 싶지 않은 의미 없는 헛소리에 불과했다. 그것은 임상심리학자들이 허구한 날 겪는 일이었다.

의료계가 그랬듯, 법조계도 법에 필요한 로르샤흐 검사 방식을 찾아냈다. 기호, 점수, 대조 확인이라는 훨씬 더 인상적인 상부 구조를 지지하는 방식이었다. 미국 심리학계는 영혼을 파는 거래를 두 차례 맺는다. 하나는 보험 회사에 정당한 의료 업무로서의 비용을 청구하는 대신 보험 회사의 기준에 맞추기로 한 것이고, 다른 하나는 심리학자가 판사처럼 냉정한 권위를 내세우기로 하고 법정으로 간 일이다. 이론적으로 생각하면, 미술이나 철학이 누가 병들었는가 건강한가, 제정신인가 미쳤는가, 유죄인가 무죄인가 같은 편협한 질문에 답하는 용도로 쓰여서는 안 되듯, 심리학도 마찬가지였다. 심리학은 답을 내놓는 것이 아니라 진실에 이르는 열린 해석을 내놓을 수 있었다.[27] 하지만 양자택일하라고, 그래서 흑과 백을 가리라고 요구받는 상황에서 이제 로르샤흐 검사는 어느 때보다도 질문에 답을 내놓는 용도로 쓰였다.

존 엑스너가 가장 크게 공헌한 것은 계속 모습이 바뀌는 갖가지 로르샤흐 방식을 완전히 통합했다는 것이다. 하지만 그렇게 함으로써 검사가 비난을 받는 것도 쉬워졌다. 통합된 로르샤흐 검사는 회의론자와 신봉자 사이의 대립을 더욱 첨예하게 만들었을 뿐이다. 20세기가 저물 무렵, 로르샤흐 검사라는 신화는 무너져 내려 검사를 둘러싼 논쟁들로 녹아 들어간다. 양쪽이 모두 인정할 증거는 나타나지 않았고, 어떤 적용 사례도 다른 검사의 무수한 사례를 압도할 만한 상징이 되지 못했다. 사람들의 마음을 돌릴 길이 전혀 없어 보였다.

사람마다
다른 것을 본다

1985년 가을, 로즈 마르텔리(가명)라는 여성이 도널드 벨(가명)이라는 남자와 결혼했다.[1] 6개월 뒤, 로즈는 임신한 상태로 벨을 떠났다. 아들이 태어나자 도널드는 양육권과 방문권 소송을 걸었다. 로즈는 도널드가 결혼 생활 동안 폭력을 휘둘렀다고 주장했다. 게다가 로즈가 이전 결혼에서 낳은 여덟 살짜리 딸이 갑자기 3년 전에 도널드가 자신을 성적으로 학대한 기억이 떠올랐다고 주장했다. 하지만 판사는 혐의를 제기한 시점이 의심스럽다고 판단해, 도널드에게 친권과 감독받지 않는 면접권이 있다고 판결했다. 아버지를 만나러 간 아들은 집에 돌아올 때 원인 모를 멍이 들어 있었고, 로즈는 마침내 아동 보호국에 연락해 결정적인 증거는 없지만 아이가 신체 및 성적 학대를 받았다고 주장했다. 아동 보호국은 로즈와 도널드에게 둘 다 심리학자한테 평가를 받으라고 요구했다.

도널드의 검사 결과는 정상이었다. 로즈를 검사한 심리학자는 "로즈에게 심각한 정서 장애가 있어 아마도 두 아이를 진심으로 염려하지 않을 것이다. (…) 사고 기능이 매우 떨어져 다른 사람의 행동과 현실을 왜곡했다"고 보고했다. 아동 보호국의 사회복지사는 로즈에게 소송을 취하하고 치료를 받으라고 권했고, 로즈가 뒤이어 제출한 보고서들에 대해 별다른 조처를 하지 않았다. 8개월 뒤, 이제 다섯 살이 된 아들이 아버지가 자신을 때리고 "엉덩이를 찔렀다"며 의사에게 데려가달라고 했다. 그리고 성폭행 검사용 면봉에서 양성 반응이 나왔다.

아동 학대 전문 심리학자가 사례를 다시 검토해보니, 로즈와 딸아이의 진술을 믿었어야 했다는 증거가 수없이 드러났다. 도널드에게는 폭력 전과가 있었다. 이와 달리 로즈는 주변 사람들로부터 정직하다는 평판을 받았다. 이 심리학자가 조사한 바에 따르면, 로즈가 말한 "이른바 기괴한 이야기"는 모두 "하나부터 열까지 정확했다". 그런데도 아동 보호국은 첫 번째 심리학자의 보고서를 결정적인 것으로 받아들였다. 이 사례를 재검토한 심리학자는 로즈가 단 한 가지 검사 때문에 믿을 만하지 못하고 정서 장애가 있다고 낙인찍혔다는 사실에 충격을 받았다. 그 검사가 바로 로르샤흐 검사였다.

첫 번째 검사자는 엑스너 점수를 이용해 로즈의 로르샤흐 검사에 결론을 냈다. 그런데 당시 엑스너 점수는 타당성이 거의 입증되지 않은 데다, 정상 수검자를 비정상이라고 과잉 진단하고, 검사 결과에 나온 다른 긍정적인 결론을 무시하는 일이 잦았다. 로즈는 한 잉크 얼룩 카드에서 **"다 먹고 남은 추수감사절 칠면조"**를 보았다. 바로 이 "음식 반응"에서 집착하고 의존한다는 평가가 나왔다. 하지만 당시 로즈는 아침 식사 이후로는 아무것도 먹지 못한 채 점심시간에 검사를 받았고, 검사일인 12월 5일은 추수감사절이 지난 지 일주일 뒤라, 먹고 남은 칠면조가 로즈네 냉장고에 남아 있었다. 검사자가 이 사실을 고려했었다면 좋았을 것이다.

로즈가 양육권을 빼앗긴 데는 그녀가 "이기적이라 아이들에게 공감하지 못한다"는 결론이 큰 영향을 미쳤다. 하지만 이 결론은 단 하나의 반사 반응(거울 또는 거울에 비친 모습을 보는 것)이 나르시시즘과 자아도취를 가리키는 자기중심성 지수를 높이는 바람에 나온 결과였다. 그런데 로즈가 잉크 얼룩 카드에서 본 모습은 **"종이를 접은 뒤 잘라서 만든 하얀 종이 꽃가루"**였다. 이것은 반사 반응이 아니었다. 검사자가 기호를 틀리게 매겼던 것이었다. 재검토를 맡은 심리학자가 이 모든 사실을 알아챘을 때는 이미 상황을 되돌릴 수 없었다. 도널드가 양육권을 가져간 뒤였기 때문이다.

미국 심리학협회 윤리위원회의 회원이었던 로빈 도스Robyn Dawes는 로즈 마르텔리 같은 사례를 고려해 1980년대 후반에 이런 글을 썼다. "개인의 법적 지위와 자녀 양육권을 규명하는 데 로르샤흐 검사의 해석을 이용하는 것이야말로 동료 심리학자들이 저지르는 가장 비윤리적인 관행이다."[2] 그에 따르면 로르샤흐 검사가 "믿을 만하지도 타당하지도 않다"는 연구가 끊이지 않는데도, "로르샤흐 해석이 워낙 그럴싸하게 들리는 까닭에 아직도 강제 입원과 아동 양육권을 포함한 법원 절차에서 이른바 전문가로 인정받은 심리학자들이 공판에 나와 관련 해석을 내놓고, 법정은 이를 받아들인다". 도스는 1994년에 출간한 《카드로 지은 집House of Cards》에서 과학이 아니라 신화를 바탕으로 삼은 심리학의 중요 사례로 로르샤흐 검사를 꼽았다.

엑스너가 재탄생시킨 로르샤흐 검사는 모든 사람을 설득하지는 못했다.

한편 잉크 얼룩은 대중의 상상력을 계속 사로잡았다. 20세기 말의 많은 젊은이가 만화 《왓치맨Watchmen》(1987)에서 로르샤흐라는 이름을 처음 접했을 것이다. 심리를 다룬 이 슈퍼히어로 만화는 《타임》지가 뽑은 1923~2005년에 출간된 100대 영어 소설에 올랐다. 필름누아르 같은 이 만화의 악당 뺨치는 주인공 이름이 바로 로르샤흐였다. 그는 잉크 얼룩이 그려진 가면 뒤에 어두운 영혼을 숨기고 있었다. 대칭을 이루는 검은 무늬는 가면이라는 특성 때문에 상황에 따라 바뀌긴 해도 흰색 배경과 한 번도 섞이지 않았다. 이것은 주인공이 조금도 우물쭈물하지 않고 잔혹할 만큼 극단으로 몰아붙이는 흑과 백의 도덕률을 상징했다. 두 색은 절대로 섞이지 않았다.

사람마다 다른 것을 본다

1993년에는 힐러리 클린턴Hillary Clinton도 잉크 얼룩 은유를 이용하여 양립하기 어려운 양극단을 환기시켰다. 힐러리는 그해 8월 《에스콰이어》 지와 나눈 인터뷰에서 "나는 로르샤흐 검사 같은 사람이에요"라고 말했고, 그 이미지는 오랫동안 그녀를 따라다녔다(이 기사를 쓴 언론인 월터 셔피로Walter Shapiro는 2016년 1월 7일에 자신을 대표하는 그 기사를 되돌아보면서 "자주 언급되는 이 말을 힐러리가 처음 말한 때가 이 인터뷰였던 듯하다"고 부연했다.[3] 그리고 힐러리의 그 말은 지금까지도 되풀이된다. 2016년 대통령 선거에 맞춰 출간된 힐러리의 경력을 다룬 기사 모음집 《힐러리 클린턴은 누구인가?Who Is Hillary Clinton? Two Decades of Answers from the Left》[4]는 머리글에서 힐러리 클린턴을 "우리가 깨닫지 못하는 우리 스스로의 태도까지 가늠케 하는 로르샤흐 검사 같은 사람"이라 일컬으며, 이 책이 "모든 독자의 물음에 답하지는 못하겠지만, 적어도 그 로르샤흐 얼룩을 더 뚜렷하게 보여주기는 할 것이다"라고 소개했다). 이 은유에 따르면, 어떤 사람이 힐러리에 어떤 반응을 보이느냐는 힐러리가 아닌 그 사람을 정의했다. 힐러리를 어떻게 보는가에 대해 힐러리는 거의 아무런 책임이 없었다. 그것은 마치 어느 편인지를 가르는 로르샤흐 검사와 같았다. 셔피로의 기사는 다양한 신화의 실체를 밝히고 힐러리를 다룬 일부 해석이 순전히 엉터리라는 것을 보여줬다. 그러면서도 셔피로는 이렇게 적었다. "힐러리의 말이 옳다. 우리는 힐러리 로댐 클린턴이라는 실제 인물을 거의 모른다. 우리 눈에 보이는 것은 텔레비전과 잡지 표지에 나온 그녀의 외양이다. 우리는 우리가 보고 싶은 것을 본다."

양극으로 갈린 정치 맥락을 배제하고 보면, "우리는 우리가 보고 싶어하는 것을 본다"는 말은 무심한 소리처럼 들리기도 한다. 그리고 이 무심함을 앤디 워홀만큼 반기다 못해 예술 형식으로까지 끌어올린 사람은 없었다. 1960년대에 워홀은 대량생산된 소비재의 이미지를 대량으로 생산하기 시작했다. 그는 예전 같으면 붓으로 그렸을 캠벨 수프 깡통을 실크스크린인쇄 기법을 써서 기계적으로 찍어냈다. 또 목수를 시켜 합판으로 슈퍼마켓용 상자를 만든 뒤, 다른 사람을 시켜 실크스크린인쇄로 그 상자에 브릴로 수세미 상자의 상표를 그려 넣게 했다. 그 결과 실제 상품과 거의 구별하기 어려워 보이는 일련의 물건들이 대량생산되었다. 워홀은 유명한 말을 남겼다. "내가 이런 방식으로 그리는 이유는 기계가 되고 싶어서이다." "앤디 워홀을 낱낱이 알고 싶다면, 내 그림과 영화와 나의 겉만 보면 된다. 거기에 내가 있다. 이면에는 아무것도 없다."

워홀은 잭슨 폴록 같은 추상표현주의자를 겉만 번지르르하다며 냉정하게 깎아내리는 데 그치지 않고, 내적 자아를 깡그리 부인했다. 그에 따르면 예술가들은 아무것도 표현하지 않았다. 로르샤흐의 잉크 얼룩이 그렇듯, 워홀은 의도를 암시할 수 있는 어떤 흔적도 교묘하게 감추었다. 어느 학자가 말했듯, "작품은 한낱 기성품일까, 아니면 다른 무엇을 전달할까? 캔버스에 그려진 이 표시들에 작가가 의도한 의미가 들어 있을까?"[5] 아마 다른 어떤 주요 예술가의 "실제적·물질적 작품도 앤디 워홀의 작품보다는 의미가 있을"⁶ 것이다. 다시 말해 워홀의 작품에 어떤 반응을 보이느냐가 작품 자체보다 훨씬 중요했다.

　　다른 이를 시켜 브릴로 상자를 만들게 하고, 실크스크린을 찍게 하고, 자기 대신 예술가 대담을 하게 한 이 야심만만한 기계는 후기에 딱 한 번 손수 종이에 물감으로 인상적인 표시를 만든다. 1984년 워홀은 커다랗다 못해 때로는 벽만큼 큰 하얀 캔버스에 물감을 쏟아부은 뒤 반으로 접어 대칭을 이루는 잉크 얼룩 그림을 60점가량 그렸다.⁷ 대부분 검정 물감을 썼는데, 어떤 그림에는 금색이나 다양한 색을 쓰기도 했다. 이 그림들은 1996년에야 처음으로 같이 전시되었다. 작품 제목은 모두 〈로르샤흐〉였다.

이 기획은 실수에서 비롯한 것이었다. 워홀의 주장에 따르면, 그는 "병원 같은 곳에 가면 로르샤흐 검사를 그려서 만들라는" 줄로 알았다고 한다. 그는 표준 그림이 "한 벌 있다는 사실을 알았더라면" 그대로 베낄 수 있었을 테니 더 좋았을 거라고 덧붙였다. 워홀은 자신만의 잉크 얼룩을 만들어 자신이 무엇을 찾게 될지 알아보았다. 하지만 해석 과정에 금세 싫증이 난 나머지, 차라리 사람들을 고용해 자신인 척하며 무엇을 봤는지 말하도록 시키는 게 낫겠다고 투덜거렸다. 그는 사뭇 진지한 표정으로, 그렇게 하면 결과가 "조금 더 흥미로울" 것이라고 말했다. "내가 봐봤자 죄다 개 얼굴이나 나무, 새, 꽃 같은 대상일 것이다. 다른 사람이라면 더 많은 것을 볼지도 모른다."

이는 정말 워홀다운 도발이었다. 게다가 그가 그린 잉크 얼룩은 멋져 보였다. 로르샤흐의 디자인 감각과 '공간 리듬'에 맞먹는 수준을 넘어섰다고 할 만했다. 워홀 스스로도 이렇게 인정했다. "내가 그린 〈로르샤흐〉 그림에는 기교가 들어 있다. (…) 물감을 던지기만 한다면, 얼룩에 그치고 말았을 것이다. 내가 기교를 발휘하려고 애썼기 때문에 더 나은 그림이 나왔을 것이다."

워홀은 잉크 얼룩을 주류 예술로 확고하게 끌어올렸고, 그 과정에서 얼룩의 의미를 완전히 바꿔놓았다. 워홀의 잉크 얼룩은 로르샤흐의 것과 달리 해석력이라는 칼날 위를 걷지 않았다. 1996년 전시회를 둘러본 어느 비평가의 말대로 "워홀의 추상화들에는

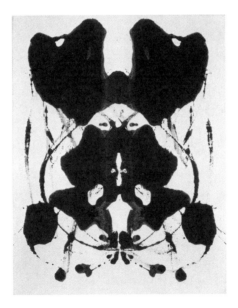

앤디 워홀, 〈로르샤흐〉, 1984년.

사람마다 다른 것을 본다

많은 추상예술에 어른거리는 알쏭달쏭한 모호함과 막연한 심오함이라는 무거운 분위기가 존재하지 않는다. 〈로르샤흐〉에는 대중이 스스로 만들어간다는 특성이 있다. 다시 말해, 마음 가는 대로 그림에 의미를 부여해도 되므로, 틀린 답이 없다."[8] 무엇보다도 워홀의 잉크 얼룩은 심리와 관련이 없었다. 보는 이의 마음을 꿰뚫으려 하지도 않았고, 그림에 감정이입하게 하거나 움직임 반응을 일으키려고 고안된 것도 아니었다. 워홀의 말마따나 그런 것들은 조금도 "흥미롭지" 않기 마련이다. 그림들은 말했다. 겉만 보라. 거기에 내가 있다.

　　로르샤흐 검사의 역사에서 볼 때, 워홀은 심리학에서 본 로르샤흐 검사로부터 미술 및 대중문화에서 본 잉크 얼룩이 가장 멀어진 지점을 나타낸다. 헤르만 로르샤흐의 관심사에서는 과학과 인문주의가 서로 영향을 미쳤다. 브루노 클로퍼의 연구와 영향력 있는 인류학자 루스 베네딕트도 서로 영향을 미쳤고, 1950년대의 내용 분석가들과 〈이유 없는 반항〉의 제작자들도, 소설 속 브로코 박사의 흔들린 신념과 현실 속 아서 젠슨의 흔들린 신념도 마찬가지로 영향을 주고받았다. 하지만 워홀의 로르샤흐 그림과 엑스너의 로르샤흐 검사는 서로 아무런 영향을 미치지 않았다. 워홀은 실제 검사가 어떻게 작동하는지 전혀 몰랐다. 엑스너는 검사가 예술이나 대중문화와 더 폭넓은 관계를 맺도록 밀고 나가기보다는 정량적 과학에 깊이 뿌리내리게 했다.

　　문학에서도 로르샤흐 검사의 기세는 수그러들어 순전히

거죽만 남았다. 실험적인 시인 댄 패럴Dan Farrell은 1994년에 출간한 놀랍도록 매혹적인 책《잉크 얼룩 검사 기록The Inkblot Record》⁹에서 6권의 로르샤흐 교재에서 모은 응답을 단순하게 알파벳순으로 정리했다. 모든 카드에서 모든 수검자가 본 것들이 뒤죽박죽 뒤섞여 형식에 얽매이지 않는 콜트레인의 재즈 독주가 되었고, 때로 영혼에서 울리는 외침을 내뿜었다.

> (…) 날개는 여기, 머리는 여기나 여기일 것 같다. 날개는 난다는 뜻이다. 날개가 펴졌고, 귀는, 어느 쪽을 향하는지 말하기 어렵고, 도식적 표현이다. 날카로운 털이 난 폭스테리어, 머리는 여기고, 코 주위는 형태만 있고 털이 거의 없다. 새의 빗장뼈. 새의 빗장뼈. 소원은 이뤄지지 않았지만, 그런 척하는 것이 재밌었다. 정말로 엄마가 있으면 좋겠다. 한 번도 있었던 적이 없다. 마녀의 모자, 덥수룩한 수염에, 큰 눈 (…)

응답들이 줄곧 이어진다. 반응의 이면을 꿰뚫으려는 노력을 모두 없앤 채.

심리학에서 로르샤흐 검사를 둘러싼 대립이 정점에 다다랐을 무렵, 로르샤흐 검사는 곧 엑스너였다. 1989년이 되었을 때 심리학자들은 클로퍼나 벡의 방식보다 엑스너의 종합 체계를 2배 더 많이 사용했다.[10] 로르샤흐 검사를 다루는 대학원 과정 가운데 75%가 엑스너 방식을 가르쳤으므로, 엑스너 방식은 시간이 갈수록 우위를 차지했다. 게다가 엑스너는 로르샤흐 검사의 운명을 되돌려 놓은 것처럼 보였다. 1980년대 후반에 심리검사 순위에서 5위로 밀렸던 로르샤흐 검사는 20세기가 끝날 무렵 다시 견고한 2위로 올라섰다.[11] 여전히 MMPI에 밀리기는 했지만, 미국에서만도 한 해 동안 몇십만 건이 수행되었고, 전 세계적으로는 적게 잡아도 대략 600만 건에 이르렀다.[12]

　　엑스너 방식은 사법 환경에서도 우위를 점했다. 1996년에 엑스너는 「로르샤흐 검사는 법정에서 환영받는가?Is the Rorschach Welcome in the Courtroom?」[13]라는 짧은 논문을 공저하여 발표했다. 엑스너의 메일링리스트에 올라 있는 심리학자들을 설문 조사한 이 논문에 따르면, 워싱턴 D.C.와 32개 주에서 4,000건이 넘는 범죄사건, 3,000건이 넘는 양육권 소송, 1,000건에 가까운 개인 상해 사건에 제출된 로르샤흐 증거 가운데 이의가 제기된 건은 거의 없었다. 따라서 엑스너는 "이견을 내도 되는 상황인데도, 오히려 로르샤흐 검사는 법정에서 환영받는다"고 결론지었다. 이 결론이 로르샤흐 검사가 법정에서 환영받아 마땅한지 큰 물음을 던진 것이 분명하기는 하지만, 법에는 법정에서 무엇이 증거로 채택될 수 있는지를 가늠하는 현실 세계의 기준이 있다.[14] 그리고 로르샤흐 검사는 그 기준을 충족했다. 1993년 대법원은 증거 채택 기준을 수정해, 증거는 전문가 집단에서 널리 받아들여지는 것이 아니라 '객관적으로 보아 과학적'인 것이어야 한다는 다우버트Daubert 기준을 적용했다. 그후 엑스너 방식은 법정에서 활용도가 줄어들기는커녕 도리어 늘어났다.

1998년에 미국 심리학협회 전문위원회가 엑스너에게 공로상을 수여하며 밝혔듯, 그는 "거의 혼자 힘으로 로르샤흐 검사를 구출해 되살려냈다. 그 결과, 지금껏 구상된 것 가운데 가장 강력하다고 할 수 있는 심리 측정 수단이 부활했다."[15] 1953년 잉크 얼룩 검사에서 잊을 수 없을 정도로 강렬한 인상을 받은 엑스너는 일흔 살이던 그때까지 평생을 잉크 얼룩 연구에 바쳤다. 감사장에 따르면, 존 엑스너라는 이름은 "로르샤흐 검사와 동의어가 되었다".

이 말은 로르샤흐 검사를 둘러싼 전쟁의 어느 쪽에서든 맞는 이야기였다.

로빈 도스를 포함해 로르샤흐 검사를 부정하는 쪽에서는 엑스너의 로르샤흐 방식이 비과학적이라고 맹렬히 비난하는 논문을 1980년대와 1990년대에 잇달아 발표했다. 이런 흐름이 처음으로 정점에 달한 것은 엑스너가 상을 받은 지 1년밖에 지나지 않은 1999년이었다. 1940년대부터 미국 심리검사의 중심지이던 보훈부 재향군인병원 소속의 하워드 N. 가브Howard N. Garb가 엑스너의 채점 방식이 타당하다고 입증될 때까지 임상 및 법률 환경 모두에서 로르샤흐 검사의 활용을 유예해달라고 요청한 것이다. 그의 글은 검사를 둘러싼, 실제로는 다른 모든 것을 둘러싼 논쟁을 지배했던 수사로 시작했다. "로르샤흐 검사가 타당한지를 결정하기 위

사람마다 다른 것을 본다

해 노력하는 것은 로르샤흐 잉크 얼룩을 들여다보는 것과 다를 게 없다. 연구 결과는 로르샤흐 잉크 얼룩만큼이나 해석이 분분하다. 조사 내용을 보는 사람마다 다른 내용을 본다."[16]

비난의 물결이 다시 한 번 정점에 이른 것은 2003년이었다. 가브를 포함한 가장 강경한 비판자 4명이 엑스너의 로르샤흐 종합 체계를 공격하는 내용을 모아 책으로 펴낸 것이다.[17] 책의 주 저자가 바로 로즈 마르텔리의 로르샤흐 검사를 재검토했던 심리학자 제임스 M. 우드James M. Wood였다. 그래서 책《로르샤흐 검사에서 잘못된 것은 무엇일까? 과학이 논란투성이 잉크 얼룩 검사에 맞서다What's Wrong with the Rorschach? Science Confronts the Controversial Inkblot Test》는 로즈의 사례로 이야기를 시작했다.

책은 그때껏 나온 저술 가운데 로르샤흐 검사의 역사를 가장 철저하게 보여줬고, 제목을 비롯해 모든 것이 호기심을 자극하도록 포장되어 있었다. 공동 저자 넷 가운데 셋은 같은 해에 「로르샤흐 검사에서 괜찮은 점은 무엇일까?What's Right with the Rorschach?」[18] 라는 논문을 발표해 "그리 대단한 것은 아니지만 로르샤흐 검사의 장점이 존재하기는 한다"고 결론지었다. 하지만《로르샤흐 검사에서 잘못된 것은 무엇일까?》에서는 그런 식으로 표현하지 않았다. 로르샤흐 검사의 미래를 다룬 장 제목이 '아직도 구세주를 기다리다'였다. 과학자로서 헤르만 로르샤흐의 장단점을 설명한 대목에는 '흔해 빠진 점성술 같은 것일까?'란 제목을 붙였다. 물론 이 질문에 책이 내놓은 답은 분명히 '아니다'였다. 이 책은 다양한 결점을 들어 로르샤흐를 비난했지만, 그가 성격과 지각을 연결했고, 시대를 앞서 집단 연구와 정량적 확인을 주장한 부분은 옳았다고 높이 평가했다.

어쨌든 책이 오로지 선정주의에만 기댄 것은 아니다. 책은 수십 년 동안 검사에 쏟아졌던 비난을 한데 묶으며, 아서 젠슨 같은 초기 비판자를 고립된 목소리가 아니라 과학적 객관성을 옹호한 외면받은 목소리로 재구성했다. 우드는 엑스너 방식에 비판적인 새로운 연구의 흐름에 대해서도 검토해, 엑스너가 우울증 지수에서 발견한 결론을 1990년대에 재현하려 했던 14건의 연구를 살펴봤다.[19] 로즈 마르텔리도 우울증 지수가 높은 수검자 중 하나로 나왔었다. 하지만 우드에 따르면, 이런 연구 가운데 11건에서 점수와 우울증 진단 사이에 의미 있는 관계가 나타나지 않았고, 다른 두 연구에서는 엇갈리는 결과가 나왔다.

엑스너 방식에는 보다 구조적인 문제가 있었다.[20] 다른 사람들도 이미 알고 있었지만 우드가 더욱 강조한 이 문제는, 수검자의 총 반응수가 다른 여러 점수를 왜곡한다는 것이었다. 응답수가 많을수록 여러 면에서 정상이 아니라고 판정될 가능성이 커졌다. 다시 말해, 수검자가 말하기를 얼마나 좋아하는가와는 상관없다고 봤던 점수와 결과가 응답수로 인해 바뀌었다. 엑스너 방식에는 이런 변수를 제어할 수단이 없었다.

가장 극적인 부분은 우드가 2001년부터 알려진 한 문제를 공개했을 때였다.[21] 1989년 엑스너가 규준을 내놓을 때 계산에 쓴 수백 건의 사례에서 점수 입력에 오류가 있었다는 문제였다. 엑스너의 규준들은 신뢰성에 난도질을 당했다. 분명 누군가가 입력 단추를 잘못 눌렀다. 표본 700명 가운데 221명의 기록이 2번 계산되었고, 다른 221건은 아예 계산되지 않았다. 엑스너는 이 실수를 적어도 우드가 공개하기 2년 전부터 알았던 것 같다. 하지만 이 사실을 《로르샤흐 종합 체계 워크북Rorschach Workbook》 5판의 172쪽에 있는 어느 단락 중간에 겨우 밝히고, 새 규준들을 제시하며 이번에는 근거가 확실하다고 주장했다. 우드는 규준이 큰 폭으로 달라졌든 아니든 이것이 "어마어마한 오류"라고 주장했고, 10여 년 동안 수행된 타당하지 않은 진단에 엑스너가 무신경하게도 별다른 조치를 취하지 않았다며 끔찍해했다.

우드는 엑스너 방식을 전반적으로 비판하기도 했다. 엑스너가 내린 대다수의 결론이 그가 진행한 로르샤흐 강습회에서 실행되었으되 공개된 적은 없는 수백 건의 연구에 근거하고 있었고,[22] 이 때문에 외부인이 이 자료를 손에 넣을 수 없어 결과가 재현된 적이 거의 없다는 사실을 꼬집었다. 또 엑스너의 종합 체계가 기호를 남발하고, 통계학에 미숙한 임상심리학자들과 임상심리학에서 벌어지는 논란을 모르는 법조인들을 열광시켜 서로를 부추기도록 만들므로, 과학 극장이라 부를 만한 요소가 많다고 비난했다.

엑스너 종합 체계에 대한 이런 비교적 기술적인 공격을 한 후에 우드는 왜 심리학자들이 아직도 "난파선에 매달리는지"에 대한 추측을 이어갔다. 학계의 독자들이 보기에는 거들먹거리는 느낌에서 한발 더 나아가 심리학을 비하하는 듯한 인상을 주는 설명이었다. 가령, 사람의 마음을 바꾸기는 쉽지 않다는 식이었다. 책의 어조가 일관되지 않다는 질문을 받았을 때, 제임스 우드는 "로르샤흐 검사의 영역에서 벌어지고 있는 일에 몹시 화가 나고, 이루 말할 수 없는 불신이 생긴다"고 고백했다.[23] 우드와 공동 저자들은 60년 동안 로르샤흐에 열광한 신봉자들이 불편한 증거를 못 본 체하거나 무시하고 요리조리 발뺌하고 빠져나간 것에 맞서 자신들이 공격적으로 의견을 표명하는 것이 정당하다고 생각했다.

현장의 심리 평가 전문가들과 로르샤흐 전문가들 중에 이 의견에 동의한 사람이 거의 없었다는 사실은 그리 놀랍지 않다. 몇몇 논평은 우드와 동료들이 그들의 확증 편향 때문에 한쪽에 치우친 정보만 골라 제시하고, 개인적 진술에 기대고(정작 자신들은 책에서 그런 개인적 진술에 기대는 것을 비판했으면서), 임상 진료의 수준이 낮았던 사례와 검사에 내재한 약점을 구분하지 않으려 한다고 지적했다. 우드와 공저자들은 그들의 주장과 달리 공정한 과학적 중재자가 아니었다. 대표적인 한 논평은 우드의 책을 "도움이 되고 유용한 정보를 제공"한다고 평하면서도, "저자들이 언급한 연구 하나하나마다 입맛대로 골라낸 개념과 편견은 없는지 꼼꼼하게 들여다보고, 설명이 정확한지를 살펴야 한다"고 경고했다. 몇몇 논평은 로즈 마르텔리의 사례가 마음 아프기는 해도, 올바르게 이용한 로르샤흐 검사의 가치와는 거의 아무런 관련이 없다고 짚었다.[24] 로즈의 반응에 엉뚱한 기호를 매기는 바람에 형편없는 해석이 나왔고, 로즈의 변호사는 전문가에게 명백히 너무 늦게 재검토를 요청했다.

한편 법정에서 로르샤흐 검사의 활용을 유예하자는 비평가들의 요청은 받아들여지지 않았다. 가브의 1999년 논문을 바탕으로 법률가, 법정 심리학자, 원고, 피고인에게 조언하는 내용을 담은 우드의 책 마지막 장에는 '재판장님! 이의 있습니다. 로르샤흐 검사를 법정에서 퇴정시켜주십시오'라는 제목이 붙었다. 하지만 2005년 "심리학자를 포함한 정신 건강 종사자, 교육자, 변호사, 판사, 행정가를 위해 작성된" 한 성명서는 1990년대부터 엑스너의 주장이 맞다고 재확인한 수많은 연구를 언급하며 우드에 반박했다.[25] 성명서는 "로르샤흐 잉크 얼룩 검사는 널리 받아들여지는 다른 성격 평가 도구와 비슷한 신뢰성과 타당성을 지닌다. 따라서 이 검사를 성격 평가에 책임 있게 사용하는 것은 적절하고 타당하다"고 주장했다. 이 글을 쓴 것이 완전히 중립적이지는 않은 성격 평가협회*의 이사회이기는 했지만, 로르샤흐 검사가 여전히 쓰인다는 사실은 변하지 않았다. 1996~2005년에 항소심에서 로르샤흐 검사가 언급된 횟수는 1945~1995년에 견줘 3배 더 많았고, 그런 증언이 비난받은 비율도 1/5이 안 됐다. 게다가 로르샤흐 검사를 "상대 변호사가 비웃거나 헐뜯는" 경우는 한 건도 없었다.[26]

* 로르샤흐 연구소의 후신이다.

결국 로르샤흐 검사를 둘러싼 복잡한 논쟁을 붙들고 씨름하는 일은 심리학자나 법률가 각자의 몫으로 남았다. 우드는 자신이 "로르샤흐 숭배 집단"[27]이라고 부른 이들이 어느 날 불쑥 제정신을 차릴 거라 믿지 않았고, 이들이 정신을 차리도록 미국 대중이 압력을 넣기를 바랐다. "대중의 더 깊은 깨달음이 오랫동안 로르샤흐 검사에 넋을 빼앗긴 심리학자를 깨우는 열쇠가 될 것이다. (…) 이제 말이 새어나오기 시작하고 있다."

맞느냐 틀리느냐를
넘어서서

로르샤흐 검사는 막다른 골목에 몰렸다. 진영은 둘로 갈렸고, 구경꾼들은 사람마다 다른 것을 본다는 사실을 순순히 받아들였다. 2006년 2월 77세로 세상을 떠날 때, 존 엑스너는 틀림없이 이 상황이 자신의 유산이 될 거라고 생각했을 것이다.

그의 후계자로 자연스럽게 선택된 이는 엑스너보다 서른세 살 어린 시카고 출신 그레고리 J. 마이어Gregory J. Meyer였다. 마이어는 1989년에 발표한 학위 논문에서 1990년대에 명성을 얻게 될 엑스너 방식의 주요 결점을 언급했다. 하지만 그는 검사를 무시하지 않고 발전시켰다. 밀도 있는 정량 연구 논문을 다수 발표하며 엑스너 방식을 새롭게 고치자고 주장했다.[1] 그리고 우드의 글에 자극받은 엑스너가 자신의 종합 체계를 어떻게 조정해야 할지 결정하기 위해 1997년에 '로르샤흐 연구 위원회Rorschach Research Council'를 세웠을 때, 마이어도 여기에 참여하면서 로르샤흐 검사가 과학적인지를 따지는 비판자들과의 싸움에 나설 수 있었다.

그러나 엑스너는 이름과 저작권을 비롯한 종합 체계의 통제권을 과학계가 아닌 가족에게 맡겼다. 엑스너 사후 그의 부인 도리스와 자녀들은 종합 체계를 그대로 유지하기로 했다. 따라서 수십 년 동안 여러 방식을 조화시키고 개정하기 위해 노력했던 엑스너의 죽음 이후에 이제 더는 추가 수정이 반영되지 못하게 되었다. 이 결정을 이야기할 때 사람들은 '호박 속 화석으로 굳었다'는 말을 자주 언급한다. 이 결정은 기이하고 역효과를 초래하는 것으로 보이기까지 해, 이를 둘러싼 음모론이 여기저기서 불거져나오기까지 했다. 이유가 무엇이었든, 종합 체계는 그동안 극복하려고 노력해온 갈등에 다시 직면하게 되었다.

마이어는 모든 갈등을 외교적으로 최소화하려고 했다. 그에 따르면, 시간이 오래 걸리기는 했지만 엑스너의 상속인과 협상 끝에 최종 결정이 원만하게 내려졌으므로 "분열"이나 "전쟁 중인 진영"이라는 말은 "정확하지 않았다".[2] 하지만 사실상 분열이 생겨났다. 마이어를 포함해 엑스너의 로르샤흐 연구 위원회 회원 6인 가운데 4명인 저명한 연구자 도널드 J. 비글리오니Donald J. Viglione, 조니 L. 미우라Joni L. Mihura, 필립 어드버그Philip Erdberg와 법정 심리학자 로버트 에라드Robert Erard는 엑스너 방식에서 갈라져나와 새 방식을 만드는 길밖에 없다고 생각했다. 2011년에 처음 발표된 이 최신판 로르샤흐 검사가 바로 '로르샤흐 수행 평가 체계Rorschach Performance Assessment System', 즉 R-PAS다.[3]

이제는 굳어버린 엑스너 종합 체계의 영역 밖에서 탄생한 R-PAS는 기본적으로 현실 세계의 로르샤흐 검사가 21세기에 발맞출 수 있도록, 새로 나온 연구 결과를 결합해 크고 작은 수많은 조정을 거쳤다. 지금도 R-PAS 설명서는 계속 편집되고 있고, 온라인에서 구할 수 있다. 기호에 쓴 약어는 수행 평가 체계를 익히기 쉽도록 단순하게 가다듬었다. 오늘날에는 프린터 성능이 뛰어나므로, 검사 결과를 그래픽으로 표시되는 정보와 함께 인쇄할 수 있다. 이를테면 각 점수는 평균선을 중심으로 표준에서 벗어난 표준 편차가 얼마나 큰지에 따라 초록, 노랑, 빨강, 검정으로 표시된다. 종합 체계는 엑스너의 소유였지만, 이와 달리 수행 평가 체계는 누구의 것도 아닌 합의의 산물이다.

마이어가 학위 논문에서 다뤘던 문제는 응답이 많거나 적을 때 다른 결과를 왜곡한다는 것이었다. 그와 동료들은 이 문제를 해결하기 위해 검사를 수행할 새 접근법을 제안했다. 검사자가 수검자에게 직설적으로 이렇게 말하는 방법이다. "응답은 두 개를 해주시겠어요. 세 개도 괜찮고요." 수검자가 한 가지 응답만 보이거나 아예 답을 안 한다면, 그 사실을 기록하면서도 답을 더 내놓도록 유도한다. "잊지 마세요. 응답은 두 개, 더 좋은 것은 세 개입니다." 수검자가 응답에 너무 몰두한다면, 네 번째 응답 뒤 수고했다고 말하고서 카드를 돌려달라고 말한다.

이는 수검자가 R-PAS 이전과 비교할 때 미묘하게 다른 경험을 한다는 뜻이었다. 이제 로르샤흐 검사는 제한 없이 모호한 답을 내놓는 것이 아니라 구체적으로 답해야 하는 과제가 되었다. 로르샤흐는 수검자가 자유롭게 응답하는 경험이 표준화보다 중요하다고 봤으므로, 이 방식은 로르샤흐에게서 또다시 한발 더 멀어진다는 의미였다. 예를 들어 1921년에 로르샤흐는 초시계로 반응 시간을 잰다면 "수검자의 주의를 흐트러뜨려 악영향을 끼칠 수 있으니 추천할 만하지 않다. (…) 결코 수검자를 조금이라도 압박해서는 안 된다"[4]고 주장했다. 하지만 이제는 통계적 타당성을 높이기 위해 검사에 제약을 두고 수검자를 압박하는 일이 받아들여졌다.

대체로 검사자는 보다 솔직한 방식으로 검사를 수행했다. 예컨대 검사자들은 맞는 답도 틀린 답도 없다는 말을 하지 말라는 지시를 받았다.[5] 그런 말이 완전히 맞는 것도 아니거니와, 수검자가 그런 말을 마음에 두는 바람에 특정 응답을 강조할지도 모르기 때문이다. 호기심에 찬 수검자에게 어떻게 말할지를 제안한 설명서의 내용은 15쪽에 인용한 엑스너의 대본에 견줘 말투가 눈에 띄게 친절하다.[6]

어떻게 잉크 얼룩에서 의미 있는 것을 얻지요?

우리는 누구나 세상을 조금씩 다르게 봅니다. 이 검사로 당신이 어떻게 보는지를 어느 정도 이해할 수 있습니다.

○○○을 본다는 건 무슨 뜻이지요?

좋은 질문이군요. 궁금하시다면, 검사가 끝난 뒤 이야기를 나누죠.

제가 왜 이 검사를 받는 거죠?

당신을 더 잘 아는 데 보탬이 되어, 더 많은 도움을 드릴 수 있거든요.

바야흐로 인터넷 시대였다. 마침내 사람들이 잉크 얼룩 검사에 노출되는 현실을 직시해야 할 때가 왔다. 주로 이혼한 아버지를 지원하기 위해 1990년대 후반에 설립된 '이혼 부모를 위한 양육 기회 지원 센터Separated Parenting Access and Resource Center(SPARC)'는 로르샤흐 검사가 양육 소송에 적합하지 않다고 여겼다.[7] 이 단체가 인터넷에 처음으로 잉크 얼룩 검사를 올린 것으로 보인다. 이들은 단체 홈페이지의 쉽게 눈에 띄는 곳에 로르샤흐 얼룩을 게시해 회원들이 이미 잉크 얼룩을 봤다는 핑계로 로르샤흐 검사를 거부할 수 있게 했다. 한발 더 나아가 카드별 특정 반응을 예로 들며, "(이 반응들이) 로르샤흐 검사에서 반드시 '좋은' 반응은 아니다. (…) 우리는 예로 든 반응을 이용하라고 권하지 않는다. 우리는 어떤 이유를 대서라도 로르샤흐 검사를 **절대 받지 말라**고 권할 뿐이다"라고 발뺌했다.

SPARC는 로르샤흐 검사 지지자들의 윤리적 항의뿐 아니라, 스위스의 호그레페Hogrefe 출판사가 로르샤흐 카드의 저작권을 주장하며 제기한 법적 항의도 무시했다. 사실 출판사에게는 저작권이 없었다. 다만 1991년부터 '로르샤흐'라는 용어가 상표로 등록되었으므로,[8] 어떤 것에 '로르샤흐 검사'나 '로르샤흐 카드'라는 이름을 붙여 판다면 불법이다. 2009년 위키피디아에 잉크 얼룩 검사가 올랐을 때, 스위스 출판사는 "우리는 위키미디어에 대한 법적 절차를 검토 중입니다"라고 전자우편을 보냈다. 하지만 출판사가 할 수 있는 일은 없었다. 《뉴욕 타임스》는 2009년 7월 28일자 1면 기사에서 "위키피디아는 로르샤흐 검사용 커닝 쪽지를 만들었는가?Has Wikipedia Created Rorschach Cheet Sheet?"[9] 하고 물었다.

물론 잉크 얼룩 검사는 오래전부터 세상에 나와 있었다. 엑스너의 책을 도서관에서 빌려서 보든 서점에서 사서 보든 손에 넣을 수 있었다. 로르샤흐의 책도 마찬가지였다. 잉크 얼룩뿐 아니라 운전면허용 시력 검사표도 온라인에 올라와 있다. 따지고 보면, 눈이 나쁜 사람들도 검사표를 달달 외워 운전면허를 딸 수 있다. 하지만 실제로는 그런 일이 설혹 있더라도 드물다. 그런데도 심리학자들은 수십 년 동안 잉크 얼룩 검사를 비밀로 지키려고 했다. 이제 그 싸움은 심리학자의 패배로 끝났다.

R-PAS 설명서는 이 문제에 실용적으로 접근했다.[10] "잉크 얼룩 그림이 위키피디아와 다른 웹 사이트에 올라와 있고, 그 밖에 컵이나 접시 같은 가정용품과 의류에도 들어 있으므로," 검사자는 "잉크 얼룩에 노출된 적이 있다는 이유만으로 평가의 신뢰성이 떨어지는 것은 아니"라는 사실을 반드시 알아야 한다. 연구에 따르면 로르샤흐 검사 결과는 "시간이 흘러도 그리 바뀌지 않았

다". 로르샤흐도 똑같은 잉크 얼룩으로 똑같은 사람을 한 번 이상 검사했다. 검사자는 얼룩 문양이 아직도 비밀인 체하기보다는, 수검자가 어떻게 대답해야 할지를 지도받은 적은 없는지 파악하는 법과 수검자가 일부러 "왜곡된 응답"을 하는 것을 다루는 법을 배워야 했다.

잉크 얼룩에 접근하기 쉬워진 새로운 세상이 무엇을 의미하는지 알아보기 위해 몇몇 연구자가 2013년에 예비 연구를 진행했다.[11] 그들은 실험 대상 25명에게 위키피디아의 로르샤흐 화면을 보여준 뒤 검사 결과가 긍정적으로 나올 수 있게 "잘 속이라"고 요청했다. 실험 대상자들은 대조 집단에 견줘 대체로 응답 수가 적었고 그중 다수는 흔한 평범 반응popular response이었으며, 그래서 각각의 점수는 평균적으로 정상이 더 많았다. 하지만 이는 좋지 않은 신호였으며, 평범 반응의 수를 부풀리려 통제할수록 다른 변인의 변별력은 크게 사라졌다. 그 연구는 유보적인 태도로 더 많은 연구가 필요하다고 결론지었다.

로르샤흐 연구회 회원이었다가 R-PAS의 공동 저자가 된 조니 미우라(2008년에 마이어와 결혼했다)는 종합 체계에 대한 비교적 표면적인 조정 이외에, 엑스너가 만든 변인들과 그것들을 다룬 모든 연구들을 샅샅이 조사하는 엄청난 프로젝트를 이끌었다. 우드를 포함한 여러 사람이 수십 년 전에 지적한 대로, 측정 기준이 여러 가지인 검사는 엄밀히 말해 기준 하나하나가 타당한지만 따질 수 있을 뿐 전체 검사가 타당한지는 따질 길이 없다.[12] 움직임 반응이 내향성을 가리키는가와 자살 지수가 자살 시도를 예측할 수 있는가는 사뭇 다른 질문이다. 그리고 두 질문 모두 "로르샤흐 검사가 제 기능을 하는가"를 판가름하는 질문이 아니다. 대다수의 연구가 동시에 여러 점수를 고려했으므로, 모든 초기 연구를 결합하는 일은 눈이 핑핑 돌아가게 복잡한 통계 작업이었다. 미우라와 공동 저자들이 연구를 마무리 짓기까지는 무려 7년이 걸렸다.

이들은 엑스너 방식의 핵심 변인 65개를 하나씩 분리한 다음, 타당하다는 경험 증거가 약하거나 없는 변인과 타당하지만 쓸모없는 변인들을 제외했다. 그 결과 변인 가운데 1/3가량이 배제되었다. 이것은 MMPI처럼 점수와 척도가 수백 가지인 다른 검사들이 받아야 했던 것보다 훨씬 엄격한 심사였다. 미우라의 메타 분석을 통과한 변인들이 바로 R-PAS에 반영된 변인이었다. 로르샤흐 검사 방식의 역사에 등장한 인물들은 하나같이 자신만의 변인을 추가했지만, R-PAS를 고안한 이들은 검증되지 않은 새 변인을 더하지 않았다.

2013년, 로르샤흐를 다룬 글을 수십 년 동안 실은 적이 없는 심리학계 최고 비평지《심리학 회보Psychological Bulletin》에 미우라의 조사 결과가 실렸다.[13] 그녀의 연구는 쏟아지는 다른 논문과 반박문, 견해와 반론 사이에서도 돋보였다. 그리고 로르샤흐 검사를 진정한 과학적 기반 위에 올려놓았다. 이로써 검사의 존재를 놓고 우드를 포함해 검사를 깎아내린 저명인사들과 벌인 싸움은 끝을 내린 듯하다.[14] 이들은 미우라의 연구를 가리켜 "발표된 문헌을 편견 없이 믿을 만하게 간추린 요약본"이라 일컬으며, 논문이 "제시한 부인하기 어려운 증거를 고려해" 임상과 법정 현장에서 로르샤흐 검사를 유예하라던 요구를 공식적으로 거둬들었다.[15] 그뿐만이 아니었다. 이들은 사고장애와 인지 과정을 측정할 때 검사를 이용해도 된다고 추천하기까지 했다. 드디어 로르샤흐 검사가 이겼다. 그리고 우드가 지적했던 대다수의 비판도 검토되었으므로, 어찌보면 비판자들도 이긴 셈이었다.

더 나은 로르샤흐 방식을 확립했으니, 이제 사람들이 이 방식을 이용하게 해야 할 차례였다. 미우라의 논문이 기점이 되었다. R-PAS가 소개되기 얼마 전까지만 해도, 로르샤흐 검사를 쓰는 임상의 96%가 엑스너 체계를 이용했다. 논문 발표 이후로 R-PAS 이용이 늘고 있지만, 그 속도는 더디다. 엑스너의 종합 체계가 끝내 클로퍼와 벡의 방식을 넘어섰듯이 R-PAS도 언젠가는 엑스너 체계를 넘어서겠지만, 아직은 아니다. 이론을 선도하는 이들 외에 대다수의 심리학자는 지금 당장은 엑스너 방식을 고수하는 듯하다. 이들 대다수는 진료에 바빠 최신 연구를 꼬박꼬박 살펴보지 못하므로, R-PAS를 들어본 적도 없다. 법정 심리학자는 반드시 엑스너 방식을 써야 하느냐와 상관없이, 오랫동안 쌓인 선례가 있으므로 엑스너 방식을 계속 이용한다. 미우라를 제외한 R-PAS 고안자 3명이 새 수행 평가 체계에 맞는 법률 사례를 제시했지만,[16] 아직은 실제로 쓰일 만큼 현장에 스며든 것 같지 않다.

두 방식의 개념적 차이는 상대적으로 작은 편이지만, 구체적으로는 엑스너의 종합 체계 이전 시대의 문제가 다시 불거졌다. 교수들은 어떤 방식을 가르칠지, 둘 다 가르친다면 어떤 방식에 시간을 더 들일지 결정해야 한다. 2015년 기준으로, 로르샤흐 검사를 가르치는 박사 과정 43곳 가운데 약 80%인 35곳이 엑스너 방식을 가르쳤고, R-PAS를 가르치는 곳은 23곳으로 절반을 간신히 넘겼다.[17] 엑스너 방식은 여전히 학생들이 가장 잘 알아야 하는 방식인 반면 R-PAS는 일부 인턴 과정과 임상 현장에서만 선호된다. 한쪽 방식만 이용한 연구는 다른 방식으로 수행했을 때 타당할 수도 있고, 타당하지 않을 수도 있다.

앞서 엑스너 종합 체계가 그랬듯, R-PAS가 내놓은 절충안 역시 로르샤흐 검사를 완벽한 타당성에 바탕을 두고 입증할 수 있는 검사로 축소하려는 시도였다. 이러한 절충안은 양쪽이 동의할 수 있는 지점까지 논쟁의 범위를 좁혔지만, 다른 면에서는 검사의 범위도 좁혔을 수 있다. 또 다른 접근법이 생겨나 로르샤흐 검사에 다시 길을 열어줄 것이다. 그렇다고 검사에 X선 같은 마력이 있다는 둥의 비과학적인 주장을 펼치는 방식에 의해서가 아니라, 로르샤흐 검사를 참다운 자아 의식과 다시 연결하여 더 넓은 세계로 돌려놓는 방식에 의해서 말이다. 검사가 어떻게 쓰일 수 있을지를 완전히 다시 상상함으로써 검사는 새로운 활기를 얻을 수 있을 것이다.

텍사스주 오스틴을 기반으로 활동하는 스티븐 E. 핀Stephen E. Finn 박사는 배역 캐스팅 담당자가 세심한 심리 치료사의 모습으로 떠올릴 만한 외모를 가지고 있다. 온화한 얼굴, 하얀 수염, 지그시 바라보는 눈, 진지하고 부드러운 목소리가 눈에 들어온다. 오늘날 심리 평가의 가장 큰 목적이 환자들을 진단하고 분류하여 의사들의 적절한 치료를 돕는 데 있음을 생각할 때, 젊은 심리 평가 전문가들이 누구보다 존경하는 사람이 바로 핀이다. 핀은 이들의 전문 기술이 더 중요한 역할을 할 수 있는 길을 터줬다. 핀의 접근법에 힘입어 이제 심리 평가 전문가들은 중립적으로 "이 사람의 진단 결과는 무엇입니까?"라고 묻는 대신, "당신에 대해 무엇을 알고 싶습니까?" 혹은 더 나아가 직접적으로 "어떤 도움이 필요하십니까?"라고 묻게 되었다.

핀이 1990년대 중반부터 생각해낸 실행 방식은 협력-치료 평가Collaborative/Therapeutic Assessment 또는 C/TA라 불린다.[18] **협력 평가**란 존중, 연민, 탐구심을 지니고 검사 과정에 접근한다는 뜻이다. 다시 말해 분류나 진단을 우선하지 않고, 수검자를 이해하고 싶다는 마음으로 검사를 진행한다. 따라서 수검자를 일반적으로 '환자'가 아니라 '내담자'로 본다. **치료 평가**란 법이나 의료 체계에 종사하는 다른 의사 결정자에게 정보를 제공할 뿐 아니라 평가 과정을 이용해 내담자를 직접 돕는다는 뜻이다. 이처럼 내담자를 이해하겠다는 목적과 내담자를 변화시키겠다는 목적은 모두 핀이 "정보 수집information-gathering"이라고 부른 방식과 반대된다. 정보 수집 방식은 사람에게 꼬리표를 달기 위해 진단, 지능지수 등 기존 분류법을 써서 사실을 알아내는 데 목적을 두기 때문이다.

21세기가 밝아오던 어느 날, 한 남자가 핀의 진료실에 찾아왔다.[19] 남자는 왜 자신이 늘 갈등과 비난을 회피하려 하는지 알고 싶어했다. 이유를 찾는 이 추상적인 물음을 명확한 목표로 바꾸도록 유도하자, 남자는 뚜렷한 목표를 말했다. "남들이 불쾌해해도 제 마음이 덜 불편하려면 어떻게 해야 할까요?"

이 내담자의 로르샤흐 점수[정서비(Afr.)=0.16, 색채(C)=0]는 감정에 휘말리는 상황을 피하거나 멀리하려는 성향을 보여주었다. 하지만 핀은 점수를 이야기하지 않았다. 그 대신 양쪽에 분홍빛 곰 같은 모양이 있는 카드 8번에 남자가 보인 반응 하나를 다시 읽었다. **"이 두 녀석은 나쁜 상황에서 허둥지둥 달아나고 있습니다. (…) 언제라도 폭발이 일어날 듯 보이고, 녀석들은 살아보겠다고 죽어라 내달리고 있어요."**

핀은 물었다. "이 녀석들과 조금이라도 동질감을 느끼시나요?"

남자는 슬쩍 웃었다. "당연하죠! 제가 직장에서 하루 종일 하는 일이 그건데요. 저는 이대로 있다가는 죽겠구나, 생각하는 것 같아요. 두 녀석이 벗어나려고 하는 폭발은 심각하거든요."

"당신한테도 그런가요?

"사실 그렇게 심각하지는 않아요. 하지만 제가 죽을지도 모른다고 느끼는 줄은 정말 생각지도 못했습니다."

"그렇군요. 선생님이 왜 대립을 피하는지 알려주는 중요한 통찰이 될 것 같네요."

"그렇고말고요. 이런 감정이 있었으니 그렇게 어려운 시기를 보낼 만도 했습니다."

치료는 몇 회 지나지 않아 마무리되었다. 마지막 만남에서 핀은 맨 처음 평가 질문으로 돌아가 다시 물었다. "그래서 지금까지 우리가 나눈 의견을 통해, 남에 맞서는 걸 덜 불편해할 길을 찾으셨나요?"

남자는 이렇게 답했다. "남들이 저한테 화를 내더라도 내가 죽지는 않는다는 사실만 깨우치면 될 것 같아요. (…) 저한테 중요하지 않은 몇 사람에서부터 시작할 수 있지 않을까 싶네요. 그럼 겁이 덜 나겠죠."

로르샤흐 검사의 타당성을 놓고 수십 년 동안 벌어진 논쟁이 여기에서는 무의미했다. 카드 8번의 겁에 질린 동물 덕분에 핀은 고객이 무엇을 느끼는지 알 수 있었고, 그 깨달음을 고객이 스스로 깨우치도록 알려줄 수 있었다. 마치 브로코의 로르샤흐 셔츠가 의사의 진료실로 들어온 것 같았다. 표준 로르샤흐 검사의 채점에 익숙했던 이 심리 치료사는 어떤 반응이 가장 많은 이야기를 담고 있는지 잘 알았다. 이 경우에는 대개 느릿느릿 움직이는 동물로 보이는 모양에서 나온, **살아보겠다고 죽어라 내달렸다**는 반응이었다.

핀의 주장에 따르면, 뛰어난 치료사는 환자의 관점에서 바라보되 환자의 문제를 볼 때는 객관적으로 한발 뒤로 물러나 더

거리를 둬야 한다. 둘 중 하나라도 어긋나면 악영향을 미칠 수 있다. 치료사가 환자에 지나치게 동질감을 느껴 환자의 파괴적이거나 병적인 행동이 정상처럼 보일 수도 있다. 반대로 비정상인 행동을 진단하려는 의도가 지나친 나머지, 그런 행동이 환자의 삶이나 문화에서 차지하는 의미를 놓쳐 효과적으로 개입하지 못할 수도 있다. 핀은 어느 경우이든 심리검사는 치료사에게 도움이 된다고 주장했다. "검사는 우리가 내담자 입장에서 생각해보게 해줄 **감정이입 확대경**으로도, 내담자 입장에서 벗어나 외부 관점에서 생각해보게 해줄 외부의 **손잡이**로도 쓰일 수 있다."[20]

그러므로 현실에서 핀의 접근법은 검사 결과를 내담자가 받아들일 수도, 거부할 수도, 또는 수정할 수도 있는 이론으로 제시한다는 뜻이다. "자신은 자신이 잘 알므로" 어떤 검사에서든 내담자가 자신의 반응을 해석하는 데 참여해야 한다. 치료사는 전문용어를 쓰지 않고, 보고서가 아닌 개인 서한으로 결과를 공유한다. 내담자가 아이들일 경우에는 우화를 이용한다. "○○○이 우울증에 시달리고 있나요?"같이 내담자의 병명을 알아보려는 물음에 답하기보다는, 내담자와 함께 평가 목표를 세우고 실제 삶과 관련해 해결해야 할 문제에 대해 합의를 이끌어낸다. 이를테면 "왜 여자들은 제가 감정을 나눌 줄 모른다고 할까요? 저는 그저 자부심이 강하고 자제할 줄 아는 사람일 뿐입니다. 하지만 여자들 말이 맞을까요?"라는 물음을 다룬다. 아니면 어린 내담자와 함께 "왜 엄마한테 그렇게 화가 날까요?", "제가 잘하는 게 있을까요?" 같은 물음을 다룬다.

핵심은 검사 결과가 내담자가 생각한 물음이나 목적과 연결될 때 내담자가 결과를 받아들여 도움을 받을 가능성이 더 크다는 데 있다. 핀에 따르면 "심리 평가를 받으러 오는 내담자는 피검사나 X선을 찍으러 오는 환자와는 매우 다르다. 이들에게 심리 평가는 사람 사이에 벌어지는 일"이며, 어떤 결과로 이어질지는 내담자와 치료사가 어떤 관계를 맺느냐에 따라 달라진다.[21]

말할 것도 없이 이런 '내담자 중심client-centered' 모형은 법정 또는 사람에 대한 객관적 판단이 요구되는 다른 환경에서는 대개 쓰이지 않는다. 하지만 갈수록 많은 대조 연구들이 협력-치료 평가가 효과적이라는 사실을 입증하고 있다.[22] 연구에 따르면 그런 간단한 평가가 실제로 치료의 속도를 높이거나 심지어 인생을 바꿀 만큼 깊은 통찰을 내담자에게 준다고 한다. 때로는 전통적인 장기 치료보다 더 날카로운 통찰을 줄 때도 있다. 그래서 평가 비용에 보험금을 지급하는 보험 회사들이 생겨나고 있다. 2010년에 이루어진 특정 연구 17건의 메타 분석 결과, 핀의 접근법이 "치료에 임상적으로 의미 있는 바람직한 효과를 미쳤다. (…) 또 평가 실행, 훈련, 정책 마련에도 큰 영향을 끼쳤다."[23] (물론 회의적인 반박 논문도 출간되었다. 《로르샤흐 검사에서 잘못된 것은 무엇일까?》의 공동 저자 3명이 쓴 글이었다.)

때로는 검사를 받는 것만으로 치료 효과가 나는 경우도 있었다. 평가를 받기 위해 찾아온 한 40대 여성은 평생을 열심히 산 덕분에 큰 성공을 거뒀지만, 몇 년 전 과중한 업무 때문에 탈진한 뒤로 그 상태에서 헤어나지 못하고 있었다.[24] 로르샤흐 검사에서 그녀는 모든 카드마다 전체 반응을 보이려고 애썼다. 평가자들은 그녀와 이 문제에 대해 이야기했고, 그녀는 자신이 늘 "쉬운 길"을 마다했다는 데 동의했다. 평가자들은 부분 반응도 "전체 반응과 마찬가지로 괜찮다며" 카드 몇 장을 다시 살펴보고, 그렇게 응답하는 느낌이 어떤지만 알아보자고 요청했다. 머뭇거리며 몇 가지 부분 반응을 보인 그녀는 평가자가 계속 잘하고 있다고 안심시키자, 마침내 한숨을 내쉬며 안도하는 표정을 지었다. "이렇게 하는 게 훨씬 더 쉽네요." 평가자들은 그녀가 남들이 자신에게 기대하는 것을 어떻게 부풀려 생각해왔을지, 이런 생활 방식이 어린 시절에 어떻게 생겨났는지에 대해 그녀와 함께 오랫동안 이야기를 나눴다.

이렇게 표준에서 벗어난 방식으로 검사를 이용하면, 분명 그런 부분 반응은 검사의 과학적인 면에서는 쓸모가 없어진다. 하지만 덕분에 그 여성은 대상을 새롭게 보게 되었다. 그렇다면 그것은 검사가 '제 기능을 했다'는 뜻인가, 아닌가? 체계적으로 수행된 처음 검사에서는 전체 반응 수가 많고 부분 반응 수가 드물었다. 이 검사에서 핀은 실제로 고객을 알 수 있는 가치 있는 정보를 얻었고, 그 덕분에 치료적 개입을 했고, 그 결과 효과를 봤다. 하지만 추적 치료를 했다면 어땠을까?

무릇 검사란 무언가를 잡아내야 하고, 치료란 무언가를 해내야 한다. 이는 엑스너와 우드, R-PAS 고안자들이 공유한 관점이다. 검사 점수는 수검자를 알려줄 타당하고 믿을 만한 정보를 내놓을 때만 제 기능을 한다. 검사 결과는 맞거나 틀리거나 둘 중 하나다. 하지만 헤르만 로르샤흐는 자신이 고안한 것을 잉크 얼룩 실험이라고 불렀다. 실험은 탐구이지 검사가 아니다. 검사를 받는다는 것은 곧 무언가를 하는 것이다. 핀의 말대로, "외부 전문가들이 결정을 내리거나 내담자와 상호 작용을 형성할 때 평가 결과를 쓰지 않는다고 심리 평가가 헛수고라 생각할 필요는 없다. 내담자가 평가 과정에서 깊이 깨달은 바가 있어 자신을 바꾼다면, 그리고 시간이 지나도 그런 변화를 유지할 수 있다면, 심리 평가에 시간과 노력을 들일 가치가 충분하다고 생각해도 된다."[25]

핀은 여러 해 동안 수천 명의 심리학자에게 자신의 방식을 가르쳤으며, 성격 평가를 다루는 학술회의에서는 협력-치료 평가를 이 시대에 생겨난 가장 중요한 발전으로 여긴다. 물론 이 방식의 뿌리는 더 오래전으로 거슬러 올라간다.[26] 1970년대에 콘스턴스 F. 피셔Constance T. Fischer는 '협력 심리 평가collaborative psychological assessment'를 개척했다. 1956년에는 몰리 해로어가 '투사 상담 기법 Projective Counseling Technique'을 개발했다. 투사 상담 기법에서는 수검자가 자신의 로르샤흐 반응을 평가자와 함께 의논하여 "자신의 문제를 파악"했다. 로르샤흐도 잉크 얼룩을 그레티, 부리 목사를 포함한 많은 이들에게 이런 식으로 적용했다. 협력-치료 평가는 최신 방식이자 원래의 방식이었던 것이다.

옳다고 생각하는 통찰을 얻게 해주는 제한 없는 방식으로서의 치료적 평가는 과학적 검사를 개발하고 입증하려 애쓴 R-PAS 고안자들의 노력에서 뻗어나온 일종의 평행 우주처럼 보일 수도 있다. 하지만 사실상 R-PAS와 핀의 협력-치료 평가는 비슷한 방식으로 로르샤흐 검사의 본질을 재구성하고 있다.

　　두 방식 모두 X선은 말할 것도 없고, 투사에 대한 언급도 없다. 그 대신, 핀이 "사람 사이에 일어나는 일"에 검사의 초점을 맞췄듯, 로르샤흐 **수행** 평가 체계, R-PAS는 검사를 수행해야 할 과제로 다뤘다. R-PAS 설명서는 이렇게 제시한다. "핵심은, 로르샤흐 검사가 성격 특성과 처리 유형을 표현하는 반응과 태도를 폭넓게 허용하는 행동 과제라는 것이다. (…) 다시 말해 로르샤흐 점수는 사람들의 행동을 바탕으로 성격 특성을 밝힌다. 행동은 사람들이 스스로 뚜렷이 인식하고 있어서 자기 보고형 검사에 기꺼이 적어 넣는 그런 성격 특성이 아닌, 그것을 보완해주는 특성을 드러낸다. 그렇게 해서 로르샤흐 검사는 응답자 자신은 알아채지 못할 수도 있는 잠재된 특성을 평가할 수 있다."[27] 로르샤흐 검사를 받는다는 것은 자신을 드러낸다는 것이다. 정해진 절차에 따라 문제를 푸는 것이지 프로이트와는 관련이 없다. 사람들의 행위는, 심리의 '투사'가 아니라 그저 우리가 공유하는 객관적 세상에서의 행동으로 규정된다. 그렇지만 경연이나 시간 기록 경기와는 달리, 수검자는 이 과제가 검사 상황 바깥의 삶과 어떻게 연결되는지 명확히 알지 못한다. 우리가 우리에 대해 어떤 요청을 받았는지 확실히 모른다는 사실이야말로 검사를 제대로 기능하게 만들어주는 것이다.

마이어와 핀이 에르네스트 샤흐텔을 언급한 적은 거의 없지만, 그들이 사람과 사람 사이에 벌어지는 수행을 강조한 것을 보면 초기 로르샤흐 검사의 사상가인 샤흐텔의 통찰이 떠오른다. R-PAS와 협력 평가는 샤흐텔의 주장을 다른 방식으로 되풀이한다. 샤흐텔에 따르면 "로르샤흐 검사를 받는 상황에서 수검자의 검사 수행과 경험은 사람과 사람 사이에 벌어지는 수행이자 경험이다".[28] 그는 다른 곳에서는 더 강렬하게, "잉크 얼룩 세상과의 조우"는 삶의 일부라고도 표현했다.[29] 이러한 인간적인 맥락을 떼어놓고 보면, 검사자에게는 얼룩에 반응하는 행위가 부자연스럽게 보일 수도 있다. 하지만 맥락 없이 반응하는 행위는 절대 없다.

이는 다른 치료법의 도움을 받기 어려운 사람들, 즉 전통적인 심리 치료의 언어와 세계관에 이미 익숙한 교육받은 백인 상류층이나 중상류층 내담자 이외의 사람들을 돕기 위해 협력-치료 평가를 이용할 때 특히 뚜렷해진다.[30] 캘리포니아주 오클랜드에 있는 웨스트코스트 아동상담소는 주로 학대받은 수천 명의 취약 아동을 진료한다. 대다수의 아이들은 양부모와 살고, 다른 치료 시설을 이용할 재원이나 교통수단이 없는 집안 출신이다. 상담소는 이런 아이들을 소위 '행동 장애'라는 표준화된 척도로만 분류하면 안 되며 종종 그들이 처하는 극한적인 상황을 고려해야 한다는 확신하에 설립되었다. 문을 열 때부터 상담소는 내담자를 존중하는 유연한 접근법을 택하려고 노력했다. 그리고 2008년부터 특히 핀의 협력-치료 평가를 적용하기 시작했다.

11세의 흑인 소녀 래니스(가명)는 엄마와 같이 살지 않았다.[31] 엄마는 경증에서 중증 사이에 있는 지적장애인이었다. 그래서 래니스는 폴라(가명) 이모와 이모의 딸인 사촌 언니와 함께 살았다. 래니스는 집에서나 학교에서나 못된 아이였다. 한 번은 사촌 언니의 음료수에 매니큐어를 부은 뒤 언니가 그걸 마시면 무슨 일이 벌어지는지 보려고 가만히 앉아 기다린 적도 있었다. 폴라는 래니스가 집에서 일으키는 문제는 대수롭잖게 여기고 학교에서 일으키는 문제가 늘어가는 데에만 신경 쓰는 경향이 있었다. 래니스가 3학년이 되었을 때, 래니스의 담임 선생님이 폴라를 불러 학교에 래니스의 학습 장애 평가를 요청하라고 조언했다. 폴라가 평가를 요청한 지 무려 1년 반이 지난 뒤에야 마침내 평가를 받아보니, 래니스의 실제 읽기 실력이 유치원 수준밖에 되지 않았다. 그런데도 학교는 래니스가 학습 지원 서비스를 받을 정도는 아니라고 결론지었다. 도움이 필요했던 폴라는 래니스를 웨스트코스트 아동상담소로 데려왔다.

폴라와 래니스의 엄마가 협력해 도출한 평가 질문에는 "래니스에게 정말로 학습 장애가 없는가?"와 "래니스는 왜 그토록 화를 내는가?"가 들어 있었다. 협력-치료 평가는 아이가 검사받는 과정을 보호자가 지켜보도록 장려해, 아이가 검사에 어떻게 반응하는지를 더 잘 이해할 수 있게 돕는다. 이 덕분에 평가 과정에서 결정적인 돌파구가 생겨났다. 첫 상담 회기에서는 래니스가 제멋대로 행동하게 내버려두고 신뢰를 형성했다. 다음 날에는 로르샤흐 검사를 비롯한 여러 검사를 수행했다. 이번에는 래니스가 의자에서 몸부림을 치거나, 탁자에 대자로 눕거나, 로르샤흐 카드를 야구공처럼 손가락으로 돌릴 때, 평가자가 이전보다 강경하게 선을 그었다. 폴라는 이 모든 과정을 영상으로 지켜봤다.

낮 동안 검사를 받은 래니스는 바로 방과 후 교실에 참여했는데, 어느 때보다도 행동이 거칠었다. 선생님을 사납게 밀어내고, 선생님의 지도에 따르려 하지 않았다. 래니스를 데리러 온 폴라는 래니스가 못되게 굴어 퇴학당할지도 모른다는 말을 들었다. 그녀는 뒤통수를 맞은 기분이었다. 그날 오후 검사를 마쳤을 때까지만 해도 모든 일이 순조로웠기 때문이다.

셋째 날, 폴라와 래니스의 엄마가 마지막 회기를 앞두고 확인차 들렀다가 이번에는 폴라가 울분을 터뜨렸다. 폴라는 치료사들이 래니스가 제멋대로 행동하게 놔두는 바람에 사람들 앞에서 어떻게 행동해야 하는지도 모르게 되었다며, 래니스의 행동을 치료사들의 탓으로 돌렸다. 폴라가 말을 마칠 때까지 기다린 치료사들은 래니스의 문제뿐 아니라 폴라의 기대와 분노에 대해서도 설명했다. 치료사들은 앞으로 폴라를 돕기 위해 애쓸 것이고, 방과 후 교실의 교사에게도 상황을 설명하겠다고 말했다. 그들은 "전날 회기의 강도가 꽤 셌던 게 사실이고, 래니스가 검사 회기에서 학교생활로 이행하는 데 필요한 계획에 더 신경 쓰겠다고 답했다."

그날 상담 회기가 끝날 무렵, 폴라는 래니스의 그런 행동이 어느 정도는 주눅 든 마음에서 나왔고, 또 폴라 자신의 기대가 그런 행동에 어느 정도 한몫했다는 사실을 깨달았다. 못된 행동도 소통하는 방식이었다. 래니스는 엄마가 창피한 마음, 엄마에게 버려졌다는 분노 같은 감정을 말로 소통할 줄 몰랐다. 하지만 평가에서 그런 감정이 밖으로 드러났고, 폴라는 밖에서 그 장면을 영상으로 보며 상황을 이해하기 시작했다.

이어지는 이야기하기 과제에서는 래니스와 폴라, 래니스의 엄마가 함께 이야기를 만들어갔다. 세 사람은 이 과정에서 "귀 기울이고, 인내하며, 래니스의 분노와 좌절을 알아갔다". 래니스의 가족과 주변 인물들을 평가 과정에 포함함으로써 치료가 제 기능을 발휘한 것이다. 래니스를 돕는 과정에서 치료사들은 래니스의 엄마를 이해하고, 이모를 지원하고, 자신들의 접근법을 재고하고, 학교에서 래니스에게 결정을 내리는 사람들과 이야기를 나눠야 했다. 래니스의 심리를 들여다본다는 것은 래니스를 둘러싼 삶의 더 넓은 맥락을 들여다본다는 뜻이었다.

R-PAS 방식의 틀로 보면, 로르샤흐 검사는 알쏭달쏭하다는 점에서 도전적인 수행 과제로 기능한다. 잉크 얼룩과 이를 해석하는 과제는 낯설고 혼란스러우며, 사람들로 하여금 흔히 쓰던 자기표현 전략이나 '인상 관리'를 내려놓도록 만든다. 한편 협력 치료의 틀에서 보면, 잉크 얼룩에서 보이는 것이 알쏭달쏭하지 **않기** 때

문에 로르샤흐 검사는 기능을 한다. 다시 말해 폭발이나 날카로운 쇳소리를 내는 박쥐는 구체적이고 강렬하며, 치료사와 공유하여 의미 있게 논의하기에 충분한 내용이다.

로르샤흐 검사는 두 관점에서 모두 객관성과 주관성이라는 이분법을 넘어선다. 검사는 한 묶음짜리 그림도 아니고, 우리가 카드에서 찾아내거나 거기에 투사하는 늑대도 아니다. 검사는 기대와 요구가 넘쳐나는 혼란스러운 환경에서 기능하면서 복잡한 상황을 파악해가는 과정이다.

핀과 마이어의 연구 결과가 보여주는 것처럼, 로르샤흐 검사를 우리가 수행하는 과제 혹은 내담자와 치료사를 연결해주는 가능한 수단으로 보는 시각은 단정적인 객관성이나 완전히 주관적인 투사보다 검사의 복잡함을 더 잘 담아낼 수 있다. 마이어가 '객관적'인 '투사' 검사라는 낡은 꼬리표를 버리고, 대신에 로르샤흐 검사를 '자기 보고 검사'와 '수행 기반 검사'로 부르자고 제안한 까닭도 이 때문이다.[32] 두 가지 모두 진짜 정보를 생산하는 주관적인 검사이지만, 자기 보고 검사에서는 당신이 누구인지를 당신이 말하고, 수행 기반 검사에서는 당신이 누구인지를 당신이 보여준다.

이런 식으로 차이를 표현하는 것은 로르샤흐 검사가 제공하는 것을 강조하기 위한 아주 작은 움직임이다. 어쨌든 우드와 같은 회의론자의 관점에서는, "로르샤흐 검사에 과도하게 기댄다면, 특히 생애 정보나 MMPI 결과와 상충하는데도 의존한다면, (…) 가장 설득력이 떨어지는 정보 출처(로르샤흐 검사)를 가장 중시하는 꼴"에 지나지 않는다. 게다가 "과학적 증거에 부합하지 않는, 40년이나 시대에 뒤떨어지는 일이다."[33] 로르샤흐 검사와 MMPI 결과의 관계를 각자 광범위하게 연구한 마이어와 핀이 보기에는 두 검사 모두 가치가 있지만, 그 기능은 다르다.[34] 따라서 두 검사의 결과가 상충한다는 것은 의미 있는 정보이지, 어느 한 방식을 거부할 이유가 되지 않는다.

MMPI는 상호 작용이 없는 매우 구조화된 검사로, 답안지를 채우거나 단추를 누르는 학교 시험 방식으로 진행된다. 예/아니오 답변은 수검자가 의식하는 자기 모습과 의식하거나 의식하지 못하는 대처 기제를 반영한다. 핀의 관점에서 볼 때, 어떤 사람이 자기 역할을 꽤 잘해내고 있다면, 다시 말해 상담을 원하거나 대인 관계에 문제가 있어서 찾아왔지만 심각한 위기를 겪고 있지는 않다면, 이런 구조화된 과제를 잘해낼 가능성이 크다. 이럴 때 로르샤흐 검사는 그 사람의 잠재된 문제, 몸부림치는 감정, 그리고 정신 나간 행동을 하는 성향을 드러낼 수 있다. 이런 것들은 잉크 얼룩 실험만큼이나 구조화되어 있지 않고, 상호적이며, 감정이 북받치는 사적이거나 친밀한 관계에서만 나타난다. 이런 어려움은 수검자 본인도 깨닫지 못하므로, MMPI 검사지에 드러나지 않는다. 그런데도 수검자가 정신 건강 상담을 받으러 찾아온 까닭은 무엇보다도 자기가 생각하는 자기 모습과 맞지 않는 삶의 문제가 생겼기 때문일 것이다. 다른 검사가 찾아내지 못하는 문제를 로르샤흐 검사가 찾아낸다면 그것은 과잉 진단을 하고 있는 것이거나, 아니면 우리가 늘 억눌러왔던 진짜 문제를 드러낸 것일 수 있다.

편은 반대 상황의 시나리오를 찾아냈다. 로르샤흐 검사 기록에서는 정상이지만 MMPI 검사에서는 장애가 있다고 나오는, 상당히 흔치 않은 경우였다. 이는 대개 둘 중 하나였다. 하나는 수검자가 장애급여를 청구하거나 '도움을 요청할' 셈으로 속임수를 썼는데, MMPI에서는 의식적으로 문제를 부풀릴 수 있었지만 로르샤흐 검사에서는 부풀릴 방법을 알지 못했다는 뜻이다. 그게 아니면, 로르샤흐 검사가 감정적으로 더 힘들고 어쩌면 압도를 당한다는 느낌마저 들게 한 탓에, 수검자가 사고를 "정지"시키고 몇 가지 안 되는 간단한 반응을 보여 무난하고 눈에 띄지 않는 반응 기록을 내놓은 것이다. 첫 번째 경우에서는 로르샤흐 검사가 "옳았고", 두 번째 경우에서는 MMPI 검사가 더 정확했다.

이 관점에서 보면, MMPI가 바탕으로 삼은 자기 보고는 강점인 동시에 약점이다. 이런 검사는 수검자가 자신을 어떻게 보여주고 싶어하는지를 알려준다. 로르샤흐 검사의 강점이자 약점은 이런 의식적인 의도를 피해간다는 것이다. 무엇을 말하고 싶은지는 상상할 수 있지만, 무엇을 보고 싶은지는 어떻게 해볼 길이 없다.

앞날을
생각해보며

오늘날 잉크 얼룩 검사는 진단 도구로든 치료 방법으로든 어느 때보다 과학적 기틀을 탄탄하게 굳혔지만, 사용 빈도는 떨어지고 있다. 1960년대에는 미국에서 1년에 100만 번가량 사용되던 빈도가 뚝 떨어져 이제는 10만 번을 밑돌아 아마도 약 5만 번가량 사용되는 듯하다. 로르샤흐 검사는 MMPI가 등장하기 전까지 미국에서 수십 년 동안 가장 많이 활용된 성격 검사였고, 그 뒤로도 1980년대에 잠깐 떨어진 때를 빼면 두 번째로 많이 사용되었다. 하지만 더이상은 아니었다.

몇십 년 동안 로르샤흐 검사를 추적한 심리학자 크리스 피오트로프스키Chris Piotrowski는 2015년 기준으로 심리 평가 전문가가 사용하는 성격 검사 순위로 볼 때 로르샤흐 검사의 사용 빈도는 잘해야 9위라고 추정했다.[1] 로르샤흐 검사보다 자주 쓰이는 검사로는 자기 보고 검사[MMPI, 밀론 다축 임상 성격 검사Millon Clinical Multiaxial Inventory(MCMI), 성격 평가 검사Personality Assessment Inventory], 간단한 점검표[간이 정신 증상 점검표Symptom Checklist-90(SCL-90), 벡 불안 검사Beck Anxiety Inventory, 벡 우울 검사Beck Depression Inventory] 등 특정 정신병 진단이 목적인 구조화 면접, 그리고 인물화 그리기와 문장 완성 같은 보다 빠른 시간에 할 수 있는 투사법 등이 있었다. 경험적으로 보면, 검사의 사용 빈도는 우드가 쓴 《로르샤흐 검사에서 잘못된 것은 무엇일까?》의 폭격에 갑자기 무너진 게 아니라 서서히 줄어들었다. 하지만 정확히 언제 왜 이런 변화가 일어났고, 2011년 R-PAS의 등장과 2013년 조니 L. 미우라의 논문이 이런 흐름을 재촉했는지 늦췄는지, 아니면 뒤바꾸어놓았는지를 밝혀줄 연구는 없다.

우드의 책 때문에 로르샤흐 검사의 사용 빈도가 하락했다는 말은 솔깃하게 들리긴 하지만, 실제로 미친 영향력을 측정하기는 어렵다. 대다수의 심리학자와 평가자는 기존의 태도를 유지했다. 로르샤흐 검사를 싫어했던 이들은 그러한 공격을 반겼다. 검사를 잘 알고 이용했던 이들 가운데 대다수는 책을 무시하거나, 비판을 발판 삼아 면밀한 실질적 개선을 촉구했다. 심리 치료 분야의 더 넓은 역학 관계로부터 우드의 영향을 따로 떼어놓고 보기도 어렵다. 로르샤흐 검사는 프로이트 다음으로 사람들이 심리 치료에 대해 좋아하지 않는 모든 것을 상징하게 되었다.[2] 증명하기 어려운 추론이 너무 많고, 편견에 영향받을 여지도 너무 많은 데다,

엄밀하게 보면 자연과학이 아니라는 점에서 그러했다. 로르샤흐 검사를 비판한 사람들 중 대다수는 프로이트 비판자들이었으므로,[3] 로르샤흐와 프로이트 모두에 대해 똑같은 주장을 펼쳤다. 대체로 다른 검사들에도 비슷한 문제 제기는 있었지만, 로르샤흐 연구자들은 다른 평가 심리학자들에 비해 자신들이 하는 일을 방어해야 하는 경우가 훨씬 더 많았다. 따라서 많은 이가 논쟁에서 발을 빼는 쪽을 선택했다.

　적어도 대중 매체에서는 회의론이 우세했다.[4] 과학 잡지 《사이언티픽 아메리칸Scientific American》이나 온라인 매체 《슬레이트Slate》가 현재의 로르샤흐 검사를 언급하며 전문가의 말을 인용할 때마다 등장하는 전문가는 거의 언제나 《로르샤흐 검사에서 잘못된 것은 무엇일까?》의 공동 저자 가운데 한 명이었다. 따라서 한결같이 로르샤흐 검사가 과학적으로 무의미한 것이 드러났는데도 아직도 사용되고 있다는 말이 실렸다. 현재 제기되는 비난은 2000년대 초반에 엑스너 방식에 쏟아졌던 것들이다. 누구도 그 뒤로 일어난 발전은 언급하지 않는다.

　로르샤흐 검사를 얼마나 많이 사용하느냐가 아니라 얼마나 자주 가르치는지에 대한 정보는 더더욱 엇갈린다. 회의론 때문이든, 아니면 전문화가 늘어난 데 따른 더 큰 변화 때문이든, 인가받은 대학원과 인턴 과정은 투사 혹은 '수행 기반' 기법에 대한 강조를 축소해왔다. 2011년 임상심리 과정을 조사했을 때 로르샤흐 검사는 가장 많이 다뤄지는 10개의 검사 안에 들지 못했다.[5] 피오트로프스키는 하락이 "가파르다"며, 로르샤흐 검사가 머잖아 "미국 임상심리 교육과정에서 사라질 거라고" 내다봤다.[6] 보다 최근의 연구에 따르면, 이것은 지나치게 냉혹한 예측이었다는 게 드러났다. 로르샤흐 검사를 다루는 과정의 비율이 1997년 81%에서 2011년에 42%로 떨어지기는 했지만, 2015년에는 다시 61%로 올라갔다[7](어쩌면 2011년 수치가 너무 낮게 측정된 것인지도 모른다). 게다가 전체 대학원 과정에서는 수련이 줄어들었을지 몰라도, '연구 중심' 과정과 달리 '실무 중심' 과정에서는 거의 모두 로르샤흐 검사를 계속 가르친다.[8]

다음으로는 로르샤흐 검사를 가르치는 교육의 질이다. 미국 심리학협회는 임상심리학자에게 심리 평가 역량을 갖추라고 요구하지만,[9] 그것이 무슨 의미인지는 알려주지 않는다. 예전에는 학생들이 5학기 동안 성격 평가를 배웠지만, 이제는 겨우 한 학기 동안 성격 이론뿐 아니라 검사 과정에서 라포르 형성하는 법과 갖가지 구체적인 검사까지 다루는 경우가 많다. 평가 분야에서 활동하는 심리학자 크리스 호프우드Chris Hopwood의 연구에 따르면, 2015년에 로르샤흐 검사의 전체 과정, 역사와 이론, 실행, 엑스너나 R-PAS 방식, 또는 두 방식 모두를 다루는 데 할애된 시간은 불과 두 번의 3시간짜리 수업밖에 없었다.[10]

오이겐 블로일러는 값비싼 프로이트 방식을 그것을 가장 필요로 하는 사람들, 즉 가난한 사람, 입원 환자, 정신병자들에게 제공하려고 애썼다. 로르샤흐 역시 누구에게나 쓰일 수 있는 방법을 만들어내기를 열망했다. 하지만 불평등과 전문화라는 더 광범위한 힘이 그런 그의 이상을 가로막고 있는 것 같다. 전반적으로 심리 평가와 심리 치료는 돈을 내고 받는 상담이나 코칭에 더 가까워져가고 있다. 다시 말해 구체적인 진단을 강조하지 않는, 즉흥적인 심리 탐색이 되어가고 있다. 평가의 진정한 정신, 즉 사람을 전체로 보려는 노력은 오늘날 우리가 여전히 유지하는 관리 의료 제도와는 맞지 않아 보인다. 어쩌면 기술 집약적인 로르샤흐 검사가 그저 시장에서 경쟁력을 잃어버린 것인지도 모른다. 심리 탐색에 더 치중하는 로르샤흐 검사는 프로이트식 정신분석이나 다른 심리 상담 서비스의 길을 걸어, 결국에는 비용을 치를 여유가 있는 사람만 누리는 호사가 될 것이다. 사람들이 자기 자신에 대해 더 깊이 알고 싶어하는 한, 이렇게 상담자의 기교가 요구되는 접근법이 오래 지속될 것 같다.

심리 평가 분야에서 활동하는 젊은 심리학자 호프우드는 인터뷰에서 "저 같은 지지자한테도 로르샤흐 검사는 일종의 레코드판과 같습니다. 레코드판은 정말로 좋은 음악을 듣고 싶을 때만 쓰잖아요"[11]라고 토로했다. 만약 로르샤흐 검사가 단지 여러 평가 검사 가운데 미묘한 차이를 드러내긴 하지만 비효율적인 검사에 불과했다면, 이야기는 여기서 끝났을 것이다.

임상심리에서 로르샤흐 검사를 쓰는 일이 줄어들고는 있지만, 이를 과장해서는 안 된다. R-PAS가 갈수록 널리 쓰이는 데다, 1년에

5만~10만 번이라는 수치도 여전히 높은 수치다. 잉크 얼룩은 지금도 세계 곳곳에서 검사로 쓰여, 때로는 병명을 진단하고, 때로는 치료사가 고객을 이해하는 방식을 슬며시 바꿔놓는다. 어떤 여성이 섭식 장애 때문에 도움이 필요해 심리학자를 찾아왔는데, 로르샤흐 검사에서 자살 지수가 높게 나왔다고 치자. 이때 담당 심리학자는 이 사실을 이렇게 돌려 말할 수도 있을 것이다. "세상을 이해하는 태도가 계속 자살을 시도하는 사람들과 매우 비슷합니다. 이것에 대해 이야기를 나눠봐야 하지 않을까요?"[12]

　　로르샤흐 검사는 누구에게서든 비정상인 점을 찾아내는 검사라고 생각하는 심리학자나 비전문가들에게는 이런 사례가 의심쩍게 들릴지도 모른다. 하지만 로르샤흐 검사는 정신 건강 상태를 판정하는 데에도 쓰인다. 형사 사법 절차에 따라 소송능력 부재 또는 정신이상을 사유로 무죄를 선고받은 사람들을 수용하는 한 주립 정신병원에서, 최근 한 폭력적인 남성이 광범위한 치료를 받았다(비밀 유지 사항인 까닭에 자세한 내용은 밝히지 못한다). 치료는 효과가 있어 보였다. 정신병 증상이 모두 사라졌으므로, 어느 모로 봐도 자신이나 남을 해칠 위험이 없었다. 하지만 그를 치료한 의료진 사이에서 이 남성이 정말로 호전되었는지, 아니면 시설을 벗어나기 위해 속임수를 쓰는지를 놓고 의견이 갈렸다. 그래서 로르샤흐 검사를 해봤더니, 사고장애의 징후가 조금도 나타나지 않았다. 로르샤흐 검사는 그런 문제에 대한 충분히 신뢰할 만하고 예민한 지표였기 때문에, 사고장애가 없다는 음성 판정은 의료진에게 확신을 주었고 남성은 퇴원했다.

　로르샤흐 검사는 연구 환경에서도 계속 쓰이고 있다. 알츠하이머 치매는 노화 및 정신 질환에 따른 여타 인지 장애와 구분하기 어려울 때가 많다. 그렇다면 잉크 얼룩 검사는 둘을 구분할 수 있을까? 2015년 3월 7일, 뉴욕에서 열린 심리평가협회Society for Psychology Assessment 회의에서 한 핀란드 학자가 파리의 어느 노인 병원에 머무는 평균연령 71세인 51~93세의 환자 60명에게 로르샤흐 검사를 수행해 얻은 분석 결과를 발표했다.[13] 20명은 가볍거나 중간 정도의 알츠하이머 환자였고, 나머지 40명은 여타 다양한 기분 장애, 불안, 정신병, 신경계 문제 등을 가지고 있었다. 검사를 통해 두 집단의 비슷한 요소를 많이 찾아냈지만, 구분되는 특성도 여럿 알아냈다. 알츠하이머 환자들은 6가지의 로르샤흐 점수에서 심리 능력이 뒤처졌다. 인지력도 정교하지 않았고, 창의력, 감정이입, 문제 해결 능력도 떨어졌다. 정보를 왜곡했고, 생각과 지각을 통합하지 못했다. 무엇보다 흥미로운 것은, 남들처럼 복잡한 감정 자극을 처리하려 애썼음에도 불구하고 인간 반응을 더 적게 보였다는 것이다. 인간 반응은 내용 반응 중 하나로, 대개 남에게 관심이 있는지를 가리키는 반응이라고 여겨진다. 동료 환자에 비해 알츠하이머 환자들은 남과 어울려 사는 세상에서 많이 벗어나 있었다. 알츠하이머 연구에 새로운 발견을 안겨준 이 연구는 알츠하이머 환자의 치료 및 보호에도 영향을 미쳤다.

　임상심리 바깥의 영역에서는, 잉크 얼룩이 어떻게 지각되는지를 알려주는 자료가 무척 많다는 점 때문에 다양한 분야에서 로르샤흐 검사가 유용하게 활용된다. 2008년 일본의 신경 과학자 팀은 사람들이 대상을 독창적으로 볼 때 무슨 일이 벌어지는지 연구하고 싶어했다. 그러려면 어떤 사람이 본 것이 흔한 반응인지 아닌지 혹은 독특한 반응인지를 알려줄 인정받은 표준 기준이 필요했다. 그래서 음성 인식기를 부착한 MRI 튜브의 안쪽에 그들이 "이전 연구에 이용했던 알쏭달쏭한 그림 10개"라고 부르는 것을 비춘 뒤, 실험 참가자들이 잉크 얼룩에 흔하거나 흔하지 않은 답을 내놓을 때 일어나는 뇌 활동을 실시간으로 추적했다.[14]

연구로 입증된 바에 따르면, 사람들은 무언가를 보통 방식으로 볼 때는 직관 및 사전 인지와 관련된 뇌 영역을 더 많이 썼지만, 독창적으로 볼 때는 지각과 정서를 더 창의적으로 통합해야 하므로 뇌의 다른 영역을 썼다. 로르샤흐 연구자들도 일본 과학자들이 짚어낸 내용과 똑같이, "지각 활동에 (…) 정서가 개입하거나 개인의 심리가 충돌할 때 독창적 반응이 일어난다"고 오랫동안 주장해왔다. 잉크 얼룩 덕분에 MRI 실험이 가능했듯이, MRI 연구 덕분에 로르샤흐 검사의 오랜 주장이 맞다는 것이 확인되었다.

이 연구의 또 다른 결론에 따르면, 형태를 잘 못 보는 사람일수록 편도체가 더 컸다. 즉 뇌에서 감정 처리를 맡는 편도체가 더 자주 활성화되었다는 신호였다. 핀은 이 결론을 놓고 "활성화된 감정이 현실을 왜곡할 만큼 엄청난 영향을 미친다는 뜻"이라고 주장했다.[15] 로르샤흐가 거의 100년 전 색채 반응과 나쁜 형태 반응-(F-)이 관련되어 있다고 단언한 대로였다.

지각을 다룬 최근의 다른 연구에서는 신기술을 이용해 검사 과정 자체를 조사했다. 수검자들은 대개 카드마다 평균 두세 가지 반응을 보이지만, 요청이 있을 때는 아홉 또는 열 가지 반응을 보였다. 2012년 디트로이트 대학교의 심리학자들은 사람들이 분명 반응을 걸러내거나 검열한다고 주장했다. 어쩌면 이런 검열을 해결하느라 수행 기반 검사에서 더욱 흥미로운 사실이 드러나는지도 모른다. 수검자가 그림에 자신도 모르게 보이는 반응이 있거나 적어도 "상대적으로 검열하기 어려운" 반응이 있다면, 더욱 그럴 것이다. 답을 내놓기 전에 잉크 얼룩을 살피는 우리 눈의 움직임이 바로 그렇다.[16]

그래서 연구자들은 1948년까지 거슬러 올라가는 로르샤흐 수검자의 눈 움직임 연구에 기반해 13명의 학생에게 머리에 쓰는 눈동자 추적기를 씌운 다음 잉크 얼룩 카드를 보여주고 물었다. "이것은 무엇일까요?" 그런 다음 카드를 한 장씩 다시 보여주며 물었다. "다르게 본다면, 이것은 무엇일까요?" 연구자들은 실험 참가자마다 그림의 한곳을 가만히 바라본 횟수와 시간, 그림 전체에서 눈을 돌려 구석구석 둘러보기까지 걸린 시간, 시선이 건너뛴 거리를 계량해 분석했다. 그리고 그들 역시 일반적인 결론에 이르렀다. 예컨대 그림을 두 번째로 바라볼 때 눈길이 더 오래 머문다는 것이다. 그림을 재해석하는 일은 "개념을 잡기 어려운 정보를 얻으려는 시도"이기 때문이다. 이 연구는 우리가 무엇을 말하느

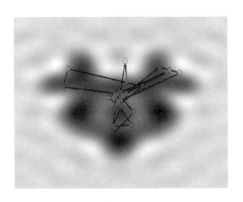

무엇을 보느냐가 아니라, 어떻게 보느냐이다. 카드 1번을 살피는 동안 눈의 움직임. 연구자들은 실제 그림이 드러나지 않도록 잉크 얼룩을 흐릿하게 처리했다. 선은 눈이 움직인 경로이고, 원은 그곳에 눈길이 머물러 응시했다는 표시다. 이 참가자는 얼룩의 중앙에 크게 주목했다.

냐가 아니라 어떻게 보느냐에 크게 주목하고 있다. 눈의 움직임은 우리가 잉크 얼룩에서 본 것만큼 마음을 많이 드러내지는 못한다. 하지만 연구자들은 눈동자의 움직임이 알려주는, 우리가 무언가를 보는 방식을 탐구하고 있다. 그럼으로써 로르샤흐가 원래 꿈꿨던 검사의 이상, 지각을 이해하는 방법으로 돌아가고 있다.

로르샤흐가 일찍 죽는 바람에 대답하지 못한 가장 중요한 질문은 어떻게 이 10장의 카드가 그토록 풍부한 반응을 이끌어내느냐였다. 벡부터 여러 내용 분석가들, 엑스너와 그 비판자들에 이르기까지, 심리학의 주류는 이론의 토대가 될 이러한 물음을 제쳐두어왔다. 경험주의자들은 로르샤흐 검사를 반응을 끌어내는 수단으로 생각해 그런 반응을 어떻게 표로 정리할지를 놓고 세밀하게 조정하느라 몇십 년을 보냈다. 로르샤흐와 후대의 불과 몇 명만이 잉크 얼룩이 보다 깊은 무언가를 끌어낸다고 생각했다. 이를테면 에르네스트 샤흐텔은 수검자가 말한 단어가 아니라, 그들이 보는 방식이 곧 검사 결과라고 주장했다. "강조하건대, 이것은 형태를 다루는 검사다." 1921년 5월 18일의 장크트갈렌 강연에서 로르샤흐는 **"사람이 지각하고 받아들이는 방식"**에 대해 이야기했다.[17]

오늘날 우리는 지각과 관련한 과학과 심리를 어느 때보다도 잘 안다. 잉크 얼룩 검사가 임상심리학의 문화 전쟁에서 벗어난다면, 마침내 잉크 얼룩 검사를 로르샤흐가 그토록 바랐던 대로 완전히 무르익은 지각 이론으로 통합할 수 있을지도 모른다. 적어도 잉크 얼룩에 힘을 부여하는, 본다는 것의 본질이 무엇인지를 대략적으로나마 정리해볼 수 있을 것이다.

이 그림을 자세히 살펴보라.[18] 이어서 문제를 하나 내겠다.

이 그림을 살펴볼 시간이 원하는 만큼 넉넉했다고 해보자. 이제 그림은 치워지고, 당신은 어두운 방으로 안내된다. 자, 두 가지 다

른 상황을 생각해보자. 한 상황에서는 눈을 감은 채 간단한 지각 문제에 답해야 한다. "나무는 높이보다 폭이 더 컸습니까?" 다른 상황에서는 똑같은 물음에 답해야 하되, 눈을 뜨고 있고 화면에 앞서 본 그림이 희미하게 보인다. 따라서 질문을 받을 때 그림을 살펴볼 수 있다.

모두 20명에게 다양한 그림으로 비슷한 질문을 던지며 이 실험을 해봤다. 어두운 방은 사실 MRI 장치로, 실험 참가자가 두 상황에서 답할 때마다 뇌 활동을 측정했다. 측정 결과, 두 상황에서 두뇌 활동이 겹치는 비율은 92%였다. 따라서 우리가 무언가를 **볼** 때 뇌가 하는 일은 무언가를 시각화할 때 뇌가 하는 일과 거의 같거나, 적어도 활동하는 영역이 같다고 볼 수 있다. 말하자면 실제로 빛을 받아들이든 아니든, 망막은 뇌에서 일어나는 일의 8%만을 차지할 뿐이다. 지각은 육체에서 일어나는 과정이 아니라, 주로 마음에서 일어나는 과정이다.

무언가를 살필 때 우리는 시야의 일부에 주목하여 다른 부분을 무시한다. 예컨대 손에 든 책을 보거나 눈앞으로 날아오는 야구공을 볼 때, 눈에 들어오는 다른 모든 정보를 무시한다. 책상의 색깔, 하늘에 뜬 구름의 모양은 알려고 하지 않는다. 그리고 인지하고 기억하는 대상과 개념에 어긋나는 것이 무엇인지를 끊임없이 거듭 확인한다. 정보와 지시는 눈에서 나온 신경을 따라 뇌로, 또 뇌에서 나온 신경을 따라 눈으로 오간다. 앞에서 언급한 나무 시각화 연구의 공동 저자이면서 오늘날 시지각 연구의 주요 심리학자이자 신경과학자 중 한 명인 스티븐 M. 코슬린Stephen M. Kosslyn[19]이 또 다른 실험에서 보는 행위를 하는 동안 이 양방향 신경 활동이 "위쪽으로" 그리고 "아래쪽으로" 움직이는 비율을 관찰했더니, 50:50이었다. 본다는 것은 반응인 동시에 행위이고, 받아들이는 것인 동시에 내보내는 것이다.

　　심지어 완전히 시각적인 과제로만 보이는 활동도 알고 보면 수동적이거나 기계적이기만 한 반응은 아닌 것으로 밝혀졌다. 우리 눈은 파장을 기억하겠지만, 석탄 덩어리는 가방 밑바닥에 들어 있든 밝은 여름날 바비큐 통에 들어 있든 똑같이 검게 보인다. 석탄이 반사하는 빛은 다르지만, 우리가 석탄을 검다고 인지하므로 검게 보인다. 마찬가지로 하얀 종이는 불빛이 밝든 어둡든 하얗게 보인다. 화가들은 이렇게 보는 버릇을 버려야만 다른 색을 써서 '검거나 하얀' 대상을 그릴 수 있다. 일본 디자이너 하라 겐야原研哉는《백白》이라는 멋진 책에 이렇게 썼다. "달걀을 깰 때 나오는 노른자의 풍성한 황금빛 노랑이나, 찻잔을 넘실대는 차의 빛깔 같은 것은 한낱 색에 그치지 않는다. 색은 질감과 맛, 즉 물질의 본질에 내재한 특성을 거쳐 더 깊이 지각된다. (…) 이런 점에서 색은 우리의 시각을 통해서만이 아닌 모든 감각을 이용해 파악된다."[20] 다시 말해 세상에서 가장 두툼한 견본 책자에 들어 있는 가장 완벽한 노른자색이라고 해도, 그것은 반숙 상태로 껍질 안에 담겨 있지도 않고, 갓 달궈진 올리브기름 냄새가 나는 프라이팬에서 이제 막 익어가는 흰자 위에 놓여 반짝이지도 않는다. 따라서 그 노

앞날을 생각해보며

른자색은 우리가 실제로 보는 노른자색이 아니다. 색은 우리의 기억과 욕망을 깨우는, 색을 담은 물건과 연결되어 존재한다. 팬톤 색상표든, 색상환이든, 이른바 모든 색을 나타낸다는 화소든, 객관적이라는 어떤 체계도, **어떤** 색 하나도 제대로 표현하지 못한다. 색을 본다는 것조차도 눈이 하는 일이 아니라 자아가 하는 일이다.

로르샤흐도《심리 진단》에서 스승 오이겐 블로일러의 말을 인용해 똑같은 핵심을 짚었다. "지각에는 세 과정이 있다. 느낌, 기억, 연상이다."[21] 블로일러의 '연상주의'론은 로르샤흐가 인정했듯이 여러모로 부적당했지만, 다음과 같은 기본적인 사실은 여전히 유효하다. 본다는 것은 (1) 대상을 눈으로 받아들이기, (2) 대상을 인지하기, 즉 알고 있는 대상과 비교해 무언가로 정의하기, (3) 우리가 본 것을 이런 대상을 다루는 태도와 세계관에 전반적으로 통합하기, 이 세 가지를 결합한다. 이 세 가지는 잇달아 일어나는 세 단계가 아니라, 같은 행위에서 벌어지는 서로 뗄 수 없는 세 부분이다. 우리는 **먼저** 나무나 얼굴이나 광고를 본 뒤, **이어** 대상을 처리하고, 그런 **다음에** 반응하는 게 아니다. 이 과정은 모두 함께 일어난다.

이 말은 먼저 본 다음에 충동적으로, 꿈꾸듯이, 머뭇거리며[22] 행동하는 게 아니라, 충동적으로, 꿈꾸듯이, 머뭇거리며 볼 수 있다는 뜻이다. 심리학자는 당신이 걱정에 안절부절못하거나 걱정스럽게 말하는 모습뿐 아니라, 걱정스러워하며 보는 모습도 지켜볼 수 있다. 잉크 얼룩을 보는 행위를 수행이라 부르는 것이 말이 되는 이유다. 보는 행위가 먼저 있고, 그런 다음 검사를 수행하면서 내밀하고 접근하기 어려운 안쪽에서 지각이 발생한다는 것이 명확한 것처럼 보일 수도 있을 것이다. 하지만 로르샤흐는 다른 주장을 펼쳤다.

1921년 스위스 교사들을 대상으로 한 강연에서 그는 이렇게 말했다.[23]

> 풍경화를 볼 때 우리는 우리 안에서 잇따른 감각이 연상 과정을 일으키는 것을 느낍니다. 이 과정이 기억 심상을 불러일으키고, 그래서 우리는 그림을 그림인 동시에 풍경으로 지각합니다.
> 만약 우리가 아는 풍경을 그린 그림이라면, 그림을 알아본다고 말합니다. 우리가 모르는 풍경이라면, 황무지나 호숫가, 쥐라산맥이라고 해석합니다. 물론 해석하지 못할 때도 있습니다. 인식, 해석, 결정은 이차 연상 작업이 관여하는 정도만 다를 뿐, 모두 지각입니다.

즉 모든 지각은 "우리 내면에 기억 흔적을 불러일으키며 들어오는 감각들"을 결합하지만, 일상에서는 이런 "내면의 조합"이 눈에 띄지 않게 저절로 일어난다. 로르샤흐가 청중에게 설명한 바에 따르면, **해석**은 노력이 필요한 지각일 뿐이며, "내면의 조합이 일어날 때 우리는 그것을 알아차리고 지각한다". 우리는 자신이 모르는 풍경을 알려줄 실마리를 종합해, 많든 적든 주관적인 해석이라 느껴지는 답에 이르는 것을 느낀다. 잉크 얼룩은 극도로 낯선 풍경을 보여주는 사례일 뿐이다. 하지만 그럴 때마저도 얼룩을 해석하는 일은 얼룩을 지각한 다음에 일어나는 게 아니다. 우리는 이미 본 것을 해석하는 게 아니라, 보는 동안 해석한다.

지각은 마음에서만 일어나는 과정이 아니다. 문화에서도 거의 언제나 지각이 일어난다. '문화와 성격'을 연구한 인류학자들이 알고 있었듯, 우리는 특정 문화가 형성한 평생 몸에 밴 버릇이 용인하는 자신의 '눈', 문화의 '눈'으로 세상을 본다. 어떤 문화권의 인적미답의 황무지가 다른 문화권의 사람들에게는 상세하고 의미 있는 정보, 특별한 식물과 동물로 가득하다. 어떤 사람은 친구의 바뀐 머리 모양을 알아채지만, 어떤 사람은 그렇지 않다. 아름다움은 보는 사람 나름이다. 로르샤흐 검사의 엄청난 이점은 이런 '눈'을 극복한다는 것이다. 만프레드 블로일러의 말처럼, 로르샤흐 검사는 "관습의 장막"을 벗기도록 해준다.

50년도 더 전에 에르네스트 샤흐텔은 이렇게 지적했다. 우리가 잉크 얼룩이 무엇일지 말하라고 요청받을 때, 어두운 거실, 안개 낀 거리, 커다란 수족관 등과 같은 어떤 것들이 당연히 어렴풋하게나마 우리의 눈에 들어올 것이라고 기대할 이유가 전혀 없다고 말이다.[24] 결과적으로 잉크 얼룩을 해석하려면, 우리가 흔히 발휘하는 지각보다 더 적극적이고 체계적인 지각이 있어야 한다. 얼룩에서 무언가를 보려면 우리의 모든 경험과 상상을 파들어가야 한다. 동시에, 얼룩에서 보이는 늑대는 어둑한 밤에 나타난 늑대와 달리 위협이 아니므로, 늑대가 보이느냐 아니냐는 중요하지 않다. 정신이 멀쩡한 수검자라면, 우리가 살아가면서 몸으로 이해하는 모든 것과 달리 잉크 얼룩은 전혀 '실제'가 아닌 인쇄된 카드일 뿐이라는 사실을 안다. 큰일이 아니라는 뜻이다. 우리가 보는 것은 당장 현실에 영향을 미치지 않는다. 우리가 기꺼이 여유를 둔다면, 우리의 시각에는 그만큼 느긋하게 천천히 훑어볼 여유가 생긴다.

이는 로르샤흐가 검사에서 던졌던 물음이 왜 그토록 중요한지를 설명해준다. 우리가 "이것 때문에 어떤 느낌이 드나요?" 또는 "이 장면에 대해 이야기해주세요" 같은 질문을 받았다면, 그 과제는 지각을 검사하는 것이 아니다. 주제 통각 검사에서 바이올린을 보고 있는 소년의 사진은, 우리가 아이를 놓고 어떤 이야기를 만들어내든 바이올린을 보고 있는 소년처럼 보이도록 만들어졌다. 우리는 잉크 얼룩에서 생각이나 느낌을 자유롭게 연상할 수 있다. 하지만 그런 용도라면 잉크 얼룩은 구름이나 때 자국, 카펫, 혹은 그 어떤 것과도 다를 바가 없다. 로르샤흐도 잉크 얼룩이 자유연상에 특별히 잘 맞지는 않는다고 생각했다. 하지만 "무엇이 보입니까?"나 "이것은 무엇일까요?"라는 질문을 받으면, 그 질문은 우리가 세상을 다루는 우리 마음 가장 밑바닥에 깔린 방식에 가서 닿는다.[25] 그리고 그렇게 하는 과정에서 우리는 우리의 전인격과 다양한 경험을 이용한다.

한번쯤은 어떤 실마리나 지침 없이 자유롭게 있는 그대로 지각하는 것이, 즉 엄격한 관습이 가로막아놓은 여과 장치 없이 보는 것이 강력한 경험이 될 때도 있다. 현란한 셔츠를 이용해 버스 승객들에게 이런 경험을 선사한 브로코 박사는 무언가를 발견했을지도 모른다. 흔히들 환각제가 뇌의 시각 영역을 과잉 자극한다고 생각하지만, 실제로는 과잉 자극은커녕 아예 자극을 일으키지 않는다.[26] 그러기는커녕 정신 기능의 "관리 층"을 억누르거나 정지시킨다. 뇌에서 이 영역은 모든 것을 계속 분리해놓는다. 이를테면 시각중추와 감정중추를 따로 떨어뜨려놓는다. 환각제 같은 약물이 들어가면 지각은 관리, 여과 장치, 지침 같은 '관습의 장막'에서 자유로워진다.《지각의 문The Doors of Perception》을 쓴 올더스 헉슬리Aldous Huxley와 록그룹 도어스The Doors의 멤버 짐 모리슨Jim Morrison 덕분에 유명해진 윌리엄 블레이크를 인용하자면, "지각의 문들이 깨끗이 사라졌다". 로르샤흐가 아낀 고트프리트 켈러의 시구에 나오는, 황금빛 넘실대는 세상이 흘러들어오는 '창'처럼 말이다. 로르샤흐의 잉크 얼룩을 살펴보는 일은 분명 환각제를 흡입하는 경험만큼 강렬하지는 않지만 작동 방식은 비슷하다.

지각에는 시각만 있는 게 아니다. 그러니 "이것은 무엇일까요?"와 "무엇이 보입니까?"는 정확히 말해 같은 질문이 아니다. 하지만 로르샤흐가 청각이나 후각을 이용하는 검사나 낙우송 무릎뿌리 투사 기법이 아니라 시각을 이용하는 잉크 얼룩을 만든 까닭은 취향이나 기술의 한계 때문만이 아니었다. 시각은 촉각이나 미각과 달리 멀리서도 작동하고, 청각이나 후각과 달리 한곳을 겨냥해 집중할 수 있다. 어떤 소리나 냄새에 주의를 기울이거나 무시할 수는 있지만, 귀를 깜박이거나 코를 한곳에 집중하지는 못한다. 눈은 훨씬 더 많은 제약을 받으면서도 훨씬 더 활발하다. 따라서 본다는 것은 우리가 지닌 최고의 지각 수단이다. 그리고 세상과 교류하는 가장 중요한 수단이다.

프로이트의 정신분석학이 한창일 때, 사람들은 무의식이 가장 중요하므로 무의식을 투사하는 방법이 진짜 성격을 밝혀줄 거라고 생각했다. '흔들린 아이' 사건의 아버지가 "추상화를 살펴보라고 요구받은 데" 격분했듯이, 로르샤흐 검사가 현실 상황에서 쓰이는 데 사람들이 그토록 분노하는 까닭에는 아직도 이 검사가 '투사'를 일으키는 방법이라고 생각하는 것도 한몫한다. 그렇지만 시각을 이용한 검사는 훨씬 더 많은 일을 수행해 한 사람의 현실 이해력, 인지 기능, 정서 감수성을 드러낸다. 그 사람이 과제에 어떻게 접근하는지를 보여주고, 공감할 줄 아는 치료사와 연결되어 치료받을 수 있는 기회를 제공한다. 로르샤흐가 톨스토이에게 보내는 편지에도 적혀 있듯이, 모든 보는 행위와 마찬가지로 로르샤흐 검사를 받는다는 것은 빚어내고, 생각하고, 느끼는 것이 결합된 행위이다.

느낌은 특히 중요하다. 다양한 연구가 보여주듯이, 심리 치료가 효과를 내려면 감정에 호소해야 한다. 지적인 용어로 말해서는 충분하지 않을 때가 있다. 2007년에 이루어진 메타 분석에 따르면, 특히 감정에 주목한 치료사가 그렇지 않은 치료사보다 더 나은 치료 결과를 얻었다.[27] 예컨대 그들은 이렇게 말했다. "우리가 인간관계에 대해 이야기를 나눌 때 목소리가 살짝 바뀌더군요. 지금 어떤 느낌인지 궁금하네요." 이렇게 감정에 초점을 맞추면, 환자와 치료사가 좋은 신뢰 관계를 맺었을 때보다 훨씬 긍정적인 효과를 낳는다고 한다.

스티븐 핀은 시각 검사가 감정을 자극해 과정 전체에 집중하도록 한다고 주장했다. "기본적으로, 로르샤흐 검사와 같은 검사에는 시각에 기대 감정을 불러일으키는 자극 특성이 있고, 운용 과정에서도 감정을 불러일으키는 측면이 있으므로, 우반구 기능을 더 반영하는 물질을 활용한다. MMPI 같은 다른 검사는 언어 형식인 데다, 운용 과정도 감정을 불러일으키지 않으므로 좌반구 기능을 더 활용한다(지나치게 단순화하고 싶지는 않다. 분명 두 검사 방식 모두 양쪽 반구를 어느 정도는 모두 활용한다)."[28] 곰이나 폭발 같은 로르샤흐 반응이 이야기하기에 쉽다는 뜻만은 아니다. 환자들에게 **눈에 들어오는 것을 보라**고 요청한다는 단순한 사실이 치료사들로 하여금 "다른 평가 과정으로는 잘 파악되지 않는 감정 작용과 대인 관계 작용"을 측정할 수 있도록 해준다. 따라서 우리는 핀이 왜 검사를 주로 시각에 빗댔는지 이해할 수 있다. 핀은 로르샤흐 검사를 감정이입 증폭기가 아닌 '감정이입 확대경'이라고 칭했다. 시각 과제는 유대감을 형성하도록 해주어 치유를 돕는다.

질문지에 응답하는 것과 비교해보면 이 사실이 확연해진

다. 말썽을 부리는 여덟 살 소녀를 검사한 협력-치료 평가에서[29] 아이 엄마는 나중에 심리학자에게 아이의 마음을 헤아리는 새로운 통찰을 얻는 데 로르샤흐 검사가 가장 큰 도움이 되었다고 털어놓았다. "아이가 절대 일부러 꾸며낸 연극을 하는 게 아니라 정말로 다른 사람들과 다르게 세상을 본다는 것을 로르샤흐 검사가 확실하게 보여줬거든요." 이어진 치료에서 가족은 정말로 바뀐 모습을 보였다. 엄마와 아이 모두 가정불화가 줄었고, 아이의 증상도 줄어들었다고 알렸다. 부모 모두 딸아이에게 "더 공감하여, 안쓰러운 마음으로 희망을 품고 인내하며, (…) 좌절해 포기하고 싶은 마음을 먹거나 어쩔 줄 몰라하는 일이 줄었다"고 밝혔다. 아이가 하는 말에만 집중하지 않고 아이의 눈으로 본 덕분에 부모는 딸아이와 더 가까워졌다.

감정을 움직이는 힘이 있다는 것에 더하여 본다는 것은 여느 감각과는 다르게 인지적인 과정이기도 하다. 1969년 루돌프 아른하임이 펴낸 고전《시각적 사고Visual Thinking》는 보는 것이 생각하는 것에 앞서거나 생각할 거리를 주지는 않으며, 보는 것이 **곧** 생각하는 것이라는 급진적인 개념을 담은 여전히 가장 설득력 있는 책이다.[30] 아른하임은 "생각이라는 인지 활동"이 왜 보는 행위 바깥에서 일어나는 일이 아니라 "지각의 기본 성분"인지를 보여주었다. 그가 말하는 인지 활동이란 양상을 탐구해 기억하고 인지하여 파악하는 활동, 문제를 해결하는 활동, 단순화해 추상하는 활동, 비교하고 연결 지어 맥락을 맞추는 활동, 상징으로 나타내는 활동이다. 더 나아가, 복잡한 현상의 특성이나 양상을 파악하는 유기적 문제는 **오로지** 지각 활동으로만 풀 수 있다. 먼저 보지 않고서는 연결 관계를 분석하거나 생각할 수 없다. 따라서 사고력은 보는 것에 있다.

시각적 사고에 대한 관심은 비교적 주변부에 머물면서도 끈질기게 이어져온 전통이지만, 시각 이미지가 어느 때보다 넘쳐나는 오늘날 점점 더 큰 관심을 받고 있다.[31] 열정적인 소수의 사람들은 훌륭한 시민을 키우는 데는 예술교육과 "시각적 이해력"이 필수라고 강조하는 옹호의 목소리를 끊임없이 높여왔다. 1983년 에드워드 터프티Edward Tufte가 펴낸《정량 정보의 시각 표현The Visual Display of Quantitative Information》과 1990년, 1997년에 펴낸 연작들은 정보를 표현하는 언뜻 단순해 보이는 과제에 시각 지능이 얼마나 많이 필요한지를 보여준다. 1998년 도널드 호프먼Donald Hoffman이 펴낸《시각 지능—우리는 우리가 보는 것을 어떻게 만들어내는가 Visual Intelligence: How We Create What We See》는 몇십 년 동안 새로이 발전을 거듭해온 과학을 이용해 아른하임의 주장을 되풀이한다. 댄 롬Dan Roam은 2008년에 펴낸《생각을 Show하라—아이디어를 시각화하는 6가지 방법The Back of the Napkin: Solving Problems and Selling Ideas with Pictures》에서 회사 경영에 효과를 발휘하는 시각적 사고를 역설했고, 엄청난 베스트셀러가 됨으로써 그 타당성을 증명했다. 조해나 드러커 Johanna Drucker가 2014년에 펴낸《그래피지스—지식을 생산하는 시각 형태Graphesis: Visual Forms of Knowledge Production》는 온라인과 스마트폰 시대로 아른하임을 이끌어냈다.

여기에서 핵심은 정량적 정보를 표시하거나 냅킨에 끄적거린 아이디어를 팔기 위해 잉크 얼룩을 활용해야 한다는 게 아니다. 핵심은, 잉크 얼룩 검사가 어떻게 심리검사로 작동하는지를 이해하려면 반드시 로르샤흐가 했던 대로 시각이라는 더 넓은 맥락에서 모든 감정과 사고력, 창의성을 발휘해 잉크 얼룩 검사를 이해해야 한다는 것이다.

당시의 원리로 보면, 로르샤흐 검사는 한 가지 기본 전제를 바탕으로 한다. 보는 것은 눈뿐 아니라 마음도 관여하는 행위이고, 시각겉질이나 두뇌의 다른 독립 영역뿐 아니라 한 사람의 모든 부분이 작동하는 행위라는 것이다. 만약 이 말이 맞다면, 우리의 충분한 지각적 능력을 요구하는 시각 과제는 어떤 심리가 작동하고 있는지를 드러낼 것이다.

그레고리 마이어가 최근 진행한 분석 덕분에 우리의 지각을 활성화하는 잉크 얼룩의 독특한 능력을 측정할 수 있었다. 아무렇게나 만든 모양도 똑같은 효과를 낸다는 말은 옳지 않다. 로르샤흐가 잘 알았고 다른 몇 사람도 알아챘듯이, 잉크 얼룩은 "의미가 없지도", "마구잡이"로 만든 것도 아니다. 무엇보다도, 잉크 얼룩에서 사람들이 본 것, 상상할 수 있는 모든 것과 상상할 수 없는 많은 것을 기록하고 분류하고 재구성하며 100년 동안 잉크 얼룩 검사를 살펴보는 과정에서 결코 무너지지 않을 한 가지 진실이

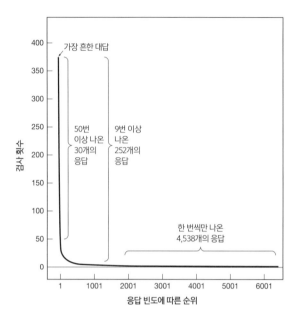

로르샤흐 검사 600건에서 나온 응답 6,459개

남았다. 카드 5번에서 박쥐를 보거나 나비를 보듯, 사람들은 잉크 얼룩에서 비슷한 것을 보지만 다른 것도 본다는 사실이다.

그레고리 마이어와 필립 어드버그가 2000~2007년에 브라질에서 수행된 로르샤흐 검사를 분석한 결과, 환자가 아닌 남녀 수검자 600명 중 370명이 카드 5번에서 박쥐를 봤다.[32] 나머지 대다수는 나비나 나방을 봤다. 늘 그랬듯 카드 2번에서는 곰을 많이 봤다. 사실 1만 4,000개가량의 전체 반응 중에서 6,459개만 특이한 응답이었고, 그 가운데 30개의 응답 내용은 50명이 넘는 사람에게서 공통적으로 나타났다. 잉크 얼룩은 객관적으로 특정한 대상처럼 보이면서도, 해석을 요구하기도 한다. 만약 모든 사람이 완전히 다른 것을 보거나, 거의 모든 사람이 똑같은 것을 본다면, 좋은 검사가 되기 어렵다. 검사 600건을 그래프로 표현한 앞의 그림을 보면 개인별 차이를 나타내는 긴 꼬리 부분에서 응답 1,000개가량에 2명씩 답했고, 4,538개에는 1명씩만 답했다. 그중에는 우울증에 빠진 농부가 한 카드에서 본 "비극적으로 잘못 해석된 콜리플라워 한 조각"도 있었다.

그래프를 보면, 왼쪽에서 거의 수직을 그리는 선은 잉크 얼룩에 박쥐와 곰같이 분명한 공통 응답이 있음을 보여준다. 한편 오른쪽으로 뻗어가는 수평선은 개인의 독특한 성격이 나타날 여지를 보여준다. 마이어는 이를 로르샤흐 검사의 구조와 범위라고 불렀다. 그래프는 더 특이한 양상도 보여준다. 가장 많이 나온 응답은 두 번째로 많이 나온 응답보다 2배 많았고, 세 번째로 많이 나온 응답보다는 3배 많았다. 그 뒤로도 같은 양상이 되풀이된다.

이렇게 빈도가 순위에 반비례하는 분포를 지프Zipf 분포라고 부른다. 지프 분포는 세상을 구성하는 수학적 순서 원리 가운데 하나다. 앵무조개 껍데기에 나타나는 피보나치수열, 종 모양을 이루는 임의 분포 같은 다른 패턴들은 잘 알려져 있다. 하지만 지프 분포는 지진 규모(큰 지진은 매우 드물지만 작은 지진은 많이 일어난다), 도시 인구, 사업 규모, 단어 빈도 같은 현상을 설명한다. 영어에서 the는 of보다 2배, and보다 3배 더 자주 쓰이고, 이 현상은 쭉 이어져 cormorant, methylbenzamide 같은 단어까지 내려간다. 표본이 크다면 로르샤흐 응답도 같은 패턴을 따를 것이다. 카드 5번의 박쥐는 로르샤흐 검사의 the에 해당한다.

하나의 검사에서도 하나 이상의 측정점이 나온다. 한 사람이 검사 과정에서 내놓는 응답은 대략 20~30개이고, 건강한 검사 결과라면 지프 곡선의 어느 한쪽에만 응답이 몰리는 일은 없을 것이다. 너무 뻔한 응답들만 나온다면, 이는 수검자가 매우 신중하거나 융통성이 없거나, 그도 아니면 과제에 흥미가 없거나 지루해한다는 것을 암시한다. 반면에 이상하거나 기이한 응답이 너무 많다면, 현실을 제대로 파악하지 못하거나, 조증이거나, 특별해지고 싶어 몸이 단 반항아일 것이다.

결국 로르샤흐 검사는 한번에 여러 측정점을 생성한다. 카드 10장의 순서는 고정되어 있지만, 수검자는 순서에 상관없이 카드마다 여러 응답을 내놓아도 된다. 한 사람의 응답은 지프 곡선에서 위아래로 움직인다. 말하자면 자기만의 구조와 범위를 보이며 움직인다. 채색 카드에서 나온 응답이 여기저기에 흩어져 있는가, 아니면 한 군데에 모여 있는가? 카드마다 뻔한 응답으로 시작했다가 변덕을 부리는가, 아니면 아주 서서히 평범하고 흔한 응답에 이르는가? 어쩌다 보니 두 수검자가 카드마다 순서는 다르지만 아주 똑같은 응답을 보인다고 해도, 어쩌면 그중 한 명은 카드마다 어떤 응답을 먼저 하고 어떤 응답을 마지막에 해야 한다는 융통성 없는 강박을 느꼈을지도 모른다. 예민한 검사자라면 의미 있게 받아들일 만한 양상이다.

헤르만 로르샤흐는 오로지 직관과 미술적 재능, 시행착오, 대칭의 힘에 대한 몇 가지 아이디어를 이용하여 자연언어나 지진처럼 기본적으로 체계가 있으면서도 유연한 그림 한 벌을 만들어냈다. 이런 면에 있어서 더 나은 잉크 얼룩을 상상하기는 어렵다. 오랫동안 심리학자들이 대안으로 쓸 잉크 얼룩들을 만들어봤지만, 거의 하나같이 얼마 못 가 포기하고 말았다. 로르샤흐가 만든 잉크 얼룩은 보는 행위와 같다. 둘 다 나름대로의 구조와 범위가 있기 때문이다. 분명 그 안에 무언가가 존재하지만, 그렇다고 우리를 완전히 제약하는 것은 하나도 없다. 객관적으로 세상의 시각적 본질은 대상 안에 존재하지만, 우리는 대상에서 그 본질을 본다. 우리는 자신의 세계관이 자신이 본 것과 들어맞을 때에만 그 세계관을 주관적으로 대상에 부여한다. 비록 보는 방식은 달라도, 우리는 모두 같은 대상을 본다.

모양 이외에도 로르샤흐 얼룩에는 독특한 면이 있다. 색이 감정을 끌어내고, 늘 그렇지는 않지만 때로는 모양을 무용지물로 만들기도 한다. 정지된 그림에 움직임을 불어넣는 것은 쉽지 않다. 제대로 된 기술과 로르샤흐가 말한 '공간 리듬'을 가진 미술가라야 가능하다(미래파가 아닌 미켈란젤로처럼 말이다). 움직인다는 느낌을 **겉으로 드러나지 않게**, 그것도 어떤 사람에게는 전달하고 어떤 사람에게는 전달하지 않기란 더 어렵다. 로르샤흐가 그린, 깡통과 씨름하고 있는 남자(181쪽)에게서는 거의 모든 사람이 움직임을 보기 마련이다. 하지만 로르샤흐가 1919년 11월 3일 일기에 적었듯, "중요한 것은 움직임 반응이 나오기 어렵도록 실험을 준비하는 것이다. 만약 잘 그린 그림을 보여준다면, 모든 사람이, 심지어 지적장애인마저도 움직임 유형으로 보일 것이다."

로르샤흐가 인정했듯 얼룩의 대칭은 사람들이 "지나칠 정도로 나비 같은 것을 자주" 보게 만들지만, 그의 말처럼 "결점보다 이점이 훨씬 많다". 얼룩이 좌우 대칭인 덕분에 사람들은 그림을 자신과 연결 짓고, 더 나아가 동일시하기까지 한다. 정확히 말해, 얼룩은 대칭이 아니다. 자그마한 돌출, 줄무늬, 음영이 조금씩 다르다. 하지만 완벽한 대칭이 아니기는 동물이나 사람도 마찬가지고, 바로 그 때문에 얼룩이 좌우 대칭이고 살아 움직이는 듯 보이는 것이다. 게다가 우리가 현실에서 마주치는 집단들이 수직적 관계가 아닌 수평적 관계이므로, 좌우 대칭이 모든 그림의 양쪽 사이에 "사회적" 연결을 만들어낸다.[33] 그러한 연결로 인해 잉크 얼룩의 여러 부분들이 짝을 이루는 사람이나 다른 생명체처럼 상호작용하게 된다. 좌우 대칭이 없었다면 잉크 얼룩 검사는 효과를 발휘하지 못했을 것이다. 개인적이지도, 심리학적이지도 못했을 것이다.

점수 체계, 운용 절차, 검사의 의미 해석이 모두 바뀌었지만, 로르샤흐가 만든 잉크 얼룩은 충분한 이유로 변함없이 존재한다. 문학 비평가 장 스타로뱅스키(Jean Starobinski)[34]는 로르샤흐 검사를 다룬 평론을 시처럼 시작한다. "몽테뉴는 적었다. '모든 움직임이 우리를 드러내노라.' 오늘날 우리는 몇 마디를 더 보태도 좋겠다. 모든 지각도 움직임과 마찬가지로 우리를 드러내노라." 그리고 오늘날에도, 움직임을 지각하는 것이 무엇인지 꿰뚫어본 로르샤흐의 통찰은 그의 업적 가운데 가장 독창적이고 영속적인 것으로 계속해서 인정받고 있다.[35] 지난 30년간 가장 많이 언급된 몇몇 신경과학 연구 역시 그의 통찰이 맞다는 것을 확증해주었다.

1990년대 초반, 이탈리아 파르마 대학교의 자코모 리촐라티Giacomo Rizzolatti가 이끄는 연구진이 단순해 보이는 사실 하나를 발견했다.[36] 짧은 꼬리 원숭이의 뇌세포를 살펴봤더니, 원숭이들이 물 잔을 잡으려고 손을 뻗는 것과 같은 행동을 했을 때와, 그 원숭이들이 다른 원숭이나 원숭이 그림, 또는 사람이 똑같은 행동을 하는 모습을 봤을 때, 그 두 경우에서 모두 동일한 세포가 발화하는 것을 관찰할 수 있었다. 이후 이어진 일련의 독창적인 실험 결과, 그 세포는 원숭이가 같은 움직임을 별 뜻 없이 지켜봤을 때(예컨대 잔 쪽으로 손을 두긴 해도 잔을 잡으려고 뻗지는 않을 때)는 발화하지 않았고, 같은 목적으로 다르게 행동할 때(이를테면 오른손 대신 왼손을 쓰거나, 손가락을 오므리는 대신 벌려야 물체를 잡을 수 있도록 된 집게를 이용할 때) 발화했다. 이 신경세포는 행위의 **의미**에 반응하는 듯했다. 이 세포들은 그저 기계적인 움직임을 제어하는 게 아니라, 타자의 의도와 욕망을 바로 뇌로 전달하는 반사 신경이었다.

타자가 하려는 일을 우리 신경이 정말로 거울처럼 그대로 반영해 실제로 느낀다면, 다른 사람을 이해하거나 그들의 행동을 해독하는 법을 배워야 하는 문제가 사라진다. 다시 말해 타자의 마음에서 일어나는 철학적 문제를 해석하지 않아도 된다. 파르마 연구진은 이 세포를 '거울 신경'이라고 불렀다. 이후 자폐증의 본질부터 정치적 견해, 친절함, 인간 사회의 토대까지 모든 것을 거울 신경과 연결하려는 연구와 추론이 봇물 터지듯 쏟아졌다.

2010년, 다른 이탈리아 연구진이 거울 신경을 로르샤흐 검사와 연계한 연구를 진행했다.[37] 이들은 만약 거울 신경이 행위에서 의도를 읽을 때 발화한다면, 그림에서 움직임을 볼 때도 발화할 거라는 가설을 세웠다. "우리는 그런 심리화mentalization*가 로르샤흐 검사의 자극을 살펴보는 수검자가 움직임 반응을 표현할 때 일어난다고 여겨지는 것과 매우 비슷하다고 추측했다." 실험 참가자의 머리에 뇌파 측정기를 씌우고 잉크 얼룩을 살펴보게 하자, 실험 참가자가 인간 움직임 반응을 보일 때는 "매우 의미 있는" 거울 신경 활성화가 나타나지만, 동물 움직임이나 무생물 움직임 반응, 색, 음영, 형태에는 활성화가 일어나지 않았다. 이들은 "로르샤흐 검사의 움직임 반응이 신경 생물학에 근거한다는 사실이 처음으로 증명된 것이라고 결론지었다. 이러한 종합적인 결과는 100년에 걸친 로르샤흐 검사의 경험적 연구 보고서뿐 아니라 이론적 연구 보고서와도 완전히 일치한다". 로르샤흐 검사와 거울 신경을 더 깊이 파헤친 연구들이 이어졌다.[38] R-PAS의 공동 고안자인 도

* 자신이나 남의 마음을 헤아릴 줄 아는 능력. 정신화, 마음 헤아리기라고도 부른다.

넬드 비글리오니가 연구를 촉진했고, 핀과 마이어도 이런 연구를 자주 언급했다.

MRI 같은 영상 검사 기술로는 뇌를 있는 그대로 읽을 수 있지만 마음은 읽을 수 없다는 논쟁이 그렇듯, 거울 신경의 진정한 중요성은 여전히 논쟁거리로 남아 있다.[39] 하지만 중요하든 중요하지 않든, 거울 신경은 로르샤흐가 반사 환각을 다룬 학위 논문에서 설명한 내용과 로르샤흐 검사에서 움직임 반응이 보여주는 내용에 학계가 다시금 관심을 갖도록 일깨웠다. 우리는 세상에서 일어나는 일을 마음과 몸으로 느낀다. 그리고 실제이든 상상이든, 움직임은 우리가 맨 먼저 지각하는 방식이다.

최근 나온 다른 실험은 동시 발생 운동motor synchrony이라고 알려진 행동, 즉 남이 웃을 때 따라 웃거나, 남이 고개를 끄덕일 때 따라 끄덕이는 행동이 감정 교류를 일으킬 뿐 아니라, **그 자체**로 감정 교류라는 것을 보여줬다.[40] 누구나 알다시피 고통스러운 표정을 짓는 사람을 보면 그 사람의 고통을 느끼지만, 흉내는 지각의 원인이지 결과가 아니다. 한 연구에 따르면, 실험 참가자에게 연필을 물려 웃거나 찡그리지 못하게 하면, 다른 사람의 표정에 나타난 감정 변화를 잘 알아채지 못했다. 지각이 일어나려면 신체 움직임인 흉내가 있어야 했다. "얼굴을 지각하는 데는 거의 언제나 움직임이 수반된다고 판명되었다. 얼굴을 바라보면서 표정을 만드는 얼굴의 움직임에 대해 생각하지 않기란 매우 어렵다."

앞에서 나는 로르샤흐가 〈말을 탄 쿠노 폰 팔켄슈타인〉에

앞날을 생각해보며

서 기사 쿠노가 팔을 들었던 모양대로 자기 팔을 들어봤더니 그림이 떠올랐다고 이야기했었다. 에드거 앨런 포가 쓴 《도둑맞은 편지The Purloined Letter》 속의 유명한 탐정 오귀스트 뒤팽도 똑같은 전략을 쓴다. "어떤 사람이 얼마나 현명한지 어리석은지, 착한지 사악한지, 지금 어떤 생각을 하는지 알고 싶을 때, 나는 그 사람의 표정을 되도록 정확하게 따라 지어본다. 그런 다음 머릿속이나 마음에서 그 표정에 맞추거나 일치시키려는 듯 어떤 생각이나 감정이 떠오르는지를 지켜본다." 이것이 직관에 어긋나는 말처럼 들리는 까닭은 우리가 직관적으로 눈이 사진기처럼, 마음이 컴퓨터처럼, 몸이 프린터나 스피커처럼 작동하여 마치 입력-처리-출력 절차를 거치듯 지각-인지-흉내 절차를 거친다고 보기 때문이다. 하지만 우리 몸과 마음은 그렇게 작동하지 않는다.

움직임 반응, 어떤 의미에서 잉크 얼룩 실험 전체는, 본다는 것은 보는 대상 안으로 "들어가 느끼는" 과정을 포함하며, 느낀다는 것은 보는 과정을 통해서 일어난다는 것을 전제한다. 1871년 무렵 독일의 미학 이론에서 기원한 이 발상은 특히 감정이입이라는 이름으로 계속 발전해왔다.

최근 몇 년 동안은 감정이입이 거울 신경보다 훨씬 많이 논의되었고,[41] 인간이기 위한 것의 중심에는 감정이입이 있어야 한다고 주장하는 심리 서적이 인기를 끈 뒤로 관련 책들이 잇달아 나왔다. 폴 블룸Paul Bloom 같은 이단아들은 아예 반대 주장을 펼친다.[42] 만약 감정이입이 가깝고 매력 있는 사람에게로 치우쳐, 수치로 나타난 사실을 뒤엎는다면(우리는 멀리 떨어져 얼굴도 모르는 1,000명의 사상자보다 우물에 빠진 한 명의 아이를 더 가엾게 여긴다), 그래서 블룸의 표현대로 뼛속까지 "편협하고 속이 좁고 숫자도 이해하지 못한다면", 감정이입이 없어야 복잡한 문제에 더 나은 결정을 내릴 수 있다는 것이다.

　　그동안 로르샤흐 검사를 놓고 벌어진 논의는 오늘날 벌어지는 논쟁에 유용한 관점을 제공할 수 있다. 정신의학이 질환을 진단해야 하는지 아니면 개인을 이해해야 하는지를 놓고 논쟁이 벌어지는 가운데 태어난 로르샤흐 검사의 전체 역사는 다른 관점으로 "들어가 느끼자"는 주장과 합리적 객관성으로 거리를 둔 태도를 유지하자는 주장이 경쟁하는 가운데 균형을 잡아왔다. 특히 스티븐 핀의「경험에 바탕을 둔 인간 중심 협력 치료에서 감정이입의 여러 얼굴The Many Faces of Empathy in Experiential, Person-Centered, Collaborative Assessment」연구는 감정이입을 둘러싼 대화를 재구성하는 데 유용하다.[43] 핀은 협력-치료 평가 방식을 되짚으면서, 감정이입이 세 가지 역할을 한다고 주장했다. 먼저 감정이입은 정보를 모으는 수단이다. 우리는 남의 행동을 관찰하는 것만이 아니라 남의 처지에 서서 고통을 느껴볼 때 상대방을 이해한다. 둘째, 상호작용이 일어나는 과정이다. 치료사가 내담자를 이해하려 애쓸 때, 이해받기를 간절히 바라던 내담자는 "치료사를 따르는 동시에, 치료사가 자신의 내면세계를 더 잘 이해하도록 돕기 위해 정보를 건넨다". 마지막으로 감정이입 자체가 치유적 요소이다. 연민은 마음을 어루만질 수 있다. 핀의 내담자들 중 많은 이들이 깊이 이해 받았다는 느낌만으로도 삶이 바뀌었다고 밝혔다. 감정이입의 이런 세 가지 형태는 서로 다른 방향을 가리킬지도 모른다. 사기꾼은 어떤 의미에서는 "감정이입에 뛰어나" 매우 예민하게 사람을 읽어내지만, 그렇게 얻어낸 정보로 하는 자신의 행위에는 반사회적 인격 장애에 가까울 정도로 감정이입을 하지 않는다. 블룸과 같은 주장을 펴는 사람들은 이런 관점에 따라 정보 수집 수단으로서의 감정이입의 약점을 지적할 뿐, 연결과 치유 수단으로서의 가치는 알아보지 못한다.

로르샤흐 검사가 일깨우는 가장 가치 있는 생각은 감정이입이 말이나 이야기보다 더 중요하다는 것이다. 감정이입은 곧 통찰하는 힘이다. 이때 우리는 세상 안으로 들어가 느낀 다음, 거기에서 자신을 보며 양쪽을 연결할 수 있는 무엇을 본다. 감정이입은 반사 환각이자 움직임 반응이다. 그래서 상상이나 어떤 감각뿐아니라 섬세하고 정확한 지각이 필요하다. 다른 사람의 감정을 느끼려면, 그 사람을 있는 그대로 느껴야 한다. 그 사람의 눈으로 세상을 보아야 한다.

로르샤흐 검사는
로르샤흐 검사 같은
무엇이 아니다

나는 현장 심리학자도, 성격 검사에 반대하는 운동가도 아니다. 잉크 얼룩 검사를 알게 된 계기도 문화 관련 조사 때문이었다. 따라서 로르샤흐 검사의 사용 빈도가 2위인지 9위인지에 신경 쓸 이유가 전혀 없었다. 나와 이야기를 나눈 대다수의 사람들처럼, 나도 이 검사가 아직도 임상과 법원에서 어떤 식으로든 쓰이고 있다는 데 놀랐다. 로르샤흐라는 말도 낯설었다. 사람인가? 아니면 장소나 물건? 헤르만 로르샤흐의 삶에는 아예 깜깜했다. 내가 알고 있는 것이라고는 내가 본 것이 모두 로르샤흐 검사라고 불리는 것에 영향을 받았다는 사실뿐이었다. 나는 그전에도 잉크 얼룩을 본 적이 있었다. 혹은 본 적이 있다고 생각했다. 그리고 더 많은 것을 알고 싶었다.

첫 번째 단계는 진짜 검사를 받는 일이었다. 아무나 로르샤흐 검사를 수행할 줄 아는 것도 아니고, 전문가들이 하찮은 호기심을 채워줄 생각도 없다는 것을 알게 된 후였다. 나는 적어도 조금은 환상에서 벗어나 있는 사람을 찾아 나섰다. 모든 기법과 공식을 알면서도 여전히 검사를 탐구로 보는, 무언가 할 이야기가 있는 대상으로 보는 사람이어야 했다. 마침내 랜들 페리스(가명) 박사를 소개받았다.

진료실에서 그는 자기 의자를 내 정면에서 살짝 옆으로 당겨 앉더니, 노란색 노트와 두툼한 서류철을 꺼냈다. 그리고 서류철에서 두꺼운 종이로 만든 카드를 꺼내 내게 건네주었다. "무엇이 보입니까?"

카드 5번에서는 물론 박쥐를 보았다. 카드 8번에서는 "겨울 마녀"가 보였다. 흔히 자살 카드라 부르는 카드에서는 "귀가 축 늘어진 온순한 큰 개"가 보였다.

카드 2번을 받았을 때는 나도 모르게 "어!" 소리가 나왔다. 모든 얼룩이 흑백이 아니라는 것을 알고 있었는데도 빨강에 움찔 놀랐다. 페리스는 노트에 "정동 충격"이라고 적었다.

카드 3번에서는 "양동이를 들고 있는 사람들"이 보이고, 회색 줄들 때문에 "사람들이 움직이는 듯 보인다"고 답했다. 내가 나중에 페리스와 기술적인 세부 사항에 대해 이야기를 나눌 만큼 로르샤흐 검사를 알게 되었을 때, 페리스는 내 응답이 음영 반응Shading response이었을 거라고 말했다. 즉 움직이고 있거나 팽팽한 긴장 상태에 있는 회색의 어떤 것으로 보았다는 것이다. 페리스에 따르면 음영 반응은 대개 불안을 암시하는 것으로 여겨진다고 한다. 하지만 내 응답에는 협조 움직임Cooperative Movement도 있었고, 그것은 평범 반응이었다. "따라서 다 괜찮다"고 페리스는 말했다.

검사는 모두 1시간이 걸렸다. 나는 금요일에 페리스를 다시 찾아가 기본적인 해석과 결과를 들었다. 검사는 제 기능을 발휘했을까? 내가 검사를 받은 목적은 진단이나 소송 처리, 치료가 아니었다. 따라서 그런 의미에서는 아무 효과가 없었다. 그쪽으로는 검사가 할 일이 없었다. 하지만 설명을 듣다보니, 검사가 사실을 드러내는 듯 보였다. 페리스 박사가 내 성격을 해석한 내용도 어느 정도 통찰력 있어 보였다. 내 눈길을 가장 많이 사로잡은 것은 매우 다채로우면서도 이상한 카드 10장 자체였다. 어찌나 마음이 끌렸는지, 그후 여러 해 동안 카드의 역사와 힘을 탐구하기에 이르렀다. 페리스 말로는 내가 조금 집요한 사람이었다.

지금까지도 나는 카드에 있는 색을 어떻게 이해해야 하는지 잘 모른다. 신경과 의사의 아내이자 화가였고, 로르샤흐 부부와 알고 지냈던 이레나 민콥스카는 "여러 색이 들어간 얼룩은 별로예요. 그런 색에는 어떤 화가라도 불쾌함을 느끼죠"라고 말했다.[1] 이레나의 올케이자, 로르샤흐가 1909년에 카잔에서 만난 친구 프란치스카 민콥스카도 이에 동의했다. 1915년에 파리로 이주한 프란치스카는 나중에 빈센트 반 고흐를 다룬 중요한 심리 연구 논문도 썼고, 파리에서 여러 현대미술가들에게 로르샤흐 검사를 수행했더니(누구였는지 알면 좋겠다) 하나같이 색에 나쁜 반응을 보였다고 말했다.

색은 잉크 얼룩 검사의 약점일지 모른다. 로르샤흐는 말년에 예술가이자 심리학자였던 친구 에밀 뤼티와 함께 개발하던 새 검사에서 특히 색에 공을 들였다고 한다. 그러나 일단 '색채 충격'이 신경증 진단법으로서의 신뢰를 잃고 나자, 안타깝게도 색이 감정과 이어져 있다는 로르샤흐의 중요한 견해까지 무시당했다. 지난 50년 동안 로르샤흐 검사의 색을 다룬 연구는 거의 없었다. 색채 반응을 어떻게 해석하는가와 상관없이, 사람들이 채색 카드에 움찔 놀라는 반응을 자주 보인다는 사실은 변함이 없다.[2] 나는 분명히 흠칫 놀랐다. 로르샤흐는 수검자가 색에 반응하는 성향이 있다면 카드를 보고 당황하게 할 셈으로 채색 카드를 고안했다. 따라서 사람의 마음을 어지럽히는 효과가 있다면 채색 카드가 의도대로 기능하고 있다는 뜻일지 모른다.

아무튼, 빨간색이 있든 없든 끝없이 마음을 사로잡는 흑백 잉크 얼룩의 강렬한 디자인이야말로 로르샤흐의 영원한 걸작이다. 로르샤흐 얼룩은 예술이 아니다. 하지만 예술이 아니라고 할 수도 없다.

드디어 로르샤흐 얼룩을 진지하게 받아들이는 미술사가들이 나오고 있다. 오래전 연구에서는 가끔 로르샤흐 잉크 얼룩을 언급하기는 했지만 대개 선구자들을 줄줄 나열하고 마는 전형적인 실수를 저질렀다. 특히 레오나르도 다빈치가 벽에 물감을 던져 그린 얼룩과 케르너의 잉크 얼룩 그림이 로르샤흐에게 미친 영향은 늘 부풀려졌다. 2012년에 발표된 자세한 내용의 한 논문[3]은 잉크 얼룩을 처음으로 면밀하게 살피며 에른스트 헤켈, 아르누보, 모더니즘으로 이어지는 연관성을 섬세하게 끌어냈다. 2012년 뉴욕 현대미술관이 선보인 획기적인 전시회 〈추상미술을 창안하다 Inventing Abstraction〉 도록에 실린 평론[4]에는 로르샤흐의 잉크 얼룩을 카지미르 말레비치의 추상미술, 아인슈타인의 생각 실험, 로베르트 코흐Robert Koch에게 노벨상을 안긴 결핵균 발견과 함께 다뤘다. 살펴봐야 할 시각적 관련성은 아직도 무수히 많다.[5]

친가와 외가 양쪽에서 모두 미술적 재능을 물려받은 헤르만 로르샤흐는 평생을 지각이 마음과 몸, 세상이 교차하는 지점이라고 믿었다. 그는 사람마다 보는 시각이 어떻게 다른지 알고 싶어했다. 세잔은 색을 "우리 뇌와 우주가 만나는 곳"이라고 말했다. 가장 기본적인 차원에서, 본다는 행위도 우리 뇌와 우주가 만나는 지점이다.[6]

심리학계의 선구자들 가운데 로르샤흐만이 시각을 중요하게 여겼고 시각심리학을 만들어냈다. 주류 심리학은 이 위대한 길에 발을 내딛지 않았다. 말하기를 좋아하는 사람이든 책을 좋아하는 사람이든 오늘날 우리 대다수는 표면과 화면에 이미지가 넘쳐나고 시각이 지배하는 세상을 살고 있는데도 말이다. 우리는 시각을 중요하게 여기도록 진화했다. 뇌의 상당 부분은 시각 정보를 처리하는 데 쓰이고(어떤 책의 추정치에 따르면 자그마치 85%다[7]), 과학자들은 이 사실을 진지하게 받아들이기 시작했다. "화면이나 지면에 눈길을 붙잡아두어야" 하는 광고계에서는 오래전부터 이 사실을 진지하게 받아들였다. 말하는 것보다 보는 것이 더 강렬하게 뇌리에 남는다.

그렇지만 프로이트는 말을 중시하는 사람이었다. 말장난과 '속마음을 드러내는 말실수'를 알아채는 것에서부터 대화 요법 그 자체에 이르기까지 그가 세운 모든 전통은 우리가 말하는 것과 말하지 않는 것에 숨겨진 무의식을 밝혀내기 위해 설계되었다. 프로이트의 방식은 말을 중시하는 사람이 말을 중시하는 사람을 위해 만든 심리학이다. 이와 달리 현대 심리학은 통계학을 숭배하니, 수학을 중시하는 사람의 복수라고 할 만하다. 거의 모든 지식 분야가 말 아니면 수학에 기울어 있다. 교육은 강의와 필기시험으로 이루어지고, 심리학보다 훨씬 더 통계 측정치를 숭배한다. 이런 상황을 보면 지식인의 삶에는 두 길밖에 없는 듯하다. 숫자 아니면 말, 자료 아니면 이야기, 과학 아니면 인문학, 자연과학 아니면 사회과학.

하지만 말과 숫자를 중요하게 여기는 사람이 전부는 아니다. 시각이 중요한 사람, 음악이 중요한 사람, 신체 운동 지능이 뛰어난 운동선수와 무용가, 어마어마한 정서 지능으로 위로하고 중재할 줄 아는 사람도 있다. 상상해보라. 만약 역사 논문에 말로 된 묘사뿐 아니라 주요 인물과 풍경을 그린 목탄화가 들어가야 한다면, 역사가들이 글쓰기뿐 아니라 그림 그리기도 훈련받는다면 어떨까? 미술가치고 그것이 지식을 얻는 진정으로 중대한 원천이라는 사실을 모르는 사람은 없다.

프로이트를 사랑하든 증오하든, 그를 말을 중시하는 사람으로 규정하면 상황이 달라진다. 왜냐면 누구나 알다시피 모든 사람이 같지는 않기 때문이다. 나는 화가이자 미술사가인 시각형 사람과 결혼한 언어형 사람이다. 그래서 날마다 두 유형의 사람이 세상을 아주 딴판으로 보기 일쑤라는 사실에 직면한다. 더 정확히 말하자면 시각형 사람은 세상을 보고, 언어형 사람은 세상을 읽는다. 식구 가운데 시각형 사람이 있는 언어형 사람 여럿과 이야기를 나눠봤고, 반대로 언어형 사람과 사는 시각형 사람과도 이야기를 나눠봤더니, 누구도 이런 근본적 차이를 새삼스럽게 여기지 않았다. 헤르만 로르샤흐는 그런 인간 경험의 모든 측면을 이용해 마음을 탐구한 선구자 가운데 한 명이었다.

사람마다 '유형'이 다르다는 사실은 상대주의라는 유령을 불러낸다. 융의《심리 유형》에 어렴풋이 모습을 보였던 상대주의는 1960년대에 권위의 해체와 함께 전면에 등장했다. 그리고 융의 심리 유형을 시각으로 구성한 것이 우리는 모두 다른 방식으로 세상을 본다는 로르샤흐의 기본적인 통찰이다. 하지만 바로 그러한 시각적인 특성이 완전한 차이를 만들어낸다. 실제 잉크 얼룩과 잉크 얼룩에 담긴 특정한 시각적 특성을 이해하는 일은 적어도 원칙적으로 상대주의를 넘어서는 길을 열어준다. 그렇다고 완전히 제멋대로 이해한다는 뜻은 아니다. 잉크 얼룩에는 우리가 모두 저만의 방식으로 보는 무언가가 정말로 있다. 로르샤흐의 통찰은 우리에게 타당한 판단, 즉 절대 진리가 존재한다는 사실을 부인하라고 강요하지 않으면서도 유지될 수 있다.

이 책을 설명할 때마다 같은 말을 얼마나 많이 들었는지 모른다. "로르샤흐 검사야말로 정말 로르샤흐 검사 같네요! 아무 뜻으로든 다 쓰이잖아요!" 나는 이렇게 말하고 싶다. **아뇨, 그렇지 않습니다.** "찬반양론을 모두 보여주고" 그냥 손을 떼고 싶은 마음이 아무리 굴뚝같을지라도, 잉크 얼룩 검사는 특별한 역사를 가지고 있고, 실제로 활용되고, 객관적인 시각적 특성을 보여주는, 실재하는 무엇이다. 잉크 얼룩은 사람에 따라 특정한 방식으로 보인다. 검사는 정해진 방식으로 기능하기도 하고 기능하지 않기도 한다. 우리가 잉크 얼룩을 어떻게 생각하느냐보다 이런 사실들이 훨씬 중요하다.

로르샤흐 검사가 상징하는 것도 바뀌고 있다. 처음에 로르샤흐 검사는 미국에서 성격을 중시하는 문화와 더불어 두각을 나타냈다. 성격 중시 문화는 개인의 독특한 특성에 특권을 부여하고, 그 특성을 측정할 길을 요구했다. 그리고 이전 정신의학 전문가 세대의 콧대를 꺾음으로써 똑같이 권위주의에 맞서려는 충동을 상징하게 되었다. 수십 년 동안 로르샤흐 검사는 융화되기 어려운 개인차를 상징했다. 하지만 이제는 분열이 생길까봐 조바심치는 마음을, 그리고 이 세상을 공유하겠다는 약속을 반영할 때가 많다.

　이제 로르샤흐 검사는 우리가 반응하는 무엇, 우리 성격을 드러내는 무엇을 묘사하는 데 쓰이지 않고, 대신에 어떻게 우리 자신을 표현할지를 묘사하는 데 쓰이기 시작했다. 패션 잡지 《럭키Lucky》의 2014년 8월호에 거의 똑같은 검정 스키니진을 여덟 벌 가진 이야기를 쓴 사람은 이렇게 적었다. "나는 내 스키니진들을 로르샤흐 바지라고 부른다. 내가 무엇을 바라든, 그 바지들은 내가 원하는 바지가 된다." 같은 해에 연애 사이트 'OK큐피드OKCupid'의 공동 창업자이자 데이터 분석가인 크리스천 러더Christian Rudder는 온라인 프로필에 올라온 자기 묘사를 분석한 책《빅데이터 인간을 해석하다Dataclysm》를 펴내, 성별과 인종의 조합에 따라 가장 많이 나타난 단어와 가장 적게 나타난 단어를 밝혔다.[8] 백인 남성은 다른 집단에 비해 "파란 눈", "스노모빌 타기", "피싱"이라는 단어를 많이 썼다. 흑인 여성은 다른 집단에 비해 "구릿빛 피부", "사이먼과 가펑클"이라는 단어를 잘 쓰지 않았다. 러더는 "말로 로르샤흐 그림을 그린다고 할 때", 우리가 가장 적게 쓴 단어는 "로르샤흐 그림을 둘러싼 여백"에 해당한다고 썼다. 즉 여백이 그림을 두드러지게 해 우리가 남에게 보이고 싶은 모습을 드러낸다는 것이다.

　이런 것들은 로르샤흐 검사가 우리가 만드는 이미지가 아니라 우리를 보여주는 이미지라는 사실을 깨닫지 못하고 있기 때문에, 왜곡된 비유일 뿐이라고 말할 수 있다. 나는 그런 방식으로 보지 않는다. 이런 특정한 실수들은 10년 전 또는 15년 전이라면 나오지 않았을 실수들이다.

오늘날에는 잉크 얼룩을 검사로 쓸 때마저도 우리가 검사에 보이는 반응보다 검사로 무엇을 하느냐가 더 중요해졌다. 2013년 11월 8일 로르샤흐의 생일날, 그날 구글의 기념 로고는 쌍방향 로르샤흐 검사였다. 뚱한 표정이지만 왠지 호감이 가는 모습으로 반응을 기록하고 있는 헤르만의 옆에 잉크 얼룩이 있고 마우스로 그곳을 클릭할 때마다 얼룩이 다른 모양으로 바뀐다. 그리고 이용자는 자신의 응답을 구글 플러스, 페이스북, 트위터로 공유할 수 있도록 되어 있었다. 화면의 "무엇이 보입니까?"라는 물음은 "본 것을 공유하시오"로 바뀌었다.

힐러리 클린턴이 처음으로 자신을 로르샤흐 검사 같은 사람이라 부른 지 15년이 지난 2008년, 당시 대통령 후보였던 버락 오바마도 같은 말을 했지만, 의미는 달랐다. 그는 이렇게 말했다. "저는 로르샤흐 검사 같은 사람입니다. 끝내는 저에게서 실망스러운 모습을 볼지라도, 국민들은 무언가를 얻을 겁니다."[9] 국민에게 공화당 편인가, 민주당 편인가라는 꼬리표를 다는 대신, 오바마는 자신을 로르샤흐에 빗댐으로써 자신을 협력-치유하는 사람, 즉 사람들이 스스로를 들여다보고 앞으로 나아갈 수 있는 유용한 기회를 제공하는 사람으로 설정했다. 서로 다른 반응을 보인다고 해서 그것을 기준으로 사람을 가를 필요는 없다. 로르샤흐 검사는 분명 오바마가 대통령으로서 미국 국민을 하나로 묶은 정도로 사람들을 하나로 묶지는 못한다. 그렇지만 로르샤흐라는 비유는 구분에서 통합을 강조하는 쪽으로 바뀌었다.[10]

흔히 써온 로르샤흐 검사라는 말이 그동안 상징해온 것은 틀린 응답은 없다는 것이었다. 허블 망원경이 보내온 흐릿한 영상을 "경쟁하는 이론들의 로르샤흐 검사"라고 부른 적은 한 번도 없었을 것이다. 천문학에서는 한쪽 해석이 맞는다면 다른 쪽 해석은 틀리기 마련이기 때문이다. 그럼에도 이제 이 은유는 단 하나뿐인 객관적 진실을 믿는 신념과 더불어 그런 식으로 쓰일 수 있다.

2013년 《뉴요커》의 한 기사는 한때 고고학자들이 수십 년 동안 애써야 가능했던 아마존 유역의 자료 수집을, 이제 강 위를 날며 하루 만에 마칠 수 있게 해준 신기술에 대해 다뤘다. 그러면서 지나가는 말로 이렇게 언급한다. "이런 기술도, 숲이 빽빽한 곳에서는 전문가마저 해석할 수 없는 로르샤흐 얼룩 같은 영상을 내놓는다." 이 모호한 말에 상대주의는 없다. 즉 진실은 저 너머에 있으며, 더 나은 기술이 진실을 찾아낼 것이라는 뜻을 담고 있다. 앤디 워홀은 "기계가 되고 싶다"는 말로 자기표현과 그 아래 내포된 의미를 거부했다. 하지만 제이지가 워홀의 〈로르샤흐〉를 자신의 회고록 《암호를 푼Decoded》의 표지로 썼을 때, 노랫말 설명과 뒷이야기로 채워진 책과 그 제목은 모두 암호 뒤에 숨은 유일한 진실에 대한 믿음을 보여준 셈이었다. 제프 골드블룸Jeff Goldblum은 자신이 출연한 한 연극을 이렇게 설명했다. "로르샤흐 검사 같거나 입체파 화가의 표현 같은 연기를 의도했다. 서로 부딪히면서도 동시에 각자 동일하게 존립하는 이야기들을 들려주고 싶어서이다." 입체파 화가의 그림은 한 번에 모든 측면을 보여준다. 따라서 골드블룸이 쓴 은유에 따르면, 우리는 누구나 부분적으로는 옳고, 또 부분적으로만 옳을 뿐이지만, 있는 그대로의 진실은 존재한다.

다섯 손가락도 다 못 채우는 사례들로 지금의 시대정신을 증명할 수는 없다. 특히 제프 골드블룸의 사례가 끼어 있다면 말이다. 하지만 사례가 하나 더 있다. 통신 회사 버라이즌이 2013년부터 내놓은 '현실 확인Reality Check' 광고는 얼룩진 그림들이 있는 어느 미술관에서 평범한 사람들에게 이런 물음을 던졌다. "처음 이 그림을 보면 어떤 반응이 나오나요?" 당황한 첫 관람객은 "무용수 같네요"라고 말하며 자기 팔을 움직였다(움직임 반응이다!). 다른 미술 애호가들은 마녀같이 사나운 여자나 딸기 한 무더기라고 말했다. 사실 그 그림은 여러 통신사의 휴대폰 서비스 지역을 나타낸 지도로, 배경만 로르샤흐처럼 대칭으로 변형한 것이었다. 그리고 버라이즌의 서비스 지도를 보자, 누구나 "말할 것도 없이 미국을 그린 그림"이라고 알아봤다. 다른 응답은 없었다. 커피를 손에 든 마지막 관람객은 하나뿐인 타당한 해석을 내놓았다. "**당장** 버라이즌으로 바꿔야겠어!" 개개인의 해석은 불충분한 기술을 알리기 위해 집어넣은, 상관없는 주의 끌기였다. '현실 확인'은 확인해야 할 현실이 거기에 있음을 필요로 한다.

그런데 스스로 현실을 보지 않는 누군가가 이렇게 공유된 현실을 받아들이도록 하려면 어떻게 해야 할까? 이것이 진단을 둘러싼 논쟁, "사람에 꼬리표를 다는" 것을 둘러싼 논쟁, 검사를 빌미로 누군가의 경력을 가로막거나 그 사람의 삶에 깊숙이 개입하는 것이 옳은가를 둘러싼 논쟁이다. 그것은 한나 아렌트의 물음이기도 하다. **누군가에게 다른 이를 심판할 권리가 있는가?** 50년 동안 계속되어온 이 질문은 이제 어느 때보다 강력한 힘을 발휘한다. 이제 사람들은 자신만의 의견을 지닐 권리뿐 아니라 자신만의 사실도 지닐 권리가 있다고 여기는 것 같다. 하지만 이해관계가 너무 크거나, 아니면 다른 세계관이 존재한다고 인정할 마음이 없을 때, 사람들은 그것을 "로르샤흐 검사 같은 것"이라고 부른다.

　　누군가를 평가하는 데는 주관성이 작용하므로, 수검자는 끝내 평가자에게 동의하지 않거나 분노할지도 모른다. 우리가 바라는 확실한 정보가 없을지라도 우리는 병원에서, 학교에서, 법원에서 틀릴 수도 있는 판단에 기대어 실제 선택을 해야 한다. 시간이 흐를수록 판단이 개선되겠지만, 반복된 실행을 거친 후에야 가능한 일이고, 그마저도 결코 완벽해지지는 못한다.

　　수십 년 동안 타당성과 표준화를 놓고 벌어진 치열한 다툼이 그러했듯이, 우리는 되도록 탄탄한 근거를 바탕으로 판단하려고 계속 노력해야 한다. 엑스너 방식의 심각한 결함을 보완하려고 꾸준한 연구와 발전이라는 과학적 원칙으로 돌아간 R-PAS가 널리 적용되고 있으니, 이러한 변화로 상황이 더 나아질 것이다. 그러나 어떤 사람이 학교 교사로 적합한지, 치료가 필요한지, 양육권을 가져도 되는지를 알 수 있을 것이라는, 그것도 완벽히 알 수 있을 것이라는 환상은 그저 환상일 뿐이다. 사람은 어떤 도구를 갖든 실수하기 마련이다. 배심원단이 끔찍한 오심을 내린다고 해서 배심원 재판 제도 자체가 원칙적으로 틀렸다고 결론짓지는 않는다.

　　로즈 마르텔리 같은 사례는 로르샤흐 검사의 결점을 드러내는 잔인한 일화적 증거지만, 그 반대의 일화적 증거도 그만큼 잔뜩 있다. 이를테면 책 들머리에서 소개한 빅터 노리스의 사례와 같이 좀처럼 믿기 어려운 이야기도 있다. 노리스를 평가한 심리 평가 전문가가 내게 말했듯, 과잉 진단을 내리지 않는 것은 로르샤흐 검사의 책무가 아니라 심리학자 개개인의 책무다. 그녀는 "많은 사람이 로르샤흐 검사를 제대로 수행하지도 못하는 지경에 이르렀다"[11]고 인정한 첫 번째 인물이었다. 설사 로르샤흐 검사가 놀랍도록 믿을 만하고 객관적인 기법이라고 해도 기법을 제대로 쓰게끔 사람들을 훈련하는 일이 필요하며, 그래도 인간이 저지르는 오만 가지 실수는 슬금슬금 끼어들기 마련이다. 최근 한 연구에 따르면, 판사들은 아침에 제일 처음 접하거나 점심식사 뒤 맨 처음 듣는 사건에서는 한결같이 3건 중 2건에 가석방을 승인하지만, 하루가 끝나갈 무렵 혈당이 떨어질 즈음에는 승인 확률이 거의 0%에 가까워진다고 한다.[12] 이런 골치 아픈 문제를 벗어나지 못하는 것은 로르샤흐 검사도 마찬가지다. 다시 말해 이 세상에서 어지러운 우리 삶과 따로 떨어져 존재하는 것은 아무것도 없다.

　　그래서 로르샤흐 검사를 옹호하는 쪽이든 의심하는 쪽이든, 검사를 겸허하게 다루는 자세가 중요하다. 헤르만 로르샤흐는 검사의 명확한 한계를 누구보다 뚜렷하게 알고 있었다. 하지만 동시에 검사가 마음을 향해 열어젖힌 드넓은 풍경도 누구보다 뚜렷하게 알았다.

이야기를 끝내며: 마지막 심리학자, 마지막 잉크 얼룩

페리스 박사가 내게 로르샤흐 검사를 수행했을 때, 그가 쓴 잉크 얼룩 카드는 몇 번 쓰지 않은 상태였다. 그는 이제 로르샤흐 검사를 거의 활용하지 않는다. 그리고 진단 및 법률적 상황에서 쓰려면 검사가 반드시 표준화되어야 한다고 인정했다. 하지만 동시에 엑스너 방식이 "로르샤흐 검사에서 생기를 빼버렸다"고도 생각하는 것 같았다. 단순 채점으로는 "인간적 느낌이 사라진다"는 뜻이었다. 페리스가 "가장 흥미롭고 정신분석에 충실한" 방식이라며 선호한 것은 내용 분석이었다. 바로 정량적 방법과 대척점에 있는 그 방식 말이다.

하지만 페리스가 로르샤흐 검사를 이용하지 않는 데에는 다른 이유도 있다. 형사 사법 체계에서 피고 쪽의 검사를 맡는 그는 피고인을 교도소에 보낼지도 모를 어떤 것을 찾아내는 일이 탐탁지 않다. 그가 나에 앞서 마지막으로 로르샤흐 검사를 수행했던 곳은 교도소였다. 그곳의 수검자 대다수는 불안한 심리 상태를 보였다. 놀랄 일도 아니다. 교도소야말로 가장 불안을 자극하는 환경이기 때문이다. 페리스는 총을 소지했다는 이유로 재판에 회부된

흑인 젊은이를 진료했다. 젊은이의 형이 바로 얼마 전에 L. A. 사우스 센트럴에서 총에 맞아 죽었으므로, 젊은이는 자신이 다음 목표물이라고 생각했다. 그의 인상은 "적의로 분노에 찬" 모습이었지만, 그런 상황에서라면 누구라도 그러기 마련이다. 그러니 검사를 시행할 이유를 어디서 찾아야 할까? 페리스 박사가 말했다. "그 청년의 이야기를 들어보려고 하는데, 만약 치료를 염두에 두고 진단하고 있는 게 아니라면, 그가 얼마나 불안에 시달리는지 별로 알고 싶지 않겠죠." 하지만 그 젊은이를 치료할 생각을 한 사람은 아무도 없었다. 그저 그를 영원히 교도소에 가둘지를 따지는 사람만 있었다.

이 피고인한테는 무엇이 "로르샤흐 검사를 완벽하게 만드는 것"으로 보이겠는가? 점수를 왜곡하지 않고, 더 나은 규준을 수집하고, 운용 절차를 다시 정립하고, 그림을 개선하는 것일까? 아니다. 사람을 아끼는 사회라면 정신 질환 관리가 필요한 사람 누구에게나 관리를 받을 기회를 주는 과정의 일부로 검사를 활용해야 그에게 로르샤흐 검사가 도움이 될 것이다. 혹자는 페리스 박사가 의뢰인에게 검사를 수행하지 않음으로써 진실을 감춘 셈이라는 주장을 할 수도 있겠지만, 진실은 검사를 쓰려는 의도가 무엇인지, 즉 도움이 필요한지를 판단하려는 것인지 아니면 교도소에 집어넣을지를 결정하려는 것인지의 맥락 안에 놓여 있다.

과거에 로르샤흐 검사를 놓고 벌어진 막다른 논쟁을 뒤로하고 나아가려면, 또 검사가 우리 마음이 작동하는 방식을 드러내도록 최대한 활용하려면, 검사로 무엇을 얻으려고 하는지에 대해 솔직해져야 한다. 진실로 우리는 헤르만 로르샤흐의 폭넓은 인문주의적 통찰로 되돌아가야 한다.

마지막으로, 카드 1번.[13]

2002년 1월, 캘리포니아주 샌러펠에 사는 스티븐 그린버그라는 40세의 남성이 열두 살짜리 소녀 바샤 커민스카를 1년 넘게 성추행한 사실이 드러났다. 바샤는 이민자인 홀어머니와 함께 그린버그의 건물에서 살았다. 나중에 밝혀진 바에 따르면 추행은 바샤가 아홉 살일 때부터 일어났다. 경찰이 수색영장을 들고 그의 집에 들이닥쳤다. 몇 시간 뒤 그린버그는 뽑은 지 얼마 안 된 렉서스를 몰고 캘리포니아 페탈루마 공항으로 가, 단발 엔진 비행기에 올랐다. 그리고 소노마산을 들이박았다. 남은 것은 추행과 자살을 둘러싼 대중매체의 반짝 관심뿐이었다.

책 들머리에서 소개한 노리스의 사례와 달리, 이 이야기에 나온 이름과 자세한 내용은 모두 사실 그대로이다. 바샤는 자기 이야기가 알려지기를 바란다.

바샤는 심리학자를 만났을 때 자기 문제를 축소하고 부인하려고 했다. 따라서 자기 보고 검사가 무용지물이나 다름없었다. 바샤는 심리학자에게 이야기할 때뿐 아니라, 아동용 외상 징후 검사지Trauma Symptom Checklist for Children, 벡 우울 지수, 벡 절망 척도Beck Hopelessness Scale, 아동용 표출 불안 척도Children's Manifest Anxiety Scale, 피어스–해리스 아동용 자아 개념 척도Piers-Harris Children's Self-Concept Scale에서도 증상을 축소해 보고했다. 그린버그에게 딱히 좋거나 나쁜 감정이 없다며, 이미 지난 일이라 이야기하고 싶지 않다고 했다.

　　오직 두 검사만이 믿을 만한 결과를 내놓았다. 아동용 웩슬러 지능 척도Wechsler Intelligence Scale for Children(WISC-III)로 잰 바샤의 지능은 무척 높았다. 그리고 로르샤흐 검사 점수에 따르면, 바샤는 자신을 표현할 수 있는 심리적 자원이 거의 보이지 않고, 감정이 위축되고, 정체성에 큰 상처를 입은 상태였다.

　　로르샤흐 카드 1번에 보이는 첫 반응은 흔히 자신을 바라보는 태도를 나타낸다고 해석된다. 바샤의 첫 반응은 겉보기에는 매우 평범하지만 실제로는 매우 부자연스러웠다. 카드 5번만큼은 아니어도, 사람들은 1번 얼룩을 흔히 박쥐로 본다. 바샤가 본 것은 날개에 구멍이 난 박쥐였다. **"보세요. 여긴 머리, 여긴 날개. 그런데 모두 엉망이네요. 날개에 구멍이 났어요. 누구한테 공격받았나 봐요. 안쓰러워요. 여기는 엄청 찢겼나봐요. 박쥐 날개는 대개 정밀하잖아요. 원래대로라면 이쪽에서 날개가 뻗어나와야 해요. 이것 때문에 원래 박쥐 모양이 되지 못해요."** 나머지 검사에서 나온 응답과 점수도 첫인상이 맞다는 것을 입증했다. 검사를 맡은 심리학자는 이렇게 적었다. "깊은 상처를 입은 상태에서 높은 지식에 기대어 가까스로 버티고 있다." 그리고 바샤가 "겉으로는 차분한 모습을 보이지만, 실제로는 큰 충격이었을 상황에 놓였던 탓에 정서적으로 명백히 큰 상처를 입었다"고 결론지었다.

　　바샤는 마침내 그린버그의 재산권에 대해 손해배상 소송

을 냈다. 그리고 4년 뒤 법정에서 시비가 가려졌다. 그린버그 측의 변호사는 바샤가 앞서 자신의 상처를 축소하고 부인하려 했던 점을 이용하려고 했다. 이어 심리학자가 바샤의 로르샤흐 검사 반응을 배심원단에게 들려줬다.

법정에서 효과를 발휘하려면 증거는 타당한 동시에 분명해야 한다. 법정 심리학자들은 로르샤흐 검사의 해석 기술을 둘러싼 논쟁을 훤히 파악해 "로르샤흐 검사의 문제는 무엇인가?" 같은 비판에 대응할 줄 알아야 한다. 동시에 어떻게 해서든 그런 논쟁에 휘말리지도 말아야 한다. 연구에 따르면, 알아듣기 쉬운 일상어로 표현된 임상 의견이 통계나 방법론적인 자세한 설명보다 더 설득력이 있다.[14] 역설적이게도, 증언이 매우 정량적이고 전문적일수록 배심원단은 지겨움과 혼란스러움을 더 많이 느껴 증언을 인정하지 않거나 무시할 가능성이 커진다.

바샤가 본 안쓰럽고 엉망인 박쥐에는 진실이 담겨 있었다. 그 덕분에 배심원단은 고발과 변호라는 안개를 지나 이 소녀의 내면, 진짜 경험에 가서 닿을 수 있었다. 로르샤흐 검사는 마술이 아니다. 바샤를 보고 아이가 거짓말을 하거나 속임수를 쓴다고 확신한 사람들은 로르샤흐 검사 결과나 다른 무엇을 보더라도 결코 마음을 바꾸려고 하지 않을 것이다. 하지만 바샤가 잉크 얼룩에서 본 것은 바샤의 이야기를 들려줬다. 그 덕분에 법정에 있던 사람들은 바샤를 깊고 분명하게 알 수 있었다. 다른 증언에서는 불가능한 방식이었다.

어떤 주장도, 어떤 검사나 기법, 속임수도 사람마다 세상을 다르게 경험한다는 사실을 피해가지 못한다. 우리를 기계가 아니라 인간답게 하는 것이 바로 이런 차이다. 하지만 우리가 보는 방식은 정말로 존재하는 객관적인 무엇을 보는 쪽으로 수렴하기도 하고 수렴하지 못하기도 한다. 즉 로르샤흐가 강력히 주장했듯이, 해석은 상상이 아니다. 로르샤흐가 수수께끼 같은 잉크 얼룩을 만들어낸 시대는 그림이 마음의 진실을 드러내고 우리 삶의 가장 깊은 실재에 닿을 수 있다고 믿기가 더 쉬웠던 때였다. 그리고 로르샤흐 검사에 가해진 그 모든 비평과 재해석 과정을 거치고서도 잉크 얼룩은 그대로 남았다. 당신 앞에 있는 무언가를 종합해 살펴보라. "이것은 무엇일까요?"라는 물음에 답이 나올 것이다.

로르샤흐의 가족 (1922~2010)

1922년 헤르만 로르샤흐가 사망한 뒤에도 올가는 계속 헤리자우에 머물 수 있었다.[1] 크롬바흐 병원에 일자리를 얻은 덕분이었다. 물론 헤르만이 살아 있을 때도 그녀는 의사로 일했지만, 콜러 원장이 자리를 비울 때뿐이었다. 다만 이번에는 병원 관리자 자리였다. 그녀는 스위스가 인정하는 의사 자격증을 갖고 있지 않은 데다 환자들 눈에 "외국인"처럼 보였고, 여자인지라 남자보다 "의사로서 권위가 떨어졌기" 때문이다. 그 자리도 1924년 6월 24일 잃었다. 마흔여섯 살 생일을 맞은 지 얼마 지나지 않았을 때였다.

올가에 따르면 헤르만이 살아 있는 동안 잉크 얼룩 검사로 번 돈은 총 25프랑이었다.[2] 헤르만의 생명보험에서 나온 얼마 안 되는 보험금으로 그녀는 아펜첼의 토이펜 근처에 집을 한 채 장만했다. 그리고 그 집에 한 번에 환자 두세 명을 수용해 돌볼 수 있는 자그마한 입원 진료소를 차렸다. 헤르만이 에른스트 비르허 출판사와 맺은 계약에 따라《심리 진단》의 2판부터 인세가 나왔다. 그

올가, 바딤, 리자(1923년).

것도 처음에는 책이 잘 팔리지 않은 데다 1927년에 에른스트 비르허가 파산하는 바람에 1932년까지는 인세를 받지 못했다. 출판사가 파산하자, 출판사 직원으로 로르샤흐의 잉크 얼룩 원본 인쇄를 도왔던 한스 후버Hans Huber가 회사의 출판권을 사들여 한스 후버 출판사를 시작했다. 오늘날에는 한스 후버 출판사를 사들인 호그레페Hogrefe 출판사가 로르샤흐 검사를 계속 출간한다.

올가는 외롭고 불안정한 삶을 살았다. 두 아이를 키워야 했으므로 의사로서의 역량을 완전히 발휘하기 어려웠다. 올가는 재혼하지 않았고, 1961년 83세로 세상을 떠났다. 리자는 취리히 대학에서 영어와 로망스어를 전공한 뒤 교사로 일했고, 올가가 죽을 때까지 함께 살았다. 결혼하지 않고 홀로 지내던 리자는 2006년에 85세로 세상을 떠났다. 취리히에서 의학을 전공한 바딤은 결국 정신과 개업의가 되었고, 2010년에 91세로 세상을 떠났다. 바딤에게는 아이가 없었으므로, 로르샤흐의 핏줄은 여기서 끊긴다.

　　1943년 6월 26일, 로르샤흐 부부가 신혼집을 차렸던 콘스탄츠 호수가 있는 뮌스터링겐에서 99회 스위스 정신의학협회 학회가 열렸다. 당시 예순다섯 살이던 올가 로르샤흐-슈템펠린은 '헤르만 로르샤흐의 삶과 성격'이라는 제목으로 강연했다. 강연 내용의 앞부분인 헤르만의 생애는 이 책 곳곳에 인용했다. 그리고 나머지 절반은 여기에 그대로 옮긴다.

헤르만 로르샤흐의성격[3]

헤르만 로르샤흐가 이뤄 낸 발전은 과학을 토대로 삼았지만, 그가 삶을, 사람을, 세상을 바라보는 자세는 감성이 토대가 되었습니다. 헤르만은 매우 차분하고, 친절하고, 사람들과 잘 어울리는 유쾌한 사람이었습니다. 인간관계에서 벌어지는 문제와 충돌을 좋아하지 않았죠. 그래서 불만스럽거나 불화를 일으키는 것은 누구든, 무엇이든 거의 본능적으로 거부했습니다. 그는 늘 통합과 명쾌함을 추구했습니다.

일상에서는 무척 겸손하고 솔직하고 검소한 데다, 잘난 체하지 않고 언제나 배우려 하는, 말 그대로 '영원한 학생'이었습니다. 순진하고 소탈했으며, 욕심도 없었죠. 정신을 중요하게 여긴 원탁의 기사 파르치팔 같은 사람이었습니다. 그는 살아 있는 동안 소년 같은 모험심을 잃지 않았고, 무엇에든 기꺼이 나서려 했습니다. 정말로 순간에 충실했고, 유머를 알았고, 다른 사람들이 보여 주는 유머도 좋아했습니다.

활동적이었던 그는 자신을 운동형 인간이라고 생각했습니다. 친구에게 매우 깊은 감정을 느꼈지만, 좀체 드러내지는 않았어요. 그는 몇 안 되는 가족에게만 오롯이 자신을 드러냈습니다. 자신의 감정에는 매우 충실했지만, 권위주의자에게는 충성하지 않았습니다. 인간성에서 그 무엇보다 가장 중요한 미덕은 바로 **깊은 존경심**이라 여겼기에, 이런 특성이 있느냐 없느냐를 기준으로 사람을 판단했습니다. 신을 믿었지만 독실하지는 않았고, 그래서 공인 교회에도 무관심했습니다.

무엇보다 헤르만의 관심을 끈 것은 인간의 역동에 드러난 마음, 곧 정신이었습니다. 이 때문에 종교와 종교 창시자, 종교가 주목받은 과정에 크나큰 관심을 가졌습니다. 마찬가지로 신화, 종파, 민간설화에도 관심을 쏟았고요. 헤르만은 이 모든 현상에서 인간의 창조적이고 역동적인 정신을 보았습니다. 고대 그리스에서부터 낭만주의를 거쳐 우리 시대까지, 디오니소스에서부터 안톤 운테르네러를 거쳐 라스푸틴까지, 그리스도에서부터 아시시의 성 프란체스코까지 몇천 년 동안 이어진 인간성이라는 숨은 강물을 마음의 눈으로 알아봤습니다. 그는 이런 다양한 모습으로 굽이져 흘러가는 삶의 흐름을 사랑했습니다. 그래서 고트프리트 켈러의 시구를 자주 읊었죠. "눈꺼풀이 버티는 마지막까지, 아 눈이여, 실컷 맛보시오, / 황금빛 넘실대는 이 세상을!" 그는 정말로 황금빛이 넘실대는 세상을 느꼈습니다! 인류가 이념의 투쟁을 벌이고 형식의 변화를 거쳐온 경로로서의 역사도 헤르만의 관심을 끌었습니다. 통합을 향한 단호한 성향을 지닌 그는 늘 생각의 연결을 추구했습니다.

경제 문제에는 흥미도 없고 잘 알지도 못했을뿐더러, 돈에도 무관심해 재산을 모으려고 애쓰지 않았습니다.

그는 자연을 사랑했고, 산의 세계를 사랑했습니다. 알프스를 등반하지는 않았지만, 해마다 산에 올랐어요. 산에서는 말이 없어지곤 했습니다. 색을 사랑했습니다. 가장 좋아한 색은 용담색이었어요. 음악은 온전히 감성적으로 접근해 낭만파 가곡을 좋아했죠. 그림도 좋아해 한편으로는 모리츠 폰 슈빈트와 카를 슈피츠베크 같은 낭만파 화가를 좋아했고, 한편으로 움직임의 표현에 있어서는 페르디난트 호들러를, 음울하기는 했지만 색 표현에 있어서는 아르놀트 뵈클린을 존경했습니다. 초상화가도 높이 평가했는데, 특히 러시아 화가들을 높이 샀어요. 연극은 비극과 정극보다 유쾌한 희극을 더 좋아했습니다. 영화도 즐겨 봤는데, 무엇보다도 표정과 몸짓을 풍부하게 표현할 수 있다는 점에서 흥미를 느꼈습니다.

전공 분야의 전문 서적 말고는 특별히 책을 많이 읽지는 않았습니다. 하지만 병원에서 살던 시절 고요한 밤이면, '인생을 보여주는 사진사' 에밀 졸라Émile Zola를 저와 함께 자주 읽었습니다. 하지만 아우구스트 스트린드베리August Strindberg는 의학적 이유로 멀리했습니다. 그는 예레미아스 고트헬프Jeremias Gotthelf, 고트프리트 켈러, 톨스토이를 '위대한 예술가'로 여겼고 사랑했습니다. 특히 활기찬 역동, 삶의 철학적 문제, 신을 향한 갈구, 그리스도에 관한 문제로 도스토옙스키에게 관심을 가졌어요. 물론 러시아 문학은 원서로 읽었어요. 도스토옙스키를 주제로 글을 쓸 계획도 있었지만, 실행하지는 못했습니다.

헤르만은 프로이트 신봉자는 아니었습니다. 무슨 뜻이냐면, 프로이트의 모든 것을 받아들이지는 않아 정신분석을 상황에 따라 필요하기도 하고 필요하지 않기도 한 치료법으로만 보았다는 것입니다. 당시를 지배하던 흐름에 단호히 맞서, 정신분석을 삶의 모든 문제에, 심지어 작가에게까지 적용하는 데 반대했습니다. 그는 정신분석이 인간의 정신을 거세하고, 지나치게 단순화하며, 모든 역동이 존재하는 데 필요한 양극성을 제거할 위험이 있다고 생각했기 때문입니다. 헤르만은 한 번도 정신분석을 받지 않았습니다. 정신과 의사인 친구들이 그런 제안을 할 때마다 늘 웃으며 거절했죠.

헤르만은 여성의 매우 뛰어난 장점이 여성의 특질, 즉 '고결한 마음', 선함, 가정을 소중히 여기는 마음, 일상생활에서 드러나는 용기, 유쾌함이라고 평가했습니다. 그는 여성참정권을 과격하게 주장하는 운동가와 지적 관심만 있는 차가운 여성을 싫어했어요. 철학을 공부하는 데 많은 시간을 들이지 않았던 걸 부끄럽게 여겼습니다. 마흔 살이 되기만 하면 철학을 공부하겠노라 말하곤 했습니다. 그래도 그노시스주의는 연구했어요.

그는 다른 지역 사람보다 베른 사람에 더 끌렸습니다. 그들이 매우 열정적이라고 여겼고, 베른 사람들의 현실적이고 '정착적'인 면을 좋아했습니다. 그가 가장 좋아한 스위스 도시는 취리히였습니다. 다른 도시보다 많은 것을 얻은 곳이고, 젊은 시절을 보낸 곳이기도 했으니까요. 휴가철이면 티치노 칸톤에서 더할 나위 없이 즐겁게 지냈습니다.

혜르만 로르샤흐는 놀랄 만큼 쉽게 일했습니다. 마치 놀이를 하는 것 같았죠. 뿐만 아니라 생산성도 매우 높았습니다. 그런 생산성의 비결은 끊임없이 여러 활동 사이를 옮겨다니는 것이었습니다. 그는 한번에 한 가지 일을 몇 시간씩 한 적이 한 번도 없었어요. 머리 쓰는 일을 하다 몸 쓰는 일을 하고, 그러다 다시 머리 쓰는 일을 하는 걸 좋아했습니다. 밤에는 절대 일하지 않고, 가족에게 헌신했습니다. 휴가 때도 마찬가지였어요. 휴가란 오로지 긴장을 푸는, 아무것도 하지 않는 즐거움이 목적이니까요. 이렇게 일을 바꿔가며 지적 창작에서 목공이나 독서로 옮겨간 덕분에, 혜르만은 생기를 되찾고 정신과 감수성을 회복했습니다. 손님을 반겼지만, 불쑥 찾아오거나 너무 오래 머무는 사람은 좋아하지 않았습니다. 한 가지 주제로 한 시간만 이야기하면, 설령 자신이 흥미롭게 여긴 주제라도 싫증을 냈습니다.

혜르만은 자신의 책《심리 진단》을 사람과 그 역량을 알 열쇠로, 인간 정신의 성과인 문화를 이해할 열쇠로 보았습니다. 그는 폭넓은 시야로 접근하며, 미래에 이 방법이 확대된다면 통합에 가까운 **연관성**을 통찰할 수 있을 뿐 아니라 인간 그 자체를 이해할 가능성이 있다고 보았습니다. 이런 생각을 말한 적은 드물었지만요. 헤르만이 보기에《심리 진단》은 이미 완성된 결정체가 아니라 그저 시작일 뿐이었습니다. 마음을 헤아리고 살피는 도구로서 이제 막 태어나는 상태에 있었습니다. 그는 함께 연구할 사람을, 지지자를 찾고 싶어했지만, 겸손함 때문에 차마 크게 드러내놓고 구하지 못했습니다. 헤르만은 자기 책이 벌써 시대에 뒤떨어졌다고 생각했습니다. 내면에서 끊임없이 창의성이 샘솟는 사람이라, 생각이 책에 기록했던 것보다 훨씬 더 앞서 나가고 있었으니까요.

그는 자신의 방법을 뒷받침할 이론이 전혀 없다는 것을 알았고, 그래서 책을 처음 출간할 때 자신이 쓴 용어와 개념을 "논쟁의 여지가 없도록 정의해야 할 필요성"을 강조했습니다. 그는 자신의 방법이 너무 널리 대중화되는 것에 대해서는 신중하고 유보적인 입장이었습니다. 점을 치는 기계쯤으로 격하될 위험을 염려했으니까요. 그리고 게오르크 뢰머가 그의 방법을 다른 노선으로 끌고 가려는 움직임을 보이자 몹시 언짢아했죠. 말이 나온 김에 덧붙이자면, 뢰머의 주장과 달리, 그는 헤르만 로르샤흐와 공동 연구를 한 적이 한 번도 없습니다. 헤르만은 뢰머가 하려는 그 과정을 **한층 더 나아간 발전**이 아니라, 오해만 불러일으킬 **변형**과 **분열**로 봤습니다. 죽기 사흘 전에도 이 주제로 이야기했고, 그런 생각에 괴로워했어요.

헤르만 로르샤흐가 세상을 떠난 뒤, 오이겐 블로일러 박사가 내게 편지를 보내왔습니다. "당신 남편은 천재였소." 헤르만의 아내인 제가 이런 주장을 하기는 마땅치 않지만, 나는 내 삶을 함께 나누고 있는 사람이 굉장한 재능을 지녔고, 독특하고, 보기 드물게 남과 잘 어울리고, 끝없이 사랑스러운 사람임을, 엄청난 지적 재능과 풍부한 예술 정신을 지닌 사람이라는 걸 언제나 마음 깊이 느꼈습니다. 헤르만은 자신의 경험 유형을 내향성에서 점점 더 외향성으로 꾸준히 확장했습니다. 그 덕분에 부러움을 살 만한 균형을 이뤘으니, 양향성이라고 불러도 충분할 겁니다. 물론 그는 자신이 그렇다는 걸 알지 못했지만요.

헤르만이 뢰머에게 보낸 편지를 빌려 그가 이런 균형을 어떻게 이해했는지 전달하고 싶습니다. "'진정으로 살아 있는' 사람, 이상적인 인간은 양향성이라네. 이런 사람은 농밀한 내향성에서 광범위한 외향성으로 옮겨간다네. 이렇게 이상적인 인간은 천재라네. 이 말은 이런 의미일세. 천재는 곧 평범한 사람! 하지만 거기에 대단한 진실이 있겠지." 그런 의미에서, 헤르만 로르샤흐는 평범한 사람이었습니다.

로르샤흐가 그린 자신의 실루엣.

고마운 이들에게

이 책을 쓰기 시작했을 때, 로르샤흐가 남긴 삶의 자취를 찾기란 어려워 보였다. 로르샤흐가 죽을 무렵 네 살, 두 살이던 두 자녀는 2010년과 2006년에 모두 세상을 떠났다. 이전에도 가족들은 은밀한 가족사를 드러내지 않았고, 수많은 개인 자료를 없애버렸다. 2004년에 출간된 로르샤흐의 편지 모음에는 "지극히 개인적"인 것으로 판단되는 정보가 빠져 있다. 기록물보관소에 있는 편지와 일기는 군데군데 빠진 부분이 있거나 검은 칠이 되어 있다.

스위스 베른에 있는 헤르만 로르샤흐 기록물보관소 및 박물관은 공동주택 1층에 자리 잡은 굉장히 소박한 곳이었다. 몇 개 안 되는 유리 상자에는 'Klex'라는 상표의 모자와 잉크 얼룩 초안, 그리고 그림 몇 점이 들어 있었다. 박물관 측에서 유족을 간신히 설득해 남은 물건을 모두 기증받았지만, 유품과 자질구레한 것들 말고는 별다른 것이 없었다.

얼마 지나지 않아, 그렇잖아도 어려운 자취 추적에 아예 저

주라도 내리는 듯한 일이 벌어졌다. 2012년, 기록물보관소가 있는 건물 꼭대기 층이 화재로 전소되면서 화재용 스프링클러가 작동해 건물 전체가 물에 젖은 것이다. 다행히 기록물보관소는 무사했지만 베른 대학교 도서관으로 자리를 옮기면서 일반인 관람이 무기한 중단되었다. 광범위한 기록물을 활용해 처음으로 잉크 얼룩 검사의 역사를 쓴 작가 나마 아카비아Naamah Akavia는 2010년 암으로 세상을 떠나고 없었다. 로르샤흐의 편지를 공동 편집했고, 로르샤흐를 주제로 수많은 글을 썼으며, 로르샤흐 전기를 쓸 계획이던 크리스티안 뮐러Christian Müller도 2013년 세상을 떠났다. 나는 넓디넓은 인터넷 바다의 한 구석에서 1996년에 작성된 로르샤흐의 생애를 간추린 10쪽짜리 요약문을 찾아냈다. 볼프강 슈바르츠Wolfgang Schwarz라는 사람이 올린 글로, 그는 "지금껏 발표되지 않은 원전 자료를 바탕으로 그의 일대기를 그린 첫 전기를 (⋯) 준비 중"이라고 주장했다. 이 전기는 세상에 나오지 못했고, 2011년 슈바르츠도 세상을 떠났다.

나는 기록물보관소에 "볼프강 슈바르츠와 주고받은 서신"이라고 표시된 자료를 요청했다. 슈바르츠가 그곳에 처음 연락한 것은 1959년이었다. 1960년 9월 4일 리자가 쓴 편지에 따르면 가족들, 그러니까 리자, 바딤, 올가는 슈바르츠와 만날 약속을 잡았다. 1926년에 태어난 독일계 미국인 슈바르츠는 1946년에 대학 도서관에서 발견한《심리 진단》을 밤새 읽은 뒤 로르샤흐의 삶에 흥미를 느꼈다. 미국 국립보건원이 의료 역사상 처음으로 지원한 보조금 덕분에 슈바르츠는 찾아낼 수 있는 모든 사람을 추적해 이야기를 나눴고, 자료를 수집하고 번역했다. 그는 여덟 아이의 아버지였고, 62년 동안 심리학자로 일했다. 그는 1974년까지 생존한 헤르만의 누이 아나와도 편지를 주고받았다. 기록물 가운데 내가 가장 손에 넣고 싶었던 자료는 그가 쓴 두툼한 원고《의학박사 헤르만 로르샤흐 — 그의 삶과 연구Hermann Rorschach, M.D.: His Life and Work》의 목록과 개요를 정리한 19쪽짜리 자료였다. 자료에는 리자가 쓴 메모도 붙어 있었다. "2000년 1월, 마침내 마무리. 출판사를 찾고 있음."

2013년 무더운 6월의 어느 밤, 나는 뉴욕 근교 태리타운에 있는 수전 데커 슈바르츠의 거실 탁자에 앉아 있었다. 내 앞에는 자물쇠가 달린 커다란 철제 상자가 놓여 있었다. 수전에 따르면 상자에는 세상을 떠난 남편의 평생 작업이 들어 있었다. 독일어를 모르는 수전은 자료를 살펴본 적이 없었다. 슈바르츠는 로르샤흐의 삶을 알려줄 사실들을 수십 년 동안 빠짐없이 추적했지만, 누구에게도 결과물을 보여준 적이 없었다.

상자에는 로르샤흐 가족의 사진과 편지, 그림 수백 점이 원본과 복사본 형태로 들어 있었다. 헤르만이 손수 적은 반응 기록과 잉크 얼룩의 첫 인쇄본도 있었다. 내가 베른 기록물보관소에서 이미 봤던 자료와 겹치는 것도 많았지만, 새로운 자료도 많았다. 굉장히 눈길을 끄는 가족사진 몇 장과 올가가 헤르만의 남동생 파울에게 형의 마지막을 설명한 긴 편지가 특히 그랬다. 철제 상자

옆에 놓인 쇼핑백에는 슈바르츠의 원고 프린트물 1,000장이 한가득 들어 있었다. 슈바르츠는 아들에게 스위스 기록물보관소 이야기를 하면서 "거기가 반, 내가 반을 가졌지"라고 말하곤 했다고 한다. 그 6월의 밤이 끝나갈 무렵, 세상에는 2곳의 헤르만 로르샤흐 기록물보관소가 존재했다. 한 곳은 베른 보관소, 한 곳은 내 집이었다.

나중에 수전 슈바르츠가 찾아낸 플라스틱 상자 2개에는 볼프강의 연구에서 핵심이 되는 자료가 들어 있었다. 바로 362쪽에 이르는 인터뷰 기록이었다. 슈바르츠는 로르샤흐의 동료, 학창 시절부터 친했던 친구, 로르샤흐 부부와 같이 산 가정부를 찾아가 이야기를 나눴다. 첫 진단용 잉크 얼룩 검사를 함께 수행한 콘라트 게링의 부인도 찾아갔고, 올가가 헤르만이 죽었다는 말을 들을 때 함께 방에 있었던 여성도 찾아갔다. 그러나 원고의 대부분은 로르샤흐가 보낸 편지와 서류의 번역본이었다. 슈바르츠는 로르샤흐의 입을 빌려 이야기를 들려주고 싶어했다. 그래서 자료를 더 많이 찾아낼수록 그는 어느 것 하나도 뺄 생각을 못했다. 슈바르츠의 원고는 전기의 짜임새를 갖추지는 못했지만, 없어서는 안 될 자료의 보고였다.

그 모든 자료를 살펴보고 이용하도록 허락해준 볼프강 슈바르츠의 부인과 자녀들에게 깊은 감사를 전한다. 현재 그 자료는 다른 이들도 살펴볼 수 있도록 로르샤흐 기록물보관소에 기증되어 있다.

아울러 내가 이 책을 쓸 수 있게 도와준 다른 많은 이들과 기관에 고마움을 전하고 싶다. 뉴욕 시립대학교 대학원의 리언 레비 전기문학 센터, 뉴욕 공립도서관의 작가 및 학자를 위한 도로시와 루이스 B. 컬먼 센터에서 연구비를 지원해줬다. 그 과정에서 레비 센터의 게리 기딘스와 마이클 게이틀리, 그리고 컬먼 센터의 진 스트라우스, 마리 도리니, 폴 델라버닥, 케이틀린 킨, 줄리아 패그너멘타에게 큰 도움을 받았다. 내게 힘을 불어넣어준 동료들에게도 고마움을 전한다. 스위스 베른에 있는 헤르만 로르샤흐 기록물보관소에서 일하는 리타 지크너와 우르스 게르만, 스위스 프라우엔펠트에 있는 투르가우 칸톤 국립기록물보관소의 베아트 오스발트와 에리히 트뢰슈를 포함한 직원들, 2010년 베른에서 상냥하게 맞아준 한스 루프레히트와 마리아네 아딩크, 나를 포함한 세계 곳곳의 로베르트 발저 번역가들이 헤리자우를 방문할 수 있도록 초대해준 2013년 세계 발저 회의, 베른의 파울 클레 박물관에서 열린 '헤르만 로르샤흐' 여름 아카데미에서 강연하도록 초대해준 레이문다스 말라사우스카스와 바버라 모스카, 그리고 여러 면에서 아낌없이 친절을 베풀어준 레토 조르크에게 고마움을 전한다. 크라운 출판사의 편집자 어맨다 쿡과 도메니카 알리오토, 메건 하우저, 매코믹의 내 에이전트 에드워드가 어마어마한 노력을 쏟아부어준 덕에, 논픽션을 이야기 형식으로 쓰기는 처음인 내 글이 정말 고맙게도 이 책으로 나올 수 있었다. 존 다르가를 포함한 크라운 출판사의 다른 임직원에게도 고마움을 전한다. 특히 매우 아름다운 표지를 만들어준 디자이너 엘리나 지아발디에게도 감사드린다. 미리 책을 읽어준 제이 리볼드, 스콧 햄러, 마크 크로토프를 비롯한 여러 친구가 소중한 도움과 격려를 아끼지 않았다.

어떻게 보아야 하는지에 대해 내게 평생의 가르침을 준 아내 대니얼과 아들 라스에게 이 책을 바친다.

주석

모든 번역은 따로 언급하지 않는 한, 내가 옮긴 것이다. 볼프강 슈바르츠의 인
터뷰는 명확성과 번역 정확성을 높이고자 수정해 옮겼다.

관련 기록물

HRA(헤르만 로르샤흐 기록물Hermann Rorschach Archive): Archiv und Sammlung Her-
mann Rorschach, Bern, Switzerland. 따로 언급하지 않는 한 헤르만 로르샤
흐의 소장품이다.

StATG(스위스 프라우엔펠트에 있는 투르가우 칸톤 국립기록물보관소 기록물Staatsarchiv
Thurgau, Frauenfeld, Switzerland).

WSA(볼프강 슈바르츠 기록물Wolfgang Schwarz Archive): 현재는 헤르만 로르샤흐 기록
물보관소에 기증되어 목록에 반영되었고, 그곳에서 열람할 수 있다.

WSM(볼프강 슈바르츠의 미완성 원고Wolfgang Schwarz unfinished manuscript): 대부분 로르
샤흐의 편지를 영어로 번역해 인용했다.

로르샤흐의 주요 저술

PD(《심리 진단》): *Psychodiagnostics: A Diagnostic Test Based on Perception* (Bern:
Hans Huber, 1942. 6th ed., 1964), trans. Paul Lemkau and Bernard Kronenberg
from *Psychodiagnostik: Methodik und Ergebnisse eines wahrnehmungsdi-
agnostischen Experiments*(*Deutenlassen von Zufallsformen*) (Ernst Bircher, 1921.
4th ed., Hans Huber, 1941)을 번역했다. 번역이 좋지 않아 인용문은 모두 내가
다시 고쳐 옮겼다. 주석에 표기한 쪽수는 영어본의 쪽수이다.

Fut(「미래파의 심리」): 《심리 진단》 외에 영어로 출간된 유일한 로르샤흐 저술은
「미래파의 심리The Psychology of Futurism」이다. 베로니카 제트너Veronika Zehetner,

피터 스웨일스Peter Swales, 조슈아 버슨Joshua Burson이 "Zur Psychologie des Futurismus"을 번역한 이 글은 나마 아카비아Naamah Akavia의 《움직임의 주관성Subjectivity in Motion》, 174~186쪽에 실렸다. 이 글도 내가 독일어판을 참고해 고쳐 옮겼다.(HRA 3:6:2)

CE(《글 모음집Collected Essays》): *Gesammelte Aufsätze*, ed. K. W. Bash (Hans Huber, 1965).

〈일기〉: 1919년 9월 3일~1920년 2월 22일.(HRA 1:6:6)

〈1918년 초고〉: 1918년 8월 다른 타자기로 "1918년 초고"라는 제목을 쳐서 「건강인과 질환자의 지각과 이해력 조사」에 덧붙였다.(HRA 3:3:6:1)

L(《편지Letters》): *Briefwechsel*, ed. Christian Müller and Rita Signer (Hans Huber, 2004). 당시 살아 있던 리자와 바딤이 '매우 개인적'이라고 판단한 부분을 생략하고 선별해 출간한 책이다.

다른 편지글들은 다음의 저술에 실려 있다. "Hermann Rorschachs Briefe an seinen Bruder," ed. Rita Signer and Christian Müller [*Luzifer-Amor*: *Zeitschrift zur Geschichte der Psychoanalyse* 18권 36호(2005), 149~157쪽]. Georg Roemer, "Hermann Rorschach und die Forschungsergebnisse seiner beiden letzten Lebensjahre," *Psyche* 1권(1948), 523~542쪽. *CE*, 74~79쪽. Anna R, 73~74쪽. 일부 편지는 볼프강 슈바르츠의 미완성 원고에 번역본이 실려 있는데, 원본 가운데 일부는 볼프강 슈바르츠 기록물에 있고 일부는 소실되었다(책에는 내가 고쳐 옮긴 글을 실었다).

로르샤흐가 주고받은 모든 편지는 공개 여부와 상관없이 작성된 날짜로 인용했다. 헤르만 로르샤흐 기록물은 여러 출판물의 자료 출처이자, 볼프강 슈바르츠 기록물까지 포함해 연구자가 이용할 수 있는 유일한 자료원이다.

로르샤흐 관련 주요 저술

헤르만 로르샤흐와 잉크 얼룩 검사를 다룬 비전문적 저술 가운데 유용한 것은 거의 없다. 주요 참고 자료는 다음과 같다.

Akavia: Naamah Akavia, *Subjectivity in Motion*: *Life*, *Art*, *and Movement in the Work of Hermann Rorschach* (New York: Routledge, 2012).

Ellenberger: Henri Ellenberger, "Hermann Rorschach, M.D., 1884 – 1922: A Biographical Study," *Bulletin of the Menninger Clinic*, 18권 5호(1954년 9월), 171~222쪽. 더 쉽게 이용할 수 있는 자료들은 이것이다. *Beyond the Unconscious: Essays of Henri F. Ellenberger in the History of Psychiatry* (Princeton: Princeton University Press, 1993), 192~236쪽. 하지만 이 책은 축약본인 데다 삭제된 부분이 표시되어 있지 않다. 내가 주석에 표시한 쪽수는《메닝거 클리닉 보고서Bulletin of the Menninger Clinic》를 기준으로 삼았다.《글 모음집》19~69쪽에 독일어로 번역되어 실린 글은 "저자인 엘렌버거의 허락하에, 바흐K. W. Bach가 아나 베르히톨트-로르샤흐Anna Berchtold-Rorschach의 발언을 조금 수정하고 부연했다". 영어로 쓰이지 않은 자료는《글 모음집》에서 인용했다.

ExCS: John E. Exner Jr., *The Rorschach: A Comprehensive System*. 따로 언급하지 않는 한 1권을 가리킨다. 개정판은 연도를 밝혀주었다.

ExRS: John E. Exner Jr., *The Rorschach Systems* (New York: Grune and Stratton, 1969).

Galison: Peter Galison, "Image of Self," *Things That Talk: Object Lessons from Art and Science*, ed. Lorraine Daston (New York: Zone Books, 2008), 257~294쪽.

Wood: James M. Wood, M. Teresa Nezworski, Scott O. Lilienfeld and Howard N. Garb, *What's Wrong with the Rorschach? Science Confronts the Controversial Inkblot Test* (San Francisco: Jossey-Bass, 2003).

다른 언어권의 저술

Anna R: Anna Berchtold-Rorschach, "Einiges aus der Jugendzeit," *CE*, 69~74쪽.

ARL: Anna Berchtold-Rorschach, "Lebenslauf," September 7, 1954.(헤르만 로르샤흐 기록물 중 엘리자베트 로르샤흐의 소장품 3:1)

Blum/Witschi: Iris Blum and Peter Witschi, eds., *Olga und Hermann Rorschach: Ein ungewöhnliches Psychiater-Ehepaar* (Herisau: Appenzeller Verlag, 2008). 특히 블룸Blum의 평론(58~71, 72~83쪽), 위치Witschi의 평론(84~93쪽), 브리기타 베르네Brigitta Bernet와 라이너 에글로프Rainer Egloff의 평론(108~120쪽)이

중요하다.

Gamboni: Dario Gamboni, "Un pli entre science et art: Hermann Rorschach et son test," *Autorität des Wissens: Kunst-und Wissenschaftsgeschichte im Dialog*, ed. Anne von der Heiden and Nina Zschocke (Zurich: Diaphanes, 2012), 47~82쪽.

Morgenthaler: Walter Morgenthaler, "Erinnerungen an Hermann Rorschach: Die Waldau-Zeit"(1954), *CE*, 95~101쪽.

Olga R: Olga Rorschach-Shtempelin, "Über das Leben und die Wesensart von Hermann Rorschach," *CE*, 87~95쪽. 이 책 부록에 후반부의 번역본을 실었다.

Schwerz: Franz Schwerz, "Erinnerungen an Hermann Rorschach," *Thurgauer Volkszeitung*, 1955년 11월 7~10일, 4회 분할 연재.

저널

JPA: *Journal of Personality Assessment*
JPT: *Journal of Projective Techniques*
RRE: Bruno Klopfer's *Rorschach Research Exchange*

작가의 말

1   Gregory J. Meyer et al., *Rorschach Performance Assessment System: Administration, Coding, Interprettion, and Technical Manual* (Toledo, OH: Rorschach Performance Assessment System, 2011), 2쪽. 이 책의 22장을 참조하라.

이야기를 시작하며

1   이 대화는 당시에 기준으로 삼았던 존 엑스너의 1986년판 《로르샤흐 종합 체계》 69쪽에서 제시한, 검사자가 수검자의 질문을 비켜가는 예이다.

Galison, 263~264쪽 인용.

2 Elizabeth Weil, "What Really Happened to Baby Johan?," *Matter*, February 2, 2015, medium.com/matter/what-really-happened-to-baby-johan-88816c9c7ff5.

3 David DeWitt, "Talk About Sex. Have It. Repeat," *New York Times*, May 31, 2012.

4 *PD*, 15쪽.

5 블라인드 사의 웹사이트, www.blind.com/work/project/gnarls-barkley-crazy.

6 Ellenberger, 191쪽.

1장

1 이 장면은 편지, 사진, 로르샤흐의 습관을 바탕으로 상상한 것이다. 당시 독일어권 스위스 어린이들의 놀이는 베른의 로베르트 발저 센터에서 일하는 레토 조르크Reto Sorg가 2012년에 사적으로 알려주었다.

2 하이니 로르샤흐Heini Roschach(1437년), 죄르니 비뎅켈러Jörni Wiedenkeller(1506년), 한스 로르샤흐Hans Roschach(1556년생)와 발타자르 비뎅켈러Balthasar Wiedenkeller(1562년 생)로부터 시작하는 전체 가계도가 존재한다.(HRA 1:3; Ellenberger, *CE*, 44쪽)

3 볼프강 슈바르츠의 미완성 원고에 있는 아나와 울리히의 기록을 인용했다. 울리히는 초등학교(7~12세)와 레알슐레(김나지움으로 이어지는 진학 과정에서는 12~14세, 직업 생활로 이어지는 실업계 과정에서는 12~16세의 학생들이 공부한다)에서 가르쳤다.

4 1880년 기준 인구는 1만 1,795명으로, 오늘날의 1/3 수준이다.

5 *Schaffhausen und der Rheinfall*, Europäische Wanderbilder 18 (Zurich: Orell Füssli, 1881), 3쪽.

6 Mary Shelley, *Rambles in Germany and Italy in* 1840, 1842, *and* 1843 (London: Edward Moxon, 1844), Part 1, 51~52쪽.

7 *Schaffhausen und der Rheinfall*, 28쪽.

8 이 부분은 Anna R을 인용했다. 볼프강 슈바르츠의 미완성 원고에 있는 1960년의 아나 인터뷰 내용과 Ellenberger, 175~177쪽도 보라.

9 볼프강 슈바르츠가 로르샤흐의 사촌 파니 자우터Fanny Sauter를 인터뷰한 내용.

10 *Feldblumen: Gedichte für Herz und Gemüth* (Arbon: G. Rüdlinger, 1879), 당시 그 지방에서 흔히 읊던 시 19수와 자작시 8수를 묶은 시 모음집이었다.

11 HRA 1:7.

12 레기넬리가 볼프강 슈바르츠와 인터뷰하면서 이렇게 주장했지만, 실제 병명은 불분명하다. 슈바르츠는 파킨슨병 또는 "뇌염"을 의심했다.

13 울리히의 부고문을 보자. "소묘 화가뿐 아니라 철학가이기도 했던 울리히는 오랫동안 난해한 문제들에 천착해왔다. (…) 그는 진정한 예술가 정신을 지니고 있었기에, 순수 미술 작업을 추구했다면 크나큰 만족을 느꼈겠지만, 전문 예술가의 길로 들어설 여력이 없었다. 가족이 안락하게 살 수 있게 해야 한다는 생각이 너무 확고했기 때문이다. 학교 교육을 받은 기간은 짧았지만, 그는 스스로 갈고 닦아 완전한 지식 기반을 갖췄고, 이를 바탕으로 뛰어난 창의력을 발휘했다. (…) 울리히 로르샤흐에게 단 하나 부족했던 것은 자신의 능력과 예술에 대한 확신, 즉 영민하고 확신에 찬 태도를 표현하는 능력이었다. 그는 자신의 지식과 능력을 겉으로 드러내는 방법을 몰랐다. 늘 다른 이의 성취를 높이 평가하는 성품으로, 너무 겸손한 탓에 자신의 가치는 알아채지 못했다."(*Schaffhauser Nachrichten*, June 9, 1903)

14 아나에게 보낸 편지, 1911년 8월 31일.

15 아나에게 보낸 편지, 1909년 1월 24일.

2장

1 볼프강 슈바르츠의 미완성 원고와 볼프강 슈바르츠가 스카푸시아 동료 "굴뚝" 테오도어 뮐러Theodor Müller와 쿠르트 바흐톨트Kurt Bachtold를 인터뷰한 내용을 보라. 100 *Jahre Scaphusia*: 1858~1958, ed. Kurt Bachtold (Schaffhausen, 1958). 125 *Jahre Scaphusia* (Schaffhausen, 1983). 스카푸시아 활동 일지와 1903년 앨범.(HRA 1:2)

2 이 부분은 Anna R, Schwerz, 그리고 볼프강 슈바르츠가 레기넬리와 학교 친구들을 인터뷰한 내용을 참고했다.

3 *CE*, 133쪽.

4 HRA 1:2:1. Blum/Witschi, 60쪽을 참고하라.

5　이 그림에서는 스카푸시아 동료인 헤르베르트 하우크Herbert Haug가 한 여인의 그림을 들여다보고, 그의 옆에 있는 검은 개가 섬뜩하게 하우크를 응시한다. 그림 아래에 적힌 시 한 수에는 환상에 사로잡힌 듯한 하우크의 침울함이 드러난다. 2, 3년 뒤 그는 물에 빠져 죽는다. 자살일 가능성이 크다.(아나에게 보낸 편지, 1906년 10월 31일. 볼프강 슈바르츠의 미완성 원고)

6　Robert J. Richards, *The Tragic Sense of Life: Ernst Haeckel and the Struggle over Evolutionary Thought* (Chicago: University of Chicago Press, 2008), 2~4쪽. Philipp Blom, *The Vertigo Years: Europe, 1900 – 1914* (New York: Basic Books, 2008), 342쪽. 헤켈은 과학과 예술에만 영향을 미친 것이 아니었다. 원형질을 통해 유전이 퍼져나간다는 이론은 니체가 "권력 의지"를 정립하는 데 결정적인 영향을 미친다. "생명은 원형질이라는 극히 작은 물질 구조에 저장된 주기적 진동에서 생겨난다. (…) 이는 철저하게 기계적으로 유전에 접근한 방식이다."[Robert Michael Brain, "The Pulse of Modernism: Experimental Physiology and Aesthetic Avant-Gardes circa 1900," *Studies in History and Philosophy of Science* 39권 3호(2008), 403~404쪽과 주석]

7　Irenäus Eibl-Eibesfeldt, "Ernst Haeckel: The Artist in the Scientist," in Haeckel, *Art Forms in Nature: The Prints of Ernst Haeckel* (Munich: Prestel, 1998), 19쪽.

8　Richards, *The Tragic Sense of Life*, 1쪽, 262쪽.

9　Olaf Breidbach, "Brief Instructions to Viewing Haeckel's Pictures," in Haeckel, *Art Forms in Nature*, 15쪽.

10　아이든 할아버지든 똑같이 "기회가 있을 때마다 책을 꺼내와 보여주고 살펴보며 감탄했다."(헤켈의《자연의 예술적 형상》에 리처드 P. 하트먼Richard P. Hartmann이 쓴 서문, 7쪽)

11　Richards, *The Tragic Sense of Life*, 385쪽. 리처즈에 따르면 오늘날 생물학자는 다른 분야의 학자들보다 특히 신을 믿지 않는다. 엘리트 과학자는 신을 믿는 비율이 39.3%지만, 생물학자는 고작 5.5%에 그쳤다. 미국 시민은 그 비율이 86%, 이른바 "더 큰 힘"을 믿는 사람까지 합치면 94%에 이르렀다. 이런 양상은 1914년 조사에서도 크게 달라지지 않았다.

12　헤켈의 답장, 1902년 10월 22일.

13　Anna R, 73쪽. Olga R, 88쪽.《심리 진단》2판에 모르겐탈러가 쓴「헤르만 로르샤흐Hermann Rorschach」, 9쪽. Ellenberger, 177쪽. "유명 인사에게 조언

을 구하는 이 대담한 행보는 로르샤흐의 특징으로 보인다."(*L*, 25쪽 주석 1
번) "로르샤흐가 앞으로 선택할 직업을 낯선 이의 손에 완전히 맡겼을지는
의심스럽다. (…) 편지에 드러난 성격에 따르면 그는 신중하고 꼼꼼하게 계
획한 뒤 행동하는 사람이다."(WSM) 1962년 슈바르츠가 독일 예나에 있는
에른스트 헤켈 하우스에 문의한 결과, 로르샤흐가 헤켈에게 보낸 편지는
찾지 못했다고 한다.

3장

1   로르샤흐는 졸업 성적이 반에서 4등에 그치자 실망했다. 담임은 그가 자
    기 목소리를 크게 내지 않았기 때문이라고 그 이유를 밝혔다. 나중에 변호
    사가 되는 외향적인 달변가 발터 임 호프Walter Im Hof가 조용한 경청자이자
    미래의 정신과 의사보다 성적이 더 좋았다.(볼프강 슈바르츠가 발터 임 호프를
    인터뷰한 내용. 성적 기록은 HRA 1:1을 참고하라)

2   WSM.

3   1960년 무렵 아나가 볼프강 슈바르츠의 질문에 보낸 답장. WSA.

4   아나에게 보낸 편지, 1906년 2월 18일.

5   HRA 1:6:4.

6   Orlando Figes, *Natasha's Dance: A Cultural History of Russia* (New York:
    Picador, 2002), 307쪽. Rosamund Bartlett, *Tolstoy: A Russian Life* (Boston:
    Houghton Mifflin, 2011), 271쪽. Andrew Donskov, *Sergej Tolstoy and the
    Doukhobors* (Ottawa: Slavic Research Group, University of Ottawa, 1998), 4~5
    쪽. V. O. Pashchenko and T. V. Nagorna, "Tolstoy and the Doukhobors:
    Main Stages of Relations in the Late 19th and Early 20th Century"(2006),
    Doukhobor Genealogy Website, www.doukhobor.org/Pashchenko-Na-
    gorna.html, 마지막 접속일 2016년 8월.

7   1899년 톨스토이를 방문한 이에 따르면, 톨스토이는 제자라는 신분을 누
    구보다도 못마땅하게 여겼지만, 그의 주변 인물인 블라디미르 체릇코프
    Vladimir Chertkov, 파벨 비류코프Pavel Biryukov, 이반 트레구보프로 구성된 "추
    기경 회의"라는 별칭의 모임이 있었다고 한다.(James Mavor, *My Win-
    dows on the Street of the World* (London and Toronto: J. M. Dent and Sons,
    1923), 2권, 70쪽. Chertkov, Biryukov, and Tregubov, "Appeal for Help"

(London, 1897)도 참조하라.(http://www.doukhobor.org/Appeal.html)〕얼마 후 세 사람은 모두 러시아에서 추방당한다. 1905년에 고국으로 돌아간 트레구보프는 1917년 볼셰비키 혁명이 일어나기 전에 저항을 선동했고, 혁명 뒤에는 농업인민위원회에서 일하며 계속 두호보르의 권익을 옹호했다.〔Heather J. Coleman, *Russian Baptists and Spiritual Revolution, 1905–1929* (Bloomington: Indiana University Press, 2005), 200쪽〕그는 스탈린이 집권하던 1931년까지 생존했다.

처음에 로르샤흐는 일기(HRA 1:6:4)에서 트레구보프를 정치인으로 언급한다. "다종 사회주의노동자당. 트레구보프(두호보르)와 저녁 모임." 이어지는 인용문은 1909년 4월 14일, 1907년 1월 21일에 아나에게 보낸 편지와 Anna R, 73쪽에서 가져왔다.

8   Olga R, 88~89쪽. Ellenberger, 197쪽.

9   Anna R, 73쪽.

10 입학 허가 1904년 10월 20일, 등록번호 15174.

11 이 부분은 프란츠 슈베르츠Franz Schwerz의 글, 1904년 10월 23일에 가족에게 보낸 편지, 2012년 11월 바인플라츠 방문 경험을 참고했다.

12 아들 바딤이 회상한 내용이다.(Blum/Witschi, 85쪽)

13 세부 내용은 여행안내서 베데커Baedeker의 스위스 편을 참고했다.(1905년판, 1907년판)

14 발터 폰 뷔스Walter von Wyss의 회고.(Ellenberger, 211쪽)

15 이들 가운데 알렉산드르 게르첸Aleksandr Gertsen, 미하일 바쿠닌Mikhail Bakunin, 게오르기 플레하노프Georgii Plekhanov, 카를 라데크Karl Radek, 표트르 크로포트킨Pyotr Kropotkin, 카를 리프크네히트Karl Liebknecht, 그리고 젊은 무솔리니Benito Mussolini가 있었다.〔Peter Loewenberg, "The Creation of a Scientific Community: The Burghölzli," *Fantasy and Reality in History* (New York: Oxford, 1995), 50~51쪽〕

16 "Es wurde heiß debattiert und kalt gesessen," Verena Stadler-Labhart, "Universität Zürich," in *Rosa Luxemburg*, ed. Kristine von Soden, Bilder-Lesebuch (Berlin: Elefanten Press, 1995), 58쪽 인용.

17 Stadler-Labhart, "Universität Zürich," 56쪽, 63쪽 주석 2번. Blum/Witschi, 74쪽. 취리히 대학교 웹사이트, "Geschichte," www.uzh.ch/about/portrait/history.html. 마지막 접속일 2016년 7월 8일.

18 Deirdre Bair, *Jung: A Biography* (Boston: Little, Brown, 2003), 76쪽. 에마

는 여러 해 동안 아버지를 도와 일했는데도, 1년 동안 파리로 가서 아버지의 사업가 친구들 집에서 아이들을 돌보며 프랑스어를 익히고, 여유 시간에는 적절한 문화를 익혀야 했다. Stadler-Labhart, "Universität Zürich," 56~57쪽. John Kerr, *A Most Dangerous Method: The Story of Jung, Freud, and Sabina Spielrein* (New York: Knopf, 1993), 34쪽을 참조하라.

19 Stadler-Labhart, "Universität Zürich," Blum/Witschi, 62~63쪽.

20 여자아이의 모습으로 종을 들고 집집마다 날아다니며 아기 예수 대신 선물을 가져다준다고 여겨진 아기 천사Christkind.

21 로르샤흐의 취리히 하숙집 친구로 50년이 지난 뒤 이 일화를 밝힌 프란츠 슈베르츠는 로르샤흐의 미모는 이야기하지 않은 채 "예술에 소질이 있는 탐미주의자 로르샤흐"가 러시아 미인에게 관심을 보였지만, 4층의 그 방에서 "모두가 감탄한 것은 톨스토이의 편지"였다고만 적었다. 그가 톨스토이에게 받은 편지는 남아 있지 않다. 하지만 로르샤흐가 무척 아낀 소지품 가운데 톨스토이가 서명한 사진 한 장이 있다.

22 Bair, *Jung*, 89~91쪽. Kerr, *A Most Dangerous Method*. Alexander Etkind, *Eros of the Impossible: The History of Psychoanalysis in Russia* (Boulder, CO: Westview, 1997). 슈필레인과 로르샤흐가 만났을 가능성은 크다. 지도 교수가 똑같이 블로일러였고, 로르샤흐가 러시아 사람과 잘 어울린 데다 슈필레인이 수업에 꼬박꼬박 출석하는 등 성실했기 때문이다.(Loewenberg, "The Creation of a Scientific Community," 73쪽, 읊을 인용했다)

23 Штемпелин을 독일어로 옮긴 Stempelin은 초성이 슈로 발음되는데, 영어로 바뀌면서 스로 잘못 발음되기도 한다. 1910년 올가는 결혼 공증 문서에 중간 이름을 Vil'gemovna라고 적었다. 헤르만이 스위스 당국에 결혼 절차를 문의하는 서신에는 비슷하게 Wilhelmowna라고 적혀 있다(이 정보를 알려준 리타 지크너에게 고마움을 전한다). 하지만 나중에 만들어진 로르샤흐 가계도와 다른 스위스 문서들에는 올가의 중간 이름이 Wassiljewna로 적혀 있다.

24 헤르만과 올가의 딸인 리자의 증언이다.(Blum/Witschi, 73~74쪽, 126쪽 주석 139번)

25 HRA 2:1:15:25. 모스크바 국립 톨스토이 박물관의 유리 쿠디노프Yuri Kudinov가 친절하게 허락해준 덕분에 번역해 이 책에 넣었다.

26 1차 대전 이전에 러시아 문화가 서양에 어떤 영향을 미쳤는지를 다룬 책은 아직 없다. 이런 주제를 빼놓지 않고 다룬 소설 중 백미는 조지프 콘래

드Joseph Conrad가 1907년 무렵 러시아와 스위스를 배경으로 쓴 《서구인의 눈으로Under Western Eyes》이다.

4장

1 롤프 뫼즐리Rolf Mösli가 쓴 《오이겐 블로일러―심리학계의 선구자Eugen Bleuler: Pionier der Psychiatrie》(Zurich: Roümerhof-Verlag, 2012), 20~21쪽에 나오는 오귀스트앙리 포렐Auguste-Henry Forel의 묘사다. Bair, *Jung*, 58쪽. 오이겐 블로일러를 다룬 아래의 주석 7번을 참고하라.

2 Bair, *Jung*, 97~98쪽. 카를 융을 다룬 카를 융을 다룬 아래의 주석 14번을 참고하라.

3 현대 정신의학이 취리히를 주요 기반으로 삼아 부상한 과정을 가장 잘 알려주는 것은 존 커John Kerr의 역작 《가장 위험한 방법A Most Dangerous Method》이다. 책 끄트머리에 들어간 22쪽짜리 서지 목록Bibliographical Essay은 도서관 그 자체이다. 앙리 엘렌버거Henri Ellenberger의 《무의식의 발견The Discovery of the Unconscious》 (New York: Basic Books, 1970)은 지금도 가장 자세하고 깊이 있는 연구로 손꼽힌다. 조지 마카리George Makari의 《마음의 혁명Revolution in Mind: The Creation of Psychoanalysis》 (New York: HarperCollins, 2008)》은 최근에 나온 뛰어난 역사 교양서이다.

4 Janet Malcolm, *Reading Chekhov: A Critical Journey* (New York: Random House, 2001), 116쪽.

5 같은 해인 1899년 후반에 출간된 테오도르 플루누아Théodore Flournoy의 무의식 연구서는 3개월 만에 3쇄에 들어갔고, 유럽과 미국의 학술지와 대중 언론에서 극찬받았다[*From India to the Planet Mars: A Case of Multiple Personality with Imaginary Languages* (Princeton: Princeton University Press, 1995), xxvii ― xxxi쪽]. 프로이트의 《꿈의 해석Die Traumdeutung》이 크게 무시당했다는 "전설"을 받아들이는 수정주의자라면, 앙리 엘렌버거의 《무의식의 발견》, 783~784쪽을 참고하라.

6 Kerr, *A Most Dangerous Method*, 40쪽.

7 Ellenberger, *The Discovery of the Unconscious*. Bair, *Jung*. Kerr, *A Most Dangerous Method*. Makari, *Revolution in Mind*. Mösli, *Eugen Bleuler*. Daniel Hell, Christian Scharfetter, and Arnulf Möller, *Eugen Bleuler*,

Leben und Werk (Bern: Huber, 2001). Christian Scharfetter, ed. *Eugen Bleuler, 1857~1939* (Zurich: Juris Druck, 2001). Sigmund Freud and Eugen Bleuler, *"Ich bin zuversichtlich, wir erobern bald die Psychiatrie": Briefwechsel 1904-1937*, ed. Michael Schröter (Basel: Schwabe, 2012. 이후로는 Sigmund Freud—Eugen Bleuler라고 표기한다). 존 커가《가장 위험한 방법》43 쪽에서 그나마 균형 있게 다루지만, 블로일러가 흔히 고압적이고 견디기 어려운 인물로 묘사되는 까닭은 융이 블로일러를 그렇게 봤기 때문이다. 블로일러와 관련한 자료가 발표될수록 이런 관점은 왜곡되어 보인다.

8 Loewenberg, "The Creation of a Scientific Community," 47쪽, 수정 인용.

9 크레펠린Kraepelin의 교재《정신병원 소개Einführung in die psychiatrische Klinik》 (1921년 4판)는 크리스티안 뮐러Christian Müller가 쓴《정신병원에 작별을— 정신의학의 역사Abschied vom Irrenhaus: Aufsätze zur Psychiatriegeschichte》(Bern: Huber, 2005) 145쪽에 인용되었다. 뮐러는 이런 말도 덧붙였다. "누구나 인정하는 정신의학계의 위대한 거장이 말한 이 어구가 신경 쓰이는 까닭은 왜일까? 문체 때문일까, 단어 선택 때문일까? 그가 현실을 표현한 잔인한 말은 완전히 객관적이었을까? 이 어구는 우리가 인간의 고통과 관계 맺는 방식에 일어난 강력한 변화를 두드러지게 보여준다. 우리는 더 민감해졌다."

10 뵈즐리는 655명으로(*Eugen Bleuler, Leben und Werk*, 114쪽), 마카리는 800명이 넘는다고 적었다(*Revolution in Mind*, 183쪽).

11 Eugen Bleuler, "The Prognosis of Dementia Praecox," in *The Clinical Roots of the Schizophrenia Concept: Translations of Seminal European Contributions on Schizophrenia*, ed. John Cutting and Michael Shepherd (Cambridge, UK: Cambridge University Press, 1987), 59쪽. 치매라는 용어를 없앤 것만으로도 환자와 가족에게 치료할 길이 있다는 적잖은 희망을 주었다고 한다.(Daniel Hell, "Herkunft, Kindheit und Jugend," in Mösli, *Eugen Bleuler*, 25~26쪽)

12 Mösli, *Eugen Bleuler*, 153쪽.

13 Loewenberg, "The Creation of a Scientific Community," 65~66쪽에서 인용.

14 융을 다룬 문헌은 그 수만큼 논란도 뜨겁다. Sonu Shamdasani, *Jung Stripped Bare by His Biographers, Even* (London: Kamac, 2005)은 융의 전기를 둘러싼 논쟁을 다루고 있다. 커의《가장 위험한 방법》은 가장 먼저 살펴보면 좋은 책이다. 융의 성격을 압축적으로 설명하는 데 커의 책 53

쪽, 다음 문장으로 시작하는 문단을 따라잡을 만한 글이 없다. "중요하게 강조하건대, 융이 지닌 재능에는 프랑수아 라블레를 연상하게 하는 저속한 본질이 있었다." Bair, *Jung*. Sonu Shamdasani, *Jung and the Making of Modern Psychology: The Dream of a Science* (Cambridge, UK: Cambridge University Press, 2003)도 참고하라.

15 1934년 융은 이렇게 설명했다. "심리를 뜻하는 '콤플렉스'라는 말은 독일어와 영어에서 모두 흔히 사용된다. 오늘날에는 사람에게 '콤플렉스가 있다'는 사실을 모르는 이가 없다. 그런데 이론적으로 훨씬 중요한데도 우리가 잘 모르는 사실이 있다. 바로 콤플렉스가 **우리를 쥐락펴락할 수 있다**는 사실이다."[*Collected Works of C. G. Jung* (Princeton: Princeton University Press, 1960 - 1990), 8권, 95~96쪽]

16 Kerr, *A Most Dangerous Method*, 59쪽. 마카리는 이를 "깜짝 놀랄 사건"이라고 불렀다.(*Revolution in Mind*, 193쪽)

17 이는 융이 자기 입맛에 맞게 꾸며낸 이야기이다. 사실 융은 1900년 무렵이미《꿈의 해석》을 읽은 상태였다.

18 1910년 블로일러가 한 말로, Michael Schröter, Sigmund Freud — Eugen Bleuler, 서론 16쪽에 인용됐다.

19 같은 책, 15쪽.

20 Michael Schröter, Sigmund Freud — Eugen Bleuler, 블로일러의 편지 2B.

21 "저는 꿈을 다룬 당신의 책이 옳다는 것을 처음 읽자마자 알았지만, 제 꿈하나를 제대로 해석하기도 쉽지 않습니다. (…) 타고난 심리 전문가인 제아내는 물론이고 동료들마저도 성공하지 못했습니다. 그러니 대가에게 도움을 구하는 것을 분명 이해해주시리라 믿습니다." 프로이트는 기꺼이 받아들였고, 블로일러는 꿈 내용을 몇 가지 더 보냈다. 1905년 11월 5일, 블로일러는 프로이트의 지시에 따라 타자기 앞에 앉아 자유 글쓰기를 시도했다. "뭐라도 나올 게 있을까? (…) 내 연상에서도 진부한 것들만 나온다. 어찌 보면 이는 프로이트의 견해와 상충하는 게 아닐까 싶다. 원리는 의심할 바 없이 맞다. 하지만 세세한 사항들이 하나같이 모든 사례에 적용될수 있을까? 개인차가 중요하지 않을까? (…) 경험이 얕은 내가 프로이트를의심하다니, 말이 안 된다. 하지만 내가 내 꿈을 거의 해석하지 못한다는것도 말이 안 된다. 막다른 골목이다. (빗소리와 곧 들이닥칠 손님 생각에 집중하기가 어렵다.)"

글의 마지막에는 꽤 낙담한 기색이 엿보인다. "어떻게 해야 더 무의식적으로 글을 쓸 수 있을지 알기라도 하면 좋으련만."(Schröter, Sigmund Freud—Eugen Bleuler, 블로일러의 편지 5B, 8B) 서신으로 꿈 분석을 의뢰하는 일은 금세 줄어들었다.

22 빌헬름 플리스Wilhelm Fliess에게 보낸 편지. Schröter, Sigmund Freud—Eugen Bleuler, 서론, 15쪽에서 인용.

23 Schröter, Sigmund Freud—Eugen Bleuler, 프로이트의 편지 12F.

24 *The Freud/Jung Letters: The Correspondence between Sigmund Freud and C. G. Jung*, ed. William McGuire (Princeton: Princeton University Press, 1974), 3F.(이후로는 Freud/Jung이라 표기한다)

25 7쪽짜리 「프로이트의 히스테리 이론: 아샤펜부르크에 답한다Die Hysterielehre Frauds: Eine Erwiderung auf die Aschaffenburgsche Kritik」에는 입에 발린 찬사와 자신만만한 우월감이 넘쳐난다.(Jung, *The Collected Works of C. G. Jung* 4권, 3~9쪽) 융은 편지에서 자신의 실제 감정을 숨기지 않았다.(Freud/Jung, 융의 편지 83J) 이어지는 인용문은 Freud/Jung, 융의 편지 2J, 219J, 222J, 272J에서 가져왔다.

26 융은 재봉사인 이 환자의 사례를 특히 즐겨 사용했다.[*Collected Works of C. G. Jung* 2권, 173~174쪽. *Memories, Dreams, Reflections* (New York: Vintage, 1989)]

27 융의 《기억, 꿈, 사상Memories, Dreams, Reflections》, 114쪽의 내용을 베어Bair가 표현을 바꿔 《융 자서전Jung: A Biography》, 98쪽에 옮긴 글이다. 《융 자서전》, 683쪽 주석 8번도 참고하라.

28 블로일러는 부르크횔츨리에서 일한 지 10년이 넘고, 르하이나우 시절까지 더하면 20년도 넘은 1908년이 되어서야 비로소 주요 논문을 발표했고, 유명한 책 《조발성 치매 또는 정신분열병의 한 갈래Dementia Praecox, oder Gruppe der Schizophrenien》도 1911년에야 펴낸다. 그는 자신의 시간과 에너지를 환자를 보살피고 병원 환경을 개선하는 데 쏟았다. 그의 노력에 힘입어 직원은 2배로, 입원 환자는 3배로, 예산은 10배로 늘었다. "자신의 발견을 발표하는 일은 보호시설을 운영하는 문제에 뒤로 밀렸다."(Kerr, *A Most Dangerous Method*, 43쪽)

29 Bair, *Jung*, 97쪽.

30 *C. G. Jung Speaking: Interviews and Encounters* (Princeton: Princeton University Press, 1977) 329쪽에 나온 1957년 인터뷰 내용이다.

31 모르겐탈러에게 보낸 편지, 1911년 11월 11일. 1916년 강연(이 책 8장의 주

석 19번 참조)에서 로르샤흐는 "프로이트가 적용 대상을 점차 제한하고는 있지만," 현재로서는 정신분석을 해야 하는 질환이 드물고, 신경증 환자를 치료하겠다고 어린 시절까지 죄다 파헤칠 필요가 웬만해서는 드물다고 의견을 밝힌다.

32 1909년 7월 8일 아나에게 보낸 편지에 따르면, 로르샤흐는 0.2초까지 재는 초침이 달린 시계를 사려고 가진 돈의 1/3에 해당하는 60프랑을 따로 챙겨놨다. "심리 실험에 쓸 용도"라고 했는데, 그 실험은 말할 것도 없이 단어 연상 검사였다. 그가 편지를 보내고 나서 한 달이 채 안 지났을 때 말을 훔친 퇴역 군인을 평가할 일이 생겼고, 단어 연상 검사가 제구실을 했다. 로르샤흐는 이 검사를 이용해 정확한 진단을 내렸고, 그 군인에게는 법적 책임이 없다고 밝혔다.(*CE*, 170~175쪽)

33 Olga R, 90쪽.

34 Jung, *The Collected Works of C. G. Jung* 3권, 162쪽.

35 「솔방울샘 종양의 병리 및 수술 치료 가능성Zur Pathologie und Operabilität der Tumoren der Zirbeldrüse」은《글 모음집》의 편집자가 로르샤흐의 논문 중 일부러 제외한 유일한 글이다. "다른 연구와 거의 관련이 없고, 길이도 너무 길었기" 때문이다.(*CE*, 11쪽)

36 Mösli, *Eugen Bleuler*, 174쪽. 블로일러는 아내와 긴밀히 협력했고, 사람의 마음을 잘 꿰뚫어보는 아내와 장모의 안목을 늘 신뢰했다.

37 아나에게 보낸 편지, 1908년 7월 7일.

38 아나에게 보낸 편지, 1906년 5월 23일.

39 "The Association Experiment, Free Association, and Hypnosis in Removing an Amnesia."(*CE*, 196~205쪽) 로르샤흐는 병사를 J.N.이라고 불렀다. 익명을 많이 사용한 것은 가독성 때문이다.

5장

1 아나에게 보낸 편지, 1908년 9월 2일.

2 아나에게 보낸 편지, 1906년 11월 10일.

3 당시 모습을 생생히 떠오르게 하는 Peter Fritzsche, *Reading Berlin 1900* (Cambridge, MA: Harvard University Press, 1996), 특히 17쪽, 109쪽, 192쪽을 참고하라.

4 같은 책, 109쪽. 프리체Fritzsche가 발터 키아울렌Walther Kiaulehn의 책에서 인용한 대목이다. 프리체는 키아울렌을 "베를린의 위대한 20세기 기록자"라고 일컬었다.(17쪽) 프리체의 책 내용 중 대부분이 로르샤흐 검사를 떠올리게 한다. "베를린을 끝도 없이 이어지는, 시각적으로 눈길을 사로잡는 이미지로 묘사한" 것은 "남자, 여자, 아이뿐 아니라 새 이주자, 노동자, 관광객이 저마다 베를린을 다르게 꿈꿨다"는 것을 의미했다.(130~131쪽)

5 아나에게 보낸 편지, 1906년 10월 31일.

6 파울에게 보낸 편지, 1906년 12월 5일.

7 아나에게 보낸 편지, 1907년 1월 21일.

8 쾨페니크 근위대장 이야기는 Fritzsche, *Reading Berlin 1900*, 160쪽을 참고하라.

9 아나에게 보낸 편지, 1908년 11월 16일.

10 Olga R, 89쪽.

11 아나는 러시아에 가겠다고 스스로 결정했다. 사실 헤르만은 러시아보다 영국의 가정교사 자리가 "성품과 생활양식, 인간 본성에 대한 통찰을 배울 수 있는 곳"이라며 강하게 권유했지만, 아나는 받아들이지 않았다. 몇 달 뒤 러시아에 일자리가 나자 아나는 들뜬 마음으로 받아들였다.(아나에게 보낸 편지, 1907년 9월 17일, 1908년 1월 31일, 2월 6일)

12 로르샤흐는 특히 이반 니콜라예비치 크람스코이Ivan Nikolayevich Kramskoi가 그린 〈황야의 그리스도Christ in the Desert〉를 "매우 아름답고 어두운 그림"이라 일컬었고, 베른에 머물 무렵 책상 앞에 걸어놓기도 했다. 또 이른바 분위기 풍경화mood landscape의 대가인 이사크 레비탄Isaac Levitan의 〈영원한 평화 너머Above Eternal Peace〉도 보내달라고 부탁했다.

13 1910년 8월 3일 편지에는 이렇게 적는다. "마침내 사진을 제대로 찍는 법을 익혔단다. 잘 나온 사진 몇 장을 설명과 함께 동봉한다. 어떤지 감상을 알려주렴. 네 사진은 어떤지 궁금하구나."

14 ARL, 2쪽.

15 Fut, 180쪽.

16 HRA 2:1:48. 지금까지 남아 있는 편지의 어조는 모두 이 편지와 같다. 하지만 기록물보관소의 안내 책자에 따르면, 올가에게 보낸 편지 가운데 대다수는 올가와 자녀들이 사생활을 이유로 없앴다고 한다.

17 Ellenberger, 180쪽.

18 아나에게 보낸 편지, 1909년 4월 14일.

19 아나에게 보낸 편지, 1909년 8월 27일.

6장

1   *CE*, 115쪽(다른 의사가 맡은 환자다), 112~113쪽, 118쪽.

2   HRA 4:2:1.

3   StATG 9'10 1.1(기록물), 1.6(안내 책자), 1.7(앨범).

4   아나에게 보낸 편지, 1909년 9월 24일.

5   Mikhail Shishkin, *Auf den Spuren von Byron und Tolstoi: Eine litera-rische Wanderung* (Zurich: Rotpunkt, 2012). Olga R, 89쪽. "헤르만은 뮌스터 링겐을 사랑했고, 그곳에서 더할 나위 없이 행복했다. 사랑하는 콘스탄츠 호수의 전망을 비가 오든 눈이 오든 즐길 수 있는, 방 두 개짜리 '자신만의 집'에 사는 왕 같았다."

6   뮌스터링겐 보호시설 1913년 연례 보고서, 11쪽.

7   아나에게 보낸 편지, 1910년 12월 말. 헤르만은 "모든 러시아 작가 중 내가 가장 즐겨 읽는 작가는 고골이란다. 글이 아름답거든"이라고 적었다.

8   아나에게 보낸 편지, 1909년 12월 22일.

9   Blum/Witschi, 92~93쪽. John M. MacGregor, *The Discovery of the Art of the Insane* (Princeton University Press, 1989), 187쪽과 주석 8번. 1908년 베를린 근처 요양원에서는 "스포츠, 정원 가꾸기, 미술 치료를 모두 활용했다". 환자들은 당나귀를 포함한 애완동물도 길렀다.(Ellenberger, *The Discovery of the Unconscious*, 799쪽)

10 Ellenberger, *Bulletin of the Menninger Clinic* 18권 5호, 192쪽. 우르스 게르만Urs Germann과 2014년에 주고받은 개인 서신. "핍스"라는 이름은 이 원숭이를 찍은 사진에 손으로 써넣은 설명에만 남아 있다.(StATG 9'10 1.7)

11 세 편은 그가 책이나 현장에서 접한 성적 묘사를 다룬 짧은 기록이었고, 다른 글들은 프로이트의 이론을 직접 적용한 심리 논문이었다. 이를테면 선택에서 작용하는 무의식 요소를 탐구한 「신경증 환자의 친구 선택」, 「신경증 환자의 삶에서 시계와 시간이라는 주제」, 「실패한 성욕 승화와 이름을 잊어버린 환자 사례」 같은 글이었다. 융의 노선을 따라 단어 연상 검사를 사용한 법의학 관련 글 「해리성 둔주에 빠진 말 도둑」도 있다.(모두 《글모음집》에 실려 있다)

12 Roland Kuhn, "Über das Leben(…)," StATG 9´10 8.4. 쿤은 로르샤흐의 각종 논문과 박사 학위 논문이 "특히 인간의 특성에 세심한 주의를 기울여, 인간의 성격과 운명을 매끄럽게 묘사하고 능력을 강조한, 흥미롭고 잘 쓰인 글"이라고 호평했다.

13 "조현병 환자가 그린 소묘의 분석."(*CE*, 188~194쪽)

14 "조현병 환자가 그린 그림에 대한 분석."(*CE*, 178~181쪽)

15 볼프강 슈바르츠가 게링Gering 부인과 인터뷰한 내용.(이름은 없이 성만 기록되어 있다)

16 칼럼 기고가로서 로르샤흐는 "소통하고, 견해를 정립하고, 당대의 중요 사안을 다루려는 열망"이 "정말 보기 드물 정도로 높았다".(Müller, *Abschied vom Irrenhaus*, 107, 103쪽)

17 *März* 12호(1909). HRA 6:1. "새로운 러시아 사회는 사춘기를 맞은 개인처럼 빠른 속도로 변모하고 있다. 먼저 최근의 정치 활동이 있었고, 반발이 시작된 뒤에는 집요하고 공격적으로 정치를 억압하고 있다. 심리 측면에서의 억압이란…."

18 안드레예프의 연극은 널리 공연됐고, 〈따귀 맞은 남자He Who Gets Slapped〉 (1924) 등이 영화로도 만들어졌다.

19 Olga R, 94쪽. 이 책의 부록에 나온다.

20 Rita Signer and Christian Müller, "Was liest ein Psychiater zu Beginn des 20. Jahrhunderts?," *Schweizer Archiv für Neurologie und Psychiatrie* 156권 6호(2005), 282~283쪽. 로르샤흐가 융의《무의식의 심리학Wandlungen und Symbole der Libido》을 발췌한 분량은 128쪽에 이른다. 종파, 신화, 종교 연구와 관련해서도 파울 막스 알렉산더 에렌라이히Paul Max Alexander Ehrenreich의《일반 신화와 민족학의 기초Die Allgemeine Mythologie Und Ihre Ethnologischen Grundlagen and Die Sonne In Mythos》,《남아메리카 원시인의 신화와 전설Die Mythen und Legenden der Südamerikanischen urvölker und ihre Beziehungen zu denen Nordamerikas und der Alten welt》, 루트비히 켈러Ludwig Keller의《종교 개혁과 이전 개혁파들Die Reformation Und Die Älteren Reformparteien: In Ihrem Zusammenhange》, 카를 루돌프 하겐바흐Karl Rudolf Hagenbach의 7권짜리《교회사 강연Vorlesungen über die Kirchengeschichte von der ältesten Zeit bis zum 19ten Jahrhundert》, 야코프 부르크하르트Jacob Burckhardt의《이탈리아 르네상스의 문화Die Kultur der Renaissance in Italien》를 발췌했다.

21 Ellenberger, *The Discovery of the Unconscious*. Andrea Karl-Ludwig Hoffmann and Christmut Praeger, "Bilder aus Klecksen: Zu den Kleck-

sographien von Justinus Kerner," in *Justinus Kerner: Nur wenn man von Geistern spricht*, ed. Andrea Berger-Fix (Stuttgart: Thienemann, 1986), 125~152쪽. Friedrich Weltzien, *Fleck—Das Bild der Selbsttätigkeit: Justinus Kerner und die Klecksografie als experimentelle Bildpraxis zwischen Ästhetik und Naturwissenschaft* (Göttingen: Vandenhoeck und Ruprecht, 2011).

22 Erbguth and Naumann, "Historical Aspects of Botulinum Toxin: Justinus Kerner(1786 - 1862) and the 'Sausage Poison,'" *Neurology* 53권(1999), 1850~1853쪽.

23 1918년에 나온 케르너의 초기 소설 《여행 그림자Die Reiseschatten: von dem Schattenspieler Lux》(Stuttgart: Steinkopf, 1964), 25쪽.

24 구텐베르크프로젝트, gutenberg.spiegel.de/buch/4394/1. 첫 번째 시를 여는 구절은 전형적이다. "바깥은 여전히 웃음으로 빛날지라도/ 누구나 죽음을 지니고 산다./ 오늘은 빛나는 새벽길을 걷지만/ 내일은 어두운 밤길을 걷는다."

25 1854년 6월 케르너가 저술가 오틸리 빌더무트Ottilie Wildermuth에게 보낸 글.(Friedrich Weltzien, *Fleck-Das Bild der Selbsttätigkeit*, 274쪽에서 인용) "어떤 면에서 이 그림들은 새로운 사진을 떠올리게 합니다. 특별한 장치도 필요 없고, 아주 오랜 재료인 잉크에 의존하지만 말이오. (…) 내가 아무것도 한 게 없는데도 가장 이상한 그림과 모양이 완전히 저절로 형성됩니다. 마치 사진 같아요. 그림에 영향을 끼치거나 지침을 제시할 수 없습니다. 그러니 내가 바라는 것을 내놓게 할 수 없습니다. 심지어 기대한 것과 정반대인 결과를 얻기 일쑤입니다. 놀랍게도 이런 그림들은 그 옛날 인류의 새벽 시절을 닮았습니다. (…) 나에게 이 그림들은 보이지 않는 세상을 보여주는 은판 사진과 같습니다. 까만 잉크에 묶여 있는 까닭에 어두운 영혼밖에 보여주지 못하지만요. 하지만 만약 밝은 영혼, 즉 중간계와 천상에서 내려온 빛의 영혼도 자신만의 방식으로 사진의 화학적 과정을 조정해 빛을 내뿜지 못한다면, 그건 매우 놀랄 일입니다. 그 영혼들이 빛 속을 떠도는 존재가 아니라면 결국 무엇이겠습니까?"

26 Ellenberger, *Bulletin of the Menninger Clinic* 18권 5호, 196쪽. E. H. Gombrich, *Art and Illusion: A Study in the Psychology of Pictorial Representation* (New York: Pantheon, 1960). H. W. Janson, "The 'Image Made by Chance' in Renaissance Thought," *De Artibus Opuscula XL: Essays*

in Honor of Erwin Panofsky (New York: New York University Press, 1961) 1
권 254~266쪽. Dario Gamboni, *Potential Images: Ambiguity and Inde-
terminacy in Modern Art* (London: Reaktion, 2002), 58쪽, "연대 및 지리·문
화적 유사성은 생각보다 더 큰 직접적인 연관성을 낳는다." 올가는 남편이
초기부터 케르너를 통해 잉크 얼룩 그림을 알았다고 말하는데(Olga R, 90
쪽), 이것은 지각이 아니라 상상력이라는 맥락에서 나온 설명이다(이 말이
왜 오해를 일으키는지는 10장을 참고하라). "헤르만은 언제나 '상상력'에 관심이
있었고, 상상력을 인간성의 '신성한 불꽃'이라고 여겼다. (⋯) 이렇게 '우연
히 생긴 형태'가 **상상력을 시험할 다리** 역할을 할지도 모른다고 어느 정
도 자신도 모르게 예감한 듯하다."

27 한스 부리와 주고받은 편지, 1920년 5월 21일, 28일. 이 개인 서신들은 잉
크 얼룩 검사가 발표되기 전에 쓰였으므로, 로르샤흐가 케르너의 영향을
받았는지에 대해 거짓말할 이유가 없다.
    로르샤흐 검사는 때로 필적학과 관련되기도 하지만, 로르샤흐는 1920년
후반까지 필적학을 아예 몰랐고, 이야기를 들었을 때도 그리 관심을 보이
지 않았다.(볼프강 슈바르츠가 헤리자우 수련의였던 마르타 슈바르츠-간트너Marta
Schwarz-Gantner를 인터뷰한 내용)

28 Jung, *Memories, Dreams, Reflections*, 18쪽. Henry David Thoreau, *The
Journal*, 1837~1861(New York: New York Review of Books, 2009), 1840년 2월
14일 내용. 잉크 얼룩도 한 장 있었지만 공개되지 않고 뉴욕 모건 도서관
에 보관되어 있다. 볼프강 슈바르츠가 이레나 민콥스카Irena Minkovska와 인
터뷰한 내용이다.

29 Alfred Binet and Victor Henri "La psychologie individuelle," *L"Année
Psychologique* 2호(1895~1896), 411~465쪽. Franziska Baumgarten-Tram-
er, "Zur Geschichte des Rorschachtests," *Schweizer Archiv für Neurolo-
gie und Psychiatrie* 50호(1942) 1~13쪽에서 인용. Galison, 259~260쪽을
참조하라.

30 F. E, Rybakov, *Atlas dlya ekspiremental'o-psikhologicheskogo issledovani-
ya lichnosti* (Moscow: Sytin, 1910). Baumgarten-Tramer, "Zur Geschichte
des Rorschachtests," 6~7쪽에서 발췌.

31 Guy Montrose Whipple, *Manual of Mental and Physical Test* (Baltimore:
Warwick and York), 1910. 11장. "Tests of Imagination and Invention," Test
45: Ink-Blots을 참고하라.

32 바움가르텐-트라머Baumgarten-Tramer는 "로르샤흐 검사의 발전 과정Zur Geschichte des Rorschachtests," 8~9쪽에서 레오나르도의 《회화론》을 인용하며, 비네가 이 구절에서 아이디어를 얻었을 것이라고 추측한다. 드미트리 메레시콥스키Dmitry Merezhkovsky는 유명한 소설 《레오나르도 다빈치의 사랑The Romance of Leonardo da Vinci》(1902. 번역본은 New York: Random House, 1931), 168쪽에서 레오나르도의 이런 모습을 묘사했다. 헤르만과 올가는 이 책을 함께 읽었다.(Ellenberger, 198쪽에서 이를 인용한다) George V. N. Dearborn, "Notes on the Discernment of Likeness and Unlikeness," *Journal of Philosophy, Psychology, and Scientific Methods* 7권 3호(1910), 57쪽.

33 HRA 3:3:3. 볼프강 슈바르츠가 게링 부인을 인터뷰한 내용.

7장

1 로르샤흐의 학위 논문(*CE*, 105~149쪽), 108~109쪽. 이 장의 인용문은 특별히 언급하지 않는 한 이 학위 논문에서 가져왔다.

2 "On the Optical Sense of Form"(1873), *Empathy, Form, and Space*, ed. Harry Francis Mallgrave and Eleftherios Ikonomou (Santa Monica, CA: Getty Center for the History of Art and the Humanities, 1994), 90쪽, 92쪽, 98쪽, 104쪽, 117쪽에서 여러 군데를 수정 인용했다. 이 책의 편집자 서문도 참고하라. Irving Massey, *The Neural Imagination* (Austin: University of Texas Press, 2009)에서 특히 29~39쪽의 "Nineteenth-Century Psychology, 'Empathy,' and the Origins of Cubism"을 참고했다. 캐럴 R. 웬젤라이드아웃Carol R. Wenzel-Rideout은 공들여 쓴 심리학 박사 학위 논문에서 로르샤흐와 피셔의 감정이입 이론의 직접적인 연관성은 찾지 못했지만 로르샤흐가 피셔의 책을 알았다는 확실한 정황 증거와 두 사람의 견해에 "적어도 강력한 유사성"이 있다고 확신했다.["Rorschach and the History of Art: On the Parallels between the Form-Perception Test and the Writings of Worringer and Wölfflin" (Rutgers University, 2005), 199~207쪽. 70~74쪽에서는 보링거Worringer를 다룬다.]

3 Richard Holmes, "John Keats Lives!," *New York Review of Books*, November 7, 2013.

4 Massey, *The Neural Imagination*, xii쪽, 186~189쪽. 마시Massey는 키츠의

〈프시케에게 부치는 시Ode to Psyche〉가 판테온에서 프시케의 자리를 옹호하고 뇌세포의 가지 돌기("활동하는 뇌를 둘러싼 격자")와 신경가소성("즐거운 고통 속에 새로 자라 가지를 친 생각")을 떠올리게 하는 신경 과학의 이야기로 읽는다.

5 1937년 12월 8일 프로이트는 앙드레 브르통André Breton에게 이런 편지를 보낸다. "내가 '드러난 꿈'이라고 부르는 꿈의 표면적 측면은 조금도 흥미롭지 않소. 나는 정신분석에 따른 해석을 이용해 '드러난 꿈'에서 도출할 수 있는 '잠재 내용'에 관심을 기울여왔소."[Mark Polizzotti, *Revolution of the Mind: The Life of André Breton* (Boston: Black Widow Press, 2009), 406쪽에서 인용. 같은 책 347~348쪽을 참조하라.]

6 프로이트는 셰르너Scherner가 소원 성취, 꿈을 꾸기 전날 겪은 일, 꿈에서 본질이 변형된 성적 열망에 관심을 보인 것을 특히 높게 샀다.(Vischer, "On the Optical Sense of Form," 92쪽, Freud, *Interpretation of Dreams*, 83쪽, 346쪽 등을 참고함) 마시는 셰르너가 "본질적으로 미학 이론이던 것을 받아들여 이를 꿈 심리학의 바탕으로 만들었으므로, 프로이트를 앞선 중요한 선구자라고 주장하기에 가장 떳떳한 인물"이며, "지식 역사의 모래 아래 깊이 파묻힌 신비로우면서도 흥미로운 인물"이라고 말했다.[Massey, *The Neural Imagination*, 37쪽. Massey, "Freud before Freud: K. A. Scherner(1825 – 1889)," *Centennial Review* 34권 4호(1990), 567~576쪽]

7 루돌프 아른하임Rudolf Arnheim은 보링거의 논문을 "20세기 미술 이론에 가장 큰 영향을 미친 저술 가운데 하나"라고 일컬으며, "현대미술 운동에 즉각적이고 심오한" 영향을 미쳤다고 평가했다.[*New Essays on the Psychology of Art* (Berkeley: University of California Press, 1986), 50쪽, 51쪽]

8 보링거는 감정이입을 "과학적" 심리 이론으로 정립한 테오도어 립스Theodor Lipps(1851~1914)의 대변자 격인 인물로 여겨진다. 립스는 피셔의 감정이입에서 범신론적 함축을 제거하고 감정이입을 "객관화된 자기 향유"로만 정의했다. 립스가 보기에 현실 왜곡은 "부정적 감정이입", 즉 "꼴사나운 감정이입"이었다. 하지만 보링거는 "생명체의 형태에 활기를 불어넣는 아름다움이 우리에게 행복과 만족을 안기듯" 현실 왜곡도 똑같이 다른 문화나 개인에게 그런 감정을 안긴다고 반박했다.(*Abstraction and Empathy*, 17쪽)

9 "A Contribution to the Study of Psychological Types"(1913). Jung, *The Collected Works of C. G. Jung* 6권, 504~505쪽, 융은 이 책에서 한 장章을 보링거에 할애했다.

10 Ellenberger, 181쪽. Akavia, 25쪽 이하.

11 이 용어는 독일인 정신과 의사 카를 루트비히 칼바움Karl Ludwig Kahlbaum
이 1860년대에 만든 것이다. 편집증paranoia이라는 용어도 그가 만들었다.
(Freud/Jung, 29쪽 주석 10번)

12 *Über den Traum: Experimental-psychologische Untersuchungen*, 2 vols.
(Leipzig: J. A. Barth, 1910~1912) "두 가지의 꿈 이론이 이렇게 상반될 거라고
는 상상하기 어려울 것이다."(Ellenberger, 200~201쪽. Akavia, 27~29쪽)

13 HRA 3:4:1, 1911년 3월 18~19일. 환자의 이름도 브라우흘리였다.

14 블로일러에게 보낸 편지, 1912년 5월 25일, 7월 6일, 7월 16일. *L*, 120쪽
주석 3번. 로르샤흐의 논문 「반사 환각과 상징Reflexhalluzinationen und Symbo-
lik」(1912)에는 학위 논문에서 빠진 정신분석과 관련된 자료들이 들어 있
다.(*CE*. Ellenberger, 182쪽. Akavia, 29쪽)

8장

1 프로이트가 펴낸 정신분석 및 문화 학술지《이마고Imago》13호(1927)
395~441쪽에 실린 로르샤흐의 「스위스의 두 종파 창시자(빙겔리-운테르네
러)의 정신분석 연구Zwei schweizerische Sektenstifter(Binggeli–Unternähner): Eine psycho-
analytische Studie」는 같은 해에 50쪽짜리 책(Leipzig: Internationaler Psychoanaly-
tischer Verlag, 1927)으로도 발간되었다. 로르샤흐는 이에 앞서 「스위스의 종
파와 그 창시자」, 「스위스의 종파 형성에 대한 고찰」을 썼다.(모두《글 모음
집》에 포함되어 있다.)

2 볼프강 슈바르츠가 만프레드 블로일러를 인터뷰한 내용이다.

3 공교롭게도, 1936년에 독일어로 발표된 정통 범죄 소설《광기의 왕국Matto
regiert》은 뮌징겐이라는 것이 뻔히 드러나는 란틀링겐을 배경으로 삼아,
정신 질환 보호시설의 원장 "울리히 보르스틀리"의 살인을 다룬다. 1919
년 뮌징겐에 수용된 경험이 있는 작가 프리드리히 글라우저Friedrich Glauser
(1896~1938)는 다른 사람은 한결같이 따뜻하고 친절하다고 여긴 브라우흘
리를 처음 본 순간부터 싫어했는데, 나중에도 그 마음은 달라지지 않았다.
글라우저의 소설에는 스위스 정신 질환 보호시설의 분위기, 방과 복도, 환
자와 치료법, 삶의 풍경과 느낌이 생생하게 묘사되었다. 실제로 보호시설
의 부원장이었던 막스 뮐러Max Müller는 이렇게 언급했다. "브라우흘리의

외면뿐 아니라 약점까지 전부 포함된 참모습을 정확히 담아냈으므로, 브라우흘리가 책을 읽는다면 평정을 유지하기 어려울 것이다." 뮐러는 브라우흘리가 책 소식을 듣지 못하도록 그의 서신을 검열했다.[*Matto regiert*(Zurich: Unionsverlag, 2004), 265쪽 주석. 독일어판에는 뮌스터링겐을 분명하게 떠올리게 하는 주석과 사진이 실려 있다]

4   Morgenthaler, 98쪽. Ellenberger, 186쪽. Blum/Witschi, 112쪽.

5   Ellenberger, 185쪽. 로르샤흐는 이를 베른 대학교 철학 교수인 카를 해베를린Karl Häberlin에게 말했다.

빙겔리만큼이나 제정신이 아닌 사람은 또 있었다. 1874년에 입원해 1895~1919년까지 뮌징겐에 머문 편집증형 조현병 환자 테오도어 니한스Theodor Niehans였다. 그는 신에게 계시를 받았다며 간병인을 칼로 찌르고, 보호시설 목공소에 불을 질렀다. 상세한 이야기는 아카비아Akavia의 책에 나온다. 로르샤흐는 1910~1914년에 발간되었던《정신분석과 정신병리학 연구 연감Jahrbuch für Psychoanalytische und Psychopathologische Forschungen》에 취리히 학파의 주요한 저술 방식에 따라 사례 연구 초안을 상세히 작성했다.(HRA 4:1:1) 블로일러와 프로이트가 이 연감의 출판을, 융이 편집을 맡았다. 또 프로이트가 제시한 전형적인 조현병 환자 슈레버에 견줘 니한스의 사례를 12쪽짜리 표로 정리해, "융과 블로일러를 본받으면서도" 한발 더 나아가 "프로이트가 슈레버를 이해한 내용을 비판하는 현재의 비평에도 대비했다."(HRA 3:1:4. Akavia, 111쪽 이하. Müller, *Abschied vom Irrenhaus*, 75~88쪽)

6   정신의학협회장 피스터Pfoster에게 보낸 편지. 1920년 10월 16일.

7   *L*, 128쪽 주석 4번. Olga R, 90쪽.

8   Etkind, *Eros of the Impossible*. Irina Sirotkina, *Diagnosing Literary Genius: A Cultural History of Psychiatry in Russia, 1880–1930* (Baltimore: Johns Hopkins University Press, 2002). Magnus Ljunggren, "The Psychoanalytic Breakthrough in Russia on the Eve of the First World War," *Russian Literature and Psychoanalysis*, ed. Daniel Rancour-Laferriere (Amsterdam: John Benjamins, 1989), 173~192쪽. John E. Bowlt, *Moscow and St. Petersburg, 1900–1920: Art, Life and Culture of the Russian Silver Age* (New York: Vendome Press, 2008), 13~26쪽. 알렉산드르 베누아Alexandre Benois는 댜길레프Diaghilev의 후원 아래 러시아 발레를 설계했고, 예술 세계 운동의 설립 회원이기도 하다.

9   Sirotkina, *Diagnosing Literary Genius*, 100쪽, 수정 인용.

10 Sirotkina, *Diagnosing Literary Genius*, 112쪽. Ljunggren, "The Psychoanalytic Breakthrough in Russia," 175쪽.

11 Sirotkina, *Diagnosing Literary Genius*, 104쪽. Etkind, *Eros of the Impossible*, 131쪽.

12 Bowlt, *Moscow and St. Petersburg*, 29, 68, 90, 184쪽.

13 크류코보의 정신분석가 니콜라이 비루보프Nikolai Vyrubov가 쓴 글. Ljunggren, "The Psychoanalytic Breakthrough in Russia," 173쪽에서 인용. 같은 해에 비루보프가 크류코보에서 프로이트의 심리 치료법을 이용한 경험을 논문으로 발표하면서 러시아에서도 프로이트가 받아들여지기 시작했다.

14 Sirotkina, *Diagnosing Literary Genius*, 102쪽.

15 이는 옛킨트가 《이룰 수 없는 사랑Eros of the Impossible》에서 다룬 주제이다. "러시아에서 정신분석을 환영한 까닭을 톨스토이의 가르침과 연결하는 것보다 나은 설명은 거의 없다."(Sirotkina, *Diagnosing Literary Genius*, 107쪽) 또 다른 공통 기반으로는 프로이트와 융에게 영향을 미친 프리드리히 니체Friedrich Nietzsche가 러시아에도 막대한 영향을 미쳤다는 것을 들 수 있다.(Etkind, *Eros of the Impossible*, 2쪽) 전반적으로 옛킨트는 러시아에서 프로이트를 환영한 부분에 초점을 맞추지 않고, 독일식 생물정신의학을 주요하게 설명한다. 이 노선은 1886~1891년에 러시아에서 일한 크레펠린부터 파블로프를 거쳐 계속 이어진다. 이런 관점에서 볼 때 크류코보의 정신과 의사들이 정신분석을 적용한 것은 "주목할 만한" 예외이다.[Caesar P. Korolenko and Dennis V. Kensin, "Reflections on the Past and Present State of Russian Psychiatry," *Anthropology and Medicine* 9권 1호(2002), 52~53쪽]

16 Freud/Jung, 306F.

17 Etkind, *Eros of the Impossible*, 110쪽 인용.

18 Etkind, *Eros of the Impossible*. Ellenberger, *The Discovery of the Unconscious*(543쪽, 891~893쪽). Sonu Shamdasani, *From India to the Planet Mars*, 서론. 프로이트가 "아낀 작가(도스토예프스키)"뿐 아니라 아낀 환자도 러시아 사람"인 것은 "단순한 우연"이 아니었다. 프로이트의 어머니가 갈리치아(현재 우크라이나와 폴란드에 걸친 지역) 사람이었으므로, 그도 반은 "러시아 사람"이었다.[Etkind, *Eros of the Impossible*, 110~112쪽, 151~152쪽. James L. Rice, *Freud's Russia: National Identity in the Evolution of Psychoanalysis* (New Brunswick, NJ: Transaction, 1993)]

19 이 강연은 Christian Müller, *Aufsätze zur Psychiatriegeschichte* (Hürtgen-

wald: Guido Pressler, 2009), 139~146쪽에 들어 있다. 대부분 로르샤흐가 직접 정신분석을 개입시킨 꽤 독특한 사례들이 내용의 대부분을 차지한다.

20 Fut, 175쪽. Akavia, 135쪽.

21 지금까지 러시아 미래파를 가장 잘 알려주는 출처는 Vladimir Markov, *Russian Futurism* (Berkeley: University of California Press, 1968)이다.

22 로르샤흐는 이 위대한 시인 마야콥스키Mayakovsky를 따로 만났던 게 거의 분명하다. 마야콥스키는 샛노란 색 또는 형형색색의 셔츠를 입기로 유명했고, 이따금 액세서리처럼 오렌지색 재킷을 걸치거나, 손에 채찍을 들거나, 양복 웃깃에 나무 수저를 꽂았다. 로르샤흐가 테오도어 니한스 사례에서 니한스의 "유치함"을 견준 대상이 "지난겨울에 러시아에서 지켜볼 기회가 있었던 기이한 인물들, 즉 러시아 **미래파**"였다. 로르샤흐에 따르면 "그들은 얼굴에 물감을 바르고, 색이 화려한 윗옷을 걸친 채 돌아다니면서, 되도록 버릇없이 행동한다."(Akavia, 133쪽 인용)

23 Bowlt, *Moscow and St. Petersburg*, 310쪽. Markov, *Russian Futurism*, 22쪽. 가장 상세한 설명이 나오는 것은 Isabel Wünsche, *The Organic School of the Russian Avant-Garde: Nature's Creative Principles* (Farnham, UK: Ashgate, 2015), 83~139쪽이다.

24 Markov, *Russian Futurism*, 5쪽 및 여러 곳. Wünsche, *The Organic School of the Russian Avant-Garde*, 41~49쪽. 쿨빈을 연상시키는 묘사는 Victor Shklovsky, *Tret'ya fabrika*(1926)에 나온다.[영역본 *Third Factory* (Chicago: Dalkey Archive Press, 2002), 29쪽] 로르샤흐는 논문에서 이렇게 말한다. "우리가 읽은 선언서에서 P는 붉고, Ш는 노랗다[키릴 문자의 P와 Ш는 영어의 R과 Sh에 해당한다. R과 Sh는 우연히도 로르샤흐와 슈템펠렌(올가의 결혼 전 성)의 초성이다]. 쿨빈은 강연에서 푸른 C(영어의 S에 해당하는 키릴 문자)를 말했다."(Fut, 179쪽) 이 주장은 쿨빈의 선언서 「말은 무엇인가What is the Word」에도 나온다.(Markov, *Russian Futurism*, 180쪽)

25 Markov, *Russian Futurism*, 128~129쪽. 로르샤흐는 미래파의 언어를 보여주는 사례로 크루초니흐의 〈단모음으로만 쓴 시〉, 즉 〈oea/иееи/аееи〉와 그가 만든 엉터리 구절을 인용한다.[Anna Lawton and Herbert Eagle, *Words in Revolution: Russian Futurist Manifestoes*, 1912~1928 (Washington, DC: New Academia, 2005), 65~67쪽. Akavia, 143쪽. Markov, *Russian Futurism*, 131쪽]

26 Markov, *Russian Futurism*, 128쪽. 크루체니흐의 표현을 쉽게 바꿔 옮겼

다.

27 Markov, *Russian Futurism*, 105쪽. 시를 쓴 사람은 '시의 다락방'을 이끈 바딤 셰르셰네비치Vadim Shershenevich였다.

28 Fut, 175~176쪽.

29 Fut, 183~184쪽. 로르샤흐는 기발하게도 "실수"를 이렇게 설명한다. 다리를 잇달아 그림으로써 느낌을 주려 한, 그래서 결과적으로 그림을 그리는 자신의 연속된 자세를 보여준 미래파는 그림 자체에 자신이 부여하는 "연속된 인상"을 남긴다. "미래파에게는 이것이 실제 움직임처럼 보인다. 하지만 미래파에게만 그렇다."

30 Fut, 183쪽. 이 구절은 로르샤흐가 직접 들은 말인 듯하다. 미래파의 저술에서는 이런 표현을 찾아볼 수 없다.(John Bowlt, 개인 연락, 2014년)

31 틀림없이 러시아인일 라딘E. P. Radin 박사는 1914년에《미래파와 광기Futurism and Madness》에서 어린아이와 미치광이, 아방가르드 화가의 그림을 비교했다. "아무리 좋게 말해도, 라딘 박사가 본업을 벗어나 손댄 문학 분석은 어설프다. 그는 회화를 날카롭게 해석하기에는 역량이 달린다. 결국 과학적 객관성에 짓눌린 그는 미래파가 정신 질환을 앓는다고 단언할 만큼 자료가 많지 않다고 언급하면서도, 그럴 위험성을 경고한다."(Markov, *Russian Futurism*, 225~226쪽) 라딘의 행적을 찾아봤지만, 1921년에 나온 소책자《소련 권력은 아동 건강을 어떻게 보호하는가How Soviet Power Protects Children's Health》이후로는 자취를 찾아볼 수 없었다.

32 "프로이트는 자신의 주변 곳곳에서 폭발적으로 분출된 그림, 시, 음악의 혁신에 영향 받지 않았다. 드물긴 해도 이런 혁신이 주의를 흩트릴 때 프로이트는 불편한 심기를 노골적으로 드러냈다."[Peter Gay, *Freud: A Life for Our Time* (New York: Norton, 1988), 165쪽]

33 융은 "요즘 소설을 읽지 않고, 요즘 음악을 업신여기고, 현대미술에 무관심하다". 그래서 이 두 편의 평론은 모두 "언론과 대중에게 거센 비난을 받았다. (…) 대중의 조롱은 굴욕을 안겼다."(Bair, *Jung*, 402~403쪽)

34 MacGregor, *The Discovery of the Art of the Insane*, 278쪽.

35 Hans Arp, *Sophie Taeuber-Arp 1889-1943: Bewegung und Gleichgewicht* (Davos: Kirchner Museum, 2009), 137쪽 인용.

36 *PD*, 111~112쪽. Akavia, 127~132쪽도 참조하라. 쿠빈(1877~1959)은 청기사파를 지지했고, 마음을 울리는 환상 소설《다른 한편Die andere Seite》(1909)도 썼다. 로르샤흐는 쿠빈의 책에서 특히 공감각을 중점적으로 어마어마

하게 옮겨 적었다. (HRA 3:1:7. 1919년 11월 2일 일기. Akavia, 131쪽)《심리 진단》에서 로르샤흐는 쿠빈이 내향성과 외향성을 넘나들며 활동한 이력을 추적해, 그의 예술 작품에 나타난 차이와 관련지었다.

37 파울에게 보낸 편지, 1914년 5월.

38 Olga R, 90~91쪽. "헤르만은 100% 유럽인으로 남기를 바랐고, 실제로도 그랬다."

39 아나에게 보낸 편지, 1909년 4월 2일. 1909년 1월 25일에도 로르샤흐는 편지를 끝맺으며, 사람들이 그에게 기대하는 러시아식 감정 분출에 어긋나는 스위스식 자제력에 대해 농담을 곁들여 변호했다. "얼마 전 편지에서 왜 네게 키스를 보내지 않느냐고 물었었지. 러시아에서는 키스가 하찮단다. 게다가 키스의 종류도 엄청 많고. 여기에는 키스가 몇 가지 없는 데다 나한테는 거의 없단다. 그걸 잊은 거니? 너는 '안부를 전하며'라는 표현에 만족해야 할 거야. 하지만 그건 네 오빠 헤르만이 보내는 따뜻한 안부란다."

40 *CE*, 32쪽 주석.

41 Morgenthaler.

42 올가가 파울에게 보낸 편지, 1914년 5월 15일.

43 레기넬리는 볼프강 슈바르츠와 인터뷰하면서, 올가가 이때 러시아에 머문 것이 "의지를 시험하는 일이었다"고 말했다.

44 로르샤흐는 백여 명의 남성 환자를 돌봐야 했으므로, 다른 관심사에 쏟을 시간을 얻기 위해 하루 두 차례 도는 회진을 서둘러 끝냈다. "로르샤흐는 모든 일을 말도 안 될 정도로 빠르고 쉽게 해치웠다. (…) 환자와 빠르게 관계를 맺었고, 무엇을 해야 할지 파악해 지시를 내렸다. (…) 환자 병력도 빠르게 기록했다. 대개 두세 문장만으로도 환자의 주요 특성을 설명했다." 그는 흥미로운 환자에게 더 많은 시간을 쏟았다. "몇몇 직원들만 투덜댄 것이 아니라 원장 역시 로르샤흐가 환자의 세탁물이나 신발 끈, 침실 탁자 등에 제대로 신경 쓰지 않는다는 불만을 이따금 털어놨다." 로르샤흐는 이런 말에 크게 짜증스러워했지만, 몇 분 지나지 않아 농담을 한두 마디 던지고 나서는 원래대로 돌아왔다.(Morgenthaler)

45 Walter Morgenthaler, *Madness and Art: The Life and Works of Adolf Wölfli* (Lincoln: University of Nebraska Press, 1992). MacGregor, *The Discovery of the Art of the Insane*도 참고하라.
이 주제를 다룬 선구적 연구로는 Hans Prinzhorn, *Bildnerei der Geistes-*

kranken (초판 1922년. New York: Springer-Verlag Wien New York에서 2011년에 재발간)이 있다. 로르샤흐는 프린츠호른Prinzhorn과도 인연이 있다. 1919년 프린츠호른은 로르샤흐가 1913년에 발표한 조현병 환자의 그림을 다룬 논문이 "매우 유익하다"고 높이 평가했고, 로르샤흐는 환자가 그린 미술품을 모아 그에게 보냈다. 1921년 프린츠호른은 로르샤흐에게 편지를 보내 융과 모르겐탈러의 책과 함께 로르샤흐의 《심리 진단》을 언급하고 싶은데 책이 시기에 맞게 출간될 수 있는지 물었다. 출판사에서 출간을 미룬 탓에 이는 불가능했다.(카를 빌만스Karl Wilmanns에게 받은 편지, 1919년 12월 13일. 비르허 출판사에 보낸 편지, 1921년 2월 12일)

46 뵐플리Wölfli는 이렇게 말했다. "아웃사이더 천재 연구에서 가장 먼저 제시될 증거다. (…) 그가 이룬 업적은 경이롭다.(Peter Schjeldahl, "The Far Side," *New Yorker*, 2003년 5월 5일)

47 André Breton, 1965년 파리 〈갤러리 시선Galerie l'Œil〉에서 열린 초현실주의 전시회 "절대적인 차이L'écart absolu"의 안내서. José Pierre, *André Breton et la peinture* (Paris: L'Âge d'Homme, 1987) 253쪽도 참고하라.

48 릴케Rilke가 루 살로메Lou Andreas-Salomé에게 보낸 편지, 1921년 9월 10일.

49 뒷날 모르겐탈러는 자신이 소장한 다수의 예술품이 로르샤흐가 "꾸준히 노력한 끝에 환자들로부터 얻은 것"이라고 말했다.(Ellenberger, 191쪽) 로르샤흐의 종파 연구는 모르겐탈러가 뵐플리에게 시간을 쏟는 데도 도움이 되었다. 모르겐탈러도 종파에 관심을 가지고 있었기 때문이다. 그는 이전에 베른에서 정신 질환자를 다룬 역사를 연구하다 운테네러를 알게 되었고, 나중에 종파 연구로 돌아갈 생각에 관련 기록물을 모았다. 하지만 모르겐탈러는 로르샤흐가 이미 연구에서 결과를 냈다는 것을 알고 그가 자신의 기록물을 더 신속하고 훌륭하게 이용할 거라고 판단해 자료를 로르샤흐에게 넘기고 종파 연구를 포기했다.(Morgenthaler, 98~99쪽)

9장

1 Ellenberger, 185~187쪽. 어느 8월에는 파울에게 이렇게 적어 보냈다. "이럴 수가, 여름휴가가 여름의 끝이라니! 여기 헤리자우는 거의 겨울이란다. 일광욕을 즐긴 게 겨우 며칠 전인데, 벌써 난로에 불을 지피고 훌쩍대며 돌아다니는구나."(1919년 8월 20일)

2 파울에게 보낸 편지, 1920년 9월 27일.

3 볼프강 슈바르츠의 미완성 원고에서 인용한 병원장 콜러Koller의 회고. El-lenberger, 185~187쪽. *Historisches Lexikon der Schweiz*, ed. Marco Jorio (Basel: Schwabe, 2002), "Herisau."

4 Morgenthaler, 96쪽. 볼프강 슈바르츠가 레기넬리와 인터뷰한 내용.

5 볼프강 슈바르츠가 병원장 부인 조피 콜러Sophie Koller와 인터뷰한 내용.

6 파울에게 보낸 편지, 1915년 11월 말경.

7 볼프강 슈바르츠가 병원장 아들 프리츠 콜러Fritz Koller와 인터뷰한 내용.

8 파울에게 보낸 편지, 1916년 3월 16일.

9 뢰머에게 보낸 편지, 1922년 1월 27일.

10 오베르홀처의 아내는 중요한 정신분석가이기도 했던 유대계 러시아인 정신과 의사 미라 긴즈부르크Mira Gincburg(1884~1949)였다. 1913년 긴즈부르크는 프로이트에게 오베르홀처를 보내기에 앞서 그를 분석했었다. 1919년에 부부는 함께 개인 병원을 열었다.[*L*, 138~139쪽 주석 1번. Christian Müller, *Aufsätze zur Psychiatriegeschichte* (Hürtgenwald: Guido Pressler, 2009), 160쪽]

11 볼프강 슈바르츠가 루디 콜러Rudi Koller와 인터뷰한 내용.

12 볼프강 슈바르츠가 수련의였던 마르타 슈바르츠-간트너와 가정부인 베르타 발트부르크게어-아프데르할덴Bertha Waldburger-Abderhalden을 인터뷰한 내용.

13 모르겐탈러에게 보낸 편지, 1916년 10월 11일. 〈일기〉, 54쪽.

14 콜러에게 받은 편지, 1915년 6월 28일.

15 이 단체는 스위스 정신의학협회보다 프로이트에 가까웠지만, 프로이트가 세운 국제정신분석협회와 별개로 활동했다. 로르샤흐는 모르겐탈러에게 이 단체에 가입하라고 권유했다. "프로이트가 정말로 교황의 후광을 업고 여기저기 나타난다 해도, 사람들이 함께 모여 견제에 나서고 다른 관점을 대표한다면 위계질서가 생길 위험을 피할 수 있겠지."(모르겐탈러에게 보낸 편지, 1919년 11월 11일. *L*, 139쪽 주석 1번과 175쪽 주석 5번, 그리고 1919년 2월 16일 오베르홀처에게 보낸 편지도 참고하라.) 어니스트 존스Ernest Jones는 프로이트에게 편지를 보내 이 단체의 "주요 회원이 오토 빈스방거Otto Binswanger, 정신과 의사인 로르샤흐, 오베르홀처 박사의 부인인 미라 긴즈부르크"라고 알렸다.(1919년 3월 25일, *L*, 152쪽 주석 1번에서 인용)

16 오베르홀처에게 받은 편지, 1922년 1월 4일.

17 뢰머에게 보낸 편지, 1922년 3월 15일.

18 Morgenthaler, 98쪽.

19 Morgenthaler, 97쪽.

20 파울에게 보낸 편지, 1916년 3월 16일.

21 파울에게 보낸 편지, 1918년 12월 15일.

22 볼프강 슈바르츠가 베르타 발트부르게어-아프데르할덴와 인터뷰한 내용. 1919년 4월 24일 로르샤흐는 파울에게 이런 편지를 보낸다. "비싸지 않은 게 없구나. 임금이 오르다보니, 재단사가 나만큼 번단다. (…) 세상이 완전히 미쳐 돌아가는구나. 모든 사람이 돈을 더 받으면 살기가 나아질 거라 생각하다가도, 값이 죄다 올라 깜짝 놀란단다." 같은 해 7월 22일에는 모르겐탈러에게 이렇게 쓴다. "월급 사정이 조금 나아졌지만, 몇 년 동안 줄곧 입은 옷을 이따금 바꿀 수 있을 정도라네. 거기서 별반 나아지질 않는군."

23 파울에게 보낸 편지, 1919년 8월 20일. 내용을 조금 고쳤다.

24 볼프강 슈바르츠가 베르타 발트부르게어-아프데르할덴 및 아나 이타Anna Ita와 인터뷰한 내용을 보라. 오베르홀처에게 보낸 편지, 1920년 5월 3일, 5월 18일. 파울에게 보낸 편지, 1920년 5월 29일.

25 오베르홀처에게 보낸 편지, 1918년 8월 6일.

26 아나는 사내아이가 셋 달린 홀아비 하인리히 베르히톨트Heinrich Berchtold와 결혼했다. 단번에 가족 역동을 눈치챈 헤르만은 1919년 4월 24일 파울에게 이렇게 편지를 썼다. "물론 사내아이 셋을 키우기가 만만치 않을 거야. 한 가지 다행이라면 큰아들은 이제 같이 살지 않을 테니 거의 문제가 되지 않을 거야. 막내는 사랑스러워서 완전히 아나의 아이처럼 자랄 것 같고. 하지만 둘째 아이는 틀림없이 아나의 골치를 썩일 거야." 어느 쪽이든, "아날리는 남편과 잘 지낼 거야. (…) 때때로 아나가 러시아 학생 사회에서 익힌 자유분방한 태도가 튀어나오겠지만, 그런 태도도 분명 머잖아 사라질 거야".

27 파울은 앙부아즈에서 만난 렌 시몬 로랑Reine Simmone Laurent을 브라질로 데려갔다. 결혼식은 파리에서 올렸고, 1921년 브라질 바이아에서 딸 시몬이 태어난다. 《심리 진단》의 사례 6번(136~137쪽)에 나오는 "외향적 직업에 종사하는 내향적" 인물이 파울이다. 헤르만이 심리 진단 언어로 파악한 남동생은 이렇다. "재주 많은 집안에서 태어난 이 대상자는 타고난 충동에 이끌린 것이 아니라 외부 요인 때문에 사업가가 되었다. 뚜렷한 내향성을 지녔지만, 삶이 이 사람에게 절제된 사고라는 무거운 짐을 지운 탓에 타고

난 성향을 갈고 닦을 틈이 없다. 감정이 안정되어 있고, 깊고 넓은 친밀감을 쌓는 역량이 뛰어나고, 무엇보다 정서적 적응력이 탁월하다. (…) 종합해볼 때, 이런 자질은 유머라는 재주를 쌓을 밑바탕이 된다. 이 사람은 뛰어난 관찰자이자 자신이 본 것을 오롯이 전달하는 사람이다."

세 남매의 결혼과 출산을 지켜본 헤르만은 자기 집안의 역사에 흥미를 느꼈다. 이렇게 시작된 가계도 연구 결과, 두꺼운 종이에 공들인 글씨체로 써내려간 32쪽짜리 족보가 만들어졌다. 그는 예스런 말투로 오랜 연대기를 적고, 갖가지 삽화로 무너진 로르샤흐 백작 성, 가문을 상징하는 문장, 실루엣 그림, 집안의 본향 풍경, 상상으로 떠올린 조상들의 생활 풍경을 그려넣었다. 1920년 헤르만은 이 문서를 뒤늦은 크리스마스 선물로 파울에게 보낸다.(HRA 1:3. 1919년 후반 일기를 참조하라)

28 볼프강 슈바르츠가 레기넬리와 인터뷰한 내용.

29 볼프강 슈바르츠가 파니 자우터와 인터뷰한 내용.

30 볼프강의 딸로, 리자 로르샤흐와 가까웠던 프리실라 슈바르츠Priscilla Schwarz와 2013년에 인터뷰한 내용.

31 볼프강 슈바르츠가 프리츠 콜러, 조피 콜러, 레기넬리, 마르타 슈바르츠-간트너와 인터뷰한 내용.

32 로르샤흐는 특히 콜러 부부의 맏이인 에디Eddie를 친근하게 여겼다. 예술가인 에디는 로르샤흐의 아버지가 공부한 취리히 응용예술학교에 다닐 계획이었다. 로르샤흐가 예측하고 걱정스럽게 지켜본 대로 에디는 갈수록 우울증에 시달렸고, 결국 열아홉 살이던 1923년 스스로 목숨을 끊는다.

33 볼프강 슈바르츠가 파니 자우터와 인터뷰한 내용. 1916년 3월 16일에 파울에게 보낸 편지도 참고하라. L, 139쪽 주석 3번. Ellenberger, 187쪽.

34 Blum/Witschi, 84~93쪽.

35 로르샤흐는 "움직임을 관찰하고 포착해 기록하는 데 특히 능수능란했다".(미예치슬라프 민콥스키Miecyzlav Minkovsky가 쓴 추도사. CE, 84쪽)

36 올가는 훨씬 뒤에 "헤르만은 오랫동안 제쳐놓았던 '제멋대로 생긴 잉크 얼룩'에 1917년부터 다시 관심을 보였다. 아마도 S. 헨스의 학위 논문에 자극을 받아, 1911년에 뮌스터링겐에서 수행했던 실험을 떠올린 게 틀림없다"고 적었다.(Olga R, 91쪽) "시몬 헨스의 연구 활동이 충동을 자극했다는 데는 거의 의심의 여지가 없다."(Ellenberger, 189쪽) 1959년 볼프강 슈바르츠가 진행한 세 차례의 인터뷰에서 헨스는 로르샤흐를 처음 만나고 나서 6개월 후 한 번 더 만났다고 했다가, 6개월이 아니라 3, 4개월 후에 만났다

고 말을 바꾸었다. 1917년에 만났다고 했다가, 첫 만남은 1916년이었을지 모른다더니 다시 1918년인 것 같다고 말했다. 또한 헨스는 로르샤흐를 만난 것이 자신이 스물다섯 살(1916년 12월~1917년 12월) 때이며, 자신의 학위 논문이 발표되기 전(1917년 12월)이었다고도 주장했다. 따라서 이 중요한 만남이 이루어진 것은 1917년 중반에서 후반일 가능성이 가장 크다.

37 Szymon Hens, *Phantasieprüfung mit formlosen Klecksen bei Schul-kindern, normalen Erwachsenen und Geisteskranken* (Zurich: Fach-schriften-Verlag, 1917). 헨스가 수검자의 "공상"을 검사했다는 설명도 있지만, 이는 "상상력"을 뜻하는 독일어 Phantasie을 오역한 것이다.

헨스는 죽는 날까지 로르샤흐가 자기 아이디어를 훔쳤다고 확신했고, 그 바람에 그의 딸과 손녀딸까지도 로르샤흐의 명성이 헨스에게 돌아가야 한다고 여겼다. "품위 있게 말하자면, 로르샤흐가 아버지의 잉크 얼룩을 '차용'한 거죠."(Honorable Joyce Hens Green," Oral History Project, Historical Society of the District of Columbia Circuit, 1999~2001, 4~5쪽. www.dcchs.org/JoyceHens-Green/joycehensgreen_complete.pdf) "로르샤흐 잉크 얼룩 검사를 만든 사람은 할아버지예요. 로르샤흐 박사는 할아버지의 연구를 이용해 손쉽게 검사의 명성을 손에 넣은 겁니다."(www.ancestry.com/boards/, Surname: Hens, Thread "Western New York Hens"에 2010년 11월 4일에 달린 댓글. 2018년 3월 마지막 검색) 아직도 헨스의 손을 들어주는 언급이 있는데, 주로 로르샤흐에게 표절이나 지식 사기꾼의 혐의를 씌우려는 글들이다.

로르샤흐는 1919년 2월 강연(HRA 3:2:1:1)과 편지들, 그리고《심리 진단》에서 헨스를 언급했다. "여기에서 살펴본 형태 문제를 헨스도 제기하지만", 그는 워낙 내용에 관심이 커 "더 깊이 파고들지 못한다". "단언컨대 내 연구는 헨스의 연구에서 비롯한 게 아닙니다." 나는 이미 예전부터 지각을 진단하는 형태 해석 실험을 연구하고 있었고, 뮌스터링겐에 머물던 1911년에 반사 환각을 다룬 내 학위 논문과 관련해 이미 알트나우 중학교 학생들을 대상으로 실험을 수행했습니다." 잉크 얼룩 검사를 시작한 것은 학위 논문에서 반사 환각을 조사하면서부터이지만, "정신의학에 따른 접근법과 심리학에 따른 사고방식은 당연히 모두 블로일러의 저술에서 영향받은 것입니다."(*PD*, 102~103쪽. 한스 마이어Hans Maier에게 보낸 편지, 1920년 11월 14일. 뢰머에게 보낸 편지, 1921년 6월 18일)

헨스는 볼프강 슈바르츠와의 인터뷰에서 계속 말을 바꿔, 자신이 잉크 얼룩 검사에 이바지한 게 별로 없다고 했다가, 검사가 부적격하다고 했다가,

"로르샤흐 검사가 과학적이지 않다고 하면 사람들이 나를 공격할 것이다"라고 말했다가, 학술회의에서 로르샤흐를 크게 다룬 것은 "잘못한 일"이라고 했다. "헨스 검사가 아니라 로르샤흐 검사라고 불러 내가 시샘하는지도 모르겠다. 그것은 헨스-로르샤흐 검사여야 한다." 또 "로르샤흐가 1917년보다 4~5년 전에 검사를 생각했을 것"이라고 인정했다가, "로르샤흐가 달리 어디에서 아이디어를 얻었겠는가?"라며 로르샤흐가 모든 발상을 자신에게서 얻은 것이라고 말하기도 했다.

시몬 헨스는 미국으로 이주한 뒤 제임스 헨스로 이름을 바꿨다. 그리고 2차 대전 기간에 병역 기피 시도자를 도우려다 5년형을 선고받았다.[Harry Lever, Joseph Young, *Wartime Racketeers* (New York: G. P. Putnam's Sons, 1945), 95쪽 이하] 1959년 그를 찾아낸 볼프강 슈바르츠는 세 차례에 걸쳐 인상 깊은 인터뷰를 나눈다. 슈바르츠는 헨스가 "의사로서 직위를 남용해" 환자들을 부적절하게 조종하고 추근거리는 모습을 목격했다고 한다. 그리고 헨스에게 편집증이 있어 그가 자기 생각을 그대로 말할 경우 "적을 만들" 거라고 거듭 걱정하면서도, "자신이 전지전능하다는 기분에 사로잡힌" 정도가 지나쳤다고도 기록했다. 슈바르츠는 헨스가 "미친 것 같다"고 생각했다.

38 Hens, *Phantasieprüfung mit formlosen Klecksen*, 12쪽.
39 볼프강 슈바르츠가 헨스와 인터뷰한 내용.
40 Hens, *Phantasieprüfung mit formlosen Klecksen*, 62쪽.

10장

1 갤리슨Galison은 「자아상Image of Self」에서 로르샤흐의 잉크 얼룩이 "꾸밈이 들어가지 않은 정교한 예술"이라고 일컬었다.(271쪽, 273~274쪽을 참조하라) 갤리슨은 이 뛰어난 평론에서 주로 검사의 "중립성"을 다룬다. 내가 책을 쓰던 초반에 읽은 이 평론은 내 사고에 큰 영향을 끼쳐 여기 주석에도 분명하게 반영했다. 감보니Gamboni는 더 자세한 설명을 덧붙인다.(65~72쪽) 얼룩이 "저절로 생긴" 듯하게 만드는 것이 왜 중요한지는 24장의 주석 5번을 참고하라.

2 〈1918년 초고〉, 1쪽.

3 원래 잉크 얼룩 검사는 "지금껏 쓰여온 것처럼 경직된 정신 공학 '검사'"

로 고안된 게 아니라, "심리 및 정신의학 이론 정립을 크게 발전시킬 지각 진단 **실험** 및 역동적 도구"로 고안된 것이다.(Akavia, 10쪽)

4 나중에 로르샤흐는 에른스트 마흐Ernst Mach가 대칭을 주제로 쓴 글을 읽고 "독자적인 견해를 가지고 있는 사람이다!"라고 칭찬했지만, 자신의 발상에 더할 재료는 찾지 못했다.(1919년 10월 21일 일기)

5 "On the Optical Sense of Form," 98쪽.(이 책의 7장을 참고하라)

6 Ernest Schachtel, "On Color and Affect: Contributions to an Understanding of Rorschach's Test," *Psychiatry* 6호(1943) 393~409쪽을 참고하라.

7 Brent Berlin and Paul Kay, *Basic Color Terms: Their Universality and Evolution* (Berkeley: University of California Press, 1969). Marshall Sahlins, "Colors and Cultures"(1976), *Culture in Practice: Selected Essays* (New York: Zone Books, 2000). 샬린스Sahlins의 책은 빨강과 관련된 여러 가지 사실을 알려주고, 생물학적 발견처럼 보이는 것들을 문화라는 맥락에서 파악한다.

8 *PD*, 104쪽.

9 *PD*, 16쪽.

10 〈1918년 초고〉, 24~25쪽, *PD*, 103쪽, 137~139쪽.

11 James Choca, "Reclaiming the Rorschach from the Empiricist Pawn Shop." 2015년 3월 6일 뉴욕에서 열린 성격평가협회 학회에서 이 논문을 인용했다.

12 *PD*, 16쪽.

13 《심리 진단》은 〈1918년 초고〉에 나온 사례를 활용한다. 사례를 비교하려면 "같은 삽화"나 "알맞게 표준화된 비슷한 삽화"를 써야 하므로(*PD*, 20, 52쪽), 1918년에는 틀림없이 그림이 확정되어 있었을 것이다. 현재 사용하는 카드 3번과 6번 뒤에 매긴 숫자가 다른 때도 있었다. 하지만 민콥스키에게 보낸 편지나 1920년 5월 29일 비르허 출판사에 보낸 편지에도 카드는 10장으로 언급되어 있다. 따라서 "원래 원고에서 15장이던 카드"를 출판사가 "10장만 받아들였다"는 주장은 사실이 아니다.(Ellenberger, 206쪽. *L*, 230쪽 주석 1번을 참조하라)

   10장에 나오는 요약은 따로 언급이 없는 한 〈1918년 초고〉에서 가져왔다.

14 《심리 진단》에서 로르샤흐는 이 반응을 "매우 복잡한 오염"이라 일컫고, 더 상세하게 점수를 매긴다. 전체 판정은 "DW CF – Abstract Original –"

이었다(DW는 '부분'에서 만들어낸 '전체'를 의미한다). "부활"은 붉은 동물의 부활을 가리키므로 "DM+A"로 판정했다. 색채에 붙인 이름은 "DCC"였고, "혈관"은 "Dd CF-Anatomy Original-"였다. 그리고 "해석에서 다른 결정 인은 얻지 못했다."(*PD*, 163쪽)

15 〈1918년 초고〉, 사례 15번,《심리 진단》, 사례 16번.

11장

1 〈일기〉, 1919년 10월 26일~11월 4일, 그레티 및 한스 부리와 주고받은 편지, 볼프강 슈바르츠가 부리와 그레티를 인터뷰한 내용을 참고했다.

2 브라우흘리보다 "앞선 사람은 오베르홀처뿐"이었다.

3 오베르홀처에게 보낸 편지, 1920년 5월 6일.

4 부리에게 보낸 편지, 1920년 1월 15일.

5 *PD*, 146~155쪽. 〈일기〉, 77~83쪽. 1920년 2월 7일 일기, 5월 20일 부리에게 보낸 편지, 5월 21일 부리에게 받은 편지도 참고하라.

6 부리에게 보낸 편지, 1920년 9월 27일. 50년이 지난 1970년에 볼프강 슈바르츠가 부리 부부를 인터뷰했을 때, 한스 부리가 로르샤흐의 죽음은 재앙이라고 표현하자 그레티의 눈에 그렁그렁 눈물이 맺혔다.

7 콘스탄틴 폰 모나코프Constantin von Monakov(1853~1930)가 편집장이던《스위스 신경정신학 기록물보관소Swiss Archives of Neurology and Psychiatry》로, 로르샤흐는 이따금 여기에 글을 기고했다.(*L*, 148쪽 주석 2번) 1918년 8월 28일과 9월 23일에 그가 모나코프에게 보낸 편지와 1920년 1월 7일 모르겐탈러에게 보낸 편지도 참고하라. 전 세계적으로 명성을 떨친 러시아 출신의 신경학자 모나코프는 취리히 의과대학 신경학과의 초대 학과장이었고, 로르샤흐의 삶에도 여러 번 등장한다. 러시아에서 처음으로 로르샤흐의 관심을 끈 인물이 그였을 것이다. 그는 로르샤흐의 아버지 울리히 로르샤흐도 진료했다. 로르샤흐는 1905년부터 모나코프의 강의를 들었고, 그의 지도를 받아 솔방울샘 연구를 진행했다. 1913년에는 가까운 동료 사이가 되었다. 로르샤흐가 러시아로 떠났을 때 모나코프는 지역 신문에 이를 알리며, "(뮌징겐) 보호시설이 로르샤흐를 붙잡지 못했다니, 말할 수 없이 안타깝다"고 표현했다. 그는 로르샤흐에게도 솔직하게 말했다. "러시아에 너무 오래 머물지 말게. 신경학자로든 정신과 의사로든, 자네는 스위스에서 더

큰 일을 할 수 있다네." 로르샤흐는 모나코프를 자신의 종파 강의에 참석하지 못하게 하는 게 좋겠다고 농담을 던지기도 했다. "내 강의에 참석한다면 그는 또다시 낙담할 것이고, 나는 마음의 짐을 질 테니까. 누가 모나코프에게 강의 주제가 처음부터 끝까지 정신분석이라고, 즉 그에게는 생명을 위협하는 주제라고 말해줘야 한다." 1922년 로르샤흐는 "뮌징겐에서 계획했던 대로" 모나코프와 같이 연구하는 방안을 고려하고 있었다. 로르샤흐는 지적인 측면에서 "블로일러가 내세운 지각 개념이 시대에 뒤떨어졌다"고 느끼고 있었다. "내 개인적 성향뿐 아니라 실상도 나를 모나코프의 생물학 쪽으로 떠밀고 있다."(Anna R, 73쪽. WSM. *L*, 127쪽 주석 1번, 128쪽 주석 4번. 미예치슬라프 민콥스키에게 보낸 편지, 1918년 8월 5일. 모나코프에게 보낸 편지, 1918년 8월 8일, 12월 9일. 오베르홀처에게 보낸 편지 1919년 6월 29일. 막스 뮐러에게 보낸 편지, 1922년 1월 6일.)

8   모나코프에게 보낸 편지, 1918년 9월 23일. 표현을 그대로 옮기자면, "요즘에는 이렇게 아주 고리타분한 생각을 합니다"라고 적었다.

9   HRA 3:2:1:1.

10   Ellenberger, 225쪽.

11   스프링거 출판사에 보낸 편지, 1920년 2월 16일.

12   Morgenthaler, 100쪽.

13   "1918년 이후로 블로일러가 분명하게 흥미를 느낀 분석가는 단 한 명, 헤르만 로르샤흐였다. 블로일러는 남들 앞에서든 아니든 로르샤흐 검사를 칭찬했다."(Schröter, Sigmund Freud – Eugen Bleuler, 서론, 54쪽)

14   〈일기〉, 63쪽, 1919년 11월 2일.

15   오베르홀처에게 보낸 편지, 1921년 6월 3일.

16   "Der Rorschachsche Formdeutversuch bei Geschwistern," *Zeitschrift für die gesamte Neurologie und Psychiatrie* 118권 1호(1929), 366~398쪽. Müller, *Aufsätze zur Psychiatriegeschichte*, 164쪽을 참고하라.

17   1921년 6월 28일 오베르홀처에게 보낸 편지에 적힌 블로일러의 답신 내용.

18   *CE*, 254쪽.

19   뢰머에게 보낸 편지, 1922년 1월 27일.

20   9건은 건강한 수검자의 기록이었고, 4건은 신경증이 있기는 해도 조현병 같은 심각한 정신 질환을 겪지 않는 수검자의 기록이었다. 하지만 이를 변화라고 한다면 과장에 가깝다. "처음부터, 심지어 10년 전 첫 실험을 할 때

부터, 나는 언제나 모든 부류의 정상인에게 실험을 시도했다네. 책에서도 이 점은 명확하다네. 책은 다른 무엇보다도 정상인을 다루니까."(뢰머에게 보낸 편지, 1921년 6월 18일)

21 *L*, 182~184쪽 주석 참고.

22 *PD*, 25~26, 31, 33~36, 77~79, 86~87, 94~95, 107, 110~113쪽.

23 Georg Roemer, *Vom Rorschachtest zum Symboltest* (Leipzig: Hirzel, 1938). 한 사례에서는 두 사람이 토론 끝에 움직임 반응의 전체 개수를 7개에서 2개로 줄였다.

24 《심리 진단》. 〈일기〉, 1919년 9월 초, 12월 12일.

25 로르샤흐는 움직임 기억이 유아기와 관련되어 있다고 추측했다. 따라서 움직임 반응의 개수는 가장 이른 기억이 남은 나이를 가리키거나, 나이가 일치하지 않아 기억을 억누르고 있다는 신호였다.(〈일기〉, 1919년 11월 3일) 그는 너무 단순하다는 이유로 이 이론을 바로 폐기했지만, 그러기 전에 몇 사람의 첫 번째 기억을 모으고 자신의 기억도 기록했다.

가장 이른 기억

내 기억: 예닐곱 살 때. 견방직 학교 복도에서 막내 이모, 남동생, 여동생과 놀이를 하던 희미한 기억. 긴 복도의 끄트머리가 적당히 희미했다. 이것이 "희미한" 기억과 관련 있는 듯하다. 우리가 하던 것은 "마녀놀이"였다. 이모가 빗자루를 들고 우리 뒤를 쫓았다. 모든 것이 흐릿하고 희미하다.

로르샤흐도 분명하게 깨달았듯이, 이 기억에서는 어린 시절의 서로 다른 시기들이 하나로 엮여 있다. 파울이 태어났을 때 헤르만이 일곱 살이었으니, 이때 헤르만은 틀림없이 일곱 살이나 여덟 살이었을 것이다. 그의 삶에서 새어머니라는 중요한 역할을 맡은 이는 막내 이모가 아니라 다른 이모였다. 견방직 학교는 의심할 바 없이 그가 태어난 취리히에서 유명한 학교였다. 그가 움직임 반응의 사례로 이상할 정도로 강조한 "빗자루를 든 새해맞이 가장행렬 배우"에서처럼, 여기에서도 빗자루가 등장한다.(HRA 3:3:14:2)

26 *L*, 208~209쪽 주석 6번. 볼프강 슈바르츠가 뤼티와 인터뷰한 내용. 〈일기〉, 1919년 10월 11일.

27 *PD*, 109쪽. 1922년 1월 17일 로르샤흐가 뤼티에게 보낸 편지에는 여남은 개의 색상 견본과 흥미로운 추측이 들어 있다. 그는 자주색이 빨강과 파랑, 따뜻함과 차가움 사이를 오가므로 가장 복잡하고 비밀스러운 색이라고 짐작한다. 연보라는 믿기 어려울 만큼 풋풋하니 어려 보이지만, 이와 달리

"어둡고 무겁게 짙푸른 보라는 신비해 보인다. 신지학자의 색이다!"라고 말한다.

28 가장 이상했던 경우는 헤트비히 에터라는 여학생이었다. 1920년 그녀는 잉크 얼룩 실험으로 학위 논문을 쓰겠다며 로르샤흐에게 연락했다. 로르샤흐는 내켜하지 않았지만, 에터는 크롬바흐에서 수련의 자리를 얻는다. 그런데 그녀는 출근하기 이틀 전, 콜러와 로르샤흐의 뒤통수를 친다. 로르샤흐와 오베르홀처가 시간을 들여 에터가 쓸 검사 자료를 모았는데, 그녀는 빈으로 가 프로이트를 만났고 1921년 9월 이후로 연락이 없었다.(L, 213~214쪽 주석 1번 및 여러 곳)

29 1893~1934. L, 187쪽 주석 5번 및 여러 곳. Müller, "Zwei Schüler von Hermann Rorschach," *Abschied vom Irrenhaus* 10장.

30 Gertrud Behn-Eschenburg, "Working with Dr. Hermann Rorschach," *JPT* 19권 1호(1955), 3~5쪽.

31 벤에셴부르크에게 보낸 편지, 1920년 11월 14일.

32 "벤이 내 실험을 다룬 학위 논문을 하도 엉망으로 써서 결국 내가 거의 모든 부분을 손봐야 했단다."(파울에게 보낸 편지, 1921년 1월 8일) "벤이 문제투성이인 논문에 새 관점까지 얹어 엉망으로 만드는 꼴을 팔짱만 끼고 지켜볼 수는 없었다네."(오베르홀처에게 보낸 편지, 1920년 12월 12일) 벤의 지도 교수였던 한스 마이어에게는 1921년 1월 24일 이렇게 알린다. "그런 프로젝트를 수행하려면, 간단해 보이는 이 방법에 견줘 훨씬 많은 역량이 있어야 하고, 그래서 초보자에게 그리 적합하지 않다는 사실을 너무나 늦게 깨달았습니다." 나중에 아동 심리학자 한스 출리거Hans Zulliger가 벤이 만든 잉크 얼룩을 "벤-로르샤흐 검사"로 출간한다. 하지만 벤은 그 뒤로 잉크 얼룩과 관련한 저술을 아무것도 내놓지 않는다.

33 1892~1972. Müller, *Abschied vom Irrenhaus*. L, 164~166쪽 주석 1번 및 여러 곳. Blum/Witschi, 94~107쪽. 뢰머가 발표한 것 가운데 가장 중요한 것은 「헤르만 로르샤흐가 마지막 2년 동안 남긴 연구 결과Hermann Rorschach und die Forschungsergebnisse seiner beiden letzten Lebensjahre」[*Psyche* 1권(1948), 523~542쪽]이다.

파울처럼 뢰머도《심리 진단》에 익명으로 등장한다. 사례 2번이 그다. "과학자인 수검자는 다재다능하고, 소묘와 채색화를 그린다. 예리하게 관찰하고, 냉철하게 사고할 줄 알며, 균형 잡힌 교육을 받았다. 조금 산만하고 어수선하다. 흥미를 느낀 것에는 매우 철저하지만, 쉽게 흔들려서 한 주제에서 다음 주제로 쉽게 건너뛴다. (…) 마음이 가는 대로 감정적으로 행동한다. 그의 불안정한 감정은 엄청나게 자기중심적이다."

34 〈일기〉, 1919년 11월 13일.

35 *PD*, 121~122쪽.

36 뢰머에게 보낸 편지, 1921년 1월 11일 또는 12일 무렵.

37 결혼한 뒤의 성은 슈바르츠-간트너(1894년생)로, 볼프강 슈바르츠의 인터뷰와 《편지》 322쪽 주석 2번을 참고했다. 재밌게도 마르타는 수련의 면접에 경쟁자가 아주 많을 거라고 생각했지만, 크롬바흐 보호시설은 무급인 수련의 자리가 차기를 간절히 바라는 처지였다. 로르샤흐는 마르타에게 연극에 출연할 수 있느냐고 물었다. 마르타는 진지한 역할을 맡을 수 있다고 대답했지만 로르샤흐는 코믹한 역할을 제안했다. 노래는 할 수 있나? 피아노는? 춤은? 그러고 나서 그녀는 채용되었다. 두 사람은 좋은 친구가 되었고, 이따금 차나 케이크를 사러 시내까지 걸어가기도 했다. 식구들에게 잉크 얼룩 검사를 시행해본 마르타는 로르샤흐의 해석에서 사람을 많이 배웠다고 말했다. "검사 뒤 부모님을 훨씬 더 올바르게 대할 수 있었어요. 로르샤흐 선생은 그 일을 아주 차분하게 해내셨어요."

38 *L*, 284쪽 주석 3번. 뢰머에게 받은 편지, 1921년 5월 23일, 6월 18일. 폴에게 보낸 편지, 1921년 10월 16일.

39 1873~1956. 프로이트를 정신의학계로 불러낸 핵심 인물이 블로일러와 융이라면, 문화계로 불러낸 핵심 인물은 피스터였다. 총 270권이 넘는 책을 펴낸 작가이자 목사인 피스터는 심리학이 종교 신앙과 양립할 수 있다고 믿었다. 1908년 융을 통해 정신분석을 접한 그는 1913년에 처음으로 정신분석 교재를 썼고, 여기에 프로이트가 서문을 부쳤다. 프로이트가 보기에 "피스터가 정신분석을 철저하게 기독교 관점에서 바라보는 것은 실망스러웠지만, 그래도 아주 이해 못할 바는 아니었다."(Kerr, *A Most Dangerous Method*, 210쪽) 피스터는 프로이트와 종교 이야기에서 중요한 인물로 남았다. 프로이트는 자신의 주요 저서 《환상의 미래Die Zukunft einer Illusion》(1927)에 의견을 달라고 요청했고, 피스터는 1928년에 「미래의 환상-우정을 담아 지그문트 프로이트 교수에게 동의하지 않다The Illusion of a Future: A Friendly Disagreement with Prof. Sigmund Freud」(1993년 영역본이 *International Journal of Psychoanalysis* 74권 3호 557~579쪽에 실렸다)를 펴냈다. Sigmund Freud and Oskar Pfister, *Psycho-Analysis and Faith: The Letters of Sigmund Freud and Oskar Pfister* (London: Hogarth Press, 1963). Alasdair MacIntyre, "Freud

as Moralist," *New York Review of Books*, February 20, 1964.

40 로르샤흐는 잉크 얼룩 검사에 몰두하느라 거의 1년 동안 종파 연구에 소홀했지만,《심리 진단》이 언젠가 출간될 거라 여겨 1920년 10월에는 종파 연구로 되돌아갈 계획을 세웠다. 1920년 11월 3일, 피스터는 이렇게 부추겼다. "내 조언은 이거요. 요즈음 두꺼운 책은 너무 비싸서 아무도 사는 사람이 없고, 그래서 읽는 사람도 없소. 그러니 종파 자료를 전문으로 다룬 글들을 펴내요! 처음에는 「종파와 정신 질환」처럼 우리한테 맞는 글이 좋을 겁니다. 잘 알 테니 군이 말할 필요 없겠지만, 이해하기 쉬우면서도 과학적 근거가 탄탄해야 할 겁니다. (…) 과학 연구자에게는 대중 서적을 쓰는 것이 아주 좋은 훈련이 될 거요. 게다가 그렇게 하면 훨씬 많은 지지자를 얻을 수 있을 겁니다." 로르샤흐도 나흘 만인 11월 7일에 이렇게 답한다. "그 주제로 50쪽짜리 글을 쓰기는 어렵지 않을 겁니다. 이번 겨울이면 쓸 수 있을 듯합니다." 하지만 1921년 3월 20일에는 오베르홀처에게 이런 속내도 밝힌다. "당연히 가장 소중한 자료인 빙겔리와 운테르네러를 대중용 짧은 논문에 써버리고 싶지는 않다네. 그래서 다른 자료를 모두 모으려다 보니 예상보다 더 일이 많아졌네."

41 1945년 모르겐탈러는 스위스 심리학협회에 로르샤흐 위원회를 만들었고, 1952년에는 국제로르샤흐협회를, 1957년에는 헤르만 로르샤흐 기록물보관소를 세웠다. 하지만 1920년대와 1930년대에 로르샤흐 검사와 관련해 쓴 글이라고는《심리 진단》2판에 쓴 서문뿐이다.(리타 지크너가 쓴 「헤르만 로르샤흐 기록물보관소 및 박물관The Hermann Rorschach Archives and Museum」 안내서 28쪽 이하. Müller, *Aufsätze zur Psychiatriegeschichte*, 153쪽)

42 모르겐탈러에게 보낸 편지, 1920년 5월 21일.

43 로르샤흐답지 않게 1919년 9월부터 6개월 동안 꾸준히 쓴 일기장은 그가 서른셋에서 서른다섯 살이던 시기에 내면에 눈을 돌렸다는 확증을 추가로 보여준다. 첫머리에서 그는 일기가 "일기 비슷한 것"일 뿐이라고 주장했다. "일기는 세세한 일에 집착한다는 뜻"이었기 때문이다.

44 오베르홀처에게 보낸 편지, 1921년 1월 14일.

45 뢰머에게 보낸 편지, 1921년 3월.

46 모르겐탈러와 주고받은 편지, 1921년 8월 9일~20일.

47 뢰머에게 보낸 편지, 1921년 1월 11일 또는 12일.

48 부리에게 보낸 편지, 1921년 11월 5일.

49 같은 편지.

50 *CE*, 254쪽.

51 *CE*, 100쪽.

52 *CE*, 230~233쪽.

53 *CE*, 234~247쪽. 원래 1923년에 발표된 논평이지만, 빈스방거는 1922년 1월 5일 로르샤흐에게 보낸 편지에서 솔직하게 책을 칭찬하면서도 근거가 될 이론이 부족하다고 비판했다.

54 *L*, 218쪽 주석 4번, 335쪽 주석 1번.

55 Ellenberger, 225~226쪽. 엘렌버거는 로르샤흐가 크론펠트와 슈테른의 반응 때문에 우울했고, 그래서 다음 해에 제때 병원을 찾지 못한 거라고 주장한다. 하지만 이를 뒷받침할 증거는 없다.

56 스위스 저술가 귀도 루세르Guido Looser에게 보낸 편지. 1921년 7월 11일. 로르샤흐는 1922년 2월 3일 빈스방거에게 보낸 편지에서도 뢰머의 행동에 대한 불만을 털어놓았다.

57 페르난도 아옌데 나바로Fernando Allende Navarro.

58 *PD*, 97, 112쪽. "물론 아펜첼 사람들이 감정에 더 잘 순응하고 매우 친밀한 관계를 맺고 움직임이 활발한 반면, 베른 사람들은 속내를 드러내지 않고 둔감하고 느리다는 것이 새로운 발견은 아니다. 하지만 이런 일반적인 생각이 맞다는 것이 검사를 통해 확인됐다는 사실은 짚어볼 가치가 있다." 다른 글에서도 로르샤흐는 아펜첼 사람들의 자살률이 높은 원인을 스위스의 다른 지역 사람들보다 훨씬 큰 감정 표현에서 찾았다. 자살은 이들이 우울증을 행동으로 옮겼다는 뜻이었다.(WSA, 1920년 건강위원회 회의) 최근의 한 평론은 로르샤흐가 《심리 진단》에서 문화 차이를 거의 말하지 않았기 때문에 오베르홀처는 1940년대에 인도네시아 알로르 사람들의 반응 기록을 다룰 때 스위스 베른 사람들과 비교해야 했다고 점잖게 놀린다.(Blum/Witschi, 120쪽) 사실인지는 확인할 수 없지만, 융도 대학원 학생들에게 자신이 미국 서남부를 방문했을 때 "그곳의 푸에블로족 인디언 여성이 몽골 침략군의 핏줄이 섞인 아펜첼의 스위스 여성과 무척 닮았다는 느낌을 받았다"고 이야기했다고 한다. 융은 "왜 미국인이 유럽인보다 극동아시아와 가까운지"를 설명하기 위해 그 예를 든 것이었다.[*Introduction to Jungian Psychology: Notes of the Seminar on Analytical Psychology Given in* 1925 (Princeton: Princeton University Press, 2012), 116쪽]

59 로르샤흐가 《이마고》에 마지막으로 실은 논평은 유럽 어린이와 다코타족 인디언이 그린 그림을 비교한 연구 두 편, 정신분석과 상관없이 토착민의

자녀 양육을 다룬 책 한 권, 안토니아회 수사를 다룬 연구 한 편에 대한 것이었다.(*CE*, 311~314쪽, 모두 1921년에 썼다.)

60 WSM.

61 오베르홀처에게 보낸 편지, 1921년 11월 15일. 마르타 슈바르츠에게 보낸 편지, 1921년 12월 7일. 볼프강 슈바르츠가 조피 콜러를 인터뷰한 내용에 따르면, 로르샤흐는 11월 5일 부리에게 더 자세한 내용을 밝혔다고 한다. "슈바이처는 색이라면 시커멀 만큼 어두운 푸른빛에마저도 역겨움을 느낀다네. 머리부터 발끝까지 합리주의자인데도 선교사가 되었지. 그리고 정글에 사는 깜둥이들이 정글의 "끝도 없이 역겨운 초록색"밖에 모르고 한 번도 빨간색을 본 적이 없다고 우기더군. 내가 그에게 물어봤더니, 빨간 새, 빨간 나비, 빨간 꽃 같은 것들이 없다는 거야. 그러다 나중에야 흑인들이 적어도 남의 머리를 공격하거나 자기 손가락이 뭉개졌을 때 빨간색을 봤다는 사실을 놀라워하며 인정하더군."

12장

1 *L*, 403쪽 주석 1번, *PD*, 207쪽.

2 엘렌버거의 《무의식의 발견》은 역동 정신의학을 설득력 있게 설명한다. **역동**의 정의는 289~291쪽을 보라.

3 *PD*, 184~216쪽. 뒤이어 나오는 인용문은 따로 언급이 없는 한 185쪽(오베르홀처의 서문), 196~214쪽에서 가져왔다.

4 Roemer, *Vom Rorschachtest zum Symboltest*. *L*, 166쪽 주석 1번에서 인용.

5 뢰머에게 보낸 편지, 1922년 3월 22일, 10장에서 인용된 편지.

6 뢰머는 나치에 협력한 후로 쓰라린 말년을 보냈고, 독일과 미국에서 인정받으려고 애썼지만 헛수고로 끝났다. 몇십 년 동안의 노력에도 출판사를 찾지 못하자, 결국 1966년에 자기 그림을 스스로 출판했다. 그는 로르샤흐와 "날마다 긴밀하게 협력"했다고 여겨지는 3년을 부각해 홍보했고, 로르샤흐의 유산을 자기가 이어받아야 한다고 주장했다. 그러면서도 끊임없이 로르샤흐의 견해를 깎아내렸고, 잉크 얼룩 검사의 특성을 잘못 설명했다.

7 *The Collected Works of C. G. Jung* 6권(1976). 프로이트는 책을 받은 뒤 "잘난 체하는 신비론자의 책으로 새로운 견해라고는 없다"고 평했다.[어니스트 존스Ernest Jones에게 보낸 편지, 1921년 5월 19일. *The Complete Corres-*

pondence of Sigmund Freud and Ernest Jones, 1908 - 1939 (Cambridge, MA: Harvard University Press, 1993), 424쪽에서 인용.]

8   *PD*, 82쪽. 로르샤흐가 내향과 외향을 사용한 것은 종파 연구로 거슬러 간다. 로르샤흐가 융이 생각한 내향을 계속해서 어떻게 이해했는지는 파악하기 어려워, 명확하게 추적한 사람이 없다.[Akavia, *Subjectivity in Motion*, K. W. Bash, "Einstellungstypus and Erlebnistypus: C. G. Jung and Hermann Rorschach," *JPT* 19권 3호(1955), 236~242쪽,《글 모음집》 (341~344쪽)이 모두 이를 다뤘지만 출처를 확인하기 어렵다.]

9   한 예로《심리 유형》160~163쪽에는 이렇게 설명되어 있다. 내향인 사람은 외향인 사람이 도무지 가만히 있지를 못한다고 불평하는데, 내향인 사람만 그런 행동에 거슬려할 뿐, 외향인 사람은 자기 삶에만 집중한다.

10 *C. G. Jung Speaking*, 342쪽.

11 487~495쪽. 이어지는 인용은 따로 언급이 없는 한 여기에서 가져왔다.

12 *The Collected Works of C. G. Jung* 6권, v쪽. 같은 책 60~62쪽과 *C. G. Jung Speaking*, 340~343쪽, 435쪽을 참고하라.

13 1915년 융은 자신의 편견을 유지시켜줄 논쟁 상대로 외향인 정신과 의사 한스 슈미트-구이잔Hans Schmid-Guisan을 선택했다. 그때까지도 융은 외향형 사고 유형이 본질적으로 부적절하며, 감정은 비합리적이라고 여겼고, 자신과 반대되는 성격 특성을 모두 "일탈에 불과한 것"이라고 치부했다. 하지만 대화는 서로에게 좌절만 안겼고, 두 사람 모두 상대방을 이해하지 못한다는 사실만 드러났다. 이때 특히 융은 횡포를 일삼는 얼간이 같은 모습을 보이는데, 현실적으로 그럴 수밖에 없었다. 그가 맡은 역할은 타인과 능숙하게 협력할 줄 아는 외향형인 슈미트-구이잔과 반대로 이상을 꿈꾸는 오만한 내향형이었기 때문이다. 어쨌든 효과는 있었다. 5년 뒤 융은 다른 심리 유형의 존재와 타당성을 인정하기에 이르렀다. 그래서《심리 유형》에 "내향형이 결투까지 갈 위험을 무릅쓰고 외향형에게 자신이 어떻게 보이는지를 솔직하게 말해달라고 하지 않는 한, 내향형은 자신이 어떻게 보이는지 실상을 알기는커녕 상상하지도 못한다"고 적는다. 하지만 이는 융의 생각일 뿐, 슈미트-구이잔은 다른 주장을 펼친다.[*The Question of Psychological Types: The Correspondence of C.G. Jung and Hans Schmid-Guisan*, 1915 - 1916 (Princeton: Princeton University Press, 2013). Jung, *Psychological Types*, 164쪽. Bair, *Jung*, 278~285쪽]

14 부리에게 보낸 편지, 1921년 11월 5일. 로르샤흐는 내향형 감정 유형, 내향

형 감각 유형, 외향형 직관 유형을 "특히 미심쩍게" 여겼다. 이 세 유형은 사실 다른 다섯 유형보다 설득력이 떨어진다. 분명 융의 성격에서 비롯한 예측일 것이다. Jung, *C. G. Jung Speaking*, 435~446쪽. Jung, *Introduction to Jungian Psychology*. 1919년 10월 7일 사비나 슈필레인에게 보낸 편지에서 융은 사고/감정, 감각/직관을 축으로 삼아 도표를 그려, 자신과 프로이트, 블로일러, 니체, 괴테, 실러, 칸트, 쇼펜하우어의 위치를 표시했다.[Coline Covington and Barbara Wharton, *Sabina Spielrein: Forgotten Pioneer of Psychoanalysis* (New York: Brunner-Routledge, 2003), 57쪽. 주요 구절은 《심리 유형의 문제The Question of Psychological Types》, 31~32쪽에 나온 융과 슈미트-구이잔의 서신을 인용했다]

15 *PD*, 26, 75, 78쪽.

16 이 편지가 로르샤흐가 남긴 마지막 편지로 짐작된다. 한스 프린츠호른은 이 책 8장의 주석 45번을 참고하라.

17 *PD*, 192쪽. 1922년 강연록에 실린 내용.

18 울리히 그뤼닝거Ulrich Grüninger에게 보낸 편지, 1922년 3월 10일. 뢰머에게 보낸 편지, 1922년 3월 15일.

13장

1 올가가 파울에게 보낸 편지, 1922년 4월 8일, 18일. 볼프강 슈바르츠의 인터뷰. 콜러 원장의 진료 기록.(*L*, 441~442쪽) Ellenberger.

2 로르샤흐는 피스터에게 상세한 눈가림 진단 내용을 보냈고, 피스터는 "정말 멋진 작업이오! 평가가 어쩌나 정확한지 경외심을 느끼외다"라고 답했다.(1922년 2월 10일)

3 Sigmund Freud and Oskar Pfister, *Psycho-Analysis and Faith*, 수정 인용.

4 HRA 1:4.

5 *CE*, 234~247쪽.

14장

1 1892~1977. 코넬 대학교 디윗 월러스 정신의학사 연구소DeWitt Wallace

Institute for the History of Psychiatry의 오스카 디셀를 도서관Oskar Diethelm Library
에 소장된 데이비드 M. 레비 문서, 특히 상자 1번을 참고하라. *American
Journal of Orthopsychiatry* 8권 4호(1938), 769~770쪽에 실린 '생애'. Da-
vid M. Levy, "Beginnings of the Child Guidance Movement," *American
Journal of Orthopsychiatry* 38권 5호(1968), 799~804쪽. David Shakow,
"The Development of Orthopsychiatry," *American Journal of Orthopsy-
chiatry* 38권 5호(1968), 804~809쪽. *American Journal of Psychiatry* 134
권 8호(1977), 934쪽과 1977년 3월 4일자《뉴욕 타임스》에 실린 부고 기사.
Samuel J. Beck, "How the Rorschach Came to America," *JPA* 36권 2호
(1972), 105~108쪽.

2   Bruno Klopfer and Douglas McGlashan Kelley, *The Rorschach Tech-
     nique: A Manual for a Projective Method of Personality Diagnosis* (Yon-
     kers-on-Hudson, NY: World Book, 1942; 2판, 1946), 6쪽.

3   Hermann Rorschach and E. Oberholzer, "The Application of the Inter-
     pretation of Form to Psychoanalysis," *Journal of Nervous and Mental
     Disease* 60권(1924), 225~248쪽. 번역한 사람이 누구인지는 적혀 있지 않
     지만, 레비와 이 학술지의 관계, 레비가 독일어를 잘했고 로르샤흐 검사를
     알았던 점, 그가 갖고 있던 독일어판《심리 진단》에 적힌 기록(데이비드 M.
     레비 문서)과 번역 시기로 따져볼 때, 그가 번역했을 가능성이 매우 크다. 엑
     스너에 따르면 레비는 1926년 "미국 학술지에 로르샤흐 검사를 처음 소개
     하는 저술"을 번역했다고 한다. 시기만 제외하면 모든 묘사가 맞아떨어진
     다.(ExRS, 7쪽)

4   M. R. Hertz, "Rorschachbound: A 50-Year Memoir," *JPA* 50권 3호(1986),
     396~416쪽.

5   R. S. McCully, "Miss Theodora Alcock, 1888 – 1980", *JPA* 45권 2호(1981),
     115쪽. Justine McCarthy Woods, "The History of the Rorschach in the
     United Kingdom" *Rorschachiana* 29권(2015), 64~80쪽을 참고하라.

6   프란치스카는 취리히에서 블로일러의 지도를 받아 조현병을 다룬 중요한
     논문을 썼고, 그 뒤 로르샤흐 검사에 눈길을 돌려 자신만의 직관적인 감
     정 기반 방식을 발전시킨다.[*Le Rorschach: À la recherche du monde des
     formes* (Bruges: De Brouwer, 1956)] 그녀의 시동생이 쓴 추도사는 유태계 폴
     란드인인 그녀가 나치 치하의 파리에서 날마다 가슴에 노란별을 달고 도
     시를 가로질러 병원으로 출근해 간질 환자와 어린이에게 로르샤흐 검사

를 수행하며 버텨온 나날을 놀라울 정도로 세세히 보여준다. "프란치스카는 직접적으로 감정을 교류하고 이입하는 자신만의 방법을 이용했습니다. (…) 로르샤흐가 주장한 방식에 따라 반응을 채점하고 양적으로 해석하는 동시에, 수검자가 카드를 어떻게 고르고 들거나 움직이는지, 단어와 문장 구조, 시간을 나타내는 단어를 어떻게 쓰는지, 검사하는 동안 반응과 태도가 어떻게 바뀌는지에 특히 주목한 뒤, 이 모든 요인에서 결론을 끌어냈습니다." 남편인 예브게니 민콥스키Evegeny Minkovski는 추도사에서 이렇게 말한다. "프란치스카는 로르샤흐의 견해와 시각 형태라는 세계를 탐색하는 그의 중요한 통찰을 늘 경건하게 말했고, "굳건한 확신"을 가지고 그의 견해를 충실히 따랐습니다."[Mieczyslav Minkovski, *Schweizer Archiv für Neurologie und Psychiatrie* 68권(1952) 413쪽. *Dr. Françoise Minkowska: In Memoriam* (Paris: Beresniak, 1951), 58~74쪽에 실린 예브게니 민콥스키와 나눈 대담(1951년 1월 26일, 부르크횔츨리) 중 71쪽]

7   Kenzo Sorai and Keiichi Ohnuki, "The Development of the Rorschach in Japan," *Rorschachiana* 29권(2015), 38~63쪽을 참고하라.

8   Tevfika İkiz, "The History and Development of the Rorschach Test in Turkey," *Rorschachiana* 32권 1호(2011), 72~90쪽.

9   로르샤흐 검사가 미국에 도입된 초기의 역사를 보려면, ExRS, ExCs(1974), 8~9쪽. John E. Exner 외, "History of the Society," in *History and Directory: Society for Personality Assessment Fiftieth Anniversary* (Hillsdale, NJ: Lawrence Erlbaum, 1989), 3~54쪽을 참고하라. Wood, 48~83쪽도 내용이 충실하지만, 격렬한 비판을 담고 있다.

10   Ellenberger, *The Discovery of the Unconscious*, 896쪽.

11   두 사람의 최초의 갈등은 다음의 자료들에서 찾아볼 수 있다. Samuel J. Beck, "Problems of Further Research in the Rorschach Test," *American Journal of Orthopsychiatry* 5권 2호(1935) 100~115쪽. Beck, *Introduction to the Rorschach Method: A Manual of Personality Study* (New York: American Orthopsychiatric Association, 1937). Bruno Klopfer, "The Present Status of the Theoretical Development of the Rorschach Method," *RRE* 1권(1937), 142~147쪽. Beck, "Some Present Rorschach Problems," *RRE* 2권(1937), 15~22쪽. Klopfer, "Discussion on 'Some Recent Rorschach Problems,'" *RRE* 2권(1937), 43~44쪽. 클로퍼가 펴낸 학술지에는 벡을 반박하는 논문 10편이 실렸다. Klopfer, "Personality Aspects Revealed by

the Rorschach Method," *RRE* 4권(1940), 26~29쪽. Klopfer, *Rorschach Technique*(1942). Beck, *Psychoanalytic Quarterly* 11권(1942), 583~587쪽, *Rorschach Technique* 논평. Beck, *Rorschach's Test* 1권 (New York: Grune and Stratton, 1944).

이후의 의견: Beck, "The Rorschach Test: A Multi-dimensional Test of Personality," in *An Introduction to Projective Techniques and Other Devices for Understanding the Dynamics of Human Behavior*, ed. Harold H. Anderson and Gladys L. Anderson (New York: Prentice-Hall, 1951). 오하이오주 애크런 대학교 미국 심리학사 기록물보관소에 있는 벡의 1969년 4월 28일자 구술사 인터뷰. 브루노 클로퍼를 기린 *JPT* 25주년 기념판 24권 3호(1960)에 벡이 실은 사설 "How the Rorschach Came," Pauline G. Vorhaus, "Bruno Klopfer: A Biographical Sketch," *JPT* 24권 3호(1960), 232~237쪽. Evelyn Hooker, "The Fable," *JPT* 24권 3호(1960), 240~245쪽. 존 E. 엑스너가 벡을 기린 추도사, *American Psychologist* 36권 9호(1981), 986~987쪽. K. W. Bash, "Masters of Shadows," *JPA* 46권 1호(1982), 3~6쪽. Leonard Handler, "Bruno Klopfer, a Measure of the Man and His Work," *JPA* 62권 3호(1994), 562~577쪽, "John Exner and the Book That Started It All," *JPA* 66권 3호(1996), 650~658쪽, "A Rorschach Journey with Bruno Klopfer," *JPA* 90권 6호(2008), 528~535쪽. Annie Murphy Paul, *The Cult of Personality* (New York: Free Press, 2004)에는 클로퍼와 벡에 대한 기본 자료가 많지만, 로르샤흐와 관련된 자료는 신빙성이 떨어진다.

12 Beck, *Introduction to the Rorschach Method*, ix쪽.

13 Paul, *The Cult of Personality*, 27쪽에서 인용한 벡의 구술사 인터뷰.

14 같은 책.

15 Vorhaus, "Bruno Klopfer: A Biographical Sketch."

16 Handler, "A Rorschach Journey with Bruno Klopfer," 534쪽.

17 Paul, *The Cult of Personality*, 25쪽.

18 Ellenberger, 208쪽.

19 Exner, "History of the Society," 8쪽. 여기에 실린 내용에 따르면 몰리 해로어는 1937년 10월 이 모임에서 클로퍼를 만났다고 한다.

20 "Retrospect and Prospect," *RRE* 2호(1937년 7월), 172쪽.

21 Klopfer, "Personality Aspects Revealed by the Rorschach Method," 26쪽.

22 Beck, "The Rorschach Test: A Multi-dimensional Test," 101쪽, 104쪽. Beck, *Introduction to the Rorschach Method*, 1쪽.

23 Beck, "Some Present Rorschach Problems," 16쪽.

24 ExRS, 21쪽.

25 Klopfer, *Rorschach Technique*, 3쪽.

26 Beck, "The Rorschach Test: A Multi-dimensional Test," 103쪽.

27 Beck, *Psychoanalytic Quarterly* 11권(1942), 583쪽, *Rorschach Technique* 논평.

28 같은 글.

29 Beck, "Some Present Rorschach Problems," 19~20쪽.

30 Beck, *Rorschach's Test* 1권, xi쪽.

31 Exner 외, "History of the Society," 22쪽.

32 Handler, "John Exner and the Book That Started It All," 651~652쪽.

33 벡이 사망했을 때 엑스너가 쓴 추도사. 벡이 특히 경험 실제 점수, 즉 수검자의 "내면 상태를 전체적인 심리적 활력으로 반영하는" 점수를 다룬 글은 꽤 사색적인 영역을 다룬다.

34 ExRS, 158쪽.

35 ExRS, 27쪽, 42쪽.

36 "The Normal Details in the Rorschach Ink-Blot Tests," *RRE* 1권 4호 (1937), 104~114쪽.

37 "Rorschach: Twenty Years After," *RRE* 5권 3호(1941), 90~129쪽.

38 Exner 외, "History of the Society," 14쪽.

39 Marguerite R. Hertz and Boris B. Rubenstein, "A Comparison of Three 'Blind' Rorschach Analyses," *American Journal of Orthopsychiatry* 9권 2호(1939), 295~314쪽. 헤르츠가 지적한 대로, 그녀는 나이만 아는 수검자를 직접 검사했으므로 엄밀히 따지자면 "부분적인 눈가림" 진단이었다. 이 시도는 검사 과정이 유효하지 않다거나, 로르샤흐 검사가 성격 구조를 드러내지 못할 수도 있다거나, 향후 더 많은 연구가 필요하다는 등 모든 경고를 보낸다. 하지만 "이 기록에 뚜렷이 나타난 일치는 긍정적으로 해석할 수 있는 결과이다". 학계에서 이 연구는 "유명한 대질"이었다.[Ernest R. Hilgard, *Psychology in America: A Historical Survey* (San Diego: Harcourt Brace Jovanovich, 1987), 516쪽]

40 ExRS, 26~27쪽, 157쪽, 헤르츠의 개인 서신과 "초안이 거의 마무리되었

다"는 보고에서 인용했다. 자료가 타버린 시기가 1937년인지 1940년인지는 확실하지 않다.(Encyclopedia of Cleveland History 웹사이트에 실린 "Hertz, Marguerite Rosenberg," 1997년 최종 수정, ech.case.edu/cgi/article.pl?id=HMR. Douglas M. Kelley, "Report of the First Annual Meeting of the Rorschach Institute Inc.," *RRE* 4권 3호(1940), 102~103쪽.

41 ExRS, 44쪽.

42 Kelley, "Survey of the Training Facilities for the Rorschach Method in the U.S.A.," *RRE* 4권 2호(1940), 84~87쪽. Exner 외, "History of the Society," 16쪽.

43 Ruth Munroe, "The Use of the Rorschach in College Guidance," *RRE* 4권 3호(1940), 107~130쪽.

44 Ruth Munroe, "Rorschach Findings on College Students Showing Different Constellations of Subscores on the A. C. E."(1946), *A Rorschach Reader*, ed. Murray H. Sherman (New York: International Universities Press, 1960), 261쪽.

15장

1 Warren I. Susman, *Culture as History: the Transformation of American Society in the Twentieth Century* (New York: Pantheon, 1984) 14장, "'Personality' and the Making of Twentieth-Century Culture." 서스먼Susman의 명확한 설명은 롤런드 머천드Roland Marchand가 《아메리칸드림 광고하기Advertising the American Dream: Making Way for Modernity, 1920-1940》 (Berkeley: University of California Press, 1985)에서 제시한 사례와 더불어 여러 학문 분야에서 다양한 논쟁들의 근거로 쓰인다. 예컨대 수전 케인Susan Cain은 서스먼의 표현을 빌려 성격 문화가 외향형에게 유리하다고 주장한다.[*Quiet: The Power of Introverts in a World That Can't Stop Talking* (New York: Crown, 2012, 21~25쪽)

2 A. Irving Hallowell, "Psychology and Anthropology"(1954)에 인용된 Alfred Kroeber의 말. *Contributions to Anthropology* (Chicago: University of Chicago Press, 1976), 163~209쪽에도 실린 글에서 가져왔다.

3 1968년 9월 24일 《뉴욕 타임스》에 부고 기사가 실렸다. Ellen Herman,

The Romance of American Psychology: Political Culture in the Age of Experts (Berkeley: University of California Press, 1995), 177쪽. 1941년 메이시 재단Macy Foundation 이사장이었던 프랭크는 로르샤흐 검사를 활용하는 심리학자와 임상의가 한자리에 모이는 첫 학술회의를 후원하는 데 동의했다.(Exner 외, "History of the Society," 17쪽)

4   *Rorschach Science: Readings in Theory and Method*, ed. Michael Hirt (New York: Free Press of Glencoe, 1962), 31~52쪽에 다시 실렸다. Frank, "Toward a Projective Psychology," *JPT* 24권(1960년 9월호), 246~253쪽도 참고하라.

5   Christiana D. Morgan and Henry A. Murray, "A Method for Investigating Fantasies: The Thematic Apperception Test," *Archives of Neurology and Psychiatry* 34권 2호(1935), 289~306쪽. 주제 통각 검사는 "흑인 주제 통각 검사"와 노인용 이미지를 포함하는 등 다양한 문화 요소를 반영해 오늘날에도 지지받으며 비교적 널리 쓰이고 있다.

6   피터 갤리슨도 비슷한 생각을 밝힌다. "로르샤흐가 고안한 잉크 얼룩의 세계에서는 당연히 수검자가 대상을 만들어낸다. 여자가 보입니다, 늑대 머리가 보여요 같은 예이다. 하지만 대상도 수검자를 '우울증 환자', '조울증 환자'로 나타낸다."(Galison, 258~259쪽)

7   갤리슨에 따르면 로르샤흐 검사는 "자아라는 새로운 내면을 비추는 동시에, 보다 설득력 있는 평가 절차, 보편적으로 받아들여지는 시각 기호, 매우 흥미로운 핵심 은유를 적극적으로 제공했다."(Galison, 291쪽)

8   이러한 역사는 Hallowell, "Psychology and Anthropology" and "The Rorschach Technique in the Study of Personality and Culture," *American Anthropologist* 47권 2호(1945), 195~210쪽을 쉽게 풀어 옮긴 것이다.

9   Hallowell, "Psychology and Anthropology," 191쪽.

10 Beck, "How the Rorschach Came," 107쪽.

11 M. Bleuler and R. Bleuler, "Rorschach's Ink-Blot Test and Racial Psychology: Mental Peculiarities of Moroccans," *Journal of Personality* 4권 2호(1935), 97~114쪽.《성격 저널Journal of Personality》은 그 시대를 알려주는 소산 그 자체로, 필체 분석, 태어나면서 헤어진 쌍둥이 실험, 문화 비교 연구로 가득하다. 원래 이중어로 출간되어 독일어판은《성품Charakter》, 영어판은《성품과 성격Character and Personality》이라는 제호를 달았다. 1932년 나온 1호 첫머리에 실린 William McDougall, "Of the Words Character and Personality"는 앞서 언급한, 성품에서 성격으로 넘어가는 전환을 보여주는

증거가 가득하다.

12 사무엘 벡은 감정을 이입해야 한다는 요구에, 검사에 필요한 것은 더 많은 주관성이 아니라 정해진 기준이라며 분명하게 비판했다.("Autism in Rorschach Scoring: A Feeling Comment," *Character and Personality* 5호 (1936), 83~85쪽. ExRS, 16쪽에도 언급되었다)

13 1903~1991. *The People of Alor* (Minneapolis: University of Minnesota Press, 1944). 그녀에 대한 전기도 한 권 있다. Susan C. Seymour, *Cora Du Bois: Anthropologist, Diplomat, Agent* (Lincoln: University of Nebraska Press, 2015).

14 Seymour, *Cora Du Bois*, 전자책에서 인용했다.

15 Emil Oberholzer, "Rorschach's Experiment and the Alorese," *People of Alor*, 588쪽.

16 같은 책, 638쪽.

17 George Eaton Simpson, *Sociologist Abroad* (The Hague: Nijhoff, 1959), 83~84쪽.

18 John M. Reisman, *A History of Clinical Psychology* (New York: Irvington, 1976), 222쪽.

19 Gardner Lindzey, *Projective Techniques and Cross-Cultural Research* (New York: Appleton-Century Crofts, 1961), 14쪽. Lemov, "X-Rays of Inner Worlds: The Mid-Twentieth-Century American Projective Test Movement," *Journal of the History of the Behavioral Sciences* 47권 3호(2011), 263쪽.

20 제니퍼 S. H. 브라운Jennifer S. H. Brown과 수전 일레인 그레이Susan Elaine Gray 가 Hallowell, *Contributions to Ojibwe Studies: Essays, 1934-72* (Lincoln: University of Nebraska Press, 2010)에 쓴 편집자 서문. 같은 책 1~15쪽, "On Being an Anthropologist"(1972). 이후에 언급하는 핼러웰의 논문은 따로 언급하지 않는 한, 모두 이 책에 실려 있다. 나는 핼러웰이 글에서 옛날식으로 적은 오지브와Ojibwa를 오지브웨족Ojibwe으로 고쳐 인용했다. 현재 대다수의 오지브웨족은 자신들을 아니쉬나베Anishinaabe, 복수형으로는 아니쉬나벡Anishinaabeg이라고 부른다.

21 특히 "The Northern Ojibwa"(1955)와 "Shabwán: A Dissocial Indian Girl"(1938)을 참고하라.

22 "Shabwán: A Dissocial Indian Girl," 253쪽.

23 "Northern Ojibwa," 35쪽.

24 "Northern Ojibwa," 36쪽.

25 Hallowell, "Note to Part VII," *Contributions to Ojibwe Studies* 467쪽에서 인용했다. Hallowell, "On Being an Anthropologist," 7쪽. George W. Stocking Jr., "A. I. Hallowell's Boasian Evolutionism," *Significant Others: Interpersonal and Professional Commitments in Anthropology*, ed. Richard Handler (Madison: University of Wisconsin Press, 2004), 207쪽.

26 Rebecca Lemov, *Database of Dreams: The Lost Quest to Catalog Humanity* (New Haven: Yale University Press, 2015), 61쪽 인용. 오지브와를 오지브웨로 고쳐 옮김.

27 원본은 Bert Kaplan, *Primary Records in Culture and Personality* 2권 (Madison, WI: Microcard Foundation, 1956)에 실려 있다. 핼러웰이 수집한 반응 기록은 최종적으로 151건이었다.

28 인용문과 설명은 다음 자료에서 가져왔다. Sherman, "Acculturation Processes and Personality Changes as Indicated by the Rorschach Technique"(1942), *Rorschach Reader*에 재수록. "Values, Acculturation, and Mental Health"(1950).

29 "Some Psychological Characteristics of the Northeastern Indians(1946), 특히 491~494쪽에서는 로르샤흐 검사가 문화적으로 서양인의 지능 유형에 대한 편견이 덜하므로, 지능 검사 도구로서 다른 표준검사보다 낫다고 주장한다. 이는 1920년 헤르만 로르샤흐가 출판사에 책 출판을 타진하며 밝힌 주장과 비슷하다.

30 "The Rorschach Technique," 204쪽.

31 같은 논문, 200쪽.

32 Philip Cook, "The Application of the Rorschach Test to a Samoan Group"(1942) in Sherman, *Rorschach Reader*.

33 "The Rorschach Technique," 209쪽.

34 Lemov, *Database of Dreams*, 136쪽.

35 Jonah Lehrer, "Don't!," *New Yorker*, May 18, 2009.

16장

1 ExCS, 32쪽. Exner 외, "History of the Society," 18~20쪽.

2   Thomas W. Harrell(검사 설계를 도왔다), "Some History of the Army General Classification Test," *Journal of Applied Psychology* 77권 6호(1992), 875~878쪽.

3   Ruth Monroe, "Inspection Technique," *RRE* 5권 4호(1941), 166~191쪽. "The Inspection Technique: A Method of Rapid Evaluation of the Rorschach Protocol," *RRE* 8권(1944), 46~70쪽.

4   M. R. Harrower-Erickson, "A Multiple Choice Test for Screening Purposes(For Use with the Rorschach Cards or Slides)," *Psychosomatic Medicine* 5권 4호(1943), 331~341쪽. Molly Harrower and Matilda Elizabeth Steiner, *Large Scale Rorschach Techniques: A Manual for the Group Rorschach and Multiple Choice Tests* (Toronto: Charles C. Thomas, 1945)도 참고하라.

5   "Group Techniques for the Rorschach Test," *Projective Psychology: Clinical Approaches to the Total Personality*, ed. Edwin Lawrence and Leopold Bellak (New York: Knopf, 1959), 147~148쪽.

6   같은 책, 148쪽.

7   같은 책, 172쪽 이하.

8   Reisman, *History of Clinical Psychology*, 271쪽.

9   Hilgard, *Psychology in America*, 517쪽 주석.

10 Reisman, *History of Clinical Psychology*, 6~7장. Jonathan Engel, *American Therapy: The Rise of Psychotherapy in the United States* (New York: Gotham Books, 2008), 3장. Wood, 4~5장. Hans Pols and Stephanie Oak, "The US Psychiatric Response in the 20th Century," *American Journal of Public Health* 97권 12호(2007), 2132~2142쪽.

11 William C. Menninger, "Psychiatric Experiences in the War," *American Journal of Psychiatry* 103권 5호(1947), 577~586쪽. Braceland, "Psychiatric Lessons from World War II," *American Journal of Psychiatry* 103권 5호(1947), 587~593쪽. Pols and Oak, "US Psychiatric Response."

12 Engel, *American Therapy*, 46~47쪽.

13 Menninger, "Psychiatric Experiences." Reisman, *History of Clinical Psychology*, 298쪽.

14 미국 정신의학협회 회장 에드워드 스트리커Edward A. Strecker의 1944년 연설, Pols and Oak, "US Psychiatric Response"에 인용.

15 Reisman, *History of Clinical Psychology*, 298쪽.

16 Wood, 86쪽 및 주석 14번.

17 Hilgard, *Psychology in America*, 516쪽.

18 Exner 외, "History of the Society," 20쪽.

19 Seymour G. Klebanoff, "A Rorschach Study of Operational Fatigue in Army Air Forces Combat Personnel," *RRE* 10권 4호(1946), 115~120권.

20 Hilgard, *Psychology in America*, 516~517쪽.

21 Wood, 97~98쪽. Engel, *American Therapy*, 16~17쪽, 65~70쪽.

22 Klopfer, *Rorschach Technique*, iv쪽.

23 Wood, 175쪽.

24 Wood, 343쪽 주석 10번.

25 Wood, 85쪽을 참고하라. 루스 보크너가 배서 대학교와 컬럼비아 대학교를 마쳤으며, 플로렌스 핼편(1900~1981)이 1951년에 박사 학위를 마친 뒤 1960년대에 시민권 운동과 지역 빈민 상담 활동을 벌였다는 것 외에는 정보를 거의 찾지 못했다.

26 클로퍼가 세운 로르샤흐 연구소의 첫 소장 모리스 크루그먼Morris Krugman이《상담심리학 저널Journal of Consulting Psychology》6권 5호(1942), 274~275쪽에 실은 논평「임상 적용Clinical Application」. 사무엘 J. 벡도《계간 심리 분석Psychoanalytic Quarterly》11호(1942), 587~589쪽에 논평을 실었다.

27 Edna Mann, *American Journal of Orthopsychiatry* 16권 4호(1946), 731~732쪽에 실은 예리한 논평에서 가져왔다.

17장

1 Erika Doss, *Looking at Life Magazine* (Washington, DC: Smithsonian Institution Press, 2001).

2 볼스의 응답은 "단호하고 꽤 대담했으므로, (…) '평범한' 사람과 공통점이 거의 없는 꽤 복잡하고 개인주의" 성격임을 알 수 있다.(*Life*, October 7, 1946, 55~60쪽)

3 Darragh O'Donoghue, "The Dark Mirror," *Melbourne Cinémathèque Annotations on Film* 31호(April, 2004)를 참고하라. www.sensesofcinema. com/2004/cteq/dark_mirror, 2016년 10월 마지막 접속.

4 Marla Eby, "X-Rays of the Soul: Panel Discussion," April 23, 2012, Har-

vard University, vimeo.com/46502939.

5   Donald Marshman, "Mister See-odd Mack," *Life*, August 25, 1947.

6   1950년 언론인 윌리엄 라이트William Wright와 나눈 인터뷰. Evelyn Toyn-
    ton, *Jackson Pollock* (New Haven: Yale University Press, 2012), 20쪽, 37쪽, 52쪽.
    T. J. Clark, *Farewell to an Idea: Episodes from a History of Modernism*
    (New Haven: Yale University Press, 1999), 308쪽. Ellen G. Landau, *Jackson
    Pollock* (New York: Abrams, 2000), 159쪽. John J. Curley, *A Conspiracy of
    Images: Andy Warhol, Gerhard Richter, and the Art of the Cold War* (New
    Haven: Yale University Press, 2013), 27~28쪽.

7   볼프강 슈바르츠가 에밀 뤼티와 나눈 인터뷰.

8   "Review of the Rorschach Inkblot Test," *Sixth Mental Measurements
    Yearbook*, ed. Oscar Krisen Buros (Highland Park, NJ: Gryphon Press, 1965).

9   Alfons Dawo, "Nachweis psychischer Veränderungen…," *Rorschachiana* 1
    권(1952/53), 238~249쪽에 실린 내용을 간추렸다. 다보Dawo의 방법은 그리
    신뢰가 가지 않는다. 예컨대 그는 수검자에게 처음에는 로르샤흐가 만든
    얼룩을 보여주고, 다음에는 벤에셴부르크가 변경한 얼룩을 보여줬다.

10 *The Making of a Scientist* (New York: Dodd, Mead, 1953). C. Grønnerød, G.
    Overskeid and E. Hartmann, "Under Skinner's Skin: Gauging a Behav-
    iorist from His Rorschach Protocol," *JPA* 95권 1호(2013), 1~12쪽에 스
    키너가 보인 모든 반응이 나온다. 참고 문헌을 알려준 그레그 마이어Greg
    Meyer에게 고마움을 전한다. 다른 인용문은 B. F. Skinner, *The Shaping of
    a Behaviorist* (New York: Knopf, 1979), 174~175쪽에서 가져왔다.

11 Grønnerød, Overskeid, and Hartmann, "Under Skinner's Skin"에서 빌려
    온 농담이다.

12 Alexandra Rutherford, "B. F. Skinner and the Auditory Inkblot," *History
    of Psychology* 6권 4호(2003), 362~378쪽.

13 "Cypress Knees and the Blind," *JPT* 23권 1호(1959) 49~56쪽.

14 Fred Brown, "An Exploratory Study of Dynamic Factors in the Content
    of the Rorschach Protocol," *JPT* 17권 3호(1953), 251~279쪽. 인용문은
    252쪽에서 가져왔다.

15 "The Content Analysis of the Rorschach Protocol," in Lawrence and Bel-
    lak, *Projective Psychology*, 75~90쪽.(이제는 쓰지 않는 경련 요법이라는 표현을
    전기충격 치료로 고쳐 옮겼다.)

16 *PD*, 123쪽, 207쪽.

17 머턴 길Merton Gill, 로이 세이퍼Roy Schafer와 함께 쓴 *Diagnostic Psychological Testing* 2권 (Chicago: Year Book, 1946), 473~491쪽 중 특히 480쪽, 481쪽, 485쪽.

18 "After Thirty Years of Clinical Experience with the Rorschach Test," *Rorschachiana* 1호(1952), 12~24쪽. 아래의 인용문은 22쪽을 고쳐 옮긴 것이다.

19 로런스 프랭크는 투사법을 다룬 획기적인 논문을 발표했던 1939년에 이미 이런 주장을 예견하고 답을 제시했다. 로르샤흐 검사는 "개인의 성격을" 사회 규준과 관련짓기보다 "개인적인 것으로 드러낸다. (…) 수검자는 자신이 무엇을 말하는지 깨닫지 못하고, 자신을 숨길 문화 규준도 갖고 있지 않기 때문이다."["Comments on the Proposed Standardization of the Rorschach Method," *RRE* 3권(1939), 104쪽] 1945년 핼러웰이 언급한 내용도 참고하라. "잉크 얼룩에는 그림이라고 보기 어려운 독특한 특성이 있으므로, 실제로 무수히 다양하게 해석할 여지가 있다."("The Rorschach Technique in the Study of Personality and Culture," 199쪽)

20 "Perceptual and Aesthetic Aspects of the Movement Response"(1951), *Toward a Psychology of Art*, 85쪽, 89쪽. 같은 책 90쪽, 91쪽에 실린 "Perceptual Analysis of a Rorschach Card"(1953)도 참고하라.

21 에르네스트 샤흐텔Ernest Schachtel은 프랭크가 의미한 "투사"가 너무 막연해 의미를 갖지 못한다고 주장했다.["Projection and Its Relation to Creativity and Character Attitudes in the Kinesthetic Responses," *Psychiatry: Interpersonal and Biological Processes* 13권 1호(1950), 69~100쪽]

22 *Rorschach Technique in Psychiatry: Interpersonal and Biological Processes* 5권 4호(1942), 604~606쪽에 실린 클로퍼와 켈리의 책에 대한 논평이다. 샤흐텔은 이 논평에 이어 한 문단으로 보크너와 핼펀의 책을 간단하게 일축한다. "서둘러 쓴 흔적이 보이며, (…) 기법 분류와 몇 가지 흥미로운 사례 기록을 간단히 서술하고 만다." 이미 1937년에는 신랄하게 벡을 비평했다.["Original Response and Type of Apperception in Dr. Beck's Rorschach Manual," *RRE* 2권(1937), 70~72쪽]

23 "The Dynamic Perception and the Symbolism of Form," *Psychiatry: Interpersonal and Biological Processes* 4권 1호(1941), 93쪽 주석 37번을 수정 인용함.

24 *Rorschach Technique in Psychiatry: Interpersonal and Biological Processes* 에 실린 클로퍼와 켈리의 책에 대한 논평.(위의 주석 22번 참고)

25 샤흐텔이 얼룩의 모든 것은 틀림없이 그 안에 투사되어 있다고 말한 것 ("Projection and Its Relation to Creativity," 76쪽)을 두고 아른하임은 누구보다 크게 그를 비판했고, 샤흐텔은 아른하임의 가르침을 마음에 새겼다. 그는 자신의 초기 논문을 모아 증보한 책에서 아른하임의 글을 언급한다.[*Experiential Foundations of Rorschach's Test* (London: Tavistock, 1966), 33쪽 주석 및 90쪽 주석]

26 같은 책, 33~42쪽.

27 같은 책, 126~130쪽.

28 Wolfgang Köhler, *Gestalt Psychology: An Introduction to New Concepts in Modern Psychology* (1947. New York: Mentor, 1959 재출간), 118쪽 주석 8 번. Maurice Merleau-Ponty, *The Structure of Behavior* (1942. Pittsburgh: Duquesne University Press, 2002), 119쪽. *Phenomenology of Perception* (1945. London: Routledge, 2012), 547쪽 주석 3번. Rudolf Arnheim, *Visual Thinking* (Berkeley: University of California Press, 1969), 71쪽.

18장

1 이 장의 내용은 Eric Zillmer 외, *The Quest for the Nazi Personality: A Psychological Investigation of Nazi War Criminals* (New York: Routledge, 1995)에 크게 의존한다. "Bats and Dancing Bears: An Interview with Eric A. Zillmer," *Cabinet* 5호(2001), and Jack El-Hai, *The Nazi and the Psychiatrist* (New York: PublicAffairs, 2013)도 참고하라. 크리스티안 뮐러는 질 머Zillmer의 책에 나온 자료 외에 중요하고 새로운 자료를 추가로 제시한 다.(이 장의 주석 10번을 참고하라) 뉘른베르크재판을 다룬 또다른 자료로는 Douglas M. Kelley, *22 Cells in Nuremberg* (London: W. H. Allen, 1947), Gustave M. Gilbert, *Nuremberg Diary*(1947. New York: Da Capo, 1995 재출간) 가 있다.

2 Kelley, *22 Cells in Nuremberg*, 7쪽.

3 길버트의 전임자인 존 돌리보이스John Dolibois에 따르면 교도소장 안드루스 Andrus는 "심리학자와 제화공도 구분하지 못할" 사람이었다. "길버트에게

는 상당한 재량권이 있었고, 뉘른베르크에 온 날부터 머릿속은 책을 쓰겠다는 생각으로 가득했다."(Zillmer 외, *The Quest for the Nazi Personality*, 40쪽에서 인용)

4   Gilbert, *Nuremberg Diary*, 3쪽.

5   Zillmer 외, *The Quest for the Nazi Personality* 54쪽 이하. Gitta Sereny, *Albert Speer: His Battle with Truth* (New York: Knopf, 1995)에 따르면 슈페어는 심리검사를 "바보 같은 짓"이라고 여겨 "완전히 말도 안 되는" 반응을 보였다고 한다. 특히 로르샤흐 검사에 대해 그런 반응을 보였다. 그러면서도 "결과에서 심리학자인 길버트 박사가 자신의 지능을 12등으로 매겼다는 사실을 알고서 꽤 짜증을 낸 듯하다."(573쪽)

6   Gilbert, *Nuremberg Diary*, 15쪽.

7   Kelley, 22 *Cells in Nuremberg*, 44쪽.

8   Kelley, 22 *Cells in Nuremberg*, 18쪽.

9   Geoffrey Cocks, *Psychotherapy in the Third Reich* 2판(New Brunswick, NJ: Transaction, 1997), 306쪽을 수정 인용함. Zillmer 외, *The Quest for the Nazi Personality*, 49쪽 주석.

10   Zillmer 외, *The Quest for the Nazi Personality*, xvii쪽, 87쪽, 195쪽 이하에는 켈리가 루돌프 헤스Adolf Hess, 헤르만 괴링Hermann Göring, 한스 프랑크Hans Frank, 로젠베르크Rosenberg, 해군 총사령관 카를 되니츠Karl Dönitz, 라이Ley, 슈트라이허Streicher에게 수행한 7건의 검사가 나온다. 질머는 부록에 이들의 반응 기록을 모두 실었는데, 헤스의 기록만 빠져 있다. 1992년에 기록물보관소에서 반응 기록을 찾아냈을 때, 헤스의 기록이 없었기 때문이다. 어쨌든 엘하이El-Hai에 따르면 헤스의 검사 결과는 켈리의 서류에서 발견되었다고 한다. Marguerite Loosli-Usteri 문서(HRA Rorsch LU 1:1:16)에 켈리가 작성한 반응 기록의 복사본이 있는데, 여기에도 헤스의 기록은 없다. 대신 이전에는 알려지지 않았던 요아힘 폰 리벤트로프Joachim von Ribbentrop의 반응 기록이 들어 있다.[Christian Müller, *Wer hat die Geisteskranken von den Ketten befreit?* (Bonn: Das Narrenschiff, 1998), 289~304쪽 중 특히 300~301쪽]

11   Zillmer 외, *The Quest for the Nazi Personality*, 6장.

12   Gilbert, *Nuremberg Diary*, 434~435쪽.

13   Zillmer 외, *The Quest for the Nazi Personality*, 79쪽.

14   Kelley, 22 *Cells in Nuremberg*, 195쪽 이하.

15 Zillmer 외, *The Quest for the Nazi Personality*, 67쪽.

16 Zillmer 외, *The Quest for the Nazi Personality*, 60~61쪽을 축약 인용함.

17 Zillmer 외, *The Quest for the Nazi Personality*, 61~67쪽.

18 El-Hai, *Nazi and the Psychiatrist*, 175쪽에서 인용.

19 El-Hai, *Nazi and the Psychiatrist*, 190쪽. 188쪽, 214쪽도 참조하라.

20 Kelley, 22 *Cells in Nuremberg*, 10쪽, 43쪽.

21 Gilbert, *Nuremberg Diary*, 435쪽.

22 이 대목은 엘하이가 질머보다 더 정확히 설명한다. "U.S. Psychiatrist in Nazi Trial Dies," *New York Times*, January 2, 1958. "Mysterious Suicide of Nuremburg Psychiatrist," *San Francisco Chronicle*, Februaary 6, 2005 도 참고하라.

23 Zillmer 외, *The Quest for the Nazi Personality*, 239~240쪽. Hannah Arendt, *Eichmann in Jerusalem: A Report on the Banality of Evil* (1963. New York: Penguin, 2006 재출간). Alberto A. Peralta, "The Adolf Eichmann Case," *Rorschachiana* 23권 1호(1999), 76~89쪽. Istvan S. Kulcsar, "Ich habe immer Angst gehabt," *Der Spiegel*, November 14 1966. Istvan S. Kulcsar, Shoshanna Kulcsar, and Lipót Szondi, "Adolf Eichmann and the Third Reich," *Crime, Law and Corrections*, ed. Ralph Slovenko (Springfield, IL: Charles C. Thomas, 1966), 16~51쪽.

24 Zillmer 외, *The Quest for the Nazi Personality*, 89쪽과 주석에서 인용.

25 Arendt, *Eichmann in Jerusalem*, 26쪽.

26 로저 버코위츠Roger Berkowitz가 2013년 7월 7일 오피니어네이터Opinionator 에 실은 유용한 글 「예루살렘의 아이히만에 대한 오해Misreading Eichmann in Jerusalem」에서 쓴 용어다. opinionator.blogs.nytimes.com/2013/07/07/mis-reading-hannah-arendts-eichmann-in-jerusalem/.

27 Arendt, *Eichmann in Jerusalem*, 49쪽. 같은 책 xiii쪽, xxiii쪽을 보면 독일 에서 자란 아렌트는 사고 능력 부재inability to think를 나타낼 영어 단어로 서 툴게도 "무심함thoughtlessness"을 골랐다.

28 Arendt, *Eichmann in Jerusalem*, 278쪽.

29 Arendt, *Eichmann in Jerusalem*, 289쪽.

30 Arendt, *Eichmann in Jerusalem*, 297쪽.

31 Arendt, *Eichmann in Jerusalem*, 294쪽.

32 Arendt, *Eichmann in Jerusalem*, 295쪽.

33   Arendt, *Eichmann in Jerusalem*, 296쪽.

34   "Behavioral Study of Obedience," *Journal of Abnormal and Social Psychology* 67권 4호(1963), 371~378쪽. *Obedience to Authority* (New York: Harper and Row, 1974).

35   버코위츠도 「예루살렘의 아이히만에 대한 오해」에서 이렇게 적는다. "사람들은 아렌트가 아이히만이 그저 명령에 따랐을 뿐이라고 여겼다고 오해하는데, 이것은 대부분 아렌트의 결론과 스탠리 밀그램의 결론이 뒤섞여 생겨난 오해이다."

36   Arendt, *Eichmann in Jerusalem*, 49쪽. 쿨차르Kulcsar는 마이클 셀저Michael Selzer에게 아이히만을 진찰한 다른 정신과 의사는 없었다고 말했다. 이제는 아렌트도 아이히만을 잘못 파악했다는 사실이 드러나는 듯하다. 역사 추적 작업을 흥미롭게 다룬 최근의 한 책에 따르면, 아이히만은 아렌트의 생각과 달리 평범하거나 생각이 없는 사람이 아니었다. 자신이 무슨 짓을 저지르는지 잘 알았고, 거기에 심취해 있었다.[Bettina Stangneth, *Eichmann Before Jerusalem* (New York: Knopf, 2014)] 결국 이스라엘의 영혼 전문가가 옳았을지도 모른다.

37   Zillmer 외, *The Quest for the Nazi Personality*, 90쪽 이하.

38   Zillmer 외, *The Quest for the Nazi Personality*, 93쪽에서 인용.

39   Zillmer 외, *The Quest for the Nazi Personality*, 93~96쪽을 참고하라.

40   "A Commentary on Adolf Eichmann's Rorschach," *Jung and Rorschach: A Study in the Archetype of Perception* (Dallas: Spring Publications, 1987), 251~260쪽.

19장

1   *I Sing the Body Electric* (New York: Knopf, 1969), 216~227쪽에서 일부 인용.

2   Wood, 128쪽.

3   W. H. Holtzman and S. B. Sells, "Prediction of Flying Success by Clinical Analysis of Test Protocols," *Journal of Abnormal Psychology* 49권 1호(1954), 485~490쪽.

4   Molly Harrower, "Clinical Aspects of Failures in the Projective Techniques," *JPT* 18권 3호(1954), 294~302쪽. "Group Techniques for the

Rorschach Test," 173~174쪽.

5 Wood, 137~153쪽에서 다루는 내용이다. 이 연구들 가운데 당시 가장 널리 읽힌 것은 J. P. Guilford, "Some Lessons from Aviation Psychology," *American Psychologist* 3권 1호(1948), 3~11쪽이다.

6 Kenneth B. Little and Edwin S. Shneidman, "Congruencies among Interpretations of Psychological Test and Anamnestic Data," *Psychological Monographs* 73권 6호(1959).

7 Wood, 158~174쪽.

8 Curley, *Conspiracy of Images*, 10쪽.

9 같은 책. Joel Isaac, "The Human Sciences and Cold War America," *Journal of the History of the Behavioral Sciences* 47권 3호(2011), 225~231쪽. Paul Erickson 외, *How Reason Almost Lost Its Mind: The Strange Career of Cold War Rationality* (Chicago: University of Chicago Press, 2013).

10 Curley, *Conspiracy of Images*, 17쪽, 21~23쪽.

11 Lemov, "X-Rays of Inner Worlds," 266쪽. Joy Rohde, "The Last Stand of the Psychocultural Cold Warriors," *Journal of the History of the Behavioral Sciences* 47권 3호(2011), 232~250쪽 중 특히 238쪽. 공산주의의 가공할 기술인 세뇌에 꺼림칙하도록 가까운 것이 자본주의에도 존재했다. 암호화된 자극, 엄청난 호기심과 열망을 부르는 주제로 우리에게서 자유 의지를 앗아가는 것, 바로 광고였다.(Curley, *Conspiracy of Images*, 62~63, 131~133쪽)

12 Lemov, "X-Rays of Inner Worlds."

13 Lemov, *Database of Dreams*, 233쪽.

14 같은 책, 186쪽.

15 같은 책, 65쪽.

16 Rohde, "The Last Stand of the Psychocultural Cold Warriors," 232쪽, 239쪽.

17 *Observations on Psychodynamic Structures in Vietnamese Personality* (New York: Simulmatics Corporation, 1966). Rohde, "The Last Stand of the Psychocultural Cold Warriors," 241~243쪽을 참고하라.

18 Ward Just, "Study Reveals Viet Dislike for U.S. but Eagerness to Be Protected by It."

19 Rohde, "The Last Stand of the Psychocultural Cold Warriors," 242쪽.

20 Lemov, "X-Rays of Inner Worlds," 274쪽.

21 Hallowell, *Contributions*, 468~469쪽, Part VII 주석.

22 "Review of the Rorschach," 특히 501쪽, 509쪽.

23 Stanley Hoffmann, "Apostle and Champion," *The New York Times*, December 18, 1966.

24 Renata Adler, May 5, 1968. 이 비평을 본 다른 비평가가 편집자에게 곧장 이런 편지를 보낸다. "맞다, 그런데 정말 로르샤흐 같다. 정말 뜻밖이다. 낙인을 찍는 잉크 얼룩이다."

20장

1 부고 기사, *Asheville Citizen-Times*, February 22, 2006. Philip Erdberg and Irving B. Weiner, "John E. Exner Jr.(1928-2006)," *American Psychologist* 62권 1호(2007), 54쪽.

2 수학자로서도 교육받았던 실험심리학자 피오트로프스키Piotrwski(1904~1985)는 매우 다양한 각도에서 로르샤흐 검사에 접근했다. 검사의 이론적 근거를 강조했고, 기질의 상태를 진단하는 데 검사를 이용해야 한다고 강조했다(1930년대에 뉴욕에서 가깝게 지내던 친구이자 망명 동지인 게슈탈트 신경심리학자 쿠르트 골트슈타인Kurt Goldstein의 영향을 받았다). 그는 채점 요소가 어마어마하게 복잡한 수준으로 상호 의존한다고 주장했고, 정보를 통합하기 위해 컴퓨터 프로그램 개발에 공을 들였다. 1963년이 되자, 343개 변수와 620개 규칙을 포함한 프로그램이 제대로 작동했고, 1968년 무렵에는 323개 변수와 937개 규칙을 이용한 프로그램이 실행됐다.(ExRS, 121쪽 이하) 피오트로프스키의 관심사가 다양하기도 했고, 그의 종합적인 책《지각 분석-밑바탕부터 재작업하고 확장해 체계화한 로르샤흐 방법Perceptanalysis: A Fundamentally Reworked, Expanded, and Systematized Rorschach Method》(New York: Macmillan)이 1957년에야 출판되었기 때문에 피오트로프스키는 로르샤흐와 관련된 주요 논쟁에 별다른 영향을 미치지 않았다.

3 ExCS(1974), x쪽 수정 인용.

4 같은 책, 24~26쪽.

5 같은 책, 147쪽, 315~316쪽.

6 이 공식은《로르샤흐 종합 체계》293쪽에 처음 등장한다. 자기중심성 지

수, 자신에게 초점을 맞추는 정도를 가늠하는 기준 0.42, 우울증을 가늠하는 기준 0.31은 나중에 나온 개정판에서 추가되었다.

7 Irving B. Weiner, *Principles of Rorschach Interpretation* (Mahwah, NJ: Lawrence Erlbaum, 2003), 126~128쪽. Marvin W. Acklin, "The Rorschach Test and Forensic Psychological Evaluation: Psychosis and the Insanity Defense," *Handbook of Forensic Rorschach Assessment*, ed. Carl B. Gacono and F. Barton Evăns (New York: Routledge, 2008), 166~168쪽.

8 Marvin W. Acklin, "Personality Assessment and Managed Care," *JPA* 66권 1호(1996), 194~201쪽. Chris Piotrowski 외, "The Impact of 'Managed Care' on the Practice of Psychological Testing," *JPA* 70권 3호(1998), 441~447쪽. Randy Phelps, Elena J. Eisman, and Jessica Kohout, "Psychological Practice and Managed Care," *Professional Psychology* 29권 1호(1998), 31~36쪽.

9 T. W. Kubiszyn 외, "Empirical Support for Psychological Assessment in Clinical Health Care Settings," *Professional Psychology* 31권(2000), 119~130쪽.

10 James N. Butcher and Steven V. Rouse, "Personality: Individual Differences and Clinical Assessment," *Annual Review of Psychology* 47권(1996), 101쪽.

11 Phelps, Eisman, and Kohout, "Psychological Practice and Managed Care," 35쪽.

12 *PD*, 192쪽.

13 Jill Lepore, "Politics and the New Machine," *New Yoker*, November 16, 2015, 42쪽. 이 용어가 등장한 것은 민주당 전국위원회가 시뮬매틱스를 고용한 지 1년 뒤인 1960년으로 추정된다.

14 Caroline Bedell Thomas 외, *An Index of Rorschach Responses* (Baltimore: Johns Hopkins University Press, 1964).

15 C. B. Thomas and K. R. Duszynski, "Are Words of the Rorschach Predictors of Disease and Death? The Case of 'Whirling,'" *Psychosomatic Medicine* 47권 2호(1985), 201~211쪽.

16 John E. Exner Jr. and Irving B. Weiner, "Rorschach Interpretation Assistance ProgramTM Interpretive Report," April 25, 2003. www.hogrefe.se/Global/Exempelrapporter/RIAP5IR%20SAMPLE.pdf. 수정 인용.

17 Galison, 284~286쪽. 갤리슨은 "한 인기 프로그램이 광고한 장점에서 발췌한 내용"과 "자동 생성된 사례 파일"에서 발췌한 내용을 다소 오싹하게 인용한다. Exner, "Computer Assistance in Rorschach Interpretation," *British Journal of Projective Psychology* 32권(1987), 2~19쪽. 엑스너가 컴퓨터 접근법이 아니라고 부인하는 내용은 Anne Andronikof, "Science and Soul," *Rorschachiana* 27권 1호(2006), 3쪽에 생전 마지막으로 의견을 단 대목에 나온다. "해석 프로그램에 지나치게 의지하는 것은 나쁜 심리이자, 프로그램 사용자가 순진해 빠졌거나 부주의하다는 뜻이다." Andronikof, "Exneriana‒II," *Rorschachiana* 29권(2008), 82, 97~98쪽도 참조하라.

18 Wood, 212~213쪽.

19 Hertz, "Rorschachbound: A 50-year memoir," 408쪽.

20 Exner, "The Present Status and Future of the Rorschach," *Revista Portuguesa de Psicologia* 35권(2001), 7~26쪽. Andronikof, "Exneriana‒II," 99쪽, 수정 인용.

21 M. H. Thelen 외, "Attitudes of Academic Clinical Psychologists toward Projective Techniques," *American Psychologist* 23권 7호(1968), 517~521쪽.

22 Gregory J. Meyer and John E. Kurtz, "Advancing Personality Assessment Terminology: Time to Retire 'Objective' and 'Projective' as Personality Test Descriptors," *JPA* 87권 3호(2006), 223~225쪽.

23 N. D. Sundberg, "The Practice of Psychological Testing in Clinical Services in the United States," *American Psychologist* 16권 2호(1961), 79~83쪽. B. Lubin, R. R. Wallis, and C. Paine, "Patterns of Psychological Test Usage in the United States: 1935‒1969," *Professional Psychology* 2권 1호(1971), 70~74쪽. William R. Brown and John M. McGuire, "Current Psychological Assessment Practices," *Professional Psychology* 7권 4호(1976), 475~484쪽. B. Lubin, R. M. Larsen, and J. D. Matarazzo, "Patterns of Psychological Test Usage in the United States: 1935‒1982," *American Psychologist* 39권(1984), 451~454쪽. Chris Piotrowski, "The Status of Projective Techniques: Or, Wishing Won't Make It Go Away," *Journal of Clinical Psychology* 40권 6호(1984), 1495~1502쪽. Chris Piotrowski and John W. Keller, "Psychological Testing in Outpatient Mental Health Facilities," *Professional Psychology* 20권 6호(1989), 423~425쪽. Wood,

211쪽, 362쪽 주석 114번, 362쪽 주석 115번.

24 2014년 11월 인터뷰 내용.

25 ExCS 3권 *Assessment of Children and Adolescents* (New York: John Wiley, 1982), 특히 15쪽, 342쪽, 375~376쪽, 394~434쪽. 원문의 사례에는 이름이 표기되지 않았지만, 여기에서는 구분하기 쉽게 가명을 썼다.

26 책 들머리에서 소개한 캐럴라인 힐은 더 생생하게 설명해주었다. "내가 지금껏 만나본 열두 살짜리 사내아이는 정상일 경우 모두 로르샤흐 검사에서 폭발을 본다. 경험이 적은 임상심리 종사자는 이를 문제로 생각하곤 하지만, 그렇지 않다. 열두 살짜리 사내아이는 원래 그렇다."(인터뷰 내용)

27 예컨대 Adam Phillips, *On Flirtation* (Cambridge: Harvard University Press, 1994), 3~9쪽을 참고하라.

21장

1 Wood, 9~16쪽. 이 사례의 날짜는 2016년 3월 제임스 우드James M. Wood를 인터뷰하면서 알게 되었다.

2 Robyn M. Dawes, "Giving Up Cherished Ideas," *Issues in Child Abuse Accusations* 3권 4호(1991). *Rational Choice in an Uncertain World* (San Diego: Harcourt Brace Jovanovich, 1988), *House of Cards: Psychology and Psychotherapy Built on Myth* (New York: Free Press, 1994)에서 발췌.

3 "Editor's Notes: Whose Hillary Is She Anyway?," *Esquire*, January 7, 2016, classic.esquire.com/editors-notes/whose-hillary-is-she-anyway-2/.

4 Richard Kreitner 편집(London: I. B. Tauris, 2016).

5 Curley, *Conspiracy of Images*, 18쪽.

6 Barry Gewen, "Hiding in Plain Sight," *New York Times*, September 12, 2004.

7 Robert Nickas, "Andy Warhol's *Rorschach Test*," *Arts Magazine*, October 1986, 28쪽. Benjamin H. D. Buchloh, "An Interview with Andy Warhol," May 28, 1985.(아래 인용한 워홀의 말은 이 인터뷰에서 나온 것이다) Rosalind E. Krauss, "Carnal Knowledge." 이 글은 *Andy Warhol: Rorschach Paintings* (New York: Gagosian Gallery, 1996), *Andy Warhol*, ed. Annette Michelson(October Files) (Cambridge: MIT Press, 2001)에 서문으로 실렸다.

8   Mia Fineman, "Andy Warhol: Rorschach Paintings," *Artnet Magazine*, October 15, 1996. www.artnet.com/Magazine/features/fineman/fineman10-15-96.asp.

9   특히 102~103쪽을 보라(Toronto: Coach House Books, 2000).

10   Piotrowski and Keller, "Psychological Testing." B. Ritzler and B. Alter, "Rorschach Teaching in APA-Approved Clinical Graduate Programs: Ten Years Later," *JPA* 50권 1호(1986), 44~49쪽.

11   W. J. Camara, J. S. Nathan, and A. E. Puente, "Psychological Test Usage: Implications in Professional Psychology," *Professional Psychology* 31권 2호(2000), 141~154쪽. 이 순위에는 로르샤흐 검사보다 더 자주 쓰이는 지능검사가 빠져 있다. 로르샤흐 검사는 "미국에서 둘째로 많이 쓰인 성격 평가 도구"였다.

12   Wood, 2쪽.

13   Irving B. Weiner, John E. Exner Jr., and A. Sciara, *JPA* 67권 2호(1996), 422~424쪽.

14   Gacono and Evans, *Handbook*, 57~60쪽. 1993년 다우버트 대 메렐 다우Merrell Dow 제약회사 소송 이후, 다우버트 기준은 1923년부터 대다수 주에서 써왔던 설득력이 떨어지는 프라이Frye 기준을 대체했다. 그 뒤로 전문가 증인의 증언은 객관적 과학을 바탕으로 나왔다고 판사가 결정할 때에만 인정된다. 다우버트 기준에는 증거 조건이 포함되었다. 이론이나 가설을 검증하거나 변조할 수 있는가? 연구 결과를 동료 전문가에게 평가받았거나 출간했는가? 이론이 관련 과학계에서 타당하다고 널리 받아들여졌는가? 엑스너의 종합 체계는 다우버트 기준을 충족한다는 평가를 꾸준히 받았다.

15   APA Board of Professional Affairs, "Awards for Distinguished Professional Contributions: John E. Exner, Jr.," *American Psychologist* 53권 4호(1998), 391~392쪽.

16   James M. Wood, M. Teresa Nezworski, and William J. Stejska, "The Comprehensive System for the Rorschach: A Critical Examination," *Psychological Science* 7권 1호(1996), 3~10쪽. Howard N. Garb, "Call for a Moratorium on the Use of the Rorschach Inkblot in Clinical and Forensic Settings," *Assessment* 6권 4호(1999), 313쪽.

17   우드의 책(《로르샤흐 검사에서 잘못된 것은 무엇일까?What's Wrong with the Ror-

schach?》)은 공동 저자들이 이전에 썼던 여러 논문을 기반으로 삼았다. 여기에서는 편의상 Wood라고 표시하지만 이 책은 여러 저자의 공저이다. 우드 개인의 저술을 가리킬 때는 제임스 우드James M. Wood라고 썼다.

18 James M. Wood, M. Teresa Nezworski, and Howard N. Garb, *Scientific Review of Mental Health Practice* 2권 2호(2003), 142~146쪽.

19 Wood, 245, 369쪽 주석 111번.

20 Wood, 150~151쪽, 187~188쪽.

21 Wood, 240쪽 이하.

22 Wood, 219쪽 이하.

23 2014년 1월 인터뷰 내용.

24 가코노Gacono와 에반스Evans의 《핸드북Handbook》은 Hale Martin, "Scientific Critique or Confirmation Bias?"(2003)와 Gacono and Evans, "Entertaining Reading but Not Science"(2004. 571쪽 인용) 그리고 J. Reid Meloy, "Some Reflections on *What's Wrong with the Rorschach?*"(2005)를 한데 모은 뒤, 우드가 언급한 내용을 꼼꼼히 짚어 우드가 "세부 사항을 뒤틀고, 엉뚱한 책임을 덮어씌우고, 하찮은 문제를 키운다"는 사실이 드러난 사례를 제시한다. "이 책은 안타깝게도 저자들의 과학적 신용을 떨어뜨리는 기만적인 책이다."(576쪽) 《핸드북》의 편집자들은 우드의 공격으로 일어난 "허위 논쟁"에 과학적으로 대응한 무수히 많은 논평들을 제시한다.(5~10쪽)

25 Board of Trustees for the Society for Personality Assessment, "The Status of the Rorschach in Clinical and Forensic Practice," *JPA* 85권 2호 (2005), 219~237쪽. 2010년에 나온 후속 논문 한 편도 비슷한 결론에 이른다. Anthony D. Sciara, "The Rorschach Comprehensive System Use in the Forensic Setting," *Rorschach Training Programs*, 발표 날짜 없음. www.rorschachtraining.com/the-rorschach-comprehensive-system-use-in-the-forensic-setting. 2016년 7월 11일 최종 접속.

26 Reid Meloy, "The Authority of the Rorschach: An Update," in Gacono and Evans, *Handbook*, 79~87쪽. 이 글에서는 우드의 비난이 "역설적으로 로르샤흐 검사에 더 굳건한 과학적 기반을 안겨주었거나" 혹은 법정 심리학자와 상고 법원이 논쟁을 "거의 눈치채지 못했다"고 결론지었다.(85쪽) 한편 검사를 잘못 썼을 때는, 법정이 심리학자의 결론을 "근거 없이 추측에 기반한 것으로 간주했다".

27 Wood, 300쪽, 318~319쪽, 323쪽.

22장

1 그런 논문 가운데 하나에서 검사의 타당성을 따진 메타 분석 125건과 다중 기법 평가를 조사한 사례 800건의 자료를 모아 이런 결론을 내렸다. "(a) 심리검사의 타당성은 강력하고 설득력 있다. (b) 심리검사의 타당성은 의료 시험의 타당성에 견줄 만하다. (c) 종류가 다른 평가 방법은 저만의 정보 출처를 제공한다. (d) 인터뷰에만 의존하는 임상의는 이해가 완전하지 못한 경향을 보인다.[Meyer 외, "Psychological Testing and Psychological Assessment: A Review of Evidence and Issues," *American Psychologist* 56권 2호(2001), 128~165쪽]

2 2013년 9월 인터뷰. 이 표현은 Erard, Meyer, and Viglione, "Setting the Record Straight: Comment on Gurley, Piechowski, Sheehan, and Gray(2014) on the Admissibility of the Rorschach Performance Assessment System(R-PAS) in Court," *Psychological Injury and Law* 7호(2014), 165~177쪽, 특히 166~168쪽에 실린 내용이다. "사실 R-PAS는 종합 체계와 경쟁하지 않는다. R-PAS는 종합 체계를 넘어 진화하고 있고, 종합 체계를 대체하려고 고안된 것이다."

3 Meyer 외, *Rorschach Performance Assessment System: Administration, Coding, Interpretation, and Technical Manual* (Toledo, OH: Rorschach Performance Assessment System, 2011). 이하 *Manual*.

4 1921년 5월 18일, 장크트갈렌에서 교사를 대상으로 한 강연(HRA 3:2:1:7), 1쪽.

5 Meyer 외, *Manual*, 11쪽.

6 Meyer 외, *Manual*, 10쪽.

7 이 단체는 로르샤흐 검사가 남성에게 불리하다고 주장하는 듯하다. 한편 로르샤흐 검사가 여성에게 불리하다고 생각한 반대자들은 반대편에서 목소리를 높였다. 예를 들면 Elizabeth J. Kates가 있다.("Re-evaluating the Evaluators," "The Rorschach Psychological Test," 날짜 미상. 최종 접속일 2016년 7월 11일. www.thelizlibrary.org/liz/child-custody-evaluations.html, www.thelizlibrary.org/therapeutic-jurisprudence/custody-evaluator-testing/rorschach.html). SPARC의 웹사이트, 특히 "The Rorschach Test," "The Rorschach Test: Additional Information and Commentary"를 참고하라.(www.deltabravo.net/cms/plugins/content/content.php?content.35, www.deltabravo.net/cms/plugins/content/content.

php?content.36) 2011년 11월에 이 단체의 설립자 웨일런Waylon과 나눈 인터뷰.

8 2016년에 호그레페 출판사의 실비아 슐티우스Silvia Schultius와 나눈 개인 서신.

9 놈 코언Noam Cohen.

10 Meyer 외, *Manual*, 11쪽.

11 D. S. Schultz, and V. M. Brabender, "More Challenges Since Wikipedia: The Effects of Exposure to Internet Information About the Rorschach on Selected Comprehensive System Variables," *JPA* 95권 2호(2013), 149~158쪽. "일부러 반응을 왜곡하려는 시도가 있을 때 로르샤흐 검사가 영향을 받지 않는 역량을 갖추고 있는지 살펴보려고 한 최근의 연구에서는 일관되지 않는 결과가 나왔다." Ronald J. Ganellen, "Rorschach Assessment of Malingering and Defensive Response Sets," in Gacono and Evans, *Handbook*, 89~120쪽도 참고하라.

12 Wood, Nezworski and Stejska, "The Comprehensive System for the Rorschach," 5쪽.

13 J. L. Mihura 외, "The Validity of Individual Rorschach Variables," *Psychological Bulletin* 139권 3호(2013), 548~605쪽.

14 일부 비평가들은 R-PAS가 충분히 가다듬어지지 않았으며, 경험에 기댄 과학적 기초 작업을 완전히 다지지 못한 채 서둘러 생겨난 미봉책이라고 지적했다(다음 주석과 2014년 1월 제임스 M. 우드와 나눈 인터뷰를 참고하라). 한편 다른 비평가들은 R-RAS가 너무 멀리 나갔다고 비판했다. 이들은 R-PAS 개발자들이 수정본을 내세워 "심리학계의 여러 사람을 혼란스럽고 당황스럽게 했다"고 개탄했고, 엑스너 방식을 방어하기 위해 "종합 체계를 지지하는 국제 로르샤흐 협회International Rorschach Organization for the Comprehensive System"를 세웠다. "우리는 마땅히 더 나은 종합 체계가 완성되도록 엑스너 박사의 꼼꼼하고 체계적인 점진적 과정을 이어가는 데 목표를 둬야 한다." 하지만 점진적이든 아니든, 저작권을 침해하지 않으면서도 종합 체계의 어떤 부분을 수정할 길이 있는지는 명확하지 않다. 사소한 실랑이만 뺀다면, 검사가 과학적이냐는 논쟁은 정리된 듯하다.

15 James M. Wood 외, "A Second Look at the Validity of Widely Used Rorschach Indices: Comment," *Psychological Bulletin* 141권 1호(2015), 236~249쪽. 이들은 여전히 다양한 불만을 제기했지만, 확실한 반박만이

되돌아왔다. Mihura 외, "Standards, Accuracy, and Questions of Bias in Rorschach Meta-analyses: Reply," *Psychological Bulletin* 141권 1호(2015), 250~260쪽.

16 Erard, Meyer, and Viglione, "Setting the Record Straight." 수검자와 마이어가 발간할 예정인 책에 이 주제를 다룬 논문 몇 편이 실린다고 들었는데, 내가 이 책을 쓰는 현재 출간되지 않아 내용을 참고하지 못했다. Mihura and Meyer, *Using the Rorschach Performance Assessment System®* (*R-PAS®*) (New York: Guilford Press, 2017).

17 Joni L. Mihura, Manali Roy, and Robert A. Graceffo, "Psychological Assessment Training in Clinical Psychology Doctoral Programs," *JPA* 99권 2호(2017), 153~164쪽.

18 Stephen E. Finn and Mary E. Tonsager, "Information-Gathering and Therapeutic Models of Assessment: Complementary Paradigms," *Psychological Assessment* 9권 4호(1997), 374~385쪽. "How *Therapeutic Assessment* Became Humanistic," *Humanistic Psychologist* 30권 1-2호 (2002), 10~22쪽. Stephen E. Finn, *In Our Clients' Shoes: Theory and Techniques of Therapeutic Assessment* (Mahwah, NJ: Lawrence Erlbaum, 2007), "Journeys Through the Valley of Death: Multimethod Psychological Assessment and Personality Transformation in Long-Term Psychotherapy," *JPA* 93권 2호(2011), 123~141쪽. Stephen E. Finn, Constance T. Fischer, and Leonard Handler, *Collaborative/Therapeutic Assessment: A Casebook and Guide* (Hoboken, NJ: John Wiley, 2012). Stephen E. Finn, "2012 Therapeutic Assessment Advanced Training," *TA Connection newsletter* 1권 1호(2013), 21~23쪽.

19 Finn and Tonsager, "How *Therapeutic Assessment* Became Humanistic"

20 Finn and Tonsager, "Information-Gathering."

21 Finn, Fischer, and Handler, *Collaborative/Therapeutic Assessment*, 11쪽.

22 같은 책, 13쪽 이하.

23 John M. Poston and William E. Hanson, "Meta-analysis of Psychological Assessment as a Therapeutic Intervention," *Psychological Assessment* 22권 2호(2010), 203~212쪽. S. O. Lilienfeld, H. N. Garb, and J. M. Wood, "Unresolved Questions Concerning the Effectiveness of Psychological Assessment as a Therapeutic Intervention: Comment," *Psychological As-*

sessment 23권 4호(2011), 1047~1055쪽.

24 Finn, "2012 Therapeutic Assessment Advanced Training"

25 Finn and Tonsager, "Information-Gathering," 380쪽.

26 Molly Harrower, "Projective Counseling, a Psychotherapeutic Technique,"
American Journal of Psychotherapy 10권 1호(1956), 86쪽에서 수정 인용.
협력-치료 평가의 역사를 알고 싶다면, Finn, Fischer, and Handler, *Col-laborative/Therapeutic Assessment* 1장을 참고하라.

27 Meyer 외, *Manual*, 1쪽

28 Schachtel, *Experiential Foundations*, 269쪽.

29 같은 책, 51쪽.

30 B. L. Mercer, "Psychological Assessment of Children in a Community
Mental Health Clinic." B. Guerrero, J. Lipkind, and A. Rosenberg, "Why
Did She Put Nail Polish in My Drink? Applying the Therapeutic Assess-ment Model with an African American Foster Child in a Community
Mental Health Setting." M. E. Haydel, B. L. Mercer, and E. Rosenblatt,
"Training Assessors in Therapeutic Assessment." Stephen E. Finn, "Ther-apeutic Assessment 'On the Front Lines.'" 모두 *JPA* 93권(2011), 1~6쪽,
7~15쪽, 16~22쪽, 23~25쪽에 실린 글이다. Barbara L. Mercer, Tricia
Fong, and Erin Rosenblatt, *Assessing Children in the Urban Community*
(New York: Routledge, 2016)도 참조하라.

31 Guerrero, Lipkind, and Rosenberg, "Why Did She Put Nail Polish?"

32 Meyer and Kurtz, "Advancing Personality Assessment Terminology." 엑스너는 무의식을 깎아내리고 인지 과정을 더 많이 언급하는 단계에 접어
들었다. "Searching for Projection in the Rorschach," *JPA* 53권 3호(1989),
520~536쪽. 엑스너 종합 체계 최신 교재에는 이렇게 나온다. "로르샤흐 검
사 과제의 본질은 복잡한 과정을 유발하는데, 그 과정에 포함된 처리, 분
류, 개념화, 의사 결정이 투사가 일어나도록 문을 열어준다."[ExCs(2003),
185쪽] 수검자가 잉크 얼룩에 무언가를 투사할 때조차 그것은 완전히 주
관적이거나 제멋대로인 투사가 아니다. 대상이 달라지면 다른 투사가 일
어난다. 즉 다른 대상에는 다른 투사가 요구된다. 정신분석가이자 수필가
인 애덤 필립스Adam Phillips의 말마따나 "사람들은 서로에게서 다른 것을 떠
올린다. 따라서 투사는 상당히 모호한 관계이다."[*Equals* (New York: Basic
Books, 2002), 183쪽]

33 Wood, 144쪽. 우드는 "사람 간의 관계"를 평가할 때는 로르샤흐 검사가 정말로 믿을 만하지 않다고 생각했다.(151~153쪽)

34 Gregory Meyer, "The Rorschach and MMPI," *JPA* 67권 3호(1996), 558~578쪽, "On the Integration of Personality Assessment Methods," *JPA*, 68권 2호(1997), 297~330쪽. Stephen E. Finn, "Assessment Feedback Integrating MMPI-2 and Rorschach Findings," *JPA* 67권 3호(1996), 543~557쪽. "Journeys Through the Valley."

23장

1 2015년 7월, 개인 서신. 그에 따르면 "순위는 임상심리학자, 상담자, 정신과 의사 등 누구를 대상으로 설문 조사를 하느냐에 달렸다. 정신 건강 종사자를 모두 살펴본다면, 로르샤흐 검사의 좀더 정확한 순위는 2015년, 2016년 기준으로 12위일 것이다." 심리학 전체 분야를 다룰 목적으로 2009년에 실시하고 2016년에 발표된 다른 설문 조사에서는, 로르샤흐 검사가 MMPI, MCMI, 벡 우울 검사 같은 증상 특정 수단들, 지능검사, 인지 기능 측정보다 사용 빈도가 낮았고, 다른 성과 기반 평가나 투사 평가보다 조금 많이 쓰였다.[C. V. Wright 외, "Assessment Practices of Professional Psychologists: Results of a National Survey," *Professional Psychology: Research and Practice*(2016년 온라인 발표), 1~6쪽. 참고 사항을 알려준 조니 미우라에게 고마움을 전한다.]

2 Bruce L. Smith, 2011년 11월 인터뷰. Chris Hopwood, 2014년 1월 인터뷰.

3 프레더릭 크루스Frederick Crews가 우드의 책에 대해 쓴 논평을 참고하라. "Out, Damned Blot!" (*New York Review of Books*, July 15, 2004) 논평은 예언하듯 이렇게 끝난다. "이 검사는 우스꽝스럽지만 아직도 위험한 유물이다."

4 내가 본 유일한 예외는 "The Rorschach Test: A Few Blots in the Copybook," *Economist*, November 12, 2011이다.

5 Rebecca E. Ready and Heather Barnett Veague, "Training in Psychological Assessment: Current Practices of Clinical Psychology Programs," *Professional Psychology: Research and Practice* 45권(2014), 278~282쪽.

6   Chris Piotrowski, "On the Decline of Projective Techniques in Profes-sional Psychology Training," *North American Journal of Psychology* 17권 2호(2015), 259~266쪽, 특히 259, 263쪽.

7   Mihura 외, "Psychological Assessment Training," 7~8쪽. 저자의 말대로 어떤 주제를 "가르치는지," "필수 과정으로 강조되는지," "학생들이 숙련되어야 하는" 것인지 등을 다룬 서로 다른 연구 자료를 비교하기는 어렵다.

8   같은 논문.

9   같은 논문, 1쪽.

10 Chris Hopwood, 2015년 3월 인터뷰.

11 Chris Hopwood, 2014년 1월 인터뷰.

12 June Wolf, 2015년 8월 인터뷰.

13 Emiliano Muzio, "Rorschach Performance of Patients at the Mild and Moderate Stages of Dementia of the Alzheimer's Type." 이것은 무치오 Muzio의 2006년 학위 논문에서 다루어진 연구로, 1997~2003년에 검사를 수행했다.

14 Tomoki Asari 외, "Right Temporopolar Activation Associated with Unique Perception," *NeuroImage* 41권 1호(2008), 145~152쪽.

15 Stephen E. Finn, "Implications of Recent Research in Neurobiology for Psychological Assessment," *JPA* 94권 5호(2012), 442~443쪽. Tomoki Asari 외, "Amygdalar Enlargement Associated with Unique Perception," *Cortex* 46권 1호(2008), 94~99쪽을 참조해 언급한 말이다.

16 Dauphin, Greene, "Here's Looking at You: Eye Movement Exploration of Rorschach Images," *Rorschachiana* 33권 1호(2012), 3~22쪽.

17 HRA 3:2:1:7.

18 G. Ganis, W. L. Thompson, and S. M. Kosslyn, "Brain Areas Under-lying Visual Mental Imagery and Visual Perception: An fMRI Study," *Cognitive Brain Research* 20권(2004), 226~241쪽. S. M. Kosslyn, W. L. Thompson, and N. M. Alpert, "Neural Systems Shared by Visual Imagery and Visual Perception: A Positron Emission Tomography Study," *Neuro-Image* 6권(1997), 320~334쪽에 근거했다.

19 "Mental Images and the Brain," *Cognitive Neuropsychology* 22권 3~4호 (2005), 333~347쪽. "Cognitive Scientist Stephen Kosslyn: Why Different

People Interpret the Same Thing Differently"(vimeo.com/55140758), "Stanford Cognitive Scientist Stephen Kosslyn: Mental Imagery and Perception"(vimeo.com/55140759)도 참고하라.(동영상 게시일, 2012년 12월 7일)

20   *White* (Zurich: Lars Müller, 2007), 3쪽.

21   *PD*, 17쪽. 로르샤흐는 블로일러 이론의 전체 틀을 무비판적으로 받아들이지는 않았다.(이 책 11장의 주석 7번을 참고하라)

22   이 표현은 샤흐텔이 한 말에서 가져왔다. 샤흐텔은 로르샤흐 얼룩을 보는 사람이 얼마나 "망설이고, 머뭇거리고, 고민하고, 당황하고, 불안해하고, 보지 않으려 하고, 멍하니 바라보고, 충동적이고, 단호하고, 인내하고, 짜증 내고, 탐색하고, 고심하고, 직감하고, 장난을 치고, 빈둥거리고, 적극적으로 호기심을 보이고, 탐구하고, 열중하고, 지루해하고, 귀찮아하고, 좌절하고, 충실하고, 자발성을 보이고, 꿈꾸는 듯하고, 비난하는 등의 태도를 보일지" 강조했다.(*Experiential Foundations*, 16~17쪽)

23   HRA 3:2:1:7.

24   *Experiential Foundations* 15쪽 이하, 24쪽 이하.

25   같은 책, 73쪽.

26   LSD를 포함한 여러 환각제의 치료 특성을 다룬 연구는 1950년대와 1960년대에 순조롭게 이뤄지다 1970년대 초반 주춤했지만, 이례적으로 보이는 결과에 힘입어 다시 부상했다.(Michael Pollan, "The Trip Treatment," *New Yorker*, February 9, 2015)

27   M. J. Diener, M. J. Hilsenroth, and J. Weinberger, "Therapist Affect Focus and Patient Outcomes in Psychodynamic Psychotherapy: A Meta-Analysis." Finn, "Implications of Recent Research" 441쪽에 언급되었다.

28   같은 책, 442쪽, 축약 인용.

29   Amy M. Hamilton 외, "Why Won't My Parents Help Me?' Therapeutic Assessment of a Child and Her Family," *JPA* 91권 2호(2009), 118쪽.

30   Arnheim, *Visual Thinking*, 13쪽, 72~79쪽. Arnheim, "A Plea for Visual Thinking," *New Essays*, 135~152쪽도 참조하라.

31   출판물에서도 시각을 이용한 이야기 전달이 아트 슈피겔만Art Spiegelman의 《쥐Maus》(1992)를 시작으로 늘어나 크리스 웨어Chris Ware의 《지미 코리건, 세상에서 제일 똑똑한 아이Jimmy Corrigan, the Smartest Kid on Earth》(2000), 앨리슨 벡델Alison Bechdel의 《재미난 집Fun Home》(2006)을 거치며 이제는 최고의 평가를 받고 있다. 비소설 분야에서는 많은 찬사를 받은 피터 멘델선드Peter

Mendelsund의 《책을 볼 때 우리가 읽는 것들What We See When We Read》(2014),
그리고 많은 연구자들 가운데 아른하임을 인용해 시각적 사고의 원리를
밝힌 닉 수재니스Nick Sousanis의 만화책 《언플래트닝, 생각의 형태Unflatten-
ing》(2015)이 있다.

32   2013년 10월 25일, 보스턴에서 열린 학회에서의 발표. 마이어는 이 조사를
"영혼의 X선 공개 토론회X-Rays of the Soul Panel Discussion"(vimeo.com/46502939)
에서도 다룬다.

33   Arnheim, *Visual Thinking*, 63쪽.

34   "L'imagination projective(Le Test de Rorschach)," *La relation critique* (Paris:
Gallimard, 1970), 238쪽.

35   "로르샤흐가 성격 연구에 이바지한 가장 창의적인 공헌."[Samuel J. Beck,
The Rorschach Test: Exemplified in Classics of Drama and Fiction (New
York: Stratton Intercontinental Medical Book, 1976, 79쪽)] "1921년 로르샤흐의
논문이 발표된 이후 검사에서 나타난 인간의 움직임(M) 반응이 성격 역
동을 알려줄 수 있는 가장 좋은 자료라고 여겨졌다."[Piero Porcelli 외,
"Mirroring Activity in the Brain and Movement Determinant in the Ror-
schach Test," *JPA* 95권 5호(2013), 444쪽, 지난 몇십 년 동안 발표된 사례
를 인용하며 한 말이다] 아카비아의 《움직임의 주관성》은 로르샤흐가 생
각한 움직임을 문화라는 풍부한 맥락에서 파악해, 블로일러, 프로이트, 융,
긴장증을 연구한 초기 정신과 의사뿐 아니라 미래파, 표현주의, 그리고 움
직임으로 음악을 가르치는 스위스의 교육 체계 에밀 자크달크로즈Émile
Jaques-Dalcroze의 유리드믹스Eurhythmics로까지 연결한다.

36   Marco Iacoboni, *Mirroring People: The New Science of How We Con-
nect to Others* (New York: Farrar, Straus and Giroux, 2009)는 거울 신경의 개
요를 열렬히 설명한다. 의심의 눈길을 보낸 글들은 다음과 같다. Christian
Jarrett, "Mirror Neurons: The Most Hyped Concept in Neuroscience?,"
Psychology Today, December 10, 2012. Alison Gopnik, "Cells That Read
Minds? What the Myth of Mirror Neurons Gets Wrong About the Hu-
man Brain," *Slate*, April 26, 2007. 고프닉Gopnik에 따르면 "거울 신경은 21
세기의 "좌뇌/우뇌"가 되었다. (…) 우리가 남과 깊이, 특별하게 이어져 있
다는 직관은 분명 옳다. 그리고 이것이 우리 뇌 때문이라는 데에는 털끝만
한 의심도 없다. 우리가 경험하는 모든 것이 뇌 때문에 발생하기 때문이다
(분명 엄지발가락이나 귓불 때문에 발생하지는 않는다). 하지만 거울 신경이 우리

를 하나로 이어준다는 말은 듣기 좋은 은유에 지나지 않는다". 이 논쟁의 반대편에 선 저명인사들의 견해는 다음에 유용하게 정리되어 있다. Ben Thomas, "What's So Special About Mirror Neurons?," *Scientific American Blog*, November 6, 2012.

37 L. Giromini 외, "The Feeling of Movement: EEG Evidence for Mirroring Activity During the Observations of Static, Ambiguous Stimuli in the Rorschach Cards," *Biological Psychology* 85권 2호(2010), 233~241쪽. 이미 1871년에 로베르트 피셔는 여러 현상을 설명하는 데 거울 신경이 쓰일 것이라고 정확히 짚었다. "우리는 무언가를 시사하는 듯한 표정을 보면 마음속으로 따라 해본다." "촉각과 시각 사이에는 실제로 매우 밀접한 관계가 있다. (…) 아이들은 만지면서 보는 법을 배운다."("Optical Sense of Form," 105쪽, 94쪽)

38 J. A. Pineda 외, "Mu Suppression and Human Movement Responses to the Rorschach Test," *NeuroReport* 22권 5호(2011), 223~226쪽. Porcelli 외, "Mirroring Activity." A. Ando 외, "Embodied Simulation and Ambiguous Stimuli: The Role of the Mirror Neuron System," *Brain Research* 1629권 (2015), 135~142쪽. 모두 R-PAS Library 웹사이트에서 찾아볼 수 있다.

39 R-PAS의 공동 고안자 드미트라스쿠Dumitrascu와 미우라는《로르샤흐 검사에서 잘못된 것은 무엇일까?》의 공동 저자 샐리 사텔Sally L. Satel과 스콧 릴렌펠드Scott O. Lilienfeld가 쓴 비평서《세뇌―무모한 신경과학의 매력적 유혹Brainwashed: The Seductive Appeal of Mindless Neuroscience》(New York: Basic Books, 2013)을 긍정적으로 논평했다.(*Rorschachiana* 36권 1호(2015), 404~406쪽)

40 Iacoboni, *Mirroring People*, 145쪽 등.

41 사이먼 배런코언Simon Baron-Cohen은《악의 과학The Science of Evil》(New York: Basic Books, 2011)에서 악이라는 개념이 "감정이입 침식empathy erosion"으로 대체되어야 한다고 주장했다. Jon Ronson, *The Psychopath Test* (New York: Riverhead, 2011) Leslie Jamison, *The Empathy Exams* (Minneapolis: Graywolf Press, 2014)에서도 같은 주장을 한다.

42 "The Baby in the Well," *New Yorker*, May 20, 2013, "Against Empathy," *Boston Review*, September 10, 2014, www.bostonreview.net/forum/paul-bloom-against-empathy, Leslie Jamison, Simon Baron-Cohen, Peter Singer 등이 보낸 답신도 같이 실려 있다.

43 *JPA* 91권 1호(2009), 20~23쪽. 이 글은 폴 레너Paul Lerner를 기리는 평론이

다. 레너는 로르샤흐 검사를 이용한 정신분석을 개척했고, 감정이입이 검사를 수행하는 검사자의 "심장"이라고 보았다.

24장

1 볼프강 슈바르츠와 나눈 인터뷰. 이레나는 다른 얼룩들이 "활기차다"고 말했다.

2 샤흐텔은 이런 반응이 색 자체와도 관련되어 있지만, "생각지 못한 갑작스런 변화"와도 관계 있을 거라고 생각했다.(*Experiential Foundations*, 48쪽) 우드에 따르면(Wood, 153~154쪽, 289쪽, 36~37쪽), "색채 충격이라는 발상이 무너진" 때는 1949년이다. 1950년대에 진행된 다른 몇몇 연구에서도 "의심스럽다"는 언급이 나온다. 그는 엑스너의 1993년판 설명서를 언급하며, 색채 충격은 "쓸모없어 보였다"("인상적이지 않고," "대체로 음울했다")고 결론지었다. 사실 엑스너는 우드가 언급한 대목에서 로르샤흐의 더 폭넓은 관점, 즉 색채 반응이 감정 반응과 연결된다는 주장을 설명한 것이다. "안타깝게도 논쟁 대다수가 색채 반응과 관련한 사안이 아니라, "색채 충격"이라는 개념에만 집중되고 있다." 엑스너는 색채-감정 이론을 전체적으로 다룬 연구들이 대체로 색채 충격 개념을 지지한다고 주장했다.(ExCS, 421쪽. Helge Malmgren, "Colour Shock: Does It Exist, and Does It Depend on Colour?"(1999)에 정리된 연구 개요(captainmnemo.se/ro/hhrotex/rotexcolour.pdf)를 참조하라.

3 Dario Gamboni, "Un pli entre science et art: Hermann Rorschach et son test," *Autorität des Wissens: Kunst-und Wissenschaftsgeschichte im Dialog*, ed. Anne von der Heiden and Nina Zschocke (Zurich: Diaphanes, 2012), 47~82쪽.

4 Peter Galison, "Concrete Abstraction," *Inventing Abstraction, 1910 – 1925: How a Radical Idea Changed Modern Art*, ed. Leah Dickerman (New York: Museum of Modern Art, 2012), 350~357쪽. 갤리슨은 「자아상」의 작가이자, 2012년 하버드 대학교 과학센터가 개최한 전시회 〈영혼의 X선 X-Rays of the Soul〉의 공동 기획자로, 심리학에서 쓰이던 잉크 얼룩을 보다 넓은 문화 영역에서 갖는 역할과 연결시켰다.

5 과학계 바깥에서도 잉크 얼룩을 다룬 연구가 활발하다. 2011년 유스티누

스 케르너의 잉크 얼룩을 훌륭하게 다룬 책이 출간되었다.(Friedrich Weltz-ien, *Fleck—Das Bild der Selbsttätigkeit*, Vandenhoeck & Ruprecht) 이 책에서는 자신의 얼룩이 다른 세상에서 건너왔다는 케르너의 주장을 "스스로 만드는 무엇"이라는 발상과 연결한다. 이런 발상은 19세기 사고를 아우르는 다양한 분야, 예컨대 "스스로 만드는 그림으로서의" 사진, 지진계 같은 자동 기록 장치, 산업 자동화(스스로 제조되는 제품이라는 꿈)와 그 어두운 이면, 통제 불능인 자동화(1797년에 쓰인 마법사의 제자 이야기)에서 중요했다. 진화는 "생명력"의 이론이었다. 헤겔에 따르면 세계정신Weltgeist은 시간이 흐를수록 자신을 드러냈다. 쇼펜하우어는 세계정신을 분투하는 의지로, 니체는 권력 의지로 재구성했다.

6 폴 클레Paul Klee가 인용한 표현으로, 이어 모리스 메를로퐁티Maurice Mer-leau-Ponty도 사용했다.("Eye and Mind," *The Primacy of Perception* (Evanston, IL: Northwestern University Press, 1964), 180쪽)

7 Stephen Apkon, *The Age of the Image: Redefining Literacy in a World of Screens* (New York: Farrar, Straus and Giroux, 2013), 75쪽, 출처는 언급되지 않음.

8 *Dataclysm: Who We Are When We Think No One's Looking* (New York: Crown, 2014), 158~169쪽.

9 대선 전인 2008년 11월 15일, 피터 베이커Peter Baker가 《뉴욕 타임스》에 쓴 "그는 어떤 사람들의 대통령인가?Whose President Is He Anyway?"에서 인용했다. 베이커는 이어 "로르샤흐라는 말은 선거전이 끝나면 서서히 사라지겠지만, 검사라는 말은 그대로 남는다"고 적었다.

10 Douglas Preston, "The El Dorado Machine," *New Yorker*, May 6, 2013. Lauren Tabach-Bank, "Jeff Goldblum, Star of the Off-Broadway Play 'Domesticated,'" *T Magazine*, *New York Times*, December 18, 2013.

11 캐럴라인 힐(가명), 2014년 1월 인터뷰.

12 "I Think It's Time We Broke for Lunch…," *Economist*, April 14, 2011. Binyamin Appelbaum, "Up for Parole? Better Hope You're First on the Docket," *Economix* (*New York Times* blog), April 14, 2011, economix.blogs.nytimes.com/2011/04/14/time-and-judgment.

13 Gary Klien, "Girl Gets $8 Million in Marin Molest Case," *Marin Inde-pendent Journal*, August 12, 2006. Peter Fimrite, "Teen Gets $8.4 Million in Alleged Abuse Case," *San Francisco Chronicle*, August 12, 2006. 2015

년 로빈 프레스Robin Press 박사 및 바샤 커민스카Basia Kaminsk와 나눈 개인 서신.

14 Gacono and Evans, *Handbook*, 7쪽.

부록

1 Blum/Witschi, 72~83쪽.

2 Ellenberger, 194쪽.

3 Olga R, "Über das Leben und die Wesensart von Hermann Rorschach"의 후반부로 저작권은 한스 후버 출판사에 있다. 호그레페 출판사의 너그러운 허락을 받아 여기에 번역본을 싣는다.

그림 자료의 출처

로르샤흐 검사용 잉크 얼룩은 1921년의 최초 인쇄 판본에서 복제한 것이다. 헤르만 로르샤흐는 잉크 얼룩을 황색지에 붙여 한스 벤에셴부르크에게 건넸다. 이 책에 쓰인 잉크 얼룩은 볼프강 슈바르츠 기록물에 있는 자료를 허락하에 실은 것이다.

다음의 목록에 포함되지 않은 기타 그림 자료들은 모두 스위스 베른 대학 도서관의 헤르만 로르샤흐 기록물보관소에 소장된 자료로, 허락을 받아 실었다. 많은 자료들이 볼프강 슈바르츠 기록물에 복제되어, 현재는 헤르만 로르샤흐 기록물보관소에 소장되어 있다.

화보 vi쪽
만프레드 블로일러Manfred Bleuler와 리하르트 블로일러Richard Bleuler의 「로르샤흐 잉크 얼룩 검사와 인종에 따른 심리—모로코인의 정신 특성Rorschach's Ink-Blot Test and Racial Psychology: Mental Peculiarities of Moroccans」에 삽입된 그림 3, 4를 가져왔다[*Journal of Personality* 4권 2호(1935), 97~114쪽]. ⓒ John Wiley & Sons, Inc. 허락을 받고 복제했다.

화보 vii쪽
잭슨 폴록, 〈가을의 리듬: 넘버 30Autumn Rhythm(number 30)〉, 1950. 캔버스에 에나멜. 뉴욕 메트로폴리탄 미술관The Metropolitan Museum of Art, New York[George A. Hearn fund, 1957(57.92)]. ⓒ 2016 The Pollock-Krasner Foundation / Artists Rights Society(ARS), New York. Image ⓒ The Metropolitan Museum of Art.

23쪽
ⓒ Rudy Pospisil, rudy@rudypospisil.com. 허락을 받아 실었다.

58쪽

위쪽의 두 그림은 에른스트 헤켈Ernst Haeckel, 《자연의 예술적 형상Kunstformen in Natur》(라이프치히와 비엔나, 1904)에서 가져왔다. 헤켈이 그림을 그린 후 아돌프 길치가 새겼다.

133쪽, 135쪽, 205쪽, 566쪽

스위스 프라우엔펠트의 투르가우 칸톤 국립기록물보관소에 소장된 기록물 가운데 앨범(StATG 9′10 1.7)에서 복제한 자료이다.

143쪽

유스티누스 케르너Justinus Kerner 사후에 출판된 《잉크 얼룩 그림Klecksographien》(슈투트가르트, 1890) 중에서.

181쪽

빌헬름 부슈Wilhelm Busch, 〈포르테 비바체Forte vivace〉, 〈포르티시모 비바치시모Fortissimo vivacissimo〉. 〈거장-신년 음악회Der Virtuos: Ein Neujahrskonzert〉 중에서(뮌헨, 1865).

181쪽

자코모 발라Giacomo Balla, 〈개줄에 묶인 개의 역동성Dinamismo di un cane al guinzaglio〉(1912). 캔버스에 오일. 35⅞×43¼인치. 올브라이트-녹스 아트 갤러리 컬렉션Collection Albright-Knox Art Gallery [A. 콩거 굿이어A. Conger Goodyear의 유품으로 조지 F. 굿이어George F. Goodyear가 1964년 기증(1964:16)]. ⓒ 2016 Artists Rights Society(ARS), New York/SIAE, Rome. Photograph by Tom Loonan.

211쪽

위쪽 그림은 시몬 헨스Szymon Hens의 논문 「비정형 얼룩을 이용한 초등학생, 일반 성인, 정신 질환자의 상상력 검사Phantasieprüfung mit formlosen Klecksen bei Schulkindern, normalen Erwachsenen und Geisteskranken」에 실린 삽화 8번이다(취리히, 1917).

377쪽

올리비아 드 하빌랜드Olivia de Havilland, 〈검은 거울The Dark Mirror〉(로버트 시오드맥Robert Siodmak 연출, 유니버설 픽처스, 1946).

381쪽

발 드 테트Bal de Tete 향수 광고(1956).

383쪽

영어에서 '로르샤흐'라는 말을 쓴 빈도(구글 엔그램Google Ngram, 2016년 5월).

395쪽

루돌프 아른하임Rudolf Arnheim의 《예술심리학Toward a Psychology of Art》(캘리포니아 대학교 출판부, 1972년판 무선본 92~94쪽)에 실린 「로르샤흐 카드의 지각 분석Perceptual Analysis of Rorschach Card」(1953)의 그림 2, 3, 5, 6을 가져왔다. ⓒ University of California Press.

475쪽

앤디 워홀, 〈로르샤흐〉(1984). 캔버스에 합성 폴리머. 20×16인치. ⓒ 2016 The Andy Warhol Foundation for the Visual Arts, Inc. / Artists Rights Society(ARS), New York. Courtesy Gagosian Gallery.

520쪽

배리 도핀Barry Dauphin과 해럴드 그린Harlod H. Greene의 「로르샤흐 이미지의 안구 운동 추적Here's Looking at You: Eye Movement Exploration of Rorschach Images」에 실린 그림으로, 허락을 받고 사용했다.(《로르샤흐 문헌집Rorschachiana》, 33권 1호 3~22쪽) ⓒ 2012 Hogrefe Publishing, www.hogrefe.com, DOI:10.1027/1192-5604/a000025.

521쪽

ⓒ Can Stock Photo Inc.

표지

Jacket design: Elena Giavaldi

Jacket photographs: (Inkblot) Spencer Grant/Science Source/Getty Images; (rorschach and handwriting) Archiv und Sammlung Hermann Rorschach, University Library of Bern, Switzerland

Author photograph: Paul Barbera

찾아보기

로르샤흐

잉크 얼룩으로 사람의 마음을 읽다

데이미언 설스 지음 | 김정아 옮김

2020년 7월 30일 초판 1쇄 발행

펴낸이 이제용 | 펴낸곳 갈마바람 | 등록 2015년 9월 10일 제2019-000004호
주소 (06775) 서울시 서초구 논현로 83, A동 1304호(양재동, 삼호물산빌딩)
전화 (02) 517-0812 | 팩스 (02) 578-0921
전자우편 galmabaram@naver.com
블로그 blog.naver.com/galmabaram
페이스북 www.facebook.com/galmabaram

편집 오영나 | 디자인 이새미
인쇄·제본 공간

ISBN 979-11-964038-9-8 03180

이 도서의 국립중앙도서관 출판예정도서목록(CIP)은 서지정보유통지원시스템 홈페이지
(http://seoji.nl.go.kr)와 국가자료종합목록시스템(http://www.nl.go.kr/kolisnet)에서
이용하실 수 있습니다. (CIP제어번호 : CIP2020028956)